GENEALOGISCHES HANDBUCH DES ADELS

Freiherrliche Häuser Band XVI

Anschrift des Verlages:
C. A. Starke Verlag, Postf. 1310, Frankfurter Str. 51/53, 6250 Limburg an der Lahn 1

— Bestell-Nr. 802 —

ISSN 0435-2408
ISBN 3-7980-0700-4

Gesamtherstellung in eigener Verlagsdruckerei

Thomas Freiherr v. Fritsch
* 1700 † 1775
(Reichsfrhrnstand 1742)
Fideikommißherr auf Seerhausen, Zschochau u. Mautitz
Dr. jur. utr., Kurfstl. sächs. u. Kgl. poln. WGehRat u. Konferenzminister,
Reichshofrat,
Stifter des Friedens von Hubertusburg 1763
s. S. 73

GENEALOGISCHES HANDBUCH DES ADELS

Herausgegeben vom Deutschen Adelsarchiv e. V.;
bearbeitet unter Aufsicht des Deutschen Adelsrechtsausschusses

Band 102 der Gesamtreihe

1992

C. A. Starke Verlag, Limburg an der Lahn

Inhaber Anneliese Kretschmer

GENEALOGISCHES HANDBUCH DER FREIHERRLICHEN HÄUSER

Hauptbearbeiter: Walter v. Hueck

Archivar des Deutschen Adelsarchivs e. V.

Freiherrliche Häuser Band XVI

1992

140 JAHRE C.A. Starke

C. A. Starke Verlag, Limburg an der Lahn

Gegründet 1847 in Görlitz

Mitarbeiter

Archivdirektor Dr. phil. Freiherr Klaus v. Andrian-Werburg

Archivar Friedrich Wilhelm Euler

Archivamtsrat Baron Heinrich v. Hoyningen gen. Huene

Silve-Maria v. Hueck geb. v. Bentivegni

Dr. phil. Hans Körner

Diplom-Kaufmann Baron Johannes v. Mirbach

Dorothee Müller geb. de la Motte

Archivar Graf Georg v. Nostitz-Rieneck

Pfarrer Detlev Schwennicke

Graf Dedo Schwerin v. Krosigk

Schriftleitung: Schwanallee 21, 3550 Marburg 1

Vorausplanung

Das Erscheinen der in Vorbereitung befindlichen Bände ist wie folgt geplant:

Band 103: Adelige Häuser A XXII
Band 104: Adelige Häuser B XX
Band 105: Adelslexikon VIII
Band 106: Gräfliche Häuser XIV

Inhaltsverzeichnis

AUFNAHMEBEDINGUNGEN

Die Einteilung der Geschlechter in den einzelnen Abteilungen des Genealogischen Handbuches entspricht ihrem geschichtlichen Auftreten. Innerhalb der Abteilungen bzw. deren einzelnen Bänden ist die Reihenfolge lediglich von den verschiedenen Möglichkeiten der Manuskriptbeschaffung und dem zur Verfügung stehenden Raum abhängig.

Form der Darstellung

Vorbemerkung. Die am 14. 8. 1919 in Kraft getretene Weimarer Reichsverfassung vom 11. 8. 1919 hat bestimmt, daß die öffentlichrechtlichen Vorrechte der Geburt oder des Standes aufzuheben seien und daß Adelbezeichnungen nicht mehr verliehen werden dürften. Wenn wir trotzdem ein genealogisches Handbuch des *Adels* herausgeben und damit so großen Beifall in aller Welt gefunden haben, so kann diese Bezeichnung nur im rein historisch-genealogischen Sinne gemeint sein. Infolgedessen müssen auch der Inhalt und seine Formulierung dieser Tatsache angepaßt sein, d. h. also, den Anforderungen des historischen, praktisch 1000 Jahre lang bestehenden Adelsrechts entsprechen, das bis 1919 in Deutschland geltendes Recht war.

In diesem Adelsrecht gab es eine Vererbung des Adels nur durch legitime, eheliche Abstammung vom biologischen Vater, *nicht* dagegen *durch Adoption* oder andere juristische Übertragungsformen[1]. Einzig dieser Tatbestand kann aus den oben dargelegten Gründen für die Form und Einteilung unserer Darstellung maßgebend sein. Das bedeutet, daß alle Personen, die nicht auf Grund ehelicher Abstammung den Namen der Familie des Vaters führen, in diesem Werk gemäß dem bis 1919 gültigen Adelsrecht aus dem eigentlichen Familienartikel herausgenommen und im Nonpareilledruck dar-

---

1 Bei Adoptionen nichtadeliger Personen durch adelige erhielt der Adoptierte den Namen des Adoptivvaters *ohne Adelsbezeichnungen*. Das gleiche gilt für die Legitimation unehelicher Kinder. Sollten oder wollten diese Personen adelig werden, so mußten sie genau so wie jeder andere Bürger beim Landesherrn um Nobilitierung nachsuchen. Die Ausnahme war die sogenannte „legitimatio per matrimonium subsequens“ (l. p. m. s.), d. h. die Legitimation unehelich Geborener durch nachfolgende Eheschließung der Eltern, wodurch die Kinder vollbürtig und ehelich wurden und auch den Adel erbten. In einigen Fällen hatte das ehemalige Institut der sogenannten „legitimatio pe-rescriptum principis“ (l. p. r. p.) die gleiche Wirkung.

gestellt werden. Familien oder Einzelpersonen, die — aus welchen Gründen auch immer — mit dieser Darstellungsform nicht einverstanden sind und damit zu erkennen geben, daß sie sich den historischen Grundsätzen über die Vererbung des Adels nicht mehr einordnen wollen, können nicht aufgenommen werden, da wir uns nicht in der Lage sehen, von diesen grundsätzlichen Erwägungen hinsichtlich der historischen Gegebenheiten abzugehen.

Wir betonen abschließend ausdrücklich, daß unsere Darstellung das heute geltende Namensrecht nicht berührt, vielmehr lediglich die Zugehörigkeit zum historischen Adel nach adelsrechtlichen Gesichtspunkten in genealogischer Form feststellt.

Der Titelkopf (geschichtliche Einleitung) enthält: Konfession, Heimat, erstes urkundliches Auftreten (unter Angabe der Nachweise dafür), Stammvater, mit dem die sichere Stammreihe beginnt, Diplom-Verleihungen und -Empfänger, Geschlechtsverband (Errichtung, Vorstand und Tagung), Wappenbeschreibung, ggf. Darstellung des Stammwappens, Literaturhinweise. Diese Angaben entfallen, sobald eine Aufnahme im Adelslexikon erfolgt ist, unter Hinweis auf den jeweiligen Band desselben.

Eine urkundlich nachgewiesene Stammreihe folgt [2], die möglichst weit zurückgeht, mindestens aber vom Diplomerwerber abwärts lückenlos ist und den Zusammenhang der Linien zeigt.

Im Familienbestand, der, etwa um 1650 beginnend, die Genealogie aller (auch der evtl. im 17., 18., 19. und 20. Jahrhundert erloschenen) Linien, Äste usw. umfaßt, sind bei jedem einzelnen Familiengliede anzugeben: 1. sämtliche Vornamen mit Hervorhebung (durch Unterstreichung) des *Rufnamens*, der im Text *gesperrt* gedruckt erscheint, Ort und Datum (Tag, Monat, Jahr) der Geburt, Ort und Datum der standesamtlichen und der kirchlichen Vermählung und gegebenenfalls Ort und Datum des Todes, bei den einheiratenden Personen nur die Rufnamen, 2. der Grundbesitz mit Angabe der Lage (Kreis), 3. Beruf und Titel, bei aktiven Soldaten militärischer Rang, 4. die genaue Anschrift (in Schrägdruck aus dem Text hervorgehoben), 5. von Orden im allgemeinen nur die in Band 1 und 2 aufgeführten.

Über die Form der Darstellung im Detail geben die vom Verlag als Sonderdruck herausgegebenen „Aufnahme-Bedingungen" Aufschluß.

2 Nur dann, wenn in früher erschienenen Bänden des Gothaischen Genealogischen Taschenbuchs oder des Genealogischen Handbuchs des Adels eine solche Darstellung noch nicht veröffentlicht ist oder neue Forschungsergebnisse eine erneute Darstellung notwendig erscheinen lassen.

Beim Wiederabdruck eines Artikels nach der erstmaligen Aufnahme sowie bei den in den Gothaischen Genealogischen Taschenbüchern bereits veröffentlichten Stammfolgen fallen der Raumersparnis halber Stammreihen und erloschene Linien, Äste usw. aus. Die Familiensöhne, von denen keine lebende Nachkommenschaft vorhanden (mit Ausnahme der Gefallenen aus dem letzten Kriege, soweit deren Eltern noch leben), und deren Gemahlinnen, die unverheirateten Familientöchter, ebenso aber auch die verheirateten Familientöchter, sofern deren Gemahl bereits verstorben ist, werden nach dem Tode nur noch einmal erwähnt und dann fortgelassen. In solchen Fällen sind daher frühere Veröffentlichungen heranzuziehen. Auf besonderen Wunsch kann auf die ursprüngliche Anzahl der Kinder jeweils hingewiesen werden.

Schriftleitung und Verlag gehen davon aus, daß die Familien und einzelnen Personen wie bisher mit der Wiederholung ihrer Artikel unter Berücksichtigung aller Ergänzungen und Berichtigungen einverstanden sind.

Ergänzungen und *Berichtigungen* sind laufend erwünscht. Es ist unsere *dringende Bitte*, der Schriftleitung besonders alle gedruckten Anzeigen von Geburten, Vermählungen und Todesfällen *stets zuzusenden.*

Für unser Archiv sind im Druck erschienene Familiengeschichten, Stamm- und Ahnentafeln unentbehrlich. Die Zusendung bereits erschienener älterer und neuerer Drucke an die Schriftleitung in Marburg an der Lahn, aber auch an die Verlagsredaktion in Limburg an der Lahn, ist sehr erwünscht.

Ahnentafeln. Zur Feststellung der starken Verbundenheit des gesamten Adels, aber auch zur Anregung für biologische und soziologische Betrachtungen ist die Beigabe von Ahnentafeln in üblicher Listenform vorgesehen. Die Auswahl bleibt der Schriftleitung vorbehalten. Die Aufnahme solcher Ahnentafeln bedarf eines dem Umfang entsprechenden Druckkostenzuschusses.

Eigentums- und Urheberrecht an Handschriften und Bildern. Alle Einsendungen von Manuskripten sowie die Wappenentwürfe gehen in das Eigentum des Verlages über, wo sie als Quellenbelege im Verlagsarchiv aufbewahrt werden. Sie werden auch bei Korrekturen nicht zurückgegeben. Es empfiehlt sich daher, Abschriften zurückzubehalten.

Dagegen werden eingesandte Urkunden, Lichtbilder, Wappenzeichnungen auf Wunsch nach erfolgtem Abdruck zurückgesandt. Die Vervielfältigung solcher Vorlagen geschieht unter der Voraussetzung, daß der Besteller das Urheberrecht besitzt und volle Verantwortung für die Berechtigung der Vervielfältigung übernimmt.

Wappen. Die zeichnerische Darstellung von Wappen liegt im besonderen Interesse des Werkes. Ermäßigte Preise auf Anfrage. Bei Wiederholung des Artikels in späteren Bänden entstehen keine weiteren Kosten.

Bilder. Die Beigabe von Familienporträts und Abbildungen von Besitzungen ist gleichfalls sehr erwünscht. Die steigende Zahl der Bildbeigaben zeigt das dafür gewachsene Interesse. Voraussetzung ist die Einreichung *scharfer* Vorlagen. Mängel an den Bildvorlagen werden durch Retusche ausgebessert. Die hierbei entstehenden Selbstkosten werden allerdings berechnet. Einschließlich Herstellung der Klischees und buchbinderischer Verarbeitung ist für die Beigabe jeder Kunstdrucktafel ein Kostenzuschuß erforderlich. Näheres erklärt ein Faltblatt, das auf Verlangen kostenlos und unverbindlich übersandt wird.

Historische Wahrheit: Bei Abfassung eines Artikels ist es *oberstes Gebot, die historische Wahrheit festzustellen.* Auf keinen Fall dürfen deshalb Tatsachen wie Legitimierung, Scheidung, Wiedervermählung, sozialer Niedergang und dergleichen unterdrückt werden. Hauptbearbeiter und Herausgeber müssen sich das Recht vorbehalten, unvollständige Angaben zu ergänzen, nachweislich falsche Angaben zu berichtigen und nötigenfalls die Vorlage von Urkunden zur Nachprüfung von Angaben zu erbitten oder solche selbst zu beschaffen.

Das „Genealogische Handbuch des Adels" will klare Forschungsergebnisse bringen und verweist auf die bei den Stammfolgen angegebenen Quellenvermerke. Die Beweispflicht für die Richtigkeit einer von diesen Quellen abweichenden Darstellung, welche dann den „Erfordernissen" entsprechen muß, obliegt dem Antragsteller.

Inhalt und Form der im GHdA veröffentlichten Artikel werden im übrigen von den durch Herausgeber und Verlag aufgestellten Richtlinien und Grundsätzen bestimmt. Die letzte Entscheidung in Zweifelsfragen liegt daher stets bei diesen. Insbesondere bleibt jede Entscheidung über die Aufnahme oder Nichtaufnahme von Familien oder Personen vorbehalten. Es besteht kein Anspruch auf eine Aufnahme in das GHdA.

Erfordernisse für die Aufnahme in das Genealogische Handbuch der Fürstlichen Häuser

Die I. Abteilung der „Fürstlichen Häuser" (Hofkalender) umfaßt die in Europa regierenden Häuser sowie die seit Anfang des 19. und im 20. Jahrhundert entthronten europäischen Fürstenhäuser und hängt von politischen Vorgängen ab. Die II. Abteilung ist abgeschlossen. Zur Aufnahme in die III. Abteilung ist die Urkunde (Diplom, Dekret, Handschreiben usw.) vorzulegen[1], durch die der fürstliche oder herzogliche Titel durch einen europäischen regierenden Fürsten oder seine Regierung (Ministerium, Heroldsamt, Adelsamt usw.)[2] verliehen, bestätigt oder anerkannt worden ist.

Erfordernisse für die Aufnahme in das Genealogische Handbuch der Gräflichen und Freiherrlichen Häuser

Zur Aufnahme in das Genealogische Handbuch der Gräflichen bzw. Freiherrlichen Häuser ist die Vorlage des den gräflichen bzw. freiherrlichen Titel begründenden, bestätigenden oder anerkennenden Diploms (Reskripts) eines deutschen Landesfürsten (Österreich-Ungarn einbegriffen) oder seiner Regierung (Ministerium, Heroldsamt, Adelsamt usw.)[2] erforderlich[1]. Ordens- oder Offizierspatente, Taufscheine, Pässe und dergleichen können für den Adels- oder Titelnachweis nicht als maßgeblich angesehen werden. Beim Genealogischen Handbuch der Gräflichen und Freiherrlichen Häuser findet die adelsrechtlich nicht begründete Unterteilung in A und B nicht mehr statt.

Erfordernisse für die Aufnahme in das Genealogische Handbuch der Adeligen Häuser, Teil A

Die Einteilung ist so getroffen, daß der Teil A die adeligen Häuser des spätestens um 1400 nachgewiesenen ritterbürtigen deutschen Landadels und ihm gleichartiger Geschlechter (Deutscher Uradel) enthält. Für die Anerkennung als „gleichartige Geschlechter" gelten im Falle städtischer Geschlechter folgende Voraussetzungen:

---

1 Nur insoweit die Geschlechter nicht schon anläßlich der früheren Veröffentlichungen im Gothaischen Genealogischen Taschenbuch oder im Genealogischen Handbuch des Adels diese Erfordernisse erfüllt haben.

2 Diese Erfordernisse gelten auch als erfüllt durch die adelsrechtliche Nichtbeanstandung einer Titel- und Namensführung durch den seit 1918 hierfür eingesetzten Ausschuß für adelsrechtliche Fragen der deutschen Adelsverbände.

1. Es muß sich um reichsfreie Städte handeln.
2. Es muß in diesen reichsfreien Städten das Stadtregiment in der Hand von Geschlechtern gelegen haben, die in erblicher Berechtigung an diesem Stadtregiment teil hatten („Patriziat").
3. Es muß dieser Kreis von Geschlechtern von dem Adel als gleichwertig angesehen worden sein, z. B. durch Connubium, Turnierfähigkeit.
4. Die Voraussetzungen 1—3 müssen bis 1400 vorgelegen haben.
5. Es muß heute noch die Zugehörigkeit zum Adel gegeben sein.

Zur Aufnahme in den Teil A ist die Vorlage einer Urkunde (unter Angabe, wo die Urkunde aufbewahrt oder abgedruckt ist) erforderlich [1], in der ein sicheres Mitglied des betreffenden Geschlechts um 1400 oder früher als zum deutschen ritterbürtigen Adel gehörig erwähnt wird. Der erste beurkundete Namensträger muß demnach mindestens am Ende des 14. Jahrhunderts gelebt haben. Geschlechter, in die zu irgendeiner Zeit ein Adelserneuerungs- oder -anerkennungsdiplom gekommen ist, können nur dann eingereiht werden, wenn ihre urkundliche Stammreihe lückenlos bis zu einem am Ende des 14. Jahrhunderts lebenden adeligen Namensträger nachweisbar ist.

Adelsgeschlechter, die die Bedingungen zur Aufnahme in den Teil A infolge Fehlens von Urkunden um 1400 oder früher nicht erfüllen können, und solche ursprünglich nichtdeutscher uradeliger Herkunft finden in dem Teil B Aufnahme.

Erfordernisse für die Aufnahme in das Genealogische Handbuch der Adeligen Häuser, Teil B

Der Teil B enthält die adeligen Häuser des seit Anfang des 15. Jahrhunderts bis zur Neuzeit nachgewiesenen deutschen und österreichischen Erbadels (späterer rittermäßiger Landadel, patrizischer Stadtadel [soweit er nicht in den Teil A aufgenommen ist], Reichsbriefadel, Landesbriefadel, Uradel und alter Adel nichtdeutschen Ursprungs, Offiziers- und Beamtenadel).

Zur Aufnahme in den Teil B bedarf es [1] entweder der Vorlage von zeitlich etwa 40 Jahre auseinanderliegenden Urkunden (Lehnsbrie-

---

1 Nur insoweit die Geschlechter nicht schon anläßlich der früheren Veröffentlichungen im Gothaischen Genealogischen Taschenbuch oder im Genealogischen Handbuch des Adels diese Erfordernisse erfüllt haben.

fen, Gerichtsurkunden, Erb- und Kaufverträgen usw.) zum Nachweis, daß das Geschlecht zum deutschen Adel gehört hat, ohne ein Diplom erhalten zu haben (Offiziers- und Ordenspatente, soweit es sich nicht um ritterliche Orden wie Malteser oder Johanniter handelt, Taufscheine, Pässe usw. können dabei nicht als Urkunden in diesem Sinne gelten, wie auch das Wort „von" nicht ohne weiteres als Adelsprädikat angesehen werden kann), oder der Vorlage eines Diploms eines römisch-deutschen Kaisers, seines Reichsvikars oder Stellvertreters (Reichsbriefadel) bzw. eines deutschen Landesfürsten oder seiner Regierung (Landesbriefadel), wodurch der Adel des Geschlechts begründet, bestätigt, erneuert, anerkannt wird bzw. die Aufnahme in den deutschen Adel (z. B. durch Erteilung des Inkolats, durch Immatrikulation bei einer Adelsmatrikel usw.) erfolgt ist[2].

Urkunden und Diplome sind im Original oder in beglaubigter Abschrift vorzulegen.

Adelslexikon

Als Ergänzung und künftige Grundlage des Genealogischen Handbuchs des Adels erscheint innerhalb der Gesamtreihe das Adelslexikon. Aufgenommen werden alle noch blühenden oder nach 1800 erloschenen Geschlechter, die den Aufnahmebedingungen des Genealogischen Handbuchs des Adels entsprechen und deren Genealogie und Personalbestand in irgendeiner Veröffentlichung bereits erschienen oder für ein Erscheinen im Genealogischen Handbuch vorgesehen sind. Dabei wird besonderer Wert auf die Erfassung derjenigen seit 1850 geadelten Familien gelegt, die in der Literatur bisher nicht nachgewiesen waren.

Die Darstellung umfaßt die bisherigen geschichtlichen Einleitungen der einzelnen Artikel in einem fortlaufenden Alphabet. Geschlechter, die in mehreren Sparten des Handbuchs enthalten sind, werden unter einer Überschrift zusammengefaßt.

---

[2] Diese Erfordernisse gelten auch als erfüllt durch die adelsrechtliche Nichtbeanstandung einer Titel- und Namensführung durch den seit 1918 hierfür eingesetzten Ausschuß für adelsrechtliche Fragen der deutschen Adelsverbände.

Gesamt-Verzeichnis

der im Genealogischen Handbuch des Adels, Bd 1—102 (1951—1992), veröffentlichten Genealogien

♔ = Fürstliches Haus

G = Gräfliches Haus

F = Freiherrliches Haus

A = Adeliges, nicht tituliertes Haus

1—102 = Band der Gesamtreihe

Fü I–XIV = Fürstliche Häuser, Band I–XIV (1951–1991)

GA I–VII = Gräfliche Häuser A, Band I–VII (1952–1973)

GB I–IV = Gräfliche Häuser B, Band I–IV (1953–1973)

G VIII–XIII = Gräfliche Häuser, Band VIII–XIII (1976–1991)

FA I–XIII = Freiherrliche Häuser A, Band I–XIII (1952–1982)

FB I–VIII = Freiherrliche Häuser B, Band I–VIII (1954–1982)

F XIV–XVI = Freiherrliche Häuser, Band XIV–XVI (1986–1992)

AA I–XXI = Adelige Häuser A, Band I–XXI (1953–1990)

AB I–XIX = Adelige Häuser B, Band I–XIX (1954–1990)

Die Abkürzungen St, ÄG, Erg und AR bezeichnen Stammreihen, ältere Genealogie, Ergänzungen dazu und Ahnenreihen bei einzelnen Artikeln.

Ein Register a l l e r in d i e s e m Bande vorkommenden Familiennamen (auch der aus- und eingeheirateten Personen) befindet sich am Schluß dieses Bandes.

♔ Borghese 3: Fü II 1953 St;
19: Fü V 1959, Abt. III, ÄG
♔ Borghese
s. Aldobrandini, Salviati, Torlonia
G Borkowski 35: GB III 1965
A Bormann 57: AB XI 1974
F Born (1864) 7: FB I 1954 St
F Born (1880) 102: F XVI 1992
A Born-Fallois s. Fallois
A Borne 55: AA XII 1973
A Bornhaupt 32: AB VI 1964
A † Bornstaedt (Thüringen)
98: AA XXI 1990
A Bornstedt (Thüringen)
98: AA XXI 1990
A Bornstedt (1803) s. Kleist v. Bornstedt
G, A Borries 63: G VIII 1976
A Borries 78: AB XIV 1981
♔ Borromeo-Arese
8: Fü III 1955, Abt. III, St
A Borsig 95: AB XVIII 1989
A Borstell 34: AA VII 1965 St ÄG
98: AA XXI 1990
F Borutin s. Nádherný
G, A Bose 40: GA V 1967
A Bose 98: AA XXI 1990
G Bosia s. Verri
A Bosse 17: AB III 1958 ÄG
G Bossi-Fedrigotti 23: GB II 1960 St
F Bossi-Fedrigotti 48: FB V 1970
A Both 49: AA XI 1971
F Both v. Maercken zu Geerath
49: AA XI 1971
G, F, A Bothmer 98: AA XXI 1990
F Bottlenberg-Landsberg
102: F XVI 1992
F Bottlenberg gen. v. Schirp
102: F XVI 1992
F Botzheim: 59: FA IX 1975
A Bouhaben s. Clavé
♔ Bouillon s. Rohan
♔ Bourbon 25: Fü VI 1961 St
100: Fü XIV 1991, Abt. I
♔ Bourbon
14: Fü IV 1956, Abt. III, St
♔ Bourbon s. Brasilien, Orléans, Santa Elena, Sevilla, Spanien
F Bourscheidt 65: FA X 1977
G Bousies s. Ursel
F Boutteville 79: FB VIII 1982
F Boxberg 31: FB III 1963
A Boxberg(er) 52: AB X 1972 St
83: AB XV 1984
F, A † Boye 48: FB V 1970 St ÄG

F Boyneburg 69: FA XI 1979
A Boyneburgk 22: AA IV 1960
♔ Brabant s. Hessen
A Bracciofor te s. Spieß
A Brachel 22: AA IV 1960
F Brackel 69: FA XI 1979
♔ Braganza s. Portugal
G Braida 54: GB IV 1973
A Braitenberg 26: AB V 1961 St
99: AB XIX 1990
F Branca 31: FB III 1963
A Branconi 46: AB IX 1970 St
F Brand (zu Neidstein)
51: FA VIII 1971
F † Brand (1841) 48: FB V 1970
F Brand (1899) 48: FB V 1970
A Brand (Neumark) 98: AA XXI 1990
G, A Brandenstein(-Zeppelin)
94: G XII 1988
G † Brandenstein
24: AA V 1960 St ÄG
F Brandenstein 27: FA IV 1962 St ÄG
102: F XVI 1992
A Brandenstein 24: AA V 1960 St ÄG
71: AA XV 1979
G Brandis 94: G XII 1988
F Brandis 68: FB VII 1978
A Brandis 46: AB IX 1970
♔ Brandon s. Hamilton
F † Brandt 39: FB IV 1967
A Brandt (Meißen) 5: AA I 1953
F Brandt u. Diepoltsdorf s. Gugel
A Brandt v. Fackh 9: AB I 1954 St
99: AB XIX 1990
A Branitz s. Schipp
A Brasch 95: AB XVIII 1989 St ÄG AR
♔ Brasilien 100: Fü XIV 1991, Abt. I
A Brauchitsch 71: AA XV 1979
A † Brauer 57: AB XI 1974
F Braun 21: FA III 1959 St ÄG AR
65: FA X 1977
A † Braun 21: FA III 1959 St ÄG
A Braun (1911) 52: AB X 1972
A Braunmühl 46: AB IX 1970
♔ Braunschweig s. Hannover
A Brause s. Müller v. Brause
G Bray-Steinburg 54: GB IV 1973
A Brederlow 55: AA XII 1973
G Bredow 18: GA III 1958 St
56: GA VII 1973
F Bredow 65: FA X 1977
A Bredow 76: AA XVI 1981
A Brehm 86: AB XVI 1985 St ÄG
F Breidbach-Bürresheim gen. v. Riedt
30: FA V 1963 St

A Loeben 22: AA IV 1960 St
87: AA XVIII 1985
A Loebenstein 89: AB XVII 1986 St
F Loebenstein v. Aigenhorst
62: FB VI 1976
F Löhneysen 16: FB II 1957
A Loehr 83: AB XV 1984
A Lölhöffel v. Löwensprung
52: AB X 1972 St ÄG
F Loën 7: FB I 1954
A Loeper 9: AB I 1954
F Löringhoff s. Freytag
G Lösch 82: G XI 1983
A Loesch 26: AB V 1961 St
73: AB XIII 1980
A Lösecke 95: AB XVIII 1989
F Lötzen s. Seutter
A Löw(-Baselli) 57: AB XI 1974
F Löw v. u. zu Steinfurth
27: FA IV 1962 St; 69: FA XI 1979
A Loewenfeld 46: AB IX 1970
A Löwensprung s. Lölhöffel
A Loewenstein zu Loewenstein
22: AA IV 1960
G Löwenstein-Scharffeneck
23: GB II 1960
♔ Löwenstein-Wertheim
33: Fü VII 1964 St ÄG
100: Fü XIV 1991, Abt. II
F Löwenstern 31: FB III 1963 ÄG
A Löwenstern 36: AB VII 1965 St ÄG
A Loga 12: AB II 1956 St ÄG
G † Logau 18: GA III 1958 ÄG
A Logau 15: AA III 1957 St ÄG
G Logothetti 23: GB II 1960 St
F Lohausen s. Jordis
G Lonate Pozzolo s. Visconti
G Longueval s. Buquoy
G Longuyon s. Corcey
♔ † Lónyay
100: Fü XIV 1991, Abt. III A
♔ Looz u. Corswarem 3: Fü II 1953 St
75: Fü XI 1980, Abt. II
G Looz-Corswarem
28: GA IV 1962 ÄG; 72: G IX 1979
G Loredan 82: G XI 1983 St
F, A Loringhoven s. Freytag(h)
A Lorne v. Saint Ange
20: AB IV 1959 St ÄG
G Loß s. Kleist
A Lossau s. Lossow
A Loßberg 17: AB III 1958 St ÄG
A Lossow 43: AA IX 1969
♔ Lothringen s. Hessen, Österreich
F Lotzbeck 79: FB VIII 1982
F Loudon 62: FB VI 1976
F Louisenthal s. Lasalle
A Lowtzow 24: AA V 1960 St ÄG
A Lowzow s. Lowtzow
G Łubieński 23: GB II 1960 ÄG
35: GB III 1965 St
♔ Lubomirski
100: Fü XIV 1991, Abt. III A
A Lucadou 12: AB II 1956
A Lucas v. u. zu Windegg
36: AB VII 1965 St
86: AB XVI 1985
♔ Lucchesi Palli
19: Fü V 1959 St AR
85: Fü XII 1984, Abt. III A
♔ Lucedio s. Carrega
F, A Lucius (v. Ballhausen)
7: FB I 1954 St; 68: FB VII 1978
F, A † Lucius (v. Stoedten)
7: FB I 1954 St; 68: FB VII 1978
A Luck(e) 76: AA XVI 1981 St ÄG
A † Lucke (1861) 86: AB XVI 1985
A Lucke (1888, 1909) 86: AB XVI 1985
G Luckner 94: G XII 1988
A Luckwald 95: AB XVIII 1989 St
F Ludwig 31: FB III 1963 St
F Ludwigstorff 102: F XVI 1992
A Lücken 22: AA IV 1960
F Lüdinghausen gen. Wolff
69: FA XI 1979 ÄG
A Lühe 87: AA XVIII 1985 St
A Lülsdorff 89: AB XVII 1986
A Lüneburg 78: AB XIV 1981
F Lüninck 62: FB VI 1976
A Lüpke 12: AB II 1956 St
G, A Lüttichau 81: AA XVII 1983 St
F † Lüttichau 81: AA XVII 1983 St
F Lüttwitz 51: FA VIII 1971
A Lützau s. Lützow
G Lützow 63: G VIII 1976
F Lützow 102: F XVI 1992
A Lützow 98: AA XXI 1990
A Lutterotti 64: AB XII 1977 St ÄG
F Luttitz 68: FB VII 1978
A Luttitz 29: AA VI 1962
F Lutz 62: FB VI 1976
A Luxardo 20: AB IV 1959 St
G Luxburg 77: G X 1981
♔ Luxemburg
100: Fü XIV 1991, Abt. I
♔ Luynes 8: Fü III 1955, Abt. III, St
♔, G Lynar
100: Fü XIV 1991, Abt. III A
G Lynar 77: G X 1981
F Lyncker 7: FB I 1954 St AR
88: F XIV 1986
A Lyncker 64: AB XII 1977

Abkürzungen und Zeichenerklärung

Stern (*) bei den Artikelüberschriften bezeichnet Geschlechter, in denen sich die Titel nur in der Erstgeburt oder anderweit beschränkt vererben.

Abkürzungen, welche den letzten Buchstaben des Wortes enthalten, sind am Ende ohne Punkt gesetzt.

a. D. – außer Dienst
a.d.H. – aus dem Hause
Adj. – Adjutant
A.E. – Allerhöchste Entschließung (Erlaß)
A. KO. – Allerhöchste Kabinettsorder
Abg. – Abgeordnete(r)
Abt. – Abteilung
ADB – Allgemeine Deutsche Biographie
adel. – adelige (n, -r, -s)
AppGer. – Appellationsgericht
Art. – Artikel
Art. – Artillerie
AT – Ahnentafel(n)
B. A. – Bachelor of Arts
Bat. – Bataillon
Bes. – Besitz, Besitzer
Bez. – Bezirk
D. – Dame
Dept – Departement
DevRr – Devotionsritter
DGB – Deutsches Geschlechterbuch
Dipl. – Diplom
Dir. – Direktor
Dr. – Doktor
Durchl. – Durchlaucht
E 1–4 – Ausgewählte Ahnentafeln der EDDA 1–4
ebd. – ebendort
ED. – Ehrendame
Ehzg, Ehzgin – Erzherzog(in)
Erl. – Erlaucht
ERr – Ehrenritter
Fkhr – Fideikommißherr
Fkm. – Fideikommiß
FregKpt. – Fregattenkapitän
Frfr. – Freifrau
Frhr – Freiherr
frhrl. – freiherrliche (n, -r, -s)
Frhrn – Freiherren
Fst, Fstin – Fürst, Fürstin
Fstl. – Fürstlich
Fstn – Fürsten
Fstt. – Fürstentum
GehRat – Geheimer Rat
Gem. – Gemahlin
Gen. – General
GenLt – Generalleutnant
Ger. – Gericht
Gesch. – Geschichte
gesch. – geschieden
Gf, Gfin – Graf, Gräfin
gfl. – gräfliche(n, -r, -s)
Gfn – Grafen
Gfst, Gfstin – Großfürst, Großfürstin
GHdA – Genealogisches Handbuch des Adels
Ghzg, Ghzgin – Großherzog, Großherzogin
Ghzgl., Ghzgt. – Großherzoglich, Großherzogtum
Goth. Hofkal. – Gothaischer Hofkalender
Gouv. – Gouverneur
Gouvt – Gouvernement
h. c. – honoris causa
Hdb. – Handbuch
Hdb. Bayern – Genealogisches Handbuch des in Bayern immatrikulierten Adels
Hptm. – Hauptmann
Hzg, Hzgin – Herzog, Herzogin
Hzgl., Hzgt. – Herzoglich, Herzogtum
i. R. – im Ruhestand
Inf. – Infanterie
Ing. – Ingenieur
Inh. – Inhaber
Insp. – Inspektor
Jb. – Jahrbuch
Jg – Jahrgang
Jhr – Jonkheer
Jkvr. – Jonkvrouw
JohO. – Johanniterorden
K. K. – Kaiserlich-Königlich [1]
K. u. K. – Kaiserlich und Königlich [1]
Kav. – Kavallerie
Kg, Kgin – König, Königin
Kgl., Kgr. – Königlich, Königreich
Khr – Kammerherr
Kjkr – Kammerjunker
Km. – Kämmerer
Kmdr – Kommandeur
Kmdt – Kommandant
KO. – Kabinettsorder
Kom. – Komitat
KorvKpt. – Korvettenkapitän
Kpt. – Kapitän
Kr. – Kreis
Ksp. – Kirchspiel
ld – -land
Ldgf, Ldgfin – Landgraf, Landgräfin
Ldw. – Landwehr
Ldwirt – Landwirt
LegRat – Legationsrat
Lic. – Lizentiat

---

1 Mit Wirkung vom 1. 1. 1868 wurden die *gemeinsamen* Institutionen des österr. Kaiserreichs und des ungar. Königreichs (Kaiserhaus, Hof, Außenministerium, Finanzministerium, Oberster Rechnungshof usw.) und ihre Angehörigen mit Ausnahme des gemeinsamen Heeres und der Kriegsmarine, die erst am 17. 10. 1889 folgten, mit „K. u. K." bezeichnet. Dagegen wurde allen Institutionen der im *österreichischen* Reichsrat vertretenen Königreiche und Länder die Bezeichnung „K. K." belassen. Diese Regelung bestand bis 1918.

Lt – Leutnant
M. A. – Master of Arts
Mag. – Magister
MagRr – Magistralritter
MaltRrO. – Malteser-Ritter-Orden
MdB. – Mitglied des Bundestages
MdR. – Mitglied des Reichstages
Min. – Minister, Ministerium, Ministerial
MinRat – Ministerialrat
morg. – morganatisch
nat. – natürlich
NDB – Neue Deutsche Biographie
Nob. – Nobile
O – Ober-
O. – Orden
O. vom GVließ – Orden vom Goldenen Vließ
o. Prof. – ordentlicher Professor
PD. – Palastdame
PLt – Premierleutnant
Pr. – Prinz
Präs. – Präsident
primog. – Primogenitur
Prssa – Principessa
Prsse – Princesse
Przssin – Prinzessin
Pz. – Panzer
RegRat – Regierungsrat
Res. – Reserve
Rgt – Regiment
Rr – Ritter
RRr – Rechtsritter
Rt Hon. – Right Honourable
s. o. – siehe oben
s. S. – siehe Seite
s. u. – siehe unten
Schw. AdlerO. m. Br. – Schwarzer Adler-Orden mit Brillanten
SecLt – Secondeleutnant
Sekr. – Sekretär(in)
St – Staats-
StkrD. – Sternkreuz-Ordensdame
Tschb. – Taschenbuch
U – Unter-
Urk. – Urkunde(n)
urkundl. – urkundlich
UStSekr. – Unterstaatssekretär
v. (abgekürzt) – Adelsprädikat
verk. – verkauft
Vers. – Versicherung(s)
vgl. – vergleiche
von (ausgeschrieben) – Namensbestandteil
vorm. – vormals
Vors. – Vorsitzender
WGehRat – Wirklicher Geheimer Rat
wiss. – wissenschaftlich(er)
z. D. – zur Disposition (Dienstverwendung)
z. V. – zur Verfügung
z. Wv. – zur Wiederverwendung
* – geboren
~ – getauft
⚭ – vermählt
⟋ in Verbindung mit
† – gestorben
▭ – beerdigt
⚔ – gefallen
§ – Im Osten belegener Grundbesitz ist nach dem Stande vor 1945 angeführt. – Die rechtmäßigen Eigentümer sind entweder „enteignet" oder vertrieben.

Abkürzungen zu den Wappenbeschreibungen

abw. – abwärts
aufger. – aufgerichtet
aufw. – aufwärts
ausw. – auswärts
B., b. – Blau, blau
begl. – begleitet
bel. – belegt
bes. – besetzt
best. – bestückt
bew. – bewehrt
bez. – bezeichnet
dazw. – dazwischen
einw. – einwärts
Fstnkr. – Fürstenkrone
Fstnhut – Fürstenhut
G., g. – Gold, golden
gef. – gefaßt
geharn. – geharnischt
gek. – gekehrt
gekr. – gekrönt
geschl. – geschlossen
geschr. – geschrägt
gesp. – gespalten
get. – geteilt
gev. – geviert
gew. – gewechselt
Gr., gr. – Grün, grün
H. – Helm
mittl. – mittleren
nat. – natürlich
R., r. – Rot, rot
S., s. – Silber, silbern
Schildh. – Schildhalter
schrgl. – schräglinks
schrgr. – schrägrechts
schrtd – schreitend
Schw., schw. – Schwarz, schwarz
seh. – sehend
sprgd – springend
steigd – steigend
StH. – Stammwappenhelm
StW. – Stammwappen
verw. – verwechselt
vorw. – vorwärts
W. – Wappen
wachs. – wachsend
Wahlspr. – Wahlspruch
widerseh. – widersehend
zinn. – zinnig
zw. – zwischen
zweischw. – zweischwänzig

Ankershofen

Einleitung u. Literaturhinweise s. Adelslexikon, Bd I (1972).
Letztaufnahme der Genealogie: GHdA, Frhrl. Häuser B, Bd V (1970).

Stephan Freiherr v. Ankershofen, * Krumfelden bei Treibach, Kärnten, 15. 9. 1880, † Wien 10. 10. 1951, Oberstlt u. Feldpilot a. D.;
× I. Warasdin 14. 3. 1908 Johanna (Hanna) Jellačić de Bužim, * Diakovár (Djakovo), Kom. Virovititz, Slavonien, 29. 1. 1885, † Agram (Zagreb) 22. 1. 1972 (orth.) (gesch. Budapest 12. 1. 1914; × II. Csakathurn, Kom. Zala, 6. 2. 1914 Alfred Englisch-Popparich [aus ungar. Adel], * Budapest 3. 10. 1881, † Wien 24. 7. 1921, ...; × III. ... Roman Michaljević [aus ungar. Adel], † ... 27. 10. 1929, DiplIng.), T. d. Kgl. ungar. BezAdj. Oskar J. de B. u. d. Juliana Grivičić (aus ungar. Adel);
× II. Wien 25. 1. 1924 Lydia Moncka, * Graz 13. 6. 1899, † Wien 21. 3. 1963, T. d. K. u. K. Hptm. Maximilian M. u. d. Josefine Leschkowitz.

Erster Ehe:

Friedrich Joachim Johann Georg Volkmar Josias Maria Blanca, * Warasdin 9. 12. 1908, † Salzburg 21. 5. 1967, Dr jur.;
× I. Wien 2. 7. 1937 Ingeborg Schandl, * Wien 22. 5. 1913, † Altmünster 2. 6. 1983 (gesch. Wien 2. 11. 1958; × II. Salzburg 4. 10. 1962 Franz Paul Gf u. Edler Hr v. u. zu Eltz gen. Faust v. Stromberg, † Salzburg 15. 3. 1974, ...), T. d. Rechtsanwalts Dr. jur. Hadmar Sch. u. d. Maria Hohenegg;
× II. Wien 19. 7. 1960 Herta Heinzl, * Preßburg 11. 7. 1933, T. d. DiplIng. Ottokar H. u. d. Anna Oplesch
(Alois-Stockinger-Str. 11, A-5020 Salzburg).

a) Erster Ehe:

1. Herwart Friedrich Ingomar Volker, * Wien 21. 1. 1940, Dr. jur., Firmengesellschafter;
× St. Kathrein am Offenegg 8. 9. 1973 Christa-Dorothea Ziegenfuß, * Mariahof 23. 12. 1948, Mag. soc. oec., T. d. Industriellen u. Kommerzialrats Ing. Hans Z. u. d. Annemarie Kern *(Elßlergasse 15, A-1130 Wien).*

Töchter:

1) Valerie Beatrice Sylvia Ruth, * Wien 16. 10. 1975.

2) Victoria Julia Heidi Nathalie, * Wien 18. 11. 1978.

2. Heide-Ingeborg (Heidi) Margarethe, * Wien 4. 3. 1941;
⚭ Salzburg 17. 10. 1961 Hans Georg Uitz, * Zell am See 10. 11. 1924, DiplIng.
(A-4381 St. Nikola an der Donau, OÖsterreich).

3. Helga-Solveigh Ingeborg, * Wien 24. 8. 1942;
⚭ I. Wien 6. 2. 1969 Alfred Grosser,, * Salzburg 23. 6. 1933, † ebd. 3. 8. 1974, VorstDir. (gesch. Gmunden 3. 5. 1971);
⚭ II. Gmunden 16. 7. 1974 Walter Peter Kueß, * Liezen 3. 1. 1946, Angest. (gesch. Gmunden 18. 6. 1981);
⚭ III. Gmunden 27. 12. 1986 Christian Frhr v. Lederer, * Wien 20. 12. 1938, DiplIng. forest., Gutsbes.
(Eben 302, A-4813 Altmünster; Seisenburg, A-4643 Pettenbach, OÖsterreich).

4. Harald Friedrich Hans Gottlieb, * Salzburg 21. 5. 1948, Hotelier;
⚭ I. Salzburg 18. 3. 1970 Madeleine Stiefler, * Salzburg 18. 9. 1947 (gesch. Salzburg 11. 3. 1978), T. d. Ing. Hubert St. u. d. Gertrude Seelenbacher
(Salzweg 15, A-5081 Niederalm);
⚭ II. Salzburg 8. 4. 1989 Ursula Arming, * Salzburg 23. 3. 1960, T. d. Steuerberaters Siegfried A. u. d. Ingeborg Palfinger
(General-Keyes-Str. 11, A-5020 Salzburg; Hotel Gasthof Stern, (Maxglaner Hauptstr. 68, A-5020 Salzburg).

Kinder: a) erster Ehe:

1) Mathias, * Wien 15. 2. 1971
(Salzweg 15, A-5081 Niederalm).

2) Stephanie, * Salzburg 28. 7. 1973
(Salzweg 15, A-5081 Niederalm).

b) zweiter Ehe:

3) Sophie Ingeborg, * Salzburg 12. 9. 1989.

b) Zweiter Ehe:

5. C l a u d i a Ingeborg Eva Andrea, * Salzburg 19. 5. 1961, Dr. jur.
(*Alois-Stockinger-Str. 11, A-5020 Salzburg*).

Namensträger, die nicht dem Adel angehören (siehe Form der Darstellung, Vorbemerkung):

Nikolaus Alfred Friedrich G r o s s e r, * Wien 20. 6. 1969, ... Adoptivsohn (Vertrag ... 16. 9., BezGerichtl. bestät. ... 21. 10. 1974) d. Walter Peter Kueß (s. o.), führt gem. Bescheid d. Amtes der OÖsterr. Ldesregierung vom 19. 6. 1987 den Namen „A n k e r s h o f e n"
(*Eben 302, A-4813 Altmünster*).

Berlepsch

Einleitung u. Literaturhinweise s. Adelslexikon, Bd I (1972).

Letztaufnahme der Genealogie: GHdA, Frhrl. Häuser A, Bd IX (1975).

Vors. d. FamVerb.: Hans Dietrich Frhr v. Berlepsch, Kapitän-Koldewey-Str. 8, 2811 Bücken.

I. Linie

Stammvater: Apel, † 1570.

S. GHdA, Gfl. Häuser, Bd XIII (1988).

II. Linie

Stammvater: Kaspar, * 1526, † 1573.

1. Ast

Stammvater: Heinrich, * 1662, † 1697.

S. Goth. adel. Tschb. A 1941.

2. Ast

Stammvater: Hartmann, * 1664, † 1713.

1. Zweig (Schloß Seebach)

Luth. — Stammvater: Gottlob, * 1759, † 1829.

Sittich Karl Rudolf Hans Freiherr v. Berlepsch, * Seebach 18. 10. 1857, † ebd. 2. 9. 1933, Fkhr auf Seebach u. Großengottern, Dr. phil. h. c., Kgl. preuß. Oberstlt a. D., RRr d. JohO.;
⚭ Niendorf, Kr. Pinneberg, 25. 6. 1890 Frances v. Berenberg-Goßler, * Hamburg 14. 4. 1868, † Uelzen 21. 3. 1951, T. d. Kaufm., Bankiers u. Ghzgl. bad. GenKonsuls Johann (John) Frhr v. B.-G., Fkhrn auf Niendorf, u. d. Juliane Donner[1].

1. Hildegard Karola Klementine, * Kassel 9. 6. 1893, † ... 1. 1. 1975;
   ⚭ Kassel-Wilhelmshöhe 6. 9. 1913 Horst v. Windheim, * Naumburg an der Saale 17. 9. 1886, † (durch Lawinenunglück) bei Saas Fée, Kt. Wallis, Schweiz, 17. 4. 1935, Landrat d. Kr. Wanzleben.

2. Erdmann Sittich Kaspar Hans, * Kassel 9. 7. 1894, † (an einer im Dienst zugezogenen Krankheit) Wien 2. 12. 1941, Oberstlt u. Kmdr d. SchützenRgts 2;
   ⚭ Seebach 19. 5. 1932 Ursula v. Hirschfeld, * Potsdam 8. 1. 1900, † Herzoghof bei Klagenfurt 5. 12. 1974 (⚭ II. Krastowitz bei Klagenfurt 6. 8. 1945 Hermann Gf v. Seherr-Thoß, † Klagenfurt 12. 11. 1959, Fkhr auf Dobrau [§], OSchlesien, Botschaftsattaché u. Rittmeister a. D.), T. d. Oberstlts a. D. u. Flügeladj. d. Kaisers u. Kgs Wilhelm II. Edgar v. H. u. d. Valeska Freiin v. Berlepsch.

   Söhne:

   1) Christof Mordian Hans Sittich Erdmann, * Seebach 26. 2. 1933, DiplKaufm.
      (Ortlindestr. 6, 8000 München 81; Herzoghof, A-9020 Klagenfurt);
      ⚭ München 16. 12. 1965 Marina Freiin Schuler v. Senden, * Berlin 21. 3. 1939 (gesch. München 5. 11. 1974), T. d. Ldwirts Hans-Georg Frhr Sch. v. S. u. d. Mechtildis (Mechtild) Freiin v. Rotberg
      (Klingsorstr. 10, 8000 München 81).

      Töchter:

      (1) Marjana, * München 7. 6. 1966, Werbekaufm. i. A. (...).

---

1 Vgl. DGB, Bd 127, S. 233.

(2) Katharina, * München 21. 6. 1967, med. techn. Assistentin i. A. (...).

2) Volkmar Sittich, * Meiningen 26. 11. 1935, † München 1. 8. 1991, Reisebürokaufm.;
× I. Klagenfurt-Hörtendorf 4. 2. 1971 Ute Suhr, * Neustadt, Holstein, 10. 9. 1944 (gesch. Hamburg 30. 3. 1987), T. d. Kpt. zur See Heinrich S. u. d. Annemarie Stolley
(Timmermannstr. 10, 2000 Hamburg 60);
× II. ... 15. 3. 1989 Astrid Neumar, * Bayreuth 13. 2. 1956, DiplIng., Innenarchitektin, T. d. ... Ambros Hans N. u. d. Olga Schmidt
(Forstenrieder Allee 24, 8000 München 71).

Tochter erster Ehe:

Franziska Ursula, * Kiel 10. 10. 1974
(Timmermannstr. 10, 2000 Hamburg 60).

3. Hans-Kaspar Erdmann Sittich, * Paderborn 19. 9. 1897, † (durch Unfall auf Dienstfahrt) Liposthey bei Biarritz, Frankr., 29. 6. 1940, auf Schloßgut Seebach, Major im Stabe d. XIV. Armeekorps;
× Kassel 12. 6. 1923 Erika Freiin v. Maltzahn, * Lüneburg 10. 3. 1903, † Marburg an der Lahn 17. 11. 1965, T. d. Kgl. preuß. Oberstlts a. D. Ulrich Frhr v. M. u. d. Charlotte v. Carlowitz.

Kinder:

1) Hans Sittich-Volkmar, * Kassel 4. 4. 1924, † Northwood, Middlesex, Engld, 7. 9. 1968, auf Schloßgut Seebach (§), Kaufm.;
× Marburg 3. 9. 1957 Gunild Henze, * Bielefeld 17. 12. 1926, † Northwood 29. 5. 1988, T. d. Lehrers Otto H. u. d. Alma Hartwig.

2) Jost-Burkhardt, * Seebach 7. 11. 1926, ⚔ († an der bei Guben erlittenen Verwundung) Würzburg 9. 3. 1945, Uffz. in der Sturmgeschützabt. der Div. Großdeutschland.

3) Ernfrid, * Seebach 1. 8. 1929, Farmer, führt als Adoptivsohn seines Onkels Albrecht Frhr v. Maltzahn († 1955) seit 25. 4. 1948 den Namen „Frhr v. Maltzahn-Berlepsch";
× Walfishbay, SWAfrika, 10. 7. 1957 Charlotte (Lotte) Buchert, * Liegnitz 9. 9. 1922 (× I. Omaruru 10. 4. 1954

Hans-Helmut Schmidt-Clausen, * Karibib 9. 6. 1913, † München 1. 2. 1955, Farmer), T. d. OIng. u. Fabrikbes. Gottfried B. u. d. Charlotte (Karola) Simon
(Farm Roidina, P. O. Box 259, Omaruru, Namibia).

4) Sitta-Felicitas, * Seebach 9. 12. 1932, führte als Adoptivtochter ihres Onkels Albrecht Frhr v. Maltzahn († 1955) seit 25. 4. 1948 den Namen Freiin v. Maltzahn-Berlepsch;
× (standesamtl.) Darmstadt 15. 8., (kirchl.) Marburg 20. 8. 1960 Jochen Scholz, * Saalfeld, Thür., 15. 5. 1934, Dr.-Ing.
(Ulmenstr. 7, 6464 Linsengericht-Großenhausen).

5) Burghilt, * Seebach 26. 6. 1936;
× Marburg 4. 1. 1959 Knud Etzel Hammerbeck, * Swakopmund, SWAfrika, 4. 3. 1931, ZivilIng.
(Davy McKee Corp. 2430, Casino Ramon, San Ramon, Ca 94583, USA).

6) Hans-Hartung Sittich Albrecht, * Mühlhausen, Thür., 8. 3. 1940, DiplIng., Architekt;
× Berkenthin 2. 1. 1976 Heide Willer, * Klein Luckow, Meckl., 1. 9. 1940, T. d. OFörsters Franz W. u. d. Henny Peters
(Münchinger Str. 14, 7254 Hemmingen).

2. Zweig (Kloster Seebach)

Luth. u. kath. — Stammvater: August, * 1763, † 1831.

1. Haus

Stammvater: Heinrich, * 1826, † 1910.

S. Goth. adel. Tschb. A 1941.

2. Haus

Stammvater: Otto, * 1828, ⚔ 1870.

Hans August Kurt Freiherr v. Berlepsch, * Dresden 26. 5. 1868, † ebd. 20. 7. 1928 (Kgl. sächs. Frhrnstand Dresden 26. 2. 1909, eingetragen in das Kgl. sächs. Adelsbuch 7. 12. 1910 unter Nr 341), Mithr auf Hambach, Reg.-Bez. Kassel, Kgl. sächs. Khr u. Hofmarschall a. D. d. Pr. Johann Georg Hzg zu Sachsen, Major a. D.;
× Bautzen 24. 9. 1892 Agnes v. Heynitz, * Groß-Radisch 8. 8. 1870, † Bad Sooden-Allendorf 22. 7. 1948, T. d. Otto v. H. auf Groß-Radisch u. d. Rosa v. Schönberg.

1. Elisabeth Christine, * Berlin 28. 12. 1898, † Braunschweig 21. 4. 1982;
× Dresden 7. 7. 1919 Richard Wecke, * Wiesa, Erzgeb., 11. 2. 1886, † Braunschweig 5. 10. 1971, auf Wiesa (§), Dr. phil.

2. Dorothea Margarete, * Freiberg, Sachsen, 30. 12. 1899, † Berlin 29. 1. 1980, Werkschwester.

3. Hans Sittich, * Chemnitz 7. 5. 1901, † Dresden 9. 10. 1981, Wäschereibes., Lt a. D.;
× Dresden 24. 9. 1938 Maria Zschoche, * Dresden 24. 9. 1902, T. d. Werkmeisters Robert Franz Z. u. d. Anna Berta Schuster
(Rathener Str. 113, O-8046 Dresden).

Tochter:

Gisela, * Dresden 11. 8. 1940, Dr. med., Ärztin;
× Dresden 22. 12. 1979 Peter Wenzel, * Aue 12. 12. 1941, Techniker
(Rathener Str. 113/15, O-8046 Dresden).

4. Hubertus Günther Sittich, * Chemnitz 26. 5. 1903, † Lindau im Bodensee 24. 6. 1967, Elektrotechniker, Druckereibes.;
× Lindau 2. 3. 1932 Helene Freiin v. Lotzbeck, * München 11. 7. 1904, † Lindau 3. 7. 1984, T. d. Kgl. bayer. Kjkrs u. Lts a. D. Ferdinand Frhr v. L. u. d. Elisabeth Freiin v. Nostitz a. d. H. Schönbühl.

Kinder:

1) Brun Sittich, * Buenos Aires 14. 5. 1933, DiplIng.;
× I. Lindau 12. 5. 1962 Barbara Thatcher, * Kidderminster 12. 4. 1932, † Wiesbaden 12. 10. 1974, T. d. AbtLeiters Frederick Cyril Th. u. d. Florence Leighton;
× II. Dossenheim 20. 2. 1976 Viktoria Dallwitz-Wegner, * Kitzbühel 26. 7. 1938, T. d. Ldwirts Hans Viktor D.-W. u. d. Elisabeth Heimann
(Im Biengarten 12, 6204 Taunusstein 4 — Seitzenhahn).

Sohn erster Ehe:

Richard Sittich, * Essen-Werden 9. 8. 1963, DiplNautiker;
× Taunusstein (standesamtl.) 10. 5., (kirchl.) 12. 5. 1991 Brita Berghäuser, * Bad Schwalbach 23. 1. 1964, T.

d. MagistratsOberrat i. R. Walter B. u. d. Lieselotte Kujas
(*Cord-Cöper-Str. 14, 2820 Bremen 70*).

2) B e a t e, * München 8. 7. 1938, Musikerin;
⚭ Recklinghausen 26. 5. 1973 Werner L e c h t e, * Recklinghausen 15. 9. 1944, Musiker
(*Zitadellstr. 2a, 4000 Düsseldorf 1*).

3) H u b e r t u s Sittich, * München 4. 10. 1942, Bankdir.;
⚭ München 2. 10. 1970 Renate v. H e u d u c k, * Berlin 17. 9. 1941, T. d. Oberstlts i. G. a. D. Friedrich-Wilhelm v. H. u. d. Gisela v. Donner
(*Liebträgerweg 16, 8990 Lindau*).

Söhne:

(1) T a s s o Hubertus Sittich, * Gräfelfing bei München 14. 6. 1977.

(2) H e n n i n g Gordon Sittich, * Port Chester, N. Y., USA, 26. 10. 1980.

5. H e i n r i c h Adolf Sittich, * Dresden 30. 6. 1904, Pfarrer i. R.;
⚭ Erfurt 10. 12. 1949 Ursula v. Z e z s c h w i t z, * Dresden 28. 3. 1920, Kindergärtnerin, T. d. Oberstlts a. D. Dr. rer. pol. Hermann-Joseph v. Z. u. d. Dorothea v. Trebra-Lindenau
(*Kirchstr. 29, O-9105 Kändler*).

Kinder:

1) A g n e s Dorothea, * Kemtau 1. 11. 1950, Ing. agr.;
⚭ Dornburg 2. 10. 1975 Jörg-Christoph S c h m i d t, * Anklam 18. 11. 1944, † Quedlinburg 10. 9. 1990, Dr. rer. nat., DiplChemiker
(*Heinrichstr. 19, O-4300 Quedlinburg*).

2) H a n s Hermann Sittich, * Kemtau 30. 4. 1952, DiplPhysiker;
⚭ Potsdam 25. 8. 1986 Regina S c h m i d t, * Potsdam 1. 7. 1956 (kath.), DiplPhysikerin, T. d. ... u. d. ...
(*Gutenbergstr. 61, Portal II, O-1560 Potsdam*).

Sohn:

R i c h a r d Caspar Sittich, * Potsdam 22. 9. 1987.

3) H e i n r i c h Gottlob Sittich, * Chemnitz 5. 1. 1954, Pfarrer;
⚭ Wittgensdorf 16. 7. 1976 Thamara M ü l l e r, * Zschopau 30. 5. 1953, Katechetin, T. d. Predigers Erich Fritz M. u. d. Operationsschwester Magdalene Susanna Irmscher
(*Pfarrgasse 7, O-6103 Walldorf*).

Töchter:

(1) Susanna Thamar, * Burgstädt 20. 10. 1977.

(2) Sophia Thamar, * Mittweida 13. 10. 1979.

(3) Juliana Thamar, * Mittweida 13. 5. 1981.

4) Ulrich Götz Sittich, * Chemnitz 23. 1. 1965, stud. arch. *(Kirchstr. 29, O-9105 Kändler).*

6. Johanna Agnes, * Dresden 27. 7. 1905, Heilgymnastin i. R. *(Birkenwaldstr. 153, 7000 Stuttgart).*

7. Georg Friedrich Sittich, * Dresden 8. 4. 1907, † Ascona 10. 11. 1985, Reiseleiter i. R.

3. Haus

Im Mannesstamme erloschen.

Stammvater: Adolf, * 1829, ⚔ 1870.

S. Goth. adel. Tschb. A 1941.

4. Haus

Hans Hermann Freiherr v. Berlepsch, * Dresden 30. 3. 1843, † Seebach 2. 6. 1926 (preuß. Anerkennung d. Berechtigung zur Führung d. Frhrntitels lt Heroldsamtsreskr. vom 24. 2. 1876), Fkhr auf Kloster Seebach mit Groß-Welsbach (1892 gestiftet, seit 1546 im Besitz der Fam.), Kr. Langensalza, auf Roßdorf, Mithr auf Hambach, Dr. phil. et jur. h. c., Kgl. preuß. StMin. f. Handel u. Gewerbe;
× Miechowitz 16. 5. 1876 Franziska v. Tiele-Winckler, * Myslowitz 29. 10. 1855, † Seebach 2. 5. 1927, T. d. Ghzgl. meckl. Obersten Hubert v. T.-W., Fkhrn auf Moschen, OSchlesien, Blücher, Vollrathsruhe usw., Meckl., u. d. Valeska v. Winckler.

1. Dietrich Hubert Sittich Hans, * Sondershausen 28. 5. 1879, ⚔ bei Barastre 27. 8. 1914, Kgl. preuß. Referendar a. D., OLt d. Res. d. HusRgts 12;
× Haus Meer 20. 2. 1908 Mechthildis Freiin v. der Leyen zu Bloemersheim, * Haus Meer 11. 5. 1885, † Ratingen 22. 1. 1970, T. d. Kgl. preuß. Khrn u. Ldrats a. D. Friedrich Frhr v. der L. zu B. auf Bloemersheim u. Haus Meer u. d. Luise Freiin v. der Borch.

Kinder:

1) Hans Dietrich Hubert Sittich Friedrich Wilhelm Heinrich, * Roßdorf 26. 4. 1910, auf Klostergut Seebach mit Groß-Welsbach (§) (vorm. Fkm.), Mithr auf Hambach, Ldwirt, Erbkm. von Hessen;
× Roßdorf 11. 3. 1934 Marie Louise (Maisa) Gfin v. Wengersky, Freiin v. Ungerschütz, * London 27. 1. 1913, T. d. Kgl. preuß. Hptm. a. D. Friedrich Gf v. W., Frhr v. U. u. d. Irmgard v. Alten
(Kapitän-Koldewey-Str. 8, 2811 Bücken).

Kinder:

(1) Dietlinde Mechthild Irmgard, * Seebach 12. 1. 1935;
× Bücken, Kr. Gfschaft Hoya, 12. 3. 1959 Manfred Dietrich, * Düren 20. 1. 1927, Oberstlt a. D.
(Jungbluthgasse 32, 5000 Köln 40).

(2) Friderun, * Seebach 14. 7. 1936, Krankenschwester;
× Hannover 27. 7. 1971 Lühr Edzard Tadken, * Groß-Ostien, Friesld, 30. 8. 1939, DiplIng.
(Kapitän-Koldewey-Str. 8, 2811 Bücken).

(3) Gisela, * Seebach 1. 4. 1938, Blumenbindermeisterin;
× Bücken 17. 7. 1965 Jürgen Wilheine, * Hannover 27. 8. 1938, Florist
(2811 Hoyerhagen 21).

(4) Isentrud, * Seebach 13. 5. 1939, Hebamme
(2811 Hoyerhagen 21).

(5) Marikka, * Seebach 14. 1. 1941, Fremdsprachenkorrespondentin
(Kieselstr. 6, 4000 Düsseldorf).

(6) Adelheid, * Seebach 30. 11. 1943;
× Martfeld 29. 7. 1967 Gerd Witte, * Martfeld 17. 4. 1943, techn. Betriebsleiter
(In der Weide 30, 2811 Martfeld).

(7) Dietmar Hans Sittich, * Seebach 1. 2. 1945, DiplIng., freischaffender Architekt;
× Sieversdorf 23. 8. 1968 Anke Wrigge, * Preetz 25. 2. 1945, T. d. Ldwirts Georg W. u. d. Ella Jäger
(2308 Sieversdorf bei Preetz).

Kinder:

a. Thilo Hans Sittich, * Kiel 9. 2. 1969.

b. Constanze Sitta, * Preetz 24. 7. 1978.

(8) Sitta Irmgard, * Stendern, Kr. Gfschaft Hoya, 11. 8. 1948;
× Hoya 1. 3. 1968 Heinz Jürgen Meyer, * Hoya 11. 4. 1944, Klempner- u. Installateurmeister
(Carlstr. 4, 2811 Bücken).

(9) Birgit, * Hoya 21. 12. 1954;
× Hoya 2. 1. 1987 Rolf Fassel, * Hoya 11. 9. 1952, DiplIng. f. Schiffstechnik
(Bücker Str. 35, 2812 Hoya).

2) Ludmilla Luise Franziska Jutta Henriette, * Roßdorf 17. 1. 1912;
× Seebach 27. 3. 1936 Hans Heine v. Alemann, * Hannover 15. 5. 1911, Major a. D.
(Wildenbruchstr. 82, 4000 Düsseldorf 11 — Oberkassel).

3) Erika Agnes Barbara Klara, * Haus Meer 22. 2. 1915, † Meerbusch 7. 12. 1980;
× Büderich bei Düsseldorf 10. 9. 1948 Kurt Tauchert, * Frankenberg, Sachsen, 1. 4. 1910, † Meerbusch 25. 4. 1976, techn. Kaufm.

2. Wilhelm Sittich, * Berlin 22. 3. 1881, † Vöhl, Kr. Frankenberg an der Eder, 17. 3. 1948, Kgl. preuß. Forstmeister a. D.;
× I. Gotha 7. 3. 1915 Gertie Freiin v. Wangenheim, * Narre-Warren, Australien, 30. 6. 1892, † Schlüchtern 22. 4. 1972 (gesch. Kassel 19. 6. 1940), T. d. Ldwirts Walther Frhr v. W. u. d. Klara Edebohls;
× II. Eisenach 24. 8. 1940 Else Huffert, * Vöhl 27. 4. 1902, † ebd. 18. 1. 1991, T. d. Ldwirts Hermann H. u. d. Auguste Bardeleben.

Söhne erster Ehe:

1) Friedrich Wilhelm Hans Walter Sittich, * Berlin 20. 12. 1915, ⚔ am Ilmensee, Rußld, 29. 7. 1941, Lt d. Luftw. im Kampfgeschwader 77.

2) Georg Wilhelm Dietrich Sittich, * Coburg 21. 3. 1918, ⚔ bei Nettuno, Italien, 2. 2. 1944, OLt u. RgtsAdj. im FallschirmjägerRgt 6.

3) Burkhard Wilhelm Sittich Hans, * Marburg 3. 12. 1928, Forstdir.;
× Vöhl 9. 7. 1949 Rosemarie Schmid, * Berlin 25. 10. 1927, T. d. Dir. Erich Sch. u. d. Jutta Lohse
(Forstweg 7, 3546 Vöhl).

Kinder:

(1) Baldur Burkhard Sittich, * Asel, Edersee, 12. 11. 1948, OStudienrat;
⚔ I. Freiburg i. Br. 18. 4. 1975 Margot Geiger, * Mannheim 4. 2. 1949 (gesch. Bremen 16. 9. 1985), T. d. Elektrikermeisters Kurt G. u. d. Ingeborg Grosse
(Donaustr. 38, 2800 Bremen);
⚔ II. Manila 18. 11. 1985 Petra Christensen, * Bremen 16. 11. 1949, T. d. Ing. Peter Ch. u. d. Renate Wegner
(Kreuzstr. 4, 2800 Bremen).

Kinder: a) erster Ehe:

a. Dennis, * Bremen 9. 9. 1979
(Donaustr. 38, 2800 Bremen).

b. Simon Hans Arnfrid Sittich, * Bremen 10. 5. 1982
(Donaustr. 38, 2800 Bremen).

b) zweiter Ehe:

c. Clara Therese Sitta, * Manila 27. 6. 1990.

(2) Hans-Jörg Hermann Sittich, * Frankenberg an der Eder 13. 7. 1950, Dr. phil., Historiker;
⚔ Mainz 19. 6. 1981 Annette Römheld, * Mainz 17. 8. 1953, T. d. Gießereifabrikanten DiplIng. Julius R.[2] u. d. Gertrude Karst *(Sattlerweg 39, 6500 Mainz 1)*.

Töchter:

a. Viola Konstanze Sitta, * Mainz 6. 11. 1986.

b. Pia Caroline Sitta, * Mainz 26. 9. 1988.

(3) Astrid Iris, * Hadamar 17. 12. 1954;
⚔ Vöhl 21. 5. 1982 Roland Kehm, * Schlüchtern 21. 7. 1956, Vertriebsing.
(Hohe Warte, 3593 Edertal-Bringhausen).

(4) Friedrich Wilhelm Sittich, * Oberzeuzheim, Kr. Limburg an der Lahn, 25. 1. 1958, Elektriker;
⚔ Lauingen 27. 3. 1991 Sonja Baumann, * ..., T. d. ... u. d. ... *(Am Burloh 91, 4400 Münster, Westf.)*.

(5) Andreas Rüdiger Sittich, * Arolsen, Waldeck, 7. 9. 1964, Tischler i. A.;
⚔ Vöhl-Harbshausen 14. 6. 1988 Elke Bechstein, * ... 25. 9. 1962, T. d. ... Hans B. u. d. Mathilde Fischer
(Seestr. 30, 3546 Vöhl-Harbshausen).

2 Vgl. DGB, Bd 98, S. 357.

3. W a l t h e r Georg Sittich, * Düsseldorf 20. 1. 1886, † Ahrweiler 21. 7. 1968, Oberstlt a. D.;
⚭ Erfurt 1. 8. 1914 Ilse v. W e r d e r, * Raakow 1. 6. 1891, † Ahrweiler 31. 8. 1969, T. d. Ghzgl. sächs. Khrn, Majors a. D. Hans-Georg v. W. u. d. Ida v. Gossow-Reinhart.

Kinder:

1) S u s a n n e Ida Ilse Valeska, * Erfurt 11. 5. 1918
(Altersheim St. Anna, Franziskusstr. 4, 5483 Bad Neuenahr-Ahrweiler).

2) B u s s o Konrad Sittich, * Erfurt 11. 7. 1922, Oberst i. G. a. D., RRr d. JohO.;
⚭ Bad Neuenahr 20. 2. 1950 Margarethe V o l k, * Ahrweiler 14. 4. 1924, T. d. Steuerberaters Johannes V. u. d. Margarethe Walbrecker
(Kurfürstenstr. 29, 3549 Wolfhagen).

Söhne:

(1) H a n s - H e r m a n n Busso Sittich, * Bad Neuenahr 26. 2. 1951, Journalist
(Hauptstr. 3, 6570 Idar-Oberstein);
⚭ Kiel 26. 8. 1976 Anke H a r t w i g, * Kiel 4. 9. 1956 (gesch. Kiel 28. 8. 1978), T. d. Marine-Meßtechnikers Karl H. u. d. Edeltraud Möller
(Moltkestr. 58, 2300 Kiel).

Sohn:

R e n é Busso Karl Sittich, * Kiel 11. 10. 1976
(Moltkestr. 58, 2300 Kiel).

(2) K o n r a d Walther Sittich, * Ahrweiler 11. 9. 1952, Dipl-Paed., Schreinermeister;
⚭ Wolfhagen 30. 8. 1991 Beate B u r h e n n e, * Gießen 12. 4. 1960, T. d. ... Günther B. u. d. Irene Damm
(Pestalozzistr. 16, 3500 Kassel).

Sohn:

T i l m a n Frieder Sittich, * Kassel 24. 10. 1991.

4. J u t t a Clara Constanze Marianne Eva, * Berlin 20. 1. 1895, † Ahrweiler 10. 12. 1958;
⚭ Seebach 20. 7. 1947 Gustav F i s c h e r, * Essen 18. 11. 1900, † Seebach bei Mühlhausen, Thür., ..., Ldwirt.

Bernewitz

Einleitung u. Literaturhinweise s. Adelslexikon, Bd I (1972).

Letztaufnahme der Genealogie: GHdA, Frhrl. Häuser B, Bd II (1957) (ältere Genealogie).

Carl Gotthard v. Bernewitz, * Mitau, Kurld, ... 1730, † Waldheim, Sachsen, 3. 1. 1781, auf Liebenau (bis 1756) bei Pirna, Kgl. poln. u. Kurfstl. sächs. Khr;
× Dresden ... 1753 Johanna v. Wolff, ~ Dresden 9. 5. 1730, † Dresden 16. 5. 1801, T. d. Bankiers Johann v. W. aus Zürich u. d. Sophie Gabel.

Johann Heinrich Karl, * 1754, † 1821; s. I. Linie.	Friedrich Wilhelm, * 1768, † 1812; s. II. Linie.

I. (braunschw.) Linie

Johann Heinrich Karl v. Bernewitz, * Dresden 2. 12. 1754, † Braunschweig 12. 12. 1821, Hzgl. braunschw. Khr, GenLt u. Kmdt von Braunschweig, Kgl. großbrit. Gen.;
× Rehme, Westf., 28. 1. 1798 Franziska Bodenstaff, * Ibbenbüren, Westf., 21. 2. 1773, † Braunschweig 5. 12. 1846, T. d. Kgl. preuß. Lts a. D., Akzise- u. SalzInsp. Bernhard B. u. d. Henriette Krieger.

Ludwig Hermann Alexander, * 1804, † 1847; s. 1. Ast.	Karl Heinrich Friedrich Wilhelm, * 1808, † 1878; s. 2. Ast.

1. Ast

Ludwig Hermann Alexander v. Bernewitz, * Braunschweig 25. 9. 1804, † ebd. 11. 9. 1847, Hzgl. braunschw. Polizeidir;
× Blankenburg, Harz, 11. 4 1833 Wilhelmine (Minette) v. Bülow, * Blankenburg, Harz, 11. 8. 1807, † Braunschweig 6. 2. 1860, T. d. Hzgl. braunschw. OForstmeisters Wilhelm v. B. u. d. Karoline v. Münchhausen a. d. H. Schwöbber.

Söhne (braunschw. Genehmigung zur Führung d. Frhrntitels Braunschweig 7. 2. 1867) u. Nachkommenschaft (blüht in den USA);
s. GHdA, Frhrl. Häuser B, Bd II (1957).

2. Ast

Im Mannesstamme erloschen.

Karl Heinrich Friedrich Wilhelm Freiherr v. Bernewitz, * Braunschweig 10. 10. 1808, † ebd. 15. 12. 1878 (braunschw. Genehmigung zur Führung d. Frhrntitels Braunschweig 7. 2. 1867), Hzgl. braunschw. Khr u. GenMajor a. D.;
⚭ Blankenburg, Harz, 30. 6. 1835 Auguste Bosse, * Groß-Mühlingen, Anhalt, 24. 5. 1815, † Wien 8. 8. 1880, T. d. Hzgl. braunschweig. OAmtmanns Friedrich B. u. d. Antoinette Breymann.

Carl Emil Wilhelm Arthur, * Braunschweig 16. 2. 1842, † Berlin 14. 5. 1920, Hzgl. braunschw. Khr, Kgl. preuß. GenMajor a. D., RRr d. JohO.;
⚭ Braunschweig 10. 9. 1865 Helene Wrede, * Braunschweig 2. 4. 1846, † ebd. 8. 1. 1923, T. d. Großkaufm. Conrad W. u. d. Ulrike Schulze.

1. Editha, * Braunschweig 12. 4. 1867, † Berlin-Lichterfelde 3. 11. 1923;
⚭ Braunschweig 14. 10. 1896 Hans v. Reppert-Bismarck, * Magdeburg 8. 11. 1861, † Berlin-Zehlendorf 27. 9. 1934, Kgl. preuß. Oberstlt a. D.

2. Wilhelm Moritz Oscar Conrad, * Hannover 11. 1. 1869, † Berlin 3. 8. 1941, Kgl. preuß. Oberst a. D., Rr d. hohenzoll. HausO. m. Schw., RRr d. JohO.;
⚭ Yokohama, Japan, 29. 3. 1909 Anna v. Fetter, * Rendsburg 11. 10. 1881, † Hannover 1. 7. 1978, T. d. Kgl. preuß. Gen. d. Inf. z. D. Adolph v. F. u. d. Mathilde v. Winterfeldt a. d. H. Menkin.

Kinder:

1) Christa Helene Edith Erna Charlotte, * Tokio 24. 12. 1909, † Hannover 29. 12. 1973;
⚭ Berlin 20. 8. 1933 Carl Gf v. Schweinitz u. Krain, Frhr v. Kauder, * Hausdorf, Kr. Bolkenhain, Schles., 29. 5.

1908, † Isernhagen 16. 9. 1988, VersKaufm., Rittmeister d. Res.

2) Sigrid Mathilde Leonie Hermine Magdalene, * Mülhausen, Elsaß, 22. 7. 1913, † Berlin-Charlottenburg 9. 10. 1949;
× Berlin 6. 12. 1934 Gotthardt v. Wallenberg Pachaly a. d. H. Siebischau, * Bonn 9. 7. 1906, † Hamburg 1. 12. 1989, Kaufm.

3) Ortolf Curd Alexander Arthur Heinrich Erhard Hans Max, * Berlin 15. 8. 1915, ⚔ bei Krakau 8. 9. 1939, Lt im PzRgt 31, OrdonnanzOffz. einer PzDiv.

3. Hartwig Olgard Germain Arthur, * Braunschweig 10. 9. 1870, † Berlin 6. 10. 1905, Kgl. preuß. OLt im HusRgt 17;
× Braunschweig 10. 10. 1896 Dorothea (Dora) v. Krosigk, * Breslau 6. 1. 1874, † Rohrlach bei Jannowitz, Riesengebirge, 13. 6. 1921, T. d. Kgl. preuß. Majors a. D. Hans v. K. a. d. H. Poplitz u. d. Dorothea Burggfin u. Gfin zu Dohna-Schlodien a. d. H. Kotzenau.

Töchter:

1) Erika Helene Hanna, * Braunschweig 4. 9. 1897
(Kurfürstendamm 166, 1000 Berlin 15 — Wilmersdorf).
Adoptivsöhne: s. u.

2) Jutta Dorothea Adelheid Olga Ottonie Hanna, * Braunschweig 28. 9. 1900;
× Berlin 20. 4. 1933 Friedrich Borchardt, * Ottenstein, Kr. Braunschweig, 8. 6. 1891, † Bad Harzburg 1. 5. 1969, Ldwirt, Fabrikant, Hptm. a. D.
(Pastor-Eyme-Str. 13, 3388 Bad Harzburg).

3) Dorothee, * Braunschweig 15. 1. 1902;
× (standesamtl.) Braunschweig, (kirchl.) Stift Steterburg 10. 5. 1932 Lothar v. Heinemann, * Frankfurt an der Oder 18. 11. 1905, GenMajor a. D.
(Römerstr. 118, 5300 Bonn 1; Plittersdorfer Str. 76, 5300 Bonn 2).

4. Adelheid Eduarde Hanna Marie Hermine Leonie, * Braunschweig 31. 1. 1878, † Oberstdorf, Allgäu, ... 1943;
× Berlin 5. 5. 1905 Viktor v. Giese, * Altona 29. 8. 1874, † (an den Folgen der an der Marne 1914 erlittenen Verwundung) Potsdam 25. 12. 1922, Kgl. preuß. Oberstlt a. D.

Conrad Freiherr v. Bernewitz

* 1869 † 1941

Kgl. preuß. Oberst a. D., Rr d. hohenzoll. HausO. mit Schwertern

s. S. 15

Anna Freifrau v. Bernewitz

geb, v Fotl[illegible]

* 1881 † 1978

s. S. 15

Christa Gräfin v. Schweinitz u. Krain
geb. Freiin v. Bernewitz
* 1909 † 1973
s. S. 15

Sigrid v. Wallenberg Pachaly

geb. Freiin v. Bernewitz

* 1913 † 1949

s. S. 16

Ortolf Freiherr v. Bernewitz

* 1915 ⚔ 1939

Leutnant im Panzer-Rgt 31, Ordonnanzoffizier einer Panzer-Division

s. S. 16

Friedrich Ernst Freiherr v. Bernewitz

* 1871 † 1938

GehRegRat, Vizepräsident der sächs. Landesversicherungsanstalt

(als Korpsstudent ca 1895)

s. S. 26

Therese Freifrau v. Bernewitz
geb. v. Watzdorf
* 1886 † 1970
s. S. 26

II. (sächs.) Linie

Friedrich Wilhelm v. Bernewitz, * Radeberg, Sachsen, 25. 4. 1768, † Białystok 26. 11. 1812, Kgl. sächs. Kpt.;
⚭ Weißenfels an der Saale 23. 11. 1795 Friederike Klösterlein, * Weißenfels 15. 8. 1770, † Dresden 21. 5. 1835, T. d. Amtm. Johann Gottlob K. u. d. Theodora Hesse.

1. Friedrich Alexander, * Weißenfels 22. 10. 1796, † Zwickau 20. 10. 1856, Kgl. sächs. Hptm.;
⚭ Braunschweig 15. 3. 1828 Wilhelmine v. Brocke, * Braunschweig 1. 5. 1803, † Lindenau bei Leipzig 8. 1. 1872, T. d. Gutspächters August Thedel Carl v. B. u. d. Henriette Langenstraßen [1].

Kinder:

1) Marie Auguste Mina, * Zittau 1. 2. 1830, † Bayreuth 2. 6. 1908;
⚭ Zittau 5. 5. 1859 Christoph Schilling, * Pegau, Sachsen, 2. 5. 1819, † Zwenkau bei Leipzig 18. 11. 1868, ...

2) Friedrich Wilhelm Adolar, * Zittau 12. 8. 1833, † Baku, Rußld, 12./23. 6. 1903, ...

3) Gabriele Antoinette, * Zittau 6. 2. 1837, † Leipzig 5. 3. 1898;
⚭ Leipzig 31. 3. 1878 Eduard Hermann Berghoff, * Weißenfels 17. 2. 1804, † ..., ...

4) Friedrich Alexander Freiherr v. Bernewitz, * Zwickau 17. 8. 1840, † Dresden 6. 4. 1918 (Führung d. Frhrntitels im Kgr. Sachsen nicht beanstandet), Dr. jur., Kgl. sächs. WGehRat u. OVerwGerPräs., RRr d. JohO.;
⚭ Dresden 10. 11. 1867 Linda Siebenhaar, * Deubnitz bei Leipzig 28. 3. 1849, † Dresden 18. 2. 1921, T. d. Kgl. sächs. OAppGerVizepräs. a. D. Friedrich Eduard S. u. d. Emma Leonhardi.

Kinder:

(1) Elfriede Linda, * Dresden 27. 8. 1868, † Dresden 4. 5. 1917;

1 Vgl. DGB, Bd 109, S. 350.

× Dresden 27. 7. 1887 Hermann Degen, * Greifswald 7. 10. 1856, † Schwerin, Meckl., 12. 9. 1909, Dr. med., Ghzgl. meckl.-schwer. SanRat.

(2) Helene, * Dresden 5. 1. 1870, † ebd. 23. 11. 1916.

(3) Friedrich Ernst, * Dresden 24. 7. 1874, † ebd. 5. 12. 1938, sächs. GehRegRat, Vizepräs. der Sächs. LdesVers-Anstalt, ERr d. JohO.;

× Dresden 18. 8. 1915 Therese (Rose) v. Watzdorf, * Stettin 19. 1. 1885, † München 27. 8. 1970, T. d. Kgl. preuß. Rittmeisters a. D. Thilo v. W., vorm. auf Groß-Blumenau, Kr. Kreuzburg, OSchles., u. d. Marianne v. Röbel a. d. H. Dumzin.

Sohn:

Wolf Georg, * Dresden 17. 2. 1921 (kath. seit 1941), Kaufm.;

× I. Hamburg 4. 6. 1945 Ursula Freiin v. Sobeck-Werder, * Barckow bei Treptow an der Tollense 16. 8. 1921, Rechtsanwältin (gesch. Dortmund 8. 5. 1950; × II. Köln 17. 1. 1953 Curt Doeblin, * Dortmund 2. 12. 1909, † Athen 1. 4. 1970, Dr. rer. pol., Fabrikdir.), T. d. Majors a. D. Hans Günther Frhr v. S.-W., vorm. auf Barckow, u. d. Marianne Mayer *(Sperberweg 5, 5000 Köln 40 — Junkersdorf)*;

× II. Tutzing, OBayern, 27. 8. 1955 Gisela Wytrens, * Kattowitz, OSchles., 27. 7. 1932 (gesch. ... 1956), T. d. ... u. d. ... (...);

× III. (standesamtl.) München 8. 12. 1968, (kirchl.) Rom 17. 2. 1969 Adina Baronesse v. Manteuffel gen. Szoege, * München 2. 10. 1937 (kath.), T. d. Leon Baron v. M. gen. Sz., Majoratshrn auf Zierau usw., Kurld, u. d. Alexandra Baronesse v. Hahn a. d. H. Blankenfeld
(Schwefelstr. 25, FL-9490 Vaduz; Via Santa Maria dell'Anima 10, I-00100 Rom; 22 avenue des Crêtes, F-83580 Gassin; Wartaweil 39, 8036 Herrsching am Ammersee).

Kinder (kath.): a) erster Ehe:

a) Friedrich Ernst-Heinrich, * Hamburg 14. 9. 1946, DiplPolitologe;

× (standesamtl.) Berlin 11. 5., (kirchl.) Bochum 29. 5. 1981 Sabine Busse-v. Colbe, * Kiel 22. 12. 1951, Dr. med., Fachärztin f. innere Krankheiten, T. d. DiplVolkswirts u. o. Prof. f. Betriebswirtschaftslehre an der Univ. Bochum Dr. rer. pol., Dr. rer. pol. h. c. Walther v. Colbe adopt. B.-v. C. u. d. Charlotte Meynköhn
(Altvaterstr. 10, 1000 Berlin 38 — Schlachtensee).

Kinder:

(a) Friedrich Ferdinand Georg Johannes, * Berlin 29. 11. 1982, † ebd. 30. 11. 1982.

(b) Henriette Karoline Sophia Friederike, * Berlin 5. 6. 1984.

(c) Friedrich Georg Joachim Heinrich, * Berlin 27. 8. 1986.

b) dritter Ehe:

b) Alexander Friedrich Ernst Leon, * München 14. 11. 1969
(Schwefelstr. 25, FL-9490 Vaduz).

c) Janina Maria Alexandra Therese, * München 11. 11. 1971
(Schwefelstr. 25, FL-9490 Vaduz).

d) Alice Eleonore Marianne Elisabeth, * München 18. 5. 1974.

e) Helene Stephanie Anna-Maria Margarita, * München 22. 2. 1976.

2. Karl Friedrich Gotthardt, * Weißenfels 9. 10. 1808, † Dresden 8. 7. 1885, Kgl. sächs. Hptm. a. D.;
× Zwickau 27. 4. 1841 Flora Valeria Kuntze, * Eilenburg 3. 4. 1810, † ..., T. d. Kgl. sächs. Majors Karl Moritz K. u. d. Friederike Herberger.

Söhne:

1) Moritz Gotthardt Alfred, * Zwickau 14. 2. 1842, † ... (jung).

2) Erwin, * Zwickau 24. 9. 1844, † Schwerin 21. 8. 1897, Pastor in Bad Elster;
× Kotelow 20. 7. 1870 Adelheid v. Oertzen, * Kotelow 14. 3. 1847, † Schwerin 11. 7. 1927, T. d. Ghzgl. meckl. Khrn u. Ldrats Karl v. Oe. u. d. Bertha Freiin v. Berlepsch.

Namensträger, die nicht dem Adel angehören (siehe Form der Darstellung, Vorbemerkung):

Neffen u. Adoptivsöhne (Vertrag ... 6. 1., amtsgerichtl. bestätigt Berlin-Charlottenburg 11. 9. 1986) der Erika Freiin v. Bernewitz, * 1897 (s. o., I. Linie, 2. Ast):

1. Hanns Hennin Borchardt, * Rohrlach bei Jannowitz, Riesengebirge, 1. 12. 1934, Rechtsanwalt u. Notar, führt den Namen „Freiherr von Bernewitz";
   × I. Bad Harzburg 25. 2. 1966 Inge Karin Baensch, * ... (gesch. ...), T. d. Fabrikanten Dr. ... Ulrich B. u. d. Waltraud Reifegerste (...);
   × II. Hitzfeld bei Hamburg 23. 5. 1979 Dagmar Kurmin (aus russ. Adel), * Riga 13. 8. 1933, Schauspielerin, T. d. Kais. russ. Rittmeisters Stanisław K.-Jatzki u. d. Thekla Zalaiskalns
   (Salzachstr. 29, 1000 Berlin 38).

   Kinder erster Ehe:

   1) Alexander, * Bad Harzburg 17. 8. 1966, ... (...).
   2) Fabian, * Bad Harzburg 4. 4. 1969 (...).
   3) Isabella, * Bad Harzburg 17. 2. 1971 (...).

2. Jobst Borchardt, * Sprottau, Schles., 28. 6. 1937, ..., führt den Namen „Freiherr von Bernewitz" (...).

Born (1880)

Einleitung u. Literaturhinweise s. Adelslexikon, Bd II (1974).
Letztaufnahme der Genealogie: GHdA, Frhrl. Häuser B, Bd VI (1976).

Julius Jakob Freiherr v. Born, * Bomst, Posen, 11. 6. 1840, † Brighton, Engld, 5. 2. 1897 (österr. Adels- u. Frhrnstand Wien 27. 11. 1880), auf Alt-Guttenberg u. Neuhaus-Neumarktl, Krain, Bergwerksbes.;
× Mühlhausen, Thüringen, 19. 8. 1872 Elise Blachstein, * Mühlhausen 26. 2. 1853, † Wien 16. 2. 1930 (× II. Vöslau bei Wien 18. 8. 1898 Conrad Emil Padowetz, † Knittelfeld 19. 8. 1922, K. u. K. Major i. R., gesch. Wien ... 1920), T. d. Bankiers Eduard B. u. d. Mathilde Heidenreich.

1. Friedrich Paul Siegfried, * Berlin 25. 6. 1873, † Dachau 5. 2. 1944, auf St. Anna am Loibl, Slowenien, Bergwerksbes., ungar. Reichstagsabg.;
× Budapest 22. 2. 1899 Stephanie Gajáry de Miske et Csertö, * Kalocsa, Kom. Pest, 18. 8. 1877, † Gyöngyös 9. 4. 1970, T. d. ungar. Reichstagsabg. Edmund G. de M. et Cs. u. d. Cornelia Abrahámffy de Kossuth et Gerla.

Kinder:

1) Stephanie Maria Eveline Mathilde Cornelia Elisabeth Elfriede, * Budapest 22. 12. 1899, † Gyöngyös 5. 8. 1974;
× Budapest 19. 8. 1936 Martin Firnigl, * Dunavarsány 26. 8. 1911, † ebd. 2. 10. 1946, Ldwirt.

2) Julius-Friedrich Edmund Carl Joseph Ludwig Sigismund, * Budapest 1. 1. 1901, † Gyöngyös 29. 3. 1972, Dr.-Ing., Gen-Dir. a. D.;
× Budapest 16. 10. 1944 Edith Dillmann v. Dillmont, * Budapest 14. 9. 1918, † ebd. 26. 11. 1990, kaufm. Leiterin, T. d. Hptm. Anton D. v. D. u. d. Margit Veress (aus ungar. Adel).

Sohn:

Andreas-Julius Friedrich, * Budapest 9. 4. 1946, Dr. jur. et rer. pol., Rechtsanwalt;
× Budapest 5. 7. 1986 Eva-Agnes Tuska, * Budapest 7. 3. 1953 (ev.), Dr. jur. et rer. pol., Rechtsanwältin, T. d. Gruppenleiters a. D. György T. u. d. Livia Rosu
(Hegyalja út 112, H-1112 Budapest XI).

3) B e a t r i x Karola Maria Violetta, * Budapest 1. 3. 1903, † Meran 12. 12. 1985;
⚭ I. Budapest 28. 12. 1920 Benjamin S z a l a t n a y de N a g y - S z a l a t n a, * Prag 29. 3. 1886, † Meran ... 1970, LegRat a. D. (gesch. ...);
⚭ II. ... Leo M o n t i, * Triest 21. 10. 1899, † Meran 25. 12. 1974, Dr. med.

2. C a r l Martin Ernst Alfred Willy, * Berlin 7. 6. 1876, † Wien 27. 11. 1957, auf St. Katharina u. Rocensa in Krain, Dr. jur., K. u. K. Rittmeister i. R.;
⚭ I. Wien 20. 2. 1905 Franziska Freiin vom H o l t z, * Wien 11. 9. 1884, † Budapest 29. 3. 1936 (gerichtl. gesch. ... 9. 1913, Ehe kirchl. annull. ... 6. 1914; ⚭ II. Wien 16. 6. 1915 Rudolf Gf Apponyi v. Nagy-Appony, † Kápolnapuszta, Kom. Fejér, 19. 7. 1939, Dr. jur., K. u. K. Km., OGespan d. Kom. Tolna, gesch. ... 1929), T. d. K. u. K. Obersten i. R. Georg Frhr vom H. u. d. Adele Podleszny;
⚭ II. Klagenfurt 15. 10. 1918 Renata Gfin zu L o d r o n - L a t e r a n o u. C a s t e l r o m a n o, * Gloggnitz am Semmering 25. 6. 1899, † Pörtschach, Kärnten, 19. 3. 1977 (gesch. Neumarkt ... 9. 1942; ⚭ II. Pörtschach 4. 5. 1948 Hellmut Kamniker, * Radkersburg 28. 2. 1898, † Pörtschach 21. 3. 1975, Dr. med., PrivDozent für Geburtshilfe u. Gynäkologie), T. d. K. u. K. GehRats u. Ldespräs. a. D. Dr. jur. Karl Gf zu L.-L. u. C. auf Castel Caffaro u. Lodrone, Italien, u. d. Maria Gfin zu Lodron-Laterano u. Castelromano.

Töchter zweiter Ehe:

1) M a r i a - Luise Hedwig, * St. Katharina, Krain, 9. 4. 1921;
⚭ Laibach 19. 5. 1941 Stevan P e i c Edler v. P e j i n d v o r, * Graz 25. 10. 1916, ...
(Apartado 60055, Caracas, Venezuela).

2) E l i s a b e t h Maria Antonia, * St. Katharina, Krain, 30. 4. 1925;
⚭ Cenobbio, Italien, 4. 5. 1949 Hubert O r t n e r, * ..., ...
(..., I-39012 Meran).

3) Maria R e n a t a Ludowika, * St. Katharina 30. 4. 1925 (Zwillingsschwester der Vorigen);
⚭ Innsbruck 25. 4. 1951 Herbert v. S c h l o s s e r, * ..., ...
(..., USA).

Bottlenberg

Einleitung, Wappenabbildung u. Literaturhinweise s. Adelslexikon, Bd II (1974). Letztaufnahme der Genealogie: GHdA, Frhrl. Häuser A, Bd V (1963).

Alexander Heinrich Freiherr v. dem Bottlenberg gen. v. Schirp, * Baldeney bei Essen 12. 2. 1773, † ebd. 24. 9. 1824, Ldrat d. Werdenschen Kr., 1810—1819 Bürgermeister von Werden an der Ruhr, kurköln. Hofkavalier;
× Aschaffenburg 24. 9. 1804 Theresia Edle v. Bäumen, * Kreuznach 29. 3. 1784, † Üdem 31. 10. 1871 (× I. Mannheim oder Aschaffenburg ... 1799 Ignaz Schröder, * [Mainz?] 29. 5. 1772, ⚔ [† an der erlittenen Verwundung] Aschaffenburg 9. 8. 1803, Rittmeister im Kurfstl. mainz. HusRgt), T. d. kurpfälz. WGehRats Johann Rudolf Edler v. B. u. d. Maria Anna Dibelius.

1. Franz Ernst Karl Benedikt, * Baldeney 5. 5. 1805, † ebd. 24. 4. 1880, Fkhr auf Baldeney;
× Essen 28. 11. 1850 Theresia Tuttmann, * Essen 15. 5. 1811, † ebd. 6. 12. 1890, T. d. Kgl. preuß. Justizrats u. Justizkommissars Franz T. u. d. Katharina Lanius.

Sohn:

Franz Alexander, * Baldeney 3. 5. 1852, † Düsseldorf 26. 11. 1902, Fkhr auf Baldeney;
× Cleve 2. 5. 1883 Anna-Bernardina van Ackeren, * Cleve 20. 4. 1854, † Bad Godesberg 2. 3. 1940, T. d. Kaufm. Werner van A. u. d. Maria Bichon.

Kinder:

(1) Franz Alexander Hubert Werner Alfons Maria, * Baldeney 31. 3. 1884, † ebd. 25. 5. 1962, auf Baldeney (vorm. Fkm.), MagRr d. souv. MaltRrO.;
× Gemen 18. 6. 1913 Maria Freiin v. Landsberg-Velen, * Dankern 8. 5. 1893, † Baldeney 20. 12. 1961, T. d. erbl. Mitgl. d. preuß. Herrenh. Friedrich Gf v. L.-V. u. Gemen, Fkhrn u. Standeshrn auf Gemen, u. d. Sophie Gfin v. u. zu Westerholt u. Gysenberg.

Neffe u. Adoptivsohn (Vertrag Essen 20. 9., amtsgerichtl. bestätigt ebd. 9. 12. 1954):

Heidenreich Wilhelm Johannes Hubert Maria Freiherr v. Landsberg-Velen a. d. gfl. H., * Dankern 9. 8. 1921; s. den Artikel Bottlenberg-Landsberg in diesem Bande.

(2) Elisabeth Anna Maria Theresia, * Baldeney 15. 1. 1887, † Füssen, Allgäu, 6. 5. 1952;

⚭ Baldeney 5. 11. 1910 Gustav Frhr v. Perfall, * München 2. 2. 1883, † Füssen 27. 2. 1969, Kgl. bayer. Km., GenLt a. D.

2. Friedrich Heinrich Ludwig, * Baldeney 28. 5. 1808, † Berlin 16. 12. 1886, Kgl. preuß. Rittmeister a. D.;
⚭ Berlin 23. 10. 1851 Wilhelmine Frommann, * Berlin 5. 11. 1829, † ebd. 2. 3. 1881 (kath. seit 1851), T. d. Kgl. preuß. Obersten a. D. Anton F. u. d. Gertrud-Virginia Staadt.

Kinder:

1) Franz Karl Friedrich Maria, * Camen, Kr. Hamm, 27. 2. 1855, † Berlin 26. 4. 1902, Kgl. preuß. Lt a. D.;
⚭ Berlin 24. 10. 1881 Emma Kindt, * Berlin 9. 12. 1860, † Ostseebad Bansin 8. 12. 1931 (kath. seit 1881), T. d. Fabrikbes. Heinrich Wilhelm K. u. d. Juliane Amalie Wolkewitz.

Sohn:

Wilhelm Paul Egon Ernst Maria, * Berlin 22. 3. 1886, ⚔ († im Lazarett) Neusatz, Kom. Bacs, Süd-Ungarn, 20. 10. 1918, Kgl. preuß. Rittmeister im DragRgt 6, Donat d. souv. MaltRrO.;
⚭ Wiesbaden 17. 11. 1910 Delia Maria Böhl de Liagre[1], * Baden-Baden 19. 6. 1888, † Tutzing 9. 7. 1984, T. d. Großkaufm. u. Konsuls Alfred B. de L. u. d. Delia Emilia Elvers zur Ohé.

Töchter:

a. Maria Beatrice Delia Olga, * Wiesbaden 7. 9. 1911, † Köln 13. 2. 1970, Graphikerin.

b. Maria Mercedes Gabriele Lilly, * Wiesbaden 31. 8. 1912;
⚭ (standesamtl.) Paris 28. 2. 1944, (kirchl.) Brühl, Bez. Köln, 5. 6. 1954 Oswalt v. Nostitz-Wallwitz, * Dresden 4. 4. 1908 (kath. seit 18. 11. 1945), Assessor, Beamter i. R. der Kommission der EG, Schriftsteller
(Hirtenstr. 5, 8139 Bernried, OBayern).

2) Egon Franz Viktor Maria, * Berlin 15. 7. 1862, ⚔ († an der erlittenen Verwundung) Berlin [illegible]. 10. 1915, Kgl. preuß. Major u. BatKmdr im ResInfRgt 267;

1 Vgl. DGB, Bd 21, S. 82.

Kurt Tankred Freiherr v. dem Bottlenberg gen. v. Schirp
* 1890 † 1946
auf Groß-Rinnersdorf
Oberstlt
mit seiner Gemahlin Liselotte, geb. Oetker, * 1907
s. S. 35

⨯ I. Paderborn 5. 2. 1885 Anna Schöningh, * Paderborn 26. 6. 1859, † Danzig 6. 12. 1898, T. d. Verlegers Ferdinand Sch. u. d. Sophie Overweg;
⨯ II. Wiesbaden 14. 8. 1909 Margarete Ochwadt, * Striegau 1. 3. 1884, † San Remo ... (um 1949) (ev.) (⨯ II. Berlin-Wilmersdorf 2. 12. 1916 Willy Ernst Reeser, * Frankfurt am Main 23. 5. 1874, † Hinterbrühl bei Wien ... 1952 od. 1953, Kaufm.), T. d. Kgl. preuß. Obersten a. D. Richard O. u. d. Elise Kantmann.

Kinder erster Ehe:

(1) Kurt Tankred Joseph Maria, * Metz 25. 1. 1890, ⚔ († an der erlittenen Verwundung) Wewer bei Paderborn 19. 2. 1946 (kath.), auf Groß-Rinnersdorf (§), Kr. Lüben, Schlesien, Ldwirt, Oberstlt u. RgtsKmdr;
⨯ Krefeld 31. 12. 1927 Lieselotte Oetker, * Krefeld 31. 5. 1907 (ev.), T. d. Großindustriellen Karl Oe. u. d. Alice Knüfermann
(Elsässer Weg 20, 4790 Paderborn).

Kinder:

a. Alice Marguerite Anneliese Maria, * Köln 20. 4. 1930 (kath.);
⨯ Paderborn 7. 2 1961 Joseph Vornholz-Middrup, * Sendenhorst bei Münster, Westf., 27. 2. 1914, † Lüdinghausen 27. 1. 1991 (kath.), Ldwirt
(Akazienweg 5, 4710 Lüdinghausen).

b. Kurt Rüdiger Wilhelm Maria, * Köln 9. 7. 1931, † Paderborn 4. 12. 1989 (kath.), Ldwirt;
⨯ Gütersloh 16. 6. 1961 Christa Großekathöfer, * Gütersloh 27. 7. 1937 (kath.), T. d. Kaufm. Hermann G. u. d. Else Oelker
(Pfälzer Weg 5, 4790 Paderborn).

Kinder:

a) Thomas Hermann, * Paderborn 31. 3. 1962, ...
(Kilianstr. 10, 4790 Paderborn).

b) Martina Elisabeth, * Paderborn 6. 4. 1965;
⨯ Paderborn 21. 6. 1985 Guiseppe Laurette, * Gela, Sizilien, 14. 1. 1957 (kath.), Schreiner
(Pfälzer Weg 5, 4790 Paderborn).

c. Anna-Maria Theresia Franziska, * Köln 13. 2. 1937 (kath.)
(Glasford Marienglas, Gwynedd LL 73 8 PB, Engld);
⚭ London 11. 7. 1959 Anthony Land, * London 22. 5. 1938, Geschäftsf. (gesch. London 12. 9. 1988).

d. Waltraud Erika Charlotte Maria, * Groß-Rinnersdorf 22. 2. 1939 (kath.);
⚭ Paderborn 18. 8. 1962 Alwin Richter, * Dortmund-Wickede 20. 8. 1932 (kath.), Ing. agr., Geschäftsf.
(Düttelstr. 18, 4600 Dortmund 13 — Wickede).

e. Lothar Elmar Tankred Hubertus Maria, * Groß-Rinnersdorf 13. 10. 1940 (ev.), Geschäftsf.;
⚭ Paderborn 5. 2. 1966 Gertrud Scharf, * Paderborn 27. 3. 1943 (ev.), T. d. Diakons Wilhelm Sch. u. d. Henriette Schewe
(Elsässer Weg 20, 4790 Paderborn).

Tochter:

Annette, * Paderborn 5. 6. 1967, ...
(Elsässer Weg 20, 4790 Paderborn).

f. Georg Hilmar Egon Maria, * Liegnitz 30. 9. 1943 (kath.), Versandleiter;
⚭ Salzkotten (standesamtl.) 23. 7., (kirchl.) 3. 9. 1971 Susanne Hecker, * Paderborn 17. 8. 1951 (kath.), T. d. Kaufm. Franz H. u. d. Anneliese Varlemann
(Elsässer Weg 18, 4790 Paderborn).

Söhne:

a) Andreas Georg Franz, * Paderborn 1. 3. 1972.

b) Alexander Manfred Kurt, * Paderborn 9. 11. 1975.

(2) Hedwig Sophie Elisabeth Maria, * Paderborn 9. 7. 1897, † Haarlem, Niederlde, 1. 11. 1964 (kath.);
⚭ Bussum, Niederlde, 19. 4. 1922 Henri van Heutsz, * Haarlem 18. 11. 1894, † (im Internierungslager) Baros Djimaki, Java, 16. 4. 1944, Kgl. niederld. Administrator in Aer Teman, Niederld.-Indien.

3) Konrad Ludwig Karl, * Berlin 11. 10. 1861, † ebd. 10. 4. 1928, ...;
⚭ Neu-Weißensee bei Berlin 7. 8. 1886 Alma Schulze, * Berlin 22. 6. 1864, † ebd. ... (ev.), T. d. Schriftsetzers Christian Adolf Sch. u. d. Maria Sophie Weber.

Kinder:

(1) A d o l f Friedrich Konrad, * Weißensee 27. 5. 1887, † Berlin-Kreuzberg 5. 9. 1951, Ing.;
⚔ Berlin 11. 8. 1922 Frieda (Niuta) S c h r ö d e r, * Kyritz, Ostprignitz, 11. 7. 1893, † Berlin 24. 12. 1975 (ev.) (gesch. Berlin 20. 8. 1935), T. d. Zigarrenfabrikanten, später Bankbeamten Carl Sch. u. d. Auguste Macherschett.

(2) E r n a Sophie Alma Klara, * Neu-Weißensee 10. 7. 1892, † ...

3. A l e x a n d e r Heinrich, * Baldeney 29. 5. 1814, † Haus Chaloen bei Alt-Valkenburg, Prov. Limburg, Niederlde, 15. 1. 1887, Bürgermeister von Werden an der Ruhr;
× I. Düsseldorf 25. 4. 1851 Johanna M a k u l s k a (W. Gryf), * Saarlouis 27. 10. 1826, † Werden 18. 12. 1856, T. d. ... u. d. ...;
× II. Werden 14. 4. 1858 Cäcilie V i s s e r, * Amsterdam 1. 7. 1830, † Werden 23. 12. 1861, T. d. ... Everard V. u. d. Fanny Beguin;
⚔ III. Werden 21. 2. 1867 Klara H i e g e m a n n, * Essen 25. 9. 1836, † Werden 18. 9. 1877, T. d. ... u. d. ...

Sohn zweiter Ehe:

E d u a r d Heinrich Alexander, * Werden 15. 12. 1861, † Nizza 2. 12. 1898, ...;
× Heel, Prov. Limburg, 19. 11. 1895 Marie Baronesse van V o o r s t tot V o o r s t, * 's-Herrenberg, Gelderland, 2. 5. 1871, † Gronsveld, Prov. Limburg, 8. 5. 1957, vorm. auf Gielsdorf bei Bonn, T. d. Notars Leopold Baron van V. tot V. auf Schadewijk u. d. Ludovica (Luise) Baronesse de Bounam de Ryckholt.

Tochter:

M a r i a Josephine Eveline Luise, * Bonn 11. 2. 1897;
⚔ Grathem, Prov. Limburg, 25. 2. 1919 Johannes Richardus J a n s e n, * Helmond, Prov. Nordbrabant, 26. 6. 1890, † Roermond 7. 6. 1964, Inh. einer Werkstätte für kirchl. Kunst
(*Munsterstr. 8, Roermond, Niederlde*).

Namensträger, die nicht dem Adel angehören (siehe Form der Darstellung, Vorbemerkung):

G e r h a r d S c h r ö d e r, * Charlottenburg bei Berlin 14. 8. 1912 (ev.), Ing., führt gemäß § 1706 BGB seit 14. 8. 1922 den Namen „F r e i h e r r v o n d e m B o t t l e n b e r g g e n. v o n S c h i r p";

× Göttingen 12. 2. 1949 Helga Warnecke, * Göttingen 4. 5. 1920, T. d. Fabrikbes. Theodor Friedrich W. u. d. Ella Luise Helene Schröder
(Sinzenichstr. 7, 8000 München 71).

Kinder:

1. Frank-Ulrich Theodor, * Berlin-Charlottenburg 8. 2. 1950, DiplIng., Tonregisseur
   (Stridbeckstr. 28a, 8000 München 71);
2. Cornelia Maria Madeleine, * Berlin-Charlottenburg 9. 8. 1951, Musikproduzentin u. Dirigentin
   (Sybelstr. 7, 1000 Berlin 12 – Charlottenburg).

Bottlenberg-Landsberg

Einleitung u. Literaturhinweise s. Adelslexikon, Bd II (1974).

Letztaufnahme der Genealogie: GHdA, Gfl. Häuser A, Bd VI (1970) (Art. Landsberg-Velen).

Otto Friedrich Johann Ignatius Maria Freiherr v. Landsberg-Velen a. d. gfl. H., * Dankern, Hann., 31. 7. 1890, † ebd. 18. 9. 1974, auf Dankern;
× Padberg, Kr. Brilon, 18. 10. 1915 Maria Gfin Droste zu Vischering, * Padberg 4. 6. 1892, † Dankern 3. 10. 1984, T. d. päpstl. GehKm. di spada e cappa Wilhelm Gf D. zu V. auf Padberg u. d. Antonia Freiin v. Wendt a. d. H. Papenhausen.

Heidenreich Wilhelm Johannes Hubert Maria Freiherr v. dem Bottlenberg-Landsberg, * Dankern, Hann., 9. 8. 1921, Neffe u. Adoptivsohn (Vertrag Essen 20. 9., amtsgerichtl. bestät. ebd. 9. 12. 1954) d. Franz Frhr v. dem Bottlenberg gen. v. Schirp auf Baldeney u. d. Maria Freiin v. Landsberg-Velen, adelsrechtl. Nichtbeanstandung vorstehender Namensform durch Beschluß d. Ausschusses f. adelsrechtl. Fragen der Deutschen Adelsverbände vom 31. 12. 1954, vorm. auf Baldeney, ERr d. souv. MaltRrO.;
× (standesamtl.) Bad Neustadt an der Saale 13. 10., (kirchl.) Salz bei Bad Neustadt 14. 10. 1958 Maria Theodora Freiin v. u. zu Guttenberg, * Schwarzenberg 1. 8. 1930, Dr. phil., T. d. Historikers Dr. phil. Karl-Ludwig Frhr v. u. zu G. auf der Salzburg bei Bad Neustadt u. d. Therese Przssin zu Schwarzenberg
(Haus Baldeney, Freiherr-vom-Stein-Str. 386 b, 4300 Essen 1).

Franz-Alexander Clemens Dietrich Maria Benedikt Berno, * Düsseldorf 13. 1. 1961, Produktionsleiter, Journalist
(Agnesstr. 12, 8000 München 40).

Brandenstein

Einleitung, Wappenabbildung u. Literaturhinweise s. Adelslexikon, Bd II (1974). Letztaufnahme der Genealogie: GHdA, Frhrl. Häuser A, Bd X (1977).

Obmann des FamVerb.: ...; stellv. Obmann: Gerd v. Brandenstein, Am Weihersbach 37, 8522 Herzogenaurach; Archivarin: Isa v. Brandenstein, Burg Brandenstein, 6490 Schlüchtern-Elm; Schatzmeister: Albrecht Gf v. Brandenstein-Zeppelin, Schloß Mittelbiberach, 7951 Biberach an der Riß.

Stamm A (Oppurg-Ranis)

Stammvater: Heinrich, urkundl. 1346—1373.

I. Linie (Ranis)

Stammvater: Heinrich, urkundl. 1446, † 1495.

1. Ast

Stammvater: Frhr Asche (Askan), urkundl. 1531, † 1558/59.

1. Zweig (in Mecklenburg)

Stammvater: Frhr Georg Heinrich, * 1668, † 1746.

1. Haus (Niendorf)

Hans Joachim Georg Werner Freiherr v. Brandenstein, * Galenbeck 6. 3. 1826, † Niendorf 22. 1. 1906, Fkhr auf Niendorf, Mitbes. der Lehensgüter Hohenstein bei Friedland u. Heinrichswalde, K. u. K. Rittmeister a. D.;
× Neuensund, Uckermark, 4. 10. 1861 Minka v. Arnim, * Neuensund 26. 9. 1840, † Niendorf 25. 6. 1919, T. d. Kgl. preuß. Majors a. D. Hans v. A. auf Neuensund usw. u. d. Marie v. Heyden.

1. Joachim Werner Matthias Adalbert Berthold, * Hohenstein 26. 1. 1864, † Niendorf 13. 9. 1941, Fkhr auf Niendorf, Ghzgl. meckl.-strel. WGehRat, Gesandter u. Bundesratsbevollm. in Berlin 1906—1918, meckl.-schwer. StMin. d. Innern u. MinPräs. a. D., Rittmeister a. D., vorm. á la suite des meckl.-schwer. Kontingents;
× Walow, Kr. Waren, Meckl., 20. 6. 1900 Karoline (Carola) v. Flotow, * Walow 22. 7. 1878, † Alt-Horst bei Mölln, Kr. Hzgt. Lauenburg, 5. 2. 1968, T. d. Hans v. F. auf Walow usw. u. d. Karoline (Lilly) v. Blücher.

Kinder:

1) E r i k a Lili Caroline Minka Ottilie Lilla Hellmuthe, * Schwerin 18. 5. 1901, † Mölln 12. 10. 1979, staatl. gepr. Masseurin;
× Beidendorf 25. 9. 1925 Clemens V e d o u a , * Laase 7. 8. 1893, † (in russ. Kriegsgefangenschaft) Lager Pagamune .. 11. 1944, Mithr auf Laase, Major d. Res. u. Div.Nachschubführer der 76. InfDiv.

2) L i l i Vera Luise Johanna Wolfriede Auguste, * Schwerin 9. 9. 1903, † Alt-Horst 13. 2. 1991;
× Schwerin 5. 3. 1929 Gebhard v. T r e u e n f e l s , * Neuhof, Meckl., 10. 12. 1903, † Alt-Horst 12. 5. 1984, auf Alt-Horst.

3) H a n s - W e r n e r Dietrich Rudolf Helmut Karl Kuno, * Schwerin 10. 11. 1905, † Lübeck 7. 7. 1956, auf Niendorf (§) (vorm. Fkm.), Kr. Wismar, Ldwirt;
× Niendorf 11. 5. 1943 Irmtraut J a h n , * Neiße, OSchles., 5. 4. 1923, T. d. Architekten Alfred J. u. d. Else Rittner *(Schützenstr. 146, 4010 Hilden).*

Töchter:

(1) I n g r i d Carola Freda Erika Wolfhilde Adelheit Magdalene, * Schwerin 11. 3. 1944;
× Wien 28. 9. 1972 Hans-Jürgen S c h m i d t (s. u.).

(2) B e t t i n a Lili Olga, * Langenfeld, Rheinld, 25. 1. 1954;
× Hilden 12. 12. 1980 Gerhard W r o b e l , * Hilden 4. 9. 1953, *(Am Hovestadt 26, 5962 Drolshagen — Bleche).*

4) E l i s a b e t h Alma Jutta Lolo, * Berlin 26. 12. 1906, † Ratzeburg 27. 4. 1983;
× Niendorf 18. 4. 1938 Hubertus Gf v. G a r n i e r - T u r a w a , * Turawa bei Oppeln 15. 6. 1901, † Bad Dürkheim 9. 9. 1971, OFörster a. D.

5) W o l f g a n g J ü r g e n Karl Max, * Berlin 6. 12. 1907, ORegDir. a. D.;
× Harburg, Kr. Donauwörth, 6. 9. 1949 Edith Freiin v. I m h o f f , * Neu-Ulm 18. 10. 1913 (× I. Nürnberg 29. 10. 1930 Wilhelm Albrecht v. Treuenfels, × bei Judinowo, Rußld, 17. 1. 1942, Ldwirt, OLt der Res. im ReiterRgt 14), T. d. Kgl bayer. Km. u. Majors a. D., Fabrikteilhabers Maximilian (Max) Frhr v. I. u. d. Rosa Schuh *(Königsdorfer Str. 4, 5000 Köln 41).*

6) Ernst Hans Max Ludwig, * Walow 4. 7. 1909, † Alt-Horst 23. 6. 1985, Ldwirt, ERr d. JohO.;
× Alt-Horst 27. 6. 1947 Ruth-Daisy v. Apell, * Sterkrade, Rheinld, 17. 8. 1923, T. d. Majors a. D. Karl v. A. u. d. Stephanie v. Rège
(Alt-Horst, 2411 Horst).

Sohn:

Karl-Joachim Fritz Edwin, * Alt-Horst 7. 12. 1954, Forstassessor
(Alt-Horst, 2411 Horst).

7) Friedrich Franz, * Walow 9. 7. 1911, ⚔ südl. Leningrad 7. 10. 1942, Ldwirt, OLt der Res.

2. Otto Hans Karl August, * Hohenstein 21. 10. 1865, ⚔ (von Russen erschossen) Grambow bei Goldberg, Meckl., 8. 5. 1945, Mithr auf Hohenstein u. Heinrichswalde, GenLt a. D., zuletzt Kmdr der 3. GardeKavBrig., Rr d. O. pour le mérite;
× Grambow 19. 6. 1896 Elisabeth v. Passow, * Grambow 19. 4. 1873, † Malente, Holst., 9. 11. 1959, T. d. Ghzgl. meckl.-schwer. Khrn August v. P. auf Grambow u. d. Margarethe Gfin v. Bernstorff.

Kinder:

1) Ilse Margarete Minka Marie, * Düsseldorf 12. 8. 1898, † Hamburg 28. 3. 1982;
× Doberan 5. 10. 1920 Otto v. Dallwitz, * Parchim 21. 2. 1897, † Hamburg 20. 1. 1970, auf Zülow (§) bei Sternberg, Meckl., Major der Res. a. D., Kaufm.

2) Marie Martha Lilla Wolfine Andrea Johanna, * Koblenz 24. 11. 1902, Sozialarbeiterin i. R.
(Hinrich-Wrage-Str. 16a, 2427 Malente).

3) Irmgard Minka Christine Carola Victoria, * Berlin 24. 9. 1904, Gymnastiklehrerin i. R.
(Hinrich-Wrage-Str. 16a, 2427 Malente).

4) August-Werner David Rudolf Georg, * Demmin 22. 9. 1905, ⚔ bei Krakau 7. 8. 1944, Assessor, Hptm. d. Res. u. KompFührer im PzRgt 23.

3. Rudolf Wilhelm Georg Otto Alexander, * Hohenstein 10. 10. 1871, † Krumbach, Schwaben, 12. 1. 1957, Dr. h. c., Hzgl. sachs.-meining. Khr u. GehKabinettsrat, Kgl. bulgar. GenKonsul, GenSekr. d. Kais. Automobilclubs von Deutschland;

× Berlin 30. 4. 1896 Magdalene v. Raven, * Berlin 14. 10. 1872, † ebd. 21. 3. 1931, T. d. Kgl. preuß. PLts a. D. Otto v. R. u. d. Anna Hube.

Kinder:

1) Hans Gert Otto Arthur Rudolf, * Schöneberg bei Berlin 16. 6. 1902, † (nach Flugzeugunfall) Lauf, MFranken, 25. 11. 1936, Dr. jur., Rechtsanwalt;
× I. Wesseldorf, Meckl., 3. 9. 1925 Amadea Gfin Henckel v. Donnersmarck, * Oldenburg 27. 5. 1904, † Berlin 30. 7. 1944 (gesch. Berlin 9. 1. 1932), T. d. Kais. deutschen WGehRats u. Gesandten Dr. jur. Victor Gf H. v. D. u. d. Marie Gfin v. Bassewitz a. d. H. Prebberde;
× II. Berlin 30. 8. 1932 Ragnhild Siri Gfin Trampe, * Braunschweig 30. 6. 1899, † München 30. 9. 1984 (× I. Berlin 16. 9. 1919 Georg Mathéy, * Hermannstadt, Siebenbürgen, 13. 9. 1884, † ..., Prof., Maler u. Graphiker, gesch. Berlin 12. 1. 1926; × II. Berlin 25. 3. 1926 Rudolph Wahl, * Köln 13. 2. 1894, † München 21. 9. 1961, Dr. rer. pol., Industrieller, Schriftsteller, gesch. Berlin 12. 7. 1932; × IV. Berchtesgaden 8. 10. 1941 Günther v. Pogrell, † Bad Reichenhall 8. 7. 1944, Gen. d. Kav. a. D.; × V. München 3. 3. 1958 Wolfgang Huck, * Offenbach am Main 13. 9. 1889, † München 22. 1. 1967, Dr. phil., Zeitungsverleger), T. d. Gomer Gf T. auf Björkeberga bei Osby, Schweden, u. d. Clara Breitenbach.

Sohn erster Ehe:

Victor Rudolf Adolf Feodor Kraft Heinrich Wolf Werner Nikolaus, * Berlin-Wilmersdorf 4. 3. 1927, Rechtsanwalt;
× I. Essingen bei Aalen 19. 4. 1954 Ursula Fritz, * Waren, Meckl., 7. 9. 1919 (gesch. Düsseldorf 7. 3. 1974), T. d. OStudiendir. Dr. phil. Rudolf F. u. d. Amalie Lauenstein
(Mommsenstr. 98, 5000 Köln 41);
× II. Düsseldorf 27. 11. 1981 Elisabeth Moldenhauer, * Neviges 12. 2. 1945, T. d. Dr.-Ing. Friedrich M. u. d. Renate Vischer
(Bockumer Str. 46, 4000 Düsseldorf 31).

Adoptivtochter: s. u.

2) Vera Magdalena Ottilie Brunhilde Luise, * Wilmersdorf bei Berlin 23. 7. 1904, † Straßlach bei München 29. 7. 1983;

× I. Berlin 11. 5. 1926 Hans-Friedrich Frhr Digeon v. Monteton, * Hanau 4. 8. 1900, ⚔ Cassis bei Marseille, Frankr., 8. 4. 1944, auf Priort, Kr. Osthavelld, Major (gesch. Berlin 1. 3. 1938);
× II. Berlin 28. 6. 1938 Richard Lacey Wätjen, * Bremen 9. 8. 1891, † Bergisch Gladbach 13. 1. 1966, Dressurreiter.

2. Haus

Stammvater: Frhr Georg, * 1827, † 1897.

Lothar Detlev Joachim Matthias Heinrich Karl Joseph Freiherr v. Brandenstein, * Münster, Westf., 14. 2. 1875, † Berlin-Zehlendorf 31. 1. 1956, Oberst a. D., Rr d. hohenzoll. HausO. mit Schw.;
× I. Hamburg 2. 4. 1902 Gertrud von der Meden, * Ashwood, Leeds, 28. 8. 1869, † Berlin 21. 4. 1941, T. d. Maklers Carl August von der M. u. d. Sophie Mathilde Eckhard;
× II. Glasau bei Sarau, Holst., (standesamtl.) 29. 9., (kirchl.) 4. 10. 1945 Elisabeth v. der Lippe, * Rendsburg 27. 10. 1900, † Berlin 24. 1. 1970, T. d. Kgl. preuß. GenLts z. D. Friedrich v. der L. u. d. Engelina Gudewill a. d. H. Groß-Krutschen, Kr. Trebnitz.

Erster Ehe:

1. Wolf Werner Lothar, * Parchim 2. 7. 1903, † Traunstein 19. 2. 1980, Kaufm.;
× I. Kopenhagen 5. 4. 1924 Esther Just-Lund, * Kopenhagen 18. 6. 1905, † Bern 15. 11. 1987 (gesch. Duisburg 12. 11. 1929; × II. Bern 6. 4. 1933 Hans Kindler, * Bern 30. 5. 1902, † ebd. 30. 5. 1988), T. d. OGer- u. Kronanwalts Tomas J.-L. u. d. Esther Nathalie Aall;
× II. Bad Godesberg 3. 5. 1938 Marga Schmitz-Temme, * Elberfeld 29. 8. 1916, † Nürnberg 18. 3. 1990, T. d. Kaufm. Joseph Sch.-T. u. d. Elisabeth Temme.

Kinder: a) erster Ehe:

1) Scott Helmuth Wolf Werner Lothar, * Rom 8. 11. 1926, Farmer;
× I. Guayaquil, Ecuador, 30. 12. 1952 Maria Luiza Mechán, * Guobo, Ecuador, 28. 11. 1924 (kath.) (gesch. Ravensburg 7. 3. 1974), T. d. Farmers Fernandez M. u. d. Louiza Azanza (...);

× II. Oberteuringen 7. 5. 1974 Hiltrud P e g l o w, * Jena 8. 2. 1938 (× I. ...), T. d. Kaufm. Werner P. u. d. Herta Hildegard Bösemann
(Casilla de Correo 1459, Tres Palmas, Asunción, Paraguay).

Kinder: a) erster Ehe:

(1) Maria E l l i n o r Trixly, * General Proano, Ecuador, 25. 2. 1954 (ev.), Sekretärin;
× Muri bei Bern 21. 1. 1981 Angel R o m e r o, * Mexico City 1946 (kath.), Ing.
(Chartres 49, Col Villa Verdun, Del Alvaro Obregon, CP 01810 Mexico, D. F.).

(2) Concepcion Yan Y a j a n u a, * Macas, Prov. Oriente, Ecuador, 27. 7. 1956 (ev.), Krankenschwester;
× I. Muri 6. 5. 1978 Markus L a n g e n e g g e r, * Bern 24. 6. 1952 (ref.), Rechtsanwalt (gesch. Bern 6. 8. 1985);
× II. Muri 3. 4. 1987 Andreas S a l z m a n n, * Bern 17. 1. 1961 (ref.), Pianist, selbst. Geschäftsf.
(Rossimattstr. 16, CH-3074 Muri bei Bern).

(3) C h r i s t o f Roberto Lothar Helmut, * Macas 8. 1. 1958 (ev.), Makler, ldwirtsch. Berater;
× Filadelfia, Chaco, Paraguay, 17. 1. 1981 Alice N e u f e l d - E i t z e n, * Filadelfia 19. 3. 1958, T. d. Ldwirts Cornelius N. u. d. Maria Eitzen
(Casilla de Correo 3160, Asunción, Paraguay).

Kinder:

a. Alexander Roland Helmut, * Filadelfia 31. 10. 1981.

b. Marion Alice, * Asunción 22. 1. 1985.

c. ...

(4) V e r a Esther Taboina, * Macas 14. 5. 1959 (kath.), Bankangest.;
× Rosenheim 17. 5. 1978 Franz Wolfgang D i n k e l, * Mühlheim am Main 24. 3. 1947 (ev.), Physiotherapeut, Masseur
(Am Wäldele 20, 8998 Lindenberg).

(5) Linda S a r y, * Macas 14. 5. 1961 (ev.);
× Asunción 15. 12. 1982 Jorge Luis S t e v e n s Zaldivar, * Asunción 6. 4. 1957 (kath.), Zollagent
(Casilla de Correo 1875, Asunción, Paraguay).

b) zweiter Ehe:

(6) Gunnar-Scott, * Tettnang 13. 9. 1974.

Adoptivkinder: s. u.

b) zweiter Ehe:

2) Marina Susan, * Essen 26. 3. 1941;
× (standesamtl.) München 19. 2., (kirchl.) Amerang bei Rosenheim 28. 9. 1971 Christoph Frhr v. Brandenstein, * Görlitz 12. 6. 1942, Dr. phil., OArchivrat am Ldeskirchl. Archiv Nürnberg (s. u., 2. Ast)
(Effnerstr. 19, 8500 Nürnberg 30).

2. Ruth Therese Thekla, * Parchim 2. 9. 1904;
× Bournemouth, Engld, 5. 9. 1950 Lionel Cundell, * Kew Gardens, Surrey, 2. 9. 1895, † Swanage, Dorset, 10. 2. 1979, Bankbeamter i. R.
(1 Hill Road, Swanage, Dorset, England).

3. Horst Lothar Siegfried, * Berlin 29. 4. 1910, Ing. i. R.;
× I. Berlin 27. 12. 1937 Hilda Friederike Böllhoff, * Essen 12. 3. 1911 (gesch. Hamburg 20. 4. 1956), T. d. Kaufm. Hermann B. u. d. Elisabeth Timmerberg
(Zindler-Stift, Koppel 17, 2000 Hamburg 1);
× II. Hamburg 15. 8. 1958 Elisabeth v. Lützow, * Eickelberg, Meckl., 11. 1. 1920, T. d. Erbldmarschalls von Mecklenburg u. Kgl. preuß. Majors a. D. Hans v. L. auf Eickhof u. Eickelberg u. d. Elsa v. Rohr
(Bondenwald 10, 2000 Hamburg 61).

Kinder erster Ehe:

1) Jutta Vera Ingrid, * Annaberg, Erzgebirge, 22. 4. 1939, Graphikerin
(Marienterrasse 3, 2000 Hamburg 76).

2) Detlef Gerhard Ernst, * Annaberg 26. 7. 1943, Manager;
× I. Hamburg ... 1969 Kristin de Rijke, * Dresden 6. 6. 1947 (gesch. Johannesburg ... 10. 1971), T. d. Unternehmers Marinus Johannes de R. u. d. ... (...);
× II. Kapstadt 4. 4. 1977 Cristin Riesenberg, * Reinbek bei Hamburg 25. 9. 1948, T. d. Herbert R. u. d. Helena Hinrichs
(7 Westpark Drive, Montgomery Park, Johannesburg, SAfrika).

Kinder zweiter Ehe:

(1) G e r a l d, * Kapstadt 15. 1. 1979.

(2) D a n i e l a, * Kapstadt 19. 5. 1982.

(3) N i c h o l a s, * Kapstadt 28. 1. 1984.

(4) A l e x a n d e r, * Kapstadt 10. 2. 1986.

(5) V i c t o r i a, * ... 1. 1992.

3. Haus

Im Mannesstamme erloschen.

Stammvater: Frhr Otto, * 1830, † 1899.

W e r n e r August Albert Freiherr v. B r a n d e n s t e i n, * Balow 3. 6. 1860, † Doberan 24. 12. 1936, meckl.-schwer. OForstmeister; ⚭ Radegast 27. 2. 1891 Elisabeth v. R e s t o r f f, * Radegast 8. 1. 1870, † Dudendorf 15. 4. 1934, T. d. Friedrich v. R., Fkhrn auf Radegast u. Steinhagen, u. d. Bertha v. Storch a. d. H. Parchow bei Kröplin, Meckl.

1. J ü r g e n Otto Fritz Ludwig Max Matthias Hans Ulrich, * Doberan 21. 8. 1894, † Celle 27. 11. 1967, OForstmeister a. D.;
⚭ I. Eberswalde 28. 4. 1921 Anneliese v. W e d e l, * Landsberg an der Warthe 22. 11. 1895, † Düsseldorf 31. 8. 1965 (gesch. Lüneburg 26. 12. 1958), T. d. Kgl. preuß. Oberstlts a. D. Vivigens v. W. auf Dauer u. Polzow u. d. Margarete Johannes;
⚭ II. Lüneburg 6. 5. 1959 Elisabeth v. T r o t h a, * Kümmritz bei Drahnsdorf, Kr. Luckau, 27. 5. 1911 (⚭ I. Kümmritz 24. 5. 1933 Heinz v. Randow, ⚔ bei Tripolis, Libyen, 21. 12. 1942, GenLt u. Kmdr der 21. PzDiv.), T. d. Kais. deutschen Kreischefs a. D. u. Majors a. D. Wilhelm v. T. auf Kümmritz u. d. Irmgard Freiin v. Cornberg
(Schwicheldtstr. 19b, 3100 Celle).

Töchter erster Ehe:

1) G i s e l a Margarete Elisabeth, * Eberswalde 27. 2. 1922;
⚭ Düsseldorf 14. 6. 1960 Ewald P o p p e n s i e k e r, * Löhne, Westf., 24. 6. 1920, Dr. rer. pol., DiplVolkswirt, Chefredakteur
(Matthias-Grünewald-Str. 15, 4006 Erkrath).

2) Margot Anneliese Freda, * Eberswalde 3. 6. 1923;
× (standesamtl.) Grube 14. 6., (kirchl.) Dahme 22. 6. 1945 Konrad v. Randow, adopt. v. Vieregge, * Greese 11. 1. 1921, VerwAmtsrat a. D.
(Eisenacher Weg 31, 3000 Hannover 1 — Vahrenheide).

3) Rosemarie Ilse Edith, * Wabel 7. 4. 1927;
× I. (standesamtl.) Laasphe 20. 5., (kirchl.) Wittgenstein 31. 5. 1950 Rolf Frhr v. Freusburg, * Eisenach 29. 3. 1914, Forstwirt (gesch. Siegen 24. 1. 1957);
× II. Minden, Westf., 28. 5. 1958 Harald Souchon, * Minden 10. 2. 1922, DiplVolkswirt, Bankdir.
(Odenkirchener Str. 43, 4070 Mönchengladbach 2 — Rheydt).

2. Freda Luise Auguste Hedwig Isa Christel, * Doberan 27. 10. 1895, † Kassel 12. 4. 1981;
× Doberan 2. 11. 1919 Arndt v. Stieglitz, * Dresden 24. 6. 1887, † Erlangen 5. 4. 1949, sächs. Forstmeister a. D.

2. Zweig (vorm. in Ungarn)

Stammvater: Frhr Christoph Adam, * 1675, † 1736.

August Ferdinand Freiherr v. Brandenstein, * Döbeln 15. 4. 1798, † Spremberg 10. 3. 1859, Kgl. sächs. PLt u. OGrenz- u. Steuerkontrolleur;
× Pretschendorf bei Freiberg, Sachsen, 8. 10. 1825 Amalie Freiin v. Spillner, * Pretschendorf 10. 11. 1804, † Neusalza bei Bautzen 9. 4. 1865, T. d. Kgl. sächs. Präs. d. Finanzkollegiums Christoph August Frhr v. Sp. auf Pretschendorf u. d. Amalie Karoline Luise v. Below.

1. Otto, * Pretschendorf 1. 10. 1826, † Ödenburg 24. 2. 1876, K. K. OLt a. D.;
× Budapest 11. 2. 1861 Antonie Csönky (aus ungar. Adel), * Budapest 15. 4. 1838, † ebd. 8. 8. 1918 (kath.), T. d. Kgl. ungar. Stallmeisters Joseph C. u. d. Marie v. Bischof.

Söhne (kath.):

1) Otto, * Budapest 22. 2. 1866, † ebd. 3. 12. 1938, Kgl. ungar. MinBuchhaltungsdir. a. D.;
× Budapest 6. 10. 1891 Marie Moser v. Boyen, * Wetzdorf 2. 2. 1868, † Albert-Irsa, Ungarn, 30. 4. 1946, T. d. Kgl. ungar. Majors Ludwig M. v. B. u. d. Enestine Szvetenay (aus ungar. Adel).

Sohn:

Antal (Anton) Otto, * Kis-pest 27. 3. 1896, † Budapest ... 12. 1971, ungar. Oberstlt a. D.;

× I. Debreczen 15. 3. 1923 Magdalena Kricsfalussy (aus ungar. Adel), * Mako 12. 1. 1899, † Vesprém, Ungarn, 3. 11. 1939 (gesch. ... 30. 10. 1938), T. d. Gendarmerie-Obersten Eugen K. u. d. Matilde Nágay de Földeák;

× II. Fünfkirchen 29. 12. 1942 Helene (Ilona) Pechár, * Rakosliget, Ungarn, 18. 6. 1906, † ..., T. d. Kgl. ungar. Rats, Dir. beim ungar. Patentamt Dr. ... Kornelius P. u. d. Elisabeth Csészan.

Sohn erster Ehe (kath.):

György (Georg) Anton Otto Jenö, * Debreczen 19. 11. 1923, Kgl. ungar. Lt a. D., austral. RegBeamter;

× Innsbruck 21. 5. 1949 Erika v. Bolschwing, * Königsberg i. Pr. 3. 4. 1926 (ev.), T. d. Majors der Res. Carl-Ludwig v. B. auf Schönbruch usw., Kr. Bartenstein, Ostpr., u. d. Thaïs Gfin Lüders-Weymarn

(23 Chowne Street, Campbell, Canberra A.C.T. 2601, Australien).

Kinder (ev.):

a) Anthony Charles, * Penrith, NSW, Australien, 2. 1. 1950, austral. Konsul;

× Ipswich, Queensland, Australien, 15. 5. 1975 Delcia Wendt, * Ipswich 1. 12. 1954 (ev.), T. d. Angest. Elwyn W. u. d. Gladys Grulke

(Heligenseestr. 180, 1000 Berlin 27).

Söhne:

(a) Alexander Charles, * Paris 6. 9. 1980.

(b) Andrew Michael, * Canberra, Australien, 5. 11. 1982.

b) Veronica (Noni) Elisabeth, * Singleton, NSW, Australien, 17. 10. 1951, Schulpsychologin;

× ..., Australien, 26. 1. 1980 David Buck, * ... 3. 8. 1952, ev. Pfarrer

(8 Tareena avenue, Kelso NSW 2795, Australien).

c) Theresa (Resi) Maria, * Camden, NSW, Australien, 11. 3. 1954, Krankenschwester;
× ..., Australien, 26. 1. 1980 Herbert Jokisch, * Wien 31. 12. 1939, Beamter
(5 Simpson Street, Watson ACT 2602, Australien).

2) Albert, * Ödenburg 16. 7. 1874, † Budapest 18. 3. 1946, Kgl. ungar. Oberst i. R.;
× Budapest 1. 7. 1899 Leonka Vavrik, * Erlau, Ungarn, 12. 6. 1877, † Budapest 16. 1. 1946, T. d. K. u. K. WGehRats, 2. Präs. des Obersten ungar. GerHofes u. Vizepräs. des ungar. Magnatenhauses Dr. ... Béla V. u. d. Leona Boroviczény de Kis-Várda.

Sohn:

Béla (Adalbert) Karl Alexander, * Budapest 17. 3. 1901, † Saarbrücken 24. 8. 1989, Dr. phil., em. o. Prof. der Philosophie an der Univ. Saarbrücken;
× Budapest 8. 1. 1928 Magdalena Dessewffy de Csernek et Tarkeö, * Budapest 29. 4. 1899, † Saarbrücken 27. 3. 1977, T. d. Kgl. ungar. StSekr. im Handelsmin. Aurel D. de C. et T. u. d. Julianna Viczián (aus ungar. Adel).

Kinder:

a. Johanna Maria Magdalena, * Budapest 13. 1. 1930, Journalistin
(Gernotstr. 4, 8000 München 40).

b. Beatrix Maria Elisabeth, * Budapest 27. 1. 1932, Bibliothekarin;
× Innsbruck (standesamtl.) 12. 12., (kirchl.) 13. 12. 1953 Tibor Hanák, * Kalocsa, Ungarn, 9. 9. 1929, Dr. phil., Publizist
(Richard-Wagner-Str. 3, A-5020 Innsbruck).

c. Vera Maria Judith, * Budapest 13. 5. 1936, Dr. phil.;
× Innsbruck 17. 10. 1961 Otto Bernáth, * Ödenburg 10. 9. 1934, Dr. psych., Audiologe
(Hohle Gasse 4, CH-3028 Spiegel bei Bern).

d. Maria Ida Alexa, * Budapest 1. 4. 1938;
× Wien 25. 11. 1967 Cornelius (Kornel) Jahn, * Véménd, Kom. Baranya, Ungarn, 18. 6. 1931, MaschinenbauIng.
(Seisgasse 14/1/2, A-1040 Wien).

e. János (Johannes) Stefan Norbert Bernhard, * Budapest 30. 3. 1943, Rechtsanwalt
(Stieringer Str. 25, 6600 Saarbrücken).

2. Curt August, * Pretschendorf bei Freiberg, Sachsen, 5. 4. 1828, † Dresden 15. 9. 1893, Kgl. sächs. Oberstlt a. D.;
× Berlin 15. 5. 1856 Martha Ebers, * Berlin 13. 11. 1828, † Wildbad 15. 5. 1878, T. d. Bankiers Moritz E. u. d. Franziska Levysohn.

Sohn:

Leo Ferdinand Albrecht, * Dresden 14. 6. 1859, † ..., Kgl. sächs. Lt a. D., EisenbahnIng., Farmer in Texas, USA;
× Dresden 15. 8. 1883 Fanny Hedenus, * Lösnitz 20. 10. 1858, † ..., T. d. Richard H. auf Zuschendorf bei Pirna u. d. Lina Schulz.

Söhne:

(1) Wolf Kurt, * Cosmel, Texas, USA, 12. 5. 1884, † ...

(2) Ralph, * San Pablo, Mexico, 4. 12. 1895, † ...

2. Ast (Gräfendorf)

Stammvater: Frhr Hieronymus, urkundl. 1540, † 1567.

Eduard Ludwig Christoph Freiherr v. Brandenstein, * Gütterlitz 26. 6. 1803, † Hain 24. 6. 1888, auf Hain, Roschütz, Zweitschen u. Prößdorf (seit 1866), Hzgl. sachs.-altenburg. Khr, Fstl. reuß. OForstmeister;
× Zweitschen 10. 6. 1834 Therese v. Bärenstein, * Heiligenkreuz bei Naumburg 4. 10. 1815, † Roschütz 29. 11. 1893, T. d. Wilhelm v. B. auf Zweitschen u. d. Friederike v. Tettenborn.

1. Hans Sigismund Christoph, * Goseck 21. 6. 1838, † Zweitschen 13. 9. 1891, auf Zweitschen;
× ... Emma Paul, * ... 3. 4. 1851, † Zweitschen 29. 9. 1907, T. d. ... Friedrich Carl P. u. d. Friederike Rosine Schumann.

Sohn:

Willy Robert Sigismund, * Reichenau, Sachsen, 23. 11. 1875, † München 17. 2. 1928, vorm. auf Zweitschen (verk. 1913), Kgl. sächs. Rittmeister der Res. a. D.;
× Charlottenburg bei Berlin 23. 1. 1913 Olga v. Brandenstein, * Ludwigsburg 18. 7. 1883, † München 8. 3. 1966

(gesch. München ... 8. 1923), T. d. Kgl. württ. Gen. d. Inf. Gustav v. B. auf Brandenstein bei Schlüchtern u. d. Mathilde v. Siebold.

Tochter:

Isabella Ludovica Feodora, * München 13. 10. 1917, † Herrsching am Ammersee 6. 3. 1989.

2. Otto Christoph Wilhelm, * Hain 6. 7. 1844, † ebd. 16. 11. 1919, auf Deutzen (1868—1888), Roschütz (verk.) u. Hain, Hzgl. sachs.-altenburg. Khr;
⚭ I. Tilleda 27. 8. 1877 Cäcilie v. Tettenborn, * Tilleda 16. 6. 1853, † Deutzen 29. 12. 1879, T. d. Justizrats Bernhard v. T. auf Tilleda u. d. Hermine Walzberg;
⚭ II. Reuden 18. 8. 1881 Helene Freiin v. Stein a. d. H. Lausnitz, * Reuden 17. 4. 1860, † Bielen 6. 7. 1932, T. d. Kgl. sächs. Rittmeisters a. D. Harry Frhr v. St. u. d. Clara v. Lichtenhayn, auf Reuden.

Sohn zweiter Ehe:

Wolf Christoph, * Deutzen 7. 8. 1887, † Hof an der Saale 12. 4. 1958 (eingetragen in das Kgl. sächs. Adelsbuch 16. 5. 1913 unter Nr 447), auf Hain (verk. 1935), dann auf Ober-Spree (§), OLausitz, Ld- u. Forstwirt, Kgl. sächs. Rittmeister a. D.;
⚭ Döhlau bei Hof an der Saale 8. 1. 1935 Irmgard Freiin v. Waldenfels, * Döhlau 30. 6. 1903, † Hof an der Saale 23. 12. 1967, T. d. Otto Frhr v. W. auf Döhlau u. d. Helene Wunnerlich.

Sohn:

Christoph Wolf Otto, * Görlitz 12. 6. 1942, Dr. phil., OArchivrat am Ldeskirchl. Archiv Nürnberg, ERr d. JohO.;
⚭ (standesamtl.) München 19. 2., (kirchl.) Amerang bei Rosenheim 28. 9. 1971 Marina Freiin v. Brandenstein, * Essen 26. 3. 1941 (s. o., 1. Ast, 1. Zweig, 2. Haus), T. d. Kaufm. Wolf Werner Frhr v. B. u. d. Marga Schmitz-Temme
(Effnerstr. 19, 8500 Nürnberg 30).

Kinder:

a. Philipp Wolf Christoph, * München 20. 2. 1976.

b. Bettina Iris Ruth Irmgard, * Nürnberg 30. 8. 1978.

3. Karl Christoph Albert, * Hain 17. 9. 1849, † Prößdorf 6. 9. 1895, auf Prößdorf, Kgl. sächs. OLt a. D.;
⚭ Bonn 7. 11. 1874 Elisabeth Quantius, * Bonn 3. 5. 1850, † Ahlbeck 8. 12. 1928 (kath.), T. d. Baumeisters Adolf Qu. u. d. Christina Domgörgen.

Söhne:

1) Karl Eduard Emil Franz Moritz Christoph, * Pegau 15. 9. 1875, † Woltersdorf bei Erkner 23. 7. 1946, thür. StMin. a. D.;
⚭ Merseburg 8. 10. 1908 Erika Jacobi v. Wangelin, * Merseburg 4. 9. 1885, † Woltersdorf 16. 9. 1969, T. d. Kgl. preuß. GehReg- u. Forstrats a. D. Georg J. v. W. u. d. Adelaide v. Haeseler.

Kinder:

(1) Carl-Georg Christoph, * Hannover 10. 10. 1909, Dr. phil., Orientalist;
⚭ I. Berlin 6. 4. 1939 Ellen Spuhrmann, * Stettin 12. 11. 1910, † ... 4. 1984, führte wieder den Namen des ersten Gemahls, Dr. med., Ärztin (gesch. ... 24. 5. 1954; ⚭ II. ... Ziegelasch, ..., Dr. med., gesch. ... 1959), T. d. Dir. der Nationalvers. Richard Sp. u. d. ...;
⚭ II. Melbourne, Australien, 6. 1. 1962 Carola Zanke, * Osnabrück 25. 8. 1901, † ... 17. 9. 1991, T. d. GenLts a. D. Karl Z. u. d. Margarethe Krüger
(P. O. Box 570, Albany 6630, Australien).

Tochter erster Ehe:

Bettina, * Berlin 14. 1. 1940, Operationsschwester führt wieder den Geburtsnamen
(Jordanstr. 4, 1000 Berlin 20 — Spandau);
⚭ Berlin-Spandau 11. 1. 1967 Fritz Bleschke * Berlin ... 1938, techn. Angest. (gesch. ...).

(2) Bernhard Christoph, * Hannover 1. 3. 1911, † Karlsruhe 6. 1. 1990, Architekt;
⚭ Berlin 24. 7. 1937 Elisabeth Eichner, * Berlin 22. 4. 1909, † Karlsruhe 10. 8. 1977, T. d. Kaufm. Hugo E. u. d. Martha Protsch.

Tochter:

a. Elisabeth Christine, * Berlin 13. 10. 1939, Hortleiterin u. Malerin;

× Karlsruhe 4. 3. 1966 Iradj Vazari-Elahi, * Teheran 1. 7. 1938 (moslem.), Ing. für Hoch- u. Tiefbau
(Lamprechtstr. 26, 7500 Karlsruhe 41).

b. Christiane Marthe Erika, * Berlin 14. 3. 1941, Strahlenschutzassistentin;
× Wien 28. 8. 1972 Peter Groll, * Wien 21. 1. 1941 (kath.), Dr. phil., Chemiker
(Ringstr. 7a, 7513 Stutensee 1).

Adoptivsohn: s. u.

(3) Erica Elisabeth Adelaide Christiane, * Bleckede 16. 5. 1915;
× Berlin 5. 3. 1937 Roman Frhr v. Dellinghausen, * Kreschewitzky bei Nowgorod 2./14. 1. 1894, † Stuttgart 19. 9. 1977 (orth.), DiplIng., OberstIng. a. D.
(Walter-Flex-Str. 48 B, 7000 Stuttgart 75).

(4) Veronika Christine, * Gera 20. 1. 1920, Modezeichnerin
(Thälmannstr. 131b, O-1250 Erkner).

2) Fritz Eduard Christoph, * Prößdorf 17. 8. 1879, † Bad Doberan 1. 12. 1965, Kgl. preuß. Hptm. a. D.;
× Stettin 7. 7. 1923 Luise Gesch, * Stettin 21. 8. 1889, † Bad Doberan 6. 5. 1967, T. d. Fabrikanten Ferdinand G. u. d. Marie Lüdtke.

Sohn:

Peter Christoph, * Stolp 13. 7. 1924, † ... 2. 11. 1973, Ldwirt;
× Bad Doberan 9. 5. 1953 Gudrun Stever[1], * Lübeck 12. 10. 1929, T. d. FregKpt. Ernst St. u. d. Elisabeth Kroté
(Thünenstr. 51, O-2560 Bad Doberan).

Kinder:

a. Katharina Luise, * Kühlungsborn 1. 11. 1953;
× Warnemünde 4. 8. 1972 Harald Gehrmann, * ... 8. 10. 1951, Boots- u. Yachtenbauer
(Kühlungsborner Str. 13, O-2561 Wittenbeck).

b. Hans-Magnus, * Kühlungsborn 22. 5. 1955, Maurer;

1 Vgl. DGB, Bd 88, S. 384.

× I. … 5. 1978 Petra Bünke, * … (gesch. Bad Doberan … 5. 1982), T. d. … u. d. … (…);
× II. … 18 7. 1989 Britt Jenning, * …, T. d. Dipl-Ökonomen Claus J. u. d. Brigitte Muschert
(Kühlungsborner Str. 14, O-2561 Wittenbeck).

Sohn zweiter Ehe:

Christoph, * Karlsburg, Kr. Greifswald, 19. 4. 1986.

c. Ulrike Annette Henny, * … 7. 4. 1965
(Am Wallbach 1, O-2560 Bad Doberan).

3) Eduard Ludwig Christoph Ferdinand, * Altenburg, Thür., 31. 8. 1887, † Cossebaude bei Dresden 6. 8. 1966, Ldwirt;
× Berlin-Wilmersdorf 29. 7. 1916 Charlotte v. Brandenstein, * Hermsdorf 19. 11. 1894, † Rheinberg 9. 2. 1983, T. d. Ldwirts Wolf Alfred v. B. a. d. H. Lützelbuch-Schwanditz u. d. Else Koch.

Kinder:

(1) Christiane Elisabeth Nany Therese Marianne, * Adendorf bei Lüneburg 29. 7. 1917, führt wieder den Geburtsnamen, DiplKosmetikerin
(Schopenhauerweg 17, 4800 Bielefeld 12);
× … Lesser, * …, … (gesch. …).

(2) Joachim Heimat Wolfgang Eberhard Ernst, * Neustettin 28. 4. 1919, Ldwirt;
× Oberwil, Schweiz, 18. 7. 1957 Hannelore Thiem, * Groß-Salze 3. 10. 1925, Gewerbelehrerin, T. d. Lehrers Richard Th. u. d. Hildegard Dietrich
(Seniorenheim am Rathsberg, App. 2839, 8520 Erlangen).

(3) Jürgen Fritz Egon Christoph Ludwig, * Stolp 6. 4. 1922, Baumeister;
× Hamburg 7. 4. 1951 Hella Wenk, * Königsberg i. Pr. 16. 8. 1925, T. d. Ldwirts Hans W. u. d. Ida Woelk
(27 Great Ocean Road, 3230 Anglesea, Vic., Australien).

Kinder:

a. Angela Ida Charlotte, * Hamburg 15. 10. 1951;
× I. Melbourne 15. 4. 1971 Anthony Judge, * Bendigo 9. 7. 1951, Zollagent (gesch. Melbourne … 1978);
× II. Melbourne 20. 6. 1981 Noel Goldsworthy, * … 16. 1. 1948, Kaufm.
(4 Victoria Street, 3195 Parkdale, Vic., Australien).

b. Bernhard Christoph, * Melbourne 28. 12. 1954, kaufm. Angest.;
⚔ Geelong, Victoria, Australien, 2. 5. 1975 Barbara Louise Currie, * Geelong 2. 9. 1955, Krankenschwester, T. d. Architekten Jan C. u. d. Cathleen Eva Robinson
(2548 Merimbula, Postbox 220, NSW, Australien).

Töchter:

a) Cara, * Geelong 21. 1. 1979.

b) Cynthia, * Geelong 31. 8. 1982.

c) Melissa, * Geelong 26. 9. 1983.

II. Linie (Oppurg)

Stammvater: Hans, urkundl. 1446—1470, † 1483.
S. GHdA, Adel. Häuser A, Bd XV (1979).

Stamm B (Wernburg-Zöschen)

Stammvater: Jörg, urkundl. 1485, † vor 1498.
S. GHdA, Adel. Häuser A, Bd XV (1979).

Körner

Namensträger, die nicht dem Adel angehören (siehe Form der Darstellung, Vorbemerkung):

I. Hans-Jürgen Schmidt, * Lübeck 16. 4. 1942, Kaufm., führt aufgrund des Ehenamensänderungsgesetzes vom 27. 3. 1979 seit ... den Namen „Freiherr von Brandenstein";
⚔ Wien 28. 9. 1972 Ingrid Freiin v. Brandenstein (s. o., Stamm A, I. Linie, 1. Ast, 1. Zweig, 1. Haus)
(Schönenborn 16, 5253 Lindlar).

II. Adoptivtochter (Vertrag Köln 27. 11. 1962, amtsgerichtl. bestät. Köln 22. 1. 1963) des Rechtsanwalts Victor Frhr v. Brandenstein (s. o., Stamm A, I. Linie, 1. Ast, 1. Zweig, 1. Haus):

Harriet Nicole Marion Meyer, * Köln 16. 4. 1961, † Berlin 2. 10. 1981, führte den Namen „Freiin von Brandenstein".

III. Stief- u. Adoptivkinder (Vertrag ..., amtsgerichtl. bestät. ...) des Farmers Helmuth Frhr v. Brandenstein (s. o., Stamm A, I. Linie, 1. Ast, 1. Zweig, 2. Haus), führen den Namen „von Brandenstein":

1. Jens Roland ..., * Jena 7. 8. 1959, ...
(Casilla de Correo 1459, Tres Palmas, Asunción, Paraguay).

2. Olaf Christian ..., * Bad Nauheim 3. 11. 1961, ...
(Casilla de Correo 1459, Tres Palmas, Asunción, Paraguay).

3. Astrid ..., * Friedberg 3. 12. 1964, ...
(Casilla de Correo 1459, Tres Palmas, Asunción, Paraguay).

4. Mirjam ..., * Hameln 11. 2. 1966, ...
(Casilla de Correo 1459, Tres Palmas, Asunción, Paraguay).

IV. Adoptivsohn (Vertrag ..., amtsgerichtl. bestät. Auerbach, OPfalz, 24. 11. 1952), des Architekten Bernhard Frhr v. Brandenstein (s. o., Stamm A, I. Linie, 2. Ast):

Heribert Günther Wernick, * Kemnat 23. 3. 1948, EDV-Fachmann, führt den Namen „von Brandenstein"
(Deisenhofener Str. 45, 8000 München 90);
⚭ Oberried 9. 2. 1984 Barbara Knaupp, * Schwenningen 15. 1. 1962 (gesch. München 28. 1. 1988), T. d. ... u. d. ... (...).

Sohn:

Robinson, * Donaueschingen 12. 5. 1983
(Deisenhofener Str. 45, 8000 München 90).

V. Christian von Brandenstein, * Berlin 12. 9. 1944, Notar (...);
⚭ ... (gesch. ...).

Sohn:

Sven, * ... um 1966, ... (...).

VI. Constantin von Brandenstein, * Kühlungsborn 29. 1. 1987
(Am Wallbach 1, O-2560 Bad Doberan).

Carnap

Einleitung u. Literaturhinweise siehe Adelslexikon, Bd II (1974).
Letztaufnahme der Genealogie: GHdA, Frhrl. Häuser B, Bd VII (1978).

I. Linie (1865): Carnap-Quernheimb

Stammvater: Rütger, ~ 1638, ▭ 1672.

S. GHdA, Adel. Häuser B, Bd XII (1977).

II. Linie (1825) (Bornheim)

Stammvater: Johann, ~ 1643, † 1679.

Johann Gerhard Freiherr v. Carnap, * Elberfeld 23. 7. 1795, † Burg Bornheim 28. 6. 1865 (ref.) (preuß. Adels- u. Frhrnstand Berlin 13.9.1825; preuß. Wappenmehrung Sanssouci 11.10.1845), Fkhr auf Burg Bornheim am Rhein mit Botzdorf, Ramelshoven, Rankenberg, Wolfsburg u. Falkenlust, Kr. Bonn, auf Burg Kriegshoven, Kr. Rheinbach, u. Burg Landsberg, Kr. Düsseldorf, Mitgl. d. rhein. Ldtages, EPräs. d. rhein. ldwirtschaftl. Genossenschaften, Kgl. preuß. Khr u. Lt a. D., RRr d. JohO.;
⨯ Barmen 9. 6. 1818 Emilie Bredt[1], * Barmen 26. 12. 1799, † Botzdorf 21. 1. 1873 (luth.), T. d. Fabrikbes. u. Teilh. der Fa Bredt-Wichelhausen Friedrich B. u. d. Antoinetta Rübel.

Hellmuth, * 1820, † 1880; s. u., 1. Ast.	Philipp, * 1826, † 1879; s. u., 2. Ast.

1. Ast (Botzdorf) (kath.)

Stammvater: Frhr Hellmuth, * 1820, † 1880.

Emil Gerhard Michael Maria Joseph Philipp Julius Freiherr v. Carnap, * Botzdorf 17. 3. 1868, † Cochem an der Mosel 27. 11. 1955, Bürgermeister a. D., Kgl. preuß. OLt a. D.;
⨯ Steinbüchel am Rhein 17. 5. 1901 Elisabeth v. Amelunxen, * Hamburg 19. 11. 1872, † Bad Godesberg 7. 12. 1950, T. d. Hzgl. schlesw.-holst. Lts a. D. u. Bahnhofsvorstehers in Hamburg Ludwig v. A. u. d. Marie Strücker.

---

1 Vgl. DGB, Bd 35, S. 334.

1. Horst-Helmuth August Wilhelm Georg Josef Maria, * Haus Steinbüchel 11. 12. 1902, Geschäftsführer d. Bauern- u. Winzerverbandes i. R.;
⚭ Wesseling bei Köln 22. 6. 1946 Elisabeth Stein, * Wesseling 16. 1. 1916, T. d. Kaufm. Gottfried St. u. d. Christine Erren
(Brauselaystr. 8, 5590 Cochem-Cond).

Söhne:

1) Gottfried, * Bad Godesberg 26. 9. 1947, wiss. Mitarbeiter für Umweltschutz
(Brauselaystr. 8, 5590 Cochem-Cond).

2) Georg, * Bad Godesberg 5. 10. 1950, Studienassessor;
⚭ Cochem 15. 12. 1972 Angela Lerch, * Fulda 15. 1. 1954, T. d. OStudiendir. Walter L. u. d. Annemarie Knappe
(5591 Gevenich, Eifel).

Kinder:

(1) Marie, * Cochem 17. 8. 1974.

(2) Adam, * Cochem 9. 1. 1977.

(3) Wolf, * Cochem 28. 8. 1981.

(4) Jan, * Gevenich 25. 5. 1983.

3) Michael Olivier, * Cochem 28. 9. 1955, Krankenpfleger;
⚭ Cochem 28. 12. 1983 Andrea Lang, * ... 18. 11. 1960, T. d. ... u. d. ...
(8977 Rettenberg-Freidorf).

Kinder:

(1) Mitani, * Cochem 23. 4. 1984.

(2) Jamila, * Cochem 17. 11. 1985.

(3) Nicha, * Rettenberg 7. 10. 1987.

2. Edelgard Maria Mathilde Wilhelmine Elisabeth, * Haus Steinbüchel 9. 11. 1904;
⚭ Berlin ... Heinz Uhlemann, * Olbernhau ..., Dr. phil., Museumsdir. a. D.
(Im Gries 49, 8102 Mittenwald).

3. Georg Krafft-Günther Erhard Ludwig Julius, * Haus Steinbüchel 9. 11. 1904 (Zwillingsbruder der Vorigen), ⚔ (vermißt bei) Lozwica, Polen, seit 13. 9. 1944, DiplLdwirt;

Johann Gerhard Freiherr v. Carnap

* 1795 † 1865

(preuß. Adels- u. Frhrnstand 13. 9. 1825)

Fkhr auf Burg Bornheim mit Botzdorf, Ramelshoven, Rankenberg, Wolfsburg u. Falkenlust, auf Kriegshoven u. Burg Landsberg

Kgl. preuß. Khr u. Lt a. D., Mitglied des rhein. Landtages 1847 u. d. Nationalversammlung in Frankfurt am Main 1848

s. S. 57

Burg Bornheim
bei Bonn
erbaut Mitte des 18. Jahrhunderts, bis 1865 im Besitz der Familie

Burg Landsberg
bei Kettwig

Falkenlust

bei Brühl, Kr. Bonn

erbaut 1729–1734 von François de Cuvilliés als Jagdschloß

Jahnsfelde
Kr. Landsberg a. d. Warthe
1870–1945 im Besitz der Familie

Philipp Freiherr v. Carnap

* 1826 † 1870

auf Burg Kriegshoven (bis 1860), Fideikommißherr auf Jahnsfelde (seit 1870)

Kgl. preuß. Premier-Leutnant a. D.

s. S. 67

Roderich Freiherr v. Carnap

* 1858 † 1915

Fideikommißherr auf Jahnsfelde, auf Leontinenhof bei Görlitz

Kgl. preuß. Kammerherr und Rittmeister, Ritterschaftsrat

s. S. 67

Philipp Freiherr v. Carnap

* 1885 † 1965

Fideikommißherr auf Jahnsfelde

Kgl. preuß. Rittmeister a. D.

s. S. 68

⚭ Köln 14. 2. 1936 Karin Miebach, * Köln 15. 5. 1904, T. d. ... Matthias M. u. d. Katharina Schmitz
(Jexmühle 27, 5204 Lohmar 21 — Honrath).

Kinder:

1) Horst Günter Julius Georg Matthias, * Köln 3. 8. 1936, Kaufm.;
⚭ Bad Godesberg 4. 8. 1957 Maria Wolz, * Bonn 24. 5. 1929, T. d. ... Matthias W. u. d. Maria Mandt
(Heerweg 112, 5303 Bornheim 4 — Waldorf).

Tochter:

Ingeborg-Roswitha Karin Maria, * Bonn 30. 1. 1960, DiplImmobilienwirtin, Fachwirtin der Grundstücks- u. Wohnungswirtschaft;
⚭ Köln (standesamtl.) 27. 2. 1987, (kirchl.) 8. 8. 1988 Jürgen Matschke (s. u.).

2) Ingeborg-Roswitha Karin Elisabeth Edelgard, * Bad Godesberg 27. 2. 1942;
⚭ Köln 7. 12. 1977 Karl Wilhelm Hilden, * Mühleip bei Eitorf 18. 8. 1935, Ing.
(Schlehecker Str. 204, 5064 Rösrath).

2. Ast (Bornheim-Jahnsfelde) (ref.)

Philipp Ludwig Gerhard Freiherr v. Carnap, * Düsseldorf 26. 1. 1826, † Jahnsfelde 10. 12. 1879, auf Burg Kriegshoven (bis 1868), Fkhr auf Jahnsfelde, Kr. Landsberg an der Warthe, Kgl. preuß. PLt a. D.;
⚭ Burg Bornheim 11. 1. 1853 Ida Gfin v. der Recke v. Volmerstein, * Haus Berge 26. 3. 1836, † Eisenach 6. 2. 1886, T. d. Kgl. preuß. Rittmeisters a. D. Ottomar Gf v. der R. v. V. auf Berge usw. u. d. Therese Przssin zu Bentheim-Tecklenburg.

1. Roderich Karl Gerhard Ottomar, * Burg Kriegshoven 13. 9. 1858, † Berlin 10. 12. 1915, Fkhr auf Jahnsfelde, auf Leontinenhof bei Görlitz, Kgl. preuß. Khr u. Rittmeister a. D., Ritterschaftsrat, ERr d. JohO.;
⚭ Nieder-Girbigsdorf 9. 5. 1882 Helene v. Cranach, * Nieder-Girbigsdorf 29. 4. 1863, † Leontinenhof 24. 3. 1940, auf Leontinenhof, T. d. Kgl. preuß. Majors a. D. Richard v. C. u. d. Wilhelmine Freiin v. Lützow gen. v. Dorgelo.

Kinder:

1) Philipp Gerhard Gustav Adolf, * Jahnsfelde 28. 4. 1885, † Heidelberg 6. 8. 1965, Fkhr auf Jahnsfelde (§), Kgl. preuß. Rittmeister a. D., RRr d. JohO.;
× Berlin-Charlottenburg 10. 8. 1920 Margarethe v. Stechow, * Hamburg 4. 1. 1899, † Rosenberg, Württ., 10. 8. 1986, T. d. Oberstlts a. D. Victor v. St. u. d. Erna Horschitz.

Kinder:

(1) Elisabeth Ena Wilhelmine Helene Frieda Erika Stephanie, * Jahnsfelde 15. 5. 1921;
× I. Hechingen 14. 6. 1948 Alard v. Rohr, * Berlin 7. 6. 1916, † Newtownhouse, Carlow, Irld, 24. 12. 1987, auf Tramnitz (§), Hptm. a. D., Kaufm. (gesch. Hechingen 21. 9. 1954);
× II. Heidelberg 10. 8. 1957 Karl Waldkirch, * Ludwigshafen 18. 7. 1902, † ... (auf See) 17. 3. 1988, Dr. phil., Verleger
(Uferstr. 78, 6900 Heidelberg).

(2) Roderich Gerhard Viktor Curt, * Jahnsfelde 18. 5. 1922, Konrektor a. D., RRr d. JohO.;
× Trais bei Münzenberg, Kr. Friedberg, Wetterau, 27. 6. 1947 Ingrid Wulff-Andersen, * Kopenhagen 19. 9. 1922, T. d. Schiffbauers Frode W.-A. u. d. Ellen Droger
(Frankenhainer Weg 65, 3578 Schwalmstadt 1).

Kinder:

a. Karin Irene Olga, * Bad Nauheim 9. 5. 1948, Sonderschullehrerin
(Elisabethstr. 44, 8000 München 40).

b. Peter Gerhard Philipp Roderich, * Bad Nauheim 29. 1. 1950, Journalist;
× München 4. 4. 1983 Barbara Engelmann, * Dortmund 23. 10. 1957, T. d. MinRats a. D. Dr. jur. Friedrich E. u. d. Ilse Brand
(Klausenpfad 25, 6900 Heidelberg).

Kinder:

a) Philipp Friedrich, * München 27. 5. 1983.

b) Sophia Irene Ingrid, * Heidelberg 13. 8. 1987

c. Sibylle Stefanie Erika, * Trais-Münzenberg 20. 8. 1953, Rechtsanwältin;

× Frankfurt am Main 6. 12. 1985 Johann Detlev Peter Behrens, * Hamburg 13. 3. 1949, Dr. phil. *(Sophienstr. 46, 6000 Frankfurt am Main 90).*

d. Claus Georg Curt, * Treysa, Bez. Kassel, 10. 11. 1957, Dr. phil.;
× Marburg 21. 7. 1989 Dorothea Kill, * Erlangen 12. 1. 1962, T. d. DiplIng. Eberhard K. u. d. Ilse Kirsch
(Wilhelmstr. 36, 3550 Marburg an der Lahn).

Sohn:

Tillmann Philipp Josef, * Schwalmstadt 27. 11. 1991.

(3) Marthe Margarethe Eve Alice Irene, * Jahnsfelde 26. 7. 1929;
× Hechingen 27. 11. 1954 Wolfgang Hermann Vogt, * Kiel 24. 3. 1923, LdgerPräs. a. D.
(Schubarthstr. 14, 7091 Rosenberg, Württ.).

2) Herbert Richard Karl Wilhelm Ludwig, * Jahnsfelde 27. 1. 1888, ⚔ († nach Verwundung auf dem Treck) Glatz, Schlesien, 8. 2. 1945, Kgl. preuß. Rittmeister a. D.;
× I. Ohlau 31. 7. 1914 Elisabeth Walter, * Breslau 23. 10. 1895, † ebd. 25. 3. 1920, auf Louisdorf, Kr. Strehlen, T. d. Stadtrats a. D. Johann Gottlieb W. auf Eichenberg, Lorenzberg usw. u. d. Charlotte Wilhelmine Marie Ursin v. Baer;
× II. Barmen 8. 5. 1924 Alice Kemna, * Barmen 21. 8. 1897, † Bad Godesberg 24. 3. 1961, T. d. Kaufm. Eduard Wilhelm K. u. d. Johanna Emilie Schlieper.

Kinder: a) erster Ehe:

(1) Leopold Roderich Gottlieb Philipp Wolrad, * Breslau 2. 2. 1918, ⚔ Strichinetz am Stryj 4. 11. 1941, auf Louisdorf, OGefr.

(2) Johann Gerhard, * Breslau 14. 3. 1920, ⚔ (vermißt bei) Stalingrad ... 1943, auf Louisdorf, Gefr.

b) zweiter Ehe:

(3) Elisabeth Wilhelmine Marie Jenny, * Breslau 27. 3. 1925, † Hannover 20. 8. 1976;
× I. Siegroth, Kr. Strehlen, 24. 1. 1945 Eckehard Grabisch, * Richardshof, Schlesien, 24. 5. 1920, ⚔ († an

der erlittenen Verwundung) Teplitz-Schönau 14. 2. 1945, Major;
⚭ II. Garmisch-Partenkirchen 18. 6. 1949 Albrecht Cropp, * Berlin 11. 7. 1927, Werbephotograph und Bildberichterstatter
(Königsberger Str. 9, 6236 Eschborn 2 — Niederhöchstadt).

(4) Dorothee Helene Johanna Alice, * Louisdorf 6. 10. 1926;
⚭ Wuppertal 26. 8. 1964 Karl Schneider, * Elberfeld 24. 5. 1909, Architekt
(In den Birken 74, 5600 Wuppertal 1 — Elberfeld).

3) Sittah Kunigunde Luise Ludmilla Klothilde, * Jahnsfelde 8. 9. 1889, † Bad Sassendorf 1. 9. 1980, auf Hasselbusch mit Herzfelde (§), Kr. Soldin;
⚭ I. Jahnsfelde 18. 10. 1910 Georg v. Brand, * Berlin 31. 1. 1876, † (auf der Jagd ertrunken) Wutzig 18. 7. 1911, Fkhr auf Wutzig u. Hermsdorf, auf Hasselbusch mit Herzfelde, Kgl. preuß. Lt a. D.;
⚭ II. Leontinenhof bei Görlitz 17. 8. 1922 Ulrich Thilo, * Rehfeld 29. 7. 1880, ⚔ Carzig-Kienitz 31. 1. 1945, auf Carzig u. Gollin, Kr. Soldin, Kgl. preuß. OAmtm.

4) Gerhard Ludwig Detlef, * Jahnsfelde 27. 11. 1892, † Karlsruhe 25. 7. 1982, Oberstlt a. D., ERr d. JohO.;
⚭ Bremen 28. 8. 1920 Hertha v. Cleve, * Pernambuco, Brasilien, 6. 5. 1898, † Karlsruhe 5. 7. 1982, T. d. Kaufm. Urban v. C. u. d. Marie Rocholl.

Kinder:

(1) Reimar Haelen Urban Roderich Philipp Carl, * Bremen 12. 8. 1921, OLt a. D., Kaufm.;
⚭ Brauchitschdorf, Kr. Lüben, 27. 12. 1943 Huberta v. Klitzing, * Rankau, Kr. Breslau, 15. 2. 1918, T. d. Kgl. preuß. OLts a. D. Dr. jur. Dietrich v. K. auf Brauchitschdorf u. d. Therese v. Schickfus u. Neudorff a. d. H. Rankau
(Irenenstr. 14, 6200 Wiesbaden).

Tochter:

Petra Herta Therese, * Brauchitschdorf 15. 10. 1944;
⚭ (standesamtl.) Memmingen 4. 10., (kirchl.) Schlangenbad, Taunus, 11. 10. 1975 Constantin v. Rom, * Memmingen 9. 5. 1944, Oberstlt
(Ludwig-Ganghofer-Str. 45, 8022 Grünwald).

(2) Gisela, * Annenhof, Kr. Genthin, 5. 2. 1924;
⚭ Nederburg, Paarl, Kap-Prov., SAfrika, 2. 3. 1954 George Michael Pardoe, * Aldeburgh, Suffolk, Engld, 20. 4. 1918, VersKaufm.
(1 Cabernet Cercle, Constantia Village 7800, SAfrika).

2. Adolf Gerhard Friedrich Wilhelm Kasimir, * Altlaube 5. 1. 1867, † Karlsruhe 2. 5. 1956, auf Nieder-Lichtenau (§), Kr. Lauban, Oberst a. D., RRr d. JohO.;
⚭ Pankow 29. 9. 1894 Else Schwartze, * Berlin 29. 10. 1874, † Leipzig 9. 9. 1939, T. d. Carl Alwin Sch. auf Groß-Glienicke bei Spandau u. d. Luise Berg.

Tochter:

Kathi Else Luise, * Ohlau 21. 9. 1896, † Karlsruhe 16. 1. 1990;
⚭ Berlin 8. 8. 1921 Martin Heidenhain, * Marienwerder, Westpr., 22. 12. 1888, † Karlsruhe 9. 10. 1954, Dr. phil., Richter am Bundesgerichtshof.

III. Linie (1830) (Arndshausen)

Stammvater: Caspar, * 1648, † 1727.

S. GHdA, Adel. Häuser B, Bd XII (1977).

Namensträger, die nicht dem Adel angehören (siehe Form der Darstellung, Vorbemerkung):

Jürgen Matschke, * Köln 14. 4. 1964, techn. Angest., führt gemäß § 1355 BGB seit 27. 2. 1987 den Namen „Freiherr von Carnap";
⚭ Köln (standesamtl.) 27. 2. 1987, (kirchl.) 8. 8. 1988 Ingeborg Freiin v. Carnap (s. o., II. Linie, 1. Ast)
(Heerweg 112, 5303 Bornheim 4 – Waldorf).

Tochter:

Vanessa-Carina Hannah Rabea, * Köln 22. 10. 1990.

Fritsch

Einleitung, Wappenabbildung u. Literaturhinweise s. Adelslexikon, Bd III (1975), sowie: Thomas Frhr v. Fritsch-Seerhausen, Familienunterlagen der Frhrn v. Fritsch, Bd 1: Familienliste, Grundlagen, Bd 2: Das erste Familienbuch 1839, Schwäbisch Gmünd 1991.

Letztaufnahme der Genealogie: GHdA, Frhrl. Häuser B, Bd VIII (1982).

Vors. d. FamVerb.: Burkhard Frhr v. Fritsch-Seerhausen, Dieburger Str. 95, 6112 Großzimmern.

Nicl Fritzsch, urkundl. 1501, † 1501/02, Einwohner in Obergräfenhain, Sachsen.

Thomas Fritsch (Fritzschink), urkundl. 1501—1502, † 1531/32, Einwohner in Obergräfenhain.

Augustin Fritzsche (Fritzschink), urkundl. 1532—1562, † 1563/1564, Einwohner in Obergräfenhain.

Nickl Fritzsch, urkundl. 1563—1564, Einwohner in Obergräfenhain.

Thomas Fritzsch (Fritzsche), * um 1547, † zw. 1595 u. 1601, Einwohner in Geithain, Sachsen;
× I. Geithain 19. 12. 1572 Margarethe Fromelt, ~ Geithain 14. 4. 1550, † um 1577, T. d. Anton F. u. d. ...;
× II. Geithain 5. 1. 1578 Margarethe Nößel, ~ Geithain 9. 7. 1560, † ..., T. d. Georg N. u. d. ...;
× III. ... Hedwig ..., ▭ Geithain 1. 3. 1629.

Zweiter Ehe:

Johannes, ~ Geithain 1. 2. 1579, † ..., ...;
× ...

1. Johannes (Hans) Fritzsche, * um 1605, ▭ Geithain 8. 12. 1653, Röhrmeister in Geithain;
× ... Anna Rüdiger, ▭ Geithain 19. 3. 1659, T. d. Röhrmeisters Paul R. u. d. ...

Kinder (2 Söhne, 4 Töchter jung †):

1) Christianus Fritzsch (Frizsch), ~ Geithain 10. 4. 1626, † Treuenbrietzen 28. 4. 1687, Ratsschreiber u. Bürgermeister zu Treuenbrietzen;

× Görzke, Bez. Magdeburg, 15. 9. 1657 Margarethe Schweckte, T. d. Pastors zu Görzke Matthias Sch. u. d. ...

Sohn:

Johann Christoph Fritzsch, 1694 stud. in Leipzig.

2) Christina, ~ Geithain 1. 11. 1630, † ...; × Geithain 5. 11. 1651 Dominicus Ehrenfriedt, Bürger u. Schuhmacher in Geithain.

3) Johannes Fritsch, ~ Geithain 30. 5. 1635, † Frankfurt am Main (□ 16. 11.) 1680, Bürger in Leipzig, Buchhändler u. Verleger in Leipzig u. Frankfurt am Main; × Frankfurt am Main 26. 2. 1666 Catharina Margaretha Götze, ~ Frankfurt 4. 2. 1647, † Leipzig 31. 12. 1720 (× II. Leipzig 21. 11. 1681 Johann Friedrich Gleditsch, † Leipzig 26. 3. 1716, Buchhändler u. Verleger in Leipzig), T. d. Verlagsbuchhändlers in Frankfurt u. Leipzig Thomas Mathias G. auf Büdesheim u. Groß-Karben, Wetterau, u. d. Margarete Merian.

Söhne (3 Söhne, 3 Töchter jung †):

(1) Johann Thomas, * Leipzig 15. 12. 1666, † ebd. 19. 12. 1726, Bürger, Buchhändler u. Verleger in Leipzig; × Dresden um 1695 Johanna Margarete Meyer, ~ Dresden um 1675, † ebd. 4. 12. 1737, T. d. Konsulenten Johann Ulrich M. u. d. Magdalena Sibylla Börner.

Sohn:

Thomas Freiherr v. Fritsch, ~ Leipzig 26. 9. 1700, † Dresden 1. 12. 1775 (Rrmäß. Reichsadelsstand Wien 30. 3. 1730; Kurfstl. sächs. Anerkennung 5. 1. 1732; Reichsfrhrnstand als „Edler Panier- u. Frhr v. Fritsch zu Seerhausen" mit „Wohlgeboren" u. „privilegium de non usu" Frankfurt am Main 3. 6. 1742; Kurfstl. sächs. Anerkennung Dresden 21. 1. 1743), Fkhr auf Seerhausen u. Mautitz, Amtshptmschaft Oschatz, u. Zschochau, Amtshptmschaft Meißen, auf Giesenstein, Amtshptmschaft Pirna, Dr. jur. utr., Kurfstl. sächs. u. Kgl. poln. WGehRat u. Konferenzmin., Kais. Reichspfennigmeister u. Reichshofrat;
× Leipzig 25. 5. 1728 Sophia Winckler v. Dölitz, * Leipzig 11. 3. 1710, † ebd. 27. 2. 1777, T. d. Stadthptm., Handels-, Kauf- u. Ratshrn zu Leipzig Heinrich Christian W. v. M. u. d. Johanna Maria Dornfeld.

Kinder (1 Sohn jung †):

a) Johanna Charlotte, * Dresden 16. 3. 1729, † Weimar 9. 2. 1804;
× Seerhausen 24. 4. 1766 Carl v. Lohse, * Sommerschenburg, Bez. Magdeburg, 17. 1. 1731, † Erfurt 15. 1. 1779, auf Goddula, Kr. Merseburg, u. Markkleeberg bei Leipzig, Kurfstl. sächs. Kreishptm.

b) Margaretha Henriette, * Dresden 9. 3. 1730, † ebd. 2. 7. 1792;
× Seerhausen 30. 4. 1748 Ferdinand v. Saul, * Dresden 17. 9. 1711, † ebd. 2. 6. 1766, auf Scherau, Sachsen, Kurfstl. sächs. GehRat u. Polizeidir.

c) Friedrich, * 1731, † 1814; s. u., I. Linie.

d) Heinrich Leopold, * Dresden 17. 4. 1732, † Zschochau 12. 1. 1813, Fkhr auf Zschochau, Kurfstl. sächs. Major.

e) Carl, * 1734, † 1812; s. u., II. Linie.

f) Wilhelm Adolph, * Dresden 13. 5. 1736, † ebd. 14. 6. 1817, Fkhr auf Zschochau, auf Altengottern u. Großgestewitz bei Naumburg an der Saale, Kurfstl. sächs. Fähnrich, Kurfstl. hess. Major;
× Droschka bei Eisenberg, Thür., 18. 6. 1778 Amalie Freiin v. Lyncker, * Bergsulza, Thür., 22. 7. 1756, † Graitzschen 28. 4. 1811 (gesch. ... 1803; × II. ... 1809 Friedrich Albrecht Frhr v. Wangenheim, † Graitzschen 31. 8. 1813, Hzgl. sachs.-goth.-altenb. Major), T. d. Hzgl. sachs.-weim. GehRats, KonsistPräs. u. Ldschaftsdir. Carl Frhr v. L. auf Flurstedt bei Weimar u. Kötschau bei Jena u. d. Caroline Louise v. Raschkau.

g) Erdmuthe Caroline Marianne Louise Amalie, * Dresden 19. 8. 1737, † Döhlen bei Dresden 6. 9. 1803;
× Dresden 27. 7. 1775 Alexander v. Schönberg, * Reinsberg, Sachsen, 16. 12. 1724, † Döhlen 19. 4. 1801, auf Niederreinsberg, Döhlen, Zauckerode, Neukirchen, Steinbach u. Kohlengiebig, Kurfstl. sächs. u. Kgl. poln. Major d. Kav. a. D.

Konstanze Gräfin v. Fritsch

* 1781 † 1858

Oberhofmeisterin der Großherzogin Maria Pawlowna v. Sachsen-Weimar

s. S. 102

Charlotte v. Lohse
geb. Freiin v. Fritsch
* 1729 † 1804
s. S. 74

Margaretha v. Saul
geb. Freiin v. Fritsch
* 1730 † 1792
s. S. 74

Charlotte Gräfin v. Fritsch
geb. Neugarden Freiin v. Gartenberg
* 1752 † 1828
s. S. 101

Carolina v. Hopffgarten

geb. Freiin v. Fritsch

* 1770 † 1837

Oberhofmeisterin der Großherzogin Luise v. Sachsen-Weimar

s. S. 88

Louise Freifrau v. Niebecker
geb. Freiin v. Fritsch
* 1775 † 1843
s. S. 88

Friedrich August Freiherr v. Fritsch

* 1768 † 1845

Mitherr auf Mautitz u. Zschochau

Ghzgl. sächsischer Kammerherr, Kammerdirektor, Oberjägermeister u. WGehRat

s. S. 87

Nancy Freifrau v. Fritsch
geb. v. Rosenbach
* 1807 † 1838
s. S. 93

Otto Freiherr v. Fritsch
* 1834 † 1909
Capitain der US-Army, Kaufmann
s. S. 89

Ida v. Brocken
geb. Freiin v. Fritsch
* 1833 † 1907
Ehrendame d. bayerischen Theresien-Ordens
s. S. 88

Anna Freifrau v. Beaulieu-Marconnay
geb. Freiin v. Fritsch
* 1835 † 1916
s. S. 89

Dorothee Leber
geb. Freiin v. Fritsch
* 1892 † 1983
s. S. 96

Marie Baronin v. der Ropp
geb. Freiin v. Fritsch
* 1842 † 1906
s. S. 92

(2) Johann Caspar, ~ Leipzig 28. 3. 1677, † ebd. 17. 2. 1745, Buchhändler u. Verleger in Leipzig u. Rotterdam;
× ... Rosine Elisabeth Petzsch, * ..., † Leipzig 8. 5. 1764, T. d. Sebastian Gottfried P., Pfarrers zu Zscheila bei Meißen, u. d. ...

Söhne (1 Tochter jung †):

a. Philipp Caspar, * ... 1720, † nach 1787 (russ. Dienstadel ...), Kais. russ. GenMajor.

b. Zacharias Remigius, ~ Leipzig 10. 11. 1737, † ... 1815, Bürger, Buchhändler u. Verleger in Leipzig.

4) Regina, ~ Geithain 5. 8. 1643, ...

5) Maria, * ..., † ...;
× Leipzig 24. 4. 1672 Ulricus Johannes, * Hadersleben, Schleswig, ..., † ..., Gastwirt in Gohlis bei Leipzig.

2. Thomas, ...;
× ...

Sohn:

Thomas, ~ Geithain 6. 9. 1630, ...

3. Michael, ▭ Geithain 21. 6. 1655, ...;
× Geithain 7. 7. 1635 Ursula Mehner, ▭ Geithain 2. 2. 1670.

Kinder:

1) Dorothee, ~ Geithain 17. 10. 1638, ...

2) Michael, ~ Geithain 22. 9. 1642, ...

I. Linie

Jacob Friedrich Freiherr v. Fritsch, * Dresden 22. 3. 1731, † Weimar 13. 1. 1814, Fkhr auf Seerhausen, Hzgl. sachs.-weimar. WGehRat u. Hofrat, Mitgl. d. GehConciliums;
× Kloster Haeseler, Kr. Eckartsberga, 1. 2. 1767 Johanna Sophia v. Haeseler, * Magdeburg 29. 9. 1748, † Weimar 14. 10. 1836, T. d. Kgl. preuß. GehKriegs- u. Domänenrats August v. H. auf Kloster Haeseler, Gößnitz, Pleismar, Dietrichsrode, Alperstädt, Allstädt u. Wolferstädt u. d. Christina Cramer.

(1 Tochter jung †):

1. Friedrich August, * Weimar 20. 4. 1768, † (verunglückt) Stadtilm, Thür., 23. 11. 1845, Mithr auf Mautitz u. Zschochau, Ghzgl. sächs. Khr, Kammerdir., OJägermeister u. WGehRat.

2. Carl Wilhelm, * Weimar 16. 7. 1769, † ebd. 16. 10. 1851, Fkhr auf Seerhausen, auf Goddula, Mithr auf Mautitz u. Zschochau, Dr. jur. h. c. der Univ. Jena, Ghzgl. sächs. Khr, WGehRat u. StMin., Ordenskanzler;
× Weimar 17. 5. 1803 Henriette Freiin Wolffskeel v. Reichenberg, * Stuttgart 1. 5. 1776, † (auf der Fahrt im

Wagen) Thonberg bei Leipzig 17. 8. 1859, Hzgl. sachs.-weimar. HofD., T. d. Hzgl. württ. Khrn, Hofkriegsratspräs., GenMajors u. Kmdten der Festung Hohentwiel Johann Karl Albrecht Frhr W. v. R. u. d. Susanne Dorothea Schelhaß Edle v. Schellersheim.

Söhne (3 Söhne jung †):

1) Carl, * 1804, † 1892; s. u., 1. Ast.

2) Georg, * 1807, † 1866; s. u., 2. Ast.

3) Albert, * 1808, † 1882; s. u., 3. Ast.

3. Sophia Carolina, * Weimar 16. 8. 1770, † Rödichen, Kr. Gotha, 1. 7. 1837, OHofmeisterin d. Luise Ghzgin Carl August v. Sachsen-Weimar;
× Goddula 7. 10. 1787 Adolph v. Hopffgarten, * Zeitz 13. 7. 1751, † Weimar 20. 6. 1815, auf Laucha an der Unstrut u. Mölkis, Kurfstl. sächs. Rittmeister a. D.

4. Ludwig Heinrich Gottlieb, * Weimar 2. 4. 1772, † (an einem im Kriegsdienst zugezogenen Leiden) Gumbinnen 28. 10. 1808, Kgl. preuß. Major, Rr d. O. pour le mérite.

5. Louise Friederica, * Weimar 18. 12. 1775, † Beucha, Kr. Borna, 27. 11. 1843;
× Weimar 15. 7. 1792 Heinrich Frhr v. Niebecker, * Eisenach 12. 8. 1757, † Beucha 8. 12. 1835, auf Beucha, Hzgl. sachs.-weimar.-eisenach. Ldkammerrat.

1. Ast (Seerhausen)

Carl Friedrich Christian Wilhelm Paul Freiherr v. Fritsch, * Weimar 7. 5. 1804, † Dresden 24. 10. 1892, Fkhr auf Seerhausen, Ghzgl. sächs. Khr, Ghzgl. u. Hzgl. sächs. WGehRat, Ghzgl. sächs., Hzgl. sächs. u. Fstl. reuß. Gesandter am Deutschen Bundestag;
× Drackendorf bei Jena 12. 9. 1831 Karoline Freiin v. Ziegesar, * Jena 17. 7. 1808, † Frankfurt am Main 28. 2. 1842, T. d. Ghzgl. sächs. WGehRats u. OAppGerPräs. u. Kurators der Univ. Jena Dr. jur. utr. Anton Frhr v. Z. auf Drackendorf u. d. Luise Freiin v. Stein zu Nord- u. Ostheim.

1. Ida Caroline, * Weimar 20. 7. 1833, † Berlin 14. 5. 1907, ED d. bayer. TheresienO.;
× Frankfurt am Main 29. 12. 1856 Georg v. Brocken * Bauerkuhl 7. 9. 1828, † Dobbin 1. 6. 1891, auf Hohenluckow usw., Meckl.

2. Friedrich Otto, * Weimar 28. 9. 1834, † Rossinière, Kt. Waadt, Schweiz, 23. 11. 1909 (eingetr. in das Kgl. sächs. Adelsbuch 16. 7. 1904 unter Nr 94), Cpt. der USArmy, Kaufm.

3. Anna Luise Melanie Maria, * Weimar 16. 10. 1835, † Lichtenwalde, Sachsen, 5. 9. 1916;
⚭ Frankfurt am Main 9. 11. 1859 Karl Frhr v. Beaulieu-Marconnay, * Minden, Westf., 5. 9. 1811, † Dresden 8. 4. 1889, Ghzgl. sächs. Khr, WGehRat u. Gesandter am Deutschen Bundestag.

4. Karl Anton Emil, * Weimar 17. 9. 1837, † Dresden-Weißer Hirsch 3. 6. 1927 (eingetragen in das Kgl. sächs. Adelsbuch 16. 7. 1904 unter Nr 93), Fkhr auf Seerhausen, ERr d. JohO.;
⚭ I. Frankfurt am Main 19. 5. 1863 Auguste Grunelius, * Frankfurt 5. 2. 1842, † Charlottenburg bei Berlin 8. 3. 1910 (gesch. Leipzig 8. 8. 1894), T. d. Inh. d. Bankhauses Grunelius & Co. Carl G. u. d. Katharina Elisabeth von St. George;
⚭ II. Dresden 15. 3. 1915 Maria (Ria) Brause, * Groitzsch bei Leipzig 3. 7. 1874, † Dresden-Weißer Hirsch 26. 9. 1934, Gründerin der „Ria Frfr. v. Fritsch-Stiftung" in Erlangen, T. d. Dr. med. Friedrich B. u. d. Selma Anna Becker.

Kinder erster Ehe:

1) Karoline Ida Georgine Albertine Elisabeth (Lilli), * Seerhausen 15. 7. 1864, † Dresden 15. 4. 1936;
⚭ Dresden 1. 6. 1887 August v. der Wense, * Verden 25. 9. 1854, † Bad Kissingen 9. 6. 1930, auf Holdenstedt bei Uelzen, Kgl. preuß. Khr, Kgl. sächs. Oberstlt a. D., Mitgl. d. preuß. AbgHauses, MdR.

2) Karoline Anna Emilie Adelheid (Ada), * Seerhausen 13. 8. 1867, † Weilheim, OBayern, 1. 3. 1952;
⚭ Dresden 3. 5. 1888 Erich v. Mangoldt-Reiboldt, * Dresden 2. 8. 1856, † ebd. 12. 3. 1924, Kgl. sächs. Khr, Hofmarschall u. Major a. D.

3) Karl Alexander Hugo, * Seerhausen 26. 6. 1869, † Riesa an der Elbe 24. 11. 1945, auf Seerhausen (§), Ghzgl. sächs. Khr u. OHofmarschall, Kgl. sächs. Major a. D.;
⚭ Nowawes 30. 11. 1918 Katharina Wagenführ, * Tangerhütte bei Stendal 4. 8. 1879, † Seerhausen 30. 9. 1944 (⚭ I. Berlin 15. 12. 1897 Hans-Wolfgang Herwarth v. Bittenfeld, † Berlin-Grunewald 25. 12. 1942, Dr. phil. h. c., Kgl.

preuß. Oberst a. D., gesch. Berlin 13. 5. 1914), T. d. Bes. des Eisenhüttenwerkes Tangerhütte Franz W. u. d. Marie Kleinschmidt.

Neffe u. Adoptivsohn:

Wolf Anton Gerhard Alexander Freiherr v. Fritsch, * Dresden 20. 9. 1915, Major a. D., Verleger, s. u.

4) Thomas Ludwig Karl (Karlo), * Frankfurt am Main 7. 11. 1870, † Seerhausen 30. 11. 1945, Kgl. sächs. Oberstlt a. D., Flügeladj. d. Kgs Friedrich August III. v. Sachsen, Rr. d. JohO.;

⚭ I. Weimar 17. 1. 1911 Ericka v. Neuhauß, * Liegnitz 26. 10. 1875, † Dresden 10. 4. 1916 (⚭ I. Liegnitz 2. 10. 1905 Henri v. Mutius, † Oschatz 31. 10. 1906, Kgl. preuß. OLt a. D., Vertr. der Hamburg-Amerika-Linie), T. d. Kgl. preuß. Oberstlts Erik v. N. u. d. Anna v. Plüskow;

⚭ II. Dresden 6. 2. 1922 Alexandrine v. Suckow, * Dresden 6. 2. 1884, ⚔ (ermordet bei Einmarsch der Russen) Seerhausen 5. 5. 1945, T. d. Kgl. sächs. GenLts a. D. Mortimer v. S. u. d. Katharina v. Kommerstädt.

Söhne erster Ehe:

(1) Friedrich (Friedel) Carl Hugo Eduard, * Dresden 11. 10. 1911, † ebd. 16. 2. 1936, Ldwirt.

(2) Wolf Anton Gerhard Alexander, * Dresden 20. 9. 1915, Major a. D., Verleger, Adoptivsohn (Vertrag amtsgerichtl. bestätigt Oschatz 24. 4. 1940) seines Onkels Hugo Frhr v. Fritsch, † 1945 (s. o.);

⚭ Dresden 18. 12. 1943 Ingeborg Gfin v. Hahn, * Rostock 1. 1. 1913, † (beim Einmarsch der Russen) Leipnitz an der Mulde 7. 5. 1945 (⚭ I. Oggerschütz 21. 9. 1934 Hans Werneyer, * ... 4. 10. 1904, ⚔ El Alamain, Afrika, 6. 7. 1942, Oberstlt), T. d. Kgl. preuß. Majors a. D. Friedrich-Karl Gf v. H. auf Basedow, Meckl., u. d. Carola v. Schmeling, auf Oggerschütz bei Schwiebus

(Böcklinstr. 71, 8000 München 19).

5) Viktor Eduard Alexander, * Dresden 25. 12. 1875, † Düsseldorf 20. 2. 1967, auf Farm Streitfontein u. Osib, Deutsch SWAfrika, Kgl. sächs. Rittmeister a. D., RRr d. JohO.;

⚭ Dresden 22. 1. 1909 Evelyn Schubert, * Dresden 28. 5. 1886, † Düsseldorf 25. 10. 1963, T. d. Kgl. sächs. GenMajors Erdmann Sch. u. d. Katharina (Käthe) Lorbacher.

Kinder (2 Töchter jung †):

(1) Thomas Freiherr v. Fritsch-Seerhausen, * Chemnitz 7. 11. 1909 (adelsrechtl. Nichtbeanstandung vorstehender Namensform durch Beschluß des Ausschusses f. adelsrechtl. Fragen der Deutschen Adelsverbände Marburg an der Lahn 30. 8. 1974; Namensänderung durch das RegPräs. Stuttgart 28. 5. mit Wirkung vom 31. 8. 1979), ORegRat a. D., Dir. i. R., FamGenealoge;
× Kauen, Litauen, 20. 8. 1943 Astrid-Maria Baronesse v. Hahn, * Rostock 1. 6. 1922, T. d. Kgl. preuß. Lts a. D. u. Rittmeisters a. D. Paul Baron v. H. auf Plonian u. Giedducz, Litauen, u. d. Anna Freiin v. Rosen a. d. H. Groß-Roop, Livld
(Nepperberg 13, 7070 Schwäbisch-Gmünd).

Kinder (Freiherren v. Fritsch-Seerhausen außer a.):

a. Adelheid Marete Ragnhild Freiin v. Fritsch, * Immenstadt 16. 5. 1945, Lehrerin;
× (standesamtl.) Ebern 20. 8., (kirchl.) Lorch, Württ., 28. 8. 1971 Wolfram Frhr v. Rotenhan a. d. H. Eyrichshof, * Burgellern 3. 10. 1944, OForstrat
(Hirschsteige 7, 7923 Königsbronn).

b. Burkhard Karl Adolf, * Bremen 29. 5. 1952, Dipl-Kaufm., Vors. d. FamVerb.;
× (standesamtl.) Schwäbisch-Gmünd 27. 5., (kirchl.) München 16. 7. 1983 Sibylle Hechler, * Bonn 10. 2. 1958, DiplÖkotrophologin, T. d. Oberstlts a. D. Otto H. auf Prisselwitz, Schlesien, u. d. Lonny v. Vietinghoff gen. Scheel
(Dieburger Str. 95, 6112 Groß-Zimmern).

Söhne:

a) Albrecht Karl Johann Otto, * Freising 1. 4. 1985.

b) Bertram Heinrich Paul-Adolf Rüdiger, * Freising 10. 7. 1986.

c) Helmar York Ulrich Alexander, * Freising 4. 7. 1988.

d) Richard Wolfram Thomas, * Groß-Umstadt 22. 6. 1991.

c. Rüdiger Werner Hans-Erdmann, * Siegen 28. 12. 1953, LegRat I. Kl. bei der Deutschen Botschaft in Nairobi;

⚭ Mönchsheim bei Leonberg, Württ., (standesamtl.) 7. 8., (kirchl.) 8. 8. 1981 Huberta Freiin v. Gaisberg-Schöckingen, * Stuttgart 7. 3. 1954, M. A., Historikerin, T. d. staatl. gepr. Forstwirts Ottokar Frhr v. G.-Sch. auf Obermönsheim u. d. Sigunde Gfin v. Schweinitz u. Krain, Freiin v. Kauder
(Deutsche Botschaft Nairobi, Kenia; Postf. 1500, 5300 Bonn 1).

Kinder:

a) Alexander Carl-Wolfram Ottokar, * Siegburg 20. 1. 1983.

b) Maximilian Paul-Erdmann Nicolai, * Siegburg 9. 6. 1984.

c) Marie-Astrid Anna Ulrike Hildegard, * Siegburg 21. 8. 1985.

d) Tilman Hans-Egmont Rüdiger Thomas, * Mühlacker 26. 9. 1988.

d. Ulrich Kuno Friedrich, * Düsseldorf 9. 9. 1958, Kaufm.
(Augustenstr. 75, 8000 München 2).

e. Wolfram Helmar Ludwig, * Düsseldorf 21. 8. 1961, Rechtsreferendar
(Helmstedter Str. 8, 1000 Berlin 31).

(2) Renate, * Leipzig 11. 8. 1912, auf Wildberg u. Lögow (§), Kr. Ruppin;
⚭ I. Dresden 26. 10. 1935 Hans-Joachim v. Zieten, * Gnesen 20. 1. 1909, ⚔ am Volturno, Italien, 4. 11. 1943, auf Wildberg I u. II u. Lögow I, DiplLdwirt, Major d. Res. u. AbtKmdr;
⚭ II. Berlin 25. 9. 1954 Friedrich Lüttge, * Anderbeck 6. 9. 1900, † Schongau 16. 8. 1978, Dr. rer. pol., MagistratsODir. a. D.
(Röthenbachstr. 13, 8921 Prem, OBayern).

(3) Karl-Erdmann, * Dresden 18. 9. 1918, ⚔ Schlackau, OSchlesien, 17. 4. 1945, Hptm. im ArtRgt 152.

5. Marie Luise Karoline, * Frankfurt am Main 19. 2. 1842, † Dresden 5. 10. 1906;
⚭ Dresden 20. 10. 1873 Paul Baron v. der Ropp, * Keweln, Kurld, 27. 9./9. 10. 1850, † Maihof bei Mitau, Kurld, 5./17. 2. 1879, auf Maihof.

2. Ast (Goddula)

G e o r g August Freiherr v. F r i t s c h, * Weimar 3. 3. 1807, † ebd. 26. 9. 1866, Fkhr auf Mautitz, Kr. Oschatz, auf Groß- u. Klein-Goddula, Kr. Merseburg, Ghzgl. sächs. Khr u. OForstmeister;
⚭ I. Weimar 13. 12. 1836 Nancy v. R o s e n b a c h, * Laus, Estld, 22. 6./4. 7. 1807, † Weimar 25. 11. 1838, T. d. Carl v. R., Pfandhrn auf Munnalas, Estld, u. d. Helene v. Baranoff a. d. H. Waoküll, Estld;
⚭ II. Weimar 2. 12. 1848 Sophia v. H e r d a zur B r a n d e n b u r g, * Stuttgart 4. 11. 1822, † Weimar 25. 3. 1903, T. d. Kgl. württ. Khrn u. Bergratspräs. Ludwig v. H. zur B. u. d. Dorothea v. Behr a. d. H. Vargatz.

a) Erster Ehe:

1. K a r l Georg Wilhelm, * Weimar 11. 11. 1838, † Goddula 9. 1. 1906, Fkhr auf Goddula, auf Klein-Korbetha (seit 1884), Kr. Dürrenberg an der Saale, Dr. phil., Kgl. preuß. GehRegRat, o. Prof. der Geologie u. Mineralogie u. Rektor d. Univ. Halle an der Saale, Präs. der Kais. Leopoldin.-Karoling. deutsch. Akademie der Naturforscher;
⚭ Zürich 23. 5. 1867 Elisabeth K e n n g o t t, * Breslau 25. 8. 1848, † Goddula 27. 1. 1907, T. d. Hochschulprof. Dr. phil. Gustav K. u. d. Klara Koch.

Kinder:

1) A d o l f Georg, * Frankfurt am Main 18. 2. 1868, † Halle an der Saale 13. 5. 1885.

2) A g n e s Klara Sophie, * Frankfurt 5. 8. 1869, † Schmölln, Thür., 1. 12. 1947;
⚭ Halle 19. 3. 1891 Arnd v. L a n d w ü s t, * Halle 20. 11. 1863, † Blankenburg, Thür., 29. 11. 1903, Kgl. preuß. Hptm. a. D.

3) C l a r a Nanci, * Frankfurt 6. 8. 1870, † Halle an der Saale 18. 5. 1895;
⚭ Halle 5. 10. 1889 Werner v. B r a n c o n i, * Osterwieck 24. 10. 1853, † Wiesbaden 25. 6. 1918, vorm. auf Wolratshof, Domänenpächter, Kgl. preuß. Lt a. D.

4) E l i s a b e t h Johanna, * Frankfurt 18. 7. 1872, † Wien 19. 7. 1933;
⚭ Halle 5. 10. 1889 Adolf C l u s s, * Heilbronn 6. 6. 1862, † Wien 22. 12. 1930, Dr. phil., Hofrat, o. Prof. an der Univ. für Bodenkultur Wien.

5) Karl Albert, * Halle 16. 11. 1880, † Leipzig 24. 8. 1938, Fkhr auf Goddula (verk.);
× London 12. 9. 1912 Martha Prägler, * Vesta, Kr. Dürrenberg, 10. 4. 1893, † Bad Blankenburg, Thür., 27. 5. 1982, T. d. Handarbeiters Oswald P. u. d. Rosine Emsel.

Kinder:

(1) Martha Elisabeth, * Goddula 14. 12. 1912, † Bad Blankenburg 22. 2. 1986, Gärtnerin.

(2) Bertha Clara, * Goddula 22. 10. 1914, † Bad Blankenburg 16. 9. 1954.

(3) Karl Wilhelm, * Goddula 30. 4. 1917, † Delitzsch 31. 3. 1984, Ldwirt;
× Rackwitz, Kr. Delitzsch, 26. 3. 1949 Gertrud Troitzsch, * Rackwitz 20. 10. 1919, T. d. Ldwirts Alwin T. u. d. Lydia Beyer
(Str. der Deutsch-Sowjet. Freundschaft 26, O-7272 Rackwitz).

Söhne:

a. Werner Udo Roland, * Leipzig 22. 4. 1951, Mathematiker;
× Delitzsch 1. 6. 1979 Angelika Braun, * Eberswalde 10. 6. 1953, DiplMathematikerin, MdL., T. d. Lehrers Gerfried B. u. d. Gisela Kunz
(Str. der Deutsch-Sowjet. Freundschaft 34a, O-7272 Rackwitz).

Kinder:

a) Constanze Angelika Gisela, * Leipzig 15. 11. 1979.

b) Clarissa Elisabeth, * Leipzig 7. 9. 1981.

c) Carl-Constantin Alwin, * Leipzig 16. 2. 1988.

b. Karl Udo, * Leipzig 28. 3. 1953, DiplIng.;
× Halle an der Saale 18. 3. 1978 Rita Hause, * Lutherstadt Eisleben 16. 4. 1955, IngÖkonom, T. d. Majors a. D. Manfred H. u. d. Irma Manczak
(Garskestr. 15/306, O-7066 Leipzig).

Töchter:

a) Claudia Maria, * Halle 8. 7. 1978.

b) Astrid Ulrike, * Leipzig 9. 10. 1980.

(4) W i l h e l m Georg, * Goddula 27. 7. 1919, † Bad Blankenburg 24. 2. 1978, Ldwirt;
⚭ Merseburg 12. 5. 1951 Christine M e i s t e r , * Merseburg 2. 3. 1925, VerwAngest., T. d. Kaufm. Arno M. u. d. Lisa Glöckner
(Edelsteig 1, O-6823 Bad Blankenburg).

Kinder:

a. R e g i n a , * Rudolstadt 16. 4. 1952, Lehrerin;
⚭ Jena 29. 1. 1971 Rüdiger H e n z e , * Jena 24. 1. 1953, Ing.
(Blumenstr. 5, O-6900 Jena).

b. T h o m a s Karl Arno, * Königsee 22. 3. 1955, ORegRat;
⚭ Chicago, Ill., USA, 8. 5. 1990 Heidi W i s s e r , * Kenzingen 26. 3. 1961, Studienreferendarin, T. d. Müllermeisters Karl W. u. d. Luise Blust
(Gottlob-Müller-Str. 2, 7057 Winnenden).

Tochter:

E m i l i a Luise, * Stuttgart 12. 12. 1991.

c. E v a - M a r i a , * Königsee 8. 9. 1961;
⚭ Bad Blankenburg 16. 7. 1982 Walter B ä u e r l e , * Waren, Meckl., 12. 4. 1958, Instandsetzungsmechaniker
(Edelsteig 1, O-6823 Bad Blankenburg).

6) W i l h e l m , * Halle an der Saale 29. 5. 1883, ⚔ im Wald von Pulkarn bei Riga 21. 3. 1916, auf Klein-Korbetha, Kgl. preuß. Lt im FüsRgt 35.

7) H i l d e g a r d Adelheid, * Blankenburg 29. 8. 1888, ⚔ (beim Luftangriff) Klein-Korbetha 8. 11. 1944, auf Klein-Korbetha;
⚭ Klein-Korbetha 14. 9. 1918 Curt L a n g r o c k , * Klein-Korbetha 15. 11. 1898, † Lüneburg 10. 3. 1951, Ldwirt.

b) Zweiter Ehe:

2. G e o r g Ludwig, * Allstedt 9. 12. 1849, † Wildungen 22. 1. 1920, Kgl. preuß. GenLt a. D.;
⚭ Bonn 4. 11. 1876 Adelheid v. B o d e l s c h w i n g h , * Berlin 7. 1. 1856, † Kassel 19. 10. 1941, T. d. Kgl. preuß. WGehRats u. OPräs. Ludwig v. B. u. d. Marie v. Vietsch.

Kinder (1 Sohn, 1 Tochter jung †):

1) E l i s a b e t h Auguste Sophie Marie, * Düsseldorf 20. 9. 1877, † Kassel 16. 12. 1964;

⚭ Hanau 5. 6. 1902 Hellmuth v. Werner, * Kiel 5. 2. 1876, † Kassel 11. 12. 1933, Kgl. preuß. Oberstlt a. D., VerwDir. der Krankenhäuser vom Roten Kreuz in Kassel u. Oberkaufungen.

2) Adelheid, * Düsseldorf 25. 4. 1879, † Wiesbaden 10. 10. 1915.

3) Werner Thomas Ludwig, * Benrath 4. 8. 1880, ⚔ Praga bei Warschau 22. 9. 1939, GenOberst, OBefehlshaber d. Heeres, Chef d. ArtRgts 12, RRr d. JohO.

3. Friedrich Heinrich, * Weimar 4. 4. 1851, ⚔ († im Lazarettzug 9) vor Lyck, Ostpr., 6. 12. 1918, Kgl. preuß. Major a. D., Kmdr der Mobil. Etappenkmdtur 91, Ortskmdt von Biała u. Meshirjetschje, westl. Brest-Litowsk, Kgl. sächs. Khr;
⚭ auf der Schmitte bei Rodheim an der Bieber 1. 7. 1891 Emily Freiin van der Hoop, * auf der Schmitte 15. 5. 1868, † ebd. 27. 12. 1928, T. d. Adrian Frhr van der H. auf der Schmitte u. d. Georgine Freiin v. Dörnberg.

Kinder:

1) Dorothee (Dodo) Sophie Adrienne Marie Carola Ann Isidora, * Kassel 8. 7. 1892, † Biebertal, Kr. Gießen, 3. 12. 1983;
⚭ I. Weimar 12. 6. 1912 Karl v. Griesheim, * Schlettstadt 7. 4. 1882, † Esbach bei Coburg 31. 7. 1952, Pflanzungsleiter auf Sumatra (gesch. Batavia, Java, 7. 2. 1919);
⚭ II. Malang, Java, 8. 12. 1919 Alfred Leber, * Antwerpen 9. 3. 1881, † Neu-Delhi 26. 10. 1954, Dr. med., Prof. f. Augenheilkunde (gesch. Malang 30. 10. 1933).

2) Albrecht Georg Friedrich, * Weimar 5. 2. 1900, † Camelford, Cornwall, Engld, 7. 3. 1983, Schriftsteller, Maler (unter Ablegung des Namens 1936 in England naturalisiert als René George Halkett);
⚭ I. Berlin 13. 10. 1921 Elisabeth Seyb, * Elm, Bez. Kassel, 1. 2. 1899, Krankenschwester (gesch. Frankfurt am Main 7. 11. 1924), T. d. Pfarrers Hermann S. u. d. Marie Berger *(Königsdorfer Str. 69, 8170 Bad Tölz)*;
⚭ II. Berlin 29. 11. 1924 Antonia Sommerfeld, * Berlin-Wedding 3. 11. 1903, † Berlin 26. 6. 1962, Schauspielerin (gesch. Halle an der Saale 11. 8. 1926; ⚭ II. Ängelholm, Län Kristianstad, Schweden, 8. 5. 1948 Erik Nilsson, seit .. Höijenborg, * Höja 17. 4. 1888, † ..., Schweden, 11. 12. 1977 Ing.), T. d. Arbeiters Karl S. u. d. Antonie Fechner;

× III. Dover 10. 9. 1930 Gertrud Gornitzky, * ... 1903, † ..., USA, ... (gesch. Berlin 12. 4. 1932; × I. ... Kurt Zacharias, † ..., Dr. med., gesch. ...), T. d. Tabakkaufm. Jemmy G. u. d. ...;
× IV. Berlin-Friedenau 19. 12. 1932 Hilde Geißler, * Berlin 30. 1. 1910, † Camelford 6. 3. 1976, T. d. Hausdieners Karl Max G. u. d. Anna Maria Pahl.

Sohn erster Ehe:

Wolfgang Albrecht Heinrich Gustav, * auf der Schmitte 1. 7. 1922, Ldwirt;
× I. Betziesdorf, Kr. Marburg an der Lahn, 28. 8. 1952 Susanne Sommer, * Meuselwitz, Kr. Altenburg, Thür., 4. 5. 1928 (gesch. ... 13. 1. 1955), T. d. Kaufm. Kurt S. u. d. Helena Hoffmann (...);
× II. Bad Tölz 28. 9. 1987 Wilhelmine Müller, * Amberg 30. 7. 1947, Köchin (× I. ...; × II. ...; × III. ...), T. d. OAmtm. Anton M. u. d. Margarete Weiss
(Weidenloh 6, 8172 Lenggries).

3. Ast (Zschochau)

Albert Bernhard Freiherr v. Fritsch, * Weimar 25. 5. 1808, † Bad Ems 17. 6. 1882, Fkhr auf Zschochau, Kr. Meißen, Kgl. sächs. GenLt a. D.;
× I. Dresden 24. 12. 1833 Elmonde v. Tettau, * Dresden 1. 5. 1811, † ebd. 11. 1. 1835, T. d. Kgl. sächs. Obersten a. D. u. Pagenhofmeisters Heinrich v. T. u. d. Eleonore Charlotte Karoline v. Gersdorff a. d. H. Ruhland-Hermsdorff;
× II. Dresden 25. 10. 1838 Lucy Barton, * ..., † Dresden-Blasewitz 18. 11. 1895, T. d. ... u. d. ...

Zweiter Ehe (1 Sohn erster Ehe jung †):

. Margarete Henriette, * Dresden 18. 12. 1842, † Dresden-Blasewitz 29. 7. 1911;
× Dresden 16. 9. 1865 Hans Frhr v. Reitzenstein, * Werdau 22. 10. 1830, † Schönberg 19. 8. 1893, Fkhr auf Schönberg mit Hohendorf u. Bärendorf, Vogtld, Kgl. sächs. Khr u. PLt a. D.

. Karl Maximilian, * Dresden 4. 4. 1844, † Ostrau 10. 2. 1911, Fkhr auf Zschochau, Kgl. sächs. Rittmeister a. D.;
× Dresden 11. 3. 1872 Henriette v. Jordan, * Dresden 23. 5. 1847, † ebd. 26. 12. 1928, auf Unwürde bei Löbau, OHofmeiste-

rin der Kronprzssin Louisa v. Sachsen, T. d. Kgl. preuß. KammergerAssessors a. D. Albert v. J. u. d. Luise v. Beneckendorff u. v. Hindenburg.

Kinder:

1) Karl Thomas Jordan, * Dresden 10. 6. 1874, † Pirna 25. 9. 1937, Mithr auf Zschochau, Kais. OLt a. D.;
⚭ Ober-Prausnitz, Bez. Liegnitz, 27. 9. 1900 Margarete Gfin v. Lüttichau, * Berlin 13. 12. 1880, ⚔ (vermißt seit dem Luftangriff auf) Dresden 13. 2. 1945, führte wieder den Geburtsnamen (gesch. ... 3. 7. 1907), T. d. Kgl. preuß. Oberstlts a. D. Georg Gf v. L. auf Ober-Prausnitz usw. u. d. Margarete v. Stösser a. d. H. Rackschütz.

Sohn:

Georg Carl Conrad Jordan, * Ober-Prausnitz 6. 8. 1901 (eingetr. in die Sächs.-Thür. Adelsmatrikel 1. 6. 1964), Mithr auf Zschochau (§), Dr. jur., MinRat a. D., Kommendator d. JohO.;
⚭ Bödigheim, Odenwald, (standesamtl.) 7. 9., (kirchl.) 8. 9. 1935 Liselotte Freiin Rüdt v. Collenberg, * Karlsruhe 10. 11. 1913, T. d. GenLts a. D. Kurt Frhr R. v. C., Mithrn auf Bödigheim, u. d. Elisabeth v. Mauch
(Weinbergstr. 8, 5300 Bonn 2 — Bad Godesberg).

Kinder (1 Sohn jung †):

a. Bernhard Albert Werner Kurt Leo, * Berlin 25. 1 1938, Dr.-Ing., DiplIng.
(Lange Rötterstr. 94, 6800 Mannheim 1);
⚭ Weichersbach, Sinntal, 4. 10. 1975 Gisela Hohmann, * Wattenscheid 21. 5. 1936, Steueramtmännin führt wieder den Geburtsnamen (gesch. Mannheim 15. 6. 1977), T. d. Schneidermeisters Karl H. u. d Martha Manglitz
(Körnerstr. 43, 6800 Mannheim).

b. Ellie Antoinette, * Buchen, Odenwald, 17. 1 1946, DiplPsychologin;
⚭ (standesamtl.) Bonn-Bad Godesberg 12. 3., (kirchl Bödigheim 4. 6. 1971 Berndt v. Egidy, * Dresde 19. 7. 1938, Dr. phil., Bibliotheksdir.
(Bei der Ochsenweide 4, 7400 Tübingen).

c. Liselotte Dorothee, * Berlin 17. 12. 1951, M. A., Gemälderestauratorin;

× (standesamtl.) München 21. 6., (kirchl.) Niederaltaich an der Donau 24. 6. 1976 Gotthard Baron v. Manteuffel gen. Szoege, * Budapest 23. 12. 1941, Historiker

(Schloß Bödigheim, 6967 Buchen).

2) Pia Irmgard Lucie, * Dresden 25. 9. 1876, † München-Solln 25. 9. 1948;

× Dresden 8. 6. 1897 Karl Gf v. Koenneritz, * Erdmannsdorf 4. 9. 1865, † Lossa bei Wurzen 22. 9. 1926, auf Lossa, Mithr auf Erdmannsdorf, Kgl. sächs. GenMajor a. D., Flügeladj. d. Kgs Friedrich August III. v. Sachsen.

3) Albert Karl Harry, * Unwürde, Kr. Löbau, 24. 7. 1878, † Wolfsburg 23. 4. 1956, Mithr auf Zschochau (§), Oberstlt a. D.;

× I. Berlin 30. 9. 1905 Gerta v. Schmidthals, * Lissabon 3. 11. 1885, † Bielstein bei Gummersbach, Bez. Köln, 12. 4. 1962 (gesch. Dresden 14. 1. 1924; × II. Naundorf bei Struppen 23. 3. 1924 Wichard Frhr v. Rochow, † Bielstein 10. 2. 1957, Fkhr auf Strauch u. Merzdorf [§], Sachsen, Deichdir. der Schwarzen Elster), T. d. Kais. deutsch. Gesandten Richard v. Sch. u. d. Wilhelmine Baronesse Bentinck a. d. H. Schoonheten;

× II. Dresden 24. 7. 1935 Gerta Rietzsch, * Dresden 22. 3. 1894, † Wolfsburg 24. 1. 1957, T. d. Bauunternehmers Karl Friedrich R. u. d. Pauline Wilhelmine Kleppich.

Söhne erster Ehe:

(1) Claus Maximilian Karl Harry, * Dresden 7. 10. 1906, † Ulm 1. 6. 1977, DiplKaufm., Geschäftsf.;

× I. Aachen 8. 8. 1933 Ursula Bitter, * Aachen 17. 3. 1910 (gesch. Kempten 2. 6. 1958), T. d. Kaufm. Max B. u. d. Pauline Honigmann

(Ludmillastr. 18, 8000 München 90);

× II. Hopfen, OBayern, 28. 3. 1959 Elisabeth Hingst, * Bergen, Insel Rügen, 4. 10. 1919 (× I. Neubrandenburg 10. 12. 1938 Friedrich Ötting, * Engern, Westf., 6. 11. 1906, ⚔ über dem Ärmelkanal 7. 9. 1940, Hptm. der Luftw.), T. d. Dr. phil. Hermann H. u. d. Else Levien

(Bergstr. 9, 8959 Hopfen am See).

Kinder erster Ehe:

a. E c k a r t Karl Maximilian, * Strauch 11. 9. 1934, ...
(*Ludmillastr. 18, 8000 München 90*).

b. J ü r g e n Karl Thomas, * Immenstadt, Allgäu, 17. 4. 1936, DiplIng.
(*Ludmillastr. 18, 8000 München 90*).

c. E r i k Karl Albert, * Immenstadt 18. 10. 1938, Dr. med., Internist, ERr d. JohO.;
⚭ Icking, Isartal, 24. 5. 1966 Elke H e i n r i c h, * Bad Elster 4. 3. 1945, T. d. Prokuristen Erich H. u. d. Anneliese Freitag
(*Heckenweg 24a, 8520 Erlangen*).

Töchter:

a) C a r o l i n Elke Anneliese, * München 10. 12. 1966, Modedesignerin
(*Hardenbergstr. 9a, 1000 Berlin 12*).

b) I r e n e Margret Pauline, * Frauenaurach 28. 5. 1969, stud. mus.
(*Heckenweg 24a, 8520 Erlangen*).

c) H a r r i e t Ursula Friederike, * Erlangen 7. 4. 1972.

d. M a r g r e t Hedwig Pauline, * Immenstadt 21. 2. 1942;
⚭ München (standesamtl.) 31. 8., (kirchl.) 10. 9. 1966 Hans R i c h t e r, * Berlin-Lichtenberg 15. 4. 1937 Dr. med., apl. Prof. f. Chirurgie an der Univ. Göttingen, Chefarzt d. Diakonissenkrankenhauses Bremen
(*Lesmonastr. 38, 2820 Bremen 77*).

(2) G e r t Karl Harry, * Dresden 1. 12. 1909, † München 4. 10. 1989, Major a. D., Bankkaufm.;
⚭ Weitnau bei Kempten 12. 8. 1951 Hertha K o l l m a n n, * Weitnau 18. 1. 1906, führt wieder den Namen des ersten Gemahls (gesch. München ... 1951 oder 1952 ⚭ I. Berlin-Schmargendorf 23. 2. 1943 Arved v. Brasch ⚔ [† an der erlittenen Verwundung] Tscherkassy, Be Kiew, 26. 10. 1943, Dr. rer. pol., Betriebsleiter, Fahnenjkr Uffz.), T. d. Guts- u. Brauereibes. Emil K. u. d. Mari Theresia (Carla) Widmann
(*Am Dunapark 8, 8110 Murnau*).

II. (gfl.) Linie

Erloschen.

Carl Abraham Graf v. Fritsch, * Dresden 2. 2. 1734, † St. Petersburg 22. 5. 1812 (Reichsgfnstand vom Kurfstn Karl Theodor v. Pfalzbayern als Reichsvikar München 14. 9. 1790), auf Mautitz, Amtshptmschaft Oschatz, u. Zirke, Posen, Kgl. sächs. Kurkanzler; × Dresden 14. 4. 1768 Charlotte Neugarden Freiin v. Gartenberg, * ... 7. 10. 1752, † Dresden 10. 3. 1828, T. d. Kgl. poln. u. Kurfstl. sächs. WGehRats Peter Nicolaus N. Frhr v. G. auf Sadogóra, Polen, Zirke u. Medyn, Posen, u. Canitz, Sachsen, u. d. Philippine Lovise Juncker.

(1 Sohn, 2 Töchter jung †):

1. Carl, * Dresden 24. 6. 1769, † Dresden 30. 9. 1820 (Kgl. sächs. Anerkennung d. Gfnstandes Dresden 5. 5. 1813), auf Mautitz, Kgl. sächs. WAppGerRat.

2. Charlotte, * Dresden 15. 1. 1773, † Berlin 23. 12. 1803;
× I. Dresden 7. 3. 1796 Christoph Alexander Frhr v. Taube, * Mitau ... 1742 oder 1743, † Darmstadt 14. 10. 1808, auf Laiden, Kurld, Kais. russ. Major, Kgl. poln. Khr, Kanonikus zu Magdeburg (gesch. ...);
× II. Dresden 21. 4. 1801 Georg v. Hugo, * Hannover 15. 9. 1771, † Frankfurt am Main 25. 11. 1814, auf Friedland, Deiderode u. Stockhausen, Kgl. großbrit. u. Kurfstl. braunschw.-lüneb. GehLegRat u. Gesandter.

3. August, * Dresden 1. 7. 1774, † ebd. 24. 2. 1821 (Kgl. sächs. Anerkennung d. Gfnstandes Dresden 5. 5. 1813), Fkhr auf Zschochau u. Mautitz;
× Gruna bei Görlitz 23. 7. 1815 Constantia v. Kiesenwetter, * Waldau, Schlesien, 23. 7. 1794, † Dresden 2. 12. 1867, auf Mautitz (× II. Dresden 5. 1. 1826 Karl v. Klösterlein, † Loschwitz bei Dresden 27. 6. 1851, Kgl. sächs. Hptm. a. D.), T. d. Kgl. preuß. OLdesgerVizepräs. Ernst Gottlob v. K. auf Wanscha, Reutnitz, Nieder- u. Oberwaldau, Nieda u. Gruna u. d. Christiane Helene Tugendreich v. Gersdorff a. d. H. Meffersdorf.

Tochter (2 Söhne, 1 Tochter jung †):

Thekla, * Zschochau 8. 2. 1819, † Kötzschenbroda 8. 12. 1891.

4. Ludwig, * Dresden 26. 3. 1776, † ebd. 8. 4. 1791.

5. Constantia (Konstanze), * Dresden 30. 11. 1781, † Preßburg 30. 7. 1858, OHofmeisterin der Maria Pawlowna Ghzgin Carl Friedrich v. Sachsen-Weimar.

Thomas Frhr v. Fritsch-Seerhausen

Namensträger, die nicht dem Adel angehören (siehe Form der Darstellung, Vorbemerkung):

Erik Joachim Sommerfeld, * Berlin-Wedding 15. 12. 1921, † Bielefeld 10. 7. 1991 (S. d. Erik Höijenborg u. s. G. Antonia, geb. Sommerfeld [⚭ I. Albrecht Frhr v. Fritsch, s. o., I. Linie, 2. Ast], führte gem. § 1618 BGB seit 27. 6. 1925 den Namen „Freiherr von Fritsch", Ing.;
⚭ Berlin-Hermsdorf 18. 2. 1950 Gisela Pautze, * Berlin 7. 3. 1925, T. d. Fabrikbes. Hermann P. u. d. Elisabeth Reifegerste
(Lönkerstr. 10, 4800 Bielefeld).

Kinder:

1. Wolfgang, * Berlin 29. 12. 1950, DiplKaufm., DiplIng.;
   ⚭ Winsen an der Luhe 30. 11. 1984 Regina Kaiser, * ... 24. 9. 1953, T. d. ... Gustav K. u. d. Trude Ebeloe (...).

   Kinder:

   1) Olaf, * Berlin 17. 2. 1985.

   2) Lisa, * Berlin 7. 7. 1987.

2. Brigitte, * Berlin 8. 1. 1952, DiplPsychologin, DiplKauffrau;
   ⚭ Osnabrück 2. 5. 1980 Hans Riemann, * ..., OStudienrat (...).

Fuchs-Nordhoff

Einleitung u. Literaturhinweise s. Adelslexikon, Bd III (1975).

Letztaufnahme der Genealogie: GHdA, Frhrl. Häuser B, Bd V (1970). – Hdb Bayern, Bd XVII (1988).

Julius Wilhelm Freiherr v. Fuchs-Nordhoff, * Dresden 11. 4. 1821, † ebd. 17. 12. 1895 (sachs.-cob. u. goth. Adels- u. Frhrnstand Gotha 19. 9. 1866; Kgl. sächs. Bestätigung Dresden 13. 2 1867), auf Möckern, Kgl. sächs. GehKammerrat, Hptm. a. D.;
⚭ Leipzig 10. 6. 1854 Marie Thaeringen, * Leipzig 6. 3. 183[illegible]
† Möckern 13. 1. 1910, T. d. Kaufm. u. stellv. Mitgl. des Kgl. sächs. Handelsger. Friedrich August Th. auf Möckern u. d. Therese Arnold.

1. August Julius Richard, * Möckern 28. 5. 1855, † Florenz 29. 3. 1897, Kgl. sächs. Lt a. D.;
× London 4. 12. 1879 Franziska Ellmenreich, * Schwerin, Meckl., 28. 1. 1847, † Herrsching am Ammersee 20. 10. 1931 (kath.), Hofschauspielerin (gesch. ... 1888), T. d. Schauspielers Albert E. u. d. Marie Lauber.

Sohn:

Franz Julius Felix Gustav Aurel Alfons Maria Hans, * Berlin 20. 3. 1881, † (im Lager) Fürstenfeldbruck 1. 6. 1945 (kath.), Kunstmaler;
× I. London 3. 10. 1908 Irene Lührsen, * Charlottenburg 28. 5. 1883, † Brixlegg ... 1967 (ev.) (gesch. München 22. 1. 1919), T. d. Kais. Gesandten a. D. Johannes L. u. d. Amalia Petersberger;
× II. München 18. 9. 1923 Maria Lechner, * München 26. 11. 1891, † ebd. 8. 11. 1924 (ev.);
× III. Herrsching 23. 9. 1929 Charlotte Oehme, * Brüssel 15. 9. 1892, † Herrsching ... 1973 (ev.), T. d. Chemikers u. Fabrikbes. Reinhard Oe. u. d. Eugenie v. Usedom.

Sohn erster Ehe:

Heinrich, * Stumm, Tirol, 17. 11. 1914, † München 22. 12. 1987, freischaffender Künstler (Künstlername: „Flo Nordhoff").

2. Julius Karl Holm Lyssardt Erick, * Leipzig 31. 8. 1864, † Berlin 3. 4. 1938, auf Barlomin u. Ludwigshof (§), Kr. Neustadt, Westpr., Kgl. sächs. Oberstlt a. D., RRr d. JohO.;
× Berlin 10. 11. 1899 Ursula v. Sprenger, * Nassow bei Köslin 14. 5. 1874, † Berlin 26. 4. 1948 (gesch. Berlin ... 1918), T. d. Karl v. Sp. auf Nassow, Dzialyn u. Mielno u. d. Elsbeth v. Kameke.

Kinder:

1) Karl Julius Albert Lyssardt, * Dresden 5. 9. 1900, † Berlin 16. 10. 1984, staatl. gepr. Ldwirt, Hptm. a. D.;
× Möckern 24. 10. 1925 Asta v. Kaull, * Riga 29. 8. 1897, † Berlin 4. 1. 1942, T. d. Dr. phil. Arved v. K. u. d. Charlotte (Luna) Kuntzendorff.

Sohn:

Andreas Lyssardt Arved, * Berlin 4. 9. 1929, Industriekaufm., ERr d. JohO.;

× Flieden, Kr. Fulda, (standesamtl.) 31. 8., (kirchl.) 28. 9. 1957 Rosemarie Heise, * Wendershausen, Kr. Witzenhausen, 17. 7. 1935, T. d. techn. Angest. Max H. u. d. Rosa Weber
(Falkenberg 131, 5600 Wuppertal 1).

Kinder:

a. Alexander Lyssardt Karl, * Fulda 2. 5. 1961, Industrie- u. Exportkaufm.
(Eichenweg 25, 5948 Schmallenberg).

b. Birgit (Britta) Ingeborg Rosemarie, * Fulda 7. 8. 1963, DiplBetriebswirtin
(Hans-Mielich-Str. 10, 8000 München 90).

c. Asta-Ilona, * Fulda 23. 10. 1964, Bankkaufm.;
× Wuppertal (standesamtl.) 10. 4., (kirchl.) 11. 4. 1987 Peter Krämer, * Wuppertal-Barmen 27. 4. 1959, DiplKaufm.
(Briller Höhe 8, 5600 Wuppertal 1).

2) Ursula Marie Elsbeth, * Skassa bei Großenhain, Sachsen, 5. 9. 1901;
× (standesamtl.) Langfuhr bei Danzig 1. 8., (kirchl.) Möckern 16. 8. 1923 Hermann Baron v. Hoyningen gen. Huene, * Lelle, Livld, 2. 12. 1895, † Großhesselohe bei München 15. 7. 1982, Ldwirt
(Kreuzeckstr. 22, 8023 Großhesselohe, Isartal).

Namensträger, die nicht dem Adel angehören (siehe Form der Darstellung, Vorbemerkung):

Julius Maximilian Freiherr von Fuchs-Nordhoff, * München 19. 11. 1991
(Hans-Mielich-Str. 10, 8000 München 90).

Geusau

Einleitung, Wappenabbildung u. Literaturhinweise s. Adelslexikon, Bd IV (1978). Letztaufnahme der Genealogie: GHdA, Frhrl. Häuser A, Bd X (1977).

Karl Michael Wilhelm Freiherr v. Geusau, * Graz 19. 10. 1856, † Engelstein 3. 11. 1910 (österr. Genehmigung, sich des bisher geführten Frhrnstandes als eines österr. prävalieren zu dürfen, für seine Witwe u. Kinder durch A. E. vom 2. 2. 1912), auf Engelstein, Ober- u. Unter-Willands u. Ehrendorf, NÖsterr.;
× Salzburg 18. 7. 1881 Helene Gfin O'Donell v. Tyrconell, * Wien 28. 3. 1856, † Schärding 8. 10. 1921, T. d. K. u. K. Km. Moritz Gf O'D. v. T. u. d. Klothilde Gfin zu Hardegg auf Glatz u. im Machlande.

1. Karl Michael Wilhelm Franz Josef Maria Columban, * Engelstein 4. 10. 1882, † Hallwang 1. 8. 1931, Dr. jur., LdesregSekr. a. D., K. u. K. OLt a. D.;
× München 14. 8. 1918 Gabriele Gfin Adelmann v. Adelmannsfelden, * Stuttgart 29. 8. 1891, † Salzburg 8. 12. 1964, T. d. Kgl. württ. Khrn u. Kgl. bayer. Rittmeisters a. D. Gustav Gf A. v. A. u. d. Gabriele Gfin v. Montgelas.

Söhne:

1) Ferdinand Maria Josef Gustav Aloisius Ruppert, * Salzburg 18. 8. 1923, Dr. med., Facharzt f. Anästhesiologie, Primar i. R.;
× Salzburg (standesamtl.) 3. 1., (kirchl.) 2. 2. 1961 Elisabeth v. Norman u. v. Audenhove, * Salzburg 5. 6. 1938, T. d. Gutsbes. Raoul v. N. u. v. A. a. d. gfl. H. u. d. Agnes Gfin v. Küenburg
(Eschenbachgasse 25, A-5020 Salzburg).

Kinder:

(1) Franziskus Maria Karl Ferdinand Josef Rupert, * Graz 30. 8. 1962, stud. oec.
(Eschenbachgasse 25, A-5020 Salzburg).

(2) Maria Agnes Gabriele Margarethe Josefa Elisabeth, * Salzburg 10. 12. 1963, DiplTherapeutin;
× Salzburg 11. 10. 1986 Anton Pacher v. Theinburg, * Wien 22. 1. 1961, Veterinär
(Eschenbachgasse 25, A-5020 Salzburg).

(3) Christine Gabriele Maria Sophie Agnes, * Salzburg 15. 9. 1965, Orthoptistin;

⚭ Salzburg 6. 10. 1990 Dominic Freely, * Harrow on the Hill, Middlesex, Engld, 19. 4. 1963, Bankkaufm., Wirtschaftsprüfer
(11 Wilton Avenue, Chiswick, London W 4).

(4) Benedikt Karl Maria Martin Ferdinand, * Salzburg 20. 8. 1967, stud. jur.
(Eschenbachgasse 25, A-5020 Salzburg).

2) Johannes (Hans-) Christoph Philipp Ferdinand Maria Josef, * Salzburg 15. 6. 1925, Angest.;
⚭ Rom 21. 3. 1966 Maria-Theresia Weißkirchner, * Mörtersdorf, Bez. Horn, NÖsterr., 12. 2. 1922, T. d. Geschäftsm. Franz W. u. d. Theresia Jamy
(Faberstr. 12 I, A-5020 Salzburg).

2. Günther Julius Max Karl Josef Maria, * Salzburg 29. 7. 1884, † ebd. 9. 12. 1950, Oberstlt a. D.;
⚭ I. Dobritschan bei Trnowan 3. 1. 1923 Elisabeth Freiin Zeßner v. Spitzenberg, * Dobritschan 8. 3. 1886, † ebd. 24. 6. 1925, T. d. K. u. K. Km. Heinrich Frhr Z. v. Sp. auf Dobritschan u. d. Henriette Gfin v. Nostitz-Rieneck;
⚭ II. Eichhof bei Maria Anzbach 8. 8. 1927 Maria Freiin v. dem Bongart, * Pfaffendorf, Kr. Bergheim an der Erft, 8. 6. 1896, † Wels 20. 5. 1971, T. d. K. u. K. Km. u. Rittmeisters d. Ldw-Kav. a. D. Pius Frhr v. dem B. u. d. Ludwiga Gfin Schaffgotsch gen. Semperfrei v. u. zu Kynast u. Greiffenstein.

Kinder: a) erster Ehe:

1) Heinrich Franz Maria, * München 19. 12. 1923, Dr. jur., MinRat i. R.;
⚭ I. Wien 6. 12. 1957 Hertha Scherzer, * Wien 25. 1. 1916 (gesch. Wien 12. 5. 1970), T. d. K. u. K. OLts a. D. Leopold Sch. u. d. Emilie Meyer
(Schweglerstr. 52, A-1150 Wien);
⚭ II. Wien 5. 7. 1971 Margareta Strunz, * Wien 5. 2 1922, † Wien 21. 3. 1979 (⚭ I. Wien 4. 4. 1940 Karl Hajek * Wien 16. 10. 1910, † ebd. 3. 2. 1962, Beamter), T. d. Angest. Franz Josef St. u. d. Barbara Silberbauer;
⚭ III. Wien 3. 2. 1986 Theresia Flaschberger, * Pielachhaag, NÖsterr., 2. 4. 1927 (⚭ I. [illegible] 7. 10. 1954 Kuno Böck * Wien 18. 9. 1910, † ebd. 14. 2. 1977, Dr. jur., Dir.), T. d. [illegible] Franz F. u. d. Theresia Lechner
(Taborstr. 24 A/3/3, A-1020 Wien).

2) H e l e n e Henriette Barbara Maria Elisabeth, * Dobritschan 2. 6. 1925;
× Salzburg 12. 9. 1953 Rupert K o b l e r, * Salzburg 2. 6. 1924, DiplIng., WHofrat i. R.
(Gaisbergstr. 6, A-5020 Salzburg).

b) zweiter Ehe:

3) P i u s Günter Maria, * Altschloß Purgstall 25. 7. 1929, Bes. von Gut Puchberg bei Wels, Ldwirt;
× Salzburg 12. 1. 1957 Herta Maria Z e h e t n e r, * Linz an der Donau 7. 9. 1936 (ev.), T. d. Molkereibes. Aloys Z. u. d. Johanna Lindinger
(Gut Puchberg, A-4600 Wels, OÖsterr.).

Kinder:

(1) G ü n t e r Christian, * Grieskirchen, OÖsterr., 23. 7. 1957 (ev.), Dr. jur., Rechtsanwalt;
× Bozen 28. 6. 1983 Alexandra M o r o d e r de D o s s, * Bozen 24. 9. 1959, Dr. phil., Publizist, T. d. DiplIng. Maximilian M. de D. u. d. Dr. phil. Gertrude Grasic
(Gut Puchberg, A-4600 Wels, OÖsterr.).

Kinder:

a. L u k a s Pius, * Grieskirchen 7. 4. 1987.

b. A n n a Alexandra, * Wels 31. 3. 1991.

(2) P e t e r Pius, * Grieskirchen 24. 9. 1959 (ev.), Ing. agr., Ldwirt, Inh. eines Gartengestaltungsunternehmens;
× Aschach an der Donau 8. 6. 1991 Elke S t a d l e r, * Wels 24. 8. 1961, Geschäftsf., T. d. ... Franz St. u. d. Ernestine Zorn
(Puchberg 2, A-4600 Wels).

(3) P i a Johanna, * Grieskirchen 11. 8. 1962, Mag. art., Restauratorin
(Puchberg 2, A-4600 Wels).

(4) A l e x a n d r a Maria, * Grieskirchen 11. 8. 1962 (Zwillingsschwester d. Vorigen), Dr. med., Ärztin
(Puchberg 2, A-4600 Wels).

3. C l o t i l d e Maria Anna Elisabeth, * Engelstein 17. 8. 1891, † Gallspach bei Grieskirchen, OÖsterr., 13. 9. 1981;
× Salzburg 3. 6. 1919 Oswald M a t z Gf v. S p i e g e l f e l d, * Arco 8. 9. 1891, † ebd. 24. 9. 1965, Fkhr auf Schlüßlberg, auf Tratteneck bei Grieskirchen, K. u. K. Km. u. WHofrat.

Grießenbeck v. Grießenbach

Einleitung u. Literaturhinweise s. Adelslexikon, Bd IV (1978).

Letztaufnahme der Genealogie: GHdA, Frhrl. Häuser A, Bd XII (1980), u. Hdb. Bayern, Bd XVI (1986).

Ernst Jonas Karl Luwig Freiherr Grießenbeck v. Grießenbach, * Regensburg 29. 9. 1854, † Grießenbach bei Landshut, Bayern, 17. 6. 1928, Fkhr auf Grießenbach, Kgl. bayer. Km., RegDir. a. D., Hptm. d. Ldw. a. D.;
× München 22. 9. 1885 Friederike v. Horstig gen. d'Aubigny v. Engelbrunner, * Amorbach, UFranken, 12. 7. 1864, † Grießenbach 2. 1. 1926, T. d. Edmund Rr v. H. gen. d'A. v. E. auf Michelbach bei Aschaffenburg u. d. Franziska Albert.

1. Maximilian Robert Ernst, * Regensburg 12. 2. 1891, † Landshut 5. 8. 1966, auf Grießenbach, Oberstlt d. Res. a. D., MagRr d. souv. MaltRrO.;
   × München 10. 5. 1921 Maria v. Grafenstein, * Ingolstadt 23. 3. 1894, † Tegernsee 13. 10. 1978, T. d. Kgl. bayer. GenOArztes a. D. Dr. med. Karl v. G. u. d. Albertine Reinhard.

   Söhne:

   1) Ernst Wolfgang Sigismund Karl, * Grießenbach 25. 10. 1922, DiplKaufm., Lt d. Res. a. D.;
      × München 30. 10. 1957 Elisabeth Sekatzek, * Willenberg, Kr. Ortelsburg, Ostpr., 12. 10. 1929, † München 29. 7. 1982, T. d. OKriegsgerRats Josef S. u. d. Erna Doligkeit
      (Osterwaldstr. 53, 8000 München 40).

      Kinder:

      (1) Andrea Maria Eleonore, * München 2. 8. 1958, staatl. gepr. Erzieherin u. med. Masseurin
      (Gierkezeile 32, 1000 Berlin 10).

      (2) Adalbert Gernot Michael Robert, * München 27. 2. 1960, DiplWirtschaftsing.
      (Emin-Pascha-Str. 5, 8000 München 81).

      (3) Caroline Beate Felicitas Rosemarie, * München 23. 9 1965;
      × München 23. 6. 1989 Josef Schrollhammer * Garmisch-Partenkirchen 26. 11. 1962, Schauspieler Sänger
      (Dreimühlenstr. 30, 8000 München 5).

2) Karl Albrecht Hermann, * Grießenbach 19. 4. 1924, vorm. auf Grießenbach, DiplLdwirt, Major d. Res. a. D., Gnaden- u. DevotionsRr d. souv. MaltRrO.;
⚔ (standesamtl.) Mauern 15. 5., (kirchl.) München 9. 6. 1954 Maria Theresia Gfin Henckel v. Donnersmarck, * Grambschütz 6. 6. 1930, T. d. Dr. jur. Georg Gf H. v. D. auf Grambschütz, Kaulwitz usw., Kr. Namslau, Schlesien, u. d. Marie Sophie Gfin v. Waldburg zu Wolfegg u. Waldsee
(Papierer Str. 36 A, 8300 Landshut).

Kinder:

(1) Christoph Wolfgang, * Landshut 24. 3. 1955, auf Grießenbach, staatl. gepr. Ldwirt, Hptm. d. Res.;
⚔ (standesamtl.) Landshut 5. 11. 1987, (kirchl.) Ramspau 4. 6. 1988 Franziska (Sissy) Gfin v. Ballestrem, * Leutkirch, Allgäu, 15. 2. 1960, kaufm. Assistentin f. EDV u. Rechnungswesen, T. d. kaufm. Angest. Friedrich Gf v. B. u. d. Leopoldine Gfin v. Ledebur-Wicheln a. d. H. Schöberitz
(Gutshofstr. 1, Grießenbach, 8301 Postau).

(2) Angela Anna Maria Sophie, * Landshut 11. 2. 1956;
⚔ (standesamtl.) Bernried 3. 8., (kirchl.) Schloß Egg 15. 8. 1981 Georg Luitpold Hartl, * München 29. 11. 1939, Kunsthändler
(Schloß Egg, 8351 Bernried, NBayern).

(3) Felix Anton Heribert Karl, * Landshut 26. 4. 1958, Programmierer
(Schulstr. 39, 6000 Frankfurt 70).

2. Karl Maximilian Ernst, * Regensburg 7. 1. 1900, † München 2. 8. 1975, DiplLdwirt, ldwirtschaftl. Sachverst. u. berat. Betriebswirt;
⚔ I. München 14. 3. 1924 Franziska Freiin v. Gumppenberg a. d. H. Peuerbach, * Fürth 22. 9. 1904, † München 23. 8. 1978 (gesch. München 17. 10. 1946; ⚔ II. München 10. 12. 1946 Hans Aalden, * Breslau 26. 6. 1906, † Prien 28. 12. 1980, Ing., gesch. München 22. 5. 1958), T. d. LdgerDir. a. D. Dr. jur. Anton Frhr v. G. u. d. Ida Edle v. Stubenrauch;
⚔ II. München 18. 9. 1948 Elisabeth Mischo, * München 9. 3. 1923, † ebd. 15. 6. 1968 (gesch. München 18. 1. 1951), T. d. Kaufm. Ludwig M. u. d. Jeanette Ammer.

Kinder: a) erster Ehe:

1) Walter-Luitpold Max Karl Ernst Freiherr Grießenbeck v. Grießenbach u. Hahnreit, * München 12. 3. 1929 (Wiederherstellung der ursprünglichen Namensform durch Namensänderungsurk. der Stadt Regensburg vom 23. 7. 1981; adelsrechtl. Nichtbeanstandung durch Beschluß d. Deutschen Adelsrechtsausschusses Marburg an der Lahn 15. 9. 1984), Dr. rer. oec., Wirtschaftsjurist;
× Schloß Auel bei Wahlscheid, Siegkr., 15. 10. 1960 Rosa-Maria (Roma) Wolff, * Gut Schöffenhof, Gmde Buir bei Kerpen, Rheinld, 25. 12. 1936, T. d. Gottfried W. auf Gut Schöffenhof u. d. Ilse Lindgens
(Weinberg, Am Birkengrund 3, 8209 Stephanskirchen am Simssee).

Kinder:

(1) Armin Walter Maximilian Gottfried, * Frankfurt am Main 20. 10. 1961, Dr. jur., Rechtsanwalt, Lt d. Res.
(Joachimstr. 59, 4000 Düsseldorf-Oberkassel; Zwickauer Str. 157, O-9001 Chemnitz).

(2) Marie Amelie Gudula, * Regensburg 2. 2. 1971, stud. ethn.
(Türkenstr. 80, 8000 München 40).

b) zweiter Ehe:

2) Isabella-Jeanette, * München 6. 5. 1949, Lehrerin, führt wieder den Geburtsnamen
(Aachener Str. 9, 8000 München 40);
× München 15. 4. 1972 Günther Alzmann, * Hohenschäftlarn 23. 10. 1930 (ev.), Dr. rer. nat., Physiker (gesch. München 12. 9. 1980).

Namensträger, die nicht dem Adel angehören (siehe Form der Darstellung, Vorbemerkung):

1. Johanna Eisabeth Freiin Grießenbeck von Grießenbach, * München 7. 11. 1980
(Aachener Str. 9, 8000 München 40).

2. Dorothea Jeanette Freiin Grießenbeck von Grießenbach * München 27. 1. 1984
(Aachener Str. 9, 8000 München 40).

Haan (1779)

Einleitung u. Literaturhinweise s. Adelslexikon, Bd IV (1978).
Letztaufnahme der Genealogie: Goth. frhrl. Tschb. 1941.

I. Linie

Im Mannesstamme erloschen.

Stammvater: Matthias, * 1737, † 1816 (erbld.-österr. Rrstand mit „Edler v." Wien 24. 4. 1779; NÖsterr. Ldmannschaft im Rrstande 24. 11. 1796).

Ludwig Mathias Freiherr v. Haan, * Wien 2. 8. 1813, † Fischau am Steinfeld, NÖsterreich, 17. 9. 1868 (NÖsterr. Ldmannschaft im Rrstande 20. 6. 1846; österr. Frhrnstand durch A. E. Wien 8. 5., Diplom ebd. 15. 6. 1854), Bes. von Schloß Linsberg, NÖsterr., K. K. MinRat im Justizmin.;
× Wien 17. 1. 1837 Karoline Jäger, * Wien 7. 3. 1812, † ebd. 26. 1. 1874, T. d. Steinbruch- u. Berghofbes., Karl J. u. d. Antonia Botschek.

1. Friedrich Mathias, * Wien 24. 2. 1838, † ebd. 8. 2. 1916, K. u. K. Ratssekr. i. R., Vizepräs. der Herald. Ges. „Adler";
× Wien 23. 5. 1912 Josefine Ludwig, * Wien 14. 10. 1875, † ebd. 17. 12. 1946, T. d. Antonia L.

2. Wilhelm Joseph, * Wien 14. 3. 1845, † ebd. 3. 4. 1901, K. u. K. Sektionschef i. R.;
× Wien 29. 3. 1869 Malwine Freiin v. Buschmann, * Wiener Neustadt 7. 3. 1844, † Wien 31. 1. 1922, T. d. K. K. MinRats u. Schriftstellers Dr. jur. Gotthard Frhr v. B. u. d. Karoline Freiin v. Obenaus.

   Kinder:

   1) Ludwig Gotthard Karl Wilhelm, * Wien 19. 4. 1870, † Maria-Enzersdorf 20. 7. 1921, MinRat;
   × Brighton, Engld, 20. 8. 1913 Mary Georgina Banks, * London 13. 5. 1881, † ... 2. 9. 1962.

   2) Malwine Maria Karoline Antonia, * Wien 20. 5. 1876, † Maria-Enzersdorf 16. 9. 1945;
   × Wien 29. 5. 1900 Felix Frhr v. Haßlinger, * Penzing bei Wien 3. 8. 1865, † Maria-Enzersdorf 15. 11. 1942, Hofrat i. R.

3) Hugo Karl Wilhelm Viktor, * Wien 13. 12. 1885, † Genf 6. 2. 1971, MinRat i. R., Sektionschef i. R.;

× I. Wien (standesamtl.) 7. 6., (kirchl.) 11. 6. 1911 Hilda Marchet, * Wien 1. 5. 1886, † Genf 3. 1. 1935, T. d. WGehRats u. K. u. K. MinRats i. R., Prof. Dr. jur. Gustav M. u. d. Emilie Freiin Schwäger v. Hohenbruck;

× II. Genf 30. 9. 1945 Andrée Bastian, * Genf 30. 6. 1903, T. d. ... Emile B. u. d. Julia Perréard

(Chêne-Bourg, 38 avenue Petit-Senn, CH-1200 Genf).

Töchter erster Ehe:

(1) Hilda, * Wien 16. 4. 1912;

× Bern 21. 10. 1935 Hans Nikolaus v. Wattenwyl, * Bern 1. 4. 1911, † ... 30. 1. 1989, Lic. jur.

(Alters- u. Pflegeheim „Im Brünnliacker", CH-8584 Leimbach, Kt. Thurgau).

(2) Maria Theresia, * Wien 29. 1. 1918;

× Framingham, Mass., USA, 14. 9. 1940 Newton Carey, * Hartford, Conn., USA, 26. 7. 1916, Buchhalter

(Vine Hill Road, Farmington, CT 06032, USA).

3. Viktor Joseph, * Wien 28. 2. 1853, † ebd. 3. 8. 1908, ...;

× Brünn 30. 8. 1883 Maria Rzehak, * Neuhof, Mähren, 27. 2. 1858, † Wien 17. 1. 1941, T. d. Gutsverw. Anton R. u. d. Anna Zaczek.

Tochter:

Margareta Anna, * Wien 2. 8. 1894, † ebd. ... 1970, Pfarrhelferin.

II. Linie

Stammvater: Leopold, * 1742, † 1828 (erbld.-österr. Rrstand mi „Edler v." Wien 24. 4. 1779; erbld.-österr. Frhrnstand Wien 9. 11 1796; NÖsterr. Ldmannschaft im Herrenstande 30. 7. 1802).

Samuel Freiherr v. Haan, * Hermannstadt, Siebenbürgen, 20. 7 1778, † Krems 27. 1. 1849, auf Dietmanns, Gruch u. Dlendorf NÖsterr.;

× I. Wien 5. 6. 1804 Maria Anna Edle v. Schickh, * Wien 1. 1 1785, † Diendorf, NÖsterr., 1. 4. 1814, T. d. K. K. KrHptm. u

Truchsessen Johann Jacob Edler v. Sch. auf Gerersdorf, OÖsterr., u. d. Maria Anna v. Thoren;
⚭ II. ... 8. 1816 Katharina Ennsl, * ..., † Dietmanns 22. 2. 1840, T. d. ... u. d. ...

a) Erster Ehe:

1. Edmund, * Diendorf 10. 6. 1810, ⚔ Magenta bei Mailand 30. 6. 1859, K. K. Major im InfRgt 1 u. GrenBatKmdt;
⚭ Wien 23. 11. 1846 Eleonore Huber, * Wien 18. 2. 1819, † ebd. 4. 2. 1868, T. d. K. K. Hofbeleuchtungsinsp. Johann H. u. d. Josefa Viale.

Söhne:

1) Ernst, * Mailand 17. 10. 1851, † Graz 9. 12. 1897, Fkhr auf Reiteregg bei Graz;
⚭ Graz 10. 6. 1879 Wilhelmine Gfin Kinsky v. Wchinitz u. Tettau, * Aussee 10. 5. 1852, † Graz 25. 12. 1919, T. d. K. u. K. OLts i. R. Ferdinand Gf K. v. W. u. T. u. d. Therese Schöppl.

Kinder:

(1) Rosalie, * Graz 26. 6. 1880, † Reiteregg 1. 7. 1975.

(2) Leopold Ferdinand Gustav, * Graz 26. 6. 1885, † Reiteregg 6. 3. 1976, auf Reiteregg;
⚭ Řídká bei Prag 22. 9. 1921 Maria Therese Gfin u. Hrin zu Brandis, * Aumonin bei Kuttenberg, Böhmen, 22. 9. 1888, † Reiteregg 25. 12. 1971, T. d. K. u. K. Km. u. Oberstlts i. R. Leopold Gf u. Hr zu B. u. d. Johanna v. Schäffer.

Kinder:

a. Dorothea Maria Rosa, * Reiteregg 22. 3. 1923, Gymnasiallehrerin
(Schloß Reiteregg, Neureiteregg 1, A-8151 Hitzendorf).

b. Ernst Franz Josef Leopold, * Graz 20. 4. 1924, auf Reiteregg, Ldwirt;
⚭ Maria Zell 2. 3. 1987 Victoria Nagelholz, * Graz 28. 12. 1922, Dr. phil. (⚭ I. Graz 11. 7. 1940 Erich Adolf Maria Redl, * Wien 3. 5. 1907, † Graz

10. 7. 1979, Mag. phil., OStudienrat), T. d. Magitratsbeamten Anton N. u. d. Mathilde Korp *(Schloß Reiteregg, Neureiteregg 1, A-8151 Hitzendorf).*

Adoptivsohn: s. u.

c. Brigitta Maria Elisabeth, * Reiteregg 27. 9. 1926 *(Neureiteregg 40, A-8151 Hitzendorf);*
× Graz 3. 3. 1962 Freddy Fasalter, * St. Bartholomä 9. 6. 1941, Bahnbediensteter (gesch. Graz 26. 3. 1985).

(3) Otto Anton Karl, * Graz 4. 11. 1887, † Fürstenfeld 23. 9. 1969, Bankbeamter;
× Graz 15. 10. 1912 Maria Frühling, * Klagenfurt 9. 12. 1889, † Fürstenfeld 20. 6. 1981, T. d. ... Hermann F. u. d. Pauline Zingerle.

2) Karl, * Mailand 19. 1. 1854, † Troppau 18. 2. 1894, K. u. K. Hptm.;
× Ödenburg 1. 11. 1885 Irene Klauser, * ..., † ... (× II. ... Kunzmann, † ..., K. u. K. Hptm. i. R.), T. d. ... u. d. ...

3) Maximilian Johann Maria, * Forli bei Rom 3. 10. 1855 † Graz 13. 3. 1907, K. u. K. Hptm. i. R.;
× Graz 12. 10. 1898 Rosa Koller, * Steinamanger 29. 9 1855, † Maria Wörth 17. 6. 1925 (× I. ... Istl, † ..., ...), T. d Kaufm. Josef K. u. d. Rosa Ecker.

Sohn:

Edmund Maximilian Karl Franz, * Graz 15. 11. 190 † Villach 15. 2. 1963, Bankbeamter;
× Bukarest 31. 5. 1936 Aranka Schulzer v. Müggenburg, * Sarajevo 9. 2. 1901, † Villach 1. 11. 198 T. d. ... Alfred Sch. v. M. u. d. Katharina Geier.

Sohn:

Herwig Hans, * Bukarest 2. 6. 1937, Dr. me Gynäkologe;
× I. Wien-Penzing 27. 6. 1960 Margot Schmit * Berlin 17. 5. 1939 (gesch. Wien-Penzing ... 11. 196 T. d. Angest. Wilhelm Sch. u. d. Maria Kramer (...)
× II. Steyr 21. 1. 1967 Erika Reitter, * Steyr 10. 1938, T. d. Schmieds August R. u. d. Mathilde Nebauer
(Villacher Str. 1a, A-9020 Klagenfurt).

Söhne: a) erster Ehe:

a) N i c o l a u s , * Wien 9. 1. 1963, Angest.
(Linke Wienzeile ..., A-1060 Wien).

b) zweiter Ehe:

b) A l f r e d Maximilian, * Klagenfurt 24. 7. 1967, stud. med.
(Dr.-Franz-Palla-Gasse 26, A-9020 Klagenfurt).

c) H e r b e r t Alexander, * Klagenfurt 23. 1. 1970, stud. agr.
(Dr.-Franz-Palla-Gasse 26, A-9020 Klagenfurt).

b) Zweiter Ehe:

2. S a m u e l , * Wien 28. 12. 1820, † Linz 8. 6. 1891, K. u. K. Hptm. i. R.;
× Ofen 1. 4. 1849 Rosa H i r s c h b e r g , * ..., † ... 20. 11. 1866, T. d. K. K. Stabsarztes Dr. med. ... H. u. d. ...

Sohn:

E d m u n d Franz, * Ofen 25. 11. 1859, † Salzburg 12. 12. 1912, K. u. K. Hptm. i. R.;
× Graz 8. 1. 1906 Martha K a u n i t z , * ... 1879, † ... (gesch. Salzburg 10. 1. 1908), T. d. ... Leo K. u. d. Karoline Katharina Dolliner.

Namensträger, die nicht dem Adel angehören (siehe Form der Darstellung, Vorbemerkung):

Neffe und Adoptivsohn (Vertrag Graz 26. 3., bezirksgerichtl. bestät. ebd. 31. 7. 1987 des Ernst Frhr v. Haan, * 1924 (s. o., II. Linie):

A l f r e d Ernst F a s a l t e r , * Reiteregg 15. 6. 1964, Tischler, Ldwirtschaftspächter, führt den Namen „Haan";
× Hitzendorf 22. 10. 1988 Eva L a c k n e r , * Reiteregg 12. 11. 1959, T. d. Ldwirts Johann L. u. d. Sofie Falschegger
(Schloß Reiteregg, Neureiteregg 1, A-8151 Hitzendorf).

Sohn:

T h o m a s Leopold, * Graz 4. 5. 1989.

Hanstein

Einleitung u. Literaturhinweise s. Adelslexikon, Bd IV (1978).

Letztaufnahme der Genealogie: GHdA, Frhrl. Häuser A, Bd XI (1979).

Senior des FamVerb.: Fritz-Huschke v. Hanstein, Am Kräherwald 169, 7000 Stuttgart 1; Consenior: Erich v. Hanstein, Kachletstr. 49, 8500 Nürnberg 30.

Karl Philipp Emil Freiherr v. Hanstein, * Kassel 11. 2. 1772, † ebd. 8. 4. 1861 (preuß. Frhrnstand Berlin 31. 1. 1840), auf Unterstein, Bornhagen u. Rothenbach, Kurfstl. hess. StMin. a. D.;
× Marburg an der Lahn 6. 4. 1801 Wilhelmine Freiin v. Haynau, * Hanau 20. 7. 1783, † Kassel 27. 5. 1866 (Kurfstl. hess. Adels- u. Frhrnstand Kassel 10. 3. 1800), legitimierte T. d. Kgl. preuß. Gen-Feldmarschalls Wilhelm I. Kurfst v. Hessen u. d. Rosetta (Rosa) Ritter.

1. Edmund Ludwig, * Marburg an der Lahn 17. 11. 1808, † Rothenbach 18. 7. 1887, auf Rothenbach, Kgl. preuß. GenLt a. D., ERr d. JohO.;
× I. Beuern 6. 4. 1842 Anna v. Hanstein, * Mühlhausen, Thür., 29. 2. 1820, † Koblenz 5. 12. 1842, T. d. Kgl. preuß. Forstmeisters a. D. Carl v. H. auf Wahlhausen-Unterhof u. d. Wilhelmine Freiin v. Steinmetzen;
× II. Elxleben 3. 11. 1844 Auguste Vitzthum v. Egersberg, * Weimar 3. 4. 1819, † Rothenbach 4. 7. 1888, T. d. Ghzgl. sächs. Khrn, OHofmeisters u. WGehRats Johann Friedrich August V. v. E. auf Elxleben u. d. Auguste Charlotte Freiin v. Berlepsch.

   Söhne zweiter Ehe:

   1) Maximilian Friedrich, * Aachen 18. 7. 1850, † Dresden 10. 3. 1930, Kgl. preuß. Oberst a. D.;
   × Pinnow 27. 5. 1891 Ilma Freiin v. Maltzahn, * Pinnow 3. 9. 1864, † Lockwitz 28. 2. 1945, T. d. Erbldmarschalls von Altvorpommern Albrecht Frhr v. M. auf Leuschentin u. Wüstengraben, Kr. Demmin, u. d. Karoline v. Biel.

   Sohn:

   Jobst Edmund Wilhelm Gneomar, * Potsdam 11. 1 1896, † Hamburg 13. 10. 1962, Oberst i. G. a. D.;
   × Hamburg 14. 8. 1937 Ursula v. Gollhorn, * Berlin-Wilmersdorf 24. 7. 1912, T. d. Obersten a. D. Kurt v. G u. d. Lilli Galles
   (Rainweg 2, 2000 Hamburg 20).

Kinder:

a. Carola Lilli Ilma, * Potsdam 2. 6. 1938, Krankengymnastin
(Vogtskamp 28, 2000 Hamburg 65);
× Wohltorf 16. 3. 1963 Oldwig v. Fischer, * Hamburg 5. 3. 1931, Kaufm. (gesch. Hamburg 16. 9. 1987).

b. Jobst Kurt Max, * Hamburg 11. 2. 1940, Rechtsanwalt
(Rainweg 2, 2000 Hamburg 20);
× München 3. 11. 1978 Susanne Burmester, * ... 28. 1. 1948 (gesch. München 22. 5. 1986), T. d. Dr. med. Jürgen B. u. d. Irmgard Sykora
(Baurstr. 9, 8000 München 40).

c. Dittmar Heinz Karl, * Berlin 29. 4. 1942, selbst. Kaufm.
(Rainweg 2, 2000 Hamburg 20).

2) Thilo Alexander Friedrich Eduard, * Magdeburg 21. 10. 1857, † Osnabrück 26. 4. 1922, Kgl. preuß. GenLt a. D.;
× Hermsdorf 19. 4. 1892 Katharina v. Oidtman, * Hermsdorf 16. 9. 1866, † Igls bei Innsbruck 17. 3. 1934, T. d. Kgl. preuß. GenLts z. D. Wilfried v. O. u. d. Agnes Moderow.

Kinder:

(1) Ilse Agnes Carla Alexandrine Ida, * Hannover 17. 1. 1893, † Großgmain bei Salzburg 12. 11. 1966;
× I. Berlin 5. 7. 1916 Gustav v. Platen, * Venz, Insel Rügen, 16. 5. 1876, † Hannover 12. 4. 1950, auf Venz (verk. 1924) (gesch. Breslau 21. 9. 1937);
× II. ... 10. 1960 Friedrich (Fritz) Fiala, * ..., ...
(A-5084 Großgmain bei Salzburg).

(2) Wilfried Edmund Sittig Carl, * Berlin 8. 3. 1899, † München 22. 8. 1973, VersKaufm.;
× I. Cranz, Ostpr., ... 1925 Käthe Schwagereit, * ... 10. 1. 1893, † ... (gesch. München ... 1939), T. d. ... u. d. ...;
× II. Berlin 18. 10. 1939 Hilde Strippel, * Lübben, NLausitz, 9. 11. 1911, † München 7. 3. 1978, T. d. Verlagsbuchhändlers Andreas St. u. d. Margarete Grundler.

Kinder: a) erster Ehe:

a. Donata, * München 29. 8. 1925, Sekr. i. R. *(Bargteheider Str. 135a, 2000 Hamburg 73 — Rahlstedt).*

b) zweiter Ehe:

b. Thilo, * München 19. 2. 1947, DiplIng. forest.; ⚭ München 11. 9. 1970 Sigrid Fangmeyer, * Bremen 6. 7. 1946, T. d. VerwOInsp. Heinz August F. u. d. Sophie Grassmann *(Forstgasse 12, 8451 Ensdorf).*

Kinder:

a) Veronika Eva Maria, * Freising 17. 2. 1983.

b) Maria Irmgard Elisabeth, * Schwandorf 18. 10. 1984.

c) Rupert Andreas Johannes, * Schwandorf 17. 7. 1986.

2. Wilhelm Otto, * Marburg an der Lahn 26. 10. 1817, † Wildon bei Graz 9. 9. 1874, auf Wildon, K. u. K. Oberstlt a. D.; ⚭ Weschek, Mähren, 25. 9. 1851 Bertha v. Weissenburg, * Weschek 25. 9. 1832, † Murhof, Steiermk, 16. 9. 1918, T. d. Josef Rr v. W. auf Weschek u. d. Therese Reiter.

Söhne:

1) Wilhelm, * Budapest 7. 7. 1852, † Nymphenburg 1. 5. 1887, auf Wildon; ⚭ Treviso, Italien, 18. 3. 1875 Giulietta Gfin Gritti, * Treviso 2. 7. 1851, † Graz 30. 9. 1930 (kath.), T. d. Giovanni Gf G. u. d. Anna Freygang (aus russ. Adel).

Sohn:

Heinrich (Heinz) Mathilde Wilhelm, * Wildon 5. 6. 1878, † ... 29. 3. 1944, ...; ⚭ Graz 5. 3. 1928 Carola Anna Prakisch, * Wien 12. 5. 1889, † ..., T. d. ... u. d. ...

Tochter:

Ingeborg Rosa Maria, * Graz 5. 3. 1930, ... (...).

2) Karl Joseph, * Graz 18. 4. 1864, † Murhof, OSteiermk, 20. 12. 1937, auf Murhof, K. u. K. Rittmeister a. D., ERr d. JohO.;

× Wien 18. 7. 1892 Martha Freiin v. Berg, * Wien 8. 6. 1863, † Murhof 21. 4. 1942 (× I. Kapuvár 8. 9. 1884 Ludwig Baron Fischer de Nagy-Szalatnya, † Njegesi am Viktoriasee, Afrika, 2. 7. 1892, auf Wernberg, Kärnten, K. u. K. Km., gesch. ...), T. d. Ldwirts Gustav Frhr v. B. u. d. Anna Strehle.

Sohn:

Gustav, * Kapuvár 10. 7. 1893, † Schloß Murhof bei Knittelfeld 10. 5. 1978, Gutsbes., OLt a. D.;
× I. Budapest 2. 1. 1923 Eva v. Gariboldi, * Graz 2. 10. 1904, † Murhof 10. 5. 1945, T. d. österr. BezKommissars u. Rittmeisters a. D. Dr. jur. Eugen Rr v. G. u. d. Katharina Gfin Bethlen v. Bethlen;
× II. Knittelfeld 23. 4. 1953 Ute Mangler, * Husum 1. 9. 1932 (gesch. Knittelfeld 1. 10. 1962), T. d. Ldwirts u. Majors d. Res. Helmut M. u. d. Emma Lange
(Murhof 5, A-8734 Großlobming).

Kinder zweiter Ehe:

a. Johanna Maximiliane Maria, * Knittelfeld 8. 2. 1953;
× Kremsmünster 21. 2. 1976 Ara Jeretzian, * Budapest 29. 5. 1948, Kaufm.
(Hauptstr. 134, A-3412 Kierling).

b. Gabriele Verena, * Knittelfeld 5. 2. 1955, Redakteurin
(Berg-Isel-Str. 10, 8000 München 90).

c. Ulrich, * Knittelfeld 14. 11. 1959, Bauzeichner;
× Kremsmünster 30. 12. 1981 Maria Bergmair, * Kremsmünster 4. 12. 1961, T. d. Raimund B. u. d. Maria Matschy
(Neuhofstr. 29, A-4550 Kremsmünster).

Kinder:

a) Georg, * Wels 9. 2. 1981.

b) Klara, * Wels 23. 2. 1983.

c) Viktoria, * Kirchdorf 6. 10. 1986.

Adalbert Karl Maria, * Marburg an der Lahn 5. 7. 1820, ⚔ bei Azay-Mazangé 6. 1. 1871, Kgl. preuß. Oberstlt u. BatKmdr im LeibGrenRgt 8;

× Lissa 13. 8. 1860 Ottilie v. Pressentin, * Lepelow 28. 12. 1840, † Müritz, Meckl., 24. 9. 1925, T. d. Dietrich v. P. auf Groß-Kussewitz, Meckl., Lepelow, Gehmkow, Pomm., u. Camin, Schles., u. d. Ottilie v. Stumpfeld.

Sohn:

August, * Frankfurt an der Oder 2. 8. 1869, † (beim Einmarsch der Russen) Hohenneuendorf bei Berlin 22. 4. 1945, Oberstlt a. D., ERr d. JohO.;
× Frankfurt an der Oder 27. 9. 1883 Agnes v. dem Knesebeck, * Wriezen an der Oder 1. 9. 1873, † (beim Einmarsch der Russen) Hohenneuendorf 22. 4. 1945, T. d. Kgl. preuß. GehJustizrats u. AmtsgerRats a. D. Berthold v. dem K. u. d. Elisabeth Hufeland.

Töchter:

(1) Mechthild, * Frankfurt an der Oder 3. 11. 1902, † Berlin 10. 2. 1979;
× Wien 18. 11. 1939 Viktor Frhr Speth v. Schülzburg, * Innsbruck 2. 4. 1887, ⚔ (vermißt) Landsberg an der Warthe 31. 8. 1945, Dr. jur., vorm. österr. Konsul.

(2) Sitta-Charlotte, * Frankfurt an der Oder 18. 9. 1907, † Berlin 22. 1. 1984, Modeschneiderin.

Hardenberg

Einleitung u. Literaturhinweise s. Adelslexikon, Bd IV (1978).

Letztaufnahme der Genealogie: GHdA, Frhrl. Häuser A, Bd VII (1969), sowie Hans Adolf Gf v. Hardenberg u. Alexandra Gfin v. Hardenberg, Das Geschlecht v. Hardenberg, Portraits, Bilder u. Stammtafeln 1139—1983, Wolbrechtshausen 1983.

Vors. des FamVerb.: Carl Gf v. Hardenberg, Vorderhaus 1, 3412 Nörten-Hardenberg; Schriftf.: Alexandra Gfin v. Hardenberg, geb. v. Lenthe, Wolbrechtshausen, 3412 Nörten-Hardenberg 1; Schatzmeister: Bernd-Dietrich Gf v. Hardenberg, Landstr. 22, Reden, 3017 Pattensen 2.

I. Linie (Neu-Hardenberg)

Stammvater: Christian Ludwig, * 1663, † 1736.

S. GHdA, Gfl. Häuser, Bd XII (1988).

II. Linie (Oberwiederstedt)

Stammvater: Georg Anton, * 1666, † 1721.

Hans Christoph Hildebrand Aloysius Freiherr v. Hardenberg, * Oberwiederstedt 27. 10. 1824, † München 25. 2. 1887 (preuß. Genehmigung zur Führung des Frhrntitels [ad pers.] Berlin 1. 3. 1882), Senioratshr auf Schlöben, Rabis u. Möckern, auf Oberwiederstedt, Kgl. preuß. Khr, RegPräs. u. Mitgl. d. preuß. Herrenh. auf Lebenszeit, Hzgl. sachs.-altenb. Khr, RRr d. JohO.;
× Berlin 24. 10. 1846 Marie v. Carlowitz a. d. H. Ober-Schöna, * Frankfurt am Main 11. 1. 1825, † Roda, Sachsen-Altenb., 19. 8. 1899, T. d. Kgl. sächs. WGehRats u. StMin. Hans Georg v. C. auf Ober-Schöna u. Kirchbach u. d. Jeannette Caroline v. Schönberg.

Freiherren v. Hardenberg (preuß. Verleihung der Berechtigung zur Führung des Frhrntitels [unbeschränkt] durch A. KO. vom 10. 6., Diplom Neues Palais bei Potsdam 15. 12. 1902).

. Georg-Anton Dietrich Hildebrand, * Oberwiederstedt 16. 3. 1858, † Schlöben bei Stadtroda, Thür., 9. 5. 1932, letzter Senioratshr auf Schlöben, Rabis u. Möckern, Dr. med., ERr d. Joh.;
× Berlin 1. 5. 1896 Armgard Freiin v. Beust, * Langenorla 7. 12. 1850, † Schlöben 28. 6. 1925 (× I. Langenorla 5. 7. 1869

Albert Frhr v. Beust, † Jena 15. 1. 1911, Fkhr auf Nimritz u. Rehmen, Kgl. preuß. Major a. D., gesch. ... 1895), T. d. Hzgl. sachs.-altenb. Khrn Hermann Frhr v. B. auf Langenorla u. d. Marie v. Holtzendorff a. d. H. Vietmannsdorf.

Tochter:

Ilse Maria Elisabeth Margarethe Caroline Ruth, * Charlottenburg 13. 4. 1897, † ... 29. 3. 1982;
⚭ Schlöben 2. 6. 1920 Christoph Adam v. Breitenbuch, * Jena 30. 4. 1897, † Riedlingen, Württ., 21. 4. 1960, Major a. D.

2. Hans Christian, * Schlöben 6. 5. 1859, † Berlin 26. 2. 1927, auf Oberwiederstedt (seit 1614 im Bes. d. Fam.), Mansfelder Gebirgskr., Ghzgl. sächs. Khr, ERr d. JohO.;
⚭ Jahnsfelde 9. 7. 1891 Ludmilla Freiin v. Carnap, * Altlaube 18. 1. 1869, † Oberwiederstedt 12. 10. 1945, T. d. Philipp Frhr v. C. auf Jahnsfelde u. d. Ida Gfin v. der Recke v. Volmerstein a. d. H. Werdringen.

Kinder:

1) Petra Anna Caroline Wally Isabella, * Oberwiederstedt 8. 7. 1895, † Berge, Kr. Witzenhausen, 28. 12. 1971;
⚭ Oberwiederstedt 22. 9. 1920 Günther Frhr v. Bischoffshausen, * Münster, Westf., 2. 5. 1890, † Berge 6. 5. 1972, auf Jahna (§) bei Meißen, Major d. Res. a. D.

2) Klaus Emmo Askan Adolf, * Oberwiederstedt 25. 9. 1898, ⚔ bei El Alamain, NAfrika, 3. 11. 1942, auf Oberwiederstedt, Oberst u. Kmdr eines PzRgts, Träger d. RrKreuzes zum EK;
⚭ Falkenburg, Kr. Dramburg, 27. 7. 1922 Dagny v. Griesheim, * Falkenburg 9. 8. 1901, † Timmdorf, Holst., 27. 4. 1976, T. d. Kgl. preuß. Khrn u. Majors d. Res. Kurt v. G. auf Falkenburg u. Hünenberg, Kr. Dramburg, u. d. Carola Freiin v. Dörnberg.

Kinder:

(1) Askan Hans Karl August Kurt, * Oberwiederstedt 4. 10. 1925, ⚔ Litauen 23. 8. 1944, Fahnenjkr.

(2) Hans Christian Klaus Asche Aloysius, * Hünenberg, Kr. Dramburg, 13. 10. 1927, Farmbes., Industriekaufm.;

Friedrich Freiherr v. Hardenberg
(Novalis)
* 1772 † 1801

× Bogotá, Kolumbien, 11. 8. 1956 Mechthild Gfin v. Stillfried u. Rattonitz, * Nimptsch, Schles., 16. 6. 1936, T. d. Ldwirts Wolfgang Gf v. St.-Mettich u. d. Margot Schlenker
(7617 Newton Road, Dewdney, B C. V0M 1H0, Canada).

Kinder:

a. Friedrich-Klaus Franziskus, * Richmond, B. C., Canada, 6. 10. 1957, ... (...).

b. Christian Askan Wolfgang, * Pitt Meadows, B. C., 24. 3. 1959, Ldwirt;
× Maple Ridge, B. C., 25. 9. 1982 Lori Nilson, * Burnaby, B. C., 2. 3. 1959, T. d. ... Nils N. u. d. Barbara Smalley
(36112 Hyde Buker Road, Dewdney, B. C. V0M 1H0, Canada).

Kinder:

a) Carlene Nicole, * Mission, B. C., 9. 12. 1983.

b) Derek Askan, * Mission 13. 4. 1987.

c. Johannes Kurt Otto, * Pitt Meadows 8. 2. 1961, Ldwirt;
× Pitt Meadows 11. 7. 1987 Gail Mc Namara, * Fernie, B. C., 6. 11. 1955, T. d. ... Cliff Mc N. u. d. Maria Gigliotti
(7780 Newton Road, Dewdney, B. C. V0M 1H0, Canada).

Sohn:

Joshua Chad, * New Westminster, B. C., 27. 11. 1987.

d. Konrad Jost Anton, * Pitt Meadows 25. 7. 1962, ...;
× Port Coquitlam, B. C., 19. 10. 1985 Barbara Hossmann, * Chilliwack, B. C., 1. 5. 1963, T. d. Ldwirts Friedrich H. u. d. Sophie Breitenstein
(33110 Cherry Avenue, Mission, B. C., V2V 2V2, Canada).

Tochter:

Kirsten Lee, * Mission, B. C., 8. 1. 1990.

e. Klaus Albert, * Pitt Meadows 24. 4. 1965, ...
(7617 Newton Road, Dewdney, B. C. V0M 1H0, Canada).

f. Bernhard Georg, * Pitt Meadows 4. 11. 1966, ...
(7617 Newton Road, Dewdney, B. C. V0M 1H0, Canada).

(3) Detmar Friedrich Eggert Wolf, * Hünenberg, Kr. Dramburg, 18. 9. 1931, Industriekaufm.;
× Bad Hersfeld 30. 12. 1957 Annemarie Taubert, * Dresden 16. 12. 1934, T. d. OForstmeisters Dr. phil. Friedrich T. u. d. Ursula Heitsch
(Birkenweg 3, 2427 Timmdorf).

Sohn:

Detmar, * New York 22. 2. 1970, Hotelkaufm. i. A.
(Birkenweg 3, 2427 Timmdorf).

(4) Allheid, * Bad Polzin 19. 3. 1936, † Timmdorf 2. 2. 1971, DiplÜbersetzerin.

3. Askan Walther, * Schlöben 3. 6. 1861, † Eisenach 21. 6. 1916, Hzgl. sachs.-altenb. Khr u. GehStRat, Vorst. des Min. für Kultusangelegenheiten;
× Tann, Rhön, 16. 10. 1886 Anna Freiin v. u. zu der Tann-Rathsamhausen, * München 9. 7. 1862, † Coburg 9. 11 1937, T. d. Kgl. bayer. Gen. d. Inf. u. GenAdj. Ludwig Frhr v u. zu der T.-R. u. d. Anna Gfin v. Voß.

Kinder:

1) Erasmus Hans-Ludwig Günther Hermann, * Erfurt 31. 7 1887, † Grabow, Kr. Lüchow, 25. 12. 1951, Mithr au Möckern (§), Kr. Stadtroda, Thür., AmtsgerRat a. D.;
× Oberschadewalde 15. 9. 1920 Marga Freiin v. Esebeck * Potsdam 12. 4. 1891, † Detmold 25. 6. 1981, T. d. Kg preuß. Majors a. D. Eberhard Frhr v. E. u. d. Elisabeth Gerhardt.

Kinder:

(1) Harald Dierk Gert Eberhard, * Ebeleben 19. 8. 192 Vorstandsmitgl. i. R.;

⚭ I. Berlin 13. 1. 1950 Brigitte v. Freier, * Eisenbrück, Pomm., 13. 1. 1928, † Gießen 31. 10. 1975 (gesch. Hamburg 23. 9. 1954; ⚭ II. Weeze am Niederrhein 10. 10. 1964 Harald Gf v. Schwerin, † Friedelhausen an der Lahn 16. 7. 1988, vorm. auf Friedelhausen u. Nordeck, Ld- u. Forstwirt), T. d. preuß. OForstmeisters u. OLts a. D. Werner v. F. u. d. Erika Nion;
⚭ II. Uetersen, Holstein, 5. 3. 1955 Ingeborg Herrmann, * Potsdam 4. 2. 1930, T. d. Obersten a. D. Kurt H. u. d. Ingeborg Lange
(Kovahl 42, 2121 Nahrendorf).

Kinder: a) erster Ehe:

a. Marion Elisabeth, * Mülheim an der Ruhr 29. 11. 1950, Redakteurin
(Jungfrauenthal 6, 2000 Hamburg 13);
⚭ I. Friedelhausen 16. 5. 1974 Enno Frhr zu Innhausen u. Knyphausen, * Wiesbaden 3. 2. 1949, Bankkaufm. (gesch. Hamburg 18. 6. 1981);
⚭ II. Hamburg 14. 3. 1983 Christian Friedrich Gf zu Stolberg-Stolberg, * Wien 9. 6. 1952, Hotelkaufm. (gesch. Hamburg 3. 2. 1988).

b) zweiter Ehe:

b. Alexander Erasmus Ragnar, * Helsinki 19. 7. 1956, Bankkaufm.;
⚭ Lohmar 12. 10. 1984 Marie-Luise Christ, * Köln 3. 8. 1954, T. d. Baumeisters i. R. Hermann Ch. u. d. Hubertine Müller
(22, rue Jacques Bossuet, F-78590 Noisy le Roi).

Sohn:

Christoph Erasmus Harald Hermann Bertel, * Hamburg 5. 12. 1986.

c. Askan Harald Kurt, * Stockholm 8. 11. 1960, cand. med.;
⚭ Bonn 16. 9. 1988 Kornelia Klimmer, * Winz bei Hattingen 22. 5. 1963, T. d. VerwAngest. Dieter K. u. d. Sigrid Frischkorn
(Goethestr. 12, 5300 Bonn 1).

d. Hubertus Gert Anton, * Stockholm 12. 3. 1963, VersKaufm.;
⨯ Bergisch Gladbach 10. 5. 1991 Christina Felicitas Nordhaus, * Köln 30. 9. 1966, T. d. Kaufm. Hans N. u. d. Brigitte Leupolt
(Adalbert-Stifter-Str. 3, 5060 Bergisch Gladbach 1).

(2) Margot Elisabeth Gerta Ehrengard, * Coburg 22. 4. 1928;
⨯ Lidingö bei Stockholm 12. 10. 1955 Bertel Folkesson Sandström, * Stockholm 2. 6. 1919, Dr. jur., MinRat a. D.
(Rågången 151, S-14560 Norsborg).

(3) Armgart Anna Sigrid Walburga, * Coburg 23. 1. 1930;
⨯ Uetersen, Holst., 11. 8. 1956 Dietrich Teerling, * Borkum 4. 7. 1923, Kpt. z. S. a. D.
(Charles-Ross-Ring 79, 2300 Kiel 1).

2) Dietrich Hans-Karl Rudolf, * Erfurt 15. 10. 1888, † Kronberg, Taunus, 12. 11. 1978, Mithr auf Möckern (§), Kr. Stadtroda, Thür., staatl. Forstmeister a. D.;
⨯ Eberswalde 12. 10. 1916 Maria v. Bojanowsky, * Oels 20. 8. 1891, † Kronberg 3. 7. 1981, T. d. GenLts z. D. Wilhelm v. B. u. d. Marie v. Baumbach.

Kinder:

(1) Hildebrand Christoph Askan Wilhelm, * Eberswalde 15. 8. 1918, kaufm. Angest. i. R., OLt a. D.;
⨯ Lohrhaupten (standesamtl.) 1. 6., (kirchl.) 4. 6. 1958 Ursula Baronesse v. Oelsen, * Küstrin 22. 10. 1932, staatl. gepr. Hauswirtschaftsleiterin, T. d. staatl. Revierförsters a. D. Erich Baron v. Oe. u. d. Marie Madeleine Freiin v. Campenhausen a. d. H. Bersohn, Livld
(Weidenbuscher Weg 25, 5060 Bergisch Gladbach 2).

Kinder:

a. Anne Maria Christine Elisabeth, * Porz-Zündorf 5. 3. 1959, Logopädin;
⨯ Hamburg 2. 12. 1989 Heinz-Jörgen Kunze (s. u.)

b. Christoph Dietrich Hubert Erich, * Porz-Zündorf 5. 3. 1960, Kaufm., Gebietsverkaufsleiter;

× Las Vegas, Nevada, USA, 26. 5. 1989 Heidie de Soto, * New York 21. 2 1962, T. d. ... Alvino de S. u. d. Zelideth Rodriguez
(Leverkusener Str. 33, 5060 Bergisch Gladbach 2).

c. Luise Margarethe Mechthild Sybil, * Porz-Zündorf 14. 4. 1962, Tanztherapeutin
(Oberbilker Allee 310, 4000 Düsseldorf 1).

d. Dietz Alexander Hans Jochen, * Porz-Zündorf 20. 5. 1963, Orgelbaumeister
(Hauptstr. 8, 8306 Schierling).

e. Felix Hildebrand, * Köln-Mülheim 3. 1. 1967, Kaufm., stud. med. vet.
(Sendlinger Kirchplatz 1, 8000 München 70).

f. Ulrike Gabriele Marie-Madeleine, * Köln-Mülheim 19. 6. 1968, Arzthelferin;
× München-Solln 19. 7. 1991 Michael Uenzen, * Wesseling 9. 11. 1966, Maschinenbautechniker
(Don-Bosco-Str. 16, 5060 Bergisch Gladbach 2).

(2) Rosemarie Anna Luise, * Eberswalde 19. 6. 1920, Krankengymnastin;
× (standesamtl.) Düsseldorf 22. 12., (kirchl.) Landau, Kr. Waldeck, 25. 12. 1950 Gert v. Viebahn, * Potsdam 10. 6. 1917, Hptm. a. D., Kaufm., Dir. i. R.
(Akazienweg 19, 6232 Bad Soden 2 — Neuenhain).

(3) Mechthild Gerta Karola, * Kudippen, Kr. Allenstein, Ostpr., 24. 5. 1923
(Hubertushöhe 6, 6232 Bad Soden 2 — Neuenhain);
× Landau, Kr. Waldeck, 15. 7. 1950 Georg Friedrich v. Krogh, * Berlin-Wilmersdorf 23. 12. 1919, Dr. med., Facharzt f. Lungenkrankheiten, LdesMedDir. a. D. (gesch. Frankfurt am Main 9. 10. 1967).

(4) Heilwig Dorothea Elisabeth, * Kudippen, Kr. Allenstein, Ostpr., 24. 6. 1928;
× Landau, Kr. Waldeck, (standesamtl.) 21. 4., (kirchl.) 23. 4. 1962 Volkhart Gf v. Matuschka, Frhr v. Toppelczan u. Spaetgen, * Potsdam 9. 1. 1921, Industriekaufm. i. R., Lt a. D.
(Philosophenweg 3, 6330 Wetzlar).

(5) Sigrid Freda Maria, * Jena 23. 4. 1930;
⚭ Landau, Kr. Waldeck, 16. 6. 1963 Helmut v. Rintelen, * Berlin 12. 4. 1935, Rechtsanwalt, Syndikus *(Jahnstr. 21, 4330 Mülheim an der Ruhr).*

III. Linie (Alt-Hardenberg)

Stammvater: Fritz Dietrich, * 1674, † 1739.

S. GHdA, Gfl. Häuser, Bd XII (1988).

Namensträger, die nicht dem Adel angehören (siehe Form der Darstellung, Vorbemerkung):

I. Heinz-Jörgen Kunze, * Bremen 10. 3. 1949, Kaufm., führt gemäß § 1355 BGB seit 2. 10. 1989 den Namen „Kunze Freiherr von Hardenberg";
⚭ Hamburg 2. 10. 1989 Anne Freiin v. Hardenberg (s. o., II. Linie) *(Hauptstr. 2a, 3131 Vietze).*

Sohn:

Julian Antonio, * Hamburg 1. 4. 1990.

II. Lioba Freiin v. Hardenberg, * ... 25. 8. 1987 *(Oberbilker Allee 310, 4000 Düsseldorf 1).*

Hornstein

Einleitung, Wappenabbildung u. Literaturhinweise s. Adelslexikon, Bd V (1984).

Letztaufnahme der Genealogie: GHdA, Frhrl. Häuser A, Bd XII (1980). – Hdb. Bayern, Bd XVI (1986).

I. Linie (Grüningen)

Stammvater: Georg (I.), urkundl. 1462, † 1498.

1. Ast (Grüningen)

Stammvater: Frhr Hans Bernhard, * 1672. † 1760

1. Zweig (Bietingen)

Stammvater: Frhr Friedrich, * 1789, † 1871.

1. Haus (Bietingen)

Stammvater: Frhr Leopold, * 1821, † 1873.

Edwin Friedrich Hans Christoph Freiherr v. Hornstein-Biethingen, * Schaffhausen 25. 4. 1848, † Bietingen im Hegau 29. 8. 1929, Grundhr zu Bietingen, Ghzgl. bad. Khr, Kgl. preuß. Oberstlt a. D.;
× Baden-Baden 12. 12. 1878 Carrie Nelson Thompson, * Inwood am Hudson, USA, 3. 4. 1859, † Birkach bei Stuttgart 23. 5. 1931, T. d. Kaufm. Francis N. Th. u. d. Adelaide Owen.

1. Erich Franz Alexander Friedrich Leopold Edwin, * Konstanz 30. 12. 1882, ⚔ St. Quentin 29. 8. 1914, Kgl. preuß. OLt u. KompFührer im 1. GardeRgt zu Fuß;
× Potsdam 17. 2. 1912 Augusta v. Brauchitsch, * Colmar, Elsaß, 26. 8. 1891, † Berlin 12. 10. 1984 (× II. Potsdam 15. 5. 1919 Ulrich Frhr v. Sell, ⚔ [† in russ. Gefangenschaft] Jamlitz bei Lieberose, NLausitz, 13. 12. 1945, Oberstlt a. D., vorm. Flügeladj. d. Kaisers u. Kgs), T. d. Kgl. preuß. GenMajors z. D. Konrad v. B. u. d. Helene (Hella) Korn a. d. H. Rudelsdorf.

Tochter:

Erika, * Potsdam 13. 6. 1913;

⚭ Berlin-Dahlem 23. 6. 1939 Viktor Bausch, * Neu-Kaliß, Meckl., 26. 8. 1898, † Gargnano, Prov. Brescia, Italien, 30. 8. 1983, DiplIng.
(Königin-Luise-Str. 76a, 1000 Berlin 33 — Dahlem).

2. Hans Wilhelm Alexander Edwin, * Potsdam 22. 12. 1887, † Bietingen 15. 12. 1967, auf Bietingen, Oberst a. D.;
⚭ I. Berlin 25. 8. 1918 Vera Hasse-Terheyden, * Freiburg i. Br. 17. 5. 1897, † Konstanz 9. 1. 1936, T. d. Joseph H.-T. auf Silginen, Kr. Stuhm, Westpr., u. d. Therese Petzold;
⚭ II. Karlsruhe 22. 7. 1936 Ruth Hasse-Terheyden, * Freiburg i. Br. 11. 2. 1896, † Bietingen 15. 4. 1982, Schwester der ersten Gemahlin.

Sohn erster Ehe:

Egbert Hans Hubert Edwin, * Konstanz 3. 5. 1925, vorm. auf 1/2 Bietingen, Sachverständiger u. vereidigter KfzIng.
(Helgenreute 18, 7838 Freiamt).

3. Werner Arthur Karl, * Bietingen 30. 8. 1898, † Stuttgart-Bad Cannstatt 6. 4. 1948, Versicherungsmakler;
⚭ I. Itzehoe 27. 10. 1923 Ruth Biel, * Itzehoe 13. 9. 1904, † ... 8. 12. 1990, führte den Namen „Horner" (gesch. Stuttgart 22. 5. 1925), T. d. Industriellen Otto B. u. d. Johanna Kähler;
⚭ II. Stuttgart 2. 3. 1929 Anna Elisabeth (Anneliese) Renkenberger, * Ulm 5. 1. 1910, ⚔ (vermißt) ... 1945 (gesch. ...), T. d. Geometers u. techn. Eisenbahnsekr. Alfred Otto R. u. d. Elisabeth Julia Glockner;
⚭ III. Heiligenberg 21. 12. 1943 Anne Pohl, * Gleiwitz, OSchlesien, 25. 7. 1918, T. d. Ing. Richard P. u. d. ... (...).

Sohn erster Ehe:

Ralph, * Konstanz 10. 12. 1924, führt den Namen „Horner", Ing., Investitionsanalytiker;
⚭ Haslemere, Surrey, Engld, 14. 4. 1961 Judith Clare Nesbitt, * Writtle, Essex, Engld, 4. 6. 1939, T. d. Rechtsanwaltes Robert Malleson N. u. d. Mary Dorothy Porter Wood
(266 Douglas Drive, Toronto, Ontario M4W 2C1, Canada).

Kinder:

(1) Paul Anthony, * Toronto, Ontario, Canada, 6. 5. 1962, ElektroIng.
(330 Wellesly Street, Toronto, Ontario M4X 1H1, Canada)

(2) Jane Madeline, * Toronto 10. 11. 1963, Bürovorsteherin
(99 Boulton Avenue, Toronto, Ontario M4M 2J4, Canada).

(3) Simon Nesbitt, * Toronto 1. 2. 1968, ElektroIng.
(266 Douglas Drive, Toronto, Ontario M4W 2C1, Canada).

2. Haus (Homboll)

Im Mannesstamme erloschen.

Stammvater: Frhr Feodor, * 1829, † 1898.

Alfred Hans Carl Christoph Freiherr v. Hornstein-Biethingen, * Bollsteg 14. 6. 1866, † Teising 19. 6. 1932 (immatrikuliert im Kgr. Bayern bei der Frhrnklasse 10. 2. 1904), vorm. Mithr auf Homboll;
× Teising 11. 5. 1901 Elisabeth Freiin v. Pelkhoven-Hohenbuchbach auf Teising, * München 11. 5. 1877, † Rottach am Tegernsee 14. 5. 1960, T. d. Kgl. bayer. Km. u. RegAssessors a. D. Maximilian Frhr v. P.-H. auf T. u. d. Klementine Freiin v. Coreth zu Coredo u. Rumo.

1. Clementine Hyppolitha Elisabeth Luise, * Teising 26. 11. 1904, † München 13. 4. 1991;
   × Teising 21. 8. 1947 Egon Rr v. Albeck, * Korneuburg bei Wien 21. 8. 1897, † München 28. 1. 1992, Oberstlt a. D.
2. Maria-Sidonia Luise Bibiana, * Teising 7. 3. 1908;
   × Teising 26. 9. 1928 Hans Christoph Frhr v. Hornstein-Grüningen, * Grüningen 3. 10. 1906, † Leonberg bei Stuttgart 17. 12. 1948, auf Grüningen (s. u., 2. Zweig)
   (Schloß Grüningen, 7940 Riedlingen 5 an der Donau).
3. Elfriede Charlotte Walburga Maria, * Teising 3. 12. 1909;
   × Grüningen (standesamtl.) 1. 6., (kirchl.) 2. 6. 1936 Friedrich Frhr v. Linden, * Stuttgart 3. 1. 1904, DiplLdwirt
   (Rosenstr. 31, 5860 Iserlohn-Letmathe).

2. Zweig (Grüningen)

Stammvater: Frhr Karl, * 1801, † 1862.

althasar Maria Freiherr v. Hornstein-Grüningen, Grüningen 18. 4. 1873, † ebd. 10. 2. 1920, Architekt, Kgl. preuß. Lt a. D.;
< Dirmstein bei Frankenthal 23. 8. 1905 Maria Freiin Dael v. öth-Wanscheid, * Lorsch 20. 6. 1876, † Grüningen 10. 6. 945, T. d. Ghzgl. hess. LdgerAssessors a. D. Dr. jur. Gedeon Frhr . v. K.-W. auf Sörgenloch u. d. Josepha Freiin Pergler v. Perglas.

Hans Christoph Maria, * Grüningen 3. 10. 1906, † Leonberg 17. 12. 1948, auf Grüningen;
⚭ Teising 26. 9. 1928 Maria-Sidonia Freiin v. Hornstein-Biethingen, * Teising 7. 3. 1908 (s. o., 1. Zweig, 2. Haus), T. d. Alfred Frhr v. H.-B., vorm. Mithrn auf Homboll, u. d. Elisabeth Freiin v. Pelkoven-Hohenbuchbach auf Teising
(Schloß Grüningen, 7940 Riedlingen 5 an der Donau).

1. Hans Hubert, * Grüningen 16. 6. 1929, auf Grüningen;
⚭ Bremen 11. 5. 1968 Heike v. Lueder, * Eberswalde 4. 8. 1941, T. d. Hptm. Werner v. L. a. d. H. Moisama u. d. Ilse Wülbern
(Schloß Grüningen, Parkstr. 29, 7940 Riedlingen 5 an der Donau).

   Kinder:

   1) Hans Christoph Maximilian, * Ravensburg 1. 4. 1969, Fähnrich d. Res.
   (Schloß Grüningen, 7940 Riedlingen 5 an der Donau).

   2) Irina Anna Maria, * Ehingen an der Donau 14. 2. 1971
   (Schloß Grüningen, Parkstr. 29, 7940 Riedlingen 5 an der Donau).

   3) Edward Balthasar, * Riedlingen an der Donau 23. 4. 1980.

2. Angelika Maria Erika, * Grüningen 12. 8. 1934;
⚭ Grüningen 28. 5. 1960 Albrecht v. Witzleben, * Witzleben, Kr. Wirsitz, 22. 6. 1928 (kath.), Inh. der A. v. Witzleben Holdings
(35 Church Street, Suite 513, Toronto, Ontario M5E 1T3, Canada; Genfer Str. 2, CH-8002 Zürich).

3. Georg (Jörg) Edward, * Grüningen 11. 5. 1943, DiplVolkswirt (...);
⚭ Baden-Baden 9. 5. 1970 Christa-Maria Gfin v. Hardenberg, * Werenwag, Baden, 13. 5. 1945, führt wieder den Geburtsnamen (gesch. Baden-Baden 8. 2. 1983), T. d. Hptm. a. D. u. Kaufm. Günther Gf v. H. u. d. Maria Josepha Przssin zu Fürstenberg
(Hermann-Sielcken-Str. 51, 7570 Baden-Baden).

Adoptivsohn: s. u.

2. Ast (Hohenstoffeln-Binningen)

Stammvater: Frhr Franz, * 1675, † 1715.

1. Zweig (Hohenstoffeln-Weiterdingen)

Stammvater: Frhr Ferdinand, * 1795, † 1861.

Julius Franz Freiherr v. Hornstein, * München 14. 4. 1869, † ebd. 17. 5. 1938, Dr. phil., DiplIng., ORegRat u. Mitgl. d. Reichs-Patentamts a. D.;
× München 9. 11. 1903 Helene Walter, * Kaiserslautern 24. 1. 1877, † München 28. 2. 1948, T. d. Johann Philipp W. u. d. Eva Elisabeth Strobel.

1. Manfred Luitpold Ferdinand, * Charlottenburg bei Berlin 15. 8. 1904, † München 28. 2. 1979, Dr. jur., Rechtsanwalt;
× I. München 17. 9. 1932 Marion Steiner, * Augsburg 5. 12. 1905 (gesch. München 28. 8. 1939; × II. München 19. 12. 1969 ihren ersten Gemahl), T. d. GenDir. Johann Baptist St. u. d. Maria Bunk;
× II. München 16. 10. 1939 Magdalena Gell, * Hallein 29. 10. 1915, † Seebruck am Chiemsee 8. 8. 1985 (gesch. München ... 1963; × I. ... Vetter, * ..., † ..., ...), T. d. Baumeisters Adolf G. u. d. Maria Magdalena Taschner;
× III. München 19. 12. 1969 (seine erste Gmahlin) Marion Steiner (s. o.)
(Ichoring 26, 8021 Icking).

Kinder: a) erster Ehe:

1) Elena Marion Charlotte, * München 20. 8. 1933, † ebd. 18. 10. 1969, Rechtsanwältin;
× München 7. 9. 1965 Walter Schick, * Augsburg 21. 9. 1933, Dr. jur., o. Prof. für Deutsches u. Internationales Steuerrecht an der Univ. Erlangen-Nürnberg
(Jochensteinstr. 3, 8500 Nürnberg).

b) zweiter Ehe:

2) Bernhard (Bernd) Manfred Julius, * München 3. 12. 1940, VerwBeamter;
× I. München 28. 2. 1964 Gisela Drack, * Bad Aussee

9. 2. 1942 (gesch. München 14. 4. 1982), T. d. Zimmermanns Friedrich D. u. d. Elisabeth Auinger
(Bonner Str. 5, 8000 München 40);
⚭ II. Haar bei München 14. 4. 1990 Renate Hoffmann, * Neustrelitz, Meckl., 17. 10. 1938, Dolmetscherin (⚭ I. Berlin 23. 10. 1958 Günther Zech, * Berlin-Schöneberg 23. 5. 1925, Großhandelskaufm., gesch. Berlin 18. 5. 1973), T. d. RegAmtm. a. D. Eitel H. u. d. Margarete Zech
(Ferdinand-Kobell-Str. 4, 8013 Haar).

Tochter erster Ehe:

Elisabeth Charlotte Marion, * Bad Aussee 7. 6. 1963, stud. …
(Gabelsbergerstr. 34, 8000 München 2).

3) Nessa Maria Elisabeth, * München 27. 12. 1941, Journalistin
(Tannhofstr. 2, 8013 Haar);
⚭ München 30. 10. 1968 Rainer Besuch, * Bad Ziegenhals 11. 11. 1944, vermißt auf Sardinien …, Bauunternehmer (gesch. München 13. 2. 1973).

4) Alexander Luitpold Harald, * Pähl bei Weilheim, OBayern, 20. 8. 1944, MinRat im Bayer. StMin. d. Justiz;
⚭ (standesamtl.) Augsburg 13. 3., (kirchl.) Aying 21. 3. 1970 Gisela Müller, * Augsburg 14. 1. 1946, T. d. Chemikers Dr.-Ing. Adalbert M. u. d. Margret Hesterberg
(Fichtenstr. 42, 8034 Germering).

Söhne:

(1) Christoph-Alexander, * München 11. 2. 1973.

(2) Stephan Maximilian, * München 29. 6. 1975.

5) Carl August Robert, * München 11. 8. 1951, Verleger
(Schäftlarnstr. 82, 8000 München 70);
⚭ I. (standesamtl.) München 15. 9. 1982 Monika Kreuzer, * München 21. 11. 1950 (ev.), Werbe- u. Textilkauffrau, führt wieder den Geburtsnamen (gesch. München … 1985), T. d. Flugzeugschlossers Karl K. u. d. Gertrud Helene Gläser
(Hansjakobstr. 68, 8000 München 80);
⚭ II. (standesamtl.) München 10. 11. 1986 Ingelore Schröder, * Hassel bei Nienburg 23. 6. 1953, Krankenschwester (gesch. München …), T. d. … u. d. …
(…, 8000 München).

Kinder: a) erster Ehe:

(1) C e d r i c Dorian Robert, * München 14. 9. 1983
(Hansjakobstr. 68, 8000 München 80).

b) zweiter Ehe:

(2) M e r l e Marlotte Charlotte, * München 2. 12. 1986 (...).

2. H a n s - E b e r h a r d Karl, * Nikolassee bei Berlin 14. 1. 1906, Major d. Luftw. a. D.;
× Magdeburg 9. 8. 1939 Marianne G e y e r, * Magdeburg 28. 8. 1915 (ev.), T. d. Amtm. Hermann August G. u. d. Paula Helene Klahr
(Rubensstr. 16, 8000 München 60).

Tochter:

U t a, * Biederitz-Heyrothsberge bei Magdeburg 7. 6. 1940, Chefsekr.
(Rubensstr. 16, 8000 München 60).

3. Fritz J o a c h i m Ernst, * Misdroy, Insel Usedom, 1. 8. 1910, † Erlangen 9. 4. 1967, DiplIng., OIng.;
× I. Augsburg 31. 10. 1937 Lilo K ö n i t z e r, * Berlin 14. 4. 1913, † München 20. 2. 1972 (gesch. Augsburg 13. 6. 1947; × II. Augsburg 20. 1. 1955 Armin Hammerl, * Augsburg 11. 9. 1921, DiplVolkswirt, Steuerberater), T. d. GenDir. Leonhard K. u. d. Victoria Hörhammer;
× II. Nürnberg 8. 10. 1955 Liselotte S a n i t t e r, * Bunzlau 9. 5. 1917, T. d. StBeamten Max S. u. d. Elise Wendrich
(Oppelner Str. 10, 8520 Erlangen).

Kinder: a) erster Ehe:

1) E k k e h a r d, * Augsburg 25. 7. 1942
(Lessingstr. 12, 8900 Augsburg).

b) zweiter Ehe:

2) Silvia R e g i n a Dagmar, * Erlangen 30. 3. 1956, cand. phil.
(Oppelner Str. 10, 8520 Erlangen).

3) A n g e l a Petra Gabriele, * Erlangen 24. 2. 1960, chem.-techn. Assistentin
(Oppelner Str. 10, 8520 Erlangen).

Marion Charlotte (M a r l o t t e), * Bergholz, Brandenburg, 13. 7. 1915;

× (standesamtl.) München 3. 7., (kirchl.) Gern bei Eggenfelden, NBayern, 26. 7. 1941 Guntram Gf v. Lösch, * München 26. 1. 1915, auf Gern
(8330 Eggenfelden 2 — Gern, NBayern).

2. Zweig (Hohenstoffeln-Binningen)

Johann Nepomuk Maria Franz Peregrin Freiherr v. Hornstein zu den drei Hohenstoffeln-Binningen, * Binningen 2. 10. 1804, † ebd. 30. 5. 1873, Grundhr zu Hohenstoffeln u. Binningen, Ghzgl. bad. Khr;
× Regensburg 25. 8. 1842 Jourdaine Marie Comtesse de Montmorency-Morres, * Paris 11. 1. 1818, † Binningen 1. 5. 1871, T. d. GenAdj. Hervé Comte de M.-M., Baron de Montemarisco, u. d. Helene O'Callan a. d. H. O'Neill de Tyrone.

1. Hermann Beatus Ignaz Thomas Max, * Binningen 8. 10. 1843, † Konstanz 13. 10. 1893, Grundhr zu Hohenstoffeln-Binningen, Ghzgl. bad. Khr;
× Baumkirchen, Tirol, 20. 9. 1870 Maria Freiin v. Hornstein zu Orsenhausen u. Bußmannshausen, * Wien 25. 3. 1852, † Binningen 27. 4. 1933, StkrD., T. d. K. u. K. Km., GehRats u. FeldmarschallLts a. D. Wilhelm Frhr v. H. zu O. u. B. auf Baumkirchen u. d. Amalie Gfin v. Seilern u. Aspang.

Sohn:

Wilhelm Karl Moritz Anton, * Binningen 21. 4. 1873, † ebd. 13. 10. 1962, auf Hohenstoffeln-Binningen (vorm. Fkm.);
× Kaltern 17. 11. 1920 Martha Lutterotti v. Gazzolis u. Langenthal, * Kaltern 30. 7. 1890, † Singen am Hohentwiel 10. 5. 1964 (× II. Binningen [standesamtl.] 16. 12. [kirchl.] 27. 12. 1963 Franz Frhr v. Hornstein zu den drei Hohenstoffeln-Binningen, † Salem 10. 2. 1979, Hofmarschall d. Markgfn Berthold u. Max v. Baden, GenDir. a. D. der Markgfl. bad. Vermögensverwaltung, Bürgermeister von Salem u. Major d. Res. a. D.), T. d. Gutsbes. u. K. u. K. Notars Dr. jur. Markus L. v. G. u. L. u. d. Maria Hepperger v. Tirschtenberg u. Hoffensthal.

Kinder:

(1) Josef Maria Hermann Benediktus, * Binningen 3. [illegible] 1921, auf Hohenstoffeln-Binningen (bis 1985), Dr. oec. publ., DiplForst- u. Ldwirt;

⚭ (standesamtl.) Wil, Kt. St. Gallen, 17. 4., (kirchl.) Einsiedeln, Kt. Schwyz, 17. 5. 1952 Ines-Maria Benziger, * Wil 5. 8. 1919, T. d. Präs. d. VerwRats der Verlagsanstalt Benziger & Co. AG, Oberstlts d. MilJustiz u. Großrichters eines Territorialger., Päpstl. EKm. di spada e cappa Dr. jur. Ralph B., Bes. von Feldi, Kt. Schwyz, u. d. Donata Müller
(Schloß Binningen, 7709 Hilzingen 5).

Kinder:

a. Wilhelm Josef, * St. Gallen 8. 7. 1953, Dr. en méd., Arzt, OFeldarzt d. Res.
(Coesfeldweg 26, 4400 Münster).

b. Josef (Jos) Balthasar Ferdinand Rudolf, * Schaffhausen 3. 3. 1956, auf Hohenstoffeln-Binningen (seit 1986), DiplElektroing., DiplWirtschaftsing., MBA;
⚭ (standesamtl.) Hilzingen 22. 5., (kirchl.) Unterweikertshofen 20. 6. 1987 Désirée Gfin v. Hundt zu Lautterbach, * Nürnberg 12. 6. 1964, T. d. DiplLdwirts Dr. agr. Hans Gf v. H. zu L. auf Unterweikertshofen u. Lautterbach u. d. Leonie v. Ondarza
(Pirolstr. 10a, 8000 München 60; Schloß Binningen, 7709 Hilzingen 5).

Söhne:

a) Hubertus Rudolf Guido Max Emanuel Matthias Maria, * Zürich 3. 8. 1988.

b) Georg Philipp Stephan Nepomuk Josef Balthasar Maria, * Zürich 2. 11. 1989.

c) Matthias Tobias Otto Karl Johannes Christoph Maria, * München 9. 1. 1991.

c. Marie-Rose Martha Gertraud, * Schaffhausen 6. 8. 1958, med. Laborantin;
⚭ (standesamtl.) Glattbrugg, Kt. Zürich, 9. 9., (kirchl.) Brunnen, Kt. Schwyz, 1. 10. 1988 Marco Gianotti a. d. H. Castelaccio, * St. Gallen 8. 9. 1956 (ev.), Feinelektronik-Apparatemonteur
(Im Eichbühl 44, CH-8405 Winterthur, Kt. Zürich).

d. Gutta Maria Clara Elisabeth, * Schaffhausen 28. 2. 1960, Schneidergesellin, Übersetzerin;

⚭ (standesamtl.) Hilzingen 14. 7., (kirchl.) Binningen 18. 7. 1987 Anthony Esmonde a. d. H. der Baronets E., * Cornalack bei Borrisokane, Gfschaft Tipperary, Irld, 14. 10. 1943, DiplGartenbauIng., DiplLdschaftsarchitekt

(St. Olivers, Coolbawn bei Nenagh, Gfschaft Tipperary, Irld).

(2) Maria Elisabeth (Marie-Lies) Johanna Franziska Benedikta, * Binningen 4. 5. 1923

(Schloß Binningen, 7709 Hilzingen 5).

(3) Monika Maria Pia Franziska Benedikta, * Binningen 17. 7. 1924;

⚭ Binningen 10. 6. 1948 Peter Frhr v. Moreau, * Schönach 5. 6. 1922, † Bad Tölz 27. 12. 1961, Bes. d. Koppenhofes bei Bad Tölz, DiplLdwirt

(Koppenhof, 8170 Bad Tölz, OBayern).

(4) Theresia (Resi) Maria Ottilia Benedikta Gabriele, * Binningen 23. 10. 1927, † Freiburg i. Br. 25. 8. 1991, Familienpflegerin i. R.

2. Hans Nepomuk Thomas Mauritius Joseph, * Binningen 21. 7. 1859, † Freiburg i. Br. 18. 4. 1904, Kgl. preuß. Hptm.;

⚭ Freiburg i. Br. 23. 1. 1896 Theodora (Dora) Gulat v. Wellenburg, * Baden-Baden 7. 5. 1872, † Leutershausen bei Heidelberg 11. 1. 1966, ED. d. bayer. TheresienO., T. d. Ghzgl. bad. Khrn u. GehORegRats Eduard Rr G. v. W. u. d. Elise Grötz.

Tochter:

Gertrud Emma Maria Antonia, * Freiburg 18. 1. 1900;

⚭ Karlsruhe 19. 9. 1923 Sigmund Gf v. Wiser, * Meßkirch 13. 9. 1895, † Mannheim 31. 5. 1943, auf Leutershausen, Dr. phil.

(Schloß Leutershausen, 6945 Hirschberg an der Bergstraße).

Schloß Bietingen
im Hegau
erbaut 1719, bis 1982 im Besitz der Familie

Theodora (Dora) Freifrau v. Hornstein
zu den drei Hohenstoffeln-Binningen
geb. Gulat v. Wellenburg
* 1872 † 1966
EDame d. bayer. TheresienO.
s. S. 140

Hans Freiherr v. Hornstein
zu den drei Hohenstoffeln-Binningen
* 1859 † 1904
Kgl. preuß. Hauptmann
s. S. 140

Theresia (Resi) Freiin v. Hornstein
zu den drei Hohenstoffeln-Binningen
* 1927 † 1991
Familienpflegerin i. R.
s. S. 140

II. Linie (Göffingen [Orsenhausen u. Bußmannshausen])

Stammvater: Brun (IV.), urkundl. 1463—1506.

Bernhard Maria Magnus Freiherr v. Hornstein zu Orsenhausen u. Bußmannshausen, * Orsenhausen 3. 9. 1824, † Meran 4. 11. 1910, Fkhr auf Bußmannshausen u. Orsenhausen bei Laupheim, Württ., K. u. K. Km. u. Rittmeister i. R., ERr d. souv. MaltRrO.;
× I. Wien 18. 1. 1857 Felicitas Freiin Münch v. Bellinghausen, * Wien 2. 7. 1827, † Pistyan, Slowakei, 10. 7. 1880, T. d. Präfekten d. K. K. Hofbibliothek, GenIntendanten d. beiden Wiener Hoftheater Eligius Franz Frhr M. v. B. u. d. Sophie Freiin v. Schloißnigg;
× II. Wien 15. 10. 1883 Julie Schwarz, * Enns, OÖsterr., 9. 4. 1848, † Orsenhausen 21. 3. 1934, T. d. ... Franz Sch. u. d. Antonie Pracher.

a) Erster Ehe:

1. Joachim August Eduard Anton Kajetan, * Linz an der Donau 13. 3. 1858, † Orsenhausen 12. 2. 1926, Fkhr auf Bußmannshausen u. Orsenhausen;
× Linz 18. 12. 1899 Rosa Lieske, * Kirchberg, Tirol, 8. 3. 1881, † Orsenhausen 18. 12. 1922, T. d. ... Karl L. u. d. Katharina Orszetti aus Waitzen.
Sohn:
Gustav Joachim Karl Friedrich, * Linz-Freinberg 31. 7. 1900, † München 3. 8. 1933, ...;
× München 3. 3. 1926 Thekla Geißler, * München 15. 11. 1904, † ebd. 2. 11. 1955 (× II. München 8. 8. 1955 Hugo Radmann, * ... 1. 3. 1910, Kaufm.), T. d. Kaufm. Georg Friedrich G. u. d. Lina Hammerschmid.
Sohn:
Josef Gustav Georg, * München 31. 3. 1925, † ebd. 7. 5. 1974, Bankbeamter;
× I. München 30. 7. 1948 Rosemarie Luxenburger, * Freilassing, OBayern, 4. 12. 1922, Redakteurin (gesch. München 28. 7. 1968), T. d. Obersten Ernst L. u. d. Luise Friedmann
(Hengelerstr. 3, 8000 München 19);
× II. München 19. 12. 1968 Gisela Elbert, * Bochum 2. 8. 1928, † München 16. 3. 1989 (I. ... Rudolf Voltenauer, * München 27. 3. 1906, † ebd. 14. 2. 1967, Architekt), T. d. OLdesgerRats Egon E. u. d. Auguste Franke.

b) Zweiter Ehe:

2. Felix Franz Anton, * Wien 8. 6. 1883, † Laupheim 11. 8. 1963, Fkhr auf Bußmannshausen u. Orsenhausen, Dr. jur., oberösterr. LdesRegRat i. R., wissenschaftl. Schriftsteller;
⚭ Linz an der Donau 20. 1. 1913 Maria Baronesse Grammont de Traves-Toulongeon, * Linz 12. 7. 1893, † Freiburg 14. 2. 1969, wissenschaftl. Schriftstellerin (gesch. Linz 13. 3. 1925), T. d. Rudolf Baron G. de T.-T. u. d. Caroline Gfin v. Seeau zu Mühlleuten a. d. H. Helfenberg.

Söhne:

1) Clemens Maria Rudolf Franz Felix, * Parz bei Grieskirchen, OÖsterreich, 19. 10. 1914, † Laupheim 15. 9. 1988, Bes. des ehem. Fkm. Bußmannshausen-Orsenhausen (infolge fkm. Verzichts seines Vaters am 22. 12. 1938);
⚭ (standesamtl.) Orsenhausen 28. 2., (kirchl.) Lindau 13. 7. 1976 Brunhilde Beck, * Remagen, Rheinld, 12. 5. 1923 (ev.) (⚭ I. Lindau 23. 8. 1958 Eugen Hug, * Luzern 11. 7. 1907, † Lindau 18. 3. 1960, Kaufm.), T. d. Ing. Hermann B. u. d. Caroline Hoffmann
(7958 Laupheim).

2) Franz Felix Josef Anton, * Linz an der Donau 27. 6. 1916, ⚔ († an der erlittenen Verwundung im Lazarett) Tosno, Rußld, 27. 1. 1942, Mediziner, OSchütze in einem InfRgt;
⚭ Leipzig 4. 6. 1941 Renate Kohlhammer, * Stuttgart 12. 5. 1920 (ev.) (⚭ II. Massenbach 21. 7. 1949 Hans-Warmunt Frhr v. u. zu Massenbach, † San Diego, Kalifornien 7. 6. 1967, Mithr auf Massenbach, Dr. jur., MinRat a. D. Hptm. a. D., gesch. Stuttgart 27. 6. 1963), T. d. Verlegers Dr. jur. Walter K. u. d. Theodora Behr
(Uhlandshöhe 18, 7000 Stuttgart 1).

Sohn:

Michael Franz Felix (posthumus), * Stuttgart 15. 5. 1942 (Adoptivsohn [Vertrag Stuttgart 21. 4. 1960, amtsgerichtl. bestätigt ebd. 13. 1. u. Überlingen 7. 3. 1961] d. Historikers Karl Frhr v. Hornstein zu den drei Hohenstoffeln-Binningen, * 1876, † 1964), auf Orsenhausen;
⚭ (standesamtl.) Stuttgart 12. 6., (kirchl.) Venedig 10. ... 1986 Celia Schneider, * Summit, New Jersey, USA, 22. 8. 1957, T. d. ... Alfons Sch. u. d. Rosa Maria Fran...
(Schloß Orsenhausen, 7959 Schwendi).

3) Wolfgang (Wolf) Georg Friedrich Karl Maria, * Eferding, OÖsterreich, 3. 2. 1918, vorm. Inh. eines Industrieunternehmens für Elektronik;
× I. (standesamtl.) Starnberg 21. 8. 1948 Elga Jaroljmek, * Starnberg 27. 3. 1920 (gesch. München 26. 6. 1975), T. d. Privatgelehrten Edmund J. u. d. Malerin Augusta Gfin zu Eulenburg a. d. fstl. H.
(Am Sonnenhof 22, 8137 Berg 2 — Aufkirchen);
× II. (standesamtl.) Berg-Aufkirchen 2. 10. 1987 Adelheid (Heidi) Reinke, * Herrsching am Ammersee 30. 7. 1947, T. d. Kaufm. Ernst R. u. d. Amalie Schmidbauer
(Am Sonnenhof 22, 8137 Berg 2 — Aufkirchen).

Kinder erster Ehe:

(1) Florian Clemens Wend, * München 28. 5. 1956, DiplBetriebswirt, Management Supervisor;
× (standesamtl.) Bangkok, Thailand, 4. 11. 1987 Brigitte Herrmann, * München 13. 1. 1959, DiplBetriebswirt, T. d. Kaufm. Edward Joseph H. u. d. Gerda Maria Exner
(Prüfeningweg 6, 8000 München 19).

Töchter:

a. Carina Larissa Raffaella, * München 30. 8. 1988.

b. Benita Anna Tabea, * München 26. 4. 1991.

(2) Claudia Elga Maria Augusta, * München 24. 3. 1959, Anwaltssekr.;
× I. Starnberg 27. 1. 1978 Helmut Mayr (s. u.) (gesch. Starnberg 13. 1. 1983);
× II. Starnberg 27. 7. 1990 Klaus Horngacher, * Söcking 25. 9. 1956, Harfenbauer
(Hauptstr. 22, Am Markt 1, 8134 Pöcking).

Wilhelm Frhr v. Hornstein

Namensträger, die nicht dem Adel angehören (siehe Form der Darstellung, Vorbemerkung):

I. Adoptivsohn (Vertrag Freiburg i. Br. 11. 1. 1971, amtsgerichtl. bestätigt ...) d. DiplVolkswirts Georg (Jörg) Frhr v. Hornstein (s. o., I. Linie, 1. Ast, 2. Zweig):

Robert Nikolaus ..., * Greenwich, Connecticut, USA, 5. 12. 1963, stud. ..., führt den Namen „Freiherr von Hornstein"
(Hermann-Sielcken-Str. 51, 7570 Baden-Baden).

II. Sohn d. Nessa Freiin v Hornstein (s. o., I. Linie, 2. Ast, 1. Zweig):

Philipp Maximilian Bernhard Manuel Freiherr von Hornstein, * München 14. 12. 1974
(Tannenhofstr. 2, 8013 Haar).

III. Helmut Wolfgang Mayr, * Innsbruck 15. 1. 1951, BauIng., führte gemäß § 1355 BGB seit 27. 1. 1978 bis 14. 10. 1988 den Namen „Freiherr von Hornstein"; führt seit 14. 10. 1988 den Namen „von Hornstein-von Loebenstein";
⚭ I. Starnberg 27. 1. 1978 Claudia Freiin v. Hornstein zu Orsenhausen u. Bußmannshausen (s. o., II. Linie) (gesch. Starnberg 13. 1. 1983);
⚭ II. Weilheim 14. 10. 1988 Dagmar v. Loebenstein, * Aussig, Böhmen, 25. 11. 1944, T. d. Hotelbetriebsleiters Alexander Guido v. L. u. d. Erika Linke
(Schulstr. 6, 8000 München 19).

Sohn erster Ehe:

Alexander Patrick Freiherr von Hornstein, * Starnberg 17. 6. 1978
(Hauptstr. 22, Am Markt 1, 8134 Pöcking).

Hundt u. Alten-Grottkau

Einleitung u. Literaturhinweise s. Adelslexikon, Bd V (1984).
Letztaufnahme der Genealogie: GHdA, Frhrl. Häuser A, Bd XII (1980).

Walter Alexander Felix Freiherr v. Hundt u. Alten-Grottkau, * Breslau 30. 8. 1880, † Weimar 27. 2. 1946, auf Boitmannsdorf (§), Kr. Grottkau, Dr. jur., ORegRat a. D., RRr d. JohO.;
⚭ Schmolz, Kr. Breslau, 3. 8. 1921 Helene v. Wallenberg Pachaly, * Schmolz 12. 9. 1888, † Bad Pyrmont 18. 4. 1981, T. d. Carl v. W. P. auf Schmolz usw. u. d. Helene Heine a. d. H. Narkau, Kr. Dirschau.

1. Hildebrand Walter Carl Alexander Kurt, * Arnoldsmühl bei Deutsch-Lissa 15. 7. 1922, ⚔ Valona, Albanien, 23. 9. 1943, Lt im ArtRgt 83.

2. Gotthard Walter Adalbert Emanuel Berndt, * Arnoldsmühl 28. 12. 1923, ⚔ Pisdorf bei Saarunion, Lothringen, 19. 11. 194, Lt im 6. PzArtRgt 119.

3. Ulrich Walter Gideon Gabriel Heinrich, * Arnoldsmüh 11. 4. 1925, Ldwirt, ERr d. JohO.;

Hildebrand Freiherr v. Hundt u. Alten-Grottkau

* 1922 ⚔ 1943

Leutnant im Artillerie-Regiment 83

s. S. 148

Gotthard Freiherr v. Hundt u. Alten-Grottkau

* 1923 ⚔ 1944

Leutnant im 6. Panzer-Artillerie-Regiment 119

s. S. 148

× Hofspiegelberg bei Elze 30. 8. 1949 Margarethe-Mathilde (Hilla) Koch, * Hofspiegelberg 17. 4. 1926, T. d. Georg K. auf Hofspiegelberg u. d. Etta Niemeyer
(Rittergut Hofspiegelberg, 3216 Salzhemmendorf 2).

Töchter:

1) Gabriele Elisabeth Christine Helene Etta, * Hofspiegelberg 22. 6. 1950, ...;
× Hofspiegelberg 8. 9. 1979 Joachim-Friedrich Ehle, * Salzwedel 12. 7. 1946, Dr. agr.
(Rittergut Hofspiegelberg, 3216 Salzhemmendorf 2).

2) Brigitte Renate Gertrud Sigrid Barbara, * Hofspiegelberg 5. 8. 1951;
× Hofspiegelberg 4. 9. 1976 Alexander Gf v. Hardenberg, * Celle 15. 4. 1946, DiplLdwirt
(Rittergut Horn, 3078 Stolzenau an der Weser).

3) Dorothee Ursula Adele Annette Etta Helene, * Hofspiegelberg 15. 10. 1953, DiplOecotrophologin;
× Salzhemmendorf (standesamtl.) 26. 8., (kirchl.) 5. 11. 1977 Detlev v. Plato, * Mönchen-Gladbach 4. 10. 1952, DiplKaufm., OLt
(Hauptstr. 3, 2121 Heiligenthal).

4. Carl-Alexander Walter Robert Felix, * Boitmannsdorf 15. 5. 1929, Kaufm., RRr d. JohO.;
× Bremen 25. 8. 1956 Sigrid v. Gause, * Neustettin 27. 4. 1931, T. d. Ldwirts u. Lts a. D. Tassilo v. G. u. d. Edith Müller
(Alfred-Teves-Str. 15, 6246 Glashütten 3).

Söhne:

1) Hildebrand Gotthard Walter Max, * Bremen 12. 8. 1958, Dr. rer. nat., DiplHolzwirt;
× Winsen an der Luhe 17. 10. 1987 Urte Freiin Schenck zu Schweinsberg, * Wunstorf 26. 6. 1963, T. d. Dr.-Ing. Wolf-Rüdiger Frhr Sch. zu Sch. u. d. Erika v. Unger
(Zoppenbroich 3, 4050 Mönchengladbach 2 — Rheydt).

Kinder:

(1) Charlotte Eleonore Helene, * Hamburg 10. 8. 1989.

(2) Ferdinand Gotthard Moritz, * Achern 4. 5. 1991.

2) Gotthard Carl-Alexander Ulrich, * Bremen 6. 12. 1964, DiplWirtschaftsing.
(Ludwig-Wilhelm-Str. 12, 7500 Karlsruhe).

Kleinsorgen *

Einleitung u. Literaturhinweise s. Adelslexikon, Bd VI (1987).
Letztaufnahme der Genealogie: Goth. frhrl. Tschb. 1941

Maximilian Friedrich Franz Joseph Freiherr v. Kleinsorgen, * Schüren 18. 12. 1802, † Blessenohl 22. 3. 1890 (preuß. Frhrnstand [primog. aus je adel. Ehe u. geknüpft an den Bes. d. Fkm. Schüren mit Blessenohl, Kr. Meschede, u. Bettinghausen, Kr. Soest] durch A. KO. vom 1. 4., Diplom Berlin 10. 10. 1846; preuß. Aufhebung der Bedingung aus je adel. Ehe durch A. KO. vom 29. 12. 1870), Fkhr auf Schüren mit Blessenohl u. Bettinghausen, Kgl. preuß. Lt a. D.;
× Paderborn 29. 7. 1828 Friederike v. Schlechtendal, * Berlin 15. 10. 1799, † Blessenohl 2. 7. 1875, T. d. Kgl. preuß. Chefpräs. d. OLdesger. in Paderborn Dietrich v. Sch. u. d. Charlotte Bartels [1].

v. Kleinsorgen:

1. Karl, * Schüren 1. 12. 1829, † Berlin 13. 1. 1889, Kgl. preuß. AmtsgerRat, Mitgl. d. preuß. AbHauses, MdR.;
× Eslohe 19. 7. 1870 Ferdinandine v. Schade, * Düsseldorf 22. 5. 1849, † Paderborn 11. 10. 1900, T. d. Kgl. preuß. PLts Karl v. Sch. a. d. H. Salvey u. d. Friederike v. Bönninghausen.

Kinder [v. Kleinsorgen, außer 1)]:

1) Maximilian Freiherr v. Kleinsorgen, * Meschede 26. 4. 1871, † Hamburg 7. 8. 1936, Fkhr auf Schüren mit Blessenohl u. Bettinghausen;
× Paderborn 1. 10. 1892 Auguste v. Kleinsorgen, * Brockhausen, Kr. Soest, 21. 11. 1868, † Olpe, Kr. Meschede, 25. 1. 1941 (s. u.), T. d. Maximilian v. K. auf Brockhausen u. Tempelhof u. d. Auguste v. Krane.

Sohn:

Maximilian Horst Ernst Wilhelm Maria v. Kleinsorgen, * Blessenohl 3. 4. 1895, † ebd. 18. 4. 1932, Ld- u. Forstwirt;
× Blessenohl 24. 5. 1921 Aenne Lamprecht gen. Tasch, * Alsleben an der Saale 15. 2. 1900, † Eslohe 21. 12. 1968, T. d. … Josef L. gen. T. u. d. Anna …

1 Vgl. DGB, Bd 82, S. 6.

Sohn:

Hermann-Joseph Maria Georg Artur Albert Leo Freiherr v. Kleinsorgen, * Blessenohl 3. 7. 1924, † ebd. 16. 4. 1940, Fkhr auf Schüren mit Blessenohl u. Bettinghausen.

2) Friederike Ferdinandina Pia, * Meschede 25. 12. 1874, † Eslohe 5. 10. 1948.

3) Karl Burghard Pius, * Meschede 31. 1. 1877, ⚔ († an der 10. 6. bei Laffaux am Chemin-des-Dames erlittenen Verwundung) Marburg an der Lahn 24. 6. 1917, Kgl. preuß. Hptm. u. KompFührer im InfRgt 13, im Felde BatKmdr im InfRgt 158;
⚭ Karlsruhe 30.10.1907 Annie Becker-Goehr, * Karlsruhe 30. 7. 1880, † Köln 10. 8. 1959, T. d. ... u. d. ...

Tochter:

Anna Luise (Anneliese) Julie Ferdinande, * Münster, Westf., 9. 7. 1910, † Köln 30. 5. 1981;
⚭ Köln 16. 4. 1935 Gottlieb v. Langen, * Köln 9. 5. 1896, † ebd. 4. 1. 1982, Bes. d. Waldhofes Neu-Etzweiler, Kr. Bergheim, Fabrikant.

2. Eduard, * Schüren 31. 12. 1830, † Paderborn 12. 5. 1883, Kgl. preuß. Major a. D.;
⚭ Darmstadt 20. 11. 1866 Amelie v. Zelion gen. v. Brandis, * Darmstadt 12. 11. 1837, † Bonn 26. 3. 1901, T. d. Ghzgl. hess. OForstrats a. D. Franz v. Z. gen. v. B. u. d. Marie Midke.

Tochter:

Huberta, * Osnabrück 27. 2. 1868, † Berlin-Charlottenburg 3. 8. 1938;
⚭ Mülheim an der Ruhr 28. 9. 1901 Heinrich Brohl, * Kleve 2. 10. 1851, † Mülheim 14. 2. 1912, Kgl. preuß. Baurat.

3. Maximilian, * Schüren 26. 6. 1832, † Brockhausen 19. 6. 1898, auf Brockhausen u. Tempelhof, Kr. Soest, Salzbeerbter zu Sassendorf, Mitgl. d. Provinzialldtages Westfalen;
⚭ Brockhausen 8. 1. 1863 Auguste v. Krane, * Brockhausen 21. 7. 1838, † ebd. 30. 4. 1902, auf Brockhausen, T. d. Josef v. K. auf Brockhausen u. d. Agnes v. Lilien.

Kinder:

1) M a x i m i l i a n, * Winterberg 23. 10. 1866, † Riesenbeck, Bez. Münster, 14. 3. 1923, auf Brockhausen u. Tempelhof, Salzbeerbter zu Sassendorf, Amtm. zu Riesenbeck, Kgl. preuß. Hptm. a. D.;
⚭ Mainz 14. 5. 1914 Margarete Freiin G e d u l t v. J u n g e n f e l d, * Mainz 16. 3. 1882, † Lorsch 26. 2. 1967, T. d. Ing. Moritz Frhr G. v. J. u. d. Stephanie Rau.

   Töchter:

   (1) S t e p h a n i e Julie Maria Antonie, * Mainz 22. 3. 1915;
   ⚭ Mainz 5. 7. 1939 Harald v o n M o e r s - M e s s m e r, * Lübeck 9. 8. 1910, † Heidelberg 11. 3. 1971, Dr. med., Augenarzt
   (Hagellachstr. 54, 6900 Heidelberg-Kirchheim).

   (2) M a r g a r e t e Maria-Theresia Agnes Josepha, * Münster 29. 9. 1917, † Wiesbaden 22. 4. 1964;
   ⚭ Mainz 1. 2. 1941 Edmund G ä r t n e r, * Mainz 21. 9. 1913, † Argenschwang 24. 12. 1989, VersKaufm.

   (3) E l i s a b e t h Klara Maria Auguste, * Riesenbeck 16. 9. 1919;
   ⚭ Mainz 23. 10. 1948 Christoph R u m m e l, * Lorsch 19. 12. 1909, † Viernheim 6. 5. 1985, Dr. med. vet.
   (Alexanderstr. 21, 6143 Lorsch).

   (4) Anna Theodora (A n n i e) Maria Adolfine, * Riesenbeck 5. 8. 1921;
   ⚭ Mainz (standesamtl.) 25. 4., (kirchl.) 30. 5. 1953 Aloys G ä l w e i l e r, * St. Katharinen bei Bad Kreuznach 20. 3. 1922, † Grünstadt 6. 1. 1984, Prof., Dr. rer. pol., DiplVolkswirt, GenBevollm.
   (Sonnenbergstr. 80c, 6200 Wiesbaden).

   (5) Marie-Dolores (M a r i a) Carola Maximiliana, * Riesenbeck 22. 11. 1923;
   ⚭ Mainz (standesamtl.) 9. 5., (kirchl.) 11. 5. 1959 Bruno W a g n e r, * Dotzheim 16. 2. 1916, Dr.-Ing.
   (Panoramastr. 30, 6200 Wiesbaden).

2) A d o l f Eduard Johannes Maria Sophia, * Meschede 17. 11 1867, † Haus Brockhausen 27. 11. 1953, auf Haus Brockhausen, Salzbeerbter zu Sassendorf, Bürgermeister i. R.;
⚭ Münster 11. 10. 1909 Charlotte E i c k h o l t, * Angermund 17. 6. 1889, † Hovestadt 22. 7. 1969, T. d. Päpstl. ArtOffz. i. R. Clemens-August E. u. d. Wilhelmine Engelhard

Kinder:

(1) Karl Sturm Julius Wilhelm Maria, * Herten, Westf., 25. 8. 1910, vorm. auf Haus Brockhausen (verk. 1958), Ldwirt;
× (standesamtl.) Schwagstorf, Kr. Wittlage, 27. 5., (kirchl.) Ostercappeln 29. 5. 1940 Paula Freiin v. Wendt, * Krebsburg bei Schwagstorf 10. 1. 1915, T. d. Ferdinand Frhr v. W. auf Krebsburg u. Kuhhof u. d. Johanna Freiin v. Landsberg-Velen a. d. gfl. H. Gemen
(Goethestr. 1 B, 4417 Altenberge).

Kinder:

a. Heide-Marie Johanna, * Ostercappeln 29. 5. 1941, Arzthelferin;
× (standesamtl.) Münster, Westf., 25. 6., (kirchl.) Seelbach, Schwarzwald, 30. 6. 1962 Eberhard Bothe, * Oldenburg i. O. 20. 6. 1933, Sozialarbeiter
(Hauptstr. 83, 7800 Freiburg i. Br.).

b. Karl Sturmius Josef Michael, * Hovestadt 12. 10. 1943, VersKaufm.;
× Münster (standesamtl.) 3. 9. 1973, (kirchl.) 14. 6. 1974 Johanna Dobisch, * Lippstadt 12. 12. 1948, Assessor jur., T. d. Dr. jur. Rudolf D. u. d. Margarete Herzig
(Goethestr. 1A, 4417 Altenberge).

Kinder:

a) Antonia Johanna Paula Margarete, * Münster 29. 4. 1977.

b) Benedict Sturmius Joachim Rudolf, * Münster 2. 10. 1980.

c) Clemens Augustinus Gabriel Franziskus, * Münster 12. 2. 1983.

c. Ferdinand Franziskus Antonius, * Hovestadt 12. 10. 1946, Betriebswirt;
× (standesamtl.) Ebingen 28. 5., (kirchl.) Zweibrükken, Pfalz, 21. 8. 1971 Rose-Marie Bach, * Neunkirchen an der Saar 22. 4. 1949, Lehrerin, T. d. techn. Angest. Robert B. u. d. Helene Metzinger
(Turmstr. 2, 7465 Geislingen 3 — Binsdorf).

Söhne:

a) Maximilian, * Albstadt Ebingen 26. 12. 1974.

b) Matthias Christian, * Albstadt Ebingen 15. 7. 1977.

d. Max Michael, * Hovestadt 20. 1. 1948, Dr.-Ing.; ⚭ Mülheim an der Ruhr (standesamtl.) 2. 6., (kirchl.) 23. 7. 1977 Ulrike Weißenborn, * Mülheim 24. 12. 1951, Lehrerin, T. d. Dr. med. Herbert W. u. d. Ursula Weyer
(Geer 81, 4420 Coesfeld-Lette).

Kinder:

a) Cordula, * Essen 2. 1. 1979.

b) Christoph, * Essen 14. 7. 1980.

c) Christine, * Essen 24. 7. 1983.

(2) Max Adolf Karl Maria, * Herten 23. 6. 1913, Vers-Kaufm.
⚭ Bonn (standesamtl.) 1. 4., (kirchl.) 3. 6. 1950 Gertrud Richarz, * Bonn 13. 1. 1914, T. d. Dr. med. Adolf R. u. d. Maria Gaßmann
(Egbertstr. 17, 4400 Münster).

Töchter:

a. Alexandra Charlotte Maria Paula, * Bonn 9. 8. 1951;
⚭ (standesamtl.) Münster 8. 7., (kirchl.) Bonn 23. 8. 1980 Thomas Kotzke (s. u.).

b. Maria Elisabeth Maximiliane, * u. † Bonn 13. 4. 1956.

(3) Marie Adelheid, * Herten 8. 5. 1918;
⚭ (standesamtl.) Weslarn 18. 10., (kirchl.) Oestinghausen 20. 10. 1943 Franz v. Olfers, * Hannover 17. 6. 1905, † Haus Runde bei Billerbeck, Westf., 7. 12. 1987, auf Haus Runde, DiplLdwirt
(Haus Runde, 4425 Billerbeck).

3) Auguste, * Brockhausen 21. 11. 1868, † Olpe, Kr. Meschede, 25. 1. 1941;
⚭ Paderborn 1. 10. 1892 Maximilian Frhr v. Kleinsorgen, * Meschede 26. 4. 1871, † Hamburg 7. 8. 1936, Fkhr auf Schüren mit Blessenohl u. Bettinghausen (s. o.).

4) Eduard, * Brockhausen 4. 11. 1873, † Hovestadt 14. 10. 1941.

5) Maria, * Brockhausen 14. 2. 1879, † Hannover 25. 4. 1941;
⚭ Münster 8. 1. 1908 Albert Sander, * Küllstedt, Eichsfeld, 29. 7. 1856, † Hannover 27. 7. 1932, Kaufm.

6) Otto Leopold Maria, * Paderborn 20. 5. 1881, † Ostercappeln 12. 4. 1947, Amtsbürgermeister i. R.;
⚭ Münster 25. 6. 1917 Adelheid Eickholt, * Angermund 18. 7. 1893, † Münster 27. 5. 1934, T. d. Päpstl. ArtOffz. i. R. Clemens-August E. u. d. Wilhelmine Engelhard.

Kinder:

(1) Hildegard Wilhelmine Maria, * Anröchte 11. 4. 1918, † Osnabrück 3. 9. 1978;
⚭ Oestinghausen (Brockhausen) 30. 1. 1946 Joseph Frhr v. Wendt, * Krebsburg 20. 1. 1912, † Ostercappeln 29. 1. 1984, auf Krebsburg, Ld- u. Forstwirt.

(2) Clemens-August Antonius Josef Maria, * Anröchte 19. 8. 1919, auf Schüren, Kr. Meschede, Ing. u. Forstwirt;
⚭ (standesamtl.) Feucht 7. 6., (kirchl.) Kloster Ettal 11. 6. 1955 Anna Maria (Marianne) Kreutzer, * Roßhaupt, Böhmen, 8. 12. 1931, Sägewerksbes. u. Technikerin, T. d. Sägewerksbes. Albert K. u. d. Margarete Sperl *(Industriestr. 28, 8501 Feucht).*

Kinder:

a. Birgitta Änne Maria, * Nürnberg 8. 11. 1956, Erzieherin;
⚭ Feucht (standesamtl.) 17. 3., (kirchl.) 18. 3. 1978 Alfred Haag, * Schwandt 18. 4. 1952, techn. Kaufm. *(Industriestr. 44, 8501 Feucht).*

b. Markus Albert Maria, * Nürnberg 2. 4. 1958, Dipl-Betriebswirt;
⚭ Feucht 26. 6. 1981 Katharina Waliczek, * Ebermannstadt 3. 5. 1957, Erzieherin, T. d. Bundesbahnhauptsekr. Horst W. u. d. Theresia Zebisch *(Industriestr. 30, 8501 Feucht).*

Kinder:

a) Clemens Peter Maria, * Nürnberg 25. 11. 1981.

b) Christina Dagmar Maria, * Nürnberg 18. 7. 1983.

c) Julian Matthias Maria, * Nürnberg 4. 11. 1987.

c. Dagmar Hildegard Maria, * Nürnberg 23. 4. 1960, Organisationsprogrammiererin;
⚭ (standesamtl.) Feucht 19. 12. 1986, (kirchl.) Nürnberg 11. 6. 1988 Erwin Winter, * Neumarkt, OPfalz, 1. 5. 1949, Systemanalytiker
(Industriestr. 40, 8501 Feucht).

d. Matthias Karl Otto Maria, * Nürnberg 30. 8. 1966, Holzwirt i. A.
(Industriestr. 28, 8501 Feucht).

Namensträger, die nicht dem Adel angehören (siehe Form der Darstellung, Vorbemerkung):

Thomas Kotzke, * Wilhelmshaven 28. 3. 1951 (ev.), Studienrat, führt gemäß § 1355 BGB seit 8. 7. 1980 den Namen „Kotzke-von Kleinsorgen";
⚭ (standesamtl.) Münster 8. 7., (kirchl.) Bonn 23. 8. 1980 Alexandra v. Kleinsorgen (s. o.)
(Asbeckweg 29, 4400 Münster-Gievenbeck).

Söhne:

1. Maximilian Thomas Alfred, * Telgte 26. 4. 1983.
2. Constantin Alexander Friedrich, * Münster 16. 2. 1988.

Knobloch v. Hausen-Aubier *

Einleitung u. Literaturhinweise s. Adelslexikon, Bd VI (1987).
Letztaufnahme der Genealogie: GHdA, Frhrl. Häuser A, Bd II (1956).

Heinrich Christoph Leopold August v. Knobloch Freiherr v. Hausen-Aubier, * Königsberg i. Pr. 7. 2. 1791, † Puschkeiten, Kr. Bartenstein, Ostpr., 10. 3. 1881 (preuß. Frhrnstand als „v. Knobloch Freiherr v. Hausen-Aubier" [geknüpft an den Bes. d. Fkm. Sudnicken u. Crumteich, Kr. Königsberg i. Pr.] Charlottenburg bei Berlin 7. 4. 1849, Diplom Baden-Baden 5. 7. 1858, als Erbe seiner Cousine Henriette v. Hausen-Aubier, geb. v. Hausen), Fkhr auf Sudnicken u. Crumteich, auf Puschkeiten;
× Herrenlausitz, Schlesien, 5. 7. 1821 Pauline Gfin v. Kalckreuth a. d. H. Siegersdorf, * Schmiegel 14. 5. 1802, † Königsberg i. Pr. 30. 12. 1882, T. d. Kgl. preuß. GenMajors z. D. Ludwig Gf v. K. auf Zapplau, Linz, Sackerau, Oderbeltsch u. Schabenau, Kr. Guhrau, u. d. Jeanette v. Unruh.

Julius Johann Alexander Arthur, * Königsberg i. Pr. 5. 3. 1825, † Crumteich 15. 2. 1901, Fkhr auf Sudnicken u. Crumteich, Kgl. preuß. Ldrat, RRr d. JohO.;
× Berlin 12. 5. 1853 Ada v. Schlemüller, * Potsdam 25. 10. 1829, † Königsberg 3. 1. 1890, T. d. Kgl. preuß. GenLts z. D. Gustav v. Sch. u. d. Adelaide (Adelheid) Claude.

Paul Arthur Harry, * Czarnikau 1. 6. 1855, † Dresden-Weißer Hirsch 22. 4. 1925, Fkhr auf Sudnicken u. Crumteich, RRr d. JohO.;
× Königsberg i. Pr. 18. 7. 1883 Beatrice Dahsé, * Königsberg 29. 8. 1861, † ebd. 20. 6. 1945, T. d. franz. Konsuls Dr. jur. Charles D. u. d. Kate Fowler.

1. Harry Arthur Charles v. Knobloch Freiherr v. Hausen-Aubier, * Crumteich 29. 8. 1884, † (in russ. Gefangenschaft) Preuß.-Eylau 28. 5. 1945, auf Sudnicken (vorm. Fkm., §), Major.

2. Joachim Albrecht v. Knobloch, * Sudnicken 24. 10. 1885, † Dresden 19. 8. 1948, Oberst a. D.;
   × I. Königsberg i. Pr. 7. 7. 1920 Anna-Elisabeth v. Götzen, * Choyten, Kr. Stuhm, Ostpr., 20. 6. 1891, † Hannover 1. 3. 1970 (gesch. Königsberg ... 1924), T. d. Kgl. preuß. Lts a. D. Ernst v. G. auf Amalienruh, Kr. Osterode, Ostpr., u. d. Anna Sarasin a. d. H. Bergenthal;

⚭ II. Königsberg 17. 1. 1925 Senta Baronesse v. Lieven, * Göttingen 21. 8. 1904, T. d. Gymnasialprof. Eduard Baron v. L. a. d. H. Neu-Sahten u. d. Louise Katterfeld
(Eisenacher Str. 13, 1000 Berlin 30 — Schöneberg).

Kinder erster Ehe:

1) Gisela-Dorothea, * Königsberg 7. 4. 1921;
⚭ I. Mammolsheim 7. 11. 1946 Hans Markau, * Frankfurt am Main 10. 7. 1905, † ebd. 21. 2. 1982, Dr. jur., Rechtsanwalt u. Notar (gesch. Frankfurt ... 1955);
⚭ II. Frankfurt 21. 11. 1960 Walther Beck, * Ansbach 5. 12. 1909, † Bad Soden 13. 1. 1988, Dr. phil., Journalist
(Thomas-Mann-Str. 7, 6085 Nauheim).

2) Christoph Albrecht Ernst Heinrich, * Amalienruh 19. 8. 1922, † Hannover 30. 1. 1992, DiplIng., Architekt i. R., Hptm. a. D., RRr d. JohO.;
⚭ Celle 27. 12. 1948 Renate Heling, * Braunsberg, Ostpr., 3. 9. 1924, T. d. OLdstallmeisters Dr. phil. Martin H. u. d. Anna Gramsch a. d. H. Rodelshöfen
(Marienburger Weg 4, 3000 Hannover 51).

Kinder:

(1) Joachim Christoph Albrecht Martin, * Celle 22. 12. 1949, Assessor jur., Personalleiter;
⚭ Hannover 28. 4. 1978 Kunhild Freiin v. Salis-Soglio, * Malans, Kt. Graubünden, 28. 2. 1949, Kindergärtnerin, T. d. Kpt. auf großer Fahrt u. ReedereiInsp. Edgar Frhr v. S.-S. u. d. Etta Jessen
(Goldinger Str. 43 F, 8300 Landshut).

Töchter:

a. Marie Luise, * Landshut 5. 8. 1981.

b. Anna-Marie, * Landshut 18. 9. 1982.

(2) Hans-Heinrich Ernst-Wilhelm Friedrich, * Hannover 4. 8. 1952, RegDir.;
⚭ (standesamtl.) Hannover 16. 4., (kirchl.) Niederurff 2. 5. 1987 Anette v. Loewenstein zu Loewenstein, * Bad Wildungen 5. 7. 1949, MinRätin, T. d. DiplLdwirts Friedrich-Wilhelm v. L. zu L. auf Wickershof bei Jesberg, Bez. Kassel, u. d. Katharina-Luise (Karin) v. Wedel a. d. H. Zernikow
(Robert-Koch-Str. 128, 5300 Bonn 1).

v. Knobloch
Freiherr v. Hausen-Aubier

Heinrich v. Knobloch Freiherr v. Hausen-Aubier

* 1791 † 1881

(preuß. Freiherrnstand 1849)

Fideikommißherr auf Sudnicken u. Crumteich, auf Puschkeiten

s. S. 159

Arthur v. Knobloch Freiherr v. Hausen-Aubier
* 1825 † 1901
Fideikommißherr auf Sudnicken u. Crumteich
Kgl. preuß. Landrat
als Student im Corps Borussia zu Bonn
s. S. 159

Harry v. Knobloch Freiherr v. Hausen-Aubier

* 1855 † 1925

mit seiner Gemahlin Beatrice geb. Dahsé, * 1861, † 1945, und den Söhnen

[illegible] und Harry, * 1884, † 1945

Sudnicken
Kreis Königsberg i. Pr.
Vorderansicht

Christoph v. Knobloch

* 1922 † 1992

Architekt, Hauptmann a. D.

s. S. 160

Kinder:

a. Hans Christoph Carl Friedrich Joachim, * Hannover 8. 1. 1989.

b. Charlotte Helene Katharina Luise Beatrice, * Hannover 9. 8. 1990.

(3) Beatrice Renate Charlotte Anna Luise, * Hannover 20. 1. 1962, Krankenschwester
(Lüerstr. 8, 3000 Hannover 1).

3. Leopold Werner v. Knobloch, * Sudnicken 27. 5. 1887, † Hannover 30. 11. 1968, auf Crumteich (§), Ldrat a. D.;
× Teistimmen, Kr. Rößel, Ostpr., 29. 8. 1924 Doris v. Schleußner, * Teistimmen 11. 7. 1902, † Gronau an der Leine 1. 8. 1988, T. d. Kgl. preuß. Rittmeisters a. D. August v. Sch. auf Teistimmen u. d. Elsbeth v. Hempel.

Töchter:

1) Benita Harriet Elsbeth Ada, * Insterburg 3. 1. 1929, med.-techn. Assistentin i. R.;
× (standesamtl.) Berlin 10. 5., (kirchl.) Hannover 12. 5. 1967 Günter Schoknecht, * Berlin 10. 3. 1930, Dr. rer. nat., DiplPhys., Prof. f. Experimentalphysik u. Biophysik an der Freien Univ. Berlin, Dir. u. Prof. am Bundesgesundheitsamt
(Mühlenstr. 5, 1000 Berlin 37).

2) Sitta-Maria Beatrice Doris, * Insterburg 13. 5. 1930, Kinderkrankenschwester i. R.
(Max-Planck-Str. 6, 3212 Gronau an der Leine).

3) Leonie Valeska, * Insterburg 31. 7. 1934, † Hamburg 21. 9. 1979, Metallographin;
× Hannover 11. 8. 1961 Klaus-Martin Looks, * Stralsund 9. 5. 1934, DiplIng.
(Müllerstr. 19, 2000 Norderstedt).

Lindeman

Einleitung u. Literaturhinweise s. Adelslexikon, Bd VII (1989).
Letztaufnahme der Genealogie: Goth. frhrl. Tschb. 1941.

I. Linie: Lindeman-Just*

Stammvater: Frhr Bernhard, * 1818, † 1894.

Blühte in Rußland, neuere Nachrichten fehlen.

S. Goth. frhrl. Tschb. 1907

II. Linie

Im Mannesstamme erloschen.

Stammvater: Frhr Oskar, * 1820, † 1887.

Carl Ferdinand Freiherr v. Lindeman, * Dresden 17. 12. 1856, † ebd. 8. 12. 1915 (eingetragen in das Kgl. sächs. Adelsbuch 14. 3. 1912 unter Nr 398), Kgl. sächs. Gen. d. Kav. z. D., RRr d. JohO.;
× Dresden 4. 4. 1897 Ella v. Kirchbach, * Kamenz, Sachsen, 30. 8. 1867, † Leopoldshain bei Königstein, Sachsen, 20. 12. 1949, T. d. Kgl. sächs. GenMajors z. D. Hans v. K. u. d. Mathilde Freiin v. Könitz.

Elisabeth Mathilde, * Leipzig 8. 10. 1901;
× I. Dresden 27. 10. 1921 Georg v. Veltheim, * Graditz bei Torgau 2. 5. 1899, † Waldheim bei Chemnitz 20. 11. 1939, Ldwirt, Ing., Schriftsteller (gesch. Dresden 14. 4. 1926);
× II. Dresden 1. 6. 1926 Martin Sarfert, * Zwickau 5. 1. 1888, † (für tot erklärt durch Beschluß des Amtsger. Dresden vom ... mit Wirkung vom) 31. 12. 1950 Dr. jur., Rechtsanwalt u. Notar *(Mozartstr. 37, 1000 Berlin 46)*.

III. Linie

Im Mannesstamme erloschen.

Alexander Freiherr v. Lindeman, * Erlbach, Vogtld, 16. 12. 1821, † ebd. 16. 6. 1885, Kgl. sächs. Major z. D.;
× Dresden 18. 10. 1852 Wilhelmine Freiin Schirndinger v. Schirnding, * Dresden 17. 9. 1829, † Anif bei Salzburg 25. 11. 1912, T. d. Kgl. sächs. Oberstlts a. D. Wilhelm Karl Sigmund Frhr Sch. v. Sch. u. d. Therese v. Bosse.

1. Wilhelm Alexander, * Dresden 14. 1. 1855, † Parsch bei Salzburg 13. 9. 1936 (kath.) (eingetragen in das Kgl. sächs. Adelsbuch 28. 11. 1918 unter Nr 544), ...;
× I. Schwabing 27. 6. 1883 Luise Roehrig, * Mühlhausen, Thür., 5. 3. 1848, † Anif 24. 11. 1915 (× I. ... Ungerer, † ..., ...);
× II. Salzburg 4. 6. 1917 Vilma Priglinger, * Linz 11. 10. 1873, † Salzburg 19. 3. 1945.

2. Georg, * Dresden 17. 7. 1856, † Meran 5. 7. 1887, Kgl. sächs. Lt a. D.;
× Meran 6. 9. 1880 Josephine Kirchlechner, * St. Walburg-Ultenthal, Tirol, 10. 8. 1857, † Florenz 26. 1. 1919 (kath.), T. d. ... Anton K. u. d. Anna Schweitzer.

Kinder (kath.):

1) Oskar Wilhelm, * Arco 21. 9. 1881, † Augsburg 28. 10. 1961, DiplLdwirt;
× Riva am Gardasee 1. 7. 1920 Santa Turelli, * Salo am Gardasee 29. 2. 1888, † Augsburg 4. 5. 1970, T. d. Ing. u. Gutsbes. Johann Peter T. u. d. Carolina Pederzoli.

Kinder:

(1) Josef Georg Alexander, * Mori 25. 1. 1921, ⚔ Moskau 21. 10. 1941, stud. jur., Soldat.

(2) Carla Ester, * Riva 5. 7. 1923;
× Augsburg 6. 9. 1965 Johann Schuster, * Schönenberg bei Günzburg 8. 9. 1913, VerwAngest. i. R. *(Leitershofer Str. 3a, 8901 Diedorf-Anhausen).*

2) Anna Marie, * Arco 11. 4. 1883, † Riva 23. 9. 1959.

3) Josephine Luise, * Arco 28. 11. 1884, † Toblach 16. 3. 1971;
× Riva 26. 1. 1907 Dino Comini, * Verona 15. 6. 1877, † ebd. 10. 5. 1942, Kgl. ital. Kpt.

4) Georg Ferdinand, * Gries bei Bozen 18. 8. 1886, † Innsbruck 23. 12. 1949, Gutsbesitzer, DiplLdwirt;
× Bezzecca, Tirol, 18. 7. 1914 Angiolina Cis, * Bezzecca 21. 9. 1884, † Freilassing 2. 9. 1979 (gesch. Augsburg ... 1938), T. d. ... Giacomo C. u. d. Anna Mora.

3. Ernst Richard, * Dresden 16. 9. 1860, † ..., USA, ..., ...

Ludwigstorff

Kath. — Rrmäß. Reichsadelsstand mit Wappenbesserung Prag 27. 11. 1589 (für Dr. med. Johann Katzius); Reichsadelsbestätigung mit Wappenbesserung Wien 19. 7. 1632 (für des Vorgenannten Sohn Rudolf Khaczius, Stadt u. Ldesschrannenbeisitzer sowie Viertelshptm. in Wien); erbld.-österr. Rrstand mit „Edler v. Ludwigstorff" Wien 15. 1. 1697 (für des Letztgenannten Enkel Johann Rudolf Khatzius, niederösterr. RegSekr.); NÖsterr. neuer Rrstand 6. 5. 1699 (für denselben); erbld.-österr. Frhrnstand als „Edler Herr v. Ludwigstorff, Frhr v. Goldlamb" Wien 16. 1. 1703, Diplom u. ungar. Baronat Wien 28. 6. 1710 (für Johann Ludwig Edlen v. Ludwigstorff); NÖsterr. alter Rrstand 22. 9. 1712; NÖsterr. Herrenstand 23. 1. 1740; ungar. Indigenat Wien 30. 5. 1741.

W. (1710): Get. u. 3mal gesp. mit gekr., mit 2 g. Schrägrechtsbalken bel. b. Herzschild, darin auf gr. Dreiberg ein schw. Rabe mit einem g. Ring im Schnabel, 1 u. 7 in Schw. ein linksgek. gekr. 2schwänz. g. Löwe, 2 in G. ein gekr. schw. Doppeladler mit dem kais. Monogramm J. I. auf der Brust, 3 in B. ein von 2 s. Lilien begl. s. Schrägrechtsbalken, 4 u. 6 in S. ein gekr. 2schwänz. r. Löwe, 5 in G. ein von 2 s. Lilien begl. und mit einer s. Lilie bel. b. Balken, 8 von B., R. u. S. gesp., das r. Feld bel. mit einer s. Rose; 5 H. mit rechts b.-g., links r.-s. Decken, 1. der Rabe mit dem Ring, 2. ein wachs. gekr. 2schwänz. r. Löwe, 3. der Doppeladler, 4. ein wachs. gekr. 2schwänz. g. Löwe, 5. ein ruhender geharnischter Rechtsarm mit g. Zepter zw. offenem, rechts b., links von B. u. S. get. Fluge.

Vgl. auch Goth. gfl. Tschb. 1941. — Vgl. Goth. frhrl. Tschb. 1848, 1872 (Stammreihe) bis 1933.

Karl v. Ludwigstorff, Freiherr v. Goldlamb, * Preßburg 1. 3 1814, † Wien 29. 12. 1863, Fkhr auf Guntersdorf, NÖsterr., K. K Km.;
× Geszti 1. 5. 1841 Gisela Gfin Festetics de Tolna, * Moor 9. 8 1820, † Graz 22. 1. 1889, StkrD., T. d. K. K. Km. u. Rittmeister i. R. Nicolaus Gf F. de T. u. d. Marie Gfin v. Lamberg.

1. Leopold, * Guntersdorf 17. 7. 1843, † ebd. 25. 4. 1906, Fkh auf Guntersdorf, K. u. K. Km. u. OLt i. R.;
× Wien 23. 4. 1872 Gabriele Markgfin Pallavicini, * Jamnitz 6. 4. 1851, † Guntersdorf 18. 8. 1883, StkrD., T. d. K. K. Km. Alfons Markgf P., Majoratshrn auf Mindszent usw., Un

garn, u. Jamnitz usw., Mähren, u. d. Gabriele Ldgfin zu Fürstenberg a. d. H. Weitra.

Kinder:

1) Maria Theresia, * Guntersdorf 16. 5. 1873, † Wien 16. 5. 1946, K. u. K. HofD., ED. des Damenstifts „Maria Schul" in Brünn, StkrD.

2) Alfons Maria Carl, * Guntersdorf 22. 8. 1874, † ebd. 20. 6. 1916, Fkhr auf Guntersdorf, K. u. K. Km. u. OLt i. R.;
× Pfarrkirchen bei Bad Hall 8. 10. 1903 Helene Planck Edle v. Planckburg, * Feyregg bei Bad Hall 10. 5. 1876, † Wien 26. 10. 1946, T. d. K. u. K. OLts i. R. Hermann P. Edler v. P. auf Feyregg u. d. Teresina Nobile Mosconi-Fogaroli.

Söhne:

(1) Karl Borromäus Leopold Hugo Alfons Hermann Lambert Maria Christof Theodor, * Feyregg 6. 2. 1906, † Guntersdorf 21. 3. 1990, auf Guntersdorf;
× Wien 12. 9. 1940 Katharina Schuster, * Gross, NÖsterr., 13. 2. 1910, T. d. Ldwirts Johann Sch. u. d. Katharina Kührer
(A-2042 Schloß Guntersdorf, NÖsterr.).

Kinder:

a. Hans Karl Alfons, * Hollabrunn, NÖsterr., 10. 6. 1941, Kaufm.;
× Wien 29. 10. 1962 Christa Gfin zu Hardegg auf Glatz u. im Machlande, * Wien 3. 12. 1941, T. d. Industriekaufm. Hubert Gf zu H. auf G. u. im M. a. d. H. Stetteldorf u. d. Christa Hauser
(Am Modenapark 6/7, A-1030 Wien).

Söhne:

a) Georg Johannes Friedrich Hubert Albrecht, * Salzburg 6. 8. 1963, Dr. phil., Historiker
(Am Modenapark 6/7, A-1030 Wien).

b) Dominik Johannes Alexander, * Wien 29. 1. 1965, Gutsbes.
(A-2042 Schloß Guntersdorf, NÖsterr.).

c) Maximilian Johannes Leopold Heinrich, * Wien 12. 9. 1967, stud. agr.
(Am Modenapark 6/7, A-1030 Wien).

b. Helene Anna Katharina, * Hollabrunn 18. 11. 1943; ⚭ Guntersdorf 26. 6. 1971 Georg Frhr Possanner v. Ehrenthal, * Wien 24. 9. 1940, Journalist *(Freyung 6, Schottenhof, A-1010 Wien).*

(2) Johannes Reichard Maria Alfons Hermann, * Feyregg 12. 5. 1907, † Wien 30. 9. 1962, DiplVolkswirt; ⚭ Wien 21. 2. 1950 Maria Anna Gfin Chorinsky, Freiin v. Ledske, * Wessely 13. 8. 1927, T. d. K. u. K. Km. Friedrich-Karl Gf Ch., Frhr v. L. auf Wessely u. Sadek, Mähren, u. d. Maria Kaplińska (W. Topor) a. d. H. Korczów, Galizien *(Liechtensteinstr. 97, A-1090 Wien).*

Töchter:

a. Teresa Maria Anna Leopoldine Franziska, * Wien 15. 11. 1950; ⚭ I. Wien 21. 7. 1970 Georg Siklóssy de Pernesz, * Budapest 9. 11. 1949, Werbekaufm. (gesch. Wien 5. 4. 1972); ⚭ II. Großgmain, Ld Salzburg, 22. 10. 1977 Johannes Rr v. Jedina, * Salzburg 26. 11. 1946, Dr. jur., Bankdir. *(Gut Holzegg, A-5084 Großgmain 4).*

b. Christine Maria Anna Gabriele Franziska, * Wien 8. 11. 1951; ⚭ Salzburg 25. 11. 1985 Manfred Gf Dubsky, Frhr v. Třebomyslic, * Wien 8. 1. 1942, DiplPolitologe *(Salesianergasse 8, A-1030 Wien).*

3) Gabriele Maria Therese, * Guntersdorf 31. 12. 1875, † ebd. 22. 1. 1968.

4) Leopoldine Marie Christine, * Guntersdorf 13. 4. 1877, † Wien 5. 4. 1967, ED. des Damenstifts „Maria Schul" in Brünn.

5) Theresia Maria, * Guntersdorf 15. 10. 1878, † Horn, NÖsterr., 14. 9. 1955, StkrD.; ⚭ Wien 20. 10. 1913 Franz-Karl Gf v. Walderdorff, * Klafterbrunn, NÖsterr., 28. 12. 1881, † Horn 10. 8. 1962, K. u. Km., Major i. R.

6) Carl Maria, * Guntersdorf 22. 10. 1880, † Wien 14. 4 1955, K. u. K. Km. u. GardeRittmeister i. R., Bailli d. souv. MaltRrO. u. FstGroßprior von Böhmen u. Österreich.

2. Anton Graf v. Ludwigstorff, Freiherr zu Goldlamb, * Guntersdorf 16. 1. 1845, † Bad Deutsch-Altenburg 27. 2. 1929 (österr. Gfnstand durch A. E. vom 2. 10., Diplom Wien 3. 11. 1910), Fkhr auf Deutsch-Altenburg, K. u. K. Km., GehRat u. erbl. Mitgl. d. Herrenh. d. österr. Reichsrats;

s. Goth. gfl. Tschb. 1941.

3. Rudolf, * Guntersdorf 6. 8. 1852, † Wien 29. 6. 1934, K. u. K. Km.

Lützow (Lützow gen. v. Dorgelo)

Ev. u. kath. — Mecklenburgischer Uradel mit gleichnamigem Stammhause (heute Dreilützow) bei Wittenburg, der mit dominus Johannes de Lutzowe 5. 11. 1287 urkundl. (Meckl. UrkBuch, Nr 1929) zuerst erscheint und die Stammreihe beginnt. — Es besteht ein 20. 4. 1914 gegründeter Geschlechtsverband der Frhrn u. Herren v. Lützow. Vors.: Hans-Henning v. Lützow, Blumenheideweg 13, 4178 Kevelaer 4.

StW.: In G. schrägrechts eine 4sprossige schw. Sturmleiter; auf dem H. mit schw.-g. Decken 3 nat. Pfauenfedern.

Vgl. auch Goth. adel. Tschb. A 1901 (Stammreihe u. ältere Genealogie) und GHdA, Adel. Häuser A, Bd XXI (1990) sowie GHdA, Gfl. Häuser, Bd VIII (1976). — Vgl. Lützow'sches FamBlatt, Nr 1—33, Frankfurt an der Oder 1922 bis 1934. — Danmarks Adels Aarbog 1928. — Goth. frhrl. Tschb. 1860 bis 1940.

I. Linie

Stammvater: Wipert, Rr, urkundl. 1305—1336.

1. Ast (Grabow)

Stammvater: Lüder, Rr, urkundl. 1362—1373.

1. Zweig

Stammvater: Lüder, urkundl. 1382—1395.

Erbldmarschälle in Mecklenburg durch den seit 1. 1. 1494 (Neubelehnung 29. 12. 1590) erworbenen Besitz von Schloß u. Vogtei Eickhof.

1. Haus (Eickhof)

Stammvater: Valentin, * 1652, † 1712.
S. GHdA, Adel. Häuser A, Bd XXI (1990).

2. Haus (Groß-Brütz) (kath.)

Im Mannesstamme erloschen.

Stammvater: August, * 1656, † 1715. — Böhm. Frhrnstand Wien 10. 2. 1786 (für Sigmund v. Lützow, K. K. Obristwachtmeister); böhm. Inkolat im Herrenstande Wien 23. 5. 1786 (für denselben).

Sigismund Karl Heinrich Wolf Freiherr v. Lützow, * Groß-Brütz, Amt Schwerin, Meckl., 15. 11. 1858, † Rothal bei Gorbitz, Sachsen, 21. 8. 1912, Forstmeister a. D., Kgl. sächs. OLt a. D.; × Reichenau bei Königsbrück, Sachsen, 1. 8. 1901 Karoline (Lilli) v. Suckow, * Ludwigslust 13. 5. 1866, † Räckelwitz bei Kamenz 12. 6. 1959, T. d. Kgl. preuß. GenLts z. D. Bodo v. S. u. d. Marie Freiin v. Lützow a. d. H. Bankwitz.

Jutta Sophie, * Dresden 13. 7. 1905, führt seit 10. 1. 1942 wieder den Geburtsnamen
(Haymogasse 8, A-1230 Wien);
× Heidenau bei Dresden 4. 10. 1934 Erich Torke, * ..., Dr. phil. (gesch. ... 1942).

2. Zweig (Goldenbow u. Groß-Salitz)

Stammvater: Johann, Rr, urkundl. 1382—1414.
S. GHdA, Adel. Häuser A, Bd XXI (1990).

2. Ast (Dutzow): Lützau

Stammvater: Friedrich (Vicke), † 1359/63.
S. GHdA, Adel. Häuser A, Bd XXI (1990).

II. Linie (Pritzier)

Stammvater: Johann (Henning), † nach 1352.

1. Ast (Penzlin)

Erloschen.

Stammvater: Henning Lambert, † 1733.
S. GHdA, Adel. Häuser A, Bd XXI (1990).

2. Ast (Schwechow) (ev.)

Stammvater: Adam Friedrich, † 1719. — Preuß. Genehmigung zur Führung des Frhrntitels durch A. KO. vom 8. 6. 1869 (für Curt v. Lützow, Kgl. preuß. PLt u. Adj. d. 2. Div. in Danzig) bzw. durch A. KO. Berlin 9. 1. 1884 (für dessen Halbbruder Leo v. Lützow, Kgl. preuß. KammergerRat).

Johann Adolf v. Lützow, * Naumburg an der Saale 19. 5. 1748, † Stargard 6. 11. 1819, auf Groß- u. Klein-Ziethen, Kgl. preuß. GenMajor a. D., Dompropst von Kolberg, Rr d. O. pour le mérite;
× Berlin 28. 11. 1779 Wilhelmine v. Zastrow, * Neuruppin 28. 11. 1754, † Charlottenburg bei Berlin 17. 7. 1815, T. d. Kgl. preuß. Majors Christian v. Z. a. d. H. Wusterhanse u. d. Christiane v. Boden.

1. Adolph Ludwig Wilhelm, * Berlin 10. 5. 1782, † ebd. 6. 12. 1834[1], Kgl. preuß. GenMajor z. D., 1813—1815 Kmdr d. Kgl. preuß. Freikorps v. Lützow, Rr d. O. pour le mérite mit Eichenlaub, EBürger der Freien u. Hansestadt Bremen;
× I. Tranekjær 20. 3. 1810 Elise Gfin Ahlefeldt-Laurvigen, * Tranekjær 17. 1. 1788, † Berlin 20. 3. 1855 (gesch. ... 4. 1825), T. d. Kgl. dän. Khrn u. GenLts Frederik (Fritz) Gf A.-L., vorm. Hrn der Gfschaften Langeland u. Laurvig mit Ahlefeldt, vorm. auf Ludwigsburg bei Eckernförde, u. d. Charlotte v. Hedemann a. d. H. Hemmelmark;
× II. Berlin 10. 4. 1829 Auguste Uebel, * Paretz 30. 6. 1801, † Berlin 4. 4. 1888 (× I. Paretz 5. 7. 1821 Wilhelm v. Lützow a. d. H. Schwechow, * ... 20. 2. 1795, † Berlin 15. 2. 1827, Kgl. preuß. Rittmeister; × III. ... 1836 Hermann Frhr v. Vaerst, † Berlin 22. 7. 1877, auf Herrendorf bei Soldin, Kgl. preuß. Major a. D., Ldtagsabg.), T. d. Kgl. preuß. Amtsrats u. OAmtm. Ludwig Ue., GenPächters der Rrgüter Paretz u. Falkenrehde, der Domänen Lützow, Alvensleben usw., u. d. Dorothea Vogell.

. Leopold Heinrich Wichard (Freiherr) v. Lützow, * Berlin 26. 3. 1786, † Gotha 27. 8. 1844, Kgl. preuß. GenLt, Rr d. O. pour le mérite, EBürger von Glogau;
× I. Berlin 9. 4. 1815 Bertha Frank v. La Roche, * Schönebeck 5. 4. 1793, † Berlin 30. 6. 1830, T. d. Kgl. preuß. GehOBergrats Carl F. v. La R. u. d. ...;

Vgl. NDB, Bd 15, S. 490–492.

× II. Brechelshof 6. 2. 1835 Therese Freiin v. Richthofen, * Brechelshof 25. 1. 1816, † Glogau 25. 9. 1839, T. d. Pädagogen u. Kgl. preuß. Ldrats Karl Frhr v. R. auf Brechelshof, Damsdorf usw. u. d. Caroline Freiin Grote a. d. H. Jühnde.

Söhne: a) erster Ehe:

1) Leo Karl Adolf Marquard Freiherr v. Lützow, * Berlin 1. 9. 1817, † Wiesbaden 17. 1. 1891 (preuß. Genehmigung zur Führung des Frhrntitels durch A. KO. Berlin 9. 1. 1884), Kgl. preuß. KammergerRat u. Rittmeister a. D.;
× Frankfurt am Main 14. 11. 1847 Maria d'Orville, * Offenbach am Main 26. 8. 1819, † Wiesbaden 11. 4. 1890, T. d. ... u. d. ...

Sohn:

Leo Marquard, * Görlitz 18. 5. 1856, † Arolsen 25. 4. 1908, Dr. jur., Kgl. preuß. Khr u. Präs., LdesDir. der Fstt. Waldeck u. Pyrmont, RRr d. JohO.;
× Wiesbaden 2. 3. 1895 Margarete v. Risselmann, * Berlin 19. 11. 1864, † Wiesbaden 2. 5. 1910, T. d. Kgl. preuß. Lts a. D. Wilhelm v. R. auf Schönberg, Neumk, u. d. Klara v. Bennigsen a. d. H. Niederneudorf.

Tochter:

Irmgard, * Ostrowo 17. 9. 1897, † Düsseldorf 25. 10. 1949;
× Frankfurt am Main 18. 8. 1923 Hans-Adolf Michaelis, * ... 3. 11. 1898, ⚔ ..., Rußld, 15. 7. 1941, Oberstlt im ArtRgt 52.

b) zweiter Ehe:

2) Kurt Heinrich Karl Freiherr v. Lützow, * Glogau 6. 10. 1836, † Schwerin 3. 7. 1907 (preuß. Genehmigung zur Führung des Frhrntitels durch A. KO. vom 8. 6. 1869), Kgl. preuß. GenMajor z. D.;
× I. Sagisdorf bei Halle an der Saale 20. 9. 1860 Margarete v. Werder, * Halle 18. 12. 1840, † Schleswig 18. 8. 1872, T. d. Kgl. preuß. OForstmeisters a. D. Bruno v. W. auf Sagisdorf u. d. Klara v. Rauchhaupt;
× II. Erfurt 23. 4. 1880 Gertrud Freiin v. Hoverbeck gen. v. Schoenaich, * Guhrau, Schlesien, 22. 7. 1856, † Wiligrad bei Schwerin, Meckl., 11. 8. 1935, T. d. Kgl. preuß. Majors a. D. Joseph Frhr v. H. gen. v. Sch. u. d. Karolina v. Wulffen.

Kinder: a) erster Ehe:

(1) Henning Kurt Leopold, * Berlin 27. 7. 1862, † Frankfurt an der Oder 6. 9. 1941, GenMajor a. D.;
⚭ (standesamtl.) Klaptow, (kirchl.) Lübchow, Kr. Kolberg-Körlin, 12. 10. 1891 Elisabeth v. Wedel, * Köln 20. 8. 1870, † Frankfurt an der Oder 2. 11. 1940, T. d. Kgl. preuß. Hptm. Bruno v. W. a. d. H. Althof u. d. Elisabeth Ritter[2].

Kinder:

a. Kurt-Jürgen Henning Bruno Robert, * Marienwerder 7. 8. 1892, † (an einem in russ. Gefangenschaft zugezogenen Leiden) Hannover 20. 7. 1961, GenLt a. D., Träger d. Eichenlaubs zum Rrkreuz d. EK, Rr d. hohenzoll. HausO. m. Schw.

b. Ursula Elisabeth Margarethe, * Ratibor 22. 8. 1895, † Essen 15. 3. 1981;
⚭ Frankfurt an der Oder 29. 3. 1921 Walther Türcke[3], * Metz 6. 3. 1896, † Haan, Rheinld, 21. 10. 1957, Oberst a. D.

c. Heinz-Joachim Henning Hans Alfred, * Ettlingen 26. 10. 1897, † Hannover 14. 1. 1988, Oberst a. D.;
⚭ Hannover 2. 9. 1926 Luise v. Schwartzkoppen, * Berlin 2. 11. 1903, T. d. Kgl. preuß. Gen. d. Inf. Maximilian v. Sch. u. d. Luise Gfin v. Wedel a. d. H. Sandfort
(Wohnstift Kleefeld, Apt 55—09, Osterfelddamm 12, 3000 Hannover 61).

Kinder:

a) Adolf-Henning Maximilian Heinz-Joachim, * Hannover 29. 6. 1927, ⚔ Mildensee bei Dessau 17. 4. 1945, Grenadier u. Offzbewerber.

b) Achim Kurt Walther, * Hannover 13. 12. 1928, Kaufm.
(Berenberger Mark 16, 4300 Essen-Bredeney).

c) Marie-Luise Elisabeth Erika, * Hannover 17. 10. 1930;

Vgl. DGB, Bd 67, S. 517.

Vgl. DGB, Bd 67, S. 518.

× (standesamtl.) Hannover 7. 5., (kirchl.) Lachendorf bei Celle 10. 5. 1958 Elgar Drewsen, * Celle 13. 4. 1926, DiplIng., Papierhersteller *(Georg-Drewsen-Weg 1, 3301 Lachendorf bei Celle).*

d) Wichard Kurt Gisbert Erhard, * Hannover 19. 3. 1936, Oberst i. G. a. D.;
× Fröhstockheim bei Kitzingen 12. 7. 1969 Roswitha Freiin v. Crailsheim, * Fröhstockheim 31. 8. 1944, Buchhändlerin, T. d. Ldwirts Crafft Frhr v. C. u. d. Carlotta Lilier *(Bamberger Str. 8, 8602 Walsdorf).*

Töchter:

(a) Sophie-Luise Irmela, * Limburg an der Lahn 11. 3. 1971.

(b) Carolin Iris Kerstin, * Oslo 3. 4. 1973.

(c) Isabel Antje Gertrud, * Bergisch-Gladbach 17. 10. 1975.

(2) Wiprecht (Wipert) Kurt Timon, * Brandenburg an der Havel 13. 12. 1865, † Berlin 15. 5. 1941, Oberstlt a. D.;
× I. Baden-Baden 26. 3. 1898 Elisabeth Meister, * Lahr 12. 4. 1879, † ... (gesch. Berlin ... 3. 1918; × II. Berlin ... v. Kaufmann, * ..., † ..., ...), T. d. Stadtrats Camillo M. u. d. Anna Kaiser;
× II. Berlin 26. 3. 1919 Helene Elisabeth (Ellen) Zacher, * Riegersdorf, Schlesien, 30. 10. 1887, † ..., T. d. ... u. d. ...

Sohn erster Ehe:

Bernd-Busso Kamillo Kurt-Wichard, * Lahr 3. [illegible] 1899, † Gernrode, Harz, ... 1949 (?), Prokurist, [illegible] a. D.;
× I. Karlsruhe 30. 12. 1921 Paula Uehlin, * ..., † Lörrach (?) ... (gesch. Berlin 25. 1. 1928; × II. ... Zander, * ..., † ..., ...), T. d. ... Theodor Ue. u. [illegible] Wilhelmine Sottelmaier;
× II. Berlin ... 8. 1928 Charlotte Gast, * ... 13. [illegible] 1905 (gesch. Berlin ... 4. 1935), T. d. ... u. d. ... (...);
× III. Berlin-Wannsee 16. 4. 1936 Edith Karolewski, * ... 22. 3. 1915, T. d. ... u. d. ... (...).

(3) M a r k w a r t Ernst Kurt, * Danzig 12. 1. 1869, † Potsdam 13. 5. 1942, Oberstlt d. Res., Fstl. reuß. Khr u. Schloßhptm.;
× Berlin 28. 2. 1896 Olga C o r n e l i u s, * Moskau 14. 8. 1874, † Birkenau bei Weinheim 2. 10. 1946, T. d. Großkaufm. Franz C. u. d. Olga Baspersen.

Tochter:

O l e g a r d Margarete, * Berlin 2. 9. 1898, † Heidelberg 15. 10. 1964;
× Gera 6. 6. 1921 Friedrich (Fritz) Frhr v. B r o i c h, * Straßburg, Elsaß, 1. 1. 1896, † Leoni am Starnberger See 24. 9. 1974, GenLt a. D.

b) zweiter Ehe:

(4) T h e r e s e Karoline Sophie Margarete, * Neisse 31. 10. 1882, † Dobbertin, Meckl., 15. 2. 1961, KlosterD. zu Dobbertin.

(5) Kurt L ü d e r, * Neisse 1. 12. 1883, † Wünsdorf bei Berlin 27. 10. 1943, Dr. phil., wissenschaftl. Lehrer an der PzTruppenschule Wünsdorf;
× Nikolassee bei Berlin 13. 4. 1919 Gertrud G r o t h, * Berlin 13. 8. 1890, † (in russ. Gefangenschaft) bei Posen 17. 10. 1945, T. d. Prof. Dr. phil. Adolf G. u. d. ...

(6) G e r t r u d Brunhilde Frieda Charlotte, * Saarburg 24. 10. 1891, † Bonn 4. 3. 1974, Privatlehrerin.

(7) E l i s a b e t h Kriemhilde Gertrud Sophie Mathilde, * Saarburg 24. 10. 1891 (Zwillingsschwester der Vorigen), † Bonn 6. 9. 1973, Bildhauerin.

III. Linie (Dreilützow) (ev.)

Stammvater: Borchard, † nach 1348.

1. Ast (Wölzow): Lützow gen. v. Dorgelo

Erloschen.

tammvater: Albrecht, † nach 1581. — Preuß. Namenvereinigung ıit dem der † v. Dorgelo als „v. Lützow gen. v. Dorgelo" u. Geehmigung zur Fortführung d. Frhrntitels durch A. KO. Babelsberg

16. 7. 1862 (für Ludwig Frhrn v. Lützow auf Nieder-Girbigsdorf, OLausitz, Ghzgl. oldenb. Khrn u. Reisemarschall a. D., Erben des 1855 † Kgl. preuß. Majors a. D. August Wilhelm Anton v. Dorgelo, Letzten d. Geschlechts).

Ludwig Freiherr v. Lützow gen. v. Dorgelo, * Oldenburg 17. 5. 1824, † Braunschweig 21. 12. 1899, Ghzgl. oldenb. Khr, Kgl. preuß. Oberst a. D.;
× Oldenburg 7. 6. 1854 Elisabeth Freiin v. Gayl, * Oldenburg 25. 4. 1835, † Potsdam 14. 4. 1923, T. d. Ghzgl. oldenb. Khrn u. GenLts a. D. Ludwig Frhr v. G. u. d. Anna Hollmann.

1. Ludwig, * Oldenburg 14. 5. 1855, † Potsdam 6. 11. 1921, Kgl. preuß. GenLt a. D., RRr d. JohO.;
× Modlau 11. 4. 1893 Elisabeth Gfin v. Rittberg, * Modlau 17. 11. 1869, † Potsdam 18. 6. 1945, T. d. Kgl. preuß. Khrn u. Hptm. a. D. Aurel Gf v. R., Fkhrn auf Modlau, Kr. Bunzlau, auf Würchwitz usw., Kr. Glogau, u. d. Freda Burggfin u. Gfin zu Dohna-Schlodien a. d. H. Kotzenau.

2. Klara, * Schwedt an der Oder 13. 1. 1857, † Kühren bei Preetz 6. 12. 1950;
× Kassel 28. 9. 1880 Otto Frhr v. Langermann u. Erlencamp, * Hamm, Westf., 11. 1. 1854, † Hermsdorf 16. 5. 1925, Kgl. preuß. Major a. D.

3. Elisabeth, * Nieder-Girbigsdorf 15. 9. 1858, † Schwerir 19. 11. 1945;
× Kassel 12. 2. 1881 Ernst Gf v. Bernstorff, * Wedendor 17. 10. 1854, † Quadenschönfeld, Meckl., 31. 1. 1926, Fkhr au Quadenschönfeld, Kgl. preuß. Rittmeister a. D.

4. Margarete, * Weißenfels 19. 8. 1867, † Potsdam 2. 8. 1944
× Kassel 9. 7. 1888 Guido v. Loebenstein, * Lohsa, K Hoyerswerda, 12. 1. 1851, † Tegernsee 17. 3. 1907, Kgl. preuf Oberst a. D.

5. Luise, * Trier 2. 4. 1869, † Potsdam 14. 11. 1945;
× Braunschweig 23. 10. 1901 Dietrich v. Harlem, * Kuckado bei Sülze, Meckl., 25. 3. 1859, † Potsdam 2. 6. 1928, Kgl. preu Ldrat.

6. Hedwig, * Oldenburg 30. 12. 1870, † Potsdam 4. 2. 1954.

2. Ast (Dreilützow-Seedorf)

Stammvater: Barthold, † 1608.

1. (gfl.) Zweig

Erloschen.

Stammvater: Barthold Heinrich, * 1680, † 1730. — Reichsgfnstand mit Wappenbesserung Wien 13. 2. 1692 (für Gottfried Frhrn v. Lützau mit dem Recht der Übertragung auf die Linie seines Bruders August Barthold Frhrn v. Lützow, auf Seedorf); s. GHdA, Gfl. Häuser, Bd VIII (1976).

2. Zweig (Seedorf)

Stammvater: Christian Julius, * 1695. — Aufnahme in die Personalmatrikel des nichtbegüterten Adels im Kgr. Württemberg mit dem Frhrntitel gemäß Reskript Stuttgart 16. 2. 1843 (für Friedrich v. Lützow, Kgl. württ. OForstmeister). — Aufnahme in die Adel. Ganerbschaft d. Hauses Alten-Limpurg zu Frankfurt am Main 1961 (für Konrad Frhrn v. Lützow, DiplIng.).

Alfred Maximilian Freiherr v. Lützow, * Stuttgart 6. 6. 1867, † Kirchberg an der Jagst 13. 9. 1924, Kgl. württ. Oberst a. D., ERr d. JohO.;
⚭ Stuttgart 26. 9. 1899 Anna Federer, * Stuttgart 31. 8. 1872, † Ludwigsburg 26. 9. 1951, T. d. Bankdir. u. HonKonsuls von Argentinien Adolf F. u. d. Anna Dietzsch.

1. Maximilian (Max) Alfred, * Stuttgart 22. 7. 1900, † Bad Godesberg 16. 9. 1970, Bankbeamter;
⚭ Magdeburg 24. 4. 1927 Gertrud Friese, * Essen 10. 8. 1901, † Brühl bei Köln 11. 4. 1988, T. d. Preuß. GehORegRats u. ReichsbahnDirPräs. Rudolf F. u. d. Maria v. Altrock.
Kinder:
1) Helga, * Schwerin 8. 7. 1928;
⚭ (standesamtl.) Köln-Deutz 30. 10., (kirchl.) Lautenthal, Harz, 1. 11. 1952 Hans Gerhard Baussus, * ..., Dr. rer. nat., DiplMath.
(8021 Garlot Drive, Annandale, Va 22003, USA).
2) Konrad Rudolf, * Köln-Deutz 28. 1. 1935, DiplIng., Hptm. d. Res.;

⚭ Langenargen am Bodensee 4. 10. 1958 Ursula Freiin v. Mühlen, * Stuttgart 11. 4. 1933, T. d. GenLts a. D. Kurt Frhr v. M. u. d. Else Stockhaus
(Im Wiesental 8, 7418 Kohlstetten).

Kinder:

(1) York Alexander, * Flensburg 15. 12. 1960, DiplKaufm.
(Im Wiesental 8, 7418 Kohlstetten).

(2) Henning Ulrich, * Flensburg 7. 5. 1962, Tierarzt, Lt d. Res.;
⚭ Heidenheim an der Brenz 13. 1. 1989 Margit Leutz, * Heidenheim 27. 7. 1961, T. d. ... Siegfried L. u. d. Annemarie Klopfer
(Im Wiesental 8, 7418 Kohlstetten).

(3) Christine Barbara, * Osnabrück 6. 11. 1964, Tierärztin
(Im Wiesental 8, 7418 Kohlstetten).

2. Kurt Maximilian, * Stuttgart 3. 3. 1903, † ... 9. 3. 1972, Major a. D., Prokurist;
⚭ Lübbecke, Westf., 27. 8. 1948 Ursula Barre, * Lübbecke 30. 8. 1910, T. d. Brauereibes. Ernst B. u. d. Anny Schüner
(Berliner Str. 132, 4990 Lübbecke).

3. Charlotte Eugenie, * Stuttgart 5. 5. 1904, † Landau, Pfalz, 6. 7. 1939;
⚭ I. Ludwigsburg 16. 4. 1931 Wolfgang (Wolf) v. Harder, * Mannheim 28. 2. 1896, † ... Argentinien (?) ..., Dr. jur. (gesch. ... 9. 10. 1934);
⚭ II. Ludwigsburg 12. 4. 1938 Berthold v. Deimling, * Karlsruhe 13. 9. 1905, DiplLdwirt
(Horbacher Hof, 7580 Brühl, Baden).

Körner

Maydell

Luth. u. orth. — Baltischer Uradel mit gleichnamigem, schon 1241 urkundl. (Reichsarchiv Kopenhagen, Liber Census Daniae, Bl. 52 recto) erwähntem Stammhause (heute Wrangelstein) in Wierland, der mit Hennecinus Maydel 1363 urkundl (Revaler Stadtarchiv, Das zweitälteste Erbebuch, Nr 96) und mit demselben Henneke Maydele Reval 8. 9. 1388 urkundl. (Revaler Stadtarchiv, Geleitsbuch 1365—1458, Bl. 140 verso, Nr 698) zuerst erscheint und mit Hinrik Maydell, urkundl. 1484—1486, Mannrichter in Harrien, die sichere Stammreihe beginnt. Das Geschlecht gehörte zu den Rrschaften von Estland, Kurland, Livland u. Schweden. — Russ. Anerkennung der Berechtigung zur Führung d. Barontitels laut A. H. Senats-Ukas Nr 10002 vom 7. 12. 1854[1] (für das Gesamtgeschlecht); russ. Wappenbesserung ... 4. 12. 1864. — Es besteht ein FamVerb. Vors.: Prof. Dr. rer. nat. Hans-Jürgen Baron v. Maydell, Hohler Weg 23, 2057 Wentorf; Schriftf.: Alf Baron v. Maydell, Lohkoppelweg 29, 2000 Hamburg 54.

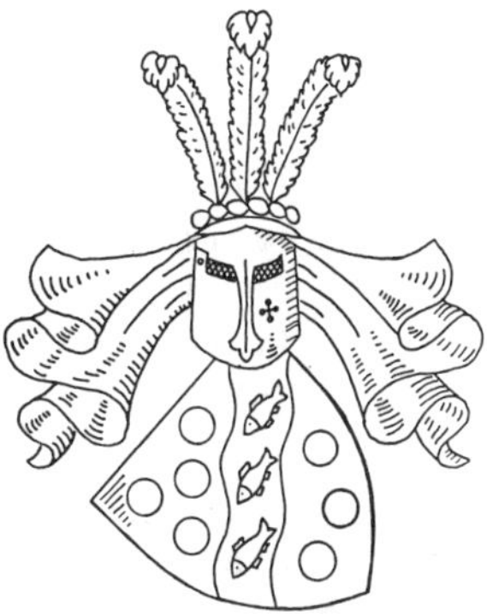

W. (StW.): In B. ein mit 3 nat. Fischen übereinander bel. s. Schrgl.-Strom, begl. oben von 4, unten von 3 g. Kugeln; auf dem H. mit g.-b.-s. Decken 3 s. Straußenfedern.

Vgl. Karl Baron v. Maydell, Das frhrl. Geschl. v. Maydell, Helsingfors 1868. — 3ogdan Baron v. Maydell, Dass., 1. Fortsetzung, Reval 1895. — Eduard u. Kurt 3aron v. Maydell, Dass., 2. Fortsetzung, Tostedt u. Bonn 1979. — Eduard, Günher, Hans-Jürgen u. Kurt Baron v. Maydell, Die letzten Güter der Fam. Baron Maydell in Estland u. Livland, Hamburg 1971. — Geneal. Hdb. der Balt. Rrchaften, Verlag C. A. Starke, Görlitz, Teil Estland, Bd I, 1933, Teil Livland, 3d I, 1935, u. Teil Kurland, Bd I, 1936. — Paul Johansen, Die Estlandliste des iber Census Daniae, Reval 1933. — GHdA, Frhrl. Häuser A, Bd V (1963) Stammreihe u. ältere Genealogie) u. X (1977).

Die Daten im ehem. russ. Kaiserreich sind nach dem (alten) Julianischen Kalender angegeben.

I. Linie (Stenhusen)

Stammvater: Jürgen Johann, ⚭ um 1725, ▭ 1747 (immatrikuliert bei der Estld. Rrschaft 1746).

1. Ast (Maidel)

Stammvater: Friedrich August, ~ 1765, † 1828.

1. Zweig

Berend (Boris) Friedrich Gottlieb Baron v. Maydell, * Maidel 2. 5. 1841, † Reval 14. 3. 1908, auf Maidel u. Jörden, Estld, Mannrichter;
⚭ Arroküll 16. 9. 1869 Anna v. Helffreich, * Arroküll 27. 4. 1849, † Reval 20. 9. 1926, T. d. Kais. russ. Stabskpt. Konstantin v. H. auf Arroküll, Piometz u. Machters, Estld, u. d. Elisabeth v. Strandmann a. d. H. Haakhof, Estld.

1. Joseph Berend Konstantin Theodor, * Maidel 11. 7. 1870, † ebd. 1. 1. 1910, auf Maidel u. Jörden;
⚭ Allo 6. 5. 1895 Marie (Mary) v. Lilienfeld, * Allo 8. 11. 1871, † Musberg, Kr. Böblingen, 2. 1. 1956, T. d. Rudolf v. L. auf Allo, Rappel u. Sicklecht, Estld, u. d. Lucie Gfin v. Tiesenhausen a. d. H. Sellie, Estld.

Kinder:

1) Anna (Aenno) Lucie Elisabeth, * Nappel, Estld, 29. 7. 1899, † Vancouver, B. C., Canada, 20. 7. 1985;
⚭ Kassel 10. 6. 1922 Hans Heinrich Gf v. Tiesenhausen, * Reval 23. 5. 1893, † Vancouver 7. 1. 1972, Bes. d. Restgutes Odenwald (§), Estld, Ldwirt.

2) Rudolf (Rolf) Berend Friedrich, * Maidel 11. 9. 1902, † Kassel 19. 7. 1977, Hotelkaufm.;
⚭ I. (standesamtl.) Berlin-Schöneberg 11. 2., (kirchl.) Berlin 4. 3. 1928 Wessela v. Scheven, * Biesenthal bei Eberswalde 5. 2. 1906, Arzthelferin (gesch. Flensburg 10. 11. 1951), T. d. Kgl. preuß. Hptm. d. Ldw. Max v. Sch. u. d Ursula v. Sobbe
(Kölner Landstr. 176, 4000 Düsseldorf 13);
⚭ II. Kiel 3. 9. 1958 Wera Bannat, * Pakrowka, Gouv. Orenburg, 4. 12. 1918, † Kiel 16. 7. 1979, Geschäftsf. (gesch Kiel … 1973; ⚭ I. … Anton Walter, ⚔ … 1943, …).

Kinder erster Ehe:

(1) Bernhard Rolf Friedrich, * Lürschau, Kr. Schleswig, 8. 1. 1929, † Baden-Baden 15. 11. 1958, Regisseur;
× Berlin-Wilmersdorf 20. 6. 1955 Gisela Hoeter, * Mönchen-Gladbach 12. 4. 1922, Schauspielerin, T. d. … Bernhard H. u. d. Käthe Wettack
(Wirthstr. 2, 8000 München 90).

Kinder:

a. Claudia-Sabine Annette, * Baden-Baden 9. 10. 1955, Schauspielerin;
× München 9. 10. 1984 Claude-Oliver Rudolph, * …, Schauspieler
(Edenstr. 26, 8081 Mittelstetten).

b. Rolf Julian Andreas (posthumus), * Baden-Baden 15. 4. 1959, Dr. med., Arzt;
× Düsseldorf 13. 3. 1987 Zenilda Fernandez de Queiroz, * Fortaleza, Brasilien, 10. 11. 1959, MTA, T. d. … u. d. …
(Kölner Landstr. 176, 4000 Düsseldorf 13).

Töchter:

a) Denise Rebecca, * Fortaleza 8. 10. 1984.

b) Julia Wessela Stephanie, * Düsseldorf 3. 3. 1989.

(2) Gotha Ursula Magdalene, * Lürschau 17. 1. 1930, † Hamburg 3. 12. 1990;
× München 7. 3. 1961 Armin Hofmann, * … 19. 8. 1932, Journalist
(Alsterchaussee 11, 2000 Hamburg 13).

(3) Jürgen, * Schleswig 15. 5. 1931, † Kiel 24. 8. 1980, Gastronom;
× I. Tübingen 24. 8. 1957 Erdmute Grabert, * Halle an der Saale 22. 7. 1930, Hauswirtschaftslehrerin (gesch. Tübingen 22. 5. 1962), T. d. Dr. phil. habil. Herbert G. u. d. Josephine Baronesse v. Maydell a. d. H. Maidel (s. u.)
(Bei der Ochsenweide 9, 7400 Tübingen);
× II. Kissing, Kr. Augsburg, 21. 9. 1963 Annemarie Walch, * … (gesch. Kiel 28. 2. 1974), T. d. … u. d. … (…);

× III. Kiel 3. 6. 1977 Brigitte Bähr, * Kiel 2. 7. 1950 (× II. Kiel oder Plön 13. 10. 1983 Volker Rickert, * ..., ...), T. d. Kaufm. Karl-Friedrich B. u. d. Inge Bertram
(Seestr. 12, 2320 Plön).

Sohn erster Ehe:

Berend Friedrich, * Schleswig 4. 1. 1958, ...
(Bei der Ochsenweide 10, 7400 Tübingen).

3) Josephine Elisabeth Cäcilie, * Maidel 4. 8. 1904, † Tübingen 24. 12. 1986;
× Kassel 6. 7. 1929 Herbert Grabert, * Lichtenberg, Kr. Niederbarnim, 17. 7. 1901, Dr. phil. habil., vorm. Dozent an der Univ. Würzburg, Leiter d. Instituts f. deutsche Nachkriegsgesch. in Tübingen u. Herausgeber der Deutschen Hochschullehrer-Zeitung
(Am Apfelberg 20, 7400 Tübingen).

4) Elisabeth Anna Lucie, * Maidel 20. 2. 1907;
× Heidelberg 29. 5. 1934 Max Krafft, * Stuttgart 16. 10. 1901, † Musberg, Kr. Böblingen, 30. 12. 1969, Dr. med., Arzt
(Weiler Str. 43. 43, 7031 Steinenbronn).

2. Bernhard Emil Theodor, * Maidel 1. 9. 1871, † Marien-Magdalenen, Estld, 18. 10. 1938 (immatrikuliert bei der Livld. Rrschaft 1914), auf Purgel, Kaltenborn u. Uddewa (§), Estld;
× Allo 20. 6. 1901 Katharina (Kitty) v. Lilienfeld, * Allo 6. 7. 1877, † Hildesheim 16. 6. 1966, T. d. Rudolf v. L. auf Allo, Rappel u. Sicklecht u. d. Lucie Gfin v. Tiesenhausen a. d. H. Sellie.

Kinder:

1) Kurt Berend Rudolf, * Maidel 8. 5. 1902, † Bonn-Duisdorf 9. 4. 1987, Dr. phil., LegRat i. R.;
× I. Böhmisch-Krumau 17. 4. 1938 Elfriede Stadler, * Böhmisch-Krumau 21. 9. 1914, Dr. phil., Archäologin, Prof. f. Kunstgesch. u. Ästhetik an der Univ. Vitoria, Brasilien (gesch. Berlin 8. 3. 1943; × II. Pančevo, Vojvodina, 2. 3. 1944 Adam Gf Orssich de Slavetich, † Vitoria 22. 3. 1968, Dr. phil., Ing. mont., UnivProf. f. Archäologie u. Urgesch.), T. d. Gymnasialdir. Dr. phil. Gustav St. u. d. Margarethe Glaser
(Caixa Postal 376, BR-2900 Vitoria E. S.);

× II. (standesamtl.) Bautzen 8. 8., (kirchl.) Mühlhausen, Thür., 10. 8. 1944 Ursula G e n s e l , * Delitzsch, Bez. Leipzig, 19. 6. 1911, † München 11. 9. 1977, T. d. OReg- u. Baurats Hermann G. u. d. Margarethe Meyer.

Kinder zweiter Ehe:

(1) K a t h a r i n a Margarethe Dorothee, * Hildesheim 24. 9. 1948, Mag. art.;
× Duisdorf bei Bonn 2. 10. 1970 Hans Joachim L ü d d e k e , * Vechelde, Bez. Braunschweig, 9. 10. 1948, Dipl-Chem.
(Beblostr. 2/III, 8000 München 80).

(2) J o a c h i m Hermann Berend, * Duisdorf 8. 12. 1952, Studienrat;
× Bonn 27. 2. 1976 Ingeborg B e c k , * Bonn 6. 12. 1950, T. d. Kraftfahrers Paul Heinz B. u. d. Sybille Ferrier
(Buchfinkenweg 13c, 5300 Bonn-Duisdorf).

Tochter:

M i r i a m , * Bonn 26. 7. 1976.

2) F r i e d r i c h Rudolf Berend, * Purgel 4. 1. 1905, † Berlin-Zehlendorf 18. 12. 1945, Kunststoffmechanikermeister;
× Reval 8. 5. 1931 Marie S c h u l t z , * Narwa 15. 7. 1898, † (Reval?) ... (gesch. Reval ... 1939; × I. ... Samsonow, gesch. ...), T. d. ... u. d. ...

Tochter:

Viola M a r i a n n e , * Narwa 20. 8. 1926, führt wieder den Geburtsnamen
(Weserstr. 49, 3400 Göttingen);
× Göttingen 28. 12. 1949 Heinrich J e e p , * ..., ... (gesch. Göttingen 7. 11. 1974).

3) L u c i e Edda Anna, * Waimastfer, Livld, 27. 5. 1906, † Gestorf 1. 3. 1986;
× Reval 3. 1. 1930 Hans v. H u n n i u s , * Kay, Estld, 10. 11. 1902, † (in russ. Gefangenschaft) Sikurika, Rußld, 25. 6. 1949, Ldwirt, Hptm.

4) K i t t y Anna Lucie, * Waimastfer 3. 8. 1907;
× Aue, Erzgeb., 25. 2. 1933 Walter M e r k e l * Karlshafen an der Weser 9. 10. 1904, Oberst a. D.
(Espachstift, An der Schnelle 12, 8950 Kaufbeuren, Allgäu).

5) Joachim Berend Rudolf, * Dorpat 29. 9. 1909, † Celle 22. 1. 1988, TextilIng., Kaufm.;
× I. Reval 16. 11. 1929 Maria (Musja) Baronesse v. Budberg, * St. Petersburg 19. 5. 1904, † Fürstenfeldbruck, OBayern, 9. 5. 1974, Schriftstellerin (gesch. Reval 8. 9. 1934; × II. Fürstenfeldbruck [standesamtl.] 19. 6., [kirchl.] 3. 12. 1948 Roland Frhr v. Ungern-Sternberg a. d. H. Alt-Anzen, † Fürstenfeldbruck 28. 10. 1958, Kaufm., Schriftsteller), T. d. Kais. russ. Obersten Burchard Baron v. B. a. d. H. Fierenhof-Sennen u. d. Maria Finné;
× II. Güstrow, Meckl., ... 4. 1939 Henriette Rogalla, * ... (gesch. Berlin 5. 10. 1944) (...);
× III. Bremen-Lesum 9. 12. 1944 Anneliese Tophinke, * Dortmund 20. 1. 1920, † Braunschweig 27. 5. 1948 (kath.), T. d. ... Joseph T. in New York u. d. Martha Hünermund;
× IV. Celle 11. 2. 1950 Elisabeth (Elly) Tophinke, * Dortmund 18. 7. 1921 (kath.), Putzmachermeisterin (× I. ... Kürmann, gesch. ...), Schwester der dritten Gemahlin
(Kapellenweg 14, 3100 Celle).

Söhne: a) dritter Ehe:

(1) Hans Heinrich, * Bremen-Vegesack 26. 5. 1943, Kaufm.;
× I. Celle 18. 12. 1967 Antje Claussen, * Lüneburg 18. 8. 1936 (gesch. Lüneburg 16. 6. 1972), T. d. ... u. d. ... (...);
× II. ..., * ..., T. d. ... u. d. ...
(Kopernikusstr. 26, 3140 Lüneburg).

(2) Jörg-Michael, * Celle 18. 3. 1945, Automechaniker;
× I. Celle 25. 11. 1968 Ilse Marie Lockmann, * Celle 13. 5. 1947 (gesch. Hamburg 14. 10. 1974), T. d. ... u. d. ... (...);
× II. Lübeck 1. 8. 1980 Barbara Schuldt, * ... 29. 10. 1951, T. d. ... u. d. ...
(Braamheide 1, 2000 Hamburg 71).

Sohn zweiter Ehe:

Boris, * Celle 12. 1. 1981.

b) vierter Ehe:

(3) Joachim, * Celle 26. 3. 1951, Kaufm.;
× Celle 18. 7. 1975 Sigrid Wohlgemuth, * Celle 10. 2. 1955, T. d. Amtm. Heinz W. u. d. Ilse Alps
(Kapellenweg 14, 3101 Groß-Eicklingen).

Söhne:

a. Benjamin, * Celle 13. 9. 1978.

b. Sebastian, * Celle 13. 9. 1978 (Zwillingsbruder d. Vorigen).

c. Kristof, * Celle 20. 8. 1983.

6) Dorothee Elisabeth, * Waimastfer 3./16. 4. 1911;
⚭ Dresden 18. 6. 1935 Werner Wilde, * Großenhain, Sachsen, 23. 8. 1898, † Stuttgart 8. 12. 1957, Dr. jur., Senatspräs.
(Wengertstr. 8, 7000 Stuttgart 1 — Botnang).

7) Otto Bernhard Joseph, * Waimastfer 13./26. 9. 1912, Ldwirt, Kaufm.;
⚭ I. Reval 2. 4. 1938 Britta Joost, * Reval 21. 7. 1915, † Göttingen 12. 1. 1953, T. d. Bankkaufm. Arthur J. u. d. Grete Isberg;
⚭ II. Rheden, Kr. Alfeld an der Leine, 14. 11. 1953 Ingeborg Türnpu, * Reval 10. 3. 1916, † Seesen, Harz, 4. 10. 1973, Pianistin, T. d. Musikdir. u. Komponisten Konstantin T. u. d. Else Isberg
(Grüne Mühle 48, 3470 Höxter 1).

Kinder: a) erster Ehe:

(1) Ursula, * Uddewa 6. 4. 1939;
⚭ Seesen 27. 4. 1962 Otto Steinhage, * Remmighausen, Lippe, 25. 9. 1937, DiplIng., Architekt
(Corbiestr. 38, 3470 Höxter).

(2) Ingeborg, * Posen 6. 7. 1940, Krankenschwester;
⚭ Hamburg-Blankenese 19. 12. 1970 Arthur Hinrich Kröning, * Hamburg-Blankenese 22. 11. 1942, Dipl-Volkswirt
(Op'n Kamp 4, 2000 Hamburg 55 — Blankenese).

(3) Bernhard, * Grabianowo, Kr. Schrimm, 15. 3. 1942, Oberstlt;
⚭ (standesamtl.) Heidenheim, (kirchl.) Erbach, Taunus, 16. 8. 1968 Brigitte Baader, * Flensburg 27. 9. 1945, T. d. kaufm. Dir. Dieter B. u. d. Gisela Lemke
(Schattenskamp 12, 2200 Klein Nordende).

Kinder:

a. B e r n h a r d, * Gauting bei München 8. 6. 1970, stud. med.
(Langgewann 40, 6900 Heidelberg).

b. B e t t i n a, * Köln 19. 12. 1975.

c. B r i t t a, * Weert, Niederlde, 9. 9. 1978.

(4) E l k e, * Grabianowo 1. 10. 1943;
⚭ Seesen 29. 12. 1966 Hans v. Z a s t r o w, * Saarbrücken 8. 10. 1942, Angest.
(Lilienthalstr. 16, 4930 Detmold).

(5) A n n e m a r i e, * Rheden 21. 8. 1946;
⚭ Seesen 11. 4. 1974 Andreas v. H a r p e a. d. H. Engdes, Estld, * Oppenholz, Kr. Samter, Wartheld, 15. 11. 1942, DiplMaschinenbauIng.
(Kastanienweg 21, 5800 Hagen-Berchum).

b) zweiter Ehe:

(6) B i r g i t, * Gronau, Kr. Alfeld, 2. 4. 1948;
⚭ Seesen 18. 8. 1972 Heino H o o p s, * Hannover 5. 7. 1946, Industriekaufm., Datensystemanalytiker
(Kokenauers Kamp 31, 3006 Burgwedel 1).

8) N o r a Magdalena Anna Lucie, * Waimastfer 9./22. 6. 1914;
⚭ Reval 6. 4. 1939 Richard Baron v. M a y d e l l, * Salishof, Livld, 10. 10. 1913, ⚔ bei Narwa 15. 3. 1944, Ldwirt, Uffz. (s. u., II. Linie, 4. Ast, 2. Zweig, 2. Haus)
(Am Sindelberg 28a, 3220 Alfeld an der Leine).

9) H e i n r i c h Wilhelm Robert Berend Rudolf, * Dorpat 15. 3. 1918, † Osnabrück 18. 10. 1964, Kraftfahrer;
⚭ Frauenhof, Kr. Schroda, Wartheld, 26. 3. 1941 Ellinor v. H a r p e, * Laakt, Estld, 8. 12. 1919, T. d. Ldwirts Rudolf (Rua) v. H. auf Laakt u. d. Harriet v. Bremen a. d. H. Ruil, Estld
(Orleansstr. 59, 3200 Hildesheim).

Kinder:

(1) M a r g a r e t e, * Brüggen, Kr. Alfeld, 10. 8. 194[illegible];
⚭ Hildesheim 30. 5. 1970 Horst W a l t e r, * Rathen Sachsen, 27. 10. 1936, Verlagskorrektor
(Joseph-v.-Eichendorff-Str. 8, 3204 Nordstemmen).

(2) Archibald Börries, * Brüggen 5. 8. 1949, Kpt., Lotse;
× Elsfleth, Kr. Wesermarsch, 21. 2. 1975 Marita Menger, * Brake, Kr. Wesermarsch, 22. 9. 1954, T. d. ... Willi M. u. d. Lotte Thümler
(Bahnhofstr. 65, 2226 Eddelak).

Kinder:

a. Mirco, * Brake 25. 3. 1973.

b. Inga, * Brake 15. 11. 1980.

10) Jürgen Axel Berend Rudolf, * Kaltenborn 17. 4. 1920, ⚔ Nowo-Borowice bei Rostow am Don 19. 11. 1941, Sturmmann.

2. Zweig

Erloschen.

Adam Theodor Nikolai Baron v. Maydell, * Reval 11. 2. 1853, † Russal 21. 4. 1898, auf Lehhet u. Russal, Estld;
× Reval 16. 12. 1880 Gabriele Freiin v. Stackelberg, * Fähna, Estld, 6. 6. 1854, † Reval 16. 12. 1910, T. d. Otto Frhr v. St. auf Fähna u. Waldau u. d. Pauline Pilar v. Pilchau a. d. H. Audern.

Karin Helene Emilie, * Russal 12. 3. 1888, † Hirsau 24. 9. 1977;
× Heidelberg-Schlierbach 19. 4. 1919 Siegfried Köhler, * Reval 11. 4. 1891, † Weimar 18. 7. 1946, Dr. rer. pol.

2. Ast (Stenhusen)

Stammvater: Reinhold Gottlieb, * 1771, † 1846.

1. Zweig

Stammvater: Richard, * 1803, † 1848.

Richard Karl Hugo Baron v. Maydell, * Reval 17. 2. 1873, ⚔ († an der durch Tieffliegerbeschuß auf der Flucht erlittenen Verwundung) Cottbus 2. 2. 1945, auf Stenhusen (seit 1908; §), Estld, Textilchemiker, Stadtrat von Reval;
× Weißenfeld, Estld, 5. 8. 1905 Ingeborg Freiin v. Ungern-Sternberg, * Weißenfeld 18. 10. 1882, † Nammen, Kr. Minden, 23. 6. 1954, T. d. Kais. russ. Lts a. D. u. Eisenbahnbeamten Robert Frhr v. U.-St. a. d. H. Echmes, Estld, u. d. Marie (Maruschka) v. Hunnius a. d. H. Weißenfeld.

1. Hans Otto Hermann Robert Woldemar Gerhard, * Moskau 26. 1. 1908, ⚔ († an der erlittenen Verwundung in russ. Gefangenschaft) Kuhndorf bei Posen 8. 4. 1945, Lithograph, ...; ⚭ (standesamtl.) Reval 15. 10. 1939, (kirchl.) Obornik, Wartheld, 26. 1. 1940 Elisabeth Charlotte (Lilo) Freiin v. Rosen, * Riga 13./26. 4. 1915, T. d. livld. Ldrats u. stellvertr. Ldmarschalls, Abg. der russ. Reichsduma u. Mitgl. d. russ. Reichsrats Dr. phil., D. h. c. Johann (Hans) Frhr v. R. auf Groß-Roop, Livld, u. d. Johanna (Jeanny) Baronesse v. Vietinghoff gen. Scheel a. d. H. Kroppenhof, Livld
(Karl-Loewe-Weg 17, 2400 Lübeck 1).

Kinder:

1) Godela Ingeborg, * Posen 31. 8. 1940;
⚭ Lübeck (standesamtl.) 3. 11., (kirchl.) 4. 11. 1961 Hans-Peter v. Randow, * Basedow, Kr. Malchin, 5. 11. 1925, Kaufm.
(Dorfstr. 2, 2381 Geltorf).

2) Hans-Jürgen Richard, * Posen 19. 1. 1943, Graphiker;
⚭ I. (standesamtl.) Hamburg 20. 9., (kirchl.) Lübeck 26. 9. 1964 Madeleine Ahbel, * ... (gesch. Lübeck ... 10. 1972), T. d. ... Max A. u. d. Margarete Klein
(Wasserkrüger Weg 31, 2410 Mölln);
⚭ II. Berlin 2. 12. 1988 Angelika Schneider, * ... 16. 10. 1952, T. d. ... u. d. ...
(Hasenheide 71, 1000 Berlin 61).

Töchter erster Ehe:

(1) Beatrice, * Schleswig 1. 9. 1963;
⚭ ... Klaus Wilke, * ..., ... (...).

(2) Kira Margarete, * Lübeck 25. 12. 1965, ... (...).

(3) Ljuba Alexandra, * Lübeck 17. 4. 1970
(Wasserkrüger Weg 31, 2410 Mölln).

3) Edelgard (Halli) Johanna, * Wegheim bei Exin, Wartheld 8. 12. 1944, † Lübeck 13. 9. 1988, DiplPsychologin.

2. Olaf Karl Traugott, * Moskau 26. 1. 1909, ⚔ (vermißt bei Königswusterhausen, Mark, 28. 4. 1945 (für tot erklärt [illegible] Beschluß d. Amtsger. Elze vom 18. 10. 1950 mit Wirkung vom 31. 12. 1945), Ldwirt, ...;

× Scheringen, Kr. Schroda, 13. 7. 1941 Marie Anna (Marianne) v. Harpe, * Reval 13. 6. 1917, † Münchberg, OFranken, 15. 9. 1952 (× II. Ahornberg, Kr. Münchberg, 4. 2. 1951 Hellmut Thomson, * Haggers, Estld, 24. 1. 1905, † Wüstenselbitz bei Helmbrechts, OFranken, 21. 10. 1983, Pastor emer.), T. d. Ldwirts Rudolf (Rua) v. H. auf Laakt u. d. Harriet v. Bremen a. d. H. Ruil, Estld.

Töchter:

1) Christine, * Lodz 24. 8. 1942, † Burgstemmen bei Elze 14. 2. 1991, Hauswirtschaftsleiterin;
× Hameln 30. 12. 1964 Fritz Heinrich Bertram (s. u.).

2) Friederike, * Lodz 1. 10. 1943, Jugendleiterin;
× Wunstorf 10. 8. 1990 Hans Walter, * ..., Rechtsanwalt *(Masurenstr. 14, 3008 Garbsen 2)*.

3) Dorothee (posthuma), * Gronau, Kr. Alfeld, 24. 5. 1945, † Viechtach 24. 4. 1991, Kinderkrankenschwester;
× Viechtach 9. 7. 1977 Alfons Goham, * Schlatzendorf 3. 9. 1940, Bierbrauer
(Dr.-Amberger-Str. 15, 8374 Viechtach).

3. Vita Marie Agnes Ernestine, * Moskau 13./26. 3. 1913, führt wieder den Geburtsnamen
(Seeweg 8, 2393 Sörup bei Flensburg);
× Reval 21. 3. 1936 Ilmar Eichen, * Riga 19. 12. 1910, Ldwirt (gesch. Kiel ... 1961).

2. Zweig

Stammvater: Baron Guido, * 1818, † 1878.

1. Haus

.udwig Paul Johannes Baron v. Maydell, * Reval 17. 8. 1863, ebd. 20. 6. 1920, Dr. med., prakt. Arzt;
< Reval 20. 9. 1891 Marie v. Hagmann, * St. Petersburg 10. 6. 863, † Hyvinge, Finnld, 1. 1. 1916, T. d. Kais. russ. Konteradmials Theodor v. H. u. d. Helene (Hilla) v. Maydell a. d. H. Tatters.

Lilla, * Reval 21. 12. 1892, † Rottweil, Württ., 31. 7. 1984;
× Hyvinge 14. 2. 1916 Arvid Frhr v. Fersen, * Kronstadt 31. 10. 1892, † Kopenhagen 25. 11. 1938, Kais. russ. Lt z. See, Kpt. der Handelsmarine.

2. Ludwig Gregor, * Reval 25. 11. 1893, † Kiel 29. 12. 1971, Rechtsanwalt, AmtsgerRat a. D., Stadtverordneter in Reval, Kurator der Domschule;
× I. Dorpat 29. 6. 1921 Felicie v. Wahl, * Tappik, Livld, 22. 3. 1897, † Posen 1. 11. 1941, T. d. Axel v. W. auf Tappik u. d. Felicie Zoege v. Manteuffel a. d. H. Neu-Harm, Estld;
× II. Kiel 24. 3. 1956 Ilse Sydow, * Kiel 18. 6. 1913 (× I. Kiel 26. 7. 1935 Marius Mohnssen-Hinrichs, * Kiel 19. 2. 1907, † ..., Jurist, gesch. Kiel 21. 1. 1946), T. d. OStabsing. Friedrich S. u. d. Marie Jespersen
(Wrangelstr. 3, 2300 Kiel 1).

Sohn erster Ehe:

Benedict (Bengt) Georg Ludwig, * Reval 1. 8. 1922, † Kiel 26. 6. 1974, Vors. Richter am Ldger. Kiel;
× Kiel 1. 3. 1960 Gisela Becker, * Stettin 5. 1. 1931, T. d. OStudienrats Alfred B. u. d. Hildegard Coulin
(Tonderner Str. 2, 2300 Kiel 1).

Kinder:

(1) Hans Heinrich, * Kiel 31. 1. 1961, Jurist;
× Kiel 9. 6. 1990 Doris Barth, * Bad Oeynhausen 31. 5. 1961, T. d. Feinmechanikers Franz B. u. d. Ilse Gießelmann
(Hansastr. 6, 2300 Kiel 1).

(2) Ingrid Felicie, * Kiel 6. 1. 1962;
× Borby bei Eckernförde 6. 10. 1990 Wichard-Barnim v. Gerlach, * Hohenstein bei Eckernförde 22. 12. 1957 ...
(Burghof 4, 6367 Groß-Karben).

3. Marie Wilhelmine, * Reval 16. 7. 1895, † Heidelberg 24. 8. 1989, Buchhalterin i. R.

2. Haus

Stammvater: Baron Traugott, * 1866, † 1943.

Ernst Erich Baron v. Maydell, * Reval 30. 7. 1900, † Adlerhorst bei Gdingen 13. 8. 1942, Rechtsanwalt, LdgerRat;
× Reval 29. 5. 1926 Anna (Anne) v. Gruenewaldt, * Ottenküll, Estld, 5. 12. 1900, † Hude, Oldenburg, 28. 1. 1971, T. d. estl. Ldrats Arthur v. G. auf Ottenküll u. d. Marie v. Heynitz a. d. H. Dröschkau.

Ludwig Baron v. Maydell

* 1893 † 1971

Rechtsanwalt, Amtsgerichtsrat a. D., Stadtverordneter in Reval, Kurator der Domschule; Begründer des Familienverbandes

s. S. 194

Moritz Alexander (Axel) Baron v. Maydell

* 1869 † 1945

auf Pastfer

Mitbegründer und langjähriger Präsident
des Gemeinnützigen Verbandes der Estländischen Ritterschaft

s. S. 218

Eduard Baron v. Maydell
* 1901 † 1984
Vorsitzender des Familienverbandes 1964–1984
s. S. 218

1. Jürgen, * Reval 26. 11. 1927, ⚔ bei Ebersbach, Schlesien, 18. 4. 1945, Grenadier.

2. Ellen, * Reval 29. 12. 1930;
⚭ Bielefeld 2. 12. 1955 Andreas Buntrock, * Eden bei Oranienburg 27. 9. 1929, Diakon
(O-1281 Lobetal).

3. Heinrich, * Reval 15. 7. 1933, Verlagsleiter;
⚭ Berne, Oldenburg, 4. 5. 1963 Ute Wellmann, * Berne 17. 5. 1941, T. d. Hauptlehrers Hermann W. u. d. Wilma Witte
(Rudolf-Kinau-Str. 6, 2872 Hude).

Söhne:

1) Ulrich, * Berne 27. 1. 1964, ...
(Rudolf-Kinau-Str. 6, 2872 Hude).

2) Martin, * Oldenburg 29. 5. 1966, ...
(Rudolf-Kinau-Str. 6, 2872 Hude).

3) Jürgen, * Oldenburg 22. 4. 1968, ...
(Rudolf-Kinau-Str. 6, 2872 Hude).

4. Arthur, * Reval 12. 11. 1935, Dr. med. vet., Tierarzt, ltd. VetDir.;
⚭ Aub, UFranken, (standesamtl.) 25. 6., (kirchl.) 23. 7. 1965 Ilsemarie Krüger, * Templin 21. 3. 1943, T. d. OFeldVeterinärs a. D. u. Tierarztes Dr. med. vet. Heinrich K. u. d. Liselotte Lorscheid
(Strindbergstr. 22, 3000 Hannover 61).

Kinder:

1) Frank Jürgen, * Mombasa, Kenia, 31. 7. 1966, ...
(Strindbergstr. 22, 3000 Hannover 61).

2) Bernd, * Kitale, Kenia, 4. 6. 1969, ...
(Strindbergstr. 22, 3000 Hannover 61).

3) Annette, * Hannover 12. 1. 1982.

5. Irmgard, * Reval 25. 6. 1939, Sonderschullehrerin
(Alexanderstr. 26, 2942 Jever).

II. Linie (Tockumbeck)

Stammvater: Ernst Gustav, ⚭ vor 1729, ▭ 1747 (immatrikuliert bei der Estld. Rrschaft 1746).

1. Ast (Kurro-Linnamäggi)

Stammvater: Otto Gustav, ~ 1734, ▭ 1794. – Immatrikulation bei der Livld. Rrschaft 1836 (für dessen Sohn Otto Ernst v. Maydell).

1. Zweig

Otto Ernst Baron v. Maydell, * Dorpat 14. 3. 1841, † Kiew ... 1920, Eisenbahning., Depotchef in Wladikawkas;
⚭ Libau 16. 1. 1872 Thekla Olechno-Huszczo, * Nowy Dwor, Kr. Telsche, ..., † Kiew ... 1918 oder 1919 (kath.), T. d. Stanislaw O.-H. u. d. Waleria Narbutt.

1. Julius Eduard Otto, * Rostow am Don 6. 6. 1875, † Bromberg 9. 10. 1946, DiplIng.;
⚭ I. ... Olympia Moczulska, * Kiew ... 1890, † Bromberg 3. 9. 1923, T. d. ... Theodor M. u. d. Evdokija Wisniewska;
⚭ II. ... Maria Aniela Chmielowska, * Brazlaw, Podolien, 2. 8. 1878, † Hohensalza 7. 2. 1978, T. d. ... Izydor Ch. u. d. Maria Michalska.

Kinder erster Ehe:

1) Jadwiga Tekla, * Birza am Amur 20. 4. 1914, ⚔ Warschau 2. 8. 1944.

2) Wanda Maria, * Birza 24. 9. 1915;
⚭ Tyśmienica, Kr. Wołodawa, 25. 10. 1939 Adam Władysław Borucki, * Tyśmienica 7. 3. 1913, Jurist
(Ul. Baleya 4/10, PL-02-132 Warschau).

3) Władisław Juliusz, * Wladywostok 18. 2. 1920, Zahnarzt;
⚭ I. Warschau oder Bromberg ... 1945 Eva Krieger, * Reval 10. 8. 1918, † ... (gesch. Warschau ... 1962), T. d. ... Stephan K. u. d. Stephanie Eleonore Weinschell;
⚭ II. Warschau 14. 8. 1965 Stanisława Czapla, * Ostricourt, Dept Nord, Frankr., 17. 11. 1928, T. d. ... Bronisław Cz. u. d. Josefina Jesionek
(Ul. Spiska 42/71, PL-02-302 Warschau).

Kinder: a) erster Ehe:

(1) Barbara Jadwiga, * Alexandrowo bei Hohensalza 19. 4. 1945;
× ... 16. 4. 1968 Andrzej Dunajski, * Pokrzywnica, Kr. Wongrowitz, 16. 10. 1943, Bauing.
(Ul. Klaudyny 36/163, PL-02-302 Warschau).

(2) Juliusz Waldemar, * Bromberg 2. 8. 1949, Bauing.
(P.O.B. 40278, RSA-7000 Pretoria);
× (standesamtl.) Kielce 31. 5., (kirchl.) Wasniow bei Kielce 16. 7. 1975 Barbara Cichon, * Kielce 13. 1. 1949, T. d. ... Jan C. u. d. Stefania Halik
(Ul. Spiska 42/71, PL-02-302 Warschau; Ul. Grochowa 25/91, PL-25-606 Kielce).

Söhne:

a. Artur, * Kielce 6. 11. 1975.

b. Robert, * Pretoria, SAfrika, 3. 3. 1984.

(3) Anna Malgorzata, * Warschau 27. 6. 1953, Nahrungsmitteltechnikerin
(1801 Las Verdes Street, Las Vegas, Nevada 89102, USA);
× Warschau 29. 6. 1978 Boguslaw Maria Gronecki, * Warschau 8. 9. 1951, ... (gesch. ... 1979).

b) zweiter Ehe:

(4) Andrzej Pjotr, * Warschau 22. 6. 1966, ...
(Ul. Spiska 42/71, PL-02-302 Warschau).

4) Kazimierz Juliusz, * Schulitz, Kr. Bromberg, 20. 8. 1922, ⚔ Warschau 23. 8. 1944, ...

2. Otto Ernst, * Pjatigorsk 29. 8. 1878, † Krakau 23. 8. 1930, Prof. f. Medizin, Mitgl. d. poln. Akademie der Wissenschaften;
× Kiew 4. 2. 1918 Anna Chojecka, * Popowka, Ukraine, 8. 8. 1886, † Krajau 18. 1. 1976 (× I. ... Richard Koch, † ..., Dr. jur., gesch. ... 1916), T. d. ... Joseph Ch. u. d. Władysława Zdrojewska.

Sohn:

Juliusz Ryszard, * Kiew 24. 2. 1919, DiplIng.;
× Krakau 18. 6. 1940 Aniela Stapińska, * Krakau 19. 3. 1920, T. d. ... Tadeusz St. u. d. Barbara Schiff
(Ul. B. Czepca 3m/86, PL-30-094 Krakau).

Kinder:

(1) E w a Anna, * Krakau 3. 6. 1941, Dr. phil.;
⚭ I. Krakau 28. 5. 1965 Janusz Ryszard O n d r u s z, * Krakau 22. 1. 1941, Physiker (gesch. ... 9. 1979);
⚭ II. ... 1986 Derek John F a b i a n, * ..., ...
(Treedom, Middleton Farm, Milton, Dumbarton G82 2SG, Engld).

(2) T a d e u s z Juliusz, * Krakau 3. 2. 1944, DiplIng.;
⚭ Krakau 30. 5. 1974 Valentina Z h u r b a s, * Rudnaje Sielo 23. 10. 1949, T. d. ... Michał Z. u. d. Nina Tkaczenko
(454 Dawnview Square, Port Orange, FL 32019, USA).

Söhne:

a. M i c h a ł Juliusz, * Krakau 30. 11. 1974.

b. C h r i s t o p h e r Thomas, * Milwaukee, Wisconsin, USA, 24. 3. 1983.

3. M a r i a Thekla, * Pjatigorsk 29. 8. 1878 (Zwillingsschwester d. Vorigen), † Warschau ... (Frühling) 1944.

4. S t a n i s l a u s Leonhard, * Mineralnyje Wody, Kaukasus, 11. 7. 1883, ⚔ (vermißt) ... 1919, Kais. russ. Lt z. See;
⚭ ... 1909 Wanda ..., * ..., † (vermißt) ...

Sohn:

S t a n i s l a w, * Sewastopol 2. 1. 1910, ⚔ Garvolin 16. 9. 1939, Förster.

2. Zweig

Im Mannesstamme erloschen.

Otto Wilhelm E d u a r d Baron v. M a y d e l l, * Linnamäggi 5. 5. 1857, † Blankenburg, Harz, 8. 6. 1923, auf Linnamäggi (§), Livld, Kurro, Jotma, Resna u. Udenküll (seit 1909; §), Estld;
⚭ Kasseritz, Livld, 30. 8. 1885 Olga C z e r n y, * St. Petersburg 24. 11. 1865, † Berlin 12. 5. 1942, T. d. Musikprof. Franz Cz. u. d. Marie Goette (aus russ. Adel).

1. Otto Julius Peter (P i e r r e), * Linnamäggi 28. 7. 1888, † Victoria, B. C., Canada, 6. 6. 1966, Ldwirt;
⚭ Reval 2. 12. 1920 Margarete K r e f f t, * Schwerin, Meckl. 14. 5. 1891, † Penticton, B. C., 20. 9. 1972, T. d. Ghzgl. meckl.-schwer. GehMinRats Richard K. u. d. Friederike v. Wickede.

Kinder:

1) Gisela Ursula Elisabeth, * Dorpat 16. 9. 1921, Fremdsprachenkorrespondentin
(509 Cornwall Street, Victoria, B. C. V8V 4K9, Canada).

2) Jutta Traute, * Linnamäggi 7. 9. 1922
(903 Moosejaw Street, Penticton, B. C. V2A 5T5, Canada);
× Victoria 25. 7. 1952 Ernst Kühn, * Smilten, Livld, 8. 8. 1929, Kaufm. (gesch. Penticton 3. 5. 1978).

3) Margarete (Rita) Erika Friederike, * Linnamäggi 15. 4. 1924, Sprechstundenhilfe
(10950-105th Street, Ste 301, Edmonton, Alberta T5H 2X4, Canada).

4) Otto Heinrich, * Linnamäggi 25. 4. 1927, ⚔ (vermißt) ... 19. 1. 1945, Soldat.

2. Otto Hennike Richard Erik, * Riga 5. 6. 1896, † Itzehoe, Holst., 15. 7. 1975, Angest.;
× Misdroy, Insel Wollin, 30. 9. 1927 Harriet v. Blanckenhagen, * Klingenberg 31. 7. 1902 (gesch. Kiel 25. 11. 1952), T. d. Ernst v. B. auf Kaltenbrunn u. Klingenberg, Livld, u. d. Agnes Freiin v. Wolff a. d. H. Treppenhof, Livld
(Zugspitzstr. 142, 8100 Garmisch-Partenkirchen).

Tochter:

Karin, * Swinemünde 28. 7. 1931
(Windschäufelnstr. 8, 8100 Garmisch-Partenkirchen);
× Garmisch-Partenkirchen 7. 3. 1955 Hans-Joachim v. Winterfeld, * Krieschow, Kr. Cottbus, 6. 10. 1927, † Biberach an der Riß 19. 1. 1969, VersKaufm. (gesch. ... 24. 2. 1961).

2. Ast (Putkas)

Stammvater: Georg, ~ 1736, † 1793.

1. Zweig (Wattel)

Im Mannesstamme erloschen.

Stammvater: Georg, * 1769, † 1832. — Immatrikulation bei der Livld. Rrschaft 1858 (für Gotthard Baron v. Maydell auf Podis usw., Kais. russ. Major).

Karl (Charles) August Baron v. Maydell, * Wattel 17. 1. 1861, † Pernau 6. 2. 1931, auf Wattel u. Kiska (§), Estld, Kais. russ. Kornett;

⚭ Arensburg 6. 10. 1900 Josephine Freiin v. Stackelberg, * Thomel 11. 6. 1877, † Kollinshof bei Warthe, Uckermk, 3. 1. 1951, T. d. oeselschen Ldrats Gustav Frhr v. St. auf Thomel u. Orrisaar, Insel Oesel, u. d. Marie v. Buhrmeister a. d. H. Haukiill, Insel Oesel.

1. Gotthard Bernhard (Boris) Gustav, * Wattel 9. 8. 1901, ⚔ Neustadt, Ostpr., 10. 10. 1944, DiplVolkswirt, Bankbeamter, Lt;

   ⚭ Reval 4. 12. 1938 Carmen v. Winkler, * Reval 5. 7. 1915 (⚭ II. Ludvika, Schweden, 10. 1. 1955 Harry Forssell, * Cleveland, Ohio, USA, 3. 3. 1908, † Stockholm 25. 10. 1982, DiplIng., o. Prof., gesch. Stockholm 21. 5. 1974), T. d. Arnold v. W. auf Massau, Estld, u. d. Harriet Freiin v. Budberg a. d. H. Wannamois, Estld
   (Jordflyvägen 10, S-31303 Aled).

   Tochter:

   Irmelin, * Posen 27. 4. 1942;
   ⚭ Minden 15. 10. 1965 Hartwig Baron v. Bistram, * Ragnit, Ostpr., 18. 2. 1934, DiplIng.
   (Aggensteinstr. 18, 8924 Steingaden).

2. Heinrich Gotthard, * Wattel 2. 8. 1905, ⚔ (vermißt) Rheinsberg, Uckermk, ... 4. 1945, BergIng., Volkssturmmann.

3. Marie Luise Hildegard, * Wattel 20. 8. 1908, † Barsinghausen bei Hannover 14. 2. 1991, Säuglingsschwester;
   ⚭ Klosterwalde, Kr. Templin, 25. 9. 1948 Richard Döge, * Neuteich, Neumk, 20. 10. 1901, † Koblentz, Uckermk, 17. 11. 1962, Kaufm.

4. Anna Charlotte Katharina Josephine, * Wattel 15. 11. 1913, † Pasewalk 13. 10. 1988;
   ⚭ Pernau 2. 1. 1937 Erwin Gottschling, * Pilgramsdorf, Kr. Lüben, Schlesien, 29. 6. 1906, DiplLdwirt
   (Hausmannstr. 13, O-2100 Pasewalk).

2. Zweig (Rahhola-Sternberg)

Stammvater: Peter, * 1770, † 1850.

1. Haus (orth.)

Stammvater: Baron August, * 1797, † 1869.

Nicolai Baron v. Maydell, * ... 19. 8. 1835, ⚔ Staniza Marosowskaja, Dongebiet, 22. 3. 1919, auf Apanaskino (seit 1879), Dongebiet, Kais. russ. Oberst d. Art. a. D.;
× I. ... 7. 5. 1863 Alexandra Tolmatschew, * ... 23. 10. 1838, † ... 5. 6. 1864, T. d. Kais. russ. GenMajors Feodor T. u. d. ...;
× II. ... 23. 7. 1869 Olga Tschebotko, * ... 11. 6. 1843, ⚔ Staniza Marosowskaja 22. 3. 1919, T. d. Kais. russ. Kollegienrats Alexander T. u. d. Katharina ...

Zweiter Ehe:

1. Boris, * Zarskoje Selo 12. 6. 1871, † Flensburg 5. 7. 1951, Kais. russ. Oberst a. D.;
× Sotschi, Kaukasus, 17. 8. 1911 Lydia Wacharlowski, * St. Petersburg 28. 5. 1886, † Albir bei Alfaz del Pi, Prov. Alicante, Spanien, 10. 8. 1989, Zahnärztin, T. d. Kais. russ. GenLts Wsewolod W. u. d. Sinaida Jürgensen.

Kinder:

1) Wsewolod (Walter), * Kisslodowsk, Kaukasus, 25. 6. 1912, ⚔ Gispersleben, Thür., 11. 4. 1945, DiplIng., ...

2) Irene, * Zarskoje Selo 18. 11. 1913, Dr. med., Kinderärztin;
× Glauenhof, Westpr., 18. 7. 1943 Alexander Gf v. Keller, * Reval 12. 3. 1919, ⚔ auf See vor Gibraltar 15. 5. 1944, OLt z. See u. UBootkmdt
(Casa Irene, Estrella Polar 2375, Albir, Alfaz del Pi, Prov. Alicante, Spanien).

2. Ignaz, * Zarskoje Selo 20. 12. 1874, † Laibach, Krain, 23. 12. 1930, Kais. russ. GenLt, dann Prof. der Chemie an der Univ. Laibach;
× I. ... Vera Oranowski, * ..., † ..., T. d. Kais. russ. Obersten ... O. u. d. ...;
× II. Moskau 31. 8. 1911 Larissa Dobrowolsky, * Orenburg 18. 4. 1886, † München 31. 5. 1965, T. d. ... Nikolai D. u. d. Wera ...

Söhne zweiter Ehe:

1) Wladimir, * Zarskoje Selo 15. 9. 1915, DiplIng.;
× I. Hohen-Schäftlarn 22. 8. 1966 Monika Wittmann, * Ulm 22. 8. 1943 (kath.) (gesch. München 8. 7. 1972), T. d. ... Otto-Emil W. u. d. Eva ... (...);
× II. München 1. 7. 1977 Edith Aschoff, * München 16. 7. 1930 (× I. ... Diouri, * ..., ..., gesch. ...), T. d. Obersten d. Luftw. Walter A. u. d. Maria v. Ammon
(Liebigstr. 1, 8012 Ottobrunn).

Kinder erster Ehe:

(1) Larissa Andrea, * München 3. 4. 1967, ... (...).

(2) Alexander Christoph, * München 10. 6. 1970, ...
(Liebigstr. 1, 8012 Ottobrunn).

2) Ignaz, * Anapa, SRußld, 15. 4. 1919, DiplIng.;
× (standesamtl.) München 26. 8., (kirchl.) Rieden, Tirol, 27. 8. 1953 Silvia v. Kruska, * München 13. 4. 1931 (kath.), T. d. Obersten a. D. Jork v. K. u. d. Elisabeth v. Bomhard
(Menterschwaigstr. 16, 8000 München 90).

Söhne:

(1) Nikolaus Wladimir Maria, * München 23. 6. 1955, ...
(Menterschwaigstr. 16, 8000 München 90).

(2) Andreas, * München 20. 4. 1958, ...
(Menterschwaigstr. 16, 8000 München 90).

2. Haus

Stammvater: Baron Carl, * 1798, † 1856.

Karl Siegfried Baron v. Maydell, * Mitau 15. 6. 1877, † Riga 14. 12. 1929, Redakteur der „Rigaschen Rundschau";
× ... Josephine Sauer, * München 9. 3. 1877, † Salzburg 11. 9. 1930 (× I. ... Manz, ..., gesch. ...), T. d. ... u. d. ...

1. Siegfried Guido Wolfgang, * Dorpat 28. 8. 1905, † Salzburg 30. 3. 1952, Journalist;
× Berlin-Steglitz 7. 4. 1933 Eva Kerkovius, * Riga 18. 7. 1910 (× II. Salzburg 16. 6. 1955 James Bryant Atkinson, * London 23. 6. 1910, Dir. f. Flüchtlingsfragen im Weltkirchenrat), T. d. Kaufm. Viktor K. u. d. Elisabeth Emma Schilinsky
(Untersbergweg 15, A-5400 Hallein, Ld Salzburg).

Kinder:

1) U w e Axel Günther, * Berlin-Zehlendorf 18. 7. 1935, Brigadier im österr. Bundesheer
(Franz-Berger-Str. 13, A-5020 Salzburg);
⚔ Hirschwang-Rax, NÖsterr., 10. 11. 1972 Beatrice C z e p r e g h y , * Hirschwang-Rax 4. 2. 1947 (gesch. Wien 28. 6. 1978), T. d. Dr. jur. Georg Cz. u. d. Erika v. Linhardt
(Plainburger Str. 475, A-5084 Großgmain).

2) W i g o Detlef Alf, * Berlin 5. 3. 1937, Kaufm.;
⚔ Salzburg 16. 4. 1960 Ute S c h r e y , * Salzburg 20. 2. 1941, T. d. Beamten Alfons Sch. u. d. Leopoldine Fischer
(A-5081 Anif 61, Ld Salzburg).

Kinder:

(1) H e l l a Ingeborg, * Salzburg 5. 8. 1960;
⚔ Salzburg 23. 9. 1989 Quintus v. B o n i n , * Mombasa, Kenia, 9. 2. 1960, Dr. rer. pol.
(241 East 31 Street, New York, N. Y. 10016, USA).

(2) N i l s Thomas Ulf, * Salzburg 23. 5. 1962, Angest.;
⚔ Brüssel 25. 8. 1990 Patricia v a n d e K e r c k h o f , * Houston, Texas, 1. 11. 1960, T. d. Dr. med. Jean van de K. u. d. Anne Marie du Boisberranger
(Hellbrunn 19, A-5020 Salzburg).

(3) L a r s Oliver, * Salzburg 1. 11. 1964, stud. …
(Josefstädter Str. 51/1/30, A-1080 Wien).

(4) Amely S v e a , * Salzburg 22. 2. 1971.

3) U l f Tirsko, * Bad Polzin, Pommern, 23. 5. 1938, Graphiker, Kunstmaler
(Taxach 83, A-5400 Hallein, Ld Salzburg);
⚔ Mattsee 23. 10. 1967 Kyra D o x , * Prag 10. 2. 1943 (gesch. Taxach 26. 11. 1970), T. d. emer. UnivProf. Georg D. u. d. Paula Hellmann
(Zankwarn 18 a, A-5571 Mariapfarr, Ld Salzburg).

4) S v e a Roswitha, * Berlin 10. 9. 1941;
⚔ Salzburg 18. 9. 1967 Eckehard B o l l i n g e r , * Starnberg 7. 1. 1943, Dr. jur., Bankkaufm.
(40 Cedar Chiff Road, Riverside, CT 06878, USA).

5) G e r o Siegfried, * Bad Gastein 31. 8. 1945, Mag. sc. oec.;
⚔ Salzburg 23. 8. 1977 Doris R i e g l e r , * Salzburg 13. 7. 1956, T. d. Ing. Erwin R. u. d. Herta Moldan
(Untersbergweg 15, A-5400 Hallein-Rif, Ld Salzburg).

Kinder:

(1) Patrik Edwin, * Salzburg 11. 1. 1980.

(2) Mira Maria Therese, * Salzburg 15. 4. 1982, † ebd. 5. 1. 1983.

2. Elisabeth Dorothea, * Riga 8. 5. 1909, † Montreal, Canada, 11. 5. 1967, Photographin;
× Riga 4. 7. 1931 Paul Baron v. Fircks, * Lesten, Kurld, 30. 7. 1902, † …, Canada, …, Dr. phil., Schauspieler.

3. Ebba Margarete Marie Luise, * Riga 7. 10. 1910;
× Riga 18. 11. 1935 Günther Rosenpflanzer, * Kallenhof, Livld, 1. 1. 1911, ⚔ (vermißt) … 3. 1945, Dr. jur., Bankbeamter *(Zöllnerstr. 4, O-5300 Weimar).*

3. Zweig (Rahhola-Waldeck)

Stammvater: Karl, * 1771, † 1844. — Württ. Anerkennung d. Frhrnstandes … 6. 6. 1900 (für Ara Baronin v. Maydell geb. Ullgren und ihre Kinder).

Hans Jürgen Jakob Freiherr v. Maydell, * Reval 9. 7. 1885, † Pretoria, SAfrika, 24. 10. 1949, Farmer, Kais. deutscher Lt z. See a. D.;
× I. … 4. 1909 Johanna Kasparia Kufahl, * …, † …, Deutsch-Ost-Afrika … 1918, T. d. … u. d. …;
× II. Kapstadt, SAfrika, … 1924 Bilda Elise Rudolphine Koch, * …, † … (× … van Scharrel, * …, † …, …), T. d. … u. d. …

a) Erster Ehe:

1. Deli, * …, Tanganjika, Ostafrika, 6. 1. 1910, † Kapstadt 1. 1. 1976;
× … Hans Hoheisen, * …, Weingutsbes.
(„Schau ins Land", Hilton Road, Oranjezicht 8011, C. P., Südafrika).

2. Ossana, * Kapstadt 10. 12. 1912;
× I. … 1929 Henry Herbert Hope, * …, † … 196[illegible], …;
× II. … 10. 2. 1969 Welman van Niekerk, * …, † Muizenberg, SAfrika, … 1. 1991, …
(41 Albertyn, Muizenberg 7945, SAfrika).

3. Eckart Erland, * Moshe, Tanganjika, 8. 7. 1914, † Pretoria 24. 10. 1973, Monteur;
× Johannesburg 30. 7. 1937 Marie Rachel Mellet, * Klerksdorp 1. 12. 1912, † ... 5. 5. 1987, T. d. ... John Daniel M. u. d. Rachel Anna Terblanche.

Kinder:

1) Jürgen Leslie, * Pretoria 29. 10. 1940, Prediger;
× St. Louis, Missouri, USA, 4. 5. 1976 Linda Louise Link, * St. Louis 13. 7. 1954, T. d. ... Lilburn Leroy L. u. d. Virginia Louise Hudson
(P. O. Box 12201, Clubview 0014, SAfrika).

Kinder:

(1) Joy Louise, * Pretoria 17. 6. 1977.

(2) Melody Marie, * Pretoria 21. 10. 1979.

(3) Joseph Jürgen, * Johannesburg 28. 7. 1985.
Adoptivtochter: s. u.

2) John Daniel, * Pretoria 10. 6. 1962, Kraftwerksleiter;
× Pretoria 5. 3. 1966 Rosemary Wright, * Pretoria 31. 1. 1943, T. d. Kraftwerksleiters Cecil Rigby W. u. d. Eleanor Winifred Goldwyer
(44 Poplar Drive, Clubview East 0140, SAfrika).

Kinder:

(1) Theresa, * Pretoria 28. 4. 1969;
× Pretoria 24. 2. 1990 Trevor Lloyd Bown, * ..., ... (...).

(2) Belinda, * Pretoria 26. 4. 1970, Lehrerin (...).

(3) Erland John, * Pretoria 22. 5. 1975.

3) Edwin Eckard, * Pretoria 6. 9. 1943, Gartenbauer;
× Pretoria 29. 5. 1965 Marlene Klopper, * ... 3. 3. 1948, T. d. ... Hermanus Stephanus Adrian K. u. d. Maria Magdalena Willemse
(2 Sugar Bush Road, Vereeniging, Three Rivers 1930, Südafrika).

Sohn:

Edward Eckard, * Pretoria 2. 11. 1965, ...;
× Vereeniging, SAfrika, ... Karen Brits, * ..., T. d. ... u. d. ...
(Landsdownerstr. 2, Vanderbijlpark 1900, SAfrika).

Kinder:

a. Michelle, * Vanderbijlpark, SAfrika, ... 1987.

b. Renchia, * Vanderbijlpark 13. 8. 1989.

b) Zweiter Ehe:

4. Dolores, * Kapstadt 7. 10. 1927;
⚭ I. ... 6. 3. 1947 Charles Ashley Belbin, * ..., Farmer (gesch. ... 5. 1967);
⚭ II. ... 6. 6. 1967 Peter Moore, * ..., † ... 19. 6. 1982, Farmer;
⚭ III. ... 16. 11. 1985 Antony Cowper, * ..., ElektroIng.
(Woodlands, 1 Peyton Road, Avondale, Harare, Zimbabwe).

5. Arvid, * Kapstadt 1. 1. 1928, ...
(Salvation Army, P. O. Box 1018, Johannesburg 2000, SAfrika).

4. Zweig

Stammvater: Baron Gustav, * 1772, † 1856.

1. Haus

Woldemar Georg Baron v. Maydell, * Tatters, Estld, 20. 11. 1799, † Reval 26. 9. 1876, Kais. russ. Major u. Chef der Telegraphenstation in Reval;
⚭ Tatters 6. 1. 1836 Emilie v. Hagmann, * ... 24. 11. 1808, † Reval 9. 12. 1862, T. d. Kais. russ. Majors Wilhelm v. H., Pfandhrn auf Oethel u. Lilienhof, Estld, u. d. Wilhelmine v. Maydell a. d. H. Hukas.

1. Eduard Nikolai Boleslaw, * Nemirow, Podolien, 26. 10. 1842, † Helsingfors 12. 6. 1918, Kais. russ. GenMajor;
⚭ Zarskoje Selo 30. 3. 1880 Bertha Sprengert, * Zarskoje Selo 29. 12. 1861, † ..., Rußld, ... 1928, T. d. Kais. russ. Hofrats Gustav Sp. u. d. Bertha Nowak.

Sohn:

Boris Karl, * Nikolajew 4. 3. 1887, ⚔ Helsingfors 1. 3. 1917, Kais. russ. Lt z. See;
⚭ Helsingfors 4. 9. 1916 Katharina Studnitzky, * Archangelsk 6. 6. 1890, † Helsingfors 30. 6. 1971 (orth.), T. d. Kais. russ. GenLts Hippolyt St. u. d. Katharina Mordwin.

Sohn:

B o r i s (posthumus), * Helsingfors 28. 6. 1917, † ebd. 9. 3. 1974 (orth.), Zahntechniker;
× I. Helsingfors 28. 4. 1942 Elisabeth S a l i n g r e, * Helsingfors 8. 2. 1916 (luth.), führt wieder den Geburtsnamen (gesch. Helsingfors ... 1965), T. d. Zahnarztes u. finn. Kommerzienrats Axel S. u. d. Märta Freiin Wrede af Elimä a. d. H. Wredeby, Finnld
(Södra Kajen 2, SF-00130 Helsingfors);
× II. Helsingfors 24. 4. 1965 Maritha B r e m e r, * Wasa, Finnld, 16. 3. 1916 (× I. ... 24. 4. 1939 Paul v. Sigmundt, * ... 1905, Architekt, gesch. ...), T. d. EisenbahnIng. Hilding B. u. d. Helmi Wathén
(Knektvägen 6B, SF-00400 Helsingfors).

2. K a r l Peter Otto, * Warschau 21. 10. 1846, † Reval 1. 3. 1917, auf Vogelsang (1873—1891), Estld;
× Hapsal 8. 6. 1879 Helene v. M i d d e n d o r f f, * Taibel, Estld, 2. 5. 1858, † Reval 22. 9. 1927, T. d. Karl v. M. auf Assoküll, Estld, u. d. Helene v. Knorring a. d. H. Paschlep, Estld.

Söhne:

1) G e r h a r d Alexander Karl, * Vogelsang 26. 4. 1880, † Paris 23. 12. 1930 (immatrikuliert bei der Livld. Rrschaft 1912), Bankbeamter;
× I. Riga 18. 4. 1905 Elisabeth (Else) Baronesse v. D ü s t e r l o h e, * Alt-Abgulden, 14. 4. 1877, † ... (gesch. ...; × II. ... Fiebiger, ...), T. d. kurld. Rrschaftssekr. Arthur Baron v. D. auf Groß-Sussey u. Alt-Abgulden, Kurld, u. d. Bertha Baronesse Bagge af Boo a. d. H. Diensdorf, Kurld;
× II. St. Petersburg ... 1917 Olga K a s a k e w i t s c h, * ..., † ... (orth.) (× I. ... Jurjew, † ..., ..., gesch. ...).

Töchter erster Ehe:

(1) Maud Anna (A n i t a) Ernestine, * Teheran 28. 1. 1906, Bibliothekarin;
× I. Paris 17. 1. 1928 Ferdinand Adrien L e n o r m a n d, * ..., ... (gesch. ...);
× II. Chicago 20. 7. 1945 Georg R e e s e, * Chicago 27. 8. 1899, † Arlington Heights, Ill., 12. 8. 1975, Reklamezeichner
(619 Denning Place, Chicago, Ill. 60614, USA).

(2) Elisabeth Ljuba Sophia, * Teheran 30. 8. 1908, † Rio de Janeiro, Brasilien, 24. 7. 1977;
× ... Armando Magalhães, * ..., † ..., ...

2) Adolf Arthur Otto, * Vogelsang 8. 2. 1883, † Düsseldorf 24. 6. 1946, Ing.;
× Danzig 7. 4. 1911 Alice Nürnberg, * Dirschau 27. 11. 1884, † Düsseldorf 2. 4. 1973, T. d. GerBeamten Karl N. u. d. Franziska Christoph.

Söhne:

(1) Reinhard, * Reval 8. 7. 1913, Kunstmaler;
× Düsseldorf 20. 12. 1947 Wera Schwericke, * Düsseldorf 10. 8. 1925, T. d. KptLts a. D. Gustav Sch. u. d. Charlotte Voß
(Holunderweg 14, 4006 Erkrath 2).

Tochter:

Claudia Alice Charlotte, * Düsseldorf 4. 11. 1948;
× Düsseldorf (standesamtl.) 29. 4., (kirchl.) 2. 5. 1969 Karl-Otto Gf v. Rittberg, * Oppeln, OSchlesien, 3. 12. 1935, Bankkaufm., Prokurist
(Erftstr. 20, 4006 Erkrath 2).

(2) Arnold Ernst Adolf, * Reval 6. 3. 1916, Kaufm.;
× Düsseldorf 23. 12. 1952 Elsa Rosenkranz, * Ohligs bei Solingen 8. 12. 1916, T. d. Kaufm. Ernst R. u. d. Alma Stamm
(Emil-Barth-Str. 79, 4000 Düsseldorf 13 — Garath).

Sohn:

Alexander Ernst Arnold, * Düsseldorf 8. 1. 1955, Rechtsanwalt
(Kielortallee 24, 2000 Hamburg 13).

3) Ernst Otto, * Vogelsang 4. 1. 1888, † Grafing bei München 25. 12. 1960, Kunstmaler;
× I. Berlin 4. 2. 1921 Helene (Ly) Kaempfe, * ..., † ... (gesch. München ... 1935), T. d. Dr. med. Robert K. u. d. Elsabe Reinhardt aus Magdeburg;
× II. Antibes bei Cannes 8. 10. 1935 Dominika Hartig, * Pipinsried, Kr. Dachau, OBayern, 23. 10. 1901, † Ebersberg 15. 2. 1980, Dr oec. publ., T. d. ... Fritz H. u. d. Anna Stoll.

4) Woldemar Karl, * Vogelsang 11. 12. 1889, † Dessau 28. 2. 1977, Kaufm., Kais. russ. Kornett;
× Dessau 3. 6. 1922 Viktoria v. Liebenrode, * Berlin 11. 10. 1893, † Dessau 19. 6. 1973, T. d. Kgl. preuß. Oberstlts a. D. Cäsar v. L. u. d. Marie v. Rhaden.

2. Haus (Unniküll)

Im Mannesstamme erloschen.

Stammvater: Baron Moritz, * 1802, † 1874.

Ernst Manfred Baron v. Maydell, * Pergel, Estld, 10. 12. 1900, ⚔ (vermißt) bei Posen ... 2. 1945, Ldwirt, Dolmetscher u. OffzAnw.;
× Dresden 4. 2. 1926 Erika Walter, * Moskau 10. 3. 1900, † Mainz-Gonsenheim 3. 12. 1956, T. d. Pastors Richard W. u. d. Elisbeth Erdmann.

Eva-Maria Elisabeth, * Obrawalde, Westpr., 19. 5. 1926, DiplLdwirt;
× I. Stuttgart-Degerloch 28. 6. 1952 Wilhelm Baron v. Haaren a. d. H. Alt-Memelhof, Kurld, * Rothstein NLausitz, 25. 9. 1924, † Stuttgart 7. 7. 1953, DiplLdwirt;
× II. Mainz-Gonsenheim 15. 11. 1957 Clas v. Ramm, * Reval 9. 7. 1923, Dr. phil., Phytopathologe
(Heinrich-Becker-Str. 1, 6718 Grünstadt).

3. Haus (Martzen)

Stammvater: Baron Peter, * 1819, † 1884.

Woldemar Friedrich Gustav Baron v. Maydell, * Obraszowoje, Gouvt Orel 26. 5. 1855, † Haynstein bei Eisenach 19. 8. 1905 (immatrikuliert bei der Livld. Rrschaft 1882), auf Martzen (seit 1885), Livld, livld. Ldrat, Kais. russ. WStRat;
× Riga 4. 1. 1879 Emilie v. Pistohlkors, * Koltzen 29. 7. 1858, † Freiburg i. Br. 17. 4. 1931, T. d. Kais. russ. Obersten August v. P. auf Koltzen u. Eykasch, Livld, u. d. Emilie Harder (aus russ. Adel).

1. Erich, * St. Petersburg 23. 4. 1882, † Renzow, Kr. Schwerin, Meckl., 5. 2. 1949, vorm. auf Daiben, Livld;
× Dorpat 6. 1. 1909 Ellinor (Nora) v. Staden, * Duckershof 23. 6. 1889, † Schwerin 6. 3. 1945, T. d. Alexander v. St. auf

Duckershof u. Neuhof, Livld, auf Turow-Olstynski, Gouvt Petrikau, u. d. Helene v. Löwis of Menar a. d. H. Alt-Wrangelshof.

Sohn:

Alexander Woldemar Michael Bodo, * Dorpat 20. 10. 1909, † Deggendorf 1. 10. 1984, Privatgelehrter;
× Gehren bei Strasburg, Uckermk, 27. 2. 1937 Gertraude Neumeister, * Tsingtau 10. 12. 1907, T. d. Architekten Paul N. u. d. Martha Güldner
(Stadt-Au 34/4, 8360 Deggendorf).

Kinder:

(1) Eva-Maria, * Maina, Kr. Weimar, 3. 5. 1937, Kindergärtnerin;
× Wiesbaden 19. 7. 1963 Klaus Meyer, * Limburg an der Lahn 10. 10. 1935, Dr. phil., OStudiendir.
(Odos D. Solomne 8, 14565 Athen-Drossia).

(2) Hanns-Rainer, * Maina 13. 11. 1938, Kaufm.
(Zugspitzstr. 43, 8011 Heimstetten-Kirchheim);
× München 11. 8. 1966 Elfriede Jüttner, * München 25. 5. 1946 (gesch. ...; × II. ... Günter Schulz, * ..., Dr. ...), T. d. Kaufm. Clemens J. u. d. Sophie Schubert
(Martin-Luther-Str. 3, 8360 Deggendorf).

Töchter:

a. Kristiana, * München 10. 1. 1967, ... (...).

b. Isabella, * München 29. 5. 1969, ... (...).

(3) Peter-Michael, * Schwerin 25. 3. 1940, Journalist
(Sophienstr. 45, 7570 Baden-Baden);
× I. Wiesbaden 31. 8. 1964 Britta Hekkel, * ... (gesch. ... 20. 1. 1974), T. d. Majors Ludwig H. u. d. Käthe Maronde (...);
× II. Offenburg 19. 5. 1979 Eva Maria Mann, * ... (gesch. ...), T. d. RegDir. Helmut M. u. d. Ingeborg von Priel
(Thadenstr. 130, 2000 Hamburg 60).

(4) Christiane Helene, * Schwerin 17. 8. 1943, Photographin;
× Genf 26. 5. 1967 Jean-Pierre Baud, * Genf 18. 3. 1935, Bankkaufm.
(110 Route de Vandoeuvres, CH-1253 Vandoeuvres, Kt. Genf).

(5) S a b i n e Ellinor, * Renzow 15. 4. 1947, Kindergartenhelferin, führt wieder den Geburtsnamen
(Maschstr. 70, 3200 Hildesheim);
⚭ Walkenried 15. 10. 1974 Hans Peter S c h l a e f k e, * Dessau 1. 7. 1942, ... (gesch. Osterode 1. 8. 1989).

Adoptivsohn: s. u.

2. Paul Peter Benedictus (B e n n o) Alexander, * St. Petersburg 11. 1. 1886, † Cham, OPfalz, 22. 1. 1949, Rechtsanwalt u. Lektor;
⚭ I. Riga 12. 1. 1911 Elisabeth (Elsbeth) Baronesse v. T i e s e n h a u s e n, * Riga 8. 11. 1888, † Heidelberg 19. 8. 1976 (gesch. Berlin 26. 10. 1935), T. d. prakt. Arztes Dr. med. Hildebert Baron v. T. a. d. H. Neu-Bewershof, Livld, u. d. Elisabeth Vierhuff;
⚭ II. Berlin 2. 7. 1937 Ruth K o s c h i n s k i, * Allenstein, Ostpr., 26. 4. 1910 (kath.), T. d. Reichsbahnbeamten Anton K. u. d. Bertha Wagner
(Maschstr. 70, 3200 Hildesheim).

Kinder: a) erster Ehe:

1) W o l d e m a r, * St. Petersburg 12. 12. 1911, † Burghardtsdorf, Erzgeb., 21. 6. 1983, Arbeiter;
⚭ Burghardtsdorf 29. 12. 1951 Esther W a g n e r, * Burghardtsdorf 30. 11. 1911, T. d. ... Max W. u. d. Helene Queck
(Karl-Uhlig-Str. 21, O-9135 Burghardtsdorf).

Adoptivsohn: s. u.

2) A l e x a n d e r, * Zarskoje Selo 5. 5. 1914, ⚔ Ochotschka, Rußld, 9. 7. 1941, Hptm. u. KompChef in einem Schützen-Rgt;
⚭ Eisenach 1. 11. 1939 Elfriede (Friedel) T i s c h e r, * Eisenach 27. 4. 1921 (⚭ II. Eisenach 13. 10. 1944 Joachim v. Schmiedeberg, * Charlottenburg bei Berlin 24. 1. 1915, Speditionskaufm., Hptm. a. D.), T. d. ... u. d. ... (...).

3) M a d e l e i n e, * Zarskoje Selo 3. 1. 1917, † Berlin 5. 8. 1975;
⚭ Berlin-Reinickendorf 30. 4. 1953 Gerhard B o u c h é, * Potsdam 10. 9. 1923, OLehrer i. R.
(Dambockstr. 19, 1000 Berlin 27).

b) zweiter Ehe:

4) B e n i t a Ruth Irina, * Potsdam 19. 10. 1939, Kinderschwester;
⚭ I. Aachen 9. 11. 1966 Alfred L i e n h a r t, * Eschweiler 6. 8. 1940, Dr.-Ing. (gesch. Aachen ... 3. 1970);

× II. Rheinkamp 20. 11. 1970 Friedrich Wilhelm Spieker, * … 13. 12. 1939, DiplKaufm.
(Schweitzerstr. 17, 4100 Duisburg 6).

5) Alexander Ulf Peter, * Potsdam 13. 11. 1941, M. A., Gymnasiallehrer;
× Hamburg-Blankenese 26. 6. 1969 Gerda Fanslau, * Rodendorf, Westpr., 26. 4. 1940, Lehrerin, T. d. Ldwirts Paul F. u. d. Ottilie Ratzlaff
(Jödeweg 8, 2000 Hamburg 52).

Kinder:

(1) Katja Maria Benedicte, * Hamburg 18. 11. 1970, … (…).

(2) Alexander Paul Woldemar, * Hamburg 27. 11. 1973.

3. Ast (Kattentack)

Stammvater: Anton Friedrich, * 1737, † 1799.

1. Zweig (Kesküll)

Im Mannesstamme erloschen.

Stammvater: Karl Gustav Anton, * 1783, † 1829. — Immatrikulation bei der Livld. Rrschaft 1896 (für Alfred Baron v. Maydell auf Ulpisch).

Friedrich (Fred) Carl Viktor Baron v. Maydell, * Alt-Kalzenau, Livld, 28. 9. 1900, † Berlin 2. 5. 1938, Plantagenverw. auf Java, dann BezVersInsp.;
× Den Haag 19. 8. 1921 Hertha Friedrich, * Poppelsdorf bei Bonn 6. 12. 1895, † Kopperby bei Kappeln an der Schlei 24. 7. 1967, T. d. Patentanwalts Ernst F. u. d. Paula Nusch[2].

Erika Margarethe Hildegard, * Malang, Java, 18. 1. 1922;
× Kappeln 2. 10. 1943 Hinrich Albert, * Mehlby bei Kappeln 26. 10. 1919, Oberstlt d. Luftw. a. D.
(Lupinenstr. 18, 7512 Rheinstetten)

2 Vgl. DGB, Bd 9, S. 124.

2. Zweig (Kattentack)

Stammvater: Baron Ernst, * 1790, † 1862 (immatrikuliert bei der Livld. Rrschaft 1818).

Friedrich Ernst Eduard Baron v. Maydell, * Luhde-Großhof, Livld, 9. 12. 1830, † Pastfer 11. 2. 1899, auf Kattentack u. Pastfer, Estld, Kais. russ. Lt d. Garde, Khr u. WStRat, estld. Rrschaftshptm. u. Ldrat;
⚭ Mohrenhof 3. 3. 1861 Alexandrine (Adine) Freiin v. Stackelberg, * Mohrenhof 7. 2. 1843, † Reval 18. 2. 1932, T. d. Alexander Frhr v. St. auf Mohrenhof u. Lassinorm, Estld, u. d. Katharina v. Patkul.

1. Ernst Alexander, * Pastfer 27. 12. 1866, † Reval 4. 4. 1909, auf Kattentack u. Jöggis, Estld;
⚭ Lassinorm 23. 2. 1899 Adine Freiin v. Stackelberg, * Lassinorm 20. 12. 1870, † Linz am Rhein 22. 9. 1954, T. d. Alexander Frhr v. St. auf Lassinorm u. d. Marie v. Dehn a. d. H. Kono, Estld.

Kinder:

1) Eduard Hans-Ernst, * Reval 24. 8. 1900, ⚔ Rowno, Rußld, 28. 10. 1943, auf Kattentack (§), Bankbeamter, Sonderführer Z;
⚭ Wesenberg, Estld, 7. 5. 1932 Elisabeth (Betty) Eckhardt, * Steinfeld bei Kokenhusen, Livld, 6. 6. 1912, T. d. Pastors August Ottomar E. u. d. Antonie Heyer
(Kirchstr. 14, 3036 Bomlitz 2 — Benefeld).

Kinder:

(1) Katharina Elisabeth Antonie, * Reval 2. 1. 1936;
⚭ Braunschweig 19. 7. 1963 Werner Kürschner, * ..., Böhmen, ..., DiplIng.
(Hasberg 27, 3036 Bomlitz).

(2) Jost Axel Eduard, * Hapsal 11. 7. 1938, Dr. phil., Dipl-Soziologe, Prof. f. Sozialwissenschaften;
⚭ Weilerswist bei Köln 30. 8. 1964 Renate Niezel, * Pirna 11. 1. 1938, T. d. ... Wolfgang N. u. d. Hildegard Lindauer
(Achtermöhlen 44, 2900 Oldenburg i. O.).

Töchter:

a. Natascha, * Langenhagen 5. 9. 1968, ... (...).

b. Katja, * Oldenburg 25. 6. 1972.

c. Anja Carola, * Oldenburg 29. 7. 1977.

(3) Luise Charlotte Adine, * Thorn 28. 6. 1941, Dr. med.; ⚭ Mainz 30. 5. 1968 Rainer Köttgen, * Münster 29. 1. 1941, ORegRat
(Tornquiststr. 49, 2000 Hamburg 20).

2) Nora, * Reval 24. 1./6. 2. 1908
(Asbacher Str. 41a, 5467 Linz-Kretzhaus).

3) Elsa (posthuma), * Reval 23. 4. 1909, Krankenschwester i. R.;
⚭ Reval 2. 11. 1933 Hans Hoffmann, * Röthel, Estld, 7. 5. 1901, † Kretzhaus bei Linz am Rhein 12. 7. 1989, Dipl-Agr.
(Asbacher Str. 41a, 5467 Linz-Kretzhaus).

2. Moritz Alexander (Axel) Georg, * Pastfer 14. 9. 1869, † Belgern, Kr. Torgau, 17. 6. 1945, auf Pastfer (§), Kreisdep.;
⚭ Reval 14. 5. 1899 Natalie (Natascha) v. Weiß, * Strelna bei St. Petersburg 19. 12. 1878, † Bad Godesberg 22. 2. 1970, T. d. DiplIng. Alexander v. W. auf Groß-Lechtigall u. Wardes, Estld, u. d. Alexandrine Gfin v. Nieroth.

Kinder:

1) Eduard, * Reval 23. 3. 1901, † Tostedt, Kr. Harburg, 17. 3. 1984, Ldwirt;
⚭ Reval 18. 9. 1923 Madeleine Edle v. Rennenkampff, * Leslau an der Weichsel 10./23. 10. 1903, T. d. Kais. russ. Rittmeisters Gustav Edler v. R. a. d. H. Groß-Ruhde, Estld, u. d. Martha Orlamünder
(Im Stocken 17, 2117 Tostedt).

Kinder:

(1) Axel Dietrich, * Reval 23. 9. 1924, ⚔ (vermißt) ..., Kurld, ... 2. 1945, OLt.

(2) Jürgen Eduard, * Pastfer 30. 5. 1926, ⚔ Schreibersdorf, Schlesien, 22. 1. 1945, ...

(3) Olaf, * Reval 23. 7. 1934, Kpt., Dir. der HAPAG-Lloyd;

× Stellichte, Kr. Fallingbostel, (standesamtl.) 25. 7., (kirchl.) 27. 9. 1958 Kunna Voß, * Rostock 1. 11. 1938, T. d. prakt. Arztes Dr. med. Albert V. u. d. Esther Hugues
(235 Arcadia Road, 09-01 Arcadia Garden, Singapur 1128).

Kinder:

a. Madeleine, * Stellichte 12. 2. 1959, Arzthelferin, führt wieder den Geburtsnamen
(Methfesselstr. 40, 2000 Hamburg 20);
× Hamburg 5. 2. 1983 Jochen Michiels, * Minden 6. 4. 1957, ... (gesch. Hamburg 11. 10. 1985).

b. Axel Eduard, * Stellichte 18. 1. 1963, B. of Ind. Design.
(Sophie-Charlotte-Str. 73—74, 1000 Berlin 12).

c. Peter, * Rotenburg an der Wümme 14. 4. 1967, DiplDesigner
(Sophie-Charlotte-Str. 73—74, 1000 Berlin 12).

(4) Marie Madeleine, * Reval 18. 12. 1935;
× (standesamtl.) Bonn 21. 8., (kirchl.) Bad Godesberg 25. 8. 1962 Gero v. Dehn, * Isenhof, Estld, 4. 7. 1934, DiplIng.
(1424 Navahoe Drive, Mount Lebanon, Pittsburgh, Pa. 15228, USA).

(5) Johanna Natalie (Natascha), * Reval 12. 2. 1939, Krankengymnastin;
× Bad Godesberg 21. 7. 1962 Heiner von Löwis of Menar, * Stettin 1. 2. 1937, Oberstlt
(Uhlenkamp 4, 3040 Soltau-Friedrichseck).

(6) Sigurd Ernst, * Posen 11. 4. 1942, DiplIng.;
× Tostedt 3. 5. 1974 Uta Keil, * Freiberg, Sachsen, 21. 3. 1943, T. d. OStudiendir. Ernst Wolfgang K. u. d. Gisela Elisabeth Büchner
(Roter Brachweg 60, 8400 Regensburg).

Sohn:

Michael, * Curitiba, Brasilien, 4. 11. 1976.

(7) Ursula, * Artlenburg, Kr. Lüneburg, 13. 3. 1945, Kinderkrankenschwester;
× Bad Godesberg 15. 7. 1966 Dietmar Petersen, * Kiel 26. 1. 1934, Kpt. der Handelsmarine, Lotse
(Am Brook 31, 2117 Tostedt).

2) Dagmar, * Reval 22. 1. 1904, † Bad Godesberg 18. 5. 1985;
× Reval 10. 8. 1923 Hermann v. Löwis of Menar, * Reval 24. 10. 1897, † Rüscheid, Westerwald, 11. 2. 1960, Ldwirt.

3) Hans Jürgen, * Pastfer 21. 7./3. 8. 1906, Ldwirt;
× Wesenberg 23. 6. 1933 Martha v. Dehn, * Weltz, Estld, 7. 3. 1910, T. d. DiplLdwirts Nikolai v. D. auf Weltz u. d. Ottilie Baronesse v. Toll a. d. H. Wodja, Estld
(Amselweg 1 a, 3440 Eschwege).

Kinder:

(1) Bernd, * Reval 19. 7. 1934, Dr. jur., Prof. f. Bürgerl. Recht, Arbeits- u. Sozialrecht an der Univ. Bonn;
× Kassel-Wilhelmshöhe 28. 10. 1960 Christa-Maria Sethe, * Kassel 16. 12. 1935, DiplVolkswirtin, T. d. Bergassessors Emil S. u. d. Käthe Reußner
(Siebengebirgsstr. 58 a, 5205 St. Augustin 2).

Kinder:

a. Olaf, * Marburg an der Lahn 7. 8. 1961, DiplIng. agr.
(Hackerstr. 2, 1000 Berlin 41).

b. Renata, * Bonn 1. 1. 1965, stud. phil.
(Siebengebirgsstr. 58 a, 5205 St. Augustin 1).

c. Boris, * Bonn 15. 4. 1969
(Siebengebirgsstr. 58 a, 5205 St. Augustin 1).

(2) Hans Ulrich, * Weltz 22. 1. 1937, Geschäftsf.;
× I. Bad Hersfeld 13. 8. 1960 Ursula Schaub, * Bad Hersfeld 30. 7. 1938 (gesch. Eschwege 29. 8. 1973), T. d. Ing. Peter Johann Sch. u. d. Anna Martha Riebold
(Langenbergstr. 23, 3501 Fuldabrück 1 — Dörnhagen);
× II. Eschwege 4. 2. 1977 Vera Zovko, * Illici-Mostar, Herzegowina, 10. 4. 1945, T. d. ... Slavko Z. u. d. Stefa Vladic
(Amselweg 1, 3440 Eschwege).

Kinder: a) erster Ehe:

a. Anke, * Eschwege 9. 11. 1964.
(Langenbergstr. 23, 3501 Fuldabrück 1 — Dörnhagen).

b) zweiter Ehe:

b. Christian Jürgen, * Eschwege 24. 12. 1978.

(3) Ingeborg (Inge), * Sandwald, Kr. Wongrowitz, Wartheld, 21. 1. 1942;
× Hessisch-Lichtenau 20. 3. 1968 Hartmut Herbst, * Dresden 18. 12. 1940, DiplIng.
(Dr.-Johanna-Decker-Str. 23, 8011 Heimstetten).

4. Ast (Hukas)

Stammvater: Johann Ernst, * 1741, † 1790.

1. Zweig (Kiddijerw)

Stammvater: Baron Ferdinand, * 1803, † 1886 (immatrikuliert bei der Livld. Rrschaft 1864).

Erich Ferdinand Johann Baron v. Maydell, * Kiddijerw, Livld, 10. 9. 1880, † Reval 6. 10. 1934, auf Kiddijerw (§);
× I. Riga 24. 8. 1905 Margarethe Bergengruen, * Rodenpois, Livld, 5. 3. 1885, † Goslar 10. 12. 1948 (gesch. Dorpat ... 1927; × II. ... Leo Frese, * Reval 25. 8. 1880, † Bad Pyrmont 31. 5. 1957, Ldwirt), T. d. ... Emil B. u. d. Marie Eggink;
× II. Riga 26. 6. 1927 Elsbeth (Ebby) Kade, * Lubahn, Livld, 10. 5. 1901, † Muggenbach bei Seßlach, Kr. Coburg, 21. 4. 1991, T. d. Pastors Alexander K. u. d. Hedwig Pohrt.

a) Erster Ehe:

1. Sigrid Margarethe Marie, * Kiddijerw 3. 3. 1907, † Sjöruda bei Virserum, Schweden, 14. 4. 1966;
× I. Reval 28. 9. 1928 Otto v. Nottbeck, * Saporoshje-Kamenskoje, Gouvt Jekaterinoslaw, 13. 8. 1901, † Posen 8. 3. 1942, Chemiker (gesch. ... 4. 1933);
× II. Reval 28. 9. 1933 Niels Hoffmann, * Reval 12. 3. 1909, † Hamburg ..., Ldwirt.

2. Gert Konrad Jürgen, * Kiddijerw 1. 9. 1909, ⚔ Trutenauer Heide, Danziger Niederung, 7. 4. 1945, Ldwirt, KompFührer;
× I. Reval 24. 6. 1931 Olga v. Wahl, * Assick 7. 3. 1914, † Harmsdorf bei Dahlenburg 22. 10. 1969 (gesch. Reval 2. 6. 1933), T. d. Kais. russ. GenMajors a. D. Ernest v. W. auf Assick u. Wahlhof, Livld, u. Bujunsaw, Krim, u. d. Kleopatra Schidlowsky; × II. Reval 17. 6. 1933 Nina v. Wahl, * Warschau 10. 11. 1908, Schwester der ersten Gemahlin
(Albert-Braun-Str. 9a, 7500 Karlsruhe 21 — Oberreuth).

Sohn erster Ehe:

Hans-Jürgen, * Reval 24. 6. 1932, Dr. rer. nat., Dipl-Forstwirt, Prof. für Weltforstwirtschaft, Vors. d. FamVerb.; × Hamburg (standesamtl.) 10. 5., (kirchl.) 22. 5. 1957 Renate Anders, * Johannisburg, Ostpr., 29. 7. 1934, Krankengymnastin, T. d. Holzindustriellen u. Kaufm. Georg A. u. d. Ilse Neumann
(Hohler Weg 23, 2057 Wentorf bei Hamburg).

Kinder:

(1) Gesa Marina Renate, * Hamburg 4. 4. 1959, Krankenschwester;
× Reinbek bei Hamburg 22. 5. 1988 Dominique Perrin, * Sallanches, Haute-Savoie, Frankr., 11. 7. 1963, kaufm. Angest.
(878 Miller, Greenfield Park, Quebec J4V 1W9, Canada).

(2) Uta Ilse Margarete, * Hamburg 20. 2. 1961, DiplBiol.; × Curslack 6. 3. 1988 Eric Livonius, * Haren an der Ems 26. 4. 1955, DiplVolkswirt, Steuerberater, Hptm. d. Res.
(Friedrich-Siller-Str. 16, 7014 Kornwestheim).

(3) Arne Konrad Jürgen, * Hamburg 20. 11. 1964, stud. agr.
(Hohler Weg 23, 2057 Wentorf bei Hamburg).

(4) Peter Johann Georg, * Hamburg 13. 9. 1966, stud. rer. pol.
(Hohler Weg 23, 2057 Wentorf bei Hamburg).

(5) Gero Walter Ernest, * Hamburg 13. 9. 1966 (Zwillingsbruder d. Vorigen), stud. jur.
(Hohler Weg 23, 2057 Wentorf bei Hamburg).

3. Barbara Elisabeth, * Dorpat 28. 10. 1913;
× Königsberg i. Pr. 5. 8. 1936 Gerhard Schubert, * Dinslaken am NRhein 3. 11. 1909, HauptabtLeiter i. R.
(Gutshaus Muggenbach, 8601 Seßlach 4 — Dietersdorf).

b) Zweiter Ehe:

4. Bernd Alexander Heinrich, * Reval 28. 7. 1928, Angest.;
× I. Hamburg 4. 4. 1953 Liselotte Böttger, * Berlin 8. 11. 1924 (gesch. Hamburg 16. 1. 1969), T. d. Bankbeamten Carl B. u. d. Charlotte Otto
(Friedensallee 105, 2000 Hamburg 50);

× II. Hamburg 18. 4. 1969 Christel Albers, * Hamburg 4. 1. 1934, † ebd. 1. 12. 1977 (× I. ... Ewald Rosenlund, * Hamburg 2. 8. 1921, † ebd. 10. 9. 1957, ...), T. d. Prokuristen Heinrich A. u. d. Hildegard Schülke;

× III. Ahrensburg bei Hamburg 14. 7. 1978 Gisela Gosch, * Hamburg 23. 7. 1933 (gesch. Hamburg 26. 1. 1984; × I. ... Gottfried Vauk, * ... 4. 11. 1924, Zoologe, gesch. ... 3. 11. 1967), T. d. ... Werner G. u. d. Malwine Eichhof (...);

× IV. Hamburg 9. 3. 1984 Helga Nau, * Lübeck 22. 2. 1936, T. d. Reichsbahninsp. Karl N. u. d. Anna Maria Schrader

(Forsthaus Muggenbach, 8601 Seßlach 4 — Dietersdorf).

Töchter: a) erster Ehe:

1) Astrid, * Hamburg 20. 4. 1962, kaufm. Angest.;

   × Hamburg (standesamtl.) 20. 12. 1990, (kirchl.) 13. 4. 1991 Otto v. Löwenstern, * Hamburg 15. 3. 1962, ...

   (Behringstr. 93 b, 2000 Hamburg 50).

b) zweiter Ehe:

2) Katja, * Hamburg 4. 8. 1970, ...

   (Schippelsweg 11, 2000 Hamburg 61).

5. Günther Erich Dieter, * Reval 26. 7. 1931, Journalist;

× Hamburg 16. 6. 1962 Brigitte Guhn, * Semmelwitz, Kr. Jauer, Schlesien, 21. 8. 1934, T. d. Zeichenlehrers u. Kunstmalers Martin Richard G. u. d. Charlotte Schmidt

(Espellohweg 14, 2000 Hamburg 52).

Kinder:

1) Björn Christian Heinrich, * Hamburg 16. 1. 1963, ...

   (Espellohweg 14, 2000 Hamburg 52).

2) Knut Erik Martin, * Hamburg 14. 1. 1964, ...

   (Espellohweg 14, 2000 Hamburg 52).

3) Alix Margarete Julie Anne Britta, * Hamburg 4. 6. 1968, ...

   (Espellohweg 14, 2000 Hamburg 52).

2. Zweig (Waldhof-Salishof)

Stammvater: Baron Konstantin, * 1810, † 1894 (immatrikuliert bei der Livld. Rrschaft 1864).

1. Haus (Waldhof)

Stammvater: Baron Konstantin, * 1843, † 1906.

Hermann Konstantin Baron v. Maydell, * Waldhof, Livld, 28. 8. 1869, † Schojow, Pomm., 8. 3. 1928, auf Waldhof (§);
× Dorpat 30. 8. 1897 Anna Rathlef, * Dorpat 9. 6. 1877, † Lübeck 15. 12. 1968, T. d. Dr. med. Edward R. u. d. Elisabeth Haudelin.

1. Edward Konstantin Eugen, * Waldhof 18. 5. 1898, † Berlin 9. 3. 1959, Dr. med., prakt. Arzt;
× I. Berlin 1. 8. 1930 Waltraut Flinker, * Kopperhörn, Oldenburg, 29. 3. 1911 (gesch. Berlin 13. 10. 1941), T. d. Marinemaschinisten Christian Heinrich Max F. u. d. Lina Lisa Repenning
(Hofweg 6/V, 2000 Hamburg 76);
× II. Berlin 17. 1. 1942 Eveline Deuse, * ... 1. 10. 1911, T. d. ... Hermann D. u. d. Greta Winkler
(Müllerstr 139, 1000 Berlin 65).

Kinder erster Ehe:

1) Hermann Konstantin Gert, * Pößneck, Kr. Saalfeld, 16. 1. 1933, Techniker;
× Hamburg 12. 11. 1974 Grit Strenge, * Posen 5. 10. 1942, T. d. Kaufm. Sebald St. u. d. Ruth Tiedemann
(Lüdmoor 22, 2000 Hamburg 71 — Bramfeld).

2) Alf Max Herbert, * Berlin 11. 1. 1936, DiplIng., Schriftf d. FamVerb.
(Lohkoppelweg 29, 2000 Hamburg 54);
× Hamburg 7. 8. 1964 Margrit Lange, * Hamburg 26. 5 1941, Erzieherin, T. d. Kaufm. Bruno L. u. d. Martha Neumann
(Graf-Anton-Weg 7, 2000 Hamburg 61).

Kinder:

(1) Marc-Oliver Konstantin, * Langenhagen 5. 10. 1966 cand. ing.
(Graf-Anton-Weg 7, 2000 Hamburg 61).

(2) Constanze Desirée, * Langenhagen 27. 1. 1969, Krankengymnastin
(Graf-Anton-Weg 7, 2000 Hamburg 61).

3) Freya Karin Gertrud, * Berlin 25. 10. 1937;
× Hamburg 29. 7. 1959 Klaus Riecken, * Pinneberg, Holst., 29. 9. 1926, Dr. med., Internist
(Rotbuchenstieg 7, 2000 Hamburg 60).

2. Roland James, * Karlowa, Livld, 9. 10. 1904, † Kitchener, Ontario, Canada, 30. 7. 1970, Dr. med., prakt. Arzt;
× Rostock 18. 7. 1930 Ortrud Krüger (aus russ. Adel), * Tomsk 6. 7. 1903, T. d. Prof. an der Univ. Rostock Dr. med. Friedrich Karl K. u. d. Mathilde Alexandrine Weltzien (aus russ. Adel)
(44 Lanark Crescent, Kitchener, Ontario N2N 2Z8, Canada).

Kinder:

1) Wolfdietrich Hermann Konstantin, * Rostock 18. 4. 1932, † Toronto, Ontario, 20. 6. 1989, DiplKaufm.;
× I. Toronto, Ontario, 10. 11. 1951 Barbara Poles, * Riga 11. 12. 1933 (gesch. Toronto 18. 1. 1968), T. d. ... Reinhold P. u. d. Käthe Martinson
(Loher Str. 1, 2000 Hamburg 73);
× II. Toronto 18. 5. 1968 Gisela Koep, * Wuppertal 31. 10. 1943 (gesch. ...), T. d. OStudienrats Julius K. u. d. Erna Stein *(..., Canada);*
× III. ... Judit Tüdös, * ..., T. d. ... u. d. ...
(6910 Montevideo Road, Mississauga, Ontario L5N 1N8, Canada).

Kinder erster Ehe:

(1) Harro Constantin, * Toronto 11. 6. 1953, ...;
× Lindsay, Ontario, 27. 4. 1974 Margaret Jane Nelles, * Huntsville, Ontario, 2. 3. 1953, T. d. ... Horace N. u. d. Anette Andersen
(38 Church St., Box 81, Seaforth, Ontario N0K 1W0, Canada).

Töchter:

a. Allyson Lee, * Toronto 5. 4. 1983.

b. Kristin Ashley, * Toronto 15. 5. 1984.

(2) Karen Donata Gisela, * Toronto 22. 7. 1954;
× ... Schaeffer, * ..., ...
(..., Canada).

2) V o l k e r Martin Erik, * Pößneck 1. 8. 1934, Kaufm.;
⚭ Kitchener 5. 7. 1957 Katharina B r u n n , * Kitchener 20. 8. 1932, Studienrätin, T. d. Angest. Johann B. u. d. Maria Wachsmann
(3535 Brock Road N, Brougham, Ontario L0H 1A0, Canada).

Kinder:

(1) C h r i s t i n e Bettina, * Toronto 27. 7. 1966, ... (...).

(2) M a r k Erik Roland, * Toronto 1. 12. 1969, ... (...).

3) H a g e n Karl Traugott, * Groß-Winnigstedt, Kr. Wolfenbüttel, 23. 5. 1936, canad. Berufssoldat;
⚭ Mount Bridges, Ontario, 17. 7. 1965 Elisabeth (Lilly) B e r e n c s i , * Montreal, Quebec, 14. 7. 1936, T. d. Farmers Ambrus B. u. d. Rosalie ...
(20-700 Erinbrook Ct, Kitchener, Ontario N2E 2S7, Canada).
Adoptivtochter: s. u.

4) W o l f h a r t Reinhold Herbert, * Groß-Winnigstedt 15. 10. 1937, Taxiunternehmer;
⚭ Niagara Falls 10. 7. 1961 Norma W i n s t a n l e y , * North-Sidney, Canada, 26. 5. 1938, T. d. Grubenarbeiters Th... W. u. d. Elisabeth Bell
(537 Fallingbrook Drive, Waterloo, Ontario N2L 4N2, Canada).

Töchter:

(1) C o r i n n a Lee, * Kitchener 19. 9. 1963, ... (...).

(2) A n g e l a Jean, * Kitchener 4. 1. 1965, ... (...).

5) B e t t i n a , * Lübeck 8. 3. 1944, Studienrätin;
⚭ Kitchener 22. 8. 1969 Bruce N e a b l e , * Listowel, Ontario, 8. 6. 1949, Zahnarzt
(81 Fifth Avenue, Hanover, Ontario N4N 5J1, Canada).

2. Haus (Salishof)

Stammvater: Baron Richard, * 1844, † 1897.

A r t h u r Friedrich Karl Gori Baron v. M a y d e l l , * Salisho Livld, 9. 4. 1887, ⚔ Walk 11. 6. 1919, auf Salishof (§);
⚭ Saddoküll 18. 10. 1911 Frieda v. B e r g m a n n , * Rauge 18. 1 1887, † Salzgitter-Drütte 28. 12. 1950, T. d. DiplLdwirts u. Arren-dators auf Sennen, Rauge, Sommerpahlen, Neu-Nursie, Saddokü u. Allatzkiwwi, Livld, Wilhelm v. B. u. d. Marie Paling.

1. Gisela Erika Ina, * Salishof 23. 8. 1912;
⚭ Reval 9. 7. 1932 Johannes (Hans) Riekhoff (aus russ. Adel), * Torgel, Livld, 2. 7. 1902, Ldwirt
(42 Tecumseh Avenue East, London, Ontario N6C 1R7, Canada).

2. Richard Wilhelm Edward, * Salishof 10. 10. 1913, ⚔ bei Narwa 15. 3. 1944, Ldwirt, Uffz.;
⚭ Reval 6. 4. 1939 Nora Baronesse v. Maydell, * Waimastfer, Livld, 9./22. 6. 1914 (s. o., I. Linie, 1. Ast, 1. Zweig), T. d. Bernhard Baron v. M. auf Purgel usw., Estld, u. d. Katharina (Kitty) v. Lilienfeld a. d. H. Allo
(Am Sindelberg 28 a, 3220 Alfeld an der Leine).

Kinder:

1) Hans Jürgen, * Posen 25. 1. 1940, Steuerbeamter
(Am Sindelberg 28 a, 3220 Alfeld an der Leine).

2) Karin, * Posen 31. 1. 1941, Kinderschwester;
⚭ Kiel 5. 6. 1965 Klaus Dieckmann, * Neustadt an der Aisch 6. 8. 1934, ORegRat
(Suderwicher Str. 96, 4620 Castrop-Rauxel).

3. Haus

Peter Gottlieb Victor Baron v. Maydell, * Salishof 11. 9. 1849, † Dorpat 23. 9. 1890, OFörster;
⚭ Dorpat 31. 3. 1881 Agnes v. zur Mühlen, * Neu-Tennasilm 20. 6. 1860, † Mitau 23. 6. 1935, T. d. Kreisdep. Hermann v. zur M. auf Neu-Tennasilm u. d. Johanna v. Holst.

1. Walter, * Kawershof, Livld, 24. 12. 1881, † Konary, Kr. Kutno, Wartheld, 26. 12. 1945, auf Wiegandshof (seit 1908; §), Livld, DiplIng., Ldwirt;
⚭ Weißenbrunn, Livld, 28. 2. 1914 Ellinor v. Buddenbrock, * Weißenbrunn 22. 10. 1892, † Barsinghausen, Hann., 22. 4. 1961, T. d. Gustav v. B. auf Weißenbrunn u. d. Emmy Mekler.

Töchter:

1) Renate Elisabeth Agnes Emmy, * Fellin, Livld, 11./24. 11. 1915;
⚭ I. Konary 6. 3. 1941 Joachim (Jochen) v. Bernuth, * Golaschin, Kr. Obornik, 30. 1. 1901, ⚔ bei Warschau

14. 1. 1945, auf Keßburg, Kr. Deutsch-Krone, RegRat, Rittmeister u. BatKmdr (gesch. ... 7. 12. 1943);
× II. Pembroke, Ontario, 23. 9. 1954 Frank Welk, * Wilberforce, Ontario, 16. 6. 1892, † Pembroke ... 1971, ...
(11 White Wood Avenue, P. O. Box 706, Manotick, Ontario K0A 2N0, Canada).

2) Irmela Hanna Pauline, * Dorpat 13./26. 7. 1917;
× Fellin 12. 7. 1939 Rolf v. Oettingen, * Karstemois, Livld, 1. 11. 1891, † Hameln 5. 10. 1962, Arrendator auf Karlsberg, Livld
(Kapitän-Lehmann-Str. 6, 3400 Göttingen).

3) Isalie Mary Else, * Stettin 10. 9. 1923
(Apt 604, 900 Dynes Road, Ottawa, Ontario K2C 3L6, Canada).

2. Arnold Hermann Konstantin, * Kawershof 3. 7. 1884, † (vermißt seit der Verhaftung durch Russen in Erfurt) 2. 12. 1945, Rittmeister u. Dolmetscher, DiplIng., Architekt, Ldwirt;
× I. Riga 6. 10. 1921 Martha Holbeck, * ..., Ural, 7. 2. 1878, † Faulenbach bei Füssen, Allgäu, 14. 10. 1922, T. d. Dr. med. Magnus H. u. d. Marie Wegener;
× II. Riga 5. 3. 1927 Anni Schwarz, * Riga 4. 3. 1897, † St. Augustin bei Bonn 29. 8. 1984, T. d. Chefarztes Dr. med. Eduard Sch. u. d. Anna Baronesse v. Engelhardt a. d. H. Laimetz, Livld.

Kinder: a) erster Ehe:

1) Maria-Anna (Marianne), * Faulenbach 9. 10. 1922;
× Babitz, Ostprignitz, 25. 2. 1945 Artur Schroeter, * Moskau 15. 1. 1918, Dr. med., prakt. Arzt
(Am Rehr 1, 3101 Wathlingen, Kr. Celle).

b) zweiter Ehe:

2) Victor Peter Gottlieb, * Riga 14. 7. 1928, DiplIng.;
× Vancouver, B. C., Canada, 22. 9. 1962, Ingeborg Freiin v. Campenhausen, * Kassel 6. 2. 1933, B. Sc., dipl. Oberschwester, T. d. RegRats Dr. jur. Balthasar Frhr v. C. a. d. H. Orellen, Livld, u. d. Brigitte (Gitta) Freiin v. Stackelberg a. d. H. Sutlem, Estld
(187 West St. Paul Street, Kamloops, B. C. V2C 1G2, Canada).

Kinder:

(1) A r n o l d Eduard Christoph, * Vancouver 19. 10. 1963, B. Sc. Min. (...).

(2) H e r m a n n Peter Antony, * Vancouver 26. 3. 1965, ... (...).

(3) A g n e s Ursula Katharina, * Vancouver 10. 6. 1966, ... (...).

3) S i g r i d Katharina, * Riga 20. 7. 1929;
× Vancouver 1. 12. 1956 Rüdiger Z e r r a t h, * Jäger-Taktau, Kr. Labiau, Ostpr., 18. 9. 1926, Ldwirt
(R. R. 1, Edgewood, B. C. V0G 1J0, Canada).

4) Dietrich (D i e t e r) Raimund Eduard, * Riga 14. 11. 1930, Kaufm.;
× I. Kingston, Ontario, 14. 8. 1964 Ursula B i e l e n s t e i n, * Riga 1. 10. 1935, Prof. f. Computerwissensch. an der Univ. Alberta (gesch. Edmonton, Alberta, 17. 5. 1976), T. d. Dr. rer. nat. Heimo B. u. d. Karin Johannson
(2419 Chicoutimi Drive North West, Calgary, Alberta T2L 0W2, Canada);
× II. Edmonton 8. 9. 1978 Tamara K o t o w, * Krasny Vatras, Bez. Gorky, 17. 6. 1941, M. Sc. Petrochem., M. Sc. Econ., T. d. ... Iwan K. u. d. Marta Latschkowa
(11551 University Avenue, Edmonton, Alberta T6G 1Z3, Canada).

Legitimierter Namensträger:

J o a c h i m Baron v. M a y d e l l, * Meldorf, Holst.., 23. 2. 1945 (Namensführung durch Verfügung d. LdgerPräs. Lüneburg gemäß § 1723 BGB; adelsrechtl. Nichtbeanstandung durch Beschluß d. Ausschusses f. adelsrechtl. Fragen der deutschen Adelsverbände Marburg an der Lahn 12. 10. 1964), ORegRat
(Papenhuder Str. 27, 2000 Hamburg 20).

Adelsrechtlich gehört dem obigen Geschlecht nicht an (siehe Form der Darstellung, Vorbemerkung):

Adoptivsohn (Beschluß d. Amtsger. Deggendorf vom 10. 5., rechtswirksam seit 12. 5. 1978) des Privatgelehrten Bodo Baron v. Maydell u. s. Gem. Gertraude, geb. Neumeister (s. o., II. Linie, 2. Ast, 4. Zweig, 3. Haus):

Martin Werner J o a c h i m v. W o l f f e r s d o r f f, * Radibor, Kr. Bautzen, 20. 3. 1933;

s. GHdA, Adel. Häuser A, Bd X (1969).

Namensträger, die nicht dem Adel angehören (siehe Form der Darstellung, Vorbemerkung):

I. Fritz Heinrich Bertram, * Burgstemmen 10. 10. 1940, Polizeibeamter, führt aufgrund des Ehenamensänderungsgesetzes vom 27. 3. 1979 (seit 26. 3. 1980 den Namen „Baron von Maydell" (...);
× Hameln 30. 12. 1964 Christine Baronesse v. Maydell (gesch. Elze 8. 7. 1988) (s. o., I. Linie, 2. Ast, 1. Zweig).

Kinder:

1. Heike, * ... 17. 6. 1965;
× ... 22. 10. 1988 Randy Pottorf, * ... 3. 4. 1942, Kaufm.
(125 Belmont Avenue, Long Beach, N. Y. 11561, USA).

2. Olaf, * ... 16. 8. 1966, ... (...).

II. Niklas Laurin Ekkehard Teufl, * Oberndorf bei Salzburg 12. 5. 1982, führt nach Anerkennung durch seinen Vater Uwe Baron v. Maydell (s. o., II. Linie, 2. Ast, 2. Zweig, 2. Haus) seit ... den Namen „Maydell"
(Franz-Berger-Str. 13, A-5020 Salzburg).

III. Adoptivtochter (seit ...) d. Predigers Leslie Baron v. Maydell (s. o., II. Linie, 2. Ast 3. Zweig):

Gloria-Micaela ..., * Pretoria 13. 10. 1983, führt den Namen „von Maydell"
(P. O. Box 12201, Clubview 0014, SAfrika).

IV. Adoptivsohn (Vertrag ..., amtsgerichtl. bestätigt ...) d. Arbeiters Woldemar Baron v. Maydell u. s. Gem. Esther, geb. Wagner (s. o., II. Linie, 2. Ast, 4. Zweig, 3. Haus):

Steffen Erich ..., * ... 23. 10. 1952, ..., führt den Namen „von Maydell";
× Chemnitz 22. 9. 1979 Brunhilde Hellweis, * ..., T. d. ... u. d. ... (...).

V. Adoptivtochter (Vertrag ... gerichtl. bestätigt ...) d. canad. Berufssoldaten Hagen Baron v. Maydell u. s. Gem. Elisabeth (Lilly), geb. Berencsi (s. o., II. Linie, 4. Ast, 2. Zweig, 1. Haus):

Kathleen Elizabeth ..., * London, Ontario, 14. 3. 1961, führt den Namen „von Maydell"
(..., Canada).

VI. Leif von Maydell, * ..., Canada, 20. 12. 1978
(..., Canada).

VII. Irmela Baronesse von Maydell, * Wismar 11. 12. 1948, ...
(914 Fisher Avenue, Ottawa, Ontario K1Z 6P4, Canada).

Mayr v. Melnhof-Saurau

(des Stammes der Gfn v. Goëß)

Kath. — Adelsrechtl. Nichtbeanstandung der Namensform „Frhr Mayr v. Melnhof-Saurau" durch Beschluß d. Deutschen Adelsrechtsausschusses Marburg an der Lahn 20. 9. 1986 (für Dr. jur. Franz Gfn v. Goëß, der mit Ermächtigung d. österr. Bundesmin. f. Inneres Wien 18. 8. 1949 gemäß Bescheid der Steiermk. Ldesreg. Graz 30. 8. 1949 den Namen „Mayr-Melnhof-Saurau" führt).

W. (1989): Gev. mit b. Herzschild, darin eine gekr. g. Säule (Goëß), 1 u. 4 in R. ein nat. Strauß, im Schnabel ein mit den Stollen abw.-gek. und mit dem rechten Fuß ein mit den Stollen rechtsgek. eisernes Hufeisen haltend (Mayr v. Melnhof), 2 u. 3 in G. ein schw. Fledermausrumpf (Saurau); 3 H., auf dem rechten mit rechts b.-g., links r.-s. Decken 3 g. Kornähren zw. geschl., rechts von G. u. B., links von S. u. R. get. Fluge (Mayr v. Melnhof), auf dem mittl. mit b.-g. Decken die Säule (Goëß), auf dem linken mit rechts r.-s., links schw.-g. Decken ein mit g. Kleeblättern bestreuter schw. Hahnenfederbusch zw. geschl. r., mit einer linken s. Seitenspitze bel. Fluge (Saurau).

Vgl. den Art. Goëß im GHdA, Gfl. Häuser B, Bd II (1960) (Stammreihe), und Gfl. Häuser, Bd XI (1983).

Johann Baptist Carl-Anton Hubertus Maria Zeno Corbinian Desiderius Peter Paul Graf v. Goëß, Freiherr zu Carlsberg u. Moosburg, * Carlsberg, Kärnten, 23. 6. 1921, DiplForstIng., ERr d. souv. MaltRrO., führt gemäß Erlaß d. österr. Bundesmin. f. Inneres Wien 20. 4. 1948 u. Bescheid der Kärtner Ldesreg. Klagenfurt 11. 5. 1948 den Namen „Goëß-Saurau";
× Frohnleiten, Steiermk, (standesamtl.) 14. 5., (kirchl.) 16. 5. 1948 Maria (Marie) Freiin Mayr v. Melnhof, * Pfannberg, Steiermk, 27. 8. 1921, T. d. Industriellen Franz Frhr M. v. M. auf Pfannberg bei Frohnleiten usw. u. d. Marie Przssin zu Hohenlohe-Waldenburg-Schillingsfürst v. Ratibor u. Corvey
(*Schloß Pfannberg, A-8130 Frohnleiten, Steiermk*).

Franz Karl Anton Maria Peter Freiherr Mayr v. Melnhof-Saurau, * Wien 22. 2. 1949 (adelsrechtl. Nichtbeanstandung der vorstehenden Namensform durch Beschluß d. Deutschen Adelsrechtsausschusses Marburg an der Lahn 20. 9. 1986), Dr. jur., Industrieller;

× I. Vaduz 6. 10. 1971 Erzsébet (Elisabeth) Gfin Andrássy v. Csik-Szent-Király u. Kraszna-Horka, * Wien 12. 4. 1947, Fotografin (gesch. Graz 5. 9. 1983), T. d. Kaufm. Géza Gf A. v. Cs.-Sz.-K. u. K.-H. u. d. Elisabeth Gfin v. Wilczek
(…, A-8511 St. Stefan ob Stainz, Steiermk);
× II. Wien 21. 12. 1983 Ursula Haase, * Wien 11. 6. 1961
(Schubertstr. 35, A-8010 Graz).

a) Erster Ehe:

1. Melanie Franziska Maria Ilona Gabriela Elisabeth, * Wien 15. 4. 1972
(Schloß Pfannberg, A-8130 Frohnleiten, Steiermk).
2. Katharina Barbara Elisabeth Maria Josefine, * Wien 19. 3. 1974
(Schloß Pfannberg, A-8130 Frohnleiten, Steiermk).
3. Franz Josef Carl Anton Geza Clemens, * Leoben, Steiermk, 19. 3. 1977
(Schloß Pfannberg, A-8130 Frohnleiten, Steiermk).
4. Nikolaus Simeon Johann, * Leoben 9. 11. 1978
(Schloß Pfannberg, A-8130 Frohnleiten, Steiermk).

b) Zweiter Ehe:

5. Ferdinand, * Graz 28. 2. 1987.
6. Felix, * Graz 22. 3. 1989.

Müller (1912)

Ev. — Reichsadelsstand Wien 4. 11. 1773; kursächs. Anerkennung 11. 9. 1774 (beides für Georg Karl Müller, auf Sachsenfeld, Lomnitz u. Willissendorf, mit dem auch die Stammreihe beginnt); Kgl. sächs. Frhrnstand Dresden 25. 5. 1912 (für Ludwig v. Müller, Kgl. sächs. Gen. d. Kav. u. GenAdj.).

W. (1912): Gev. u. bel. mit 2 übereinander gestürzten s. Bechern; 1 u. 4 in B. ein g. Stern, 2 u. 3 r. ohne Bild; auf dem H. mit rechts b.-s., links r.-s. Decken ein g. Stern zw. offenem, rechts von B. über S., links von S. über R. schrägget. Fluge.

Vgl. auch den Art. Müller (1773) im Goth. adel. Tschb. B 1942. – Vgl. Goth. frhrl. Tschb. 1915 bis 1941; GHdA, Frhrl. Häuser B, Bd II (1957), III (1963) u. VI (1976).

Ludwig Moritz Kamillo Freiherr v. Müller, * Pergau 7. 11. 1854, † Dresden 30. 6. 1942 (Kgl. sächs. Frhrnstand Dresden 25. 5. 1912; eingetr. in das Kgl. sächs. Adelsbuch 29. 5. 1931 unter Nr 453), Kgl. sächs. Gen. d. Kav. a. D. u. GenAdj. d. Kgs Friedrich August III.;
× Dresden 30. 4. 1879 Laurence Horváth de Szent-György, * Kammer am Attersee 10. 12. 1858, † Dresden 19. 11. 1948 (kath.), T. d. August H. de S.-G. auf Kammer u. d. Ida Freiin v. Buseck.

1. Lutz Max, * Dresden 25. 5. 1886, † (in russ. Kriegsgefangenschaft) Lager Mühlberg 17. 2. 1947, Oberst, ERr d. Joh.;
× Waldau 16. 9. 1919 Elisabeth v. Wuthenau, * Waldau 26. 4. 1887, † Bad Salzuflen 12. 11. 1963, T. d. Hzgl. anhalt. Khrn Fedor v. W. auf Waldau, OLausitz, u. d. Anna Luise Freiin v. Bodenhausen a. d. H. Radis.

Kinder:

1) Erhard Lutz Fedor Hilmar, * Laubegast bei Dresden 8. 11. 1920, Assessor d. Forstdienstes, Betriebsleiter, OLt a. D., RRr d. JohO.;
× Bad Salzuflen 6. 11. 1964 Maria Lönne, * Clarholz 20. 4. 1926 (kath.), T. d. Ldwirts u. Brennereibes. Joseph L. gen. Tiekmann u. d. Josepha Bellinghaus
(Samtholzstr. 72, 4836 Herzebrock — Clarholz).

Töchter (kath.):

(1) Elisabeth, * Münster 29. 8. 1965, stud. ...
(Hermannstr. 7, 6222 Geisenheim).

(2) Stefanie, * Münster 9. 1. 1967, stud. ...
(Gabelsbergerstr. 79 a, 8000 München 2).

(3) Friederike, * Münster 4. 6. 1968, stud. ...
(Bahnhofstr. 40, 4800 Bielefeld).

2) Edelgard Marie Therese Elisabeth, * Laubegast 18. 11. 1925;
× I. Dresden-Laubegast 8. 11. 1945 Hans-Caspar Gf v. Rex, * Dresden 11. 5. 1914, † (an den Folgen einer Kriegsverletzung) ebd. 9. 6. 1946, Hptm. a. D.;
× II. Berlin 21. 12. 1950 Otto Baron v. Saß, * Dresden 16. 5. 1927, † Berlin 17. 11. 1984, Journalist („Matthias Walden")
(Gadebuscher Weg 8, 1000 Berlin 33 — Dahlem).

2. Georg Ludwig Leopold, * Dresden 13. 4. 1896, † Magdeburg 24. 3. 1948, Oberslt a. D.;
   × Neindorf, Kr. Oschersleben, 12. 8. 1928 Erika-Louise v. Asseburg-Neindorf, * Lütetsburg, Ostfriesland, 12. 8. 1905, † Hamburg 12. 9. 1977, Fachphotographin, T. d. Kgl. preuß. Ldrats u. Rittmeisters a. D. Dr. jur. Maximilian v. A.-N. auf Neindorf usw. u. d. Ebba Gfin zu Innhausen u. Knyphausen a. d. fstl. H. Lütetsburg.

   Kinder:

   1) Angela Louise Lilli Oda Ebba Laurence, * Dresden 17. 3. 1930;
      × Dresden 23. 5. 1953 Dietrich Rabitz, * Neudamm bei Küstrin 14. 12. 1926, Dr. med. vet., Tierarzt
      (Bahnhofstr. 24, 7031 Bondorf bei Herrenberg).

   2) Monika Maximiliane Ilse Marie, * Dresden 14. 4. 1933;
      × Hamburg 4. 5. 1957 Max Hilligardt, * Stuttgart 16. 11. 1917, Dr. med.
      (Bei der Eiche 6, 7000 Stuttgart-Zuffenhausen).

   3) Erik-Lutz Einar Karl Erhard, * Dresden 2. 6. 1937, Dipl-Ing., WirtschaftsIng.;
      × Hamburg 29. 12. 1964 Isolde Plesky, * Görlitz 26. 4. 1937, T. d. Walther P. u. d. Frieda Wolf
      (Weichertstr. 61, 7532 Niefern).

      Söhne:

      (1) Lutz Helmut, * Hamburg 20. 7. 1965, cand. med.
      (..., 7900 Ulm).

      (2) Busso Max, * Hamburg 6. 11. 1967, stud. phil.
      (Helene-Meyer-Ring 7 b, 8000 München 40).

   4) Achatz-Walther Ludwig Christoph Busso, * Dresden 1. 9. 1943, Dr. phil., o. Prof. an der Univ. Basel, OLt d. Res.;
      × Hamburg 15. 8. 1975 Christine Ludewig, * Hamburg 31. 8. 1947, Studienrätin, T. d. Kpt. Georg L. u. d. Veronika Apon
      (Brabandstr. 12, 2000 Hamburg 60).

      Söhne:

      (1) Camillo-Georg Wilhelm Ascan, * Hamburg 18. 8. 1977.

      (2) Johannes Busso Dieter Michael Christian, * Hamburg 30. 7. 1981.

Osten gen. Sacken

Ev., orth. u. kath. — Kurländischer Uradel, der mit Arnoldus dictus Lyndale (Lindale, ältestes Ordenslehen des Geschlechts), welcher vom Bischof Otto von Kurland 1386 urkundl. (Orig. im Kurld. Provinzialmuseum in Mitau; vgl. Liv-, Est- u. Kurld. Urk-Buch, Bd 3, S. 464, Nr 1232) mit Haus u. Gebiet Sacken (dem nachm. Ksp. Sackenhausen) und unter dem Namen Arnoldus de Sacken vom Dt. Orden Riga 6. 1. 1395 urkundl. (Orig. in der Brieflade von Birsen, Kurld) mit Erkuln bei Goldingen belehnt wird, zuerst auftritt. Die sichere Stammreihe beginnt mit dem kurld. Stiftsvogt Heinrich v. Sacken, urkundl. 1478—1519, 1522 tot. Sander v. Sacken gen. v. der Oest tritt 10. 8. 1544 urkundl. (Orig. im Stiftsarchiv Pilten) zuerst mit dem vereinigten Namen auf, der später in „v. der Osten gen. Sacken" umgewandelt wurde und zur Vereinigung des v. Sacken'schen Wappens mit dem der niedersächs. uradel. v. der Osten führte, ohne daß eine Stammesgemeinschaft mit diesen nachgewiesen werden kann. — Immatrikulation bei der 1. Klasse der Kurld. Rrschaft 17. 10. 1620 (für Heinrich v. Sacken auf Appricken, Hptm. zu Grobin u. Rrbankrichter); schwed. Adelsnaturalisation 12. 7. 1664 u. Introduktion bei der Adelsklasse der Schwed. Rrschaft 1664 unter Nr 684 (für Salomon v. der Osten gen. Sacken, auf Fullerstad u. Korssäter, Östergötland, Kgl. schwed. Obersten); schwed. Adelsnaturalisation 17. 9. 1675 u. Introduktion bei der Adelsklasse der Schwed. Rrschaft 1675 unter Nr 832 (für Georg v. der Osten gen. Sacken auf Kaunispäh, Insel Oesel, usw., Kgl. schwed. Rittmeister u. oeselschen Ldrat); schwed. Frhrnstand 24. 10. 1696 u. Introduktion bei der Frhrnklasse der Schwed. Rrschaft 1697 unter Nr 104 (für des vorgenannten Salomon Sohn Gustav Adolf v. der Osten gen. Sacken auf Fullerstad usw., Kgl. schwed. Oberstlt u. Ldeshptm. von Gotland); Immatrikulation bei der Oeselschen Rrschaft 1741 (für Johann Gustav v. der Osten gen. Sacken auf Kaunispäh usw., oeselschen Ldrat); Reichsgfnstand mit „Hoch- u. Wohlgeboren" Wien 1. 3. 1763 (für Carl v. der Osten gen. Sacken, Kgl. poln. u. Kurfstl. sächs. GehRat, Km. u. Gesandten in Stockholm); poln. Gfnstandsbestätigung 29. 10. 1768 (für Christian Friedrich Wilhelm v. der Osten gen. Sacken, Kgl. poln. Major); preuß. Fstnstand Breslau 15. 10. 1786 (für den vorgenannten Carl Gfn v. der Osten gen. Sacken als Kgl. preuß. Oberstkhrn, WGehRat u. Kriegsmin.); Immatrikulation bei der Livld. Rrschaft 1797 (für die Brüder Alexander, auf Neu-Wrangelshof, nachm. Kais. russ. GenMajor, u. Anton v. der Osten gen. Sacken, Kais.

russ. Kpt.); russ. Gfnstand 9. 6. 1797[1] (für Carl Magnus v. der Osten gen. Sacken, Kais. russ. WGehRat u. Gesandten in Kopenhagen, Erzieher d. Kaisers Paul u. d. Gfstn Konstantin Pawlowitsch); russ. Gfnstand 12. 6. 1801 (für dessen Neffen, die Vettern Johann Gustav u. Carl v. der Osten gen. Sacken); Aufnahme in den meckl. Adel 1815 (für Friedrich Gfn v. der Osten gen. Sacken auf Bellin u. Marienhof); Immatrikulation bei der Livld. Rrschaft 1818 (für Fabian v. der Osten gen. Sacken, Kais. russ. Gen. d. Inf.); russ. Gfnstand 7. 2. 1821 (für denselben als Kais. russ. Feldmarschall u. Mitgl. d. Reichsrats); russ. Fstnstand 8. 11. 1832 (für denselben); Immatrikulation bei der Livld. Rrschaft 1844, bei der Estld. Rrschaft 10. 10. 1846 (beides für Ludwig v. der Osten gen. Sacken, Kais. russ. GenMajor); russ. Anerkennung der Berechtigung zur Führung d. Baronstitels durch Senatsukas Nr 2353 vom 19. 3. 1853 (für das Gesamtgeschlecht); russ. Gfnstand 10. 4. 1855 (für Dmitri Baron v. der Osten gen. Sacken, nachm. Kais. russ. Gen. d. Kav., GenAdj. u. Mitgl. d. Reichsrats); preuß. Namen- u. Wappenvereinigung mit denen der v. Rhein als „v. der Osten-Sacken u. v. Rhein" Schloß Babelsberg 28. 6., Diplom 30. 7. 1860 (für Ottomar [Frhrn] v. der Osten gen. Sacken, * 1851, Erben des 1859 † Carl Friedrich Wilhelm v. Rhein auf Wildenhagen); preuß. Genehmigung zur Fortführung d. Frhrntitels Schloß Babelsberg 28. 6. 1862 (für dessen Vater Hermann [Frhrn] v. der Osten gen. Sacken, Kgl. preuß. Major im InfRgt 29); preuß. Anerkennung d. Frhrnstandes Berlin 26. 9. 1874 (für Curt v. der Osten gen. Sacken, Kgl. preuß. PLt im InfRgt 41); preuß. Genehmigung zur Führung d. Frhrntitels durch Heroldsamtsreskript vom 31. 7. 1882 (für die Deszendenz des 1810 † Kgl. preuß. Majors a. D. Christoph v. der Osten gen. Sacken auf Ernstwalde); russ. Namenvereinigung mit dem der v. Tettenborn als „Baron v. der Osten-Sacken-Tettenborn" 15. 2. 1913 (für Wassili Baron v. der Osten gen. Sacken auf Wlassowo, Gouvt St. Petersburg). — Als Fortsetzung der seit 1894 in Kurland bestehenden FamStiftung wurde 1932 in Berlin ein FamVerband gegründet; Vors.: Dr.-Ing. Joachim Frhr v. der Osten-Sacken u. v. Rhein, Eichelbergstr. 25, 7560 Gaggenau-Bad Rotenfels; Geschäftsführerin: Eva Freiin v. der Osten-Sacken u. v. Rhein, Krankenhausstr. 5, 8406 Sünching.

W.: Gev., 1 gesp., rechts in B. 3 schräglinke s. Flüsse, links in R. ein ausw.-gek. s. Schlüssel (v. der Osten), 2 u. 3 in B. 3 (2, 1) g.

---

1 Die Daten im ehem. russ. Kaiserreich sind bis 1917 nach dem (alten) Julianischen Kalender angegeben.

Sterne (v. Sacken), 4 wie 1 mit verw. Feldern; auf dem H. mit r.-s. Decken 2 aufw.-geschr. s. Schlüssel vor einer mit nat. Pfauenfedern geschmückten, mit einem g. Stern best. r. Säule zw. offenem, rechts s., links r. Fluge (v. der Osten).

W. (1696): Gev. u. bel. mit gev. Herzschild wie oben, 1 u. 4 in B. 3 (2, 1) s. Lilien, 2 u. 3 in G. schrägrechts ein nat. Lorbeerzweig, geschr. mit einem blanken Säbel; 2 H. mit b.-g.-r.-s. Decken, auf dem rechten 5 nat. Pfauenfedern, bel. mit einem g. Stern über 2 geschr. g. Schlüsseln zw. offenem, rechts g., links b. Fluge, auf dem linken 3 (b., g., b.) Straußenfedern zw. offenem, rechts g., links b. Fluge.

Von den kurld. Häusern geführtes W.: Gev., 1 gesp., rechts in G. 3 schräglinke b. Flüsse, links in R. ein rechtsgek. s. Schlüssel (v. der Osten), 2 u. 3 in B. 3 (2, 1) g. Sterne (v. Sacken), 4 gesp., rechts in R. ein rechtsgek. s. Schlüssel, links in G. 3 schrägrechte b. Flüsse; auf dem H. mit r.-s. Decken 2 aufw.-geschr. s. Schlüssel vor einer mit nat. Pfauenfedern geschmückten, mit einem g. Stern best. r. Säule zw. offenem, rechts s., links r. Fluge (v. der Osten).

W. (1860): Gev., 1 gesp., rechts in B. 3 schräglinke s. Flüsse, links in R. ein einw.-gek. s. Schlüssel (v. der Osten), 2 gesp., rechts in B. 3 (2, 1) g. Sterne (v. Sacken), links in S. 3 (2, 1) r. Rauten (v. Rhein), 3 wie 2 mit verw. Feldern, 4 wie 1 mit verw. Feldern; 2 H., auf dem rechten mit b.-s. Decken 2 aufw.-geschr. s. Schlüssel vor einer mit nat. Pfauenfedern best. r. Säule zw. offenem, rechts s., links r. Fluge (v. der Osten), auf dem linken mit r.-s. Decken eine r. Raute zw. 2 s. Straußenfedern (v. Rhein).

Vgl. auch GHdA, Fstl. Häuser, Bd V (1959), und Gfl. Häuser A, Bd VII (1973). – Vgl. Armin Frhr v. der Osten gen. Sacken, Nachrichten über Herkunft, Verzweigung u. Wappen Derer v. der Osten und v. der Osten gen. Sacken, Berlin 1893. – Alexander Frhr v. Rahden, Das Stammbuch Christophers v. Sacken auf Dubenalken 1577–1618, in: Jb. f. Genealogie, Heraldik u. Sphragistik 1893 (Mitau 1894), S. 9–32. – Armin Frhr v. der Osten gen. Sacken, Ehe-Bündnisse des Pommerschen schloßgesessenen Geschl. v. der Osten und des Kurld. Geschl. der Frhrn v. der Osten gen. Sacken, Berlin 1897. – Ders., Die Herkunft d. uradel. schloß- u. burggesessenen pomm. Geschl. v. der Osten, Blankenburg 1912. – Helmut Besch, Verwandtschaftstafel des Werner v. der Osten gen. Sacken (* 1782, † 1846), in: FamGeschichtl. Blätter, 25. Jg (1927), Sp. 105–110. – Gustaf Elgenstierna, Den introducerade svenska adelns ättartavlor, Bd V, Stockholm 1930. – Osten-Sacken'scher FamVerband, in: Deutsches Adelsblatt 1932, S. 149 bis 150 u. 339–340. – Gen. Hdb. der Estld. Rrschaft, Bd III, Verlag C. A. Starke, Görlitz 1933. – Gen. Hdb. der Oeselschen Rrschaft, Dorpat 1935. – Hans Wätjen, Gesch. d. Geschl. v. der Osten, 2 Bde, Braunschweig 1960 bzw. Bremen 1977. – Goth. frhrl. Tschb. 1859 und 1900 bis 1942.

Heinrich v. Sacken, urkundl. 1478—1519, 1522 tot, auf Sakken, Bathen u. Gulben (belehnt 1490), Kurld, Stiftsvogt;
⚭ … v. Düren, …

Johann, * 1481, † 1537; s. Stamm A.	Otto, † 1552; s. Stamm B.	Alexander, * 1494, † vor 1550; s. Stamm C.

Stamm A (Sacken)

Johann v. Sacken, * 1481, † 1537, auf Sacken, Appricken u. Bathen, Kurld, Stiftsvogt;
⚭ Else v. Krüdener (⚭ II. Claus v. Seßwegen, …), T. d. Carsten v. K. u. d. … v. Tisenhusen.

Heinrich, † vor 1572; s. I. Linie.	Johann, † 1564/65; s. II. Linie.

I. Linie (Appricken)

Erloschen.

Heinrich v. Sacken, † vor 1572, auf Appricken;
⚭ Margaretha v. Torck, T. d. Albrecht v. T. u. d. Elisabeth v. Plettenberg.

Heinrich, † vor 24. 7. 1650 (immatrikuliert bei der 1. Klasse der Kurld. Rrschaft 17. 10. 1620), auf Appricken, Virginahlen, Sintern (seit 1616) u. Platgaln (seit 1621), kurld. Ldhofmeister, vorm. Hptm. zu Grobin u. Rrbankrichter;
⚭ Margaretha v. Sacken, T. d. piltenschen Ldrats Christoph v. S. auf Dubenalken u. d. Edde v. Manteuffel gen. Szoege a. d. H. Katzdangen.

Carl, † zw. 1658 u. 1661, auf Appricken, Bebben, Virginahlen u. Langsehden, Kurld, Kgl. poln. Major, piltenscher Ldrat;
⚭ (Ehepakten Lautensee 3. 10. 1633) Maria Elisabeth v. Polentz, † Appricken 9. 4. 1672, T. d. Christoph v. P. auf Schönberg,

Heinrich v. Sacken
urk. 1478–1519
auf Sacken, Bathen und Gulben in Kurland
Stiftsvogt
s. S. 238

Dondangen
in Kurland
erbaut im 13. Jh., seit 1711 im Besitz der Familie

Bersdorf, Liebenau usw. u. d. Gottliebe v. Bredow a. d. H. Friesack.

Johann, † zw. 4. 8. 1689 u. 24. 6. 1690, auf Appricken;
× vor Febr. 1674 Anna Elisabeth v. Korff, † ... 15. 2. 1695, auf Planetzen, T. d. Kgl. poln. Kpt. u. Hzgl. kurld. Amtmanns Wilhelm v. K. auf Planetzen u. Eglinen, Kurld, vorm. auf Linden, Kurld, Pfandhrn auf Solubiszki, Kr. Wilkomir, u. d. Christine v. Sacken.

II. Linie (Bathen)

Johann v. Sacken, † 1564/65, auf Bathen, Lehnen usw., Kurld;
× Dorothea v. Treyden, T. d. Matthias v. T. auf Krothen usw., Kurld, u. d. Anna v. Lambsdorff.

Ewald, * 1557, † 1604, auf Bathen u. Lehnen, piltenscher Ldrat;
× Anna v. Nolde, * ... 8. 4. 1567, † ..., T. d. Rats d. Deutschen O., nachm. Hzgl. kurld. Rats Gerhard v. N. auf Hasenpoth, Virginahlen, Kalleten, Groß- u. Klein-Gramsden usw., Kurld, u. d. Elisabeth v. Dönhoff a. d. H. Sahlingen.

Ewald, * 1590, † 1666; s. 1. Ast.

Johann, urkundl. 1595, † 1667; s. 2. Ast.

1. Ast (Bathen)

Erloschen.

Ewald v. Sacken, * ... 8. 12. 1590, † Bathen 7. 11. 1666, auf Bathen, Lehnen, Sackenmünde u. Gulben, Kurld, Kgl. poln. Rittmeister, piltenscher Ldrat u. Präs.;
× vor 4. 10. 1623 Margaretha v. Behr, † vor 9. 8. 1664, T. d. Kurfstl. brandenb. Rats, piltenschen Ldrats u. Bischöfl. verdenschen Erbmarschalls Werner v. B. auf Edwahlen, Ugahlen u. Popen, Kurld, u. d. Sibylla v. Schleinitz.

Johann Ulrich, * 1630, † Bathen 15. 4. 1701, auf Groß- u. Alt-Bathen, Lehnen, Gulben u. Sackenmünde, Kgl. poln. Khr, piltenscher Ldrat;

× I. 1658 Sophia Hedwig v. der Recke, * 1642, † vor 1680, T. d. kurld. Ldhofmeisters Friedrich Johann v. der R. auf Blieden mit Sturhof, Kurld, u. d. Magdalena v. Korff a. d. H. Kreutzburg;
× II. Anna Elisabeth v. Sacken, † ... 3. 10. 1714 (× II. zw. 23. 11. 1705 u. 30. 3. 1706 Ulrich v. Behr, † ... 15. 11. 1722, auf Edwahlen, ... Oberstlt, kurld. Ldmarschall), T. d. Ernst Fromhold v. S. auf Kalwen u. Aspurn u. d. Anna Elisabeth v. Dorthesen (s. u., Stamm B, I. Linie, 1. Ast).

Erster Ehe:	Zweiter Ehe:
Johann Ulrich, * 1674, † 1731; s. 1. Zweig.	Johann Werner, * 1687, 1753 tot; s. 2. Zweig.

1. (fstl.) Zweig

Johann Ulrich v. Sacken, * ... 29. 9. 1674, † ... 6. 8. 1731, auf Dondangen, Bathen, Sarraiken u. Sackenmünde, Kurld, Ldgfl. hess.-kass. Oberstlt, Starost von Pilten;
× ... 15. 8. 1715 Benigna Elisabeth v. Fircks, * ... 20. 1. 1694, † ... 1734, T. d. OHptm. zu Goldingen u. kurld. OBurggfn Carl v. F. auf Nurmhusen, Scheden, Okten, Sehnjen u. Dubenalken, Kurld, u. d. Gertrud Margaretha v. Bistram a. d. H. Waddax.

Carl Fürst v. der Osten gen. Sacken, * Dondangen 2./13. 11. 1726, † Berlin 31. 12. 1794 (Reichsgfnstand mit „Hoch- u. Wohlgeboren" Wien 1. 3. 1763; preuß. Fstnstand Breslau 15. 10. 1786), auf Dondangen usw., Kgl. preuß. Oberstkhr, GehSt- u. Kriegsmin., vorm. Kurfstl. sächs. StSekr. u. KabMin.;
s. GHdA, Fstl. Häuser, Bd V (1959).

2. Zweig (Sackenmünde)

Johann Werner v. der Osten gen. Sacken, * ... 24. 8. 1687, † vor 29. 6. 1753, auf Sackenmünde, Pfandhr auf Bershof, Kurld, Ldgfl. hess.-kass. Lt;
× ... 13. 3. 1725 Benigna v. Korff, T. d. Kgl. dän. Kpt. Ernst v. K. auf Dahmen, Kurld, u. d. Anna Catharina v. Buttlar a. d. H. Susten.

Ernst Ewald, * 1730, † 1811; s. 1. Haus.	Otto Hieronymus, * 1739, † 1808; s. 2. Haus.

1. Haus (Sack-Pomusch)

Ernst Ewald v. der Osten gen. Sacken, * ... 10. 3. 1730, † ... 1811, auf Sack-Pomusch, Litauen, Kgl. franz. Major;
× I. ... 11. 9. 1768 Hedwig Benigna v. Rahden (gesch. ... 7. 1769), T. d. Gerhard Johann v. R. auf Wilxaln, Kurld, u. d. Ursula Maria v. Biron a. d. H. Kalnzeem;
× II. Kerklingen 10. 9. 1775 Marie v. Kleist, * ... 4. 7. 1757, † ... 10. 11. 1798 (gesch. ...), T. d. Christian Ewald v. K., Fkhrn auf Kerklingen u. Dobelsberg, Kurld, u. d. Catharina Alexandrine v. Vietinghoff a. d. H. Ihlen;
× III. ... 8. 5. 1789 Benigna v. Rosenberg, * um 1747, † Pilten 2. 7. 1810, T. d. Nicolaus v. R. auf Alt- u. Neu-Sillen, Kurld, u. d. Benigna Sophia v. Korff a. d. H. Peltzen.

Zweiter Ehe (1 Tochter jung †):

1. Alexandrine, * ... 5. 10. 1776, † Goldingen 5. 1. 1810;
× I. ... 11. 4. 1804 Donatus v. Bolschwing, * ... 7. 8. 1772, † ... 13. 1. 1844, OHptmGerAssessor in Goldingen (gesch. ...);
× II. ... 6. 1. 1808 Ferdinand Baron v. der Osten gen. Sacken, * Rauden 5. 10. 1774, † Goldingen 16. 5. 1853, auf Kimahlen, ... Major a. D., Friedensrichter in Goldingen (s. u., Stamm B, I. Linie, 3. Ast, 2. Zweig, 3. Haus, b.).

2. Ewald Carl Adam, * Ksp. Bauske 3. 12. 1784, † Bathen 9. 6. 1846, Majoratshr auf Bathen, Kgl. preuß. u. Kais. russ. Lt, Rr d. JohO.;
× I. Mitau 11. 5. 1813 Adelheid Harder (aus russ. Adel), * ... 6. 11. 1796, † ... 10. 3. 1856, ▭ St. Petersburg (gesch. ... 1814; × II. ... 1817 Jacob Kohlen [aus russ. Adel], Kais. russ. Oberstlt), T. d. Kais. russ. Kollegienrats ... H. u. d. ...;
× II. Lipsthusen 20. 11. 1816 Christina (Christel) v. der Osten gen. Sacken, * Goldingen 3. 9. 1798, † Dondangen 15. 11. 1857 (s. u., 2 Haus) (gesch. ... 1818; × II. Dondangen 5. 7. 1832 Theodor Baron v. der Osten gen. Sacken, † Dresden-Blasewitz 10. 6. 1874, Majoratshr auf Dondangen; s. u. Stamm B, III. Linie, 2. Ast, 1. Zweig, 2. Haus), T. d. Kurfstl. sächs. u. Kgl. poln. Khrn u. Kais. russ. WStRats Otto v. der O. gen. S. auf Lipsthusen, Lehnen u. Sirgen u. d. Caroline v. Hahn a. d. H. Plahnen;
× III. ... 19. 8. 1822 Eleonore (Laura) v. der Osten gen. Sacken, * Wangen 29. 4. 1806, † Amboten 24. 3. 1882 (s. u., Stamm B, I. Linie, 3. Ast, 1. Zweig, 1. Haus), T. d. Friedrich v.

der O. gen. S., Majoratshrn auf Wangen, auf Berghof u. Appussen u. d. Eleonore Gfin v. Kettler, Erbin von Essern u. Bresilgen.

Kinder: a) erster Ehe:

1) Thecla Johanna Caroline, * ... 1. 1. 1815, † Stuttgart 20. 1./1. 2. 1888, ▭ St. Petersburg;
⚭ St. Petersburg 1. 6. 1835 Gustav Adolph Baron v. der Oest gen. v. Driesen, * ... 4. 4. 1807, † St. Petersburg 28. 2. 1862, Kais. russ. WStRat.

b) dritter Ehe (1 Sohn jung †):

2) Eleonore Alexandrine Charlotte Maria, * Bathen 9. 8. 1823, † St. Petersburg 28. 11. 1851.

3) Johanna (Jenny) Henriette Friederike Elisabeth, * Bathen 6. 5. 1825, † ebd. 24. 11. 1848.

4) Fabian Carl Gregor Jerôme Ernst Baron v. der Osten gen. Sacken, * Bathen 18. 5. 1830, † St. Petersburg 30. 11. 1865, Majoratshr auf Bathen.

5) Fenimore Elmerine Baronesse v. der Osten gen. Sacken, * Bathen 20. 3. 1841, † Libau 10. 11. 1886;
⚭ Hasenpoth ... 1865 Ernst v. Bingen, * Libau 12. 10. 1827, † Jakobstadt 15. 12. 1886, Pfandhr auf Klein-Dselden (1865—1871), Kurld, Akzisebeamter in Jakobstadt.

6) Friedrich Johann Ulrich Alexander, * Bathen 26. 9. 1842, † St. Petersburg 9. 4. 1851.

3. Otto Friedrich Ernst, * Ksp. Bauske 17. 1. 1786, ⚔ bei Preußisch-Eylau 7./8. 2. 1807, ...

2. Haus (Lipsthusen)

Otto Hieronymus v. der Osten gen. Sacken, * ... 24. 9. 1739, † Lipsthusen 29. 3. 1808, auf Lipsthusen, Lehnen u. Sirgen, Kurld, Kurfstl. sächs. u. Kgl. poln. Khr, Kais. russ. WStRat;
⚭ I. um 1769 Constantia Catharina v. Heyking, * ... 27. 5. 1748, † Sirgen 14. 5. 1794, auf Sirgen, T. d. Johann Ernst v. H. auf Sirgen u. Feldhof, Kurld, u. d. Anna Catharina v. den Brincken;
⚭ II. Musischazeem, Kurld, 20. 9. 1797 Caroline v. Hahn, * 1765, † Lipsthusen 7. 3. 1821, T. d. Kurfstl. sächs. Lts Friedrich Christoph v. H. auf Dsirren, Plahnen u. Endenhof, Kurld, u. d. Anna Dorothea v. Brucken gen. Fock a. d. H. Wolgund.

a) Erster Ehe: 3 Söhne jung †.

b) Zweiter Ehe:

1. Christina (Christel) Charlotte Sophie, * Goldingen 3. 9. 1798, † Dondangen 15. 11. 1857;
× I. Lipsthusen 20. 11. 1816 Ewald v. der Osten gen. Sacken, * Ksp. Bauske 3. 12. 1784, † Bathen 9. 6. 1846, Majoratshr auf Bathen, Kgl. preuß. u. Kais. russ. Lt (s. o., 1. Haus) (gesch. ... 1818);
× II. Dondangen 5. 7. 1832 Theodor Baron v. der Osten gen. Sacken, * Dondangen 16. 10. 1801, † Dresden-Blasewitz 10. 6. 1874, Majoratshr auf Dondangen (s. u., Stamm B, III. Linie, 2. Ast, 1. Zweig, 2. Haus).

2. Juliana Agnesa Albertina (Bertha) Baronesse v. der Osten gen. Sacken, * ... 6. 6. 1800, † ... 1863.

2. Ast (Pauren)

Johann v. Sacken, urkundl. 1595, † 1667, Pfandhr auf Pauren, Kurld, Kurfstl. sächs. Major;
× Susanna v. der Recke, T. d. Kgl. poln. OKhrn u. Kriegsobersten, kurld. Ldhofmeisters u. Rrbankrichters Matthias v. der R. auf Brame, Westf., Neuenburg, Talsen, Kabillen, Langsehden u. Kratzen, Kurld, u. d. Anna v. Kettler a. d. H. Nesselrode.

Johann, * 1634, † 1711, Pfandhr auf Pauren, Kgl. poln. Kpt.;
× Catharina Sophia v. Treyden, T. d. Levin v. T. auf Dserwen, Kurld, u. d. ...

Friedrich Eberhard * 1677, † 1735; s. 1. Zweig.	Heinrich Wilhelm, * 1679, † 1736; s. 2. Zweig.	Johann Ernst, * 1681, † 1727; s. 3. Zweig.

1. Zweig (Abgulden)

Friedrich Eberhard v. Sacken, * 1677, † ... 3. 12. 1735, auf Groß- u. Klein-Abgulden u. Aken (seit 1714), Kurld, Kgl. dän. Lt;
× I. Anna Sophia v. Medem, † ..., T. d. ... Oberstlts Ernst v. M. auf Blankenfeld, Kurld, u. d. Magdalena v. Gantzkau;

× II. Satticken 25. 11. 1706 Margaretha Dorothea v. Korff, T. d. Kgl. poln. Oberstlts Nicolaus Wilhelm v. K. auf Zagory usw., Litauen, u. d. Agnesa Dorothea v. Vietinghoff a. d. H. Kruschkaln, auf Groß- u. Klein-Satticken, Kurld.

Zweiter Ehe:

Johann Ernst v. der Osten gen. Sacken, * ... 4. 11. 1710, † Mitau 28. 2. 1795, auf Abgulden, Aken, Potkaisen (seit 1745) u. Pankelhof, Kurld, Kurfstl. sächs. u. Kgl. poln. Khr;
× Mitau 8. 10. 1734 Catharina Elisabeth v. Sacken, * ... 10. 3. 1716, † Pankelhof (▭ 17. 12.) 1754, T. d. Kgl. poln. Kjkrs u. kurld. Ldhofmeisters Christopher Friedrich v. S. auf Tels, Seemuppen u. Appricken, vorm. auf Libbingen u. Kunden, u. d. Catharina v. Korff a. d. H. Dahmen (s. u., Stamm B, I. Linie, 3. Ast, 2. Zweig).

(2 Söhne, 1 Tochter jung †)

1. Catharina Dorothea, ~ Ksp. Groß-Autz, Kurld, 19. 8. 1735, ...

2. Johann Ernst, * 1738, † 1807; s. 1. Haus.

3. Carl Christopher, * ... 11. 9. 1739, † Mitau 21. 7. 1798, Kais. russ. Oberst.

4. Friedrich Gotthard, * 1740, † 1811; s. 2. Haus.

5. Otto Ewald, * 1742, † 1797; s. 3. Haus.

6. Fromhold Werner, * ... 23. 6. 1744, † ... 1. 11. 1770, Kgl. preuß. Fähnrich.

7. Reinhold Christian, * Ksp. Hofzumberge, Kurld, 26. 11. 1745, † Mitau 16. 9. 1820, Kgl. preuß. Kpt.

8. Catharina Dorothea, ~ Ksp. Doblen, Kurld, 5. 4. 1748, † Pussen, Kurld, 24. 2. 1839;
× ... 11. 1. 1771 Johann Ewald v. Mirbach, ~ Pussen 21. 6. 1749, † ebd. 24. 6. 1818, auf Pussen.

9. Ferdinand, ~ Ksp. Hofzumberge 29. 12. 1749, ...

10. Johanna Elisabeth, ~ Ksp. Hofzumberge 9. 2. 1753, ...

11. Juliana Agnesa, ~ Ksp. Hofzumberge 5. 12. 1754, † Pewicken, Kurld, 6. 4. 1829.

1. Haus (Abgulden)

Erloschen.

Johann Ernst v. der Osten gen. Sacken, * ... 16. 8. 1738, † ... 13. 9. 1807, auf Groß- u. Klein-Abgulden u. Potkaisen, Kreismarschall in Mitau;
× I. ... 18. 8. 1765 Catharina Elisabeth v. Mirbach, * ... 30. 3. 1748, † Mitau 4. 4. 1796 (gesch. ... 25. 7. 1794), T. d. Emmerich Johann v. M. auf Pussen, Kurld, u. d. Dorothea Juliana v. Manteuffel gen. Szoege a. d. H. Katzdangen;
× II. Ksp. Doblen 16. 9. 1794 Caroline Marschall v. Bieberstein, * ... 4. 6. 1777, † ... 5. 6. 1835 (× II. Ksp. Doblen 8. 2. 1809 Michael v. Düsterlohe, † ... 16. 4. 1835, auf Egaudzen, Kais. russ. Rittmeister), T. d. Kgl. preuß. Rittmeisters Ferdinand M. v. B. u. d. Benigna v. Kleist.

Zweiter Ehe (1 Sohn, 2 Töchter jung †):

1. Catharina Elisabeth Dorothea, ~ Mitau 19. 4. 1795, † ... (nach 1857);
   × Ksp. Doblen 16. 9. 1814 Reinhold v. den Brincken, * ... 26. 11. 1781 od. 1782, † Schödern, Kurld, 28. 2. 1857, auf Schödern.

2. Ernst Johann Carl, ~ ... 22. 6. 1796, † Potkaisen 12. 9. 1826, auf Groß- u. Klein-Abgulden (verk. 1820) u. Potkaisen.

3. Elisabeth Friederike Juliana, * ... 10. 10. 1798, † Kummeln, Kurld, 22. 1. 1852;
   × I. ... 16. 8. 1816 Otto Schroeder (russ. Adel), * ..., † ..., auf Potkaisen (1821), Kais. russ. Oberstlt (gesch. ...);
   × II. Ksp. Lassen 10. 12. 1833 Valerian Baron v. der Osten gen. Sacken, * Lowieden 11. 9. 1804, † Kummeln 30. 4. 1875, auf Kummeln (s. u., Stamm B, IV. Linie, 2. Ast).

4. Johann Reinhold Ferdinand, ~ ... 25. 6. 1800, ...

5. Carl Ferdinand, * ... 22. 11. 1801, ...

2. Haus (Groß-Dahmen)

Friedrich Gotthard v. der Osten gen. Sacken, * ... 21. 12. 1740, † Bassen 27. 3. 1811, auf Groß-Dahmen, Arrendator auf Bassen, piltenscher Ldrat;

⚭ um 1782 Charlotte v. Mirbach, * ... 9. 4. 1763, † ... 27. 5. 1839, ▭ Goldingen, T. d. Kgl. preuß. Kpt. Jacob v. M. a. d. H. Wangen u. d. Maria Elisabeth v. Blomberg a. d. H. Perbohnen.

(2 Söhne, 1 Tochter jung †)

1. Friedrich Ernst Johann, * 1784, † 1849; s. a.

2. Dorothea Elisabeth, * ... 28. 10. 1786, † ... 4. 5. 1818;
⚭ ... 1. 1804 Jacob Gruzewski (aus poln. Adel), * ..., † ..., auf Kielmi, Kais. russ. GenMajor.

3. Agnesa Friederike Caroline Juliane, ~ Ksp. Durben 17. 2. 1790, ...

4. Johanna Wilhelmine Ulrika, * Ksp. Gramsden, Kurld, 18. 9. 1794, ...

5. Carl Ewald, * Ksp. Gramsden 18. 9. 1794 (Zwillingsbruder der Vorigen), ⚔ bei Krasnow 7. 10. 1812, Kais. russ. Lt.

6. Johanna (Jenny) Louise Gottlieb, * Groß-Dahmen 25. 2. 1796, † Goldingen 26. 3. 1831;
⚭ ... 1. 1. 1814 Wilhelm v. der Osten gen. Sacken, * ... 11. 12. 1779, † Goldingen 19. 5. 1831, Arrendator auf Hasau u. Bassen, Kais. russ. Kpt. (s. u., 3. Haus, b.).

7. Charlotte Margarethe, * Ksp. Gramsden 28. 3. 1802, ...

8. Alexander Theodor Gustav, * 1804, † 1877; s. b.

a. (Rauden)

Friedrich Ernst Johann v. der Osten gen. Sacken, * ... 12. 3. 1784, † Mitau 2. 1. 1849, auf Rauden, Kurld, Kais. russ. Polizeiassessor in Mitau;
⚭ ... 25. 7. 1804 Caroline Bogumila Walck, * ... 25. 7. 1787, † ..., T. d. ... W., Starosten von Jasienick Pelasza, Gouvt Grodno, u. d. Johanna Gruzewska (aus poln. Adel) a. d. H. Kielmi.

1. Albert Rudolph Julius Marzian, * ... 16. 2. 1808, † (im Duell) Straßburg 25. 8. 1826, ...

2. Rudolph Ernst Wladislaw Stephan Baron v. der Osten gen. Sacken, * Johanpol 19. 1. 1812, † Mitau 22. 4. 1876, Kais. russ. Kollegiensekr. (1846) u. Zollbeamter;

× I. Keydany, Litauen, 13. 10. 1836 Sophie Miternowska, * ... (um 1819), † Riga 19. 7. 1852 (kath.), T. d. ... u. d. ...;
× II. ... 13. 3. 1854 Johanna Maria Maack, * Arensburg ..., † Riga (?) ..., T. d. Kaufm. Carl M. u. d. Julie Jordan.

Kinder erster Ehe (luth.):

1) Elvira Caroline Alexandrine Felicie, * Poszwenten 13. 1. 1839, † St. Petersburg 7. 2. 1907;
× ... Alexander Richter (russ. Adel), * ... 26. 4. 1834, † Witebsk 31. 12. 1896, Kais. russ. Gen. u. Kmdr d. XVI. Armeekorps.

2) Albertine Ottilie Sophie Jacobine, * Poszwenten 1. 5. 1840, † St. Petersburg 5. 1. 1879;
× ... James Maack, * Arensburg 5. 7. 1827, † St. Petersburg 1. 4. 1901, Kais. russ. WStRat u. OArzt der Marine.

3) Carl Georg Ernst Johann, * Radziwilow, Wolhynien, 30. 11. 1842, ...

4) Caroline Louise Cölestine Maria, * Radziwilow 31. 3. 1845, ...

5) Johann Alphons Ernst, * Radziwilow 9. 4. 1846, † ... 6. 3. 1911, Kais. russ. Gen. d. Inf. u. GenKriegsprokureur;
× ... 27. 10. 1874 Catharina Zybin (aus russ. Adel), * ... 1. 12. 1846, † ... (orth.), T. d. Komponisten Kyrill Afanassiewitsch Z. u. d. Sophia Alexandrowna Aledinsky.

Söhne (orth.):

(1) Maximilian, * ... 20. 2. 1876, † ... 10. 5. 1900, ...

(2) Leo, * ... 20. 9. 1879, † ..., Kais. russ. FregKpt. (1914);
× ... 12. 1. 1903 Warwara Birilew, * ... 21. 12. 1877, † ..., T. d. Kais. russ. Vizeadmirals Alexej Alexejewitsch B. u. d. Marguerite Nikolajewna Toporow.

Kinder:

a. Maximilian, * ... 3. 11. 1903, ...

b. Natalie, * ... 17. 6. 1905, ...

c. Alexej, * ... 18. 9. 1909, ...

6) Celine Emma Alexandra, * Radziwilow 19. 9. 1847, † Wilna (?) ...

3. Emma Gottlieb, * Ksp. Gramsden 8. 7. 1820, † ... 13. 5. 1892, Direktrice d. Mariinsky-Lyzeums;
× ... Jegor Raisky, ...

4. Elvire (Elvira) Charlotte, * ... 11. 5. 1822, † St. Petersburg 1. 1. 1897;
   ⚭ ... Theodor Christoph Friedrich Walther (russ. Adel), * Arnstadt, Thür., 20. 5. 1809, † St. Petersburg 20. 11. 1886, Dr. phil.

5. Elvire Henriette Theophile, * ... 17. 3. 1827, † ...

b. (Bathen)

Alexander Theodor Gustav Baron v. der Osten gen. Sacken, * ... 12. 12. 1804, † ... 16. 12. 1877, ▭ Mitau, Majoratshr auf Bathen, Kais. russ. GenMajor;
⚭ ... 6. 5. 1856 Catharina Gelowanow, * ..., † ... (orth.) (⚭ I. ... Paul Bjeltschansky, † ..., Kais. russ. SecLt), T. d. ... Nikolai G. u. d. ...

(orth.)

1. Wladimir, * ... 24. 1. 1851, † ..., Kais. russ. Kpt.;
   ⚭ ...
   Kinder:
   1) Nina, * ... 19. 2. 1879, ...
   2) Eugen, * ... 23. 1. 1882, † Riga 16. 8. 1908, Kais. russ. Lt;
      ⚭ ... 30. 6. 1904 Antonina Izotow, * ... (um 1885), † Danzig ... 7. 1940 (⚭ II. ... Turczyński, ...), T. d. ... Alexej I. u. d. ...
      Kinder:
      (1) Wladimir, * Riga 16. 9. 1904, ⚔ (vermißt) ... (für tot erklärt mit Wirkung vom) 31. 12. 1945, Lagerverwalter;
          ⚭ Danzig 2. 2. 1931 Helena Jabłońska, * Smętowo (?), Kr. Marienwerder, 4. 12. 1905, † Danzig 10. 1. 1957, T. d. OPostschaffners Julian J. u. d. Maria Klein.
          Kinder:
          a. Eugenia Maria, * Danzig 11. 8. 1934, Beamtin;
             ⚭ Danzig 28. 11. 1957 Janusz Wysocki (W. Ogończyk), * Płock 28. 8. 1920, † Danzig 24. 6. 1985, Ing. *(Ul. Biernackiego 9, PL-80-... Gdańsk-Chełm [Danzig-...]).*
          b. Krystian Antoni, * Danzig 6. 4. 1936, Tischler *(Ul. Sempołowskiej 7, PL-80-... Gdańsk [Danzig]);*

× Grajewo 10. 1. 1959 Irena Kalska, * Grajewo 8. 1. 1941 (gesch. Danzig ... 5. 1965), T. d. Technikers Bolesław K. u. d. Bronisława Muczyńska
(Ul. Zwirki i Wigury 3 F m. 26, PL-80-463 Gdańsk [Danzig]).

Tochter:

Grazyna Helena, * Danzig 18. 2. 1960, Bautechnikerin;
× Danzig 3. 7. 1981 Dariusz Klata, * Danzig 30. 7. 1959, Autotechniker
(Ul. Zwirki i Wigury 3 F m. 26, PL-80-463 Gdańsk [Danzig]).

c. Aleksy Julian, * Danzig 18. 6. 1937, Baumaschinenführer;
× Grajewo 19. 8. 1961 Genowefa Jachimowicz, * Kubra 17. 3. 1940, T. d. Bauern Stanisław J. u. d. Franciska Rutkowska
(Ul. Perłowa 4 m. 13, PL-80-024 Gdańsk-Orunia [Danzig-Ohra)].

Kinder:

a) Jarosław Zbigniew, * Danzig 15. 8. 1963, Elektromechaniker, Kranführer;
× Danzig 13. 10. 1984 Małgorzata Gilewska, * Danzig 8. 2. 1963, Wirtschaftstechnikerin, Buchhalterin, T. d. Schweißers Jerzy G. u. d. Krystyna Płocka
(An der Autobahn 30, 3012 Langenhagen).

Sohn:

Marek, * Danzig 4. 6. 1986.

b) Justyna Jolanta, * Danzig 8. 11. 1972.

d. Jerzy Waldemar, * Danzig 18. 10. 1941, Automechaniker;
× Danzig 24. 12. 1965 Stanisława Szczepańska, * Kolonia Chobut, Prov. Kowel, Wolhynien, 24. 11. 1942, T. d. Bauern Stanisław Sz. u. d. Maria Bąkowska
(Ul. Lumumby 42 F m. 1, PL-80-366 Gdańsk-Przymorze [Danzig-Konradshammer]).

Söhne:

a) Waldemar Marek, * Danzig 22. 3. 1966, Schlosser (...).

b) Adam Wiesław, * Danzig 2. 10. 1967, Elektromonteur;
× Danzig 21. 3. 1987 Ewa Wrońska, * Danzig 1. 6. 1968, T. d. Bauern Bronisław W. u. d. Irena Samsoniuk
(Ul. Lumumby 42 F m. 1, PL-80-366 Gdańsk-Przymorze [Danzig-Konradshammer]).

Sohn:

Mateusz, * Danzig 14. 5. 1987.

(2) Nina, * Riga 1. 10. 1905, † Berlin 13. 11. 1980;
× ... 1945 (?) Alfred Marten, * ..., Deutschld, 1. 2. 1906, † Berlin 24. 4. 1962, ...

2. Olga, * ... 30. 1. 1853, † ...;
× I. ... Sukiassow, Kais. russ. Offz. in Mitau;
× II. ... Retzky, Kais. russ. Offz. in Mitau.

3. Constantin, * Baku 25. 10. 1858, † Bathen 1. 6. 1918, Majoratshr auf Bathen u. Dsirgen;
× ... 4. 11. 1881 Emilie Kaull, * ... 5. 11. 1859, † Berlin (?) ... (nach 1925), T. d. ... K. in Meldsern u. d. ...

Kinder:

1) Valerie, * ... 28. 10. 1882, ...

2) Wera, * ... 4. 10. 1883, ...

3) Nicolai, * Rauden 6. 10. 1884, † Labiszyn, Kr. Schubin, 25. 12. 1942, Majoratshr auf Bathen (§);
× I. Libau ... Valeska Sakowski, * ... 2. 12. 1888, † ... (gesch. ...; × II. ... von Riesen, † um 1925, ...);
× II. Libau 14. 8. 1926 ... (Lily) Gries, * Libau 6. 9. 1898, † Nürnberg (?) ..., T. d. ... u. d. ...

Söhne zweiter Ehe:

(1) Fred Wedig, * Libau 14. 7. 1927, † ..., Canada, 21. 9. 1984, ...;
× Nürnberg 10. 5. 1968 Marianne Reichardt, * ... 25. 5. 1927, T. d. ... Hermann R. u. d. Cölestine Hoppisch
(Am alten Schlag 3, 8501 Roßtal-Trettendorf).

Adoptivsohn: s. u.

(2) Klaus-Arndt, * Frauenburg 28. 6. 1929, † Gröbenzell bei München 25. 5. 1977, ...;
× ... 24. 2. 1962 Ursula Küfer, * ..., † ..., T. d. ... u. d. ...

Tochter:

Astrid Sonja, * Lemgo 4. 3. 1973
(bei Dr. Rolf Rühle, Marquardsburg 2, 8501 Eckental).

4) Elisabeth, * ... 30. 10. 1885, ...

5) Margarethe, * ... 14. 5. 1887, ...

6) Helene, * ... 12. 7. 1888, ...

7) Marie, * ... 3. 10. 1889, ...

8) Anna, * ... 3. 7. 1891, † Charlottenburg 12. 4. 1907.

9) Eugenie, * ... 12. 2. 1894, ...

4. Alexej, * ... 13. 3. 1867, † Berlin 27. 10. 1926, Kais. russ. Beamter beim Gouv. von Kurland;
× St. Petersburg 9. 2. 1897 Maria Kepler, * St. Petersburg 8. 11. 1866, † Genf (?) ... (nach 1954), T. d. ... Franz K. u. d. ...

3. Haus (Puttnen)

Otto Ewald v. der Osten gen. Sacken, * ... 4. 1. 1742, † Mitau 11. 6. 1797, auf Puttnen u. Sknaben, Kurld, Pfandhr auf Jostan, Kurld, Arrendator auf Gailhof, Kurld, Kgl. preuß. Lt a. D., Kreisrichter in Mitau;
× ... 4. 5. 1774 Anna Budewitz, * ... 17. 10. 1754, † Mitau 11. 8. 1835, T. d. ... u. d. ...

1. Johanna Agnesa, * ... 4. 10. 1775, † Feldhof, Kurld, 17. 10. 1845;
× ... Johann Hermann Rückmann (russ. Adel), * ..., † ... 1. 8. 1805, Kais. russ. Rittmeister.

2. Catharina Dorothea Baronesse v. der Osten gen. Sacken, * ... 8. 9. 1776, † ... 1863.

3. Carl Reinhold, * 1778, † 1842; s. a.

4. Wilhelm Sigismund, * 1779, † 1831; s. b.

5. Caroline Elisabeth, * ... 4. 5. 1783, † Goldingen 3. 5. 1856;
× ... 12. 11. 1812 Carl v. der Osten gen. Sacken, * Königsberg i. Pr. ... 1788, † Kunden 23. 4. 1821, auf Kunden, Libbin-

gen u. Mundicken, Kgl. preuß. Lt a. D. (s. u., Stamm B, I. Linie, 3. Ast, 2. Zweig, 1. Haus).

6. Andreas Friedrich, * 1785, † 1853; s. c.

7. Gottlieb Anna Baronesse v. der Osten gen. Sacken, * ... 1789, † ... 8. 10. 1854.

a. (Pewicken)

Carl Reinhold v. der Osten gen. Sacken, * ... 11. 4. 1778, † Pewicken 3. 10. 1842, auf Pewicken u. Labraggen, Kurld, Arrendator auf Schlampen, Kurld, Kais. russ. Kpt.;
⚭ I. Mitau 14. 5. 1811 Dorothea v. der Brüggen, * Arishof, Kurld, 12. 12. 1792, † Mitau 29. 10. 1815 (gesch. ...), T. d. Kurfstl. sächs. Obersten Alexander v. der B. auf Arishof u. d. Juliana v. der Osten gen. Sacken a. d. H. Libbingen (s. u., Stamm B, I. Linie, 3. Ast, 2. Zweig, 2. Haus);
⚭ II. Ksp. Sackenhausen, Kurld, 27. 1. 1824 Eleonore Teichmann, * Kermhof, Kurld, 21. 10. 1797, † Pewicken 10. 2. 1843, T. d. PolizeiInsp. Christoph Reinhold T. u. d. Christina Elisabeth Reinholz.

a) Erster Ehe:

1. Juliana (Julie) Friederike Caroline, ~ ... 5. 6. 1812, † Jahteln 30. 11. 1835;
⚭ ... 20. 12. 1834 Christoph v. Brucken gen. Fock, * ... 23. 3. 1806, † ... (nach 1884), Majoratshr auf Stücken bei Beelitz, Bez. Potsdam, auf Jahteln, Kurld, Kais. russ. Lt der Garde.

2. Elisabeth Ottilie Alexandra, * ... 3. 4. 1814, † ... 21. 5. 1899;
⚭ ... 11. 4. 1837 Carl Baron v. Buchholtz, * ... 20. 6. 1805, † ..., auf Garsden, Kurld.

3. Reinhold Gustav Hermann Baron v. der Osten gen. Sacken, * ... 4. 6. 1815, † Garsden 17. 8. 1870, ...

b) Zweiter Ehe:

4. Adelheid Mathilde, * ... 19. 12. 1815, ...

5. Carl Eduard Baron v. der Osten gen. Sacken, * ... 20. 11. 1816, † Illuxt 4. 5. 1855, HptmGerAssessor in Illuxt.

6. Emilie Henriette, * ... 15. 11. 1817, † ... 24. 9. 1840.

7. Natalie Charlotte, * ... 8. 2. 1819, ...

8. Amalie Auguste Baronesse v. der Osten gen. Sacken, * ... 25. 6. 1820, † Windau 2. 1. 1890.

9. Caroline Sophie Baronesse v. der Osten gen. Sacken, * Pewicken 15. 7. 1821, † Windau 22. 5. 1902.

10. Cäcilie Pauline Baronesse v. der Osten gen. Sacken, * Pewicken 2. 2. 1823, † Mitau 4. 6. 1905, Vorsteherin i. R. der Dorotheenschule in Mitau.

11. Wilhelm Robert Ewald, * ... 3. 12. 1824, ...

12. Johanna (Jenny) Eleonore Wilhelmine, * ... 4. 4. 1826, † ... 15. 9. 1912, ▭ Mitau.

13. Julius Theodor Reinhold Baron v. der Osten gen. Sacken, * Pewicken 11. 10. 1827, † Forstei Behrs-Ziepelhof, Kurld, 21. 9. 1885, Kais. russ. StRat u. kurld. GouvKanzleidir.; × I. ... 1866 Adele Spinkler, * ..., † Mitau 4. 3. 1867, T. d. Arztes Dr. med. Johannes Sp. in Tuckum u. d. Emilie Grosse; × II. ... 14. 7. 1870 Helene Spinkler, * Forstei Bershof, Kurld, 9. 2. 1842, † ... 15. 2. 1890, ▭ Mitau, Schwester der ersten Gemahlin.

Kinder: a) erster Ehe:

1) Reinhold Johann Julius, * Mitau 24. 1. 1867, † ... (jung).

b) zweiter Ehe:

2) Reinhold Johannes Paul, * Mitau 27. 11. 1871, † Berlin 3. 12. 1937, Dozent f. Slaw. Sprachen an der Handelshochschule Berlin und an der Techn. Hochschule Charlottenburg; × Mitau 15. 12. 1903 Anna Louise Schmidt, * Mitau 20. 6. 1878, † Altena, Westf., 3. 3. 1950, T. d. ... u. d. ...

Kinder:

(1) Johann (Johannes) Victor Julius, * Deutsch-Wilmersdorf 12. 11. 1906, † Düsseldorf 10. 2. 1967, Dr. rer. pol., DiplKaufm., Geschäftsführer nordrhein. Wirtschaftsverbände;
× I. Berlin 4. 5. 1935 Praxedis Baronesse v. Ledersteger-Falkenegg, * Berlin 25. 3. 1916 (gesch. ... 26. 10. 1958), T. d. Rechtsanwalts Dr. jur. Aloys Wilhelm Adolf Baron v. L.-F. u. d. Johanne Margareta Gürtler *(Georgenstr. 27, München 40)*;
× II. ... 9. 8. 1963 Heide Blees, * ..., T. d. ... Franz B. u. d. Rosel Herchen
(Lindemannstr. 100, 4000 Düsseldorf 1).

Kinder erster Ehe:

a. Monika Praxedis Helene, * Berlin 20. 7. 1938, Sekr., führt wieder den Geburtsnamen
(Hof Falkenegg, Dorfstr. 56, 5358 Bad Münstereifel-Schönau);
× ... Manfred Agne, * ..., ... (gesch. ...).

b. Reiner Wilfried, * Berlin 30. 1. 1941, Bankkaufm. *(Schwerinstr. 22, 4000 Düsseldorf 30)*.

(2) Theodor Reinhold Paul, * Deutsch-Wilmersdorf 3. 9. 1908, † (in sowjet. Haft) Torgau 22. 4. 1948, DiplLdwirt, OLt;
× Berlin ... Zoë Startschenko, * ... 29. 3. 1893, † ... (orth.).

(3) Helene (Hela) Marga Olga Anna, * Berlin-Wilmersdorf 20. 10. 1912
(Weseler Str. 9, Düsseldorf 1);
× Berlin ... Wolfgang Steinberg, * ..., ... (gesch. vor 1967).

3) Carl Johann Victor, * Mitau 20. 4. 1873, † Ringen 11. 10. 1913, auf Pundern, Kurld.

4) Ewald Emil, * Mitau 14. 9. 1874, † ..., Arzt, Prof. der Medizin an der Univ. St. Petersburg (seit 1919);
× ... 30. 4. 1906 Olga Pfahler, * ... 25. 11. 1879, † ..., T. d. Bankdir. Heinrich Pf. in Odessa u. d. ...
Kinder:

(1) Maria Olga Helene, * St. Petersburg 17. 2. 1907, ...

(2) Heinrich Julius, * St. Petersburg 31. 1. 1909, ...

(3) Victor, * ..., ...

(4) Otto, * ..., ...

5) Theodor Adolph Otto, * Mitau 3. 1. 1876, † ebd. 16. 12. 1929, BezGerPräs. in Mitau;
× Tiflis 30. 1. 1902 Nina Feodorow, * Elisawetpol, Kaukasus, 18. 4. 1876, † Riga 3. 2. 1937 (orth.), T. d. Rechtsanwalts Eugen F. u. d. Sophie Lemmermann.
Kinder (orth.):

(1) Paul, * Tiflis 8. 6. 1903, † bei Hardegsen, Kr. Northeim, 28. 8. 1950, Forstmeister;
× Mitau 5. 6. 1932 Edith Thonigs, * Libau 19. 11. 1903, † Roetgen, Eifel, 18. 12. 1982 (luth.), Schwester

Emil Baron v. der Osten gen. Sacken a. d. H. Pewicken
* 1874 † ...
Professor der Medizin an der Universität St. Petersburg (seit 1919)
s. S. 256

Otto Baron v. der Osten gen. Sacken a. d. H. Pewicken

* 1876 † 1929

Bezirksgerichtspräsident in Mitau

mit seiner Gemahlin Nina, geb. Feodorow, * 1876, † 1937,

und den Kindern Paul, * 1903, † 1950, Helene, * 1904, † 1974, und Peter, * 1909

s. S. 256 u. 261

Joachim Baron v. der Osten gen. Sacken
* 1890 † 1963
auf Wormen in Kurland
s. S. 273

Wassili (Wilhelm) Baron v. der Osten-Sacken-Tettenborn

* 1881 † 1949

auf Wlassowo, Gouvt St. Petersburg

Kais. russ. Hofrat u. Kreischef in Peterhof bei St. Petersburg

s. S. 292

vom Roten Kreuz, T. d. Malermeisters u. Bauunternehmers Alfred Th. u. d. Helene Stahl.

Kinder (luth.):

a. Alice Veronica, * Riga 29. 9. 1933, Sozialpädagogin *(Tietzenweg 93, 1000 Berlin 45).*

b. Victor, * Mitau 14. 5. 1935, DiplIng., Kpt. auf Großer Fahrt, Hauptkommissar im Bundesgrenzschutz;
× Lübeck 14. 5. 1963 Ina Bahr, * Königsberg i. Pr. 13. 11. 1940, T. d. ... Gottlieb B. u. d. Betty Lobach
(Hermannshofer Weg 14, 2430 Neustadt-Schashagen).

Kinder:

a) Ernestine, * Hannover 31. 1. 1964, stud. phil. *(Mindener Str. 13, 1000 Berlin 10).*

b) Detlev Paul, * Lübeck 26. 8. 1965, stud. ing. *(Hermannshofer Weg 14, 2430 Neustadt-Schashagen).*

c. Ernst, * Mitau 20. 1. 1937, Dr.-Ing., Prof. f. Maschinenbau an der Techn. Hochschule Aachen;
× Hannover 17. 5. 1966 Barbara Deinhardt, * Gdingen 31. 1. 1942, Lehrerin, T. d. ... Wolf D. u. d. Karin Thomberg
(Grüne Pleistr. 37, 5101 Roetgen, Eifel).

d. Sigyn, * Kornik, Kr. Schrimm, 15. 2. 1941, Kunsterzieherin, führt wieder den Geburtsnamen
(Geißbergstr. 53, CH-5400 Ennetbaden);
× Endingen, Aargau, 5. 7. 1974 Christian Bart, * ..., dipl. Architekt (gesch. ...).

(2) Helene, * ... 22. 11. 1904, † Germersheim, Pfalz, 17. 6. 1974;
× Riga 21. 6. 1931 Walter Lange, * Riga 26. 12. 1904, † Benefeld bei Walsrode 24. 5. 1981, Dr. jur., AmtsgerRat i. R., vorm. vereid. Rechtsanwalt in Riga (gesch. ... 1950).

(3) Peter, * Mitau 16./29. 5. 1909, Dr. phil., Prof., OStudienrat i. R., Astronom, Gründer u. Leiter der Sternwarte Lübeck;
× Riga 13. 10. 1939 Rigmor Sommer, * Riga 5. 8. 1919, T. d. Importkaufm. Hans S. u. d. Adda Steen
(Sickingenweg 1, 2400 Lübeck 1).

Kinder:

a. Wolf, * Posen 20. 9. 1940, Bankkaufm.;
× Lübeck 13. 5. 1967 Helga Kutschmann, * Bad Schwalbach, Taunus, 3. 8. 1944, T. d. kaufm. Angest. Max K. u. d. Maria Sophie Caroline Scharnweber
(Kirchweg 55, 2400 Lübeck).

b. Evi, * Lübeck 4. 2. 1948, Graphikerin;
× I. Lübeck 10. 4. 1965 Robert Tilting, * Berlin 12. 11. 1945, Lehrer (gesch. Lübeck ...);
× II. Lübeck 2. 3. 1981 Stefan Bessel (s. u.).

6) Matthias David Carl, * Mitau 28. 3. 1877, ...

7) Fritz Theodor Paul, * Mitau 12. 8. 1880, † Riga 25. 7. 1934, Dr. phil., Lehrer, estld. Rrschaftsarchivar;
× Riga 20. 12. 1908 Karin v. Haken, * Wallhof 28. 4. 1884, † Lötzen, Ostpr., 23. 2. 1943, T. d. Arztes Ottomar v. H. u. d. Ellen Hesselberg.

Kinder:

(1) Jutta Alice Margarethe, * Reval 4. 9. 1909, † Aachen 19. 7. 1972, Graphikerin;
× Berlin 21. 1. 1939 Nicolai Steinberg, * Wladiwostok 9. 4. 1914, † Aachen 1. 6. 1970, Werkmeister.

(2) Hubert Julius Paul, * Reval 7. 11. 1910, † Waldbröl 30. 6. 1969, Heimleiter;
× Konin, Wartheld, 23. 3. 1942 Ursula Baronesse v. Mirbach, * Riga 13./26. 10. 1916, Altenpflegerin, T. d. DiplIng. Georg Baron v. M. a. d. H. Sallenen u. d. Magdalene Baronesse v. Rahden a. d. H. Maihof
(Im Erlengrund 7, 5220 Waldbröl-Hermesdorf).

Kinder:

a. Hella, * Konin 19. 12. 1942;
× Buenos Aires 23. 3. 1978 Juan Mateo de Armando, * Buenos Aires 5. 11. 1962, Architekt
(Contastr. 10, 2000 Hamburg 20).

b. Ger, * Konin 16. 5. 1944, Lehrer;
× Idar-Oberstein 16. 2. 1968 Erika Junghans, * Pößneck, Thür., 11. 10. 1937, Feinoptikerin (× I. ... Maid, ...), T. d. Installateurs Karl J. u. d. Ilse Wohlfahrt
(Freiligrathring 6, 4030 Ratingen 1).

Kinder:

a) Karen, * Hannover 20. 8. 1964, Ballettänzerin *(28 rue Lamartine, F-06000 Nizza).*

b) Ger, * Idar-Oberstein 19. 5. 1968, stud. chem. *(Kammerstr. 206/II, 4100 Duisburg 1).*

c. Dierk, * Ostertimke, Kr. Bremervörde, 28. 12. 1947, dipl. Sozialpädagoge;
× Hamburg 21. 7. 1978 Ingelore Krüger, * Lüneburg 21. 5. 1951, T. d. Zimmermanns Heiny K. u. d. Erna Helms
(Eppendorfer Landstr. 85, 2000 Hamburg 20).

Kinder:

a) Raja Viorna, * Hamburg 10. 9. 1978, ...

b) Joram, * Hamburg 4. 8. 1983.

c) Laurin, * Hamburg 19. 6. 1987.

d. Nels, * Ostertimke 28. 12. 1947 (Zwillingsbruder d. Vorigen), Geschäftsführer
(Martinistr. 6, 2000 Hamburg 20);
× Köln 30. 12. 1968 Christa Herzig, * Koblenz 15. 2. 1949 (gesch. Hamburg ... 1986; × II. ... Ulrich Kropp, * ..., ...), T. d. Sozialpädagogen Friedrich H. u. d. Hilde Paffrath
(Heinrich-Hertz-Str. 93, 2000 Hamburg 76).

Tochter:

Katharina, * Hamburg 8. 11. 1973
(Heinrich-Hertz-Str. 93, 2000 Hamburg 76).

e. Arn, * Heiligenhaus, Bez. Düsseldorf, 1. 8. 1954, DiplPädagoge
(Marktstr. 4, 5300 Bonn 3).

f. Marein, * Heiligenhaus 10. 5. 1956;
× Wachtberg bei Bonn 26. 6. 1980 Eckhard Müller (s. u.).

(3) Dietrich (Dietz) Bernhard Ottomar, * Reval 2. 1. 1919, † Aachen 15. 1. 1992, techn. Leiter im Atomversuchswerk Jülich;
× Venwegen bei Stolberg, Rheinld, 25. 8. 1956 Waltraut Rohr, * Schönehr, Kr. Lauenburg, Pomm., 7. 12. 1933, T. d. ... u. d. ...
(Rainweg 26, 5190 Stolberg 13 — Venwegen).

Kinder:

a. Petra, * Venwegen 17. 11. 1957, Leiterin des Hamburger Kunsthauses;
⚭ Hamburg 28. 8. 1986 Stephan Burgdorff, * ..., ...
(Blumenstr. 49, 2000 Hamburg 60).

b. Wedig, * Venwegen 10. 5. 1960, LL. M., Assessor jur.
(Rainweg 26, 5190 Stolberg 13 — Venwegen).

14. Juliane Alwine Elisabeth Baronesse v. der Osten gen. Sacken, * ... 5. 5. 1829, † Mitau 6. 3. 1894.

15. Eberhard Johann Adolph Baron v. der Osten gen. Sacken, * Pewicken 21. 7. 1830, † Windau 18. 9. 1890, HptmGerAssessor in Windau.

16. Woldemar Ernst Johann Baron v. der Osten gen. Sacken, * ... 25. 5. 1832, † ... 31. 10. 1899, Kais. russ. ForstOffz.

17. Alexandra Concordia Marie Baronesse v. der Osten gen. Sacken, * Pewicken 24. 9. 1833, † Mitau 26. 2. 1886;
⚭ ... Malinin (aus russ. Adel), * ..., † ... (vor 1864), ...

18. Friedrich Albert Eugen Baron v. der Osten gen. Sacken, * Pewicken 11. 8. 1836, † Mitau 7. 6. 1876, GenBevollm. von Bathen, stellv. KreisgerSekr. in Grobin;
⚭ Mitau 15. 9. 1874 Jenny Poswerk, * Mitau ... (um 1846), † Düshorn bei Walsrode 23. 1. 1942, T. d. Buchhalters d. kurld. Kameralhofes Ewald P. u. d. Veronica Kuster.

Kinder:

1) Julius Ewald Alexander, * Mitau 15. 8. 1875, † Jakobstadt 14. 9. 1931, Ldwirt, GerSekr.;
⚭ Riga 9. 5. 1915 Elfriede (Elfi) Tint, * Riga 16. 12. 1896, † Peine 14. 11. 1985 (⚭ II. Peine 12. 5. 1949 Willy Reuter, † ..., Postbeamter), T. d. ... u. d. ...

Sohn:

Arndt Reinhold Friedrich, * Witebsk 6. 4. 1917, ⚔ († an der erlittenen Verwundung) Zittau 22. 4. 1945, stud. jur., Lt;
⚭ Posen 21. 1. 1942 Benita Handrack, * Riga 10. 9. 1921 (⚭ II. Peine 26. 6. 1948 Ernst Pröhl, * Münster 3. 3.

1920, Bankkaufm.), T. d. Mühlenbes. Alfred H. u. d. Juliane Schiffer
(Maschweg 28 b, 3150 Peine).

Tochter:

Sigrun Birgit, * Posen 22. 1. 1943, Realschullehrerin;
⚭ Peine 7. 3. 1969 Hansjörg Franke, * Freiheit, Kr. Osterode, Harz, 20. 2. 1943, OStudienrat
(Max-Küper-Str. 16, 3150 Peine).

2) Cäcilie Friederike Albertine Eugenie, * Mitau 2. 10. 1876, † Peine 8. 2. 1955;
⚭ Waldeck bei Mitau 16. 10. 1910 Herbert v. Bluhmen, * Baldohn, Kurld, 24. 8. 1877, † Düshorn bei Walsrode 22. 2. 1942, ...

b. (Bassen)

Wilhelm Sigismund v. der Osten gen. Sacken, * ... 11. 12. 1779, † Goldingen 19. 5. 1831, Arrendator auf Hasau u. Bassen, Kurld, Kais. russ. Kpt.;
⚭ ... 1. 1. 1814 Johanna (Jenny) v. der Osten gen. Sacken, * Groß-Dahmen 25. 2. 1796, † Goldingen 26. 3. 1831 (s. o., 2. Haus), T. d. piltenschen Ldrats Friedrich Gotthard v. der O. gen. S. auf Groß-Dahmen, Arrendators auf Bassen, u. d. Charlotte v. Mirbach.

1. Feodore Elise Ottilie Ernestine, * Hasau 7. 10. 1816, † Riga 8. 12. 1883;
⚭ Goldingen 19. 8. 1837 Alexander v. Boetticher, * Tuckum 10. 12. 1812, † Riga 25. 9. 1893, Kais. russ. IngOberst u. GehRat.

2. Hermine Caroline Luise Emma Henriette, * Ksp. Groß-Iwanden, Kurld, 11. 7. 1821, ...

3. Alfred Reinhold Friedrich Ernst Baron v. der Osten gen. Sacken, * Ksp. Groß-Iwanden 9. 1. 1823, † ... 1864, Kais. russ. Lt, Zollbeamter in Slupzi.

4. Anna Maria Luise Charlotte, * Ksp. Groß-Iwanden 28. 3. 1824, † ... 15. 10. 1885;
⚭ ... 1847 Nicolaus Schmidt, * ..., † ... 1865, Kais. russ. Kollegienrat u. Kreislehrer in Telsch.

5. Andreas Carl Otto Arthur Baron v. der Osten gen. Sacken, * Bassen 31. 3. 1825, † Kischinew 19. 12. 1879, Kais. russ. Oberst;
⚭ ... 23. 4. 1855 Elise Rahr, * ... 28. 7. 1837, † ..., T. d. ... u. d. ...

Kinder:

1) Alfred Sigismund Woldemar, * ... 19. 1. 1856, † ..., Kais. russ. Titulärrat u. Chef d. Handelshafens Krasnowodsk (1914).

2) Victoria Alexandra, * ... 21. 6. 1857, ...

6. Rosalie Agnes Johanna Baronesse v. der Osten gen. Sacken, * Bassen 11. 1. 1828, † Hasenpoth 18. 12. 1883.

7. Elisabeth Olga Rina Alma, * Bassen 11. 1. 1828 (Zwillingsschwester der Vorigen), † Hasenpoth 14. 1. 1889, auf Ostbach;
⚭ ... 1848 Hermann Rückmann (aus russ. Adel), * Mitau 2. 8. 1805, † Hasenpoth 3. 4. 1879, auf Sallenen u. Ostbach.

8. Alexander Woldemar Rudolph Victor Baron v. der Osten gen. Sacken, * Bassen 16. 2. 1830, † Riga 16. 5. 1895, Kais. russ. GenMajor;
⚭ Mitau 24. 7. 1860 Louise Schnabowitz, * Roglaiz ... 1837, † ..., T. d. Ignaz Sch. auf Roglaiz u. d. Caroline Hecking.

Kinder:

1) Arthur Alexander Wilhelm Alfred, * ... 17. 12. 1864, † ... 1869 (?).

2) Alexander Carl, * Wilna 12. 11. 1870, † ..., Kais. russ. WStRat;
⚭ ... 1. 10. 1897 Nadeshda (Nadine) Fstin Schtschetinin, * ... 20. 11. 1870, † ... (orth.), T. d. Nikolai Pawlowitsch Fst Sch., Gutsbes. im Gouvt Rjasan, u. d. Warwara Petrowna Taptikow.

Kinder (1 Tochter jung †):

(1) Alexander, * ... 7. 11. 1899 (orth.), ...

(2) Woldemar Nikolai, * ... 6. 7. 1906 (luth.), ...

3) Elisabeth (Elsa) Caroline Johanna, * Sanow bei Kowno 1. 1. 1876, ...

9. Theophile Clara, * Goldingen 20. 3. 1831, ...

c. (Ewalden)

Andreas Friedrich v. der Osten gen. Sacken, * ... 5. 11. 1785, † Ewalden 13. 1. 1853, auf Ewalden u. Wahrenbrock, Kurld, Arrendator auf Degahlen u. Puhren, Kurld, Kais. russ. Rittmeister; ⚭ Durben bei Tuckum 19. 3. 1815 Juliana (Julie) v. Oelsen, * ... 4. 6. 1797, † Forstei Dubena, Kurld, 18. 1. 1869, T. d. Kgl. preuß. SecLts Peter v. Oe. auf Gemauerthof, Kurld, u. d. Catharina v. Buttlar a. d. H. Groß-Bercken.

(1 Sohn jung †)

1. Emilie Elisabeth Friederike Baronesse v. der Osten gen. Sacken, * Tuckum 18. 3. 1816, † Mitau 8. 9. 1904.

2. Hugo Ernst Friedrich, * Ksp. Tuckum 4. 4. 1817, † ... 4. 6. 1837.

3. Sophie Elisabeth Julie Baronesse v. der Osten gen. Sacken, * Ksp. Tuckum 5. 8. 1818, † Dresden 7. 6. 1874; ⚭ Dresden 23. 6. 1858 Theodor Baron v. der Osten gen. Sacken, * Dondangen 16. 10. 1801, † Dresden-Blasewitz 29. 5. 1874, Majoratshr auf Dondangen (s. u., Stamm B, III. Linie, 2. Ast, 1. Zweig, 2. Haus).

4. Anna Catharina Alwine, * Puhren 18. 12. 1819, † Ksp. Buschhof, Kurld, 21. 4. 1880; ⚭ ... 1. 5. 1846 Julius Grégoire, * ... 23. 6. 1808, † Mitau 29. 11. 1885, OHptmGerSekr. in Jakobstadt.

5. Charlotte Friederike Elisabeth (Elise) Marie, * Puhren 27. 3. 1821, † Mitau 24. 2. 1887; ⚭ Kreutzburg 20. 5. 1846 Adalbert Voigt (aus russ. Adel), * Todaischen, Kurld, 16. 11. 1815, † Mitau ... 1891, Kais. russ. Kpt., OFörster zu Dubena.

6. Friedrich (Fedor) Ewald Peter Baron v. der Osten gen. Sacken, * Puhren 17. 2. 1823, † ... 15. 6. 1891, auf Autzenbach (verk.), Kurld, BezKurator d. Kurld. Kreditvereins; ⚭ Weiß-Pomusch, Litauen, 8. 7. 1854 Mathilde v. Hahn, * ... 2. 7. 1823, † Mitau 4. 6. 1907, T. d. Friedrich v. H. auf Weiß-Pomusch u. d. Henriette v. Hahn a. d. H. Saak.

   Tochter:

   Julie Henriette Friederike, * Sorokoduby, Podolien, 30. 7. 1856, † Berlin-Lichterfelde 10. 5. 1943;

⚭ Mitau 10. 2. 1885 Richard v. Hertzberg, * Kroppenhof, Livld, 25. 2. 1853, † Berlin-Wilmersdorf 18. 11. 1929, auf Clausfelde (verk. 1896) bei Schlochau, Westpr., Forstmeister a. D.

7. Dorothea Auguste, * Dondangen 18. 5. 1827, † Smilten, Livld, 23. 9. 1895, Äbtissin d. St.-Katharinen-Stifts in Mitau;
⚭ Kreutzburg 28. 9. 1845 Andreas v. Klot a. d. H. Heydenfeld, * Torgel, Livld, 15. 7. 1813, † Jakobstadt 20. 8. 1859, auf Meselau, Livld, Kais. russ. Lt.

8. Anna Christine Mathilde Baronesse v. der Osten gen. Sacken, * Dondangen 5. 2. 1836, † ... 14. 7. 1889;
⚭ Jakobstadt 1. 6. 1854 Jacob v. Klot a. d. H. Heydenfeld, * Torgel 17. 2. 1820, † Wolmar 2. 5. 1896, auf Grothusenshof, Livld, dann auf Lauternsee, Livld, Kais. russ. Kpt., livld. Ldrat.

9. Theodor Hermann Hugo Baron v. der Osten gen. Sacken, * Dondangen 7. 8. 1838, † Mitau 5. 3. 1878, cand. jur,. OHofgerSekr. in Mitau;
⚭ Mitau 19. 8. 1865 Marie Neander, * Mitau 24. 1. 1844, † Braunschweig 17. 1. 1927, T. d. Pastors u. KonsistRats Friedrich Eduard N. u. d. Aurelie Pavian aus Bauske.

Kinder (2 Söhne, 1 Tochter jung †):

1) Aurelie Marie Margarethe (Gita), * ... 1. 6. 1868, † Braunschweig ... 6. 1946.

2) Andreas Peter Friedrich Eduard, * ... 7. 5. 1871, † Braunschweig 27. 1. 1924, Kais. russ. Konteradmiral.

10. Nicolai Theodor Andreas Baron v. der Osten gen. Sacken, * Ksp. Kreutzburg 24. 11. 1842, † Mitau 17. 5. 1901, Kais. russ. Stabskpt.

2. Zweig (Apschuppen)

Erloschen.

Heinrich Wilhelm v. Sacken, * 1679, † 1736, auf Apschuppen u. Ostbach, Kurld, Pfandhr auf Pauren, Kurld;
⚭ Thecla Elisabeth v. Gantzkau, T. d. Erdmann v. G. auf Grafenthal, Pollewin u. Nowydwor u. d. Elisabeth Magdalena v. Schulte a. d. H. Nowydwor.

(v. der Osten gen. Sacken)

Johann Erdmann, * 1704, † ..., auf Apschuppen u. Alt-Sexaten, Kurld, Pfandhr auf Pauren, piltenscher Ldrat;
⨯ Theodora Johanna v. Manteuffel gen. Szoege, T. d. ... Lts Nicolaus Heinrich v. M. gen. Sz. auf Wirben, Lammingen u. Puttnen, Kurld, u. d. Maria v. Puttkamer a. d. H. Saucken.

Ernst Heinrich, * 1707, † 1753, auf Dsirgen, Kurld, Hzgl. kurld. Hofmarschall;
⨯ Dorothea Gottlieb v. den Brincken, T. d. ... Johann Christoph v. den B. u. d. Elisabeth v. Korff.

1. Heinrich Ernst, * um 1731, † Appussen 8. 11. 1805, auf Ohseln, Neu-Sexaten u. Appussen, Kurld, Pfandhr auf Pauren, Kurfstl. sächs. u. Kgl. poln. Kpt.;
⨯ I. um 1760 Johanna Florentina Kozierowska (aus poln. Adel), * 1721, † Appussen 9. 2. 1791;
⨯ II. Sibylla Gottlieb v. der Osten gen. Sacken, † Appussen 9. 2. 1817, T. d. Hzgl. kurld. Hofmarschalls Ernst Heinrich v. der O. gen. S. auf Dsirgen u. d. Dorothea Gottlieb v. den Brincken (s. o.).
2. Gotthard Friedrich, * 1733, † Goldingen 21. 5. 1805, auf Alt-Sexaten u. Alt-Mocken, Kurld, Kurfstl. sächs. Kpt. a. D.;
⨯ ... 1. 1772 Anna Catharina Elisabeth v. der Recke, † ..., T. d. Dietrich v. der R. auf Neuenburg u. Grösen, Kurld, u. d. Catharina Helena v. Funcken a. d. H. Lösern.

   Tochter:

   Johanna Catharina Florentina, ~ Ksp. Neuhausen 11. 3. 1773, † ...;
   ⨯ I. Ksp. Neuhausen 13. 9. 1787 Philipp Christoph v. Hahn, * um 1751, † Goldingen 29. 12. 1811, auf Alt-Sexaten (gesch. 1805);
   ⨯ II. ... Pomeranzow, ...
3. Otto Johann, * 1736, ⚔ bei Kolin, Böhmen, 17. 7. 1757, Kurfstl. sächs. Lt.
4. Maria Elisabeth, * um 1739, † Mitau 17. 9. 1794;
⨯ Ksp. Neuhausen zu Ostern 1778 George Christoph v. Medem, * ... 16. 12. 1736, † Mitau 4. 7. 1801, auf Kasuppen, Kurld, OHptm. zu Mitau.
5. Dorothea Juliana, ...

3. Zweig (Windaushof)

Im Mannesstamme erloschen.

Johann Ernst v. Sacken, * 1681, † 1727, auf Windaushof, Kurld, Kgl. dän. Lt;
× I. Margaretha Elisabeth v. Bistram, † vor 28. 9. 1716, T. d. Gotthard Friedrich v. B. auf Waddax u. Klein-Santen, Kurld, u. d. Catharina Margaretha v. den Brincken;
× II. Dorothea Eva v. Tornauw, * ... 6. 2. 1735 (× II. [vor 16. 10.] 1733 Georg Dietrich v. Manteuffel gen. Szoege, † ... 26. 8. 1744, auf Odern, Kurld, Pfandhr auf Friedrichsberg, Kgl. poln. Lt), T. d. Johann Reinhold v. T. auf Sturhof, Kurld, u. d. Margaretha Anna v. Nolde.

Zweiter Ehe:

Johann Gotthard v. der Osten gen. Sacken, * 1709, † ..., auf Kandeln u. Neu-Warriben, Kurld, Pfandhr auf Dannhof, Kurld, Ldgfl. hess. Lt;
× I. Benigna v. Loebel, † ..., T. d. Kgl. poln. Khrn u. Obersten Johann Sigismund v. L. auf Strutteln u. d. Benigna Hedwig v. Franck a. d. H. Strutteln;
× II. Maria Amalia v. Funck (× I. ... 1. 3. 1735 Wilhelm Casimir v. Rosenberg, † zw. 1744 u. 1750, auf Stabliten, Sknaben u. Neuhof, Kurld, Pfandhr auf Mißhof, Kurld, ... Kornett), T. d. Hzgl. kurld. Kjkrs Johann Melchior v. F. auf Kaiwen u. Kahren, Kurld, u. d. Anna Juliana v. Blomberg a. d. H. Sernaten.

Erster Ehe:

Friedrich Wilhelm, urkundl. 1759, † 1786; s. 1. Haus.	Johann Christoph Sigismund Andreas, † 1789; s. 2. Haus.

1. Haus (Kasuppen)

Erloschen.

Friedrich Wilhelm v. der Osten gen. Sacken, † ... 19. 6. 1786, Pfandhr auf Garrosen, Kurld;
× ... 18. 5. 1759 Flora Charlotte Gottlieb v. Torck, * ... 20. 6. 1739, † ... 30. 10. 1770, T. d. kurld. Ldesbevollm. Magnus v. T. auf Zerxten u. d. Anna Gottlieb v. Bagge a. d. H. Diensdorf.

Friedrich Gotthard Gustav, * ... 3. 8. 1764, † ... 31. 1. 1806, auf Kasuppen, Kurld;
× ... 26. 11. 1805 Caroline v. Behr, ~ ... 5. 9. 1770, † Kasuppen 14. 8. 1812, T. d. Georg Werner v. B. auf Stricken usw., Kurld, u. d. Charlotte v. Lieven a. d. H. Dünhof.

Friedrich Wilhelm Carl Baron v. der Osten gen. Sacken, * ... 21. 10. 1806, † Mitau 14. 7. 1874, auf Kasuppen, Klein-Roennen u. Planetzen, Kurld, Direktionsrat d. Kurld. Kreditvereins;
× Stricken 7. 6. 1832 Bertha v. Behr, * ... 31. 7. 1812, † ... 6. 7. 1879, ▭ Mitau, T. d. Werner v. B. auf Stricken u. Ohseln u. d. Juliana v. Nolde a. d. H. Kalleten.

---

1. Heinrich Werner Friedrich Carl, * Windau 17. 8. 1835, † Mitau 19. 4. 1894, Hptm. zu Windau, Direktionsrat d. Kurld. Kreditvereins;
× Groß-Niekratzen, Kurld, 21. 7. 1871 Johanna (Jenny) Baronesse v. Roenne, * Hasenpoth 16. 6. 1842, † Mitau 24. 12. 1889, T. d. Kreisrichters in Hasenpoth Alexander Baron v. R. u. d. Virginia v. Ascheberg-Kettler a. d. H. Pormsahten.

Kinder (1 Tochter jung †):

1) Walter Alexander Johannes, * Hasenpoth 2. 7. 1872, † Berlin 28. 12. 1934, Kais. russ. StRat u. Bauerkommissar in Lomsha, Beamter der Deutschen Bank in Berlin.

2) Konrad Fritz Alexander, * Windau 11. 3. 1875, † Berlin-Wilmersdorf 13. 2. 1946, Beamter;
× Berlin-Wilmersdorf 30. 9. 1930 Nina Baronesse v. Hoyningen gen. Huene, * St. Petersburg 7. 1. 1878, † Berlin-Zehlendorf 4. 10. 1967, T. d. Kais. russ. GehRats u. Senators Bernhard Baron v. H. gen. H. auf Kadvel, Insel Oesel, u. d. Olga Baronesse v. der Ropp a. d. H. Schabino.

3) Margarethe Louise Eva, * Windau 4. 12. 1876, † Fürstenwalde 11. 3. 1942, StiftsD.

4) Gotthard Otto, * Windau 19. 11. 1878, † Berlin 25. 1. 1934, Kais. russ. Kpt. 2. Ranges.

2. Marie Emma Julie Charlotte Caroline, * Planetzen 25. 7. 1836, † Lysohn 24. 2. 1905;

× Mitau 16. 8. 1872 Ferdinand Frhr v. Wolff, * Ronneburg-Neuhof, Livld, 29. 8. 1830, † Lysohn 8. 3. 1892, auf Lysohn u. Druween, Livld, Dr. med.

3. Adolph Otto, * Planetzen 27. 7. 1838, † Goldingen 29. 7. 1870, ...

2. Haus (Wormen)

Johann Christoph Sigismund Andreas v. der Osten gen. Sacken, * ..., † ... 16. 5. 1789, auf Alt-Abgulden (seit 1782), Kgl. preuß. Lt;
× (auf dem Krankenbett) Alt-Abgulden 9. 5. 1789 Anna Margaretha Veronica Schwenn, * ... 30. 4. 1752, † Mitau 3. 7. 1789, T. d. ... u. d. ...

1. Johann Sigismund, * ... 14./25. 9. 1771, † Wormen 19. 7. 1842, auf Warriben u. Potkaisen, Kurld, Kais. russ. Kpt.

2. Hermann Reinhold, * ... 15. 2. 1773, † Wormen, Kurld, 8. 2. 1840, Arrendator auf Wormen, Kais. russ. Kpt.;
× ... 22. 9. 1810 Julie v. Fircks, * um 1792, † Wormen 7. 11. 1828, T. d. Magnus Friedrich v. F. auf Willgahlen, Kurld, u. d. Charlotte v. Korff a. d. H. Paddern.

Kinder:

1) Friedrich Johann Sigismund Baron v. der Osten gen. Sacken, * Wormen 26. 10. 1811, † ... 17. 10. 1886, Majoratshr auf Wormen u. Potkaisen;
× I. Paplacken 15. 1. 1838 Charlotte v. der Ropp, * ... 8. 9. 1814, † Berlin 19. 2. 1855, T. d. Kreismarschalls in Goldingen Johann Baron v. der R. auf Weiß- u. Gemauert-Pomusch u. Lukian, Litauen, Berghof u. Paplacken, Kurld, u. d. Eleonore (Laura) v. Seefeld, auf Paplacken;
× II. ... 15. 2. 1856 Henriette Baronesse v. der Osten gen. Sacken, * ... 25. 2. 1823, † ... 25. 1. 1899 (s. u., Stamm B, I. Linie, 3. Ast, 1. Zweig, 1. Haus, a.), T. d. HptmGerAssessors in Goldingen Friedrich (Fritz) Baron v. der O. gen. S., Majoratshrn auf Wangen, auf Kunden u. Libbingen u. d. Elisabeth (Lisette) v. Heyking a. d. H. Ehnau.

Söhne: a) erster Ehe:

(1) Sigismund Johann Hermann, * ... 31. 3. 1839, † Berlin 9. 2. 1855.

b) zweiter Ehe:

(2) Friedrich Hermann Sigismund, * Goldingen 1. 12. 1856, † Berlin 25. 9. 1918, Majoratshr auf Wormen u. Potkaisen;

⚭ Mitau 26. 8. 1886 Elisabeth Baronesse v. Heyking, * Mitau 14. 1. 1864, † Wormen 27. 6. 1914, T. d. Kais. russ. WStRats, Dir. der Riga-Mitauer Eisenbahn, kurld. Ldesbevollm. u. KonsistPräs. cand. jur. Alfons Baron v. H. u. d. Auguste v. den Brincken.

Kinder:

a. Freda Henriette Auguste Eva, * Wormen 18. 9. 1887, † (beim Einmarsch der Russen) Stolp, Pomm., 3. 2. 1945, auf Potkaisen (§);

⚭ Wormen 25. 8. 1911 (gesch. ... 1921; ⚭ II. ... 19. 4. 1934 ihren ersten Gemahl) Eberhard v. Hohendorff, * Stolp 17. 1. 1884, † ebd. ... 1945, Oberstfeldmeister a. D.

b. Ellen Auguste Elisabeth, * Wormen 19. 3. 1889, † Soest, Westf., 25. 11. 1969, Krankenschwester.

c. Joachim Friedrich Alfons Hermann, * Wormen 13. 9. 1890, † Freiburg i. Br. 26. 2. 1963, auf Wormen (§);

⚭ Wormen 2. 7. 1931 Dorothea Jakobsen, * Goldingen 12. 10. 1902, † Freiburg i. Br. 29. 8. 1968 (⚭ I. Goldingen 17. 5. 1920 Johann Baumann, * Goldingen 21. 11. 1897, † Riga [?] ..., kaufm. Angest.; gesch. Goldingen ... [um 1925]), T. d. Fabrikanten Christoph J. u. d. Julia Walter.

Tochter:

Brigitta Elisabeth Ellen, * Wormen 6. 12. 1932, VerwAngest.;

⚭ I. ... Willy Merkle, * ..., ... (gesch. ... 27. 7. 1957);

⚭ II. Freiburg i. Br. 28. 9. 1957 Gerd Thoma, * Adelsheim, Kr. Buchen, Baden, 10. 7. 1935, Automobilkaufm.

(Sonnenbergstr. 1, 7800 Freiburg i. Br.).

2) Eleonore Annette Hermine, * ... 9. 10. 1812, † Mitau 20. 2. 1834;

⚭ Wormen 28. 8. 1830 Heinrich Baron v. den Brincken, * ... (um 1803), † ... 8. 1. 1878, auf Sessilen, Kurld.

3) Christoph Hermann, * … 22. 7. 1815, † Potkaisen 9. 5. 1850, auf Potkaisen;
× Mitau 19. 11. 1841 Elisabeth (Lilly) v. Klopmann, * Mitau 2. 7. 1822, † Neapel 9. 1. 1903 (× II. Mitau 23. 12. 1854 Victor Baron v. Orgies gen. Rutenberg, † …, vorm. auf Ilsenberg, Kurld), T. d. kurld. Ldhofmeisters u. KonsistPräs. Friedrich Baron v. K. auf Kalkuhnen usw., Kurld, u. d. Sophie v. Keyserling a. d. H. Kalkuhnen.

2 Töchter jung †.

4) Ernestine Gottlieb Adelheid (Adele), * Wormen 6. 5. 1818, † Riga 23. 1. 1864;
× Wormen 30. 9. 1838 Robert Baron v. Simolin, * Perbohnen, Kurld, 23. 6. 1810, † Riga 23. 1. 1894, auf Willgahlen (seit 1860) u. Autzenbach, Kurld, Kreisrichter in Talsen (gesch. …).

5) Pauline Johanna Charlotte, * … 10. 4. 1824, …

6) Ernst Ewald Baron v. der Osten gen. Sacken, * Wormen 5. 10. 1826, † … 18. 2. 1856, … Lt.

3. Johann Gotthard, * … 4. 1780, † Wormen 2. 8. 1837, Kais. russ. Fähnrich.

4. Friedrich Ewald Carl, * … 1782, † (im Duell) bei Hanau … 4. 1810, stud. jur. an der Univ. Heidelberg.

5. Ernst, ~ Ksp. Doblen 3. 7. 1784, † … 1818, Kais. russ. Lt.

6. Dietrich Wilhelm, ~ Ksp. Doblen 10. 6. 1785, …

Stamm B (Dselden)

Otto v. Sacken, † … 12. 9. 1552, auf Dselden, Bathen, Elkeseem, Grösen, Schnepeln, Sacken, Sarraiken, Ewangen, Stembern Steinort usw., Bischöfl. kurld. Rat;
× Gertrud v. Buchholtz, T. d. Johann v. B. auf Lexten, Paddern u. Asweden, Kurld, u. d. Margaretha v. Lambsdorff.

1. Ernst, urkundl. 1553—1592; s. I. Linie.
2. Hermann, urkundl. 1559, † 1583; s. II. Linie.
3. Wedig, urkundl. 1568—1587, 1597 tot; s. III. Linie.
4. Otto, 1569 tot; s. IV. Linie.

I. Linie (Grösen)

Ernst v. Sacken (gen. v. der Osten), urkundl. 1592, auf Grösen, Elkeseem, Dselden u. Kalwen, Bischöfl. kurld. Rat, Stiftsrat u. Regent v. Pilten;
× I. 1553 Ottilie v. Westphalen, † ..., T. d. Moritz v. W. a. d. H. Lippspringe u. d. Catharina v. Münchhausen;
× II. Ursula v. Goes, T. d. Eberhard v. G. u. d. ... v. Dönhoff.

a) Erster Ehe:

1. Ernst, * 1555, urkundl. 1639; s. 1. Ast.

b) Zweiter Ehe:

2. Carl, urkundl. 1622, 1638 tot; s. 2. Ast.
3. Fromhold, 1624 tot; s. 3. Ast.

1. Ast (Senten)

Erloschen.

Ernst v. Sacken (gen. v. der Osten), * 1555, urkundl. 1639, auf Dselden, Kurld, Hptm. zu Schrunden;
× I. Arnheim 2. 1. 1613 Magdalena v. der Recke, † ..., T. d. Kgl. poln. OKhrn u. Kriegsobersten, kurld. Ldhofmeisters u. Rrbankrichters Matthias v. der R. auf Brame, Westf., Neuenburg, Talsen, Kabillen, Langsehden u. Kratzen, Kurld, u. d. Anna v. der Recke a. d. H. Tenthove, Westf.;
× II. ... 23. 5. 1629 Anna v. Fircks, † 1644 (× I. Otto v. Goes, † ..., auf Duppeln), T. d. Hzgl. kurld. Rats u. Hptm. zu Goldingen Jürgen v. F. auf Scheden, Okten, Ewahden, Firckshof u. Nurmhusen, Kurld, u. d. Anna v. Rosen a. d. H. Mojahn.

... Ehe:

Ernst Fromhold, auf Kalwen u. Aspurn;
× Anna Elisabeth v. Dorthesen, T. d. ... u. d. ...

Otto Ewald, † ... 14. 2. 1733 od. 1735, auf Senten u. Riddelsdorf, Kurld, Kgl. franz. Lt, Hzgl. kurld. Hofmarschall;
× Agnesa Sophia v. Wigandt, † zw. 19. 12. 1719 u. 15. 10. 1720, auf Senten (× I. Hofzumberge 19. 10. 1695 Philipp Friedrich v. der Brüggen, † zw. 20. u. 23. 6. 1703, auf Wilxaln, Schwarren u. Neumocken, Kurld), T. d. kurld. Ldrats Christoph v. W. auf Saßmacken, Senten usw. u. d. Sophia v. Lieven.

Fromhold Ulrich v. der Osten gen. Sacken, * ... 4. 1707, † ... 19. 6. 1776, auf Senten, Riddelsdorf u. Wahnen, Kurld, Ldgfl. hess.-kass. Lt der Garde;
× I. ... 21. 12. 1730 Marie Amalie v. Donop, † ... 1731, T. d. Ldgfl. hess.-kass. Kpt. Philipp v. D. u. d. ...;
× II. Anna Dorothea v. Hahn, * 1711, † ... 10. 10. 1744 (× I. ... 9. 1. 1730 Reinhold v. Saß, † vor 27. 6. 1737, Kgl. poln. Oberstlt), T. d. kurld. Ldmarschalls Philipp Heinrich v. H. auf Postenden usw. u. d. Benigna Elisabeth v. Sacken a. d. H. Kerklingen;
× III. 1746 Agnesa Catharina v. den Brincken, ▭ ... 10. 3. 1755 (× I. Ernst Johann v. Grotthuß, † ..., auf Alt-Autz u. Wilkajen, Kurld, Kgl. poln. Kpt.), T. d. Hzgl. kurld. Kjkrs u. Ldesbevollm. Ewald Heinrich v. den B. auf Groß-Berken, Kurld, u. d. Sophia Elisabeth v. der Recke a. d. H. Neuenburg.

a) Zweiter Ehe:

1. Louise Magdalena, * ... 1737, † ...;
   × ... Johann Friedrich v. Grotthuß, * 1727, † ... 24. 1. 1787, auf Wilkajen u. Weggen, Kurld, Mannrichter zu Tuckum, Rittmeister der Kurld. Ldschaft (gesch. 1773).

2. Ernst Christoph, * um 1738, † Wahnen 16. 7. 1785, auf Wahnen, Kgl. dän. Kpt.;
   × 1771 Agatha v. Bistram, * um 1754, † ... 18. 10. 1823, T. d. Kgl. poln. Lts George v. B. auf Daudzogir, Litauen, u. d. Wilhelmine v. Dönhoff a. d. H. Illien.

   Kinder:

   1) Wilhelmine, * um 1772, † ... (nach 1823);
      × ... (vor 1807) Otto v. Vietinghoff, * ..., † ..., auf Welikan u. Hermaniszek, Litauen, Kais. russ. Oberst.

   2) Christoph, * ..., † Kursiten, Kurld, 28. 9. 1807, Krons-OFörster zu Kursiten, Kgl. preuß. Lt a. D.;
      × I. ... Kaltenbach, ...;
      × II. ... Caroline v. Grotthuß, * Giedducz (~ 13. 12.) 1773, † Waddax 26. 9. 1851 (× I. Ksp. Zeymel 5. 3. 1789 George Christopher v. Bistram, † Daudzogir, Litauen, 21. 8 1811, auf Daudzogir, Kgl. preuß. Major, KonsistPräs. ir Wilna; × III. Bauske 27. 6. 1810 Peter Albrecht [russ. Adel] [illegible], Kais. russ. Oberst), T. d. preuß. Lts Ewald Diedrich v G. a. d. H. Turlaucken, Ostpr., u. d. Elisabeth Eleonore v Grotthuß, auf Giedducz, Litauen, u. Endenhof, Kurld.

3. Agnesa Sophia, * 1739, † ... 6. 12. 1760;
× ... 24. 4. 1756 Magnus Heinrich v. Landsberg, * ... 7. 12. 1721, † Wiexeln, Kurld, 4. 1. 1770, auf Wiexeln, Kgl. preuß. Lt.

4. Carl Christoph, * 1740, † Alt-Sehren 14. 9. 1811, Arrendator auf Weessen, Alt-Sehren u. Talsingen, Kurld;
× I. ... Agnesa Charlotte v. der Osten gen. Sacken, * ..., † ... 1785, T. d. Ldgfl. hess.-kass. Lts Johann Werner v. der O. gen. S., Pfandhrn auf Bershof, u. d. Benigna v. Korff a. d. H. Dahmen (s. o., Stamm A, II. Linie, 1. Ast, 2. Zweig);
× II. ... Louise v. der Osten gen. Sacken, * 1755, † Talsingen 5. 3. 1806 (× I. ... Kempen, ... Oberstlt), Schwester der ersten Gemahlin.

Kinder erster Ehe:

1) Otto Gustav, * Weessen 3. 8. 1779, ...

2) Friederike Dorothea, * Weessen 5. 11. 1780, † Wolmar 28. 2. 1866;
× Mitau 18. 6. 1805 Carl Walter, * Holmhof bei Riga 3. 8. 1774, † Grobin 17. 1. 1827, Notar u. Stadtsekr. in Grobin, Kais. russ. Kollegiensekr.

3) Andreas Gottlieb, * Weessen 7. 2. 1783, ...

4) Wilhelmine Ernestine, * ... 1785, † Alt-Sehren 24. 1. 1811.

5. Peter Ernst, * ... 4. 1741, † St. Petersburg ... 11. 1818, auf Riddelsdorf u. Senten, Kgl. preuß. SecLt a. D.;
× Königsberg i. Pr. 3. 3. 1777 Christina v. Ziegenhorn, * um 1739, † Balgaln, Kurld, 7. 6. 1804, T. d. Hzgl. kurld. RegRats u. Kgl. preuß. GehJustiz- u. TribRats Georg v. Z. auf Klein-Steegen, Ostpr., u. d. Anna Maria Reck aus Mitau.

Tochter:

Wilhelmine Anna Elisabeth, * Senten 12. 3. 1778, † ebd. 24. 10. 1818, Erbin von Senten;
× Senten 6. 3. 1797 Carl Fst v. Lieven, * Kiew 1. 2. 1767, † Balgaln 31. 12. 1844, auf Balgaln, Senten u. Grenzhof, Kurld, auf Tersa, Gouvt Saratow, Kais. russ. Gen. d. Inf. u. Min. f. Volksaufklärung.

b) Dritter Ehe:

6. Sophie Elisabeth, * 1749, † ... 13. 1. 1781;
× ... 27. 8. 1772 Gustav Philipp Baron v. Roenne, * ... 11. 9. 1748, † Kaiser-Franzens-Brunnen bei Eger, Böhmen, 9. 6. 1807, auf Puhren, Wensau u. Bershof, Kurld, Kreismarschall in Kandau.

2. Ast (Grösen)

Erloschen.

Carl v. Sacken (gen. v. der Osten), urkundl. 1622, † vor 16. 1. 1638, auf Grösen;
⚭ Sophia v. Nettelhorst, T. d. Heinrich v. N. auf Ihlen u. d. Hildegard v. Rappe.

Ernst, auf Grösen (seit (1638);
⚭ Catharina v. Puttkamer, urkundl. 1638, T. d. ... u. d. ...

Ewald, urkundl. 1658—1699; s. 1. Zweig.	Otto Friedrich, * 1649, † 1710; s. 2. Zweig.

1. Zweig (Popraggen)

Ewald v. Sacken, urkundl. 1658—1699, auf Rauden u. Popraggen, Kurld, Hzgl. kurld. Kjkr;
⚭ I. Margaretha Sibylla v. Drachenfels, † ... (⚭ I. Friedrich v. Brunnow, † ..., auf Riddelsdorf), T. d. Johann Dietrich v. D. auf Grausden, Kurld, u. d. Catharina Elisabeth v. Korff a. d. H. Preekuln;
⚭ II. Catharina v. Vietinghoff a. d. H. Kruschkaln, T. d. ... u. d. ...

Erster Ehe: Friedrich Casimir, † 1726; s. 1. Haus.	Zweiter Ehe: Otto Ewald, urkundl. 1742—1764; s. 2. Haus.

1. Haus (Poperwahlen)

Friedrich Casimir v. Sacken, † 1726, auf Poperwahlen, Kgl. dän. Lt;
⚭ Christina v. der Brüggen, † 1766, T. d. Eberhard v. der B. auf Issuschen bei Nurmhusen u. Poperwahlen, Kurld, u. d. Christina Helena v. Mohsen a. d. H. Popraggen.

Ewald Georg v. der Osten gen. Sacken, * um 1724, † Poperwahlen 30. 4. 1771, auf Poperwahlen, 1768 Disponent von Neugut, Kurld;

× 1760 Sophie Elisabeth v. Elerdt (× I. Melchior Friedrich v. Buttlar, † ..., auf Neu-Schwarden, Kurld), T. d. Reinhold Heinrich v. E. auf Sarkasten Kurld, u. d. Elisabeth Gertrud v. Bistram.

Ewald, urkundl. 1793.

2. Haus (Alexanderhof)

Otto Ewald v. der Osten gen. Sacken, urkundl. 1742, 1764 auf Gailhof, Kurld, vorm. auf Sknaben, Kurld;
× I. vor 26. 6. 1742 Elisabeth Eleonora v. Rosenberg, † um 1747 (× I. vor 24. 6. 1734 Jacob Ludwig v. Blomberg, † vor 26. 6. 1742, auf Balklawen u. Puttnen, Kais. Kornett), T. d. Eberhard Johann v. R. auf Garrosen, Kurld, Pfandhrn auf Wallhof, Kurld, u. d. Ursula Helena v. Lysander;
× II. 1749 Maria Elisabeth v. Vietinghoff, * ... 11. 3. 1721, † Kraslau 30. 11. 1804, T. d. Friedrich Casimir v. V. auf Usseeken, Kurld, u. d. Maria Sophia v. Schröders.

Zweiter Ehe:

1. Gotthard Magnus, * ... 28. 3. 1750, † ..., Kurfstl. sächs. Khr, Kgl. preuß. Kpt.

2. Johann Woldemar (Wolmar), * ... 27. 6. 1751, † ..., Kais. russ. Rittmeister, Kollegienassessor u. Aufseher bei der 3. Distance des Dünaflusses (1804);
× ..., urkundl. 1804.

3. Johann Friedrich, * ... 28. 11. 1752, † Neu-Gargeln, Kurld, 18. 3. 1827, auf Alexanderhof, Kurld;
× ... 31. 5. 1790 Jacobina v. Brunnow, * 1759, † ... (nach 1827), T. d. Johann Friedrich v. B. auf Engelzeem, Kurld, u. d. Sophie Emerentia v. Haudring.

4. Eva Juliana, * ... 30. 5. 1768, † ... 23. 7. 1829;
× 1790 Johann Wilhelm v. Hohhausen, Förster in Livland.

2. Zweig (Feldhof)

Otto Friedrich v. Sacken, * ... 1. 8. 1649, † (an der Pest) Alt-Warriben ... 1710, auf Grösen (1694—1700) u. Alt-Warriben (seit 1702), Kurld, Kgl. poln. Kpt.;
× Elisabeth Magdalena v. Wigandt, * ... 3. 7. 1648, † (an der Pest) Alt-Warriben ... 1710, T. d. OHptm. zu Tuckum Johann

Nicolaus v. W. auf Zunzen, Kurld, u. d. Anna Catharina v. der Recke a. d. H. Blieden.

Johann Christian v. der Osten gen. Sacken, * ... 4. 6. 1689, † Mitau 24. 7. 1769, auf Brotzen (1740—1756), Feldhof u. Norkallen, Hzgl. kurld. Kjkr, OHptm. zu Goldingen;
× Agnesa Dorothea v. den Brincken, * ... 5. 4. 1687, † ... 8. 5. 1755, T. d. ... KptLts Ewald v. den B. auf Klein-Bercken, Kurld, u. d. Anna Sophia v. Fölkersahm a. d. H. Ilsensee.

Moritz, * ... 5. 1725, † Tuckum 22. 1. 1812, auf Alt-Zezern, Brotzen (seit 1756), Berghof u. Feldhof, Kurld, Arrendator auf Grendsen, Kurld, OHptm. zu Tuckum, kurld. Ldmarschall u. ORat;
× I. ... 20. 12. 1757 Charlotte Anna v. Medem, * 1731, † ... 27. 1. 1775, T. d. Alexander Friedrich v. M. auf Tetelmünde, Kurld, u. d. Catharina Dorothea v. Medem;
× II. Siuxt, Kurld, 27. 7. 1777 Catharina v. Hahn, * Memelhof, Kurld, 7. 3. 1744, † Tuckum 31. 1. 1809 (× I. ... 14. 11. 1763 Magnus Heinrich v. Landsberg, † Wiexeln, Kurld, 4. 1. 1770, auf Wiexeln, Kgl. preuß. Lt; gesch. ...), T. d. Friedrich v. H., Fkhrn auf Memelhof, auf Bresilgen usw. u. d. Sophie Benigna v. Hahn a. d. H. Postenden.

a) Erster Ehe (1 Sohn jung †):

1. Johann Friedrich, * Tetelmünde 16. 4. 1759, † ... 9. 4. 1789, auf Feldhof, Ksp. Neuenburg;
× Ksp. Kandau, Kurld, 29. 4. 1785 Friederike Agnesa v. Bistram, * ... 9. 3. 1767, † ... 9. 3. 1795, T. d. OHptmGerAssessors in Tuckum Reinhold Ernst v. B. auf Zehren u. Balklawen, Kurld, u. d. Louise Elisabeth v. Maydell a. d. H. Puhnjen.

Tochter (2 Töchter jung †):

Charlotte Dorothea, * Feldhof 10. 7. 1787, † Wandsen, Kurld, 15. 4. 1870;
× Ksp. Kandau 26. 10. 1806 Carl v. Heyking, * Zehren, Kurld, 16. 7. 1783, † Mitau 28. 1. 1846, auf Oxeln, Kurld, Direktionsrat d. Kurld. Kreditvereins.

2. Catharina Dorothea Elisabeth (Lisette), * Tetelmünde 12. 11. 1761, † Wangen, Kurld, 25. 12. 1848;
× I. ... Lebrecht Ernst Carl v. Fircks, * ... 11. 12. 1747, † Ksp. Talsen 22. 10. 1825, Fkhr auf Waldegahlen, Scheden usw.,

Kurld, auf Assieten, Kurld, piltenscher Ldrat, Kais. russ. WSt-Rat (gesch. ... 1796);
⚭ II. Ksp. Frauenburg, Kurld, 22. 5. 1796 Friedrich v. Heyking, * ... 1769, † Hasenpoth 26. 11. 1813, auf Ehnau, Kurld, KreisgerAssessor in Goldingen, piltenscher Ldrat.

3. Benigna, * ... 5. 9. 1763, † ... 1790;
⚭ ... 8. 4. 1782 Hermann Georg v. Manteuffel gen. Szoege a. d. H. Platon, * ..., † ... (nach 10. 6. 1814), auf Donnerhof, Litauen.

4. Margaretha Juliana, * ... 30. 6. 1765, † ... 1785.

5. Ernst Peter, * ... 9. 6. 1768, † Paddern 29. 5. 1814, auf Paddern, Silleneeken, Liepen, Groß-Drogen, Brotzen u. Krussaten, Kurld, Kgl. franz. Kpt.;
⚭ ... 22. 10. 1792 Juliane (Julie) v. Korff, * ... 3. 2. 1775, † Hasenpoth 11. 1. 1852, T. d. Kgl. franz. Majors Christopher v. K. auf Appricken, Paddern usw., Kurld, Pfandhrn auf Grünwald, Kurld, u. d. Juliane v. der Osten gen. Sacken a. d. H. Appricken.

Kinder (3 Töchter jung †):

1) Moritz Christopher Baron v. der Osten gen. Sacken, * ... 31. 7. 1793, † ... 20. 5. 1884, auf Groß-Drogen u. Krussaten;
⚭ ... 19. 6. 1824 Juliane (Julia) v. Korff, * ... 20. 11. 1804, † Groß-Drogen 26. 1. 1843, T. d. piltenschen Ldrats, OHptm. zu Hasenpoth u. Kais. russ. WStRats Carl v. K. auf Appricken, Krothen usw. u. d. Caroline v. Holtey a. d. H. Alt-Satticken.

Kinder (1 Tochter jung †):

(1) Charlotte Juliana Caroline Marie, * Krussaten 17. 5. 1834, † Mitau 19. 10. 1919;
⚭ ... 12. 8. 1853 Adolph Baron v. der Osten gen. Sacken, * Paddern 3. 1. 1815, † Mitau 18. 1. 1890, auf Kaulitzen, Direktionsrat d. Kurld. Kreditvereins, vorm. stellv. Hptm. zu Friedrichstadt (s. u.).

(2) Carl Ernst Diedrich Constantin Paul, * Krussaten 19. 6. 1835, † Mitau 11. 9. 1908, auf Feldhof u. Drogen, HptmGerAssessor in Hasenpoth.

(3) Louise Johanna Julie, * Appricken 6. 1. 1843, † Berlin 30. 12. 1893;

× Hasenpoth 4. 7. 1870 Johann (Jeannot) Baron v. der Ropp, * Paplacken, Kurld, 23. 7. 1842, † Tübingen 9. 1. 1926, InstanzgerAssessor in Jakobstadt, Direktionsrat d. Kurld. Kreditvereins, stellv. Geschäftsführer der Glasberufsgenossenschaft in Berlin.

2) Ulrich Carl Hermann Dietrich Ernst, * Paddern 17. 8. 1797, † ... 4. 7. 1828, HptmGerAssessor in Hasenpoth.

3) Johann Carl, * Paddern 15. 8. 1801, † ... 2. 4. 1887, auf Paddern u. Silleneeken;
× ... 11. 1. 1842 Johann (Jenny) v. Korff, * ... 3. 12. 1806, † Hasenpoth 2. 1. 1894, T. d. piltenschen Ldrats, OHptm. zu Hasenpoth u. Kais. russ. WStRats Carl v. K. auf Appricken, Krothen usw. u. d. Caroline v. Holtey a. d. H. Alt-Satticken.

Sohn:

Carl Julius Ernst Adam Arthur Baron v. der Osten gen. Sacken, * Paddern 11. 12. 1843, † ebd. 27. 5. 1912, auf Paddern u. Appricken, Kreismarschall;
× Samiten, Kurld, 4. 10. 1873 Isabella (Isalie) Baronesse v. Fircks, * Samiten 22. 4. 1847, † Mitau 9. 12. 1929, T. d. Carl v. F., Majoratshrn auf Samiten, u. d. Cecilie (Cécile) v. Hahn a. d. H. Postenden.

4) Moritz Otto Baron v. der Osten gen. Sacken, * Königsberg i. Pr. 12. 10. 1802, † ... 11. 10. 1881, KreisgerAssessor in Hasenpoth.

5) Charlotte, * Paddern 30. 12. 1804, † Degahlen, Kurld, 27. 12. 1829;
× Ksp. Appricken 24. 4. 1827 Carl Baron v. Holtey, * Alt-Satticken, Kurld, 20. 8. 1792, † Mitau 12. 5. 1860, auf Wibingen, Kurld, Kais. russ. Major.

6) Carl Ferdinand, * Paddern 10. 7. 1806, † Dorpat 27. 5. 1832, stud. phil., jur. et med.

7) Amalie Caroline Louise Baronesse v. der Osten gen. Sacken, * Paddern 28. 12. 1807, † Hasenpoth 14. 1. 1877.

8) Christoph, * Paddern 23. 6. 1809, † ebd. 28. 12. 1833, stud. phil.

9) Friedrich Adolph Baron v. der Osten gen. Sacken, * Paddern 3. 1. 1815, † Mitau 18. 1. 1890, auf Kaulitzen, Kurld, Direktionsrat d. Kurld. Kreditvereins, vorm. stellv. Hptm. zu Friedrichstadt;

⚭ ... 12. 8. 1853 Marie Baronesse v. der Osten gen. Sacken, * Krussaten 17. 5. 1834, † Mitau 19. 10. 1919 (s. o.), T. d. Moritz Baron v. der O. gen. S. auf Groß-Drogen u. Krussaten u. d. Juliane (Julia) v. Korff a. d. H. Appricken.

Kinder:

(1) Oda Eva Mauritia Ernestine Julie Caroline, * Hasenpoth 30. 7. 1854, † Königsberg i. Pr. 16. 3. 1937;
⚭ Mitau 11. 9. 1893 Eduard Baron v. der Ropp, * Pormsahten 6. 7. 1852, ⚔ (von Bolschewisten ermordet) zw. Mitau u. Riga 18. 3. 1919, Couponkontrolleur d. Kurld. Kreditvereins.

(2) Ernst Adam Alexander, * ... 30. 6. 1856, † Mitau 30. 12. 1903, auf Paddern u. Appricken, Kais. russ. Lt.

(3) Leo Adam Carl, * Hasenpoth 28. 4. 1860, † Mitau 26. 5. 1909, Dr. med., Augenarzt in Mitau.

(4) Eva Constance Louise Irene, * Kaulitzen 28. 11. 1861, † Oranienburg bei Berlin 18. 2. 1941, StiftsD.

b) Zweiter Ehe (2 Töchter jung †):

6. Moritz, ~ Wiexeln 10. 6. 1778, † Stirnen, Kurld, 12. 11. 1837, auf Stirnen, Rr d. JohO.

7. Louise Alexandrine Agnese, * Feldhof 9. 5. 1782, † Allaschen, Kurld, 2. 9. 1858;
⚭ Berghof 11. 3. 1800 Hermann v. Behr, * Aistern, Kurld, 11. 1. 1772, † Edwahlen 13. 1. 1823, Majoratshr auf Edwahlen u. Stricken, Kurld.

8. Friedrich Carl Hermann, * ... 26. 1. 1785, † Nieder-Bartau, Kurld, 28. 2. 1834, auf Erwahlen, Sillen u. Grendsen, Kurld, Kgl. preuß. Kpt.;
⚭ Ksp. Erwahlen 20. 6. 1815 Louise v. Bach, * St. Petersburg 4. 11. 1795, † Erwahlen 8. 2. 1863, T. d. Bankiers in St. Petersburg Heinrich v. B. auf Tingern, Erwahlen, Poperwahlen u. Lubben, Kurld, u. d. Catharina Hermes.

Kinder (1 Tochter jung †):

1) Catharina (Kitty), * Erwahlen 10. 9. 1816, † ... 12. 2. 1872;
⚭ Niederbartau 4. 8. 1838 Theodor v. Hahn, * Mescheneeken 13. 8. 1807, † ebd. 6. 11. 1852, auf Mescheneeken u. Karlshof, Kurld, Kais. russ. Lt, Rat d. Kurld Kreditvereins.

2) Marie Antonie Emilie Baronesse v. der Osten gen. Sacken, * Erwahlen 20. 1. 1818, † ... 30. 9. 1890.

3) Moritz, * Erwahlen 21. 10. 1819, † ... (vor 1834).
4) Eveline, * Erwahlen 2. 1. 1821, ...
5) Charlotte, * Erwahlen 17. 8. 1822, ...
6) Arthur Emil Adalbert, * Erwahlen 4. 8. 1826, † ... (vor 1834).
7) Adelaide Rosalie Baronesse v. der Osten gen. Sacken, * ... 26. 9. 1830, † ... 21. 6. 1887.
8) Helene Louise, * ... 19. 11. 1833, ...

3. Ast (Sackenhausen)

Fromhold v. Sacken (gen. v. der Osten), † vor 27. 2. 1624, auf Sackenhausen, auf Ilmajen (seit 1612), Kurld;
⨯ Ursula v. Goes, T. d. Johannes v. G. auf Duppeln u. Rudbahren, Kurld, u. d. Anna v. Korff a. d. H. Aiswicken.

Ernst, * 1600, † 1682; s. 1. Zweig.	Otto, † 1685/86; s. 2. Zweig.

1. Zweig (Ilmajen)

Ernst v. Sacken, * 1600, † ... 6. 10. 1682, auf Sackenhausen (verk.), Zabeln (seit 1681), Ilmajen, Altenburg u. Gerdrawen, piltenscher Ldrat;
⨯ I. 1630 Agnesa v. Vietinghoff a. d. H. Strocken;
⨯ II. Strutteln, Kurld, 28. 8. 1644 Agnesa v. Franck, † Ilmajen 20. 6. 1701, T. d. kurld. Rrbankrichters Johann v. F. auf Strutteln u. d. Catharina v. Dönhoff a. d. H. Ermes.

Zweiter Ehe:

Johann Fromhold, * Ilmajen 23. 8. 1645, urkundl. 1712, auf Ilmajen (1710—1712), Altenburg, Gerdrawen u. Bebben, Kgl. poln. Rgts-Quartiermeister;
⨯ Virginahlen 16. 10. 1685 Maria Elisabeth v. Sacken, ~ ... 1. 3. 1663, † ..., T. d. piltenschen Ldrats Friedrich v. S. auf Sackenhausen, Atlitzen, Dubenalken, Virginahlen u. Bebben, Kurld, u. d. Gottlieb Hedwig v. Sacken a. d. H. Appricken.

Ernst Friedrich, * ... 20. 6. 1690, † ... 7. 10. 1740, auf Sackenhof, Kurld;

× I. Bebben 6. 6. 1726 Maria Sibylla v. Sacken, † ..., T. d. ... Wilhelm Reinhold v. S. u. d. Hedwig v. Sacken;
× II. Margaretha Charlotta v. Mirbach, * 1720, † 1780, auf Wangen, Kurld (× II. Johann Ernst v. den Brincken, † zw. 18. u. 26. 3. 1782, auf Sessilen, Planetzen, Neuhof, Sackenhof u. Pauren, Kurld, ... Kpt., piltenscher Ldrat), T. d. Rittmeisters der Piltenschen Ldschaft Jacob v. M. auf Wangen u. d. Anna Veronica v. Haudring.

Zweiter Ehe:

Jacob Friedrich v. der Osten gen. Sacken, * 1739, † Wangen 26. 11. 1803, auf Wangen, Bebben, Sackenhof, Berghof u. Appussen, Kurld;
× ... 9. 9. 1762 Maria Elisabeth v. Bolschwing, ~ ... 7. 1. 1738, † ... 12. 11. 1804, T. d. Hzgl. kurld. Khrn Ernst Johann v. B. auf Wolgund, Kurld, u. d. Gertrud Elisabeth v. Grotthuß.

1. Margaretha Charlotte, * Sackenhof (~ 12. 12.) 1764, † Goldingen 28. 12. 1825.
2. Friedrich Georg Christoph, * 1768, † 1824; s. 1. Haus.
3. ... (Tochter), * ... 14. 8. 1771, † ... (vor 1804).
4. Ulrich Gotthard, * 1775, † 1838; s. 2. Haus.
5. Juliane Caroline, * ... 5. 10. 1778, † Goldingen 25. 11. 1824; × Ksp. Neuhausen 8. 4. 1809 Reinhold v. Haudring, * um 1768, † Berghof 31. 10. 1817, Kais. russ. Oberstlt.

1. Haus (Wangen)

Friedrich Georg Christoph v. der Osten gen. Sacken, * ... 4. 7. 1768, † ... 8. 5. 1824, Majoratshr auf Wangen, auf Berghof u. Appussen;
× ... Eleonore Gfin v. Kettler, * Groß-Essern 8. 12. 1777, † Goldingen 15. 3. 1852, Erbin von Essern u. Bresilgen, Kurld (× I. Essern 11. 11. 1791 Wilhelm v. Ascheberg-Kettler, † ... 6. 1. 1814, auf Ringen, Essern u. Waddax, Kurld, gesch. ... 4. 5. 1797; × III. Ksp. Goldingen 3. 3. 1825 Otto v. Mirbach, † Libau 30. 4. 1858, Majoratshr auf Amboten [bis 1846], Kurld, Kgl. preuß. Kpt. a. D.), T. d. Franz Gf v. K. auf Essern u. Bresilgen u. d. Charlotte v. Kleist a. d. H. Susten.

1. Friedrich (Fritz) Johann Christoph Ulrich, * 1796, † 1876; s. a.
2. Theodor, * Berghof 14. 6. 1799, † (im Duell) ... 19. 5. 1831, Kais. russ. Rittmeister;
   × ... 8. 9. 1828 Emma v. Brucken gen. Fock, * um 1805, † Hohenberg, Kurld, 1. 10. 1829, T. d. Georg v. B. gen. F. auf Hohenberg u. d. Amalie v. zum Berge a. d. H. Medden.
3. Charlotte Elisabeth Dorothea, ~ Berghof 27. 12. 1801, ...
4. Friederike, * Goldingen 1. 2. 1803, * Bathen, Kurld, 8. 2. 1868;
   × ... 4. 11. 1824 Johann v. Seefeld, ~ Ksp. Durben 26. 12. 1782, † Forstei Nieder-Bartau, Kurld, 12. 12. 1837, Kgl. preuß. Kpt. (gesch. ... 1828).
5. Georg, * 1804, † 1867; s. b.
6. Eleonore (Laura), * Wangen 29. 4. 1806, † Amboten 24. 3. 1882;
   × ... 19. 8. 1822 Ewald v. der Osten gen. Sacken, * Ksp. Bauske 3. 12. 1784, † Bathen 9. 6. 1846, Majoratshr auf Bathen, Kgl. preuß. u. Kais. russ. Lt (s. o., Stamm A, II. Linie, 1. Ast, 2. Zweig, 1. Haus).
7. Paul, * Wangen 2. 8. 1807, † ... 30. 3. 1831, Kais. russ. Junker.
8. Pauline, * Wangen 26. 9. 1809, ...
9. Otto, * 1810, † 1870; s. c.
10. Johann Friedrich, * Wangen 20. 2. 1812, † (im Duell) ..., Kaukasus, ... 1855, Kais. russ. Lt.

a. (Wangen)

Friedrich (Fritz) Johann Christoph Ulrich Baron v. der Osten gen. Sacken, * Berghof 9. 1. 1796, † Wangen 25. 12. 1876, Majoratshr auf Wangen, auf Kunden u. Libbingen, HptmGerAssessor in Goldingen;
× Goldingen 30. 5. 1821 Elisabeth (Lisette) v. Heyking, * Ehnau, Kurld, 28. 8. 1801, † Wangen 7. 3. 1870, T. d. KreisgerAssessors in Goldingen u. piltenschen Ldrats Friedrich v. H. auf Ehnau u. d. Elisabeth (Lisette) v. der Osten gen. Sacken a. d. H. Feldhof (s. o., 2. Ast, 2. Zweig).

(1 Tochter jung †)

1. Margarethe Charlotte Eleonore Lisette Aline, * ... 3. 3. 1822, † ...

2. Charlotte Henriette Johanna Friederike Eleonore, * ... 25. 2. 1823, † ... 25. 1. 1899;
× ... 15. 2. 1856 Friedrich Baron v. der Osten gen. Sacken, * Wormen 26. 10. 1811, † ... 17. 10. 1886, Majoratshr auf Wormen u. Potkaisen (s. o., Stamm A, II. Linie, 2. Ast, 3. Zweig, 2. Haus).

3. Friedrich Johann Carl, * Wangen 28. 7. 1824, † ebd. 10. 8. 1886, Majoratshr auf Wangen, auf Appussen, HptmGerAssessor in Hasenpoth;
× Ksp. Hasenpoth 10. 12. 1853 Theophile (Lilly) v. Korff, * ... 7. 8. 1833, † Ksp. Goldingen 13. 2. 1908, T. d. Johann (Jeannot) Baron v. K. auf Groß-Gramsden, Stackeldangen u. Trecken, Kurld, Majoratshrn auf Aiswicken, Kurld, u. d. Lida Baronesse v. Roenne a. d. H. Hasenpoth.

Kinder (1 Sohn jung †):

1) Friedrich Adam Heinrich Johann, * Hasenpoth 26. 12. 1854, † München 18. 3. 1923, Majoratshr auf Wangen u. Kanden (§), auf Appussen (§), vorm. KreisgerAssessor in Goldingen;
× Goldingen 18. 10. 1884 Marie Baronesse v. Behr, * Windau 27. 1. 1866, † München 15. 7. 1932 (kath.), T. d. Kais. russ. Lts d. Kav. u. Friedensrichters in Windau Ulrich Baron v. B. a. d. H. Virginahlen u. d. Wilhelmine (Minna) v. Buchholz a. d. H. Langsehden.

Söhne:

(1) Friedrich (Fred) Alexander, * Ksp. Goldingen 30. 3. 1884, † ..., Kentucky, USA, 19. 3. 1974, Pferdezüchter;
× Riga 9. 11. 1918 Karin (Carin) Baronesse Freytag v. Loringhoven, * Adiamünde, Livld, 6. 12. 1893, † Berkhamsted, Gfschaft Hertford, Engld, 10. 1. 1970 (gesch. ... 22. 9. 1924; × I. Riga 15. 4. 1914 Gaston v. Transehe-Roseneck a. d. H. Neu-Schwaneburg, † [auf der Flucht] Frankfurt an der Oder 25. 1. 1945, ..., gesch. ... 1917; × III. London 25. 6. 1925 William Henry Greer, * Dublin 8. 11. 1887, † London 19. 2. 1968, Kgl. großbrit. Flight Commander a. D., kaufm. Dir.), T. d. Reinhard

Baron F. v. L. auf Adiamünde usw. u. d. Elsbeth v Transehe-Roseneck a. d. H. Wattram.

(2) Wolf Wilhelm, * Ksp. Schrunden, Kurld, 4. 11. 188? † Karlsruhe 15. 3. 1960, Dr. rer. pol.;
× ... Georgette Fstin Mestschersky, * ..., † .. (gesch. ...).

2) Gabriele (Ella) Eva Henriette, * Hasenpoth 22. 4. 185? † ... 5. 2. 1922, ▭ Mitau;
× ... 30. 6. 1881 Georg v. Haudring, * ... 5. 6. 1854, † .. 2. 12. 1906, ▭ Mitau, Hptm. zu Talsen.

3) Nicolai Adam Paul, * Appussen 10. 4. 1861, † ... 18. 9 1903, Kais. russ. Offz.

4) Adam Lydius Maximilian (Max), * Appussen 6. 4. 186? † Berlin-Wilmersdorf 11. 1. 1925, auf Paddern u. Appricken (seit 1912; §), Kreismarschall in Goldingen;
× Goldingen 1. 6. 1899 Elisabeth Baronesse v. Hahn * Pormsahten, Kurld, 28. 5. 1878, † Bad Doberan 29. 9. 1940 T. d. Alexander Baron v. H. auf Pormsahten u. d. Mari Baronesse v. Manteuffel gen. Szoege a. d. H. Katzdangen

Kinder:

(1) Roderich Karl Fritz Alexander, * Goldingen 25. 5. 1900 ⚔ bei Angern, Kurld, 13. 5. 1919, Kgl. preuß. Fähnrich im 3. GardeRgt zu Fuß.

(2) Christa Luise Marie Theophile, * Goldingen 14. 12 1902, † Landau, Pfalz, 8. 11. 1985, Sekr.

(3) Hugo Wilhelm Rolf, * Goldingen 22. 4. 1904, † (nach dem Attentat vom 20. 7. 1944) Zossen 18. 8. 1944 Oberstlt;
× Malitsch, Kr. Jauer, Schles., 26. 10. od. 2. 11. 1937 Ilse v. Sprenger, * Malitsch 14. 2. 1914, † Den Haag 23. 8 1988, T. d. Ldesältesten Heinrich v. Sp. auf Malitsch u. d Ilse Brandt.

Kinder:

a. Alexander Friedrich Heinrich, * Chemnitz 4. 9 1938, DiplIng.;
× Karlsruhe 18. 11. 1967 Maria Lizarralde Vicandi, * San Sebastian, Spanien, 25. 1. 1942, T. d. ... Victoriano L. Aramendi u. d. Maria Vicandi Madariaga
(10309 Crown Point Court, Potomac, MD 20854, USA)

Tochter:

Daniela Christina Victoria, * Karlsruhe 4. 2. 1975.

b. Ilona Ilse Elisabeth, * Liegnitz 30. 4. 1941, † Karlsruhe 16. 2. 1951.

c. Cornelia Christiane Isalie, * Breslau 27. 5. 1942, † San Francisco, Kalifornien, 4. 2. 1975, Dr. phil., Kunsthistorikerin.

(4) Elisabeth Anna Mathilde Theodora, * Goldingen 27. 11. 1905, † Hoym bei Aschersleben 14. 12. 1961.

(5) Hannah Alice Emilie, * Deutsch-Wilmersdorf 31. 3. 1909, Sekr.
(Erlenweg 2 II 3/8, 7500 Karlsruhe 51).

5) Alice Elisabeth Eva, * Appussen 7. 7. 1865, ...

6) Arthur Johann Adam, * Appussen 6. 5. 1867, † ... 14. 2. 1912, ...;
⚭ ..., Bolivien, ...

Sohn:

Carlos, * ... 14. 7. 1911, ...
(..., Bolivien).

7) Annette Ada Eva, * Appussen 30. 9. 1869, † Osse, Kr. Lodz, 2. 2. 1943;
⚭ Goldingen 6. 12. 1891 Ulrich Baron v. Behr a. d. H. Virginahlen, * Windau 23. 8. 1868, † Goldingen 17. 7. 1928, Bevollm. von Schleck, Kurld, Arrendator auf Ledicken, Kurld.

4. Johann Otto Carl, * ... 16. 8. 1825, † Mitau 13. 2. 1897, Kais. russ. GenLt.

5. Charlotte Auguste, * ... 1. 4. 1828, † ... 20. 12. 1904.

6. Otto Eugen, * Wangen 25. 8. 1830, † ebd. 30. 11. 1871, Kais. russ. Oberstlt.

7. Carl Theodor Paul, * ... 6. 8. 1831, † Ksp. Hasenpoth 14. 4. 1894, auf Kunden, cand. jur., Hptm. zu Hasenpoth.

8. Annette Jenny Thekla, * Wangen 12. 6. 1834, † ..., Präs. d. Gefängniskomitees in Mitau.

9. August Georg, * Wangen 13. 7. 1835, † Mitau 25. 4. 1910, InstanzgerAssessor in Jakobstadt, OEinnehmer;

⚭ I. Mitau 26. 6. 1869 Helene Gfin v. Keyserling, * Mitau 22. 9. 1842, † ebd. 29. 10. 1874, T. d. resid. Kreismarschalls in Selburg u. Dir. d. Kurld. Kreditvereins Theodor Gf v. K. u. d. Helene Freiend a. d. H. Edwardów, Litauen;
⚭ II. Edwahlen 11. 10. 1878 Mary Baronesse v. Behr, * Edwahlen 11. 8. 1848, † Mitau 28. 7. 1899, T. d. Adolph Baron v. B. auf Edwahlen u. Bojen, Kurld, u. d. Eveline Gfin v. Keyserling a. d. H. Rautenburg.

Kinder: a) erster Ehe:

1) Friedrich Paul Theodor Arthur, * Ksp. Buschhof, Kurld, 16. 4. 1870, † ..., ...;
⚭ Moskau ...

2) Arthur August, * Ksp. Buschhof 20. 7. 1871, † ..., Reichsbanksekr. in Odessa (1911), dann ... in Belgrad;
⚭ Moskau ...

1 Tochter.

3) Elisabeth Wanda Helene, * Jakobstadt 24. 8. 1872, † Rosenheim, OBayern, 3. 8. 1949;
⚭ München 21. 1. 1919 (ihren Schwager) Georg Sittmann, * Mainz 9. 4. 1865, † Pförn am Tegernsee 31. 1. 1937 (kath.), Dr. med., Prof. an der Univ. München, GehMedRat.

4) Marie Louise, * Mitau 22. 12. 1873, † München 19. 5. 1915;
⚭ Meran 28. 12. 1901 Georg Sittmann, * Mainz 9. 4. 1865, † Pförn am Tegernsee 31. 1. 1937 (kath.), Dr. med., Prof. an der Univ. München, GehMedRat.

b) zweiter Ehe:

5) Louise Ada Henriette, * Mitau 2. 9. 1879, † Hofhegnenberg bei Fürstenfeldbruck, OBayern, 17. 10. 1960;
⚭ Mitau 14. 8. 1901 Eberhard Baron v. Behr, * Mitau 8. 9. 1873, † Großmöllen, Kr. Köslin, 25. 12. 1942, auf Weiß-Pomusch (§), Litauen, Dr. phil.

6) Eveline Elisabeth Annette, * Mitau 2. 9. 1879 (Zwillingsschwester der Vorigen), † Pommersfelden, OFranken, 17. 10. 1962.

10. Sophie Louise, * Wangen 10. 7. 1836, † ..., Direktrice beim Gefängniskomitee in Mitau.

11. Heinrich Arthur, * Ksp. Groß-Iwanden, Kurld, 12. 9. 1840, ...

b. (Bredenfeld, Wlassowo)

Georg Baron v. der Osten gen. Sacken, * Goldingen 5. 11. 1804, † ..., Gouvt Perm, ... 1867, Kreisrichter in Goldingen;
× I. Adsirn 4. 1. 1829 Thecla v. Koskull, * Tergeln 4. 1. 1811, † Windau 20. 6. 1860 (gesch. ... 21. 5. 1847), T. d. Ernst v. K., Majoratshrn auf Tergeln u. Adsirn, Kurld, u. d. Catharina (Rina) v. Manteuffel gen. Szoege a. d. H. Doben;
× II. ... 23. 6. 1856 Caroline Walz, * Gricken (~ Goldingen 24. 5.) 1826, † ..., T. d. Webers Johann David W. u. d. Juliana Dorothea Braun.

a) Erster Ehe (2 Söhne jung †):

1. Arthur Friedrich Constantin Ottomar, * Goldingen 19. 11. 1830, † Mitau 21. 6. 1885, auf Bredenfeld, Kurld, OHptmGerAssessor in Mitau, 1. Sekr. d. Kurld. Kreditvereins;
× Mitau 16. 9. 1859 Valerie v. der Recke, * Annenhof 16. 9. 1838, † Mitau 28. 11. 1916, T. d. Otto v. der R. auf Annenhof, Elisenhof u. Bredenfeld, Kurld, u. d. Valerie Alexandrowna O'Connor.

Kinder (1 Sohn, 1 Tochter jung †):

1) Anton (Otto), * Mitau 15. 7. 1860, ⚔ (von Bolschewisten ermordet) ebd. 22. 3. 1919, auf Bredenfeld u. Sismen (1891 bis 1907), EFriedensrichter, vorm. HptmGerAssessor in Hasenpoth.

2) Valerie, * Mitau 8. 8. 1863, † Erkner bei Berlin 5. 4. 1921;
× Mitau 10. 5. 1882 Leon Baron v. der Osten gen. Sacken a. d. H. Amboten, * Goldingen 21. 11. 1851, † Mitau 26. 3. 1909, kurld. Rrschaftsaktuar, zweiter Kassierer d. Kurld. Kreditvereins (s. u., c.).

3) Margaretha, * Mitau 8. 4. 1867, † Kiel 16. 2. 1929;
× Dresden 1. 10. 1889 Maximilian Gf v. Spee, * Kopenhagen 22. 6. 1861, ⚔ (an Bord seines Flaggschiffes „Scharnhorst") bei den Falklandinseln 8. 12. 1914 (kath.), Kais. deutscher Vizeadmiral u. Chef d. Kreuzergeschwaders.

4) Wanda (Valentine), * Mitau 6. 8. 1870, † Kiel 6. 3. 1947;
× Dresden 15. 11. 1892 Harald v. Gersdorff, * Hochrosen, Livld, 2. 4. 1850, † Rothenberg bei Riga 26. 8. 1896, Kais. russ. Rittmeister der Garde.

2. Eleonore Friederike Catharina Thekla, * Goldingen 29. 8. 1832, † ebd. 2. 5. 1919.

3. Georg Ernst Louis Philipp, * Goldingen 26. 11. 1836, † Wlassowo 12. 7. 1909, auf Wlassowo u. Sjabitzi, Gouvt St. Petersburg, Kais. russ. Oberst der Garde;
× ... 4. 4. 1871 Alexandrine v. Tettenborn, * St. Petersburg 21. 4. 1849, † ebd. 8. 5. 1930 (orth.), T. d. Kais. russ. Gen. u. Hofstallmeisters Alexander v. T. a. d. H. Steinsee u. d. Natalie Basilewsky.

Kinder (orth.):

1) Iwan (Hans), * Warschau 10. 1. 1872, † St. Petersburg 23. 3. 1909, Kais. russ. Kjkr u. StRat, Kreisadelsmarschall;
× ... Maria Nikolajew, * ..., † ..., T. d. ... Rafael N. u. d. ...

Tochter:

Olga, * ...

2) Konstantin, * Warschau 28. 2. 1874, † Grjasowik bei Archangelsk ... (um 1935), Förster.

3) Alexander Louis, * ... 4. 12. 1875, † Berlin-Dahlem 12. 9. 1938, ...;
× Berlin 6. 1. 1933 Martha Kraftmeier, * ..., † ... bei Locarno (?), Schweiz, ... 1951.

4) Wassili (Wilhelm) Baron v. der Osten-Sacken-Tettenborn, * St. Petersburg 29. 12. 1881, † Buenos Aires 3. 7. 1949 (russ. Namenvereinigung 15. 2. 1913), auf Wlassowo (§), Gouvt St. Petersburg, Kais. russ. Hofrat u. Kreischef in Peterhof bei St. Petersburg;
× Mitau 5. 11. 1910 Meta Baronesse v. der Osten gen. Sacken, * Mitau 16. 5. 1889, † Bad Kissingen 24. 7. 1956 (luth.) (s. u., c.) (gesch. um 1936), T. d. kurld. Rrschaftsaktuars u. zweiten Kassierers d. Kurld. Kreditvereins Leon Baron v. der O. gen. S. a. d. H. Amboten u. d. Valerie Baronesse v. der Osten gen. Sacken a. d. H. Bredenfeld (s. o.).

Sohn:

Georgi, * St. Petersburg 2. 8. 1911, ⚔ (vermißt) bei Bjelgorod, Rußld, 7. 8. 1943, DiplForstwirt, Forstmeister, Sonderführer-Dolmetscher in der 19. PanzerDiv.;
× Berlin-Schmargendorf 30. 5. 1941 Anna Marie Neumann, * Hohensalza 1. 6. 1917 (ev.), T. d. Kaufm. Alfred N. u. d. Johanna ...
(Mittelweg 106, 2000 Hamburg 13).

Söhne:

a. E b e r h a r d Georgi, * Berlin-Schöneberg 5. 3. 1942, Werbekaufm.;
⚭ Hamburg 1. 9. 1973 Dagmar R i n k e , * Meiningen 21. 9. 1946, T. d. Bankkaufm. Hasso R. u. d. Victoria v. Beneckendorff u. v. Hindenburg
(Werderstr. 52, 2000 Hamburg 13).

Töchter:

a) V a l e r i e Anna Victoria, * Hamburg 3. 2. 1978.

b) I s a b e l l e Sophie Marissa, * Hamburg 20. 3. 1980.

b. M i c h a e l , * Mohrungen, Ostpr., 4. 7. 1943, Kaufm., Personalberater;
⚭ Perchtoldsdorf, NÖsterr., 16. 6. 1973 Doris L a n g e r , * Wien 24. 12. 1953, T. d. Kaufm. DiplIng. Friedrich L. u. d. Gerlinde Langkammer
(Dr.-Gorbitzer-Gasse 3, A-2380 Perchtoldsdorf, Niederöster.).

Kinder:

a) K a t h a r i n a , * Wien 14. 5. 1974.

b) A l e x a n d r a , * Wien 20. 1. 1976.

c) G e o r g i Alexander, * Wien 18. 7. 1979.

4. Otto Heinrich Ferdinand E r n s t G e o r g , * Goldingen 20. 12. 1842, † … 15./28. 11. 1915, …

b) Zweiter Ehe (1 Sohn, 1 Tochter jung †):

5. O l g a Wilhelmine Louise, * Goldingen 10. 7. 1849, …

6. E m m a Dorothea Caroline, * Goldingen 25. 7. 1850, …

7. Paul Otto J o h a n n , * … 9. 1. 1852, …

8. Agnes Eleonore Auguste, * Goldingen 3. 10. 1854, …

9. L i n a Franziska Erna, * Goldingen 5. 11. 1856, …

10. Friedrich Adolph G e o r g , * Goldingen 17. 10. 1857, † …, … in Argentinien.

11. Emilie V a l l y , * Goldingen 17. 12. 1860, † Primkenau, NSchles., 8. 7. 1943;
⚭ Ksp. Rönnen, Kurld, 5. 6. 1881 Georg Baron v. S a ß , * Scheden, Kurld, 25. 12. 1856, † Primkenau 12. 7. 1943, auf Scheden (§), Kreischef, Kais. russ. Lt.

12. Mamertus Pancratius Servatius F r i e d r i c h , * Goldingen 1. 7. 1862, † ..., Pastor in den USA;
⚭ ...
Etwa 7 Kinder.

c. (Amboten)

O t t o Baron v. der O s t e n gen. S a c k e n , * Wangen 4. 8. 1810, † Amboten, Kurld, 15. 2. 1870, Majoratshr auf Amboten (seit 1846); ⚭ ... 29. 5. 1845 Jenny v. S e e f e l d , * Goldingen 27. 1. 1826, † Mitau 24. 3. 1897, T. d. Kgl. preuß. Kpt. Johann v. S. u. d. Friederike v. der Osten gen. Sacken a. d. H. Wangen (s. o.).

1. Eleonore Elisabeth Ottilie E v e l i n e , * Goldingen 10. 3. 1847, † Mitau 12. 3. 1927;
⚭ Amboten 14. 1. 1870 Leopold Baron v. F ö l k e r s a h m , * Lemsal, Livld, 3. 7. 1842, † Gargeln, Kurld, 14. 4. 1898, auf Gargeln, Dir. d. Kurld. Kreditvereins.

2. Johann Ewald A d o l p h Otto, * ... 3. 10. 1850, † Amboten 10. 3. 1889, auf Amboten;
⚭ Riga 29. 12. 1873 Eliza R o d e n , * Stamford 4. 11. 1844, † Mitau 18. 2. 1919, T. d. Kaufm. ... R. u. d. ...
Söhne:
1) O t t o Leon John, * ... 1. 1. 1880, † Riga 10./23. 4. 1917, auf Amboten.
2) E r i c h Leopold, * Amboten 29. 4. 1881, † Thalmann, Kr. Rosenheim, OBayern, 20. 4. 1947, auf Amboten (§), Ldwirt;
⚭ München 14. 8. 1923 Maria L e e s e r , * Dessau 17. 11. 1901, † München 17. 12. 1985, führte seit 4. 12. 1952 wieder den Namen des ersten Gemahls (gesch. München 3. 6. 1924; ⚭ II. ... 17. 4. 1945 Georg Hurdalek, Schriftsteller, gesch. ... 19. 5. 1949), T. d. ... u. d. ...
Sohn:
A l e x a n d e r Sebastian, * München 4. 9. 1923, † ... 1979, ...;
⚭ ... (...).
Sohn:
H a r a l d , * ..., ... (...).
Adoptivsohn: s. u.

3. Leon Otto Johann Friedrich Georg Paul, * Goldingen 21. 11. 1851, † Mitau 26. 3. 1909, kurld. Rrschaftsaktuar, zweiter Kassierer d. Kurld. Kreditvereins;
⚭ Mitau 10. 5. 1882 Valerie Baronesse v. der Osten gen. Sacken, * Mitau 8. 8. 1863, † Erkner bei Berlin 5. 4. 1921 (s. o., b.), T. d. OHptmGerAssessors in Mitau u. 1. Sekr. d. Kurld. Kreditvereins Arthur Baron v. der O. gen. S. auf Bredenfeld u. d. Valerie v. der Recke a. d. H. Annenhof.

Kinder (1 Sohn, 2 Töchter jung †):

1) Peter Otto Arthur Adolph, * Mitau 2. 1. 1886, † Berlin 26. 10. 1937, Sänger;
⚭ Lüneburg 26. 2. 1921 Maria (Marissa) Peterson, * Riga 4. 10. 1887, † Baden-Baden 3. 5. 1971, Schriftstellerin, T. d. Kunstmalers Rudolf P. u. d. Constance Engelson.

2) Valerie Margarethe Wanda Eveline, * Mitau 15. 8. 1887, † Bautzen ... (um 1933).

3) Meta Elisabeth Maximiliane, * Mitau 16. 5. 1889, † Bad Kissingen 24. 7. 1956;
⚭ Mitau 5. 11. 1910 Wassili (Wilhelm) Baron v. der Osten-Sacken-Tettenborn, * St. Petersburg 29. 12. 1881, † Buenos Aires 3. 7. 1949 (orth.), auf Wlassowo (§), Kais. russ. Hofrat u. Kreischef in Peterhof (s. o., b.) (gesch. um 1936).

4) Margarethe Vally Eveline, * Mitau 16. 3. 1892, † ...;
⚭ St. Petersburg ... (nach 1917) ... Henko (aus russ. Adel), * Riga ..., † ..., ...

5) Leonore (Nora) Eveline Wanda, * Mitau 23. 2. 1894, † Singen am Hohentwiel 20. 3. 1969;
⚭ Berlin 31. 8. 1920 Kuno Wolff, * Frankfurt an der Oder 27. 6. 1882, † Berlin-Nikolassee 25. 5. 1955, Kaufm.

2. Haus (Kurmahlen)

Erloschen.

Ulrich Gotthard v. der Osten gen. Sacken, * Bebben 20. 8. 1775, † Kemmern bei Riga 10. 7. 1838, auf Kurmahlen u. Eckhof, Kurld, Mannrichter in Goldingen, Kgl. preuß. Lt a. D.;
⚭ ... 8. 10. 1811 Juliana v. Korff, * ... 8. 9. 1785, † Rothof 7. 3. 1832, T. d. Kgl. preuß. Fähnrichs Carl v. K. auf Groß- u. Klein-Aiswicken, Kurld, u. d. Johanna (Jeannette) v. Boyen.

1. Friedrich Carl Wilhelm Eduard Baron v. der Osten gen. Sacken, * Kurmahlen 23. 11. 1813, † Firckshof bei Goldingen 17. 8. 1878, auf Firckshof;

   ⚭ ... 18. 10. 1856 Angelica (Angelique) af Meinander, * Priluky, Gouvt Poltawa, 20. 11. 1837, † Marren bei Goldingen 15. 10. 1909, T. d. Kais. russ. GenLts Otto af M. u. d. Julie Gfin Belzig v. Kreutz.

   Töchter:

   1) Angelica (Elly) Julie Louise Caroline, * Charlottenruh 12. 8. 1858, † Windau 4. 1. 1889;

      ⚭ Goldingen 1. 7. 1885 Eduard Baron v. der Ropp, * Pormsahten, Kurld, 6. 7. 1852, ⚔ (von Bolschewisten ermordet) zw. Mitau u. Riga 18. 3. 1919, Couponkontrolleur d. Kurld. Kreditvereins.

   2) Marie Louise Johanna, * Firckshof 24. 9. 1860, † Ksp. Goldingen 6. 6. 1913;

      ⚭ Moitzow, Kr. Greifenberg, Pomm., 20. 1. 1891 Louis Elbe, * Moitzow 2. 8. 1850, † Jena (?) ..., vorm. auf Moitzow, Kgl. preuß. OLt d. Ldw. a. D.

   3) Louise Ottilie Ulrike Pauline, * Firckshof 24. 1. 1866, † Berlin 26. 2. 1932;

      ⚭ Goldingen 10. 1. 1885 Carl Baron v. Grotthuß, * Rudbahren, Kurld, 25. 6. 1858, † Schwerin, Meckl., 19. 7. 1926, auf Dexten (bis 1894), Kurld, GenBevollm. von Pampeln, Kurld.

2. Marie Louise Charlotte Julie Baronesse v. der Osten gen. Sacken, * Ksp. Goldingen 1. 11. 1814, † ... 1860.

3. Charlotte Jeannette Emma Baronesse v. der Osten gen. Sacken, * Ksp. Goldingen 19. 10. 1817, † Goldingen 8. 9. 1909.

4. Henriette Anna Julie, * Ksp. Goldingen 9. 3. 1823, † Wilna 27. 2. 1872;

   ⚭ ... 1846 Alexander Heinrich Redecke, * ..., † ..., Kais. russ. GenMajor.

2. Zweig (Appricken)

Otto v. Sacken, † 1685/86, auf Galten (seit 1650), Sackenhausen, Schnepeln (seit 1661) u. Suhren, Kgl. poln. Kornett;
⚭ Hedwig v. Sacken, T. d. Kgl. poln. Khrn, Hzgl. kurld. GehRats u. Hofmarschalls Christoph v. S. auf Sackenhausen, Dubenal-

ken, Daydsen u. Atlitzen u. d. Benigna Finck v. Finckenstein a. d. H. Roggenhausen.

Fromhold, * um 1647, † ... 27. 4. 1700 (kath.), auf Schnepeln u. Suhren (verk. 1689), Kgl. poln. Oberstlt u. Kmdt von Mitau, OHptm. zu Mitau;
× (Ehepakten Nurmhusen, Kurld, 16. 9. 1687) Maria Elisabeth v. Fircks, ~ Nurmhusen 19. 1. 1670, † ... 22. 7. 1710 (× II. ... 9. 6. 1707 Nicolaus v. Korff, † ... 24. 10. 1708, auf Kreutzburg usw., Poln.-Livld, Telsen usw., Kurld, Bledau usw., Ostpr., Kgl. poln. Khr, Starost von Rositten u. Schatzmeister von Livld), T. d. OHptm. zu Tuckum u. kurld. Ldmarschalls Christopher v. F. auf Nurmhusen u. d. Benigna v. Sacken a. d. H. Appricken.

Christopher Friedrich v. der Osten gen. Sacken, * 1697, † ... 24. 11. 1759, auf Tels, Seemuppen u. Appricken, Kurld, auf Libbingen u. Kunden (bis 1752), Kgl. poln. Kjkr, kurld. Ldhofmeister;
× I. vor 18. 9. 1722 Catharina v. Korff, * 1700, † ... 1. 3. 1742, T. d. Kgl. dän. Kpt. Ernst v. K. auf Dahmen, Kurld, u. d. Anna Catharina v. Buttlar a. d. H. Susten;
× II. Appricken 15. 1. 1745 Juliane Louise v. den Brincken, † ... (× I. ... Heinrich Johann v. den Brincken, † ..., auf Sessilen, ... Kpt.), T. d. ... Brigadiers Christian Heinrich v. den B. a. d. H. Sessilen u. d. Gottlieb Hedwig v. Sacken a. d. H. Dubenalken.

Erster Ehe:

Carl Christoph,	Johann Ewald,	Ferdinand,
* 1721, † 1790;	* um 1728, † 1802;	* um 1730, † 1812;
s. 1. Haus;	s. 2. Haus.	s. 3. Haus.

1. Haus (Appricken)

Erloschen.

Carl Christoph v. der Osten gen. Sacken, * ... 18. 1. 1721, † Appricken 23. 4. 1790, auf Appricken, Dserwen u. Krothen, Kurld, Hptm. zu Durben;
× Juliane Margarethe v. den Brincken, * Ksp. Doblen 17. 4. 1723, † Krothen 9. 5. 1804, T. d. ... Kpt. Heinrich Johann v. den B. auf Alt-Zezern u. Sessilen, Kurld, u. d. Juliane Louise v. den Brincken.

(1 Sohn jung †)

1. Juliane (Julie) Catharina, * um 1754, † Appricken 4. 5. 1805; × um 1770 Christopher v. Korff, * um 1738, † Appricken 13. 7. 1811, auf Appricken, Greyersdorf, Paddern u. Liepen, Kurld, Kgl. franz. Major a. D.

2. Friederike Caroline, ~ ... 30. 5. 1756, † Medsen 28. 2. 1806; × ... 3. 3. 1775 Carl v. Rahden, * ... 3. 3. 1745, † Medsen 30. 10. 1829, auf Medsen u. Spahren, Kurld, Kreismarschall.

3. Benigna Charlotte, * Appricken (~ 18. 9.) 1760, † Krothen 16. 1. 1849, auf Krothen.

4. Carl Leberecht, * Appricken ... 1763, † ... (vor 1804).

2. Haus (Libbingen)

Erloschen.

Johann Ewald v. der Osten gen. Sacken, * um 1728, † Arishof 16. 11. 1802, Majoratshr auf Libbingen u. Kunden, Hzgl. braunschw. Kjkr;
× ... Benigna Charlotte v. Mirbach, * ... 15. 5. 1736, † ..., T. d. Lts der Piltenschen Ldschaft Nicolaus Gerhard v. M. auf Welden, Assieten u. Groß-Niekratzen, Kurld, u. d. Agnesa Elisabeth v. Heyking.

1. Juliana Louisa Agnesa, * um 1763, † ... 15. 8. 1822; × Ksp. Durben 13. 3. 1786 Alexander v. der Brüggen, * um 1726, † Mitau 11. 9. 1804, auf Arishof, Kurld, Kurfstl. sächs. Oberst.

2. Nicolaus Carl Friedrich, * ... 1764, † Königsberg i. Pr. ... 1797, auf Kunden, Libbingen u. Mundicken, Kgl. preuß. Lt;
× ... Friederike Hirsch, * 1768, † ... (gesch. ... 1796; × II. ... Caspari, ...), T. d. ... u. d. ...

Kinder:

1) Carl Wilhelm Ewald, * Königsberg i. Pr. ... 1788, † Kunden 23. 4. 1821, auf Kunden, Libbingen u. Mundicken, Kgl. preuß. Lt a. D.;
× ... 12. 11. 1812 Caroline v. der Osten gen. Sacken, * ... 4. 5. 1783, † Goldingen 3. 5. 1856 (s. o., Stamm A,

II. Linie, 2. Ast, 1. Zweig, 3. Haus), T. d. Kreisrichters in Mitau Otto Ewald v. der O. gen. S. auf Puttnen u. Sknaben, Pfandhrn auf Jostan, Arrendators auf Gailhof, u. d. Anna Budewitz.

Töchter (4 Söhne jung †):

(1) Adelheid (Ida) Theophile Jacobine Elisabeth, * ... 22. 10. 1818, † Mitau 9. 5. 1906;
× Goldingen 1. 5. 1849 Alexander v. Haudring, * ... 27. 7. 1817, † ... 21. 5. 1879 (kath.), auf Krussaht-Drogen, Kurld, Arrendator auf Sallenen, Kurld.

(2) Antonie Caroline Ottilie Julie Baronesse v. der Osten gen. Sacken, * ... 11. 5. 1820, † ... 31. 3. 1895, ▭ Goldingen.

2) Ferdinand, * Königsberg i. Pr. ... 1790, † ebd. ... 1819, Kgl. preuß. Lt.

3) Alexandrine, * Königsberg i. Pr. ... 1796, † ebd. ... 1819.

3. Benigna Elisabeth (Lisette), * 1766, † Neu-Sexaten 16. 7. 1802;
× Ksp. Durben 12. 3. 1789 Gustav v. Heyking, * Groß-Ilmajen, Kurld, (~ 12. 3.) 1761, † Neu-Sexaten 19. 4. 1802, auf Zilden, Stembern, Rothof u. Neu-Sexaten, Kurld, Kgl. preuß. Lt a. D.

4. Ulrich Ferdinand Friedrich, * um 1768, † Pilten 13. 3. 1832, Kgl. preuß. Lt a. D.;
× Pilten 7. 10. 1806 Marie (Marianne) Berg, * ..., † Pilten ... (um 1852), T. d. Kaufm. ... B. u. d. ...

Töchter:

1) Justine Friederike, * Pilten 14. 11. 1806, † ebd. 17. 9. 1824.

2) Juliane (Julie) Ernestine Ulrike, * Pilten 28. 9. 1813, † ...;
× ... Rudakow, ...

5. Charlotte Agathe Agnesa, * ... 1769, † ... 1804.

6. Eleonore Elisabeth Christine, * ... 1770, † ... 1800;
× Sackenhausen 4. 7. 1794 Johanna Heinrich Opatzky, ~ Goldingen 22. 12. 1751, † ... 1798, auf Freiberg, Kurld, LdgerAdvokat.

3. Haus (Rauden)

Ferdinand v. der Osten gen. Sacken, * um 1730, † ... 26. 2. 1812, auf Rauden u. Nowidwor, Markgfl. brandenb.-ansb. Rittmeister der Garde;
× I. Elisabeth Mantzen, † ...;
× II. 1785 Anna Gottlieb v. Schilling, * ... 19./30. 10. 1762, † Rauden 7. 4. 1838, T. d. Kgl. poln. Kpt. Adam Ludwig v. Sch. u. d. Elisabeth Gfin Schatterloh.

a) Erster Ehe:		b) Zweiter Ehe:
Friedrich Gotthard, * 1765, † 1848; s. a.	Ferdinand Friedrich, * 1774, † 1853; s. b.	Carl Ferdinand Otto, * 1787, † 1850; s. c.

a. (in Preußen)

Erloschen.

Friedrich Gotthard v. der Osten gen. Sacken, * ... 24. 9. 1765, † Heilsberg, Ostpr., 15. 10. 1848, Kgl. preuß. Major a. D.;
× Memel 1. 3. 1816 Wilhelmine Winter, * ..., † ..., T. d. Bürgers u. Segelmachers Johann W. u. d. ...

1. Friedrich Gotthard, * Memel 13. 10. 1801, † Wehlau 31. 10. 1858, Kgl. preuß. Major a. D.;
   × Elkinehlen bei Wehlau 21. 10. 1833 Emilie Schimmelpfennig v. der Oye, * ..., † Königsberg i. Pr. 30. 3. 1867, T. d. ... u. d. ...
   Kinder (2 Söhne jung †):
   1) Friedrich Gotthard Wilhelm Wedegehe, * Elkinehlen 16. 7. 1835, † ..., Kgl. preuß. Kadett (1851).
   2) Hedwig Julie Gertrud, * Wehlau 9. 7. 1840, † Königsberg i. Pr. 28. 5. 1924;
      × Insterburg 7. 11. 1864 Rudolf Frhr v. der Trenck gen. v. Königsegg, * ... 12. 2. 1834, ⚔ bei Metz 14. 8. 1870, Kgl. preuß. Hptm. im InfRgt 43.
   3) Richard Anton Constanz, * Wehlau 13. 7. 1845, ⚔ Metz 14. 8. 1870, Kgl. preuß. SecLt im InfRgt 43.

2. Julie Henriette, * Memel 21. 2. 1804, † Porwaschen bei Heilsberg 21. 2. 1849.

3. Adelheid Dorothea, * Memel 20. 6. 1806, † Heilsberg 1. 10. 1868.

4. Mathilde Augustine, * Memel 25. 8. 1809, † Heilsberg 16. 9. 1877.

5. Catharina Florentine, * Memel 8. 10. 1812, † Heilsberg 7. 7. 1884.

6. Hans Carl Alexander, * Memel 15. 11. 1815, † Heilsberg 21. 11. 1873, Kgl. preuß. Hptm.

7. Theophile Hermine Bertha, * Heilsberg 23. 5. 1818, † ebd. (?) ... (nach 1899).

b. (Kimahlen)

Ferdinand Friedrich Baron v. der Osten gen. Sacken, * Rauden 5. 10. 1774, † Goldingen 16. 5. 1853, auf Kimahlen, Kurld, ... Major a. D., Friedensrichter in Goldingen;
⚭ I. ... 19. 10. 1804 Juliana Rosalie v. Lüdinghausen gen. Wolff, * ..., † ... 26. 5. 1818 (gesch. ... 19. 12. 1807; ⚭ II. ... v. Buttlar, ...), T. d. George Christopher v. L. gen. W. auf Sonnaxt, Kurld, u. d. Anna Gertrud v. Witten a. d. H. Domnau;
⚭ II. ... 6. 1. 1808 Alexandrine v. der Osten gen. Sacken, * ... 5. 10. 1776, † Goldingen 5. 1. 1810 (s. o., Stamm A, II. Linie, 1. Ast, 2. Zweig, 1. Haus) (⚭ II. ... 11. 4. 1804 Donatus v. Bolschwing, † ... 13. 1. 1844, OHptmGerAssessor in Goldingen; gesch. ...), T. d. Kgl. franz. Majors Ewald v. der O. gen. S. auf Sack-Pomusch u. d. Marie v. Kleist a. d. H. Kerklingen.

Zweiter Ehe:

1. Ernestine Dorothea Anna Juliana, * Kimahlen 26. 2. 1809, † Goldingen (?) 16. 11. 1845;
⚭ ... Michael Drawetzky, * ..., † ... (nach 1845), Kais. russ. GenMajor.

2. Alexander Ferdinand Ewald Julius, * Kimahlen 29. 5. 1810, † Nemirow, Podolien, 24. 2. 1844, Kais. russ. Stabsrittmeister;
⚭ Nemirow 18. 4. 1843 Mathilde Braumühler, * ... (um 1823), † ..., T. d. GouvtsPredigers u. KonsistRats Carl Benjamin B. u. d. ...

Tochter:

Alexandrine Marie, * Nemirow 19. 3. 1844, ...

c. (Gulben)

Carl Ferdinand Otto v. der Osten gen. Sacken, * Rauden 28. 6. 1787, † Welden 5. 8. 1850, auf Rauden u. Welden, Kurld;
⨯ Klein-Gramsden, Kurld, 26. 12. 1832 Charlotte v. der Howen, * Amt Durben, Kurld, 8. 3. 1806, † Libau 25. 12. 1885, T. d. OHptmGerAssessors Otto Christopher v. der H. auf Weesit, Klein-Drogen, Ostbach u. Freiberg, Kurld, u. d. Juliane v. Schroeders a. d. H. Ordangen.

(1 Tochter jung †)

1. Anna (Nanny) Elisabeth Juliana Wilhelmine Benedicta Hertha Baronesse v. der Osten gen. Sacken, * Klein-Gramsden 25. 1. 1834, † Mitau 2. 3. 1918, StiftsD.

2. Ewald Ferdinand Ottomar Arthur Harald Kuno Serapion Baron v. der Osten gen. Sacken, * Klein-Gramsden 3. 4. 1835, † Hasenpoth 4. 4. 1910, vorm. auf Pelzen, Kurld, Verwalter von Bächhof, Kurld;
⨯ ... 20. 9. 1860 Johanna (Anna) Schultz, * ... 24. 11. 1842, † ..., T. d. OHofgerAdvokaten in Mitau Wilhelm Sch. u. d. Johanna Veichtner.

3. Carl Hermann Christoph Adalrich Winfried Hatto Nemesius Baron v. der Osten gen. Sacken, * Klein-Gramsden 16. 12. 1836, † ..., Gutsbes. in Polen, Kais. russ. Rittmeister;
⨯ ...
Mehrere Kinder.

4. Aluin Dedo Fridolin Olav Teutomer Theobul Witlof Baron v. der Osten gen. Sacken, * Rauden 3. 2. 1840, † ebd. 25. 6. 1905, Kais. russ. Beamter in Libau.

5. Meta Blithilde Childemma Deotina Elfilde Herne Witta Baronesse v. der Osten gen. Sacken, * Rauden 8. 2. 1842, † ..., Kurld, ... 1918;
⨯ Libau 17. 11. 1866 Julius Kleckl (aus russ. Adel), * ... 19. 11. 1838, † ..., Kais. russ. Rittmeister, Polizeibeamter in Libau.

6. Eduard Alboin Cobbo Dudo Frittiger Rando Talila Baron v. der Osten gen. Sacken, * Rauden 22. 6. 1843, † Paderborn 4. 7. 1925, auf Gulben (1875–1894), Kurld;
⨯ I. ... 25. 5. 1876 Louise (Lili) Baronesse v. der Ropp, * Bewern, Kurld, 4. 1. 1847, † ebd. 8. 6. 1879 (kath.), T. d. Kreis-

marschalls Julius v. der R. auf Paplacken, Kurld, u. d. Isabella Gfin Plater-Syberg;
⚭ II. Ksp. Neu-Subbath, Kurld, 10. 11. 1882 Emma v. Walther, * Assern, Kurld, 22. 8. 1853, † Paderborn 8. 7. 1924, T. d. Kais. russ. Stabsrittmeisters Guido v. W.-Wittenheim auf Assern u. d. Wilhelmine v. Wittenheim a. d. H. Sussey.

Kinder: a) erster Ehe (kath.):

1) Julius Johannes Otto Bernhard Marian, * Illuxt 20. 5. 1877, † Stockholm 18. 11. 1948, Dr. phil., Geologe;
⚭ I. Zürich 4. 9. 1908 Maria Eppich, * Stein, Krain, 22. 11. 1884, † Laibach, Slowenien, 13. 1. 1954 (kath.), Schauspielerin („Maria Vera") (gesch. Mitau 16. 11. 1917), T. d. Hausbes. Jakob E. u. d. Maria Legat;
⚭ II. Malmö 8. 3. 1921 Dagmar Darin, * Malmö 7. 10. 1886, † Johanneshov bei Stockholm 7. 10. 1977 (kath. seit 1926), Lehrerin, T. d. Lektors u. Abg. d. schwed. Reichstags Dr. phil. Robert D. u. d. Helga Andersson.

Kinder (kath.): a) erster Ehe:

(1) Marie-Luise (Ly) Vera Felice Sophie Charlotte Isabelle Elisabeth, * Wien 14. 1. 1909, Künstlerin, Schriftstellerin *(Große Heimstr. 6, 4600 Dortmund 1).*

b) zweiter Ehe:

(2) Sten Benedictus Eduard Robert Otto Julius Erik Lucas Helge Ewald, * Greifswald 18. 11. 1922, Kgl. schwed. Lagman (LdgerPräs.);
⚭ I. Stockholm 4. 5. 1944 Evelina (Eva) Axelsson, * Östra Vingåker, Södermanland, 24. 2. 1924, Büroangest. (gesch. Stockholm 28. 10. 1958), T. d. Landarbeiters Sigfrid A. u. d. Selma Karlsson
(Upplandsgatan 38, S-11328 Stockholm);
⚭ II. Åbo, Finnld, 29. 3. 1959 Hagar Lind, * Pargas, Finnld, 22. 2. 1930, Tagesheimleiterin (gesch. Stockholm 1. 11. 1984), T. d. Buchhalters Arvid L. u. d. Laura Karlsson
(Björnmossvägen 26, S-13800 Älta);
⚭ III. Wisby 25. 10. 1985 Renate Knöchelmann, seit 21. 5. 1985 Tegethoff, * Hannover 8. 11. 1939 (ev.), Lehrerin (gesch. Stockholm 21. 3. 1989), T. d. Kassenführers Hans K. u. d. Elvira Tegethoff
(Kungsfågelvägen 1 F, S-79400 Orsa);

× IV. Hagby, Län Kalmar, 4. 7. 1989 Augusta Freiin Hermelin, * Degla, Län Jönköping, 7. 7. 1939 (ev.) (× I. Malmö 23. 12. 1963 Johan [Jan] Gf Wachtmeister af Johannishus, * Stockholm 9. 12. 1937, Adjunkt, gesch. ... 5. 1. 1972; × II. Viksta 19. 7. 1975 Rune Svensson, Geschäftsführer, gesch. ... 14. 9. 1977), T. d. Kgl. schwed. Kpt. Bengt Olof Frhr H. auf Degla u. d. Elsa Rosenblad (aus schwed. Adel)
(Vita Liljans väg 68, S-12734 Skärholmen).

Kinder: a) erster Ehe:

a. Gunilla Isabella Margareta Katarina Maria, * Stockholm 25. 11. 1944, Kartenzeichnerin;
× Stockholm 24. 6. 1966 Hans Carlsson, seit 1965 Sogell, * Stockholm 5. 4. 1944 (ev.), Ing., kaufm. Dir.
(Yxvägen 19, S-18147 Lidingö).

b. Christina Veronica Dagmar Gertrud Maria, * Stockholm 12. 1. 1946, cand. phil., GymnLehrerin
(Tegelhagsvägen 151, S-19139 Sollentuna).

c. Margareta Helga Louise Birgitta, * Umeå 22. 12. 1947, Vorschullehrerin
(Berguddsvägen 66, S-13333 Saltsjöbaden);
× Stockholm 12. 12. 1970 Peter Ericsson, seit 1970 Rindö, * Östersund 1. 2. 1948, Geschäftsführer (gesch. Stockholm 16. 2. 1978).

d. Otto Harald Mikael Konstantin, * Umeå 12. 8. 1950, Vertreter;
× Stockholm 24. 10. 1987 Victoria Gordillo Hernández, * Valera, Venezuela, 29. 1. 1961, Vorschullehrerin, T. d. Vertreters Adam G. Ramírez u. d. Fanny Hernández Gómez
(Erik Dahlbergsgatan 18, S-11532 Stockholm).

Sohn:

Robert Edvard Henrik Mikael, * Stockholm 8. 11. 1988.

e. Cecilia Viveka Hedvig Barbara, * Stockholm 14. 5. 1953, † ebd. 17. 6. 1970.

b) zweiter Ehe:

f. C a t h a r i n a Louise Elisabeth, * Stockholm 9. 6. 1964, Ldmesserin;
× Stockholm 9. 8. 1986 Torsten H ö k b y , * Västerås 12. 5. 1962 (ev.), Ldmesser, Kartograph
(Östermalmsgatan 8 B, S-72214 Västerås).

g. I s a b e l l a Charlotte Cecilia, * Stockholm 4. 5. 1971, stud. jur.
(Lina Sandells plan 7, S-12665 Hägersten).

(3) Birgitta (G i t t a) Maria Elisabeth Dagmar Margarethe Eugenie Josephine Juliana Barbara Mechtildis, * Stockholm 18. 10. 1924, Mag. phil., Adjunkt, führt wieder den Geburtsnamen;
× Djursholm bei Stockholm 20. 6. 1953 Karl W e t t e r - b e r g , * Skövde, Västergötland, 31. 12. 1894, † Göteborg 16. 8. 1973, Musikdir., Komponist
(Fogdevägen 21, S-12158 Johanneshov).

2) Anna Louise Elisabeth (E l l y), * Illuxt 16. 4. 1878, † Paderborn 15. 11. 1958.

3) Louise Charlotte M a r i e , * Bewern 23. 5. 1879, † Nieder-Marsberg, Westf., 15. 9. 1945.

b) zweiter Ehe:

4) Carl Wilhelm E w a l d , * Gulben 18. 9. 1883, † Gifhorn, Hann., 16. 12. 1949, AmtsgerRat, vorm. Notar in Modohn, Livld;
× I. St. Petersburg 12. 10. 1905 Ljubow A l e c h i n (aus russ. Adel), * Kasan 12. 4. 1881, † Berlin 12. 1. 1944 (gesch. ...), T. d. ... u. d. ...;
× II. Riga ... 1929 Vera J ü r g e n s o n , * ..., † Riga ...;
× III. Jakobstadt, Kurld, 26. 2. 1933 Viktoria R y s h o w , * Laudohn, Livld, 14. 1. 1909, T. d. ... Ernst R. u. d. ...
(Friedrichstr. 46, 7800 Freiburg i. Br.).

Sohn erster Ehe:

E d u a r d Johann Alexander Nikolai Gregor, * St. Petersburg 29. 11./12. 12. 1906, Ing.;
× Riga ... 11. 1940 Wera K o n o w a l o w , * Archangelsk 18. 10. 1916, T. d. ... u. d. ...
(2340 Armstrong Avenue, Holmes, Pa. 19043, USA).

Sohn:

A n d r e a s Eduard, * Berlin 10. 2. 1945, Techniker; ⚭ … (aus Irland), * …, T. d. … u. d. …
(138 Melrose Avenue, East Lansdowne, Pa. 19050, USA).

5) E r n s t Eduard Christoph, * Assern 27. 2. 1885, † Buenos Aires 6. 10. 1923, stellv. Dir. der Fa Kodak in Buenos Aires; ⚭ Buenos Aires … Ida S c h e i d l, * Wien 13. 1. 1890, † Buenos Aires (?) … (⚭ II. Buenos Aires 8. 4. 1925 Armin Baron v. Engelhardt a. d. H. Kurrisal, Estld, † Buenos Aires 8. 9. 1959, Kais. russ. LegSekr., Bankdir.; gesch. …), T. d. … Leopold Sch. u. d. …

6) E r i c h Johannes Felix, * Gulben 22. 11. 1887, † Malente-Gremsmühlen, Holst., 27. 5. 1960, vorm. Lotteriegeschäftsführer in Rostock;
⚭ I. Riga 18. 12. 1912 Margheritha (Rita) Freiin v. W o l f f, * Warschau 16./28. 9. 1886, † Schliersee 26. 11. 1976 (gesch. … 1927), T. d. Kais. russ. Rittmeisters der Garde Paul Frhr v. W. a. d. H. Neu-Laitzen u. d. Nelly Baronesse v. Heyking;
⚭ II. Rostock 12. 4. 1928 Walborg S ö d e r s t r ö m, * Allenstein, Ostpr., 14. 4. 1899, † Malente-Gremsmühlen 15. 4. 1978, T. d. … Theodor S. u. d. Caroline Mabel Blakeley.

Kinder erster Ehe:

(1) Marie Charlotte (M a r i e t t a) Isabella Ruth, * Riga 29. 10./11. 11. 1913, führt wieder den Geburtsnamen *(Bleichweg 45, 7994 Langenargen)*;
⚭ Schwerin, Meckl., 12. 2. 1938 August B i e r m a n n, * Thorn 2. 1. 1912, Major a. D. (gesch. Schwerin … 12. 1947).

(2) K l a u s - Günther Albert Paul Eduard, * Schwerin 18. 2. 1919, † München 16. 2. 1985, Schriftsteller („Klaus Wolff") u. Rundfunkjournalist, Hptm. a. D.;
⚭ I. München 7. 1. 1942 Elisabeth (Susi) S a n n e r, * Freilassing, OBayern, 21. 5. 1921 (gesch. … 21. 11. 1955; ⚭ II. … Leu, …), T. d. Fabrikanten Adolf S. u. d. Elisabeth Haefner (…);
⚭ II. München 4. 5. 1957 Ursula K u t z e n, * Braunschweig 21. 4. 1926, † München 4. 5. 1982, Schauspielerin, T. d. GenMajors Joachim K. u. d. Erna Schlaeger.

Tochter erster Ehe:

S i b y l l e Margherita, * München 27. 11. 1945, Studienrätin;

Erich Baron v. der Osten gen. Sacken a. d. H. Gulben

* 1887 † 1960

Geschäftsführer

s. S. 306

Klaus Baron v. der Osten gen. Sacken a. d. H. Gulben

* 1919 † 1985

Schriftsteller und Rundfunkjournalist

s. S. 306

⚭ Passau 24. 3. 1972 Henning Jacobsen, * München 1. 2. 1940, Rechtsanwalt
(Einzendoblstr. 21, 8359 Eging am See).

7) Harald Alexander Heinrich, * Gulben 22. 1. 1895, ⚔ Berlin 28. 4. 1945, Dr. med. dent.

7. Carl Adelwar Dankmar Eguin Farolf Irmenich Ratto Baron v. der Osten gen. Sacken, * Welden 3. 10. 1846, † Riga 3. 9. 1915, Assessor;
⚭ Riga 17. 6. 1899 Wilhelmine Julie Wilde, * Illuxt 10. 2. 1859, † Radebeul 29. 4. 1942 (⚭ I. Illuxt 6. 8. 1876 Akim Krylow, † Lomscha 1. 10. 1888, GymnInsp.), T. d. Apothekers Carl W. u. d. Johanna Dorothea Henko (aus russ. Adel).

8. Carl Abraham Ali Eginhard Hannibal Oliver Raphael Saladin Tancred Baron v. der Osten gen. Sacken, * Welden 16. 8. 1849, † ebd. 5. 8. 1890, ...

II. Linie (Elkeseem)

Erloschen.

Hermann v. Sacken, urkundl. 1559, † 1583, auf Elkeseem, Kurld;
⚭ I. Dorothea v. den Brincken, T. d. Johann v. den B. auf Seppen, Perbohnen u. Wallaten, Kurld, u. d. Agnesa v. Franck a. d. H. Puhren;
⚭ II. (1553 verlobt) Catharina v. Lambsdorff (⚭ I. Alexander v. Nettelhorst, † ..., auf Ihlen u. Schlagunen, Kurld), T. d. Johann v. L. auf Leschedsen, Kurld, u. d. Margaretha v. der Recke.

Zweiter Ehe:

Otto, ⚔ bei Kirchholm 17. 9. 1605, auf Elkeseem und Abelneeken, Rittmeister der Piltenschen Ldschaft;
⚭ Catharina v. Henning, urkundl. 1616 (⚭ I. ... v. Schencking, † ..., ...), T. d. Gotthard Heinrich v. H. auf Wahnen, Kurld, u. d. Dorothea Elisabeth v. Buttlar a. d. H. Lammingen.

Salomon v. der Osten gen. Sacken, * Elkeseem ... 1593, † Fullerstad 24. 3. 1667 (schwed. Adelsnaturalisation 12. 7. 1664; introduziert bei der Adelsklasse der Schwed. Rrschaft 1664 unter Nr 684), auf Fullerstad u. Korssäter, Östergötland, Kgl. schwed. Oberst;

× Stegeborg 29. 11. 1629 Anna Freiin v. Ungern-Sternberg, † Tomtaholm, Östergötland, 3. 5. 1680, T. d. Johann v. U.-St. auf Pürkeln, Livld, u. Korssäter u. d. Anna v. Kerssenbrock.

Gustav Adolf Freiherr v. der Osten gen. Sacken, * Korssäter 2. 2. 1636, † Lagerlunda, Östergötland, 10. 2. 1716 (schwed. Frhrnstand 24. 10. 1696; introduziert bei der Frhrnklasse der Schwed. Rrschaft 1697 unter Nr 104), auf Fullerstad, Tomtaholm u. Korssäter, Östergötland, Kgl. schwed. Oberstlt u. Ldeshptm. von Gotland;
× ... 23. 9. 1666 Maria Swart (aus schwed. Adel), * Åbo 6. 3. 1647, † Wisby 12. 7. 1701, T. d. Kgl. schwed. Kpt. d. Art. u. HofgerAssessors Sven Svensson S. auf Fågelbro, Sundby, Högby u. Gladö, Län Stockholm, u. d. Christina Bure (aus schwed. Adel).

(1 Sohn jung †)

1. Anna Christina, * Fullerstad 18. 10. 1668, † Bölö, Län Kalmar, 24. 5. 1663;
   × ... 13. 11. 1690 Abraham v. Schröer, * Stettin 31. 5. 1653, † Bölö 1. 4. 1723, auf Bölö, Kgl. schwed. Kmdr der Admiralität.

2. Maria Elisabeth, * Fullerstad 13. 10. 1669, † Korssäter 21. 8. 1732;
   × Tomtaholm 12. 7. 1692 Carl Gustav Lagerfelt (aus schwed. Adel), * Stockholm 25. 1. 1667, ⚔ bei Warschau 21. 7. 1705, auf Lagerlunda u. Gismestad, Östergötland, Kgl. schwed. PRittmeister.

3. Elisabeth, * Fullerstad 21. 1. 1671, † Tomtaholm 24. 5. 1706;
   × ... 12. 7. 1692 Jakob Wärnschöld (aus schwed. Adel), * ... 17. 1. 1664, † ... 17. 1. 1731, auf Börrum, Östergötland, u. Bägersta, Län Stockholm, Kgl. schwed. Kornett a. D.

III. Linie (Ahsen)

Wedig v. Sacken, urkundl. 1568—1587, 1597 tot, auf Ahsen u. Dehsseln;
× Catharina v. Schnabel, T. d. Hieronymus v. Sch. u. d. Christina v. Knorr.

Otto, urkundl. 1597—1623, † vor 1644, auf Ahsen u. Dehsseln;
× Margaretha v. Mohsen, T. d. Johann v. M. auf Poprangen u. d. Hedwig v. Aderkas a. d. H. Kerwel.

Wilhelm Friedrich, urkundl. 1691—1692; s. 1. Ast.	Carl Heinrich, urkundl. 1688—1721; s. 2. Ast.	Reinhold, * 1620, † 1693; s. 3. Ast.

1. Ast (Dehsseln)

Erloschen.

Wilhelm Friedrich v. Sacken, urkundl 1691—1692, † vor 29. 6. 1707, auf Dehsseln, Kurld;
× vor 18. 6. 1694 Maria Gertrud v. Rummel, † zw. 1736 u. 1748, T. d. Hermann v. R. auf Pormsahten, Kurld, u. d. Catharina v. den Brincken.

Hermann Ernst v. der Osten gen. Sacken, † zw. 4. 5. 1762 u. 24. 7. 1764, auf Dehsseln, Pleppen, Neu-Warriben u. Eckhof, Kurld;
× zw. 1746 u. 1750 Elisabeth Veronica v. Rummel, † nach 8. 1. 1781, T. d. Heinrich v. R. auf Pormsahten usw. u. d. Anna Elisabeth v. Korff a. d. H. Trecken.

Johann Wilhelm, * um 1751, † Groß-Sahlingen, Kurld, 24. 4. 1799, Kgl. schwed. u. dän. Kpt;
× um 1781 Juliana v. Ungern-Sternberg, ~ Kölschhof, Kurld, 9. 7. 1759, † ... (nach 13. 2. 1811), T. d. ... Wolter Gottschalk v. U.-St. a. d. H. Limenen u. d. Marie Gertrud v. Grotthuß a. d. H. Birshof.

Agnese Juliane Benigna Charlotte, ~ Groß-Sahlingen 6. 10. 1793 od. 1799, † Hasenpoth 8. 9. 1858, auf Rudden, Kurld;
× ... 1820 Carl v. Fircks, ~ Hasenpoth 26. 7. 1795, † ... 11. 9. 1827, auf Stackeldangen, Kurld, Kais. russ. Lt der Garde zu Pferde.

2. Ast (Ahsen)

Carl Heinrich v. Sacken, urkundl. 1688—1721, 1729 tot, auf Ahsen, Pfandhr auf Bächhof, Kgl. poln. Kpt.;
× Anna v. Mirbach, * zw. 1662 u. 1664, † nach 1729, T. d. Kgl. poln. Lts u. Hzgl. kurld. Hptm. zu Doblen u. Bauske Reinhold Hartwig v. M. auf Zelloden u. Dsirren, Kurld, u. d. Gertrud v. Medem.

Otto Hermann, Kgl. poln. RgtsQuartiermeister;
× Sophia v. Klopmann, T. d. Lewin v. K. auf Würzau, Kurld, u. d. Anna Elisabeth v. Manteuffel gen. Szoege.

Johann David, † Neuhausen, Kurld, ... 12. 1764, auf Taujahn u. Backhusen, Kgl. poln. Lt;
⚭ I. Catharina Veronica v. Blomberg, † Neuhausen ... 1743, T. d. ... Lts Christopher Johann v. B. auf Sexaten, Kurld, u. d. Brigitta v. Korff a. d. H. Passexten;
⚭ II. Maria v. Sacken, ...

Erster Ehe:

Ulrich, * 1702, † 1790; s. 1. Zweig.	Christopher Wilhelm, * um 1713, † 1794; s. 2. Zweig.

1. Zweig (Wibingen)

Ulrich v. der Osten gen. Sacken, * 1702, † Roth-Pomusch 7. 8. 1790, auf Wibingen, Kurld, u. Roth-Pomusch, Litauen, Kgl. poln. GenMajor;
⚭ I. Christine Emerentia v. Haudring, † ..., T. d. Otto Diedrich v. H. auf Meldsern, Kurld, u. d. Emerentia v. den Brincken;
⚭ II. Benigna v. Sacken, † ..., T. d. Kgl. poln. Kjkrs u. kurld. Ldhofmeisters Christopher Friedrich v. S. auf Tels, Seemuppen u. Appricken, vorm. auf Libbingen u. Kunden, u. d. Catharina v. Korff a. d. H. Dahmen (s. o., I. Linie, 3. Ast, 2. Zweig).

a) Erster Ehe: 1 Tochter jung †.

b) Zweiter Ehe:

1. Ulrich Hieronymus Casimir Werner, * 1748, ⚔ 1807; s. 1. Haus.

2. Catharina Juliana Veronica, * Mitau ... 1753, † ebd. 4. 6. 1836;
   ⚭ ... 1. 7. 1769 Georg Wilhelm v. Tornauw, * um 1828, † ... 23. 4. 1793, auf Podlinkau u. Poplan, Litauen, Kgl. poln. Khr u. Starost.

3. Christoph Ferdinand, * 1754, † 1818; s. 2. Haus.

4. Ulrich Gotthard, ~ ... 1. 3. 1761, † Berlin ..., Kgl. preuß. Lt im BosniakenRgt.

5. Otto Heinrich, * ... 16. 8. 1764, † Talsen 28. 4. 1830, auf Ploenen, Kgl. preuß. Lt a. D., vorm. im BosniakenRgt;

⚭ ... 14. 2. 1796 Apollonia v. der Recke, * ... 3. 4. 1751, † Dondangen 3. 11. 1828 (⚭ I. um 1772 Adam Emmerich v. Korff, † Annenhof bei Neuenburg 19. 10. 1793, auf Birshof u. Kogeln, Kurld, sowie Dargian, Litauen, Kgl. preuß. Kpt. a. D.), T. d. Dietrich v. der R. auf Neuenburg u. Grösen, Kurld, u. d. Catharina Helena v. Funcken a. d. H. Lösern.

6. Charlotte Caroline Eleonore, * ... 2. 2. 1765, † Groß-Dselden 28. 2. 1842;
⚭ I. ... 8. 11. 1778 Ernst Nicolaus v. Kleist, * ... 24. 1. 1752, † ... 4. 3. 1787, auf Subbern, Kurld, Arrendator auf Neu-Schwarden, Kurld, Kgl. poln. Khr, Kgl. franz. Kpt.;
⚭ II. Ksp. Kursiten, Kurld, 27. 10. 1791 Alexander Rr u. Edler v. Simolin, ~ Mitau 27. 5. 1766, † Groß-Dselden 27. 5. 1832, auf Groß-Dselden u. Dsellgalln, Kurld, Kais. russ. Kollegienassessor.

7. Carl, * 1772, † ...; s. 3. Haus.

1. (russ.) Haus

Ulrich Hieronymus (Jerofej) Casimir Werner v. der Osten gen. Sacken, * 1748, ⚔ († an der bei Austerlitz 2. 12. 1805 erlittenen Verwundung) ... 1807, Kais. russ. GenMajor, KonsistPräs. in Wilna;
⚭ Anna Toslekow (aus russ. Adel) (orth.), T. d. Kais. russ. Hofrats Jefim T., Woiwoden zu Tarepit, u. d. ...

(orth.)

1. Peter, * 1780, ⚔ bei Borodino 7. 9. 1812, Kais. russ. Oberstlt;
⚭ Catharina Tschirikow (aus russ. Adel), T. d. ... u. d. ...
Sohn:
Nicolai, * um 1826, † ..., Kais. russ. Oberst a. D.;
⚭ ... Sontzow (aus russ. Adel), T. d. Kais. russ. GehRats Peter Alexandrowitsch S. u. d. Catharina Dmitrijewna Tschertkow (aus russ. Adel).
Töchter:
(1) Wera, ...
(2) Olga, ...
(3) Catharina, * ..., † ...;
⚭ ... Peter Ewgenjewitsch Fst Tscherkassky, * ... 18. 8. 1847, † ... 20. 11. 1888, ▭ Tula, ...

2. Dmitri Graf v. der Osten gen. Sacken, * Prijut, Gouvt Cherson, 25. 4. 1793, † ebd. 3. 3. 1881 (russ. Gfnstand 10. 4. 1855), Kais. russ. Gen. d. Kav. u. GenAdj., Mitgl. d. Reichsrats; s. GHdA, Gfl. Häuser A, Bd VII (1973).

3. Paul, * 1803, † ..., Kais. russ. Major;
× Eudoxia Wsewoloshsky (aus russ. Adel), T. d. Kais. russ. Gen. ... W. u. d. ...

4. Barbara, * um 1804, † ...;
× ... Karl Elephant, Kais. russ. Stabschirurg u. Kollegienrat (1822).

2. Haus (Dondangen)

Christoph Ferdinand v. der Osten gen. Sacken, * Oscheneeken, Kurld, 2. 5. 1754, † Dondangen, Kurld, 22. 5. 1818, Majoratshr auf Dondangen, Kurfstl. sächs. u. Kgl. franz. Offz., Ldgfl. hess.-kass. Offz. in Amerika, Hptm. zu Doblen;
× I. Caroline v. der Osten gen. Sacken, ⚮ ... 17. 4. 1771, † Mitau 12. 10. 1798, T. d. Friedrich v. der O. gen. S. auf Hermaniszek, Pfandhrn auf Neugut, u. d. Sibylle Charlotte v. Buttlar a. d. H. Neu-Schwarden (s. u., 2. Zweig, 1. Haus);
× II. Ksp. Blieden 13. 3. 1799 Juliane v. Gantzkau, * ... 7. 7. 1770, † Mitau 22. 1. 1837, T. d. Otto Johann v. G. auf Grafenthal, Dsirren u. Mittelhof, Kurld, u. d. Magdalena Elisabeth v. Behr a. d. H. Popen.

a) Erster Ehe:

1. Friedrich, * ... 1788, ⚔ (vermißt) bei Preußisch-Eylau 7./8. 2. 1807, Kgl. preuß. Lt.

2. Angelica Maria Benoata, * ... 8. 12. 1792, † ...;
× Dondangen 12. 8. 1818 Friedrich v. Saß, * Saßmacken, Kurld, 1. 9. 1790, † ... 7. 1. 1871, Kais. russ. Rittmeister a. D., Postmeister in Windau.

3. Carl Wilhelm Emil, * ... 24. 2. 1795, † Ems 14. 4. 1844, Majoratshr auf Dondangen;
× Mitau 26. 8. 1822 Caroline v. Fircks, * ... 21. 3. 1804, † Mitau 30. 12. 1886, T. d. Carl v. F. auf Heyden u. Kasuppen, Kurld, u. d. Dorothea Finck v. Finckenstein.

b) Zweiter Ehe:

4. Elisabeth (Lisette) Friederike Louise, * Mitau 14. 1. 1800, † St. Petersburg 29. 10. 1854;
⚭ Mitau 19. 12. 1817 Ferdinand v. Tornauw, ~ Mitau 22. 3. 1785, † Giedducz, Litauen, 30. 6. 1850, auf Podlinkau, Litauen, Kais. russ. GenLt.

5. Theodor Ernst Philipp Hieronymus Baron v. der Osten gen. Sacken, * Dondangen 16. 10. 1801, † Dresden-Blasewitz 10. 6. 1874, Majoratshr auf Dondangen;
⚭ I. Dondangen 5. 7. 1832 Christina (Christel) v. der Osten gen. Sacken, * Goldingen 3. 9. 1798, † Dondangen 15. 11. 1857 (s. o., Stamm A, II. Linie, 1. Ast, 2. Zweig, 2. Haus) (⚭ I. Lipsthusen 20. 11. 1816 Ewald v. der Osten gen. Sacken, † Bathen 9. 6. 1846, Majoratshr auf Bathen, Kgl. preuß. u. Kais. russ. Lt, s. o., Stamm A, II. Linie, 1. Ast, 2. Zweig, 1. Haus; gesch. ... 1818), T. d. Kurfstl. sächs. u. Kgl. poln. Khrn u. Kais. russ. WStRats Otto v. der O. gen. S. auf Lipsthusen, Lehnen u. Sirgen u. d. Caroline v. Hahn a. d. H. Ploenen;
⚭ II. Dresden 23. 6. 1858 Sophie Baronesse v. der Osten gen. Sacken, * Ksp. Tuckum 5. 8. 1818, † Dresden 7. 6. 1874 (s. o., Stamm A, II. Linie, 2. Ast, 1. Zweig, 3. Haus, c.), T. d. Kais. russ. Rittmeisters Andreas v. der O. gen. S. auf Ewalden u. Wahrenbrock, Arrendators auf Degahlen u. Puhren, u. d. Juliane (Julie) v. Oelsen a. d. H. Gemauerthof.

Söhne erster Ehe (1 Sohn jung †):

1) Carl Ludwig Ferdinand, * Mitau 16. 6. 1833, † Riga 22. 11. 1897, Majoratshr auf Dondangen u. Tingern, Kurld;
⚭ Szaki, Gouvt Suwalki, 17. 7. 1857 Clara v. Keudell, * Nieder-Gielgudyszki, Gouvt Suwalki, 16. 6. 1836, † Riga 26. 5. 1914, auf Pobuschen, Kurld, T. d. Gustav v. K. auf Nieder-Gielgudyszki u. d. Elise v. Keyserling a. d. H. Blankenau.

Kinder:

(1) Elise, * Dondangen 12. 4. 1858, † ebd. 29. 2. 1860.

(2) Christian Theodor Ferdinand, * Dondangen 21. 5. 1859, ⚔ (von Bolschewisten ermordet) Tuckum 20. 1. 1919, Majoratshr auf Dondangen u. Tingern, resid. Kreismarschall, Kais. russ. StRat;

⚭ Pusseneeken 7. 8. 1886 Luise Baronesse v. Grotthuß, * Pusseneeken 7. 8. 1863, † Barsinghausen bei Hannover 26. 2. 1957, T. d. Kreismarschalls in Windau Oscar Baron v. G. auf Pusseneeken u. Ammeln, Kurld, u. d. Anna Baronesse v. Fircks a. d. H. Rudbahren.

Kinder:

a. Anna Charlotte, * Windau 25. 5. 1887, † Mitau 31. 1. 1919;
⚭ Dorpat 20. 3. 1918 Carl (Carlo) Baron v. Grotthuß, * Dexten, Kurld, 28. 8. 1887, ⚔ (von Bolschewisten ermordet) Riga 26. 3. 1919, Ldwirt.

b. Benigna Clara, * Dondangen 19. 10. 1888, † Barsinghausen 5. 2. 1976.

c. Hildegard Hedwig Helene, * Tingern 26. 6. 1890, † Berlin-Zehlendorf 13. 10. 1960;
⚭ (standesamtl.) Groß-Sobrost, Ostpr., (kirchl.) Dombrowken, Ostpr., 15. 12. 1921 Herbert Baron v. Roenne, * Sirgen 4. 4. 1885, † Berlin-Lichterfelde 26. 1. 1966, Ldwirt u. Buchhalter.

d. Ulrich Carl Otto, * Tingern 22. 11. 1892, † Beerenbusch, Mark, 5. 1. 1946, Majoratshr auf Dondangen mit Tingern (§), auf Feldgrieben (seit 1927; §) bei Rheinsberg, Mark;
⚭ Hinterzarten, Schwarzwald, 21. 7. 1921 Angelina (Angela) v. Wulf, * Dorpat 27. 8. 1899, † Barsinghausen 17. 3. 1992, T. d. livld. Ldrats cand. jur. Arthur v. W. auf Kosse, Livld, u. d. Madeleine v. Mengden Freiin v. Altenwoga a. d. H. Eck.

Kinder:

a) Marie Louise Christiane (Christa), * Wehrhalden, Kr. Säckingen, Baden, 31. 3. 1922, Konventualin d. Klosters Wennigsen
(Klosteramtshof 3, 3015 Wennigsen 1).

b) Gustav Arthur Theodor, * Wehrhalden 22. 3. 1925, Ldwirt;
⚭ (standesamtl.) Gersbach, Schwarzwald, 2. 6., (kirchl.) Birnau am Bodensee 3. 6. 1954 Hermine Spitz, * Au bei Gersbach 13. 9. 1927 (kath.), T. d. Gastwirts August Leo Lorenz Sp. u. d. Bertha Booz.
(29 Fowler Street, RR 2, Armstrong, B. C. V0E 1B0, Canada).

Dondangen
in Kurland
erbaut im 13. Jh., seit 1711 im Besitz der Familie

Theodor Baron v. der Osten gen. Sacken

* 1801 † 1874

Majoratsherr auf Dondangen

s. S. 315

Christian Baron v. der Osten gen. Sacken
* 1859 ⚔ 1919
Majoratsherr auf Dondangen und Tingern
resid. Kreismarschall, Kais. russ. Staatsrat
s. S. 315

Tingern
in Kurland

Kinder:

(a) Gustav Ulrich, * Säckingen 11. 5. 1955, Dr. sc., Physiker;
× Vancouver, Brit.-Kolumbien, 10. 8. 1980 San-Ling (~ Rosanna) Chui, * Hong Kong 2. 1. 1959 (kath.), B. A., T. d. ... On Ch. u. d. Ho Kuk
(1316 Shaughnessy Street, Port Coquitlam, B. C. V3E 2K8, Canada).

Sohn:

James Theodor, * Vancouver 25. 7. 1989.

(b) Christiane Gabriele, * Lörrach 26. 4. 1958;
× Armstrong, Brit.-Kolumbien, 29. 10. 1977 Barry Percy Kinsley, * ..., Manitoba, Canada, 9. 6. 1954, ... (...).

(c) Walter Bernhard, * Lörrach 5. 11. 1959, Ldwirt;
× Montrose, Brit.-Kolumbien, 8. 9. 1984 Suzanne Henry, * Montrose 18. 1. 1960, T. d. ... David H. u. d. Rita Jerome
(C 11 McLeery Road, RR 2, Armstrong, B. C. V0E 1B0, Canada).

(d) Angela Dagmar Olga, * Vernon, Brit.-Kolumbien, 22. 8. 1962, B. A. (...).

(e) Barbara Clara, * Enderby, Brit.-Kolumbien, 8. 7. 1966, B. A. (...).

(f) Michael Werner, * Enderby 12. 3. 1969, stud. phil. (...).

c) Ulrich Karl Heinrich, * Wehrhalden 3. 10. 1927, DiplLdwirt;
× Marburg an der Lahn (standesamtl.) 3. 10., (kirchl.) 19. 11. 1956 Brigitte v. Sethe, * Breslau 13. 12. 1931 (kath.), T. d. OAmtsrichters a. D. Dr. jur. Otto v. S. u. d. Hildegard Gollnick
(Sandweg 26, 3550 Marburg an der Lahn; Obere Wehrhalden 68, 7881 Herrischried).

Kinder (kath.):

(a) Elisabeth Christa Barbara Gertrud, * Marburg 29. 4. 1957, Dr. phil.
(Sandweg 26, 3550 Marburg an der Lahn).

(b) Christian Gustav Otto Benedict, * Marburg 23. 3. 1959, DiplKaufm.;
× Westerland, Insel Sylt, (standesamtl.) 15. 2., (kirchl.) 16. 2. 1985 Susanne Thoms, * Kiel 13. 1. 1958, T. d. VersKaufm. Edgar Th. u. d. Dörte Köster
(Rehmbrook 46, 2000 Hamburg 65).

Tochter:

Karoline Dörte Brigitte, * Hamburg 18. 8. 1985.

(c) Johannes Ulrich Theodor, * Marburg 5. 11. 1960, Richter (...).

(d) Dorothea (Dorothee) Maria Dagmar, * Marburg 26. 12. 1961, M. A. (...).

(e) Hildegard (Hella) Angelina Monika, * Hannover 6. 8. 1963;
× (standesamtl.) Murrhardt, Württ., 28. 10., (kirchl.) Langenhagen bei Hannover 31. 10. 1985 Andreas Wagner, * Tübingen 23. 5. 1956, Klinikreferent
(Stuttgarter Str. 144, 7030 Böblingen).

(f) Heinrich (Heiner) Alexander Konrad, * Langenhagen bei Hannover 17. 4. 1967, stud. jur.;
× St. Peter, Schwarzwald, 14. 9. 1991 Caroline Heinen, * Freiburg i. Br. 23. 11. 1968, stud. phil., T. d. Dr. med. Klaus H. u. d. Hildegard Schroeter
(Sundgauallee 24 VII 29, 7800 Freiburg).

(g) Bernhard Maximilian Thomas, * Langenhagen 17. 4. 1967 (Zwillingsbruder d. Vorigen)
(Sandweg 26, 3550 Marburg an der Lahn).

(h) Brigitte Katharina Roswitha, * Langenhagen 5. 5. 1970, Gärtnerin
(Sandweg 26, 3550 Marburg an der Lahn).

(i) Anna Margarethe Hedwig, * Langenhagen 5. 5. 1970 (Zwillingsschwester der Vorigen) stud. theol.
(Quäkerstr. 4, 7800 Freiburg i. Br.).

d) H e l l a Renata, * Feldgrieben 25. 7. 1929, Krankenschwester i. R.
(10 Hartford Avenue, Toronto, Ontario M4C 1N9, Canada);
⚭ Kitchener, Ontario, Canada, 18. 7. 1959 Guido v. D e h n a. d. H. Kieckel, * Reval 1. 1. 1930, ...
(113 Gibb Street, Oshawa, Ontario L1H 2K1, Canada).

e) Angela D a g m a r , * Feldgrieben 26. 11. 1930;
⚭ Richmond bei Vancouver 6. 5. 1961 Helmar Baron v. H a h n a. d. H. Plonian, * Riga 11. 7. 1928, ...
(3187—139th Street, Surrey, B. C. V4A 4G8, Canada).

f) H a r a l d , * Feldgrieben 26. 3. 1932, Stadtmissionar;
⚭ Heide, Holst., 28. 12. 1964 Emma R a t k e , * Sadolesch, Kr. Węgrów, Polen, 12. 5. 1936, T. d. ... Adolf R. u. d. Natalie Jabs
(Wielandstr. 12, 6520 Worms).

Kinder:

(a) A r t h u r Gottlob, * Heide 17. 9. 1965, ...;
⚭ Völklingen an der Saar 16. 5. 1986 Sonja H u w i g , * Wadgassen, Kr. Saarlouis, 29. 8. 1966, T. d. städt. Angest. Ewald H. u. d. Anna Maria May
(Danziger Str. 30, 6620 Völklingen).

(b) R o s w i t h a , * Rotenburg an der Fulda 13. 9. 1966, stud. soc. paed. (...).

(c) O l a v , * Gießen 23. 2. 1970, stud. phil. (...).

(d) M a r i o n Solveig, * Gießen 24. 10. 1971, Zahnarzthelferin
(Wielandstr. 12, 6520 Worms).

e. C l a r a Henriette, * Tingern 15. 10. 1894, † Windau 29. 10. 1939;
⚭ Riga 15. 2. 1930 Heinrich A u t e r h o f f , * Windau 3. 2. 1894, † Neustadt, Holst., 19. 11. 1960, Masseur.

f. R u t h Hedwig Erdmuthe, * Tingern 6. 12. 1896, † Dossenheim bei Heidelberg 20. 2. 1978;

⚭ Berlin-Charlottenburg (standesamtl.) 31. 7., (kirchl.) 1. 8. 1923 Kurt Baron v. Grotthuß, * Dexten, Kurld, 27. 6. 1889, † Rodalberhof bei Pirmasens 6. 4. 1955, Ldwirt.

g. Luise Christiane, * Dondangen 2. 11. 1898, † Hannover 5. 10. 1985, Krankenschwester i. R.

h. Agnese (Agnes) Gottliebe Helene, * Dondangen 25. 2. 1900, † Riga 5./18. 5. 1917.

i. Johanna Elise, * Dondangen 10. 5. 1902, † Mitau 7. 11. 1909.

k. Theodor Oscar Hieronymus, * Dondangen 17. 9. 1903, † München 9. 2. 1985, auf Restgut Dondangen (§).

(3) Hedwig Clara, * Dondangen 28. 5. 1860, † Löbichau, Thür., 15. 7. 1936.

(4) Gustav Carl Otto, * Dondangen 8. 11. 1861, † Talsen 11. 8. 1912, Notar in Talsen, EFriedensrichter;
⚭ Asuppen, Kurld, 13. 12. 1888 Eleonore (Elinor) Gfin zu Castell-Rüdenhausen, * Sutten, Kurld, 20. 11. 1863, † Wehrda, Kr. Hünfeld, 21. 11. 1943, T. d. Kgl. bayer. Km. Kuno Gf zu C.-R. u. d. Emma Gfin v. Keyserling a. d. H. Sutten.

(5) Anna Sibylla, * Dondangen 15. 5. 1863, † Apolda, Thür., 27. 12. 1940.

(6) Franz Eduard, * Dondangen 18. 1. 1865, † Bethel bei Bielefeld 23. 4. 1917, Kgl. preuß. Assessor.

(7) Carl Otto Walther, * Dondangen 10. 3. 1867, † Göttingen 27. 8. 1889, stud. jur.

(8) Walther Robert Werner, * Dresden 30. 1. 1872, † Tilsit 27. 2. 1926, auf Pobuschen (§), Kurld;
⚭ Randen 8. 12. 1896 Liberta v. Sivers, * Randen 20. 2. 1874, † Jesteburg bei Harburg an der Elbe 25. 11. 1948, T. d. Ordnungsrichters Fromhold v. S. auf Randen, Livld, dann auf Popraggen, Kurld, u. d. Eva v. Transehe a. d. H. Annenhof.

Kinder:

a. Karl Robert Christian Fromhold, * Pobuschen 15. 11. 1901, ⚔ …, Griechenld, 26. 8. 1943, …;
⚭ I. Berlin-Charlottenburg 20. 2. 1926 Erna Schneider, * Tilsit 7. 1. 1903, † Berlin 20. 11. 1948 (kath.

(gesch. ...), T. d. Kaufm. Josef Sch. u. d. Maria Werner;
⚭ II. Brelin 27. 10. 1934 Hildegard Rogawski, * Gutstadt, Ostpr., 3. 4. 1909, † Berlin 10. 2. 1989.

b. Eva Clara Eleonore, * Talsen 8. 7. 1903, † Jesteburg 7. 8. 1982;
⚭ Berlin-Schöneberg 5. 6. 1935 Walter Langer, * Oderfurth, Kr. Mährisch-Ostrau, 8. 7. 1912, ... (gesch. Hannover 21. 1. 1948).

c. Elise Karin Hedwig Irene, * Pobuschen 22. 4. 1905, † Buchholz, Nordheide, 2. 11. 1977;
⚭ Jesteburg 24. 10. 1931 Hellmut Rodatz, * Pritzwalk, Ostprignitz, 23. 2. 1904, † Jesteburg 20. 7. 1968, ...

d. Maria Livonia, * Talsen 26. 1. 1907, † Pobuschen 8. 9. 1913.

e. Magdalena (Madeleine) Curonia, * Talsen 26. 1. 1907 (Zwillingsschwester der Vorigen), † Wienhausen bei Celle 28. 3. 1987, Konventualin d. Klosters Wienhausen.

f. Alexander Gustav Erich, * Pobuschen 8. 10. 1909, † Talsen 1. 1. 1912.

(9) Heinrich, * Dresden 17. 9. 1875, † Dondangen 1. 8. 1876.

(10) Wedig Ferdinand Johannes Jacob, * Dondangen 25. 7. 1878, † Berlin 1. 3. 1937, kurld. Rrschaftsgenealoge.

2) Theodor Andreas Otto, * Mitau 15. 6. 1835, † Tingern 26. 11. 1886, auf Tingern.

6. Caroline Henriette Elisabeth, * Mitau 12. 2. 1805, † Hasenpoth 9. 9. 1875, auf Garsden, dann auf Arishof, Kurld;
⚭ Mitau 13. 3. 1825 Ernst v. Drachenfels, * Schröderiszek, Litauen, 7. 5. 1801, † Garsden 24. 5. 1846, Kammerverwandter in Mitau.

7. Friederike Baronesse v. der Osten gen. Sacken, * ... 19. 10. 1806, † St. Petersburg 13. 11. 1854.

8. Louise Juliane Angelica, * Dondangen 8. 6. 1813, † Jakobstadt 25. 1. 1853;
⚭ Dondangen 8. 6. 1837 Constantin Baron v. Kleist, * Mitau 5. 11. 1812, † ebd. 11. 8. 1886, OHptm. zu Jakobstadt, kurld. Ldmarschall.

3. Haus (Roth-Pomusch)

Carl v. der Osten gen. Sacken, * 1772, † Gojcieniszki bei Wilna ... 1830, auf Roth-Pomusch, Kgl. poln. Major, KonsistGer-Präs. in Litauen;
× ... Helene v. Puttkamer, † ... (nach 1834), Erbin von Gojcieniszki, T. d. Kgl. poln. GenLts d. Art. u. GenAdj. Stanislaus v. P. auf Bolcieniki bei Wilna u. d. Gottlieb Freiin v. Ritterich.

1. Theophile, * 1787, † ...

2. Stanislaus Baron v. der Osten gen. Sacken, * um 1788, † Kiew 5. 3. 1863, auf Schubowka u. Lippowetz, Gouvt Kiew, Kais. russ. GenMajor;
× ... 1827 Praskowja Fstin Chilkow, * ..., † ... (vor 1863) (orth.), T. d. ... Iwan Fst Ch. u. d. ...

Töchter (orth.):

1) Helene, * 1829 (orth.), ...

2) Leonilla, * Borislaw, Gouvt Kiew, 16. 6. 1849, † Kiew 21. 8. 1921;
× I. Paris 5. 2. 1865 Adolph v. Zschinsky, * Dresden 22. 9. 1835, † ebd. 12. 4. 1894, auf Schubowka, Kgl. sächs. Notar;
× II. Prag 27. 4. 1904 Sergej Wladimirowitsch Fst Swiatopołk-Czetwertyński, * Moskau 18. 7. 1853, † ... 24. 4. 1919, auf Markowice, Wolhynien, Kais. russ. Khr.

3. Charlotte Agathe Friederike, ~ ... 23. 2. 1789, ...

4. Euphrosine Veronica, * 1803, † ... 10. 7. 1843, auf Gojcieniszki;
× ... Adam Rymsza (W. Gozdawa), * ..., † ..., Kgl. poln. Kpt.

2. Zweig (Grawern)

Christopher Wilhelm v. der Osten gen. Sacken, * um 1713, † Goldingen 7. 4. 1794, auf Kumbern, Krahnen (1771—1778) u. Grawern, Kurld;
× Gottlieb Dorothea v. Sacken, † Goldingen 24. 9. 1783, T. d. Kgl. dän. Lts Friedrich v. S. auf Poperwahlen u. d. Christina v. der Brüggen a. d. H. Poperwahlen (s. o., I. Linie, 2. Ast, 1. Zweig, 1. Haus).

Johann Friedrich, * 1737, † 1806; s. 1. Haus.	Otto Ulrich Ewald, * 1741, † 1818; s. 2. Haus.	Johann Christoph, * um 1743, † 1809; s. 3. Haus.

1. Haus (Hermaniszek)

Johann Friedrich v. der Osten gen. Sacken, * um 1737, † Bauske 2. 6. 1806, auf Hermaniszek, Litauen, Pfandhr auf Neugut, Kurld;
⚭ ... 2. 1763 Sibylle Charlotte v. Buttlar, * um 1739, † ... 20. 10. 1794, T. d. Melchior Friedrich v. B. auf Neu-Schwarden, Kurld, u. d. Sophie Elisabeth v. Elerdt.

Christoph Ewald Ulrich, * 1764, † 1809; s. a.	Carl Friedrich, * 1766, † 1818; s. b.

a. (Hermaniszek)

Erloschen.

Christoph Ewald Ulrich v. der Osten gen. Sacken, * Helenenhof 18. 3. 1764, † Bauske 17. 8. 1809, auf Hermaniszek, HptmGer-Assessor in Bauske;
⚭ ... 25. 9. 1785 Caroline v. Lüttichau, * um 1766, † Mitau 8. 5. 1836, Schauspielerin in Danzig (⚭ I. ... 1782 Andreas Dietrich Krako [Krakau], † Weimar 19. 11. 1812, Schauspieler [„Einer"]; gesch. ... 1784), T. d. Kgl. preuß. Majors ... v. L. u. d. Sophie v. Quassowsky.

(1 Sohn jung †)

1. Constantin Friedrich Charles, ~ ... 14. 2. 1786, ...
2. Hermann Ferdinand Wilhelm, * ... 15. 2. 1789, † ... 7. 11. 1835, Kais. russ. Oberst der Garde.
3. Otto Ewald Ulrich Baron v. der Osten gen. Sacken, * ... 4. 7. 1790, † Mitau 3. 8. 1867, OHofgerAdvokat;
⚭ Mitau 6. 3. 1817 Adelheid Stern, * Libau ... (um 1799), † Mitau 28. 9. 1871, T. d. Kaufm. ... St. in Libau u. d. ...

Sohn:

Carl Hermann Alexander, * Mitau 21. 8. 1819, † (ertrunken) bei Jakobstadt 13. 4. 1849, BezInspGehilfe d. kurld. Domänenhofes in Jakobstadt.

4. Friedrich Wilhelm Hieronymus, ~ ... 29. 5. 1791, ...

5. Johann, ~ ... 25. 10. 1792, ...

6. Caroline Wilhelmine, ~ Wahrenhof, Kurld, 20. 10. 1796, † St. Petersburg 25. 12. 1868;
× Mitau 8. 9. 1818 Alexander Zweytinger, * ... 30. 6. 1792, † St. Petersburg 6. 11. 1858, Kaufm. 1. Gilde in Riga, Kais. russ. Kollegienrat im Finanzmin.

7. Charlotte Wilhelmine Caroline, * Ksp. Bauske 18. 11. 1797, † Riga 24. 4. 1820;
× Mitau 9. 2. 1815 Carl Mebes, * Berlin 29. 4. 1789, † St. Petersburg 18. 10. 1861, Dr. med., Arzt in Riga, Kais. russ. Hofrat.

8. Emerentia Gottlieb Elisabeth (Lisette), * Ksp. Bauske 18. 11. 1797 (Zwillingsschwester der Vorigen), †... 20. 5. 1859;
× I. Mitau 25. 2. 1823 Ernst Gottfried Henckhusen, * ..., † ..., Kaufm. 1. Gilde in Libau;
× II. ... 1825 Anton Seume, * Hasenpoth ... 10. 1782, † Libau 3. 8. 1839, Arzt in Libau.

9. Christian, * ... 3. 1. 1799, † ..., Kais. russ. Kpt. im Garde-GrenRgt.

10. Amalie Friederike Theresia, * ... 28. 4. 1802, ...

11. Gottlieb Ottilie, * ... 4. 6. 1803, † St. Petersburg 21. 7. 1853;
× Mitau 28. 5. 1821 (ihren Schwager) Carl Mebes, * Berlin 29. 4. 1789, † St. Petersburg 18. 10. 1861, Dr. med., Arzt in Riga, Kais. russ. Hofrat.

b. (in Rußland)

Carl Friedrich v. der Osten gen. Sacken, * Helenenhof 10. 2. 1766, † ... 1818, Kgl. preuß. Major a. D., Kais. russ. ... u. Kmdr d. Panow'schen DragRgts;
× ... Juliane Koreyko (Koreit), ...

1. Alexej Michael Baron v. der Osten gen. Sacken, * ... 17. 7. 1808, † ... 1866, Kais. russ. Kollegiensekr.;

× … Catharina Dobriansky, * …, † … (orth.), T. d. Kais. russ. Offz. Michael D. u. d. …

Kinder (orth.):

1) Alexej, * … 23. 11. 1858, † …, Kais. russ. GenLt (1914); × … Olga Eshemardshidse, * …, † …, T. d. … Alexander Grigorjewitsch E. u. d. …

Kinder:

(1) Wladimir, * … 21. 10. 1882, …

(2) Alexander, * … 18. 6. 1885, …

(3) Georg, * … 23. 4. 1888, …

(4) Tamara, * … 9. 3. 1892, …

2) … (Tochter), …

2. Joseph Baron v. der Osten gen. Sacken, * … 20. 9. 1814, † … 5. 3. 1886, Kais. russ. Oberstlt; × … Marie Semitschew, * …, † … (orth.), T. d. … Alexej S. u. d. …

Söhne (orth.):

1) Gennadi, * … 7. 8. 1852, † …, Kais. russ. Stabskpt.

2) Alexej, * … 15. 12. 1853, † …, Kais. russ. Hofrat u. Eisenbahnarzt in Zarizyn (1900).

3) Joseph, * … 13. 11. 1856, † …, Kais. russ. Gouvtssekr. bei der Polizei in St. Petersburg.

3. Nicolai Baron v. der Osten gen. Sacken, * … 1816 (?), † …, …; × … (orth.), …

Sohn:

Constantin, * … 2. 3. 1850, † …, …; × Sinaida … (orth.), …

Tochter:

Eudoxia, * … 1. 8. 1901 (orth.), …

2. Haus (Seßlaucken)

Im Mannesstamme erloschen.

Otto Ulrich Ewald v. der Osten gen. Sacken, * Hermaniszek 17. 12. 1741, † Klein-Lahnen 6. 2. 1818, auf Poperwahlen, Taujahn u. Alt-Pelzen, Kurld, Kais. russ. GehRat, vorm. Präs. d. piltenschen Ldratskollegiums;

× … 12./23. 5. 1773 Magdalena Amalie Agnese v. den Brincken, * … 27. 8. 1742, † … 27. 10. 1789, T. d. … Wedig v. den B. u. d. Julie v. den Brincken.

Friedrich Ewald Baron v. der Osten gen. Sacken, * Potteln 11. 2. 1780, † Goldingen 16. 10. 1854, auf Klein-Lahnen, Kurld, Kgl. poln. Rittmeister, Philosoph;
× … Wilhelmine Koch, * … 7. 8. 1790, † Krothen, Kurld, 7. 11. 1836, T. d. … u. d. …

(1 Tochter jung †)

1. Charlotte, * Kandeln, Kurld, (~ 5. 7.) 1810, † Popraggen, Kurld, 11. 9. 1895;
× … 26. 12. 1837 Theodor v. Trompowsky, * … 27. 9. 1813, † Seßlaucken, Kurld, 31. 8. 1863, auf Seßlaucken.

2. Otto, * Kandeln 4. 7. 1811, † Sahrzen 21. 3. 1875, auf Sahrzen, Arrendator auf Talsen, Kais. russ. Rittmeister;
× I. … 8. 2. 1840 Auguste v. Trompowsky, * Seßlaucken 3. 7. 1811, † Sahrzen 24. 1. 1844, T. d. Kais. röm. Konsuls in Libau Christian v. T. auf Seßlaucken, Lubb-Essern usw. u. d. Dorothea v. Fircks a. d. H. Erwahlen;
× II. … 31. 10. 1874 Karoline Zelle, * …, † …, T. d. … u. d. …
Kinder: a) erster Ehe:
1) Christine Theodora Emma, * … 12. 11. 1840, † … 21. 5. 1890.
2) Theodor August, * Seßlaucken 18. 1. 1844, † Riga 20. 3. 1887, auf Seßlaucken u. Sahrzen;
× Riga 18. 5. 1867 Helene Baronesse v. der Brüggen, * Laidsen, Kurld, 3. 8. 1845, † Mitau 22. 1. 1931, T. d. Kais. russ. Oberstlts Axel Baron v. der B. auf Laidsen u. d. Johanna (Jenny) v. Liphart a. d. H. Ratshof.
Söhne:
(1) Axel Theodor Otto, * Talsen 4. 6. 1868, † Mitau 15. 7. 1926, auf Seßlaucken (§);
× Herbergen, Kurld, 22. 5. 1900 Meta Baronesse v. Schlippenbach, * Groß Memelhof, Kurld, 21. 3. 1876, † Schliersee, OBayern, 29. 9. 1964, auf Groß-Memelhof (§), Kurld, T. d. Kreismarschalls Arthur Baron v. Sch. auf Groß-Memelhof u. d. Gabriele (Gella) Baronesse v. Hahn a. d. H. Hahns-Memelhof.

Tochter:

Gabriele (Ellen) Helene, * Groß-Memelhof 20. 7. 1901, † Göttingen 8. 7. 1970;
⚭ Mitau 18. 7. 1936 Fabian Baron Staël v. Holstein, * Samm, Estld, 22. 9. 1896, † Göttingen 28. 2. 1985, DiplLdwirt.

(2) Maximilian Arthur Ingomar, * Seßlaucken 10. 8. 1873, † Posen 17. 4. 1944, ...;
⚭ I. London ... 2. 1910 Johanna Nickel, * Berlin 7. 3. 1893, † Wiesbaden 16. 8. 1968 (gesch. ...), T. d. Kgl. preuß. GehKommerzienrats Albert N. u. d. Juliana Brieswiatzka;
⚭ II. ... Gertrud Falck, * ... 23. 6. 1881, † Berlin 25. 8. 1948.

(3) Theodor Carl, * Seßlaucken 2. 12. 1876, † Coburg 19. 11. 1965, DiplIng., Architekt;
⚭ I. Hummelshof 4. 3. 1912 Irene v. Samson-Himmelstjerna, * Dorpat 22. 12. 1887, † London 5. 2. 1982 (gesch. ... 5. 1928), T. d. Kreisdep. Axel v. S.-H. auf Hummelshof usw., Livld, u. d. Jenny v. Stryk a. d. H. Luhde-Großhof;
⚭ II. Berlin-Schöneberg 31. 8. 1928 ...;
⚭ III. ... Johanna Puschendorff, * Berlin 13. 8. 1905, † Coburg (?) 30. 4. 1970, T. d. ... u. d. ...

Töchter: a) erster Ehe:

a. Annemarie Dorothea, * Riga 23. 5./5. 6. 1913 *(8 Arcwright Road, London NW 6).*

b. Liselotte Julie, * Riga 29. 11./12. 12. 1915;
⚭ London ... Parker-Pohl, * ..., ...
(..., England).

b) zweiter Ehe:

c. Margret, * Berlin 4. 4. 1921;
⚭ ... John Moore, * ..., ...
(..., USA).

c) dritter Ehe:

d. Dorothea Lydia Maria, * Berlin 22. 11. 1941;
⚭ Haar bei München 31. 8. 1973 Hermann Hellgardt, * Elbing 9. 10. 1930, Dr. med.
(..., 8011 Oberpframmern).

b) zweiter Ehe:

3) Charlotte Louise Auguste, * ... 25. 10. 1850, ...

4) Hermann Theodor, * ... 27. 1. 1854, † Ksp. Talsen 17. 2. 1901, ...;
⚭ I. ... 19. 1. 1886 Auguste Keiser, * ..., † ... 31. 5. 1890, T. d. Böttchers Christian K. u. d. Julie ...;
⚭ II. ... 17. 2. 1901 Marianne Kundsing, * ... , † ..., T. d. ... Ernst K. u. d. Karline ...

Kinder erster Ehe:

(1) Hermann Alexander, * ... 25. 5. 1882, † ... 28. 1. 1904.

(2) Alice Anna, * Ksp. Talsen 22. 3. 1885, ...

(3) Georg Theodor, * ... 14. 10. 1886, † ... (Adelsverlust durch Beschluß d. BezGer. Libau vom 22. 4. 1908 u. Kais. russ. Ukas vom 1. 7. 1908).

(4) Karl Anton Otto, * ... 27. 1. 1890, ...

5) Charlotte Caroline Helene, * ... 19. 2. 1856, ...

6) Carl Woldemar, * ... 19. 1. 1860, ...

7) Johann Friedrich Georg, * ... 5. 9. 1862, ...

8) Carl Anton, * ... 8. 11. 1866, † ..., ...;
⚭ ... 7. 7. 1896 Alexandra Kantakusin, * ... 24. 1. 1866, † ... (orth.), T. d. ... Iwan K. u. d. ...

Töchter (orth.):

(1) Sinaida, * ... 29. 6. 1895, ...

(2) Helene, * ... 28. 10. 1897, ...

3. Ernst Friedrich, * Klein-Lahnen 21. 2. 1813, † Kowno 5. 11. 1889, Kais. russ. GenMajor;
⚭ ... 1850 Josephine Skrzynecka (W. Bończa), * ..., † Warschau (?) ...

4. Hermann Lebrecht, * Klein-Lahnen 24. 11. 1814, † Sahrzen 4. 2. 1874, Kais. russ. Stabsrittmeister.

5. Heinrich Robert Rudolph Adelbert, * Klein-Lahnen 4. 8. 1816, † ..., Podolien, ... 5. 1861, Kais. russ. Major.

6. Juliana (Julie) Friederike Alwine, * Klein-Lahnen 12. 8. 1818, † Naumburg an der Saale 1. 6. 1902;
⚭ Zinten 10. 10. 1842 Albert Frhr v. Barnekow, * Hohenwalde, Kr. Heiligenbeil, Ostpr., 2. 8. 1809, † Naumburg 24. 5. 1895, Kgl. preuß. Gen. d. Inf. z. D.

7. Eduard Wilhelm August, * Klein-Lahnen 23. 10. 1819, ...

8. Werner Julius Oswald, * Klein-Lahnen 23. 5. 1822, † Grodno 15. 4. 1891, Kais. russ. Gen.

9. Arthur Eugen Ferdinand, * ... 25. 7. 1823, † ... 1852, Kais. russ. Stabsrittmeister.

10. Hermine Malwine Thusnelda, * Klein-Lahnen 1. 1. 1825, † Karabai, Krim, 24. 7. 1896;
⚭ Mitau 3. 2. 1850 Ludwig (Louis) Conradi, * Sallgalln, Kurld, 29. 9. 1812, † Samara 24. 6. 1873, Kais. russ. Major der Gendarmerie.

11. Fulko Winnifeld Morgan, * Klein-Lahnen 10. 7. 1828, † ... 17. 12. 1899, Kais. russ. Offz.

12. Fabian Gustav Carl Ingomar, * Klein-Lahnen 24. 6. 1832, † Winnitza 18. 11. 1861, Kais. russ. Lt.

3. (preuß.) Haus

Johann Christoph v. der Osten gen. Sacken, * um 1743, † Königsberg i. Pr. 4. 8. 1809, auf Ernstwalde (1792—1804), Kr. Wehlau, Ostpr., Kgl. preuß. Major a. D.;
⚭ Allenburg, Kr. Wehlau, 28. 8. 1794 Sophie Waschkau, ~ Allenburg 6. 1. 1750, † Bombitten bei Zinten, Ostpr., 14. 7. 1814, T. d. Radmachermeisters Gottfried W. u. d. Maria Elisabeth Steinbürger.

(preuß. Genehmigung zur Führung d. Frhrntitels durch Heroldsamtsreskript vom 31. 7. 1882)

1. Friederike Henriette, * Allenburg 30. 3. 1773, † Neuendorf, Ostprignitz, 2. 1. 1838;
⚭ Groß-Klitten 31. 5. 1799 Carl v. Winterfeld, * Tilsit 15. 1. 1770, † Graudenz 5. 1. 1837, vorm. auf Woopen u. Bönigkeim, Ostpr., Kgl. preuß. SecLt a. D.

2. Friedrich Wilhelm Benjamin, * 1776, † 1846; s. a.

3. Carl Ernst Werner, * 1782, † 1846; s. b.

4. Otto Ewald Ulrich, * Allenburg 14. 3. 1786, † Simmern, Hunsrück, 24. 3. 1828, Kgl. preuß. Major z. D.

a. (Poblotz)

Friedrich Wilhelm Benjamin v. der Osten gen. Sacken, * Allenburg 20. 12. 1776, † Freienwalde an der Oder 5. 12. 1846, auf Poblotz, Westpr., u. Adlershof bei Berlin, Kgl. preuß. GenMajor z. D.;
⚭ I. Filehne 18. 2. 1805 Elisabeth v. Auer, * Lüdkenfürst, Kr. Heiligenbeil, 4. 3. 1772, † Zinten 8. 2. 1813 (gesch. ... 22. 3. 1810), T. d. Kgl. preuß. Kpt. a. D. u. Postmeisters in Filehne Friedrich Wilhelm v. A., vorm. auf Lüdkenfürst, u. d. Sophia Albertine v. Burghagen a. d. H. Quanditten;
⚭ II. Klaptow, Pomm., 23. 5. 1810 Caroline Lüdemann, * Köslin 6. 1. 1785, † Saarlouis 6. 4. 1827, T. d. Kgl. preuß. Kriegs- u. Domänenrats u. Postmeisters Johann Gregor L. u. d. Maria Dorothea Charlotte Hannemann;
⚭ III. Saarlouis 8. 3. 1828 Maria v. Hagen, * Berlin 26. 1. 1807, † Erfurt 16. 5. 1878, T. d. Kgl. preuß. GenMajors a. D. Wilhelm v. H. a. d. H. Naulin u. d. Friederike Wegerer.

a) Erster Ehe:

1. Hugo Friedrich Louis, * Filehne 21. 12. 1805, † Kolberg 7. 7. 1871, Kgl. preuß. Major z. D.;
⚭ I. Zinten 5. 10. 1836 Emma v. der Osten gen. Sacken, * Bombitten 28. 5. 1810, † Köslin 25. 8. 1838 (s. u., b.), T. d. Kgl. preuß. Majors a. D. Werner v. der O. gen. S. auf Bomben, Bombitten, Bomberg u. Hohenwalde u. d. Louise v. Zastrow;
⚭ II. Köslin 5. 3. 1841 Wilhelmine (Minna) Weise, * Köslin 16. 5. 1817, † Stettin 9. 7. 1851, T. d. Kgl. preuß. RgtsChirurgus Carl Friedrich W. u. d. Ernestine Regina Engelbrechten;
⚭ III. Stettin 7. 8. 1852 Alwine Peterssen, * Stettin 1. 9. 1819, † Berlin 4. 6. 1897 (⚭ I. Stettin 14. 12. 1839 Ewald Koberstein, * Glowitz, Kr. Stolp, 21. 2. 1806, † Luxemburg 28. 4. 1841, Dr. med., Kgl. preuß. Stabsarzt), T. d. Messingwarenfabrikanten Christian P. u. d. Henriette Tolles.

Kinder: a) zweiter Ehe (2 Söhne, 2 Töchter jung †):

1) Martha Johanne Wilhelmine, * Köslin 24. 6. 1843, † ebd. 24. 4. 1878, Lehrerin.

b) dritter Ehe:

2) Lina Alwine Olga Freiin v. der Osten gen. Sacken, * Stettin 18. 5. 1853, † Berlin 17. 5. 1930, StiftsD.

3) Alma Clara Jenny, * Stettin 19. 4. 1854, † Köslin 7. 12. 1867.

Christoph v. der Osten gen. Sacken
* um 1743 † 1809
auf Ernstwalde in Ostpreußen
Kgl. preuß. Major a. D.
s. S. 333

Friedrich Wilhelm v. der Osten gen. Sacken
* 1776 † 1846
auf Poblotz und Adlershof
Kgl. preuß. Generalmajor z. D.
s. S. 334

Armin Freiherr v. der Osten gen. Sacken

* 1856 † 1911

Kgl. preuß. Major a. D.

Genealoge

s. S. 339

Ottomar (Otto) Freiherr v. der Osten-Sacken und v. Rhein

* 1851 † 1919

Kgl. preuß. Oberstleutnant a. D.

s. S. 342

4) Hans Nestor Bruno Armin Freiherr v. der Osten gen. Sacken, * Gollnow 11. 6. 1856, † Halberstadt 26. 11. 1911, Kgl. preuß. Major a. D., Genealoge;
⚭ Deutsch-Wilmersdorf 4. 10. 1898 Sibylla Uhles, * Köln 1. 9. 1848, † Wiesbaden 8. 7. 1907 (kath.) (⚭ I. Frankfurt an der Oder 24. 11. 1868 Wilhelm Frhr v. Steinaecker, † Berlin 11. 11. 1896, Kgl. preuß. Oberst a. D.).

2. Carl Ferdinand Wilhelm Heinrich, * Bombitten 23. 11. 1807, † Seeburg, Ostpr., 25. 1. 1869, Kgl. preuß. PLt a. D. u. OSteuerkontrolleur in Guttstadt, Ostpr.;
⚭ Königsberg i. Pr. 5. 4. 1836 Marianne Heidemann, * Königsberg i. Pr. 16. 3. 1813, † Spandau 21. 3. 1891, T. d. August H., OBürgermeisters von Königsberg i. Pr., u. d. Marianne Braun.

Kinder (1 Tochter jung †):

1) Hugo August Wilhelm Curt Freiherr v. der Osten gen. Sacken, * Königsberg i. Pr. 3. 7. 1837, † ebd. 26. 12. 1900 (preuß. Anerkennung d. Frhrnstandes Berlin 26. 9. 1874), Kgl. preuß. Oberstlt a. D.;
⚭ I. Königsberg i. Pr. 16. 1. 1867 Karoline (Lina) v. Saucken, * Schellenberg 19. 7. 1842, † Königsberg i. Pr. 21. 4. 1870, T. d. Kgl. preuß. Lts a. D. Ludwig (Louis) v. S. auf Schellenberg, Kr. Gerdauen, u. Glommen, Kr. Friedland, u. d. Karoline Stein v. Kamienski;
⚭ II. Königsberg i. Pr. 21. 9. 1873 Hedwig v. Pilgrim, * Bochum 26. 4. 1855, † Königsberg i. Pr. 11. 10. 1933, T. d. Kgl. preuß. WGehRats, RegPräs. a. D. u. Majors d. LdwKav. a. D. Adolf v. P. u. d. Hedwig Schorlemmer [2].

Kinder: a) erster Ehe:

(1) Alice Louise Helene Wilhelmine Marianne, * Königsberg i. Pr. 5. 11. 1867, † Pritzwalk, Ostprignitz, 31. 3. 1955.

(2) Lina Louise Wilhelmine Helene Marianne, * Königsberg i. Pr. 8. 4. 1870, † ebd. 13. 10. 1935.

b) zweiter Ehe (1 Tochter jung †):

(3) Adolf Wilhelm Curt, * Königsberg i. Pr. 24. 7. 1877, † Potsdam 13. 1. 1946, ORegRat, Kgl. preuß. Major a. D., RRr d. JohO.;

---

2 Vgl. DGB, Bd 2, S. 350.

⚭ Berlin-Wilmersdorf 3. 12. 1914 Anna Reekent, * Bartenstein 21. 11. 1871, † Berlin-Wilmersdorf 29. 12. 1936 (⚭ I. ... Heyne, † ..., ...).

(4) Gisbert Adolf Wilhelm Louis, * Königsberg i. Pr. 9. 10. 1878, † Peißenberg, OBayern, 20. 2. 1940, Gutsbes., Dr. jur. et rer. pol., Bankdir., Kgl. preuß. Hptm. a. D., RRr d. JohO.;
⚭ Minden 18. 5. 1907 Emma Kruse, * Altena, Westf., 30. 5. 1885, † München 22. 10. 1935.

2) Thusnelda Auguste Wilhelmine Ottilie Freiin v. der Osten gen. Sacken, * Königsberg i. Pr. 6. 11. 1838, † Bayonne, New Jersey, USA, 26. 8. 1928;
⚭ Königsberg i. Pr. ... 1890 Heinrich (Henry) Winke, * ..., † Bayonne 31. 5. 1916, Kaufm.

3) August Wilhelm Max Freiherr v. der Osten gen. Sacken, * Königsberg i. Pr. 20. 2. 1840, † Arskoje, Gouvt Simbirsk, 5. 9. 1896, Gutsverwalter in Arskoje, Kgl. preuß. Lt a. D.

4) August Wilhelm Wasa, * Spitzkat bei Memel 3. 8. 1845, † ..., USA, ... 2. 1870, Ldwirt.

5) Auguste Wilhelmine Julie Olga, * Pillau 13. 5. 1848, † Patchogne, Long Island, New York, 4. 4. 1926;
⚭ Danzig (?) ... (vor 1876) Julius Meitzen, * ..., † New York 1. 2. 1916, Kaufm.

6) August Wilhelm Guido Freiherr v. der Osten gen. Sacken, * Stallupönen 18. 12. 1849, † Zürich 14. 6. 1918, Gutspächter;
⚭ Saroschany, Bessarabien, 5. 3. 1884 Maria Lohmeyer, * Barsk-Luka, Podolien, 15. 8. 1854, † Zürich 9. 10. 1939, T. d. Gottlieb L. auf Saroschany u. d. ...

Kinder:

(1) Alice Marie Sophie, * Wischniewczek, Podolien, 1./13. 2. 1886, † Uerikon, Kt. Zürich, 19. 1. 1967.

(2) Norbert Ludwig, * Wischniewczek 1./13. 6. 1887, ⚔ († in bolschewist. Gefangenschaft) Tomsk 13. 8. 1920, ...;
⚭ St. Petersburg 29. 6. 1911 Catharina Ogorkow, * Usmani, Gouvt Tambow, 29. 5. 1887, † Swerdlowsk ... 8. 1940 (orth.), T. d. BergIng. Wassili O. u. d. Wera Nikolajewna ...

(3) Olga Josephine, * Wischniewczek 15./27. 6. 1888, † Ostwil am See, Schweiz, 18. 11. 1966.

(4) Johanna Elisabeth, * Wischniewczek 17./29. 9. 1892, † Warschau (?) ...;
× Kiew 1. 5. 1911 Arthur Weryha-Darowski (W. Ślepowron), * ..., † Warschau (?) ... 1959, ...

(5) Wilhelm Eduard, * Iwankowcy bei Sasanow, Podolien, 25. 9./7. 10. 1896, † Königsberg i. Pr. 10. 9. 1918, Kgl. preuß. Fahnenjkr im GrenRgt 1.

b) Zweiter Ehe:

3. Albert Leo Ottomar Freiherr v. der Osten gen. Sacken, * Köslin 23. 8. 1811, † Dresden 6. 4. 1895, Kgl. preuß. GenLt z. D.;
× I. Havelberg 9. 10. 1838 Adelheid Wehrmann, * Havelberg 29. 8. 1819, † Berlin 6. 5. 1881, T. d. Kgl. preuß. KreisgerDir. Friedrich August W. u. d. Caecilie Lindemann;
× II. Freienwalde an der Oder 4. 5. 1882 Jeanette Lorimer, * Lutton, Engld, 14. 5. 1844, † Dresden 11. 2. 1885 (× I. ... Franke, † ..., ...), T. d. Fabrikbes. ... L. u. d. ...

Kinder erster Ehe:

1) Cäcilie (Cécile) Karoline Emilie, * Havelberg 18. 8. 1839, † Potsdam 24. 3. 1916;
× Graudenz 12. 4. 1860 Willibald Frhr v. der Goltz, * Bischofsburg 8. 8. 1829, † Potsdam 10. 1. 1899, Kgl. preuß. GenMajor z. D.

2) Arthur August Friedrich, * Havelberg 23. 8. 1842, † Hamburg 23. 1. 1906, Kgl. preuß. Major a. D.;
× Hamburg 26. 4. 1892 Helene Johannssen, * Hamburg 18. 11. 1855, † ebd. 2. 6. 1929, T. d. Hofbes. Carl Friedrich J. u. d. ...

Tochter:

Adelheid Helene Caroline Caecilie, * Hamburg 30. 1. 1893, † Berlin-Lichterfelde 15. 6. 1965.

3) Oscar Hermann Guido, * Stettin 17. 4. 1845, † Wiesbaden 19. 4. 1908, Kgl. preuß. OLt a. D.;
× Berlin 2. 7. 1879 Pauline Schmidt, * Forst, Lausitz, 5. 11. 1855, † Wiesbaden ... (× I. ... Bourdeaux, † ..., ...), T. d. Fabrikbes. August Hugo Carl Sch. u. d. ...

4) Fedor Leo Hugo, * Berlin 9. 10. 1849, † ebd. 6. 3. 1915, Kgl. preuß. Lt a. D. u. Beamter im Statist. Bureau a. D.;

⚭ I. Potsdam 4. 1. 1879 Mathilde Parussel, * Potsdam 30. 9. 1843, † Berlin 18. 1. 1898 (⚭ I. Berlin ... E... Sommerfeldt, † ..., Fabrikbes.), T. d. ... Franz P. u. d. Marie Louise Sens;
⚭ II. Berlin 28. 3. 1899 Pauline Kühlewein (aus russ. Adel), * Gorschendorf bei Malchin 21. 9. 1849 (?), † Berlin-Friedenau ... 5. 1915 (⚭ I. ... Kindler, † ..., ...), T. d. Kais. russ. Hofrats Gustav K. auf Pieskow, Kr. Beeskow-Storkow, u. d. Auguste Nicolai.

4. Adelaide (Adele) Eugenie Freiin v. der Osten gen. Sacken, * Poblotz 2. 3. 1813, † Warmbrunn 30. 4. 1887.

5. Gustav Hermann Alexander Freiherr v. der Osten gen. Sacken, * Poblotz 12. 9. 1816, † Berlin 26. 6. 1896 (preuß. Genehmigung zur Fortführung d. Frhrntitels Schloß Babelsberg 28. 6. 1862), Kgl. preuß. Oberst a. D.;
⚭ Stettin 9. 6. 1843 Mathilde Matthiaß, * Pütt bei Naugard 2. 7. 1821, † Warmbrunn, Schles., 29. 7. 1893, T. d. Kgl. preuß. OFörsters a. D. Johann Friedrich Leopold M. u. d. Louise v. Rhein.

Kinder (1 Tochter jung †):

1) Friedrich Maximilian (Max) Leopold, * Stettin 22. 6. 1844, † Braunschweig 13. 7. 1914, Kgl. preuß. Oberstlt a. D.;
⚭ Lippoldsberg an der Weser 23. 9. 1874 Lydia Meier, * Lippoldsberg 17. 9. 1854, † Braunschweig 13. 12. 1924, T. d. Theodor Arnold M., Pächters der Domäne Lippoldsberg, u. d. ...

Kinder:

(1) Helene (Hella) Mathilde Wilhelmine, * Lippoldsberg 13. 9. 1875, † Braunschweig (?) ... (nach 1941).

(2) Edgar Hermann Leopold Theodor Arnold, * Brandenburg an der Havel 1. 10. 1878, † ..., Kgl. preuß. Lt a. D.

2) Marie Helene Luise, * Stettin 22. 2. 1846, † Charlottenburg 30. 10. 1905;
⚭ Luxemburg 11. 4. 1866 Adolf Walter v. Göllnitz, * Friedensfelde bei Gerswalde 15. 12. 1838, ⚔ bei Villers-Champigny vor Paris 2. 12. 1870, Kgl. preuß. PLt im FeldartRgt 2.

3) Julius Ottomar (Otto) Hermann Freiherr v. der Osten-Sacken u. v. Rhein, * Berlin 2. 4. 1851, † ebd. 27. 11. 1919 (preuß. Namen- u. Wappenvereinigung mit denen der

v. Rhein Schloß Babelsberg 28. 6., Diplom 30. 7. 1860), Kgl. preuß. Oberstlt a. D.;
⚭ Berlin 20. 5. 1873 Jenny Weitzmann, * Petropolis, Brasilien, 26. 10. 1853, † Berlin 2. 4. 1935, T. d. Kaufm. ... W. u. d. ...

Kinder (1 Sohn jung †):

(1) Magnus Hermann Georg, * Berlin 12. 3. 1876, † Neudorf bei Jablonowo, Westpr., 17. 8. 1928, Ldwirt, Kgl. preuß. Lt d. Ldw. a. D.;
⚭ I. Raudnitz, Westpr., 7. 7. 1898 Margarete Dorguth, * Raudnitz 22. 7. 1876, † Berlin 30. 9. 1933 (gesch. Berlin 2. 2. 1909), T. d. Domänenpächters Hermann D. u. d. Agnes Dorguth;
⚭ II. Engelsburg, Kr. Graudenz, 2. 9. 1919 Elisabeth v. Lüttichau, * Dresden 8. 7. 1887, † Bielefeld 18. 2. 1956 (⚭ I. Berlin 1. 12. 1914 Heinrich John, * Schöningen bei Braunschweig 4. 12. 1879, ⚔ bei Smorgon 19. 9. 1915, Kgl. preuß. OAmtmann u. Lt im UlRgt 4), T. d. Kgl. sächs. Khrn Hannibal v. L., Fkhrn auf Bärenstein usw., u. d. Margarethe v. Criegern, auf Weißkulm, OLausitz.

Kinder: a) erster Ehe:

a. Dinnies Ottomar Hermann, * Raudnitz 28. 11. 1899, † Bad Tölz, OBayern, 18. 9. 1971, Kaufm., OLt a. D.;
⚭ I. Berlin 16. 4. 1924 Martha Geisler, * Berlin 12. 3. 1878, † ebd. 21. 1. 1965 (gesch. ... 15. 1. 1926);
⚭ II. Wien 23. 2. 1926 Charlotte Thiele, * Berlin 15. 12. 1897, † ... 28. 2. 1967 (gesch. ...);
⚭ III. ... Wanda Payen, * ... (gesch. ... 1963) (...);
⚭ IV. Bad Tölz 15. 7. 1963 Hertha Hupfer, * Groß-Schweidnitz, OLausitz, 24. 9. 1910 (⚭ I. ... 1943 Wilhelm Baethge, † ... 1. 5. 1945, ...), T. d. OSekr. Robert H. u. d. Minna Löblich
(Wachterstr. 7, 8170 Bad Tölz).

b. Karl Wedig, * Raudnitz 22. 12. 1900, † Regensburg 25. 3. 1972, VersKaufm., GenAgent;
⚭ I. Weinsdorf, Ostpr., 22. 12. 1927 Bertha Hoffmann, * ... 19. 4. 1889, † Hannover (?) ... (gesch. ... 31. 10. 1930);
⚭ II. Königsberg i. Pr. 27. 6. 1931 Eva Zilian, * Königsberg i. Pr. 27. 3. 1903, † Regensburg 2. 11. 1985,

DiplKaufm. (gesch. Schongau 1. 7. 1948), T. d. Dir. August Z. u. d. Hedwig Bartsch.

Töchter zweiter Ehe:

a) Eva, * Treuburg, Ostpr., 24. 4. 1935, Buchhalterin, Geschäftsführerin d. FamVerb.
(Krankenhausstr. 5, 8406 Sünching).

b) Marlis Hedwig Erna, * Treuburg 24. 7. 1937, Textilkaufm.;
× Regensburg 25. 9. 1965 Rudolf v. Gottberg, * Königsberg i. Pr. 13. 10. 1937, KfzIng., AbtLeiter
(Josef-Hollerbach-Str. 42, 7560 Gaggenau).

c. Hans Werner Ferdinand, * Raudnitz 22. 12. 1900 (Zwillingsbruder d. Vorigen), † Obershagen, Kr. Burgdorf, Hann., 29. 7. 1955, Pastor, vorm. Gutspächter;
× I. Schirwindt, Ostpr., 10. 2. 1925 Ella Heß, * Schirwindt 14. 8. 1904, † Sulingen 17. 8. 1990 (gesch. Königsberg i. Pr. 13. 5. 1933), T. d. ... Franz Hermann H. u. d. Martha Borchert;
× II. Tharau, Ostpr., 25. 9. 1935 Irmgard Hantel, * Wittenberg 1. 8. 1908, T. d. Ldwirts Otto H. u. d. Adelheid Kenneweg
(Hauptstr. 55, 3162 Uetze-Obershagen).

Kinder: a) erster Ehe:

a) Rottraud Brigitte Martha Erna, * Pawiedlaugken, Ostpr., 2. 8. 1925;
× Mellinghausen, Gfschaft Diepholz, 10. 3. 1950 Heinrich Müssemann, * Schweghaus bei Sulingen, Hann., 4. 1. 1920, Ldwirtschaftsmeister, VerwAngest. i. R.
(Lange Str. 2/4, 2838 Sulingen).

b) Joachim Hans Günther, * Pawiedlaugken 24. 10. 1927, Dr.-Ing., Vors. d. FamVerb.;
× I. Alsdorf, Kr. Aachen, 3. 7. 1954 Liselotte Löhrer, * Düren, Rheinld, 13. 6. 1926 (gesch. Stuttgart 29. 5. 1963; × II. Hannover 31. 10. 1963 Erhard Böhm, * Hummelsbüttel, Kr. Stormarn, 10. 1. 1913, RegDir. i. R.), T. d. Volksschulrektors Jakob L. u. d. Maria Herkenroth
(Auf'm Gräverich 51, 5414 Vallendar);

× II. Bad Godesberg 25. 8. 1964 Hannelore v. Bardeleben, * Nordhausen, Harz, 22. 2. 1933, T. d. GerAssessors a. D. u. Direktionsmitgl. eines Papierkonzerns Axel v. B. u. d. Gisela v. Dittmar *(Eichelbergstr. 25, 7560 Gaggenau-Bad Rotenfels).*

Söhne erster Ehe:

(a) Dinnies Hermann Joachim, * Aachen 25. 5. 1959, Arzt;
× Vallendar am Rhein 2. 11. 1984 Jutta Nattermann, * Koblenz-Horchheim 30. 3. 1954, T. d. Busfahrers Wilhelm N. u. d. Katharina Prümm
(Düppelstr. 21, 5414 Vallendar).

Kinder:

aa. Benigna Anna Gisela, * Dernbach, Westerwald, 9. 4. 1986.

bb. Henning Wedig, * Dernbach 16. 6. 1988.

(b) Arndt-Wedig, * Esslingen am Neckar 18. 10. 1960, Wirtschaftswissenschaftler;
× Vallendar 7. 7. 1989 Dagmar Meuer, * Vallendar 29. 3. 1955, Theologin, T. d. Schlossermeisters Karl M. u. d. Elisabeth Klee
(Rheinufer 9, 5414 Vallendar).

Sohn:

Jan-Wedig, * Koblenz 28. 9. 1990.

c) Ellinor Irmgard Augustana, * Königsberg i. Pr. 25. 6. 1930;
× Nienburg an der Weser 6. 4. 1961 Ernst Spehlbrink, * Varrel, Gfschaft Diepholz, 24. 2. 1930, Immobilienkaufm.
(Wilhelmstr. 5, 3070 Nienburg an der Weser).

b) zweiter Ehe:

d) Klaus Adalbert Ottomar, * Gnojau, Kr. Groß-Werder, Bez. Danzig, 11. 4. 1937, Dr. jur., MinDirigent
(Händelstr. 2, 6200 Wiesbaden);
× Göttingen-Geismar 21. 6. 1963 Ebba Bollnow, * Stettin 8. 6. 1936, Rechtsanwältin, T. d. OStudienrats Dr. phil. Hermann B. u. d. Elfriede Albrecht
(Arndtstr. 20, 6204 Taunusstein 1).

Sohn:

T h o m a s Wedig Peter, * Göttingen 6. 8. 1968, stud. phil.
(Arndtstr. 20, 6204 Taunusstein 1).

e) P e t e r Christian, * Gnojau 3. 3. 1940, Dr. theol., Prof. der Theologie;
× Göttingen 6. 4. 1967 Gudula B e h n , * Wasserleben, Harz, 19. 6. 1944, Dr. med., Ärztin, T. d. KorvKpt. Heinz B. u. d. Hildegard Henneberg[3]
(Kiesstr. 5, 1000 Berlin 45).

Töchter:

(a) E s t h e r Sibylle, * Göttingen 17. 9. 1969, stud. phil.
(Kiesstr. 5, 1000 Berlin 45).

(b) S t e l l a , * Göttingen 9. 11. 1971, stud. jur.
(Kiesstr. 5, 1000 Berlin 45).

(c) A g n e s , * Berlin 10. 11. 1974.

f) K a r o l a Ingrid Sibylle, * Gnojau 26. 2. 1944, Realschullehrerin;
× Hänigsen 11. 7. 1969 Klaus I s e n s e e , * Schönewörde, Kr. Gifhorn, 4. 6. 1937, Realschullehrer
(Berliner Str. 10, 2165 Harsefeld).

g) I n e s Christa Elisabeth, * Obershagen 4. 1. 1948, Dr. med., Kinderärztin;
× Bremen 11. 6. 1976 Albrecht K u n i c k , * Leipzig 2. 6. 1943, Dr. rer. nat., DiplPhysiker
(Rodelhang 9, 8501 Eckental).

d. R u t h - Irmgard Margarete Huberta, * Raudnitz 3. 11. 1902, † Ansbach 7. 6. 1965;
× Brandenburg an der Havel 12. 3. 1932 Leo Baron v. den B r i n c k e n , * Riga 13. 2. 1900, † Unterwössen, OBayern, 6. 1. 1977 (orth.), DiplLdwirt, Güterdir. u. Wirtschaftsberater i. R.

b) zweiter Ehe:

e. M a g n a - Maria, * Graudenz 24. 11. 1920;
× … Theodor B e c k e r , * …, Ldwirt
(Stieghorsthof, 4800 Bielefeld 17 — Oldentrup).

---

3 Vgl. DGB, Bd 89, S. 293.

(2) Luise Mathilde Elisabeth (Else), * Warmbrunn 15. 7. 1877, † Garmisch-Partenkirchen 16. 4. 1950;
× I. Berlin-Wilmersdorf 6. 4. 1910 Max Metz, * ..., † ..., Dr. med., Badearzt in Heringsdorf (gesch. ... 1. 1919);
× II. Tegernsee, OBayern, 19. 1. 1923 Carl Breustedt, * ..., † ..., Dr. med.

(3) Alice Beatrice Helene, * Berlin 11. 1. 1883, † Hannover 8. 5. 1963;
× Berlin-Wilmersdorf 29. 6. 1904 Alfred Scholz, * ..., † ..., Verlagsbuchhändler in Berlin.

(4) Betty Margarethe Hedwig, * Neustrelitz 20. 10. 1885, † Regensburg 13. 11. 1974, führte wieder den Geburtsnamen;
× I. Berlin-Wilmersdorf 20. 5. 1912 Richard Latz, * Berlin 23. 2. 1873, † ..., Dr. jur., Kais. BezHptm. a. D., Kgl. preuß. StAnwalt a. D. (gesch. ... 10. 1921);
× II. Berlin-Wilmersdorf 20. 10. 1924 Adolf Lußmann, * ..., † ..., Opernsänger u. Gesangsmeister (gesch. ...).

4) Carl Leopold Gottfried, * Stettin 2. 9. 1857, † Berlin-Wilmersdorf 11. 3. 1927, Kgl. preuß. Major a. D.;
× Berlin 13. 9. 1891 Constanze Walter v. Göllnitz, * Garz an der Oder 27. 9. 1867, † Berlin (?) ... (nach 1941), T. d. Kgl. preuß. PLts Adolf W. v. G. u. d. Helene Freiin v. der Osten gen. Sacken (s. o.).

6. Ida Mathilde Eveline Freiin v. der Osten gen. Sacken, * Poblotz 19. 5. 1818, † Zehdenick an der Havel 5. 6. 1903, StiftsD.

7. Hubert Guido Alexis, * Koblenz 17. 6. 1819, † Sachsenberg, Meckl.-Schwerin, 7. 2. 1865, Kgl. preuß. PLt a. D.

c) Dritter Ehe:

8. Caroline Ottilie Clara, * Posen 3. 1. 1829, † Kohlfurt, Kr. Görlitz, 12. 8. 1876;
× Freienwalde an der Oder 14. 4. 1856 Gustav Wendt, * ... 6. 6. 1824, † Kohlfurt 17. 11. 1884, Kgl. preuß. PLt a. D. u. Eisenbahnstationsvorsteher.

9. Alexis Ludwig (Luis) Bogislav Freiherr v. der Osten gen. Sacken, * Stettin 23. 1. 1835, † Hohenkränig, Kr. Königsberg, Neumk, 25. 9. 1912, Amtsvorsteher in Hohenkränig;

⚭ Rörchen, Kr. Königsberg, Neumk, 24. 10. 1867 Anna Raute, * Schöneberg, Kr. Soldin, 2. 4. 1843, † Berlin-Weißensee 13. 12. 1910, T. d. Kgl. preuß. Amtmanns Carl R. u. d. Clara v. Kienitz.

Söhne:

1) Otto Oswald Ottomar, * Hohenkränig 24. 7. 1868, † Blankenburg, Harz, 11. 1. 1942, Ldwirt, vorm. Pächter von Kaluberhof bei Treptow an der Tollense, Pomm.;
⚭ Klein-Tetzleben bei Treptow an der Tollense 21. 6. 1899 Else Stein, * Kaluberhof 11. 8. 1874, † Blankenburg 5. 12. 1945, T. d. Gustav St. auf Klein-Tetzleben u. d. Caroline Lagemann.

Tochter:

Else Caroline Louise Gustava Helene, * Kaluberhof 13. 11. 1901, † Detmold ...;
⚭ Planegg bei München 24. 6. 1920 Friedrich Carl Krüger, * ..., † Detmold ..., Großindustrieller in Stargard, Pomm.

2) Georg Rudolf, * Falkenstein bei Friedeberg, Neumk, 9. 8. 1873, † Wahrburg, Kr. Stendal, ... 3. 1946, Ldwirt;
⚭ I. Lübeck 21. 11. 1911 Anni Jabs, * ... 18. 8. 1889, † Buchwald, ..., 6. 12. 1913;
⚭ II. Stettin 18. 11. 1930 Marie Schultz, * Stettin 11. 7. 1879, † ...

10. Bertram Oswald Magnus, * Freienwalde an der Oder 27. 5. 1838, † Batavia ..., Kgl. niederld.-ind. ...

11. Hugo Ottomar Leopold, * Freienwalde 15. 11. 1841, † Heidelberg 22. 10. 1876, Kgl. preuß. Hptm. a. D.;
⚭ Magdeburg 2. 6. 1870 Marie v. Hagen, * Magdeburg 8. 8. 1842, † Erfurt 15. 3. 1924, T. d. Kgl. preuß. KreisgerRats Wolf v. H. u. d. Ottilie Beckmann.

Kinder (1 Sohn jung †):

1) Frieda Mathilde Adele Freiin v. der Osten gen. Sacken, * Brandenburg an der Havel 31. 10. 1872, † Wiesbaden 19. 12. 1956;
⚭ Erfurt 9. 3. 1896 William Halling, * Glückstadt, Holst., 4. 10. 1872, † ..., Kgl. preuß. Oberstlt a. D.

2) Ulrich Hugo Leopold Freiherr v. der Osten gen. Sacken, * Havelberg 6. 8. 1874, † Halberstadt 5. 5. 1931, Kgl. preuß. Oberstlt a. D.

b. (Bombitten)

Erloschen.

Carl Ernst Werner v. der Osten gen. Sacken, * Allenburg 27. 7. 1782, † Karlsbad 5. 8. 1846, auf Bomben, Bombitten, Bomberg u. Hohenwalde, Ostpr., Kgl. preuß. Major a. D.;
⚭ I. Groß-Klitten, Kr. Friedland, Ostpr., 4. 1. 1804 Friederike Henriette Rochau, * Eiserwagen bei Allenburg 16. 3. 1751, † Königsberg i. Pr. 26. 9. 1824, führte wieder den Namen des ersten Gemahls (gesch. ... 1805; ⚭ I. [Ehevertrag 5. 7. 1768] Christoph v. Winterfeld a. d. H. Neuendorf, † Groß-Klitten 23. 6. 1799, auf Groß- u. Klein-Klitten, Prowarken u. Wesdehlen, Kgl. preuß. Kpt. a. D.), T. d. Kgl. preuß. Amtsrats ... R. u. d. ...;
⚭ II. Zinten, Kr. Heiligenbeil, 24. 2. 1809 Louise v. Zastrow, * Halle an der Saale 19. 6. 1778, † ... (gesch. ... [nach 1813]; ⚭ I. Arnsdorf, Kr. Gerdauen, 1. 10. 1794 Adam v. Rautter, † Sporwitten 17. 8. 1823, auf Sporwitten, Kgl. preuß. Kpt. a. D., gesch. ... [vor 1808]), T. d. Kgl. preuß. Lts a. D. Otto v. Z. auf Groß- u. Klein-Waldeck u. d. Eleonore Dorothea Albertine v. Kittlitz, auf Groß- u. Klein-Waldeck, Almenhausen u. Moslitten, Ostpr.;
⚭ III. Eisenberg, Ostpr., 20. 8. 1818 Eleonora (Laurette) Gaesbeck, * Königsberg i. Pr. 12. 5. 1787, † ebd. 17. 9. 1863 (⚭ I. Königsberg i. Pr. 28. 10. 1801 Ludwig v. Brandt, † Jäcknitz 10. 3. 1806, auf Hohenwalde, Jäcknitz, Rossen u. Woyditten, Ostpr.; ⚭ II. Otten, Kr. Heiligenbeil, 6. 3. 1808 Gottlieb Frhr v. Barnekow, ⚔ vor Metz 21. 1. 1814, Kgl. preuß. Rittmeister), T. d. Bürgers u. Mälzenbräuers zu Königsberg Johann Matthias G., vorm. Bürgermeisters von Heiligenbeil, u. d. Eleonora Görtzki.

a) Erster Ehe: 1 Tochter jung †.

b) Zweiter Ehe:

1. Emma Laura, * Bombitten 28. 5. 1810, † Köslin 25. 8. 1838; ⚭ Zinten 5. 10. 1836 Hugo v. der Osten gen. Sacken, * Filehne 21. 12. 1805, † Kolberg 7. 7. 1871, Kgl. preuß. Major z. D. (s. o., a.).

2. Friedrich Carl Otto Louis, * Bombitten 14. 3. 1812, † Sachen 23. 12. 1848, auf Sachen (seit 1846) bei Muschaken u. Lahna (seit 1847) bei Neidenburg;
⚭ I. Parchwitz, Schles., 22. 6. 1842 Emilie Mentzel, * Leubus, Kr. Wohlau, 11. 11. 1818, † Hohenwalde 19. 2. 1843, T. d. Kgl. preuß. Amtsrats Carl Friedrich M. auf Parchwitz, Pächters der Domäne Leubus, u. d. Augusta v. Montowt;

× II. Stralsund 19. 6. 1844 Johanna Hecht[4], * Stralsund 7. 8. 1818, † Pankow bei Berlin 5. 12. 1898, T. d. Kaufm. Johann H. u. d. Eva Kasten.

Tochter zweiter Ehe (1 Sohn, 1 Tochter jung †):

Johanna Maria (Marie) Amalia Freiin v. der Osten gen. Sacken, * Warneinen, Kr. Osterode, 9. 5. 1845, † Berlin-Pankow 4. 5. 1931.

3. Hermann Julius Werner, * Bombitten 22. 11. 1813, † Köln 14. 3. 1835, Kgl. preuß. Portepéefähnrich im 28. InfRgt.

c) Dritter Ehe:

4. Eveline Ernestine Julie Friederike Laura, * Bombitten 11. 6. 1819, † Königsberg i. Pr. 1. 5. 1884;
× I. Bombitten 18. 10. 1843 Hector v. Keudell, * Pleniszki, Kr. Mariampol, Polen, 16. 3. 1814, † Hohenwalde 4. 9. 1848, auf Lüdkenfürst, Kr. Heiligenbeil;
× II. Hohenwalde 31. 3. 1854 Rudolf Passarge, * Steinbeck (?) 14. 11. 1820, † Königsberg i. Pr. 25. 10. 1884, auf Steinbeck bei Königsberg i. Pr. u. Friedrichshof.

5. Werner Curt Arthur Elimar Freiherr v. der Osten gen. Sacken, * Bombitten 22. 4. 1821, † Berlin 1. 3. 1889, Kgl. preuß. GenLt z. D.;
× Dresden 18. 1. 1875 Marie v. Salisch u. Großgraben, * Posen 29. 2. 1852, † Potsdam 21. 7. 1910, T. d. Kgl. preuß. Obersten a. D. Carl v. S. u. G. u. d. Sophia Freiin v. dem Bussche-Ippenburg.

6. Heinrich Botho Tassilo, * Bombitten 20. 4. 1822, † Allenberg bei Paterswalde, Kr. Wehlau, 1. 11. 1871, Kgl. preuß. SecLt a. D.

7. Laura Jeannette Aurelie, * Bombitten 20. 9. 1823, † Halle an der Saale 17. 12. 1906;
× Hohenwalde 24. 11. 1848 Julius Besch[5], * Königsberg i. Pr. 5. 3. 1808, † Halle 30. 12. 1884, Kgl. preuß. Oberstlt a. D.

8. Clara Mathilde Gotthilf, * Bombitten 28. 6. 1825, † Berlin-Schöneberg 6. 2. 1908;
× Hohenwalde 1. 6. 1851 Gustav Rr v. Trippenbach, * ..., † ... 1887, ... (gesch. ... 1863).

---

4 Vgl. DGB, Bd 2, S. 190.

5 Vgl. DGB, Bd 125, S. 25.

3. Ast (Reggen)

Erloschen.

Reinhold v. Sacken, * 1620, † ... 11. 4. 1693, auf Reggen u. Schuxten, Kgl. poln. Oberstlt, OHptm. zu Mitau;
⚭ I. ... 15. 9. 1648 Ursula v. Sacken, † 1655, T. d. piltenschen Ldrats Gregor v. S. auf Bathen, Rothof u. Sacken u. d. Elisabeth Margaretha v. Goes (s. u., Stamm C, I. Linie);
⚭ II. ... 2. 3. 1656 Sophie Elisabeth v. Elmendorff, † ... 6. 11. 1702, T. d. Wilhelm v. E. auf Nabben, Kurld, u. d. Clara v. Nagel.

Zweiter Ehe:

Christoph Friedrich, * ... 23. 4. 1666, † ... 19. 6. 1739, auf Dexten u. Bassen, Kurld, Kgl. poln. Lt;
⚭ I. ... 8. 10. 1693 Agnesa v. Blomberg, † ..., T. d. Georg Berthold v. B. u. d. Margaretha Catharina v. Torck;
⚭ II. Margaretha Dorothea v. Wettberg, † ... 24. 1. 1727, T. d. Otto Johann v. W. auf Lexten, Kurld, u. d. Maria Polyxena v. Wrschowetz-Sekerka u. Sedschütz.

Zweiter Ehe:

Johann Christoph v. der Osten gen. Sacken, * 1710, † ... 18. 11. 1769, auf Dexten, Klein-Sahlingen (1739—1756) u. Eckhof, Kurld, Kurfstl. sächs. Lt;
⚭ ... 14. 2. 1733 Maria Louise Charlotte v. Sacken, T. d. Ernst Fromhold v. S. auf Saßmacken u. d. Emerentia v. der Brüggen a. d. H. Lahnen.

(7 Töchter jung †)

1. Maria Benigna Polyxena, * ... 12. 2. 1734, † ... 25. 4. 1819;
   ⚭ I. Christoph v. Haudring , † ..., ...;
   ⚭ II. Carl v. Keyserling, † ... (nach 1767), auf Mescheneeken, Kurld.

2. Emerentia Dorothea, * ... 16. 3. 1735, ...

3. Christoph Friedrich, * ... 10. 11. 1737, ⚔ (gegen die Türken) ... 1771, Kais. russ. Kpt.

4. Ulrich Wilhelm Alexander, * ... 12. 6. 1745, † ..., Kais. russ. Oberstlt;
   ⚭ ...

5. Louise Charlotte Juliane, * ... 12. 6. 1746, ...

6. Carl Johann Gottfried, * ... 22. 12. 1748, † ... (nach 1812), auf ... bei Kulm, Westpr., Kgl. preuß. Major;
⚭ ... (⚭ I. ..., Kgl. preuß. Major), ...
Mehrere Kinder (ohne weitere Nachrichten).

7. Ernst Magnus Amadeus, * ... 3. 5. 1750, † ..., Kgl. preuß. Kpt. im InfRgt v. Thadden in Halle an der Saale.

8. Hermann Christoph Liebegott, * ... 26. 6. 1751, † ... 1832, Kgl. preuß. Major;
⚭ ... 1793 Kunigunde Schmelzer, * ..., † ... (⚭ I. ... v. Leipziger, † ..., ...).

9. Otto Reinhold Lebrecht, ~ ... 9. 10. 1752, † ..., ...;
⚭ ... v. Heyking a. d. H. Pedwahlen, T. d. ... u. d. ...
Töchter:
   1) Charlotte, ...
   2) Juliane (Julie), * ..., † ...;
   ⚭ ... (um 1797) Ernst Ludwig Praetorius, * ... 1770, † ... 1846, Arrendator auf Neu-Sehren u. Alt-Born, Kurld (gesch. ...).

IV. Linie (Kaltenbrunn)

Erloschen.

Otto v. Sacken, † vor 10. 7. 1569;
⚭ Margaretha v. Trotta gen. Treyden a. d. H. Annenburg (⚭ II. Caspar Bröking, urkundl. 1588, auf Kaltenbrunn, Kurld), T. d. ... u. d. ...

David Hector, auf Kaltenbrunn (seit 1588);
⚭ Margaretha v. Lieven a. d. H. Bersen, T. d. ... u. d. ...

Ernst, * ... 10. 1. 1606, † ... 14. 9. 1679, auf Kaltenbrunn, Born, Prohden (seit 1641) u. Ilsenburg (1653—1677), Kurld, Kgl. poln. Oberstlt, Mannrichter zu Dünaburg;
⚭ I. Maria Veronica v. der Borch, † ..., T. d. ... u. d. ...;
⚭ II. Helene Elisabeth v. Buddenbrock, † ..., T. d. Johann v. B. auf Wohlfahrt, Livld, u. d. Elisabeth v. Grotthuß a. d. H. Bersteln;
⚭ III. Kreutzburg 17./27. 4. 1653 Agnesa v. Korff, * ... 7. 8. 1619, urkundl. 1688, T. d. Kgl. poln. Obersten, Starosten u. Ge-

sandten Nicolaus v. K. auf Kreutzburg usw., Poln.-Livld, Ilsenburg usw., Kurld, Pfandhrn auf Ruhenthal, Kurld, u. d. Catharina v. Effern a. d. H. Nerft.

Erster Ehe:

Reinhold, * ... 16. 3. 1643, † ... 6. 1. 1695, auf Kaltenbrunn u. Saucken, Kurld, Kgl. poln. Lt;
× I. Gertrud v. Budberg, ▭ Neu-Subbath, Kurld, 7. 10. 1674, T. d. Leonhard v. B. auf Baltensee u. Sussey, Kurld, u. d. Anna v. Vietinghoff;
× II. 1688 Elisabeth Helene v. Puttkamer, T. d. Kgl. poln. Obersten Joachim Johann v. P. auf Poniemon u. Saucken u. d. Marie Catharina v. Gantzkau.

Zweiter Ehe:

Friedrich, † vor 1752, auf Kaltenbrunn, Gulben u. Ilsen, Kgl. poln. Major;
× I. Gertrud v. Weiß, † ..., T. d. Johann Heinrich v. W. auf Lipsten u. d. Margaretha v. den Brincken;
× II. ... 1. 5. 1730 Luise Emerentia v. Freytag gen. Löringhoff, † ... 24. 6. 1787 (× II. ... 12. 2. 1752 Jacob v. Schlippenbach, † Prohden, Kurld, 4. 3. 1804, auf Prohden, Kgl. poln. Kpt.), T. d. Lorenz Carl v. F. gen. L. auf Gartensee u. Demmen, Kurld, u. d. Barbara Dorothea v. Klüchtzner.

Erster Ehe:
Friedrich Ferdinand,
* 1711, † 1750;
s. 1. Ast.

Zweiter Ehe:
Adam Friedrich,
* um 1740, † 1815;
s. 2. Ast.

1. (preuß.-poln.) Ast

Friedrich Ferdinand v. der Osten gen. Sacken, * Kaltenbrunn ... 1711, † Halle an der Saale 21. 5. 1750, Kgl. preuß. PLt;
× Halle ... (um 1745) Maria Magdalena Hertzog, * ... 8. 11. 1715, † Halle 11. 3. 1776, T. d. Carl H., Stadtrats in Halle, u. d. Maria Magdalena Mehrheim.

Ferdinand Friedrich, * Halle an der Saale 29. 12. 1746, † Fischhausen, Ostpr., 29. 7. 1800, Kgl. preuß. Hptm. a. D.;
× ... (um 1780) Gertrude Hepner, * ... 1761, † Rössel, Ostpr., 6. 9. 1826, T. d. ... Martin H. u. d. ...

1. Friedrich Ferdinand, * ... 12. 1783, † Mewe, Ostpr., 25. 2. 1820, Kgl. preuß. Hptm. a. D. u. Postmeister;
   × ... 1816 Wilhelmine v. Tyszka, * ... 1785, † ... 3. 1. 1862 (gesch. ... 1820), T. d. Kgl. preuß. Hptm. u. Ldesdir. Johann Andreas v. T. auf Wapno, Westpr., u. d. ... Redecker.

   Tochter:

   Friederike Ulrike Charlotte Josephine, * Mewe 2. 12. 1819, † Friedenau bei Berlin 18. 7. 1887;
   × Königsberg i. Pr. 4. 11. 1853 Hans zur Megede, * Tromben, Russ.-Polen, 2. 1. 1810, † Peine, Hann., 10. 11. 1882, Kgl. preuß. RegRat u. Ldrat in Freystadt, NSchles.

2. Heinrich Michael, * Nordenburg, Ostpr., 29. 11. 1787, † Stettin 16. 4. 1831 (kath.), Kgl. preuß. Kpt. im 9. InfRgt;
   × Stettin 24. 3. 1818 Louise Elbe, * um 1798, † Königsmühl, Kr. Cammin, Pomm., 8. 12. 1846, T. d. Ferdinand E. auf Carnitz usw., Kr. Greifenberg, Pomm., u. d. Johanna Albertine Castner aus Stepenitz.

   Kinder:

   1) Marie Therese Juliane, * ... 2. 11. 1822, ...
   2) Louise Cäcilie Auguste, * ... 17. 5. 1824, † Carnitz 22. 3. 1901.
   3) Hedwig Josephine Kunigunde, * ... 16. 1. 1826, ...
   4) Elisabeth Amalie, * ... 31. 3. 1828, ...
   5) Theodor Michael Heinrich, * ... 31. 7. 1831, ...

3. Leopold August Carl Christian, * Gumbinnen 31. 7. 1791, † ... (preuß. Adelsanerkennung 1. 3. 1839), auf Izdebno, Prov. Posen, Kais. russ. GenSteuerdir. im Gouvt Siedlec;
   × ...

   Kinder:

   1) Stanislaus, * Warschau 14./26. 4. 1843, † ..., OFörster;
      × ... Przssin Rohan-Chabot (?) (× I. ... Ibogowski [?], ...), T. d. ... u. d. ...

      Sohn:

      Eduard, urkundl. 1898, ...
   2) Edgar, ...
   3) Anna, * ..., † Fürstenwalde (?) ... (nach 1898);
      × I. ... Lenski, ...;

× II. ... (um 1854) Roderich v. Rode, * ..., † ..., auf Wulfshöfen, Kr. Labiau, Ostpr.

4) Julie, ...

5) Alexandra, * ..., † Warschau (?) ...;
× ... Andreas Kowalowski (aus poln. Adel), * ... 1827, † Geta bei Izdebno 4. 7. 1880, ...

6) Caroline, ...

4. Laura Eleonore Dorothea, * Gumbinnen 22. 8. 1793, † ... 13. 4. 1843;
× ... 18. 2. 1817 Moritz v. Kurowsky, * Molditten, Ostpr., 9. 11. 1795, † ... 27. 6. 1864, auf Bischdorf, Niederhoff u. Barnehmen, Ostpr.

2. Ast (Lowieden, Kummeln)

Adam Friedrich v. der Osten gen. Sacken, * um 1740, † Kaltenbrunn 22. 6. 1815, auf Kaltenbrunn u. Gulben, Kurld, Kgl. poln. Khr u. GenAdj.;
× I. ... 9. 6. 1767 Luise Gottlieb v. Klopmann, * ... 25. 5. 1752, † ... 19. 2. 1785, T. d. Kgl. poln. Oberstlts Raphael Nicolaus v. K. auf Lassen, Kurld, u. d. Louise v. Knabenau;
× II. Caroline v. Knabenau, * um 1763, † Kaltenbrunn 9. 5. 1829, T. d. ... u. d. ...

a) Erster Ehe (1 Sohn jung †):

1. Raphael Jacob Friedrich, * ... 1. 11. 1768, † Lowieden 10. 1. 1827, auf Lowieden;
× Lowieden 30. 10. 1798 Juliane (Julie) v. den Brincken, * um 1784, † ... 26. 4. 1820, T. d. Kgl. poln. WGehRats Friedrich Alexander v. den B. auf Lowieden u. Grendsen, Kurld, u. d. Juliane v. der Ropp a. d. H. Grünwald.

Kinder:

1) Eduard Benedict Gerhard Baron v. der Osten gen. Sacken, * Lowieden 1. 9. 1799, † ebd. 15. 6. 1870, auf Lowieden, Kais. russ. Stabskpt;
× Ksp. Neu-Subbath 26. 2. 1842 Elisabeth v. Walther, * um 1815, † Lowieden 6. 9. 1868, T. d. Ernst Heinrich v. W. auf Annenhof u. Assern, Kurld, u. d. Maria Elisabeth Rickmann (aus russ. Adel).

Töchter:

(1) Julie Elisabeth Friederike, * Lowieden 20. 12. 1842, † ...;
× ... 28. 10. 1862 Anton Carl Julius Koretzky (aus russ. Adel), ...

(2) Friederike Auguste Aurora Mathilde, * Lowieden 6. 12. 1844, † Tabor 7. 9. 1923;
× Lowieden 14. 2. 1863 Alexander Baron v. Engelhardt, * Groß-Lassen 10. 9. 1837, † Tabor 25. 1. 1909, auf Lassen, Tabor u. Lowieden, Kurld.

(3) Friederike Ida Olga, * Lowieden 9. 12. 1845, † Prohden 17. 12. 1906;
× Lowieden 2. 11. 1869 Gotthard v. Lysander, * Kasimirswahl 29. 12. 1841, † Prohden 29. 10. 1910, auf Prohden u. Kasimirswahl (seit 1877), Kurld, vorm. Kreisrichter in Illuxt.

2) Caroline Friederike, * Lowieden 26. 10. 1801, ...

3) Friedrich Rudolph Baron v. der Osten gen. Sacken, * ... 22. 3. 1802, † ... 5. 1. 1861, Kais. russ. Stabsrittmeister;
× ... 19. 5. 1857 Eleonore v. Zychlinski, * Jakubowitsche 20. 11. 1841, † ..., T. d. ... u. d. ...

Sohn:

..., * Ksp. Neu-Subbath ... 1859, ...

4) Valerian Baron v. der Osten gen. Sacken, * Lowieden 11. 9. 1804, † Kummeln 30. 4. 1875, auf Kummeln;
× I. Ksp. Lassen 10. 12. 1833 Friederike v. der Osten gen. Sacken, * ... 10. 10. 1798, † Kummeln 22. 1. 1852 (s. o., Stamm A, II. Linie, 2. Ast, 1. Zweig, 1. Haus) (× I. ... 16. 8. 1816 Otto Schroeder [russ. Adel], † ..., auf Potkaisen, Kais. russ. Oberstlt), T. d. Kreismarschalls in Mitau Johann Ernst v. der O. gen. S. auf Groß- u. Klein-Abgulden u. Potkaisen u. d. Caroline Marschall v. Bieberstein;
× II. ... 1. 9. 1853 Marie Franzosewitsch, * ... 23. 7. 1815, † Ksp. Kandau 31. 1. 1890, T. d. ... u. d. ...

Kinder: a) erster Ehe:

(1) Adam Friedrich Ernst Raphael Reinhold Hector, * Kummeln 21. 11. 1840, † ... 4. 9. 1913, auf Kummeln;
× Nurwjanzy, Litauen, 26. 4. 1872 Thekla Koreywo (W. Dębno), * ... 23. 9. 1849, † ..., T. d. ... K. auf Nurwjanzy u. d. ...

Kinder (1 Sohn jung †):

a. Eugen Valerian Ignaz Ladislaus, * Kummeln 19. 10. 1873, ⚔ (ermordet) Mitau 6. 1. 1919, auf Kummeln.

b. Irene Thekla Friederike, * ... 20. 9. 1876, † ... (um 1920).

c. Alma Amélie Malwine, * Kummeln 29. 11. 1878, † ...;
× ... Karl Poklewski (W. Kozieł), * ..., † ..., auf Wadwe, Gouvt Wilna.

b) zweiter Ehe:

(2) Friederike Alexandra Julie, * Kummeln 26. 4. 1855, † Strombergshof bei Kandau 30. 6. 1931;
× Kummeln ... 1876 Lionel Baron v. Stromberg, * ... 3. 8. 1849, † Riga 9. 12. 1908, auf Strombergshof, OFörster.

5) Auguste Agnes, * ... 1805, † ... 1833;
× Lowieden 20. 8. 1824 Johann Erdmann, * ..., † Wilna ..., auf Swebiszek, Gouvt Wilna, Grenzrichter zu Wilkomir.

6) Friedrich Baron v. der Osten gen. Sacken, * Lowieden 6. 8. 1813, † Ksp. Lassen 5. 2. 1898;
× ... Wilhelmine Steinfaß, * ... 4. 1813, † Ksp. Lassen 25. 1. 1898.

2. Johann Alexander, * ... 11. 5. 1772, ...

3. Caroline Magdalena Sophie, * ... 5. 1775, † Doblen 28. 8. 1801;
× ... Gerhard Heinrich v. Korff, * ... 6. 8. 1759, † ... 30. 1. 1820, auf Paddern, Kurld, auf Klein-Drogen (1792—1802), Kurld, Kais. russ. Major, Begründer des Kurbades in Baldohn, Kurld.

4. Friedrich Christoph, * um 1778, † Klein-Born, Kurld, 4. 2. 1810, Arrendator auf Gulben, Kais. russ. PLt;
× um 1802 Gertrud Boltho v. Hohenbach, * 1775, † ..., Erbin von Lodenhof, Livld (× I. ... Georg Magnus v. Radebandt, † ... 1802, auf Kronenberg, Livld, Kais. russ. Major; × III. Klein-Born 29. 6. 1811 Johann Carl Gottlieb Seck [aus russ. Adel], * Kemmershof, Livld, 27. 10. 1782, † Griwa, Semgallen, ... 1820, Kais. russ. Rittmeister), T. d. Kais. russ. Majors Carl Gustav B. v. H. auf Lodenhof u. d. Anna Charlotte v. Taube a. d. H. Kragenhof.

Töchter (1 Tochter jung †):

1) Luna, * Ksp. Kaltenbrunn 12. 8. 1804, ...
2) Aurora Charlotte Caroline Friederike Baronesse v. der Osten gen. Sacken, * Groß-Born 4. 11. 1806, † Neu-Grünwald bei Illuxt 13. 12. 1893.

b) Zweiter Ehe:

5. Friederike Dorothea, * ... 25. 10. 1792, † Ilsen 9. 11. 1873; ⚭ Kaltenbrunn 1. 1. 1814 Adam v. Münster, * Lassen 20. 3. 1791, † Ilsen 28. 6. 1860, auf Lautzensee, Charlottenhof u. Ilsen, Kurld, Friedenrichter in Illuxt.

Stamm C (Bathen)

Erloschen.

Alexander v. Sacken, * 1494, † vor 1550, auf Sacken u. Bathen, Kurld;
⚭ Catharina v. Franck, T. d. Jacob v. F. auf Wieseln u. Puhren, Kurld, u. d. Catharina v. Treyden.

Gregor, * 1530, † zw. 1571 u. 1580; s. I. Linie.	Alexander, urkundl. 1553—1557; s. II. Linie.

I. Linie (Bathen)

Gregor v. Sacken, * 1530, † zw. 1571 u. 1580, auf Sacken u. Alt-Bathen;
⚭ Stenden 4. 2. 1554 Ilse v. der Brüggen, T. d. Ordensrats Philipp v. der B. auf Stenden, Adsirn, Schwarren, Mocken, Musten, Senten u. Pawassern, Kurld, u. d. Gertrud (Gertken) v. Nettelhorst.

Eberhard, urkundl. 1570—1602, auf Bathen, Abau u. Rothof, Kurld, Kgl. poln. Rittmeister;
⚭ Agnesa v. Steinrath, urkundl. 1615, T. d. Rudolph v. St. auf Iwanden, Kurld, u. d. Clara v. Lambsdorff.

Gregor, urkundl. 1609, 1646 tot, auf Bathen u. Rothof, auf Sacken (seit 23. 2. 1636), piltenscher Ldrat;
⚭ I. Elisabeth Margaretha v. Goes, urkundl. 1609, † ..., T. d. Johannes v. G. auf Duppeln u. Rudbahren, Kurld, u. d. Anna v. Korff a. d. H. Aiswicken;

× II. Elisabeth v. Rosen, urkundl. 1672, T. d. livld. Rrschaftshptm. Wilhelm v. R. auf Nabben, Livld, u. d. Dorothea v. Vietinghoff, Erbin von Loddiger, Livld.

Zweiter Ehe:

Georg Christoph, urkundl. 1647—1656, auf Stembern u. Galten, Kurld, Kgl. schwed. Kpt., piltenscher Ldrat;
× Uland van de(r) Loe, T. d. ... Wilhelm van de(r) L. in Holland u. d. Johanna v. Meckern a. d. H. Meinerswick.

Wilhelm Heinrich, † 1708, ...;
× Gottlieb Hildegard v. Wildemann, urkundl. 1708, T. d. Kgl. poln. Kpt. Heinrich v. W. auf Keweln, Kurld, u. d. Dorothea v. Ascheberg a. d. H. Ringen.

Christian Heinrich,	Anton Ernst,	Wilhelm Ferdinand,
† ...;	* 1693, † 1745;	† 1754;
s. 1. Ast.	s. 2. Ast.	s. 3. Ast.

1. (livld.) Ast (Neu-Wrangelshof)

Christian Heinrich v. Sacken, † ..., Kgl. schwed. Kpt.;
× Catharina Magdalena v. Aschhof aus Holstein, T. d. ... u. d. ...

Christoph Adolph v. der Osten gen. Sacken, 1719, † ... 26. 5. 1788, auf Kailes (seit 1. 9. 1748) u. Neu-Wrangelshof, Livld, Kais. russ. Kpt.;
× Maria Justina v. Liphart, * um 1725, † ... 24. 9. 1787, T. d. Magnus Johann v. L., Pfandhrn auf Wölla, Livld, u. d. Justina Margaretha v. Stackelberg a. d. H. Wagenküll.

(6 Söhne, 1 Tochter jung †)

1. Fabian Magnus, ...
2. Christoph Heinrich, * Wölla 28. 11. 1747, ...
3. Johann Reinhold, * 1752, ⚔ bei Otschakow ... 1788, Kais. russ. Kpt. z. See 2. Ranges.
4. Christoph Adolph, * 1753, † ..., auf Neu-Wrangelshof (1788), Kais. russ. Kpt.
5. Justine Elisabeth, * 1754, † Pantifer, Estld, 26. 1. 1823;
   × St. Jakobi, Livld, 30. 12. 1780 Hans Christian v. Rosen, * ... 20. 8. 1740, † ... 1792 od. 1796, Pfandhr auf Kaarmann, Estld, Hakenrichter.

6. Margaretha Magdalena, * Jömper, Estld, 21. 3. 1756, † St. Petersburg 21. 6. 1831;
× Pernau 27. 9. 1784 Cornelius v. Saß a. d. H. Lodenhof, * Pernau 11. 2. 1759, † St. Petersburg 30. 5. 1822, Kais. russ. GenMajor.

7. Alexander Gottlieb, * 1759, † Riga 11. 2. 1811 (immatrikuliert bei der Livld. Rrschaft 1797), auf Neu-Wrangelshof, Kais. russ. GenMajor.

8. Otto Ewald, ...

9. Anton, * 1769, † ... (immatrikuliert bei der Livld. Rrschaft 1797), Mithr auf Neu-Wrangelshof (1791), Kais. russ. Kpt.

2. (meckl.) Ast (Bellin)

Anton Ernst v. Sacken, * 1693, ⚔ bei Kesseldorf 15. 12. 1745, Kurfstl. sächs. Major im DragRgt d. Fstn v. Schwarzburg-Sondershausen;
× (nach 3. 7.) 1740 Friederike Christine Kölbel v. Geysing, * Munzig bei Meißen 3. 5. 1719, † Langensalza (?) ... (nach 1775), T. d. Christian Erdmann K. v. G. auf Munzig u. d. Catharina Dorothea v. Ende.

Christian Friedrich Wilhelm Graf v. der Osten gen. Sacken, * Gabersee (Gebernsee?), ..., 11. 7. 1741, † Deutsch-Krone 3. 10. 1793 (poln. Gfnstandsbestätigung 29. 10. 1768), auf Lüben bei Deutsch-Krone, Hzgl. württ. Hptm. a. D., Kgl. poln. Major, Kgl. preuß. Ldrat;
× ... 1769 Wilhelmine Freiin v. der Goltz, * Elbing 20. 5. 1749, † ..., T. d. Kurfstl. sächs. u. Kgl. poln. Khrn, GenLts u. Gesandten in Berlin Georg Wilhelm Frhr v. der G. auf Clausdorf bei Deutsch-Krone usw. u. d. Anna Elisabeth Rosine Torche de la Serre.

(2 Söhne, 2 Töchter jung †)

1. Friedrich Wilhelm Stanislaus, * ... 24. 2. 1770, † Berlin 11. 3. 1830, Kgl. preuß. Major a. D.;
× ... 28. 10. 1816 Charlotte Friederike Helene v. Sydow, * ..., † ... (vor 1830), T. d. ... u. d. ...

2. Severina Caroline Elisabeth, * Clausdorf 15. 5. 1771, † Marienhof, Meckl., 6. 8. 1843.

3. Friedrich Bernhard August, * Clausdorf 20. 3. 1778, † Schwerin, Meckl., 3. 2. 1861 (Aufnahme in den meckl. Adel 1815), auf Bellin u. Marienhof, Ghzgl. meckl. Oberst;
× ... 1801 Amalie Gfin v. Hoym, * Mainz 6. 10. 1763, † Marienhof 20. 4. 1840, Erbin von Slawentzitz, OSchles. (× I. Berlin 8. 4. 1782 Friedrich Ludwig Fst zu Hohenlohe-Ingelfingen, † Slawentzitz 15. 2. 1818, Kgl. preuß. Gen. d. Inf., Kais. Gen. d. Kav.; gesch. 1799), T. d. Kgl. poln. u. Kurfstl. sächs. Khrn u. WGehRats Julius Gf v. H. auf Droyßig, Slawentzitz usw. u. d. Charlotte Gfin v. Dieskau.

Töchter:

1) Angelica, * Blankenese bei Hamburg 4. 5. 1802, † Schwerin, Meckl., 12. 10. 1852;
× ... 22. 9. 1820 Wilhelm Gf v. Hessenstein, * Schloß Weißenstein (Wilhelmshöhe) bei Kassel 14. 5. 1790, † Schwerin 22. 3. 1867, K. K. Km., Ghzgl. meckl.-schwer. WGehRat u. Gesandter in Berlin, Domhr zu Minden.

2) Auguste, * Bellin 4. 9. 1804, † Berlin 16. 9. 1890, OHofmeisterin der Przssin Friedrich Karl v. Preußen;
× Bellin 8. 9. 1824 Wilhelm Gf v. Alvensleben, * Isenschnibbe 31. 5. 1798, † Weteritz 2. 12. 1853, auf Isenschnibbe, Weteritz, Wittenmoor u. Falkenberg, Altmk, Kgl. preuß. Khr.

4. Gottliebe Christiane Eleonore, * Lüben 27. 11. 1782, † Oldenburg i. O. 22. 4. 1828;
× Nienstedten bei Altona 23. 3. 1802 Ferdinand v. Hirschfeld, * Heilsberg, Ostpr., 11. 11. 1773, † Oldenburg 16. 1. 1833, Ghzgl. oldenb. Oberst.

3. (fstl.) Ast

Wilhelm Ferdinand v. der Osten gen. Sacken, † Reval ... 1754, Kais. russ. Kpt.;
× Hedwig Eleonora Udam, * Limmat, Estld, (~ 19. 4.) 1712, † Dorpat 13. 12. 1778, T. d. Kgl. schwed. Kpt. Friedrich Wilhelm U. auf Limmat u. d. Christina Kelch.

Fabian Gottlieb Fürst v. der Osten gen. Sacken, * Reval 20. 9. 1752, † Kiew 8. 4. 1837 (immatrikuliert bei der Livld. Rrschaft 1818; russ. Gfnstand 7. 2. 1821; russ. Fstnstand 8. 11. 1832), Kais. russ. Feldmarschall u. Mitgl. d. Reichsrats;

s. GHdA, Fstl. Häuser, Bd V (1959).

II. (oeselsche) Linie (Kaunispäh)

Alexander v. Sacken, urkundl. 1553—1557, ...;
× (? Anna v. Asserien, T. d. Moritz v. A. auf Kawast, Estld, u. d. ...).

Alexander, urkundl. 1589—1592, auf Kawast;
× Anna v. Tiesenhausen, urkundl. 1616, ▭ Wennefer, Erbin von Wennefer, T. d. Peter v. T. auf Mehntack u. Wennefer, Estld, u. d. Anna v. Dücker a. d. H. Haselau.

Alexander, urkundl. 1617, † 1653/54, auf Kawast, auf Kaunispäh (seit 1619), Insel Oesel, Kgl. schwed. Major u. Kommissar;
× 1614 Margaretha v. Rosenhagen, † zw. 1649 u. 1653, T. d. Heinrich v. R. auf Lassinorm, Estld, u. d. ...

Georg (Jürgen), * 1617, † 1690; s. 1. Ast.	Alexander, * 1621, † 1692; s. 2. Ast.

1. Ast

Georg (Jürgen) v. der Osten gen. Sacken, * ... 19. 11. 1617, † ... 27. 8. 1690 (schwed. Adelsnaturalisation 17. 9. 1675; introduziert bei der Adelsklasse der Schwed. Rrschaft 1675 unter Nr 832), auf Kaunispäh u. Cölljall, Insel Oesel, Eyefer, Estld, Gryt u. Toresund, Södermanland, oeselscher Ldrat, Kgl. schwed. Vizegouv. von Oesel, OLdgerPräs. u. KonsistDir.;
× I. Sophia Budde (aus dän. Adel), urkundl. 1651, 1658 tot, T. d. oeselschen Ldrats Friedrich B. auf Töllist, Cölljall usw., Insel Oesel, u. d. Catharina (Karen) Urup (aus dän. Adel) a. d. H. Vapnø;
× II. 1661 Anna Maria Rosencrantz af Granhammar, urkundl. 1695, T. d. Kgl. schwed. Rittmeisters Johan R. af G. auf Grytaby u. Granhammar, Län Uppsala, sowie Toresund, Finnld, u. d. Hedwig v. Wartensleben.

Zweiter Ehe:

Johann Gustav, * ... 9. 9. 1667, † Reval 15. 6. 1717, auf Kaunispäh u. Cölljall, Insel Oesel, Eyefer, Estld, u. Kymmenegård, Finnld, Kgl. schwed. Oberstlt a. D.;
× ... 1697 Wilhelmina Gertrud Freiin v. Fersen, ~ Reval 3. 12. 1670, † ebd. 25. 12. 1727, T. d. Kgl. franz. Majors a. D., Kgl. schwed. Khrn, Feldmarschalls u. GenGouv. von Ingermanland u.

Kexholm sowie estld. Ldrats Otto Wilhelm Frhr v. F. auf Rayküll u. Kurnal, Estld, Kymmenegård, Finnld, u. Joala bei Narwa u. d. Gertrud v. Uexküll a. d. H. Angern.

Adoptivsohn:

Johann Gustav v. der Osten gen. Sacken, * 1692, † 1778; s. u., 2. Ast.

2. Ast

Alexander v. der Osten gen. Sacken, * ... 15. 6. 1621, † 1692, Kgl. schwed. Lt;
⚭ 1652 Anna v. Buxhoeveden, T. d. Kgl. schwed. Rittmeisters Reinhold v. B. auf Pallifer u. Allenküll, Estld, u. d. Sophia v. Wehren.

Alexander Friedrich, * 1662, † 1694, Kgl. schwed. Major;
⚭ ... 26. 11. 1687 Maria Brita Adlerhielm (aus schwed. Adel), * ... 2. 12. 1669, † ... 17. 11. 1747, ▭ Grödinge, Län Stockholm, T. d. Kgl. schwed. HofgerAssessors Johan A. auf Näshult u. Hunnerstad, Län Jönköping, u. d. Brigitta Clerck (aus schwed. Adel).

Johann Gustav, * Stockholm 6. 3. 1692, † Zerell 13. 6. 1778 (immatrikuliert bei der Oeselschen Rrschaft 1741), auf Kaunispäh, Cölljall, Hasik, Würzen, Cöln, Jöggis, Mehenpäh u. Zerell, Insel Oesel, auf Eyefer, Estld, oeselscher Ldrat, Ldrichter u. KonsistDir., Adoptivsohn d. Kgl. schwed. Oberstlts Johann Gustav v. der Osten gen. Sacken auf Kaunispäh, Cölljall, Eyefer usw. u. s. Gem. Wilhelmina Gertrud, geb. Freiin v. Fersen (s. o., 1. Ast);
⚭ ... 20. 2. 1724 Hedwig Beata v. Nolcken, * ... 10. 10. 1706, † Cölljall 8. 3. 1765, T. d. Kgl. schwed. Obersten u. Kmdten von Wismar sowie oeselschen Ldrats Christoph Reinhold v. N. auf Hasik u. d. Ingeborg Christina v. Stackelberg a. d. H. Piddul.

1. Reinhold Friedrich, * 1725, † 1792; s. 1. Zweig.

2. Christina (Christine) Wilhelmine Maria, * Cölljall 4. 3. 1726, † Arensburg 23. 1. 1811, Erbin von Kaunispäh;
⚭ ... 26. 9. 1745 Carl v. Ekesparre, * Stockholm 30. 10. 1721, † Arensburg 18. 8. 1800, auf Kandel, Jerwemetz u. Würzen, Insel Oesel, Kais. russ. Major u. Kollegienassessor.

3. Johann Gustav, * Cölljall 31. 12. 1727, † St. Petersburg 27. 9. 1789, auf Kirna u. Engdes, Estld, Kurfstl. sächs. GenLt, WKhr u. Gesandter in St. Petersburg;

⚭ Kirna 2. 10. 1784 Helena Freiin v. Fersen, * ... 2. 10. 1766, † Wolmarshof, Livld, 7. 6. 1822 (⚭ II. ... Michael Alexejewitsch Fst Gortschakow, † ... 30. 12. 1831, ▭ Moskau, Kais. russ. GenMajor), T. d. Kais. russ. Oberstlts Otto Wilhelm Frhr v. F. auf Kirna u. Engdes, Estld, u. Repshof, Livld, u. d. Margaretha Elisabeth v. Tiesenhausen, auf Nachtigall, Livld.

Sohn:

Carl Gustav Graf v. der Osten gen. Sacken, * St. Petersburg 11. 10. 1787, † Weißenstein 27. 1. 1855 (russ. Gfnstand 12. 6. 1801), ...;
⚭ ... Alexandra Gfin Tolstoi, * ... 1804, † ... 1840 (orth.), T. d. Kais. russ. Brigadiers, GehRats u. Zivilgouv. von Kasan Ilja Andrejewitsch Gf T. u. d. Pelagia Nikolajewna Fstin Gortschakow.

4. Otto Georg (Jürgen), * 1728, † 1803; s. 2. Zweig.

5. Alexander Matthias, * Cölljall 1. 3. 1730, ⚔ bei Palzig, Neumk, 12. 7. 1759, Kais. russ. Kpt.

6. Hedwig Beata, * Cölljall 5. 9. 1731, † Arensburg 7. 4. 1801;
⚭ I. ... Carl Adam Frhr v. Stackelberg, ~ Piddul, Insel Oesel, 9. 8. 1718, † Jöggis, Insel Oesel, 1. 6. 1758, auf Cöln, Insel Oesel, Kgl. schwed. Lt;
⚭ II. Cöln ... 1771 Carl Adolph v. Poll, * Medel, Insel Oesel, 20. 2. 1718, † Arensburg 17. 8. 1796, vorm. auf Medel, Kais. russ. Lt, oeselscher Ldrichter.

7. Carl Magnus Graf v. der Osten gen. Sacken, * Cölljall 6. 4. 1733, † Kirna 24. 1. 1808 (russ. Gfnstand 9. 6. 1797), Kais. russ. WGehRat u. Gesandter in Kopenhagen, Erzieher d. Kaisers Paul u. d. Gfstn Konstantin Pawlowitsch.

8. Amalie Louise, * Cölljall 26. 6. 1735, † Arensburg 10. 1. 1800;
⚭ I. ... Augustin Nathanael Grischow, * ..., † ..., auf Würzen, Prof. an der Akademie in St. Petersburg;
⚭ II. St. Petersburg 5. 11. 1760 Moritz Heinrich v. Gersdorff, * Tuttomäggi, Estld, 3. 8. 1714, † St. Petersburg 13. 1. 1762, Kais. russ. GenMajor u. Vizepräs. d. Staatscomptoirs in St. Petersburg.

9. Ludwig Christoph, * 1737, † 1813; s. 3. Zweig.

10. Lorenz Gottlieb, * Cölljall 22. 10. 1738, † ebd. 28. 12. 1795, auf Kaunispäh (verk. 25. 2. 1786), Cölljall u. Hasik, Kgl. poln. Major, Kais. russ. Hofrat, oeselscher Ldmarschall u. Ldrat;

× Reval 28. 2. 1777 Eva Freiin v. Stackelberg, * Riesenberg, Estld, 25. 7. 1756, † ... 7. 11. 1781, T. d. Kgl. franz. Brigadiers, Kais. russ. WStRats u. Ökonomiedir. Carl Frhr v. St. auf Thomel u. Ropaka, Insel Oesel, u. Sutlem, Estld, u. d. Wilhelmine v. Bistram, Erbin von Riesenberg.

Tochter:

Hedwig Charlotte Wilhelmine, * ... 13. 9. 1781, † Fähna, Estld, 3. 2. 1821, Erbin von Cölljall (verk. 1. 3. 1819);
× Reval 3. 1. 1802 Peter Frhr v. Stackelberg, * Reval 18. 3. 1774, † Fähna 30. 11. 1829, auf Fähna, Kais. russ. Major.

1. Zweig (Poikern)

Reinhold Friedrich v. der Osten gen. Sacken, * Cölljall 12. 1. 1725, † Arensburg 9. 2. 1792, auf Cölljall (bis 1785) u. Hasik, Arrendator auf Torkenhof, Insel Oesel, Kais. russ. WStRat, oeselscher Ldrat u. KonsistDir.;
× ... 9. 7. 1752 Eleonora v. Delwig, * ... 9. 9. 1736, † Arensburg 25. 9. 1797, T. d. Kais. russ. Oberstlts Otto Reinhold v. D. auf Pergel, Estld, u. d. Margaretha Elisabeth v, Rosenthal a. d. H. Pergel.

(1 Sohn jung †)

1. Reinhold Friedrich, * Torkenhof 19. 2. 1755, † Katharinenberg 15. 4. 1829, auf Poikern, Badenhof u. Katharinenberg, Livld, Kais. russ. KptLt der Garde;
× ... 14. 10. 1782 Juliane Margarethe v. Funcken, * ... 15. 9. 1766, † ... 7. 12. 1830, T. d. Ordnungsrichters Rembert v. F. auf Lösern, Eckhof u. Ohlenhof, Livld, u. d. Christine Charlotte v. Ceumern.

Kinder (1 Tochter jung †):

1) Charlotte Christine, * Lösern 22. 8. 1784, † Mikulitsch, Gouvt Kiew, 10. 10. 1871;
× ... 1806 Johann Gustav Gf v. der Osten gen. Sacken, * ... 26. 2. 1770, † Kiew 19. 1. 1852, auf Cölljall (1819—1840), Insel Oesel, u. Mrozk, Gouv. Kiew, Kais. russ. WKhr u. StRat (s. u., 2. Zweig).

2) Juliana Margaretha, * ... 4. 12. 1786, † Karlsbad 26. 8. 1837.

3) Alexander Rembert Baron v. der Osten gen. Sacken, * ... 2. 12. 1791, † Wiesbaden 2. 11. 1866, Kais. russ. Kollegienrat;
⚭ St. Petersburg 6. 5. 1825 Natalie v. Engelhardt, * St. Petersburg 16. 11. 1806, † ebd. 8. 3. 1845, T. d. Kais. russ. GehRats u. Lyzeumsdir. Georg Baron v. E. u. d. Auguste Marie Whitaker.

Kinder:

(1) Olga Julie, * ... 27. 10. 1826, † Baden-Baden 8. 2. 1884.

(2) Georg Reinhold, * St. Petersburg 31. 5. 1829, † ebd. 14. 4. 1885, Kais. russ. WStRat.

(3) Alexander, * St. Petersburg 2. 5. 1831, † ebd. 30. 3. 1841.

(4) Maximilian, * St. Petersburg 14. 2. 1833, † Tiflis 29. 12. 1884, Kais. russ. Khr, GehRat u. Gouv. von Stawropol u. Tiflis;
⚭ Tsynandaly, Kachetien, 14. 1. 1868 Salome Fstin Tschawtschawadse, * Tiflis 19. 7. 1848, † St. Petersburg 15. 6. 1919 (orth.), T. d. Kais. russ. GenLts David Alexandrowitsch Fst T. u. d. Anna Iljinitschna Fstin Grusinsky a. d. H. der Kge v. Georgien.

Töchter (orth.) (1 Tochter jung †):

a. Natalie, * Kutais 6. 11. 1868, † ..., Kais. russ. HofD., führte mit Kais. Genehmigung wieder den Geburtsnamen;
⚭ Borshom 26. 7. 1893 Nicolas Capsa, * Botoschani, Rumänien, 23. 2./7. 3. 1869, † ..., ... (gesch. ...).

b. Anna, * Kutais 1. 8. 1870, † Nizza 23. 3. 1931;
⚭ Tiflis 17. 4. 1892 Peter Fst Melikow, * ..., † ..., Kais. russ. Kpt. u. Adj. d. Hetmans der Don-Kosaken.

c. Olga, * Stawropol 27. 2. 1874, † ...;
⚭ Tiflis 1. 5. 1901 Konstantin v. Brümmer a. d. H. Sall, * Kronstadt 5. 2. 1856, † ... (luth.), Kais. russ. GenMajor.

d. Sophie, * Stawropol 5. 7. 1876, † ...;
⚭ St. Petersburg 25. 4. 1910 Andrej Alexejewitsch Tregubow (aus russ. Adel), * ... 6. 10. 1869, † Orel 13. 1. 1935, Adelsmarschall von Sudogda.

(5) Natalie Marie, * St. Petersburg 16. 3. 1836, † Handschuhsheim bei Heidelberg 24. 2. 1890.

(6) Marie Anna, * St. Petersburg 21. 1. 1838, † Handschuhsheim 30. 1. 1896;
⚭ Heidelberg 6. 2. 1861 Theodor Hamm (aus russ. Adel), * Kiew 8. 10. 1827, † Handschuhsheim 20. 10. 1876, Kais. russ. Rittmeister.

(7) Harald Alexander, * St. Petersburg 8. 3. 1845, † ebd. 27. 3. 1845.

4) Reinhold (Roman) Friedrich Baron v. der Osten gen. Sacken, * Lösern 1. 8. 1792, † St. Petersburg 25. 6. 1864, auf Poikern u. Badenhof (verk. 1847), Kais. russ. WGehRat;
⚭ St. Petersburg 3. 11. 1826 Elisabeth v. Engelhardt, * St. Petersburg 4. 6. 1805, † Neapel 23. 2. 1873, T. d. Kais. russ. GehRats u. Lyzeumsdir. Georg Baron v. E. u. d. Auguste Marie Whitaker.

Kinder:

(1) Carl Robert, * ... 9. 8. 1828, † Heidelberg 20. 5. 1906, Fkhr auf Randefer, Insel Oesel, Dr. phil. h. c., Kais. russ. WStRat u. GenKonsul in New York, Entomologe.

(2) Sophie, * ... 22. 9. 1830, † St. Petersburg 25. 9. 1831.

(3) Reinhold Friedrich, * ... 18. 2. 1832, † St. Petersburg 19. 4. 1916, Fkhr auf Randefer, Kais. russ. WGehRat.

(4) Anna Elisabeth, * St. Petersburg 22. 9. 1833, † ebd. 13. 6. 1847.

(5) Marie Auguste, * St. Petersburg 28. 3. 1835, † ebd. 8. 8. 1836.

(6) Elisabeth Natalie, * St. Petersburg 1. 7. 1836, † ebd. 9. 10. 1837.

(7) Auguste Julie, * St. Petersburg 15. 7. 1837, † ebd. 1. 9. 1910.

(8) Natalie Dorothea, * St. Petersburg 5. 8. 1845, † ebd. 17. 1. 1848.

5) Carl Magnus Baron v. der Osten gen. Sacken, * ... 15. 9. 1793, † Baden-Baden 21. 5. 1870, Kais. russ. WStRat.

6) Dorothea Ulrika Gertrud, * ... 16. 6. 1795, † Baden-Baden 5. 10. 1877;
× ... 30. 6. 1830 Christoph Frhr v. Campenhausen, * Orellen 13. 6. 1780, † Leipzig 13. 11. 1841, auf Wesselshof, Orellen usw., Livld, Hzgl. sachs.-goth. Kpt., Ldger-Assessor in Wenden.

7) Eleonore Louise, * ... 15. 1. 1797, † ... 1814.

2. Hedwig Beata, * Torkenhof 26. 5. 1756, † Arensburg 28. 9. 1808;
× Torkenhof 23. 7. 1772 Georg Wilhelm Pilar v. Pilchau, * Ksp. St. Jakobi 25. 10. 1748, † Ksp. Kergel, Insel Oesel, 21. 3. 1804, auf Hasik, Kais. russ. Titulärrat, LdgerAssessor.

3. Anna Louise, * ... 18. 3. 1758, † ... 22. 6. 1802.

2. Zweig (Kaskowo)

Otto Georg (Jürgen) v. der Osten gen. Sacken, * Cölljall 8. 12. 1728, † Arensburg 19. 9. 1803, auf Kaskowo, Ingermanld, Kgl. poln. Khr;
× ... Wilhelmine Freiin v. Stackelberg, * um 1727, † ... 14. 10. 1785, T. d. Kais. russ. Majors u. oeselschen Ldrats Carl Wilhelm Frhr v. St. auf Thomel u. Ropaka, Insel Oesel, Magnushof u. Söderby, Insel Worms, u. d. Eva v. Preis.

1. Carl Gustav, * ... 13. 4. 1758, † Weißenstein 26. 3. 1814, Kais. russ. Oberst;
× Weißenstein 24. 3. 1814 Luise ..., * ..., † ..., Haushälterin, T. d. ... Martin ... u. d. ...
3 Kinder.

2. Anna Louise, * ... 12. 10. 1762 († Fähna, Estld, 15. 1. 1824?).

3. Otto Magnus, * ... 9. 3. 1764, † Winnitza, Podolien, 18. 11. 1805, auf Orewitz-Schowry, Gouvt Minsk, Kais. russ. Major;
× ... Altenhof, ...

Töchter:

1) Anna, * Reval ... 1797, † Kiew 29. 10. 1834;
× ... Nikolaus Brosin (aus russ. Adel), * ... (um 1788), † ..., Kais. russ. Oberst.

2) Amalie, * ... 1802, † ... 1830;
× Alphons Oskierko (W. Murdelio), * ..., † ..., Kais. russ. Major.

3. Ast (Zerell)

Ludwig Christoph v. der Osten gen. Sacken, * Cölljall 20. 8. 1737, † Arensburg 12. 7. 1813, auf Zerell, Mehenpäh u. Orrisaar, Insel Oesel, Arrendator auf Pajomois, Insel Oesel, Kais. russ. Major u. Kollegienrat, oeselscher Ldmarschall u. Ldrat;
× Arensburg 6. 6. 1766 Christina Beata v. Nolcken, * ... 11. 1744, † ... 14. 6. 1811, T. d. oeselschen Ldmarschalls u. Ldrats Reinhold Gustav v. N. auf Kangern, Insel Oesel, u. d. Anna Beata v. Poll a. d. H. Magnushof.

(1 Sohn jung †)

1. Beate Louise, * ... 23. 12. 1768, † Arensburg 4. 5. 1789.

2. Johann Gustav Graf v. der Osten gen. Sacken, * ... 26. 2. 1770, † Kiew 19. 1. 1852 (russ. Gfnstand 12. 6. 1801), auf Cölljall (seit 1. 3. 1819, verk. 1840), Insel Oesel, u. Mrozk, Gouv. Kiew, Kais. russ. WKhr u. StRat;
× ... 1806 Charlotte v. der Osten gen. Sacken, * Lösern 22. 8. 1784, † Mikulitsch, Gouvt Kiew, 10. 10. 1871 (s. o., 1. Zweig), T. d. Kais. russ. KptLts der Garde Friedrich v. der O. gen. S. auf Poikern, Badenhof u. Katharinenberg u. d. Juliane Margarethe v. Funcken a. d. H. Lösern.
Kinder (1 Tochter jung †):
   1) Carl Ludwig Heinrich, * Kiew 1. 12. 1807, † Wiesbaden 28. 5. 1895, Fkhr auf Randefer, Kais. russ. GenLt u. Gouv. von Charkow;
   × Kiew 10. 4. 1847 Auguste Haehne (aus russ. Adel), * Fellin 7. 8. 1824, † Wiesbaden 4. 1. 1901, T. d. Kais. russ. IngObersten u. GehRats Alexander H. u. d. Margarethe v. Stackelberg a. d. H. Wagenküll.
   2) Luise Charlotte, * ... 30. 1. 1810, † ... 1. 3. 1839;
   × Kiew 11. 7. 1837 Nikolaus Brosin (aus russ. Adel), * ... (um 1788), † ..., Kais. russ. Oberst.

3. Christoph Ludwig, * Neuenhof 10. 6. 1773, † Arensburg 20. 7. 1851 (immatrikuliert bei der Livld. Rrschaft 1844, bei der Estld. Rrschaft 10. 10. 1846), Kais. russ. GenMajor;

× I. Fähna, Estld, 17. 3. 1805 Beata Freiin v. Stackelberg, * Reval 7. 10. 1775, † Riga 5. 7. 1827, T. d. Hzgl. holst. Khrn u. Obersten Otto Frhr v. St. auf Magnushof u. Söderby, Insel Worms, Pargenthal, Estld, u. Nowaja Derewnja, Ingermanld, u. d. Anna Gertrude v. Dücker, auf Fähna u. Lilienbach;
× II. ... 1834 Auguste v. Luce, * Hoheneichen, Insel Oesel, 10. 5. 1800, † Arensburg 19. 9. 1881, T. d. Pastors zu Pühha, Ratsapothekers u. SchulbezInsp. in Arensburg Dr. med. Johann v. L. auf Lahhentagge, Insel Oesel, Pfandhrn auf Hoheneichen, u. d. Auguste v. Aderkas a. d. H. Peude.

Kinder erster Ehe:

1) Anna Beata, ~ Fähna 20. 4. 1807, † ...

2) Constance Baronesse v. der Osten gen. Sacken, * St. Petersburg 10. 6. 1808, † Arensburg 2. 11. 1877.

3) Alexander, * ... 10. 12. 1809, † ...

4) Carl Magnus, * ... 26. 5. 1811, † Riga 16. 6. 1846, Kais. russ. Kpt.

5) Georg Otto Gottschalk Baron v. der Osten gen. Sacken, * Fähna 3. 10. 1813, † St. Petersburg 27. 8. 1890, Kais. russ. GenLt;
× I. ... 1852 Olga Shukow, * ..., Gouvt Tambow, ... 1829, † Saratow ... (orth.), T. d. Gutsbes. Ilarion Sh. u. d. ...;
× II. ... Pelagia ..., * ... 6. 10. 1851, † St. Petersburg 4. 11. 1905, T. d. ... Sossim ... u. d. ...

Tochter erster Ehe:

Olga, * Tambow 11. 2. 1856, † Leningrad ... 1924 (orth.);
× Nishnij Nowgorod 11. 1. 1874 Georg Hartmann (aus russ. Adel), * ... 1837, † ... 26. 1. 1913, Lic. jur., Kais. russ. GehRat, StSekr. u. Dir. d. Reichsratsarchivs in St. Petersburg.

6) August Friedrich Heinrich Baron v. der Osten gen. Sacken, * Fähna 6. 11. 1814, † St. Petersburg 20. 8. 1892, freier Künstler;
× St. Petersburg 8. 6. 1853 Maria Peitsch (aus russ. Adel), * Mitau 25. 12. 1835, † St. Petersburg 14. 7. 1896 (gesch. ...), T. d. Kais. russ. Oberstlts Jakob P. u. d. Charlotte v. Vietinghoff a. d. H. Groß-Bersen.

Kinder:

(1) Olga Auguste, * St. Petersburg 19. 10. 1854, † Amarneek, Kurld, 3. 12. 1931;
× Arensburg 26. 7. 1881 Hermann Lerche (aus russ. Adel), * ... 22. 12. 1826, † St. Petersburg 3. 10. 1903, Kais. russ. GehRat u. Senator.

(2) Nikolai, * St. Petersburg 14. 12. 1857, † Warschau 10. 4. 1889, Kais. russ. KptLt d. Art.;
× Warschau 18. 2. 1888 Antonia (Nina) Tereikowsky, * Taschkent 15. 3. 1869, † Leningrad ... 1927 (× II. ... 1895 Wladimir Baron v. der Osten gen. Sacken, † Moskau ... 1920, Fkhr auf Randefer, Kais. russ. GenMajor; s. u.), T. d. Kais. russ. Gen. d. Art. ... T. u. d. ...

(3) Wladimir, * St. Petersburg 30. 5. 1860, † Moskau ... 1920, Fkhr auf Randefer, Kais. russ. GenMajor;
× ... 1895 Antonina (Nina) Tereikowsky, * Taschkent 15. 3. 1869, † Leningrad ... 1927 (× I. Warschau 18. 2. 1888 Nikolai Baron v. der Osten gen. Sacken, † Warschau 10. 4. 1889, Kais. russ. KptLt d. Art.; s. o.), T. d. Kais. russ. Gen. d. Art. ... T. u. d. ...

7) Marie Emilie Charlotte Baronesse v. der Osten gen. Sacken, * Fähna 4. 12. 1817, † ebd. 18. 2. 1893.

4. Alexander Magnus, * Zerell 4. 4. 1776, † Reval 9. 8. 1848, Kais. russ. Oberstlt;
× Kiddemetz, Insel Oesel, 27. 7. 1806 Amalie v. Güldenstubbe, * Clausholm 20. 11. 1790, † Reval 26. 12. 1858 (gesch. ...), T. d. Kais. russ. Lts Johann Gustav v. G. auf Clausholm, Kiddemetz usw., Insel Oesel, u. d. Johanna Louise v. Ekesparre a. d. H. Euküll.

5. Juliana Elisabeth, * Zerell 23. 2. 1780, † Arensburg 28. 5. 1866;
× Arensburg 27. 8. 1797 Alexander v. Berg, * Müllershof, Insel Oesel, 22. 3. 1764, † Cölljall 25. 2. 1823, auf Kadvel, Insel Oesel, Kais. russ. IngOberstlt, KonsistAssessor.

6. Charlotte Amalie, * Zerell 21. 2. 1781, † Arensburg 31. 12. 1834;
× Arensburg 10. 11. 1799 Carl Friedrich v. Buxhoeveden, * Padel, Insel Oesel, 4. 2. 1772, † ebd. 4. 8. 1832, auf Rotziküll (verk.) u. Cölljall, Insel Oesel, Kais. russ. Kpt. d. Art., KreisgerAssessor.

Namensträger, die nicht dem Adel angehören (siehe Form der Darstellung, Vorbemerkung):

A. Adoptivsohn (seit ... 2. 1984) d. Fred Baron v. der Osten gen. Sacken a. d. H. Bathen, * 1927, † 1984 (s. o., Stamm A, II. Linie, 2. Ast, 1. Zweig, 2. Haus, b.):

Andreas ..., * ... 29. 11. 1949, ..., führt den Namen „Baron von der Osten genannt Sacken"
(Am alten Schlag 3, 8501 Roßtal-Trettendorf).

B. Niels von der Osten-Sacken, * ..., ...;
⚭ ... Doris ... (...).

C. Stefan Esser, * Travemünde 18. 7. 1943, DiplVolkswirt, führt gemäß § 1355 BGB seit 2. 3. 1981 den Namen „von der Osten genannt Sacken";
⚭ Lübeck 2. 3. 1981 Evi Baronesse v. der Osten gen. Sacken, * Lübeck 4. 2. 1948 (s. o., Stamm A, II. Linie, 2. Ast, 1. Zweig, 3. Haus, a.) (...).

Töchter:

1. Jaryca, * Lübeck 8. 7. 1984.
2. Annabel, * Lübeck 19. 5. 1986.

E. Eckhard Müller, * Hohensalza 11. 7. 1944, DiplPädagoge, führt gemäß § 1355 BGB seit 26. 6. 1980 den Namen „Müller-Baron von der Osten-Sacken";
⚭ Wachtberg bei Bonn 26. 6. 1980 Marein Baronesse v. der Osten gen. Sacken, * Heiligenhaus 10. 5. 1956 (s. o., Stamm A, II. Linie, 2. Ast, 1. Zweig, 3. Haus, a.)
(Gerresheimer Str. 74a, 4010 Hilden).

F. Adoptivsohn (Beschluß d. Amtsger. München vom 11. 3. 1986 mit Wirkung vom 19. 3. 1986) der Maria Baronin v. der Osten gen. Sacken, geb. Leeser, * 1901, † 1985 (s. o., Stamm B, I. Linie, 3. Ast, 1. Zweig, 1. Haus, c.):

Richard Günter Herrmann (S. d. ... Paul Hans H. u. d. Elise Irma Schade), * Chemnitz 21. 7. 1928, † Weil am Rhein 2./3. 3. 1990, ..., führte den Namen „Baron von der Osten-Sacken".

G. Bernhard Edvard Konstantin Mikael von der Osten-Sacken, * Lund 10. 2. 1975
(Tegelhagsvägen 151, S-19139 Sollentuna).

Pagenhardt *

Ev. u. kath. — Das Geschlecht stammt ursprünglich aus Böhmen (Bogenhart) und kam gegen Ende des 15. Jh. nach Norddeutschland. — Ghzgl. hess. Adelsstand (unbeschränkt) u. Frhnstand nach dem Recht der Erstgeburt Darmstadt 23. 4. 1878; preuß. Genehmigung zur Führung des Frhrntitels Berlin 11. 5. 1878 (beides für Robert Pagenhardt, Kgl. preuß. SecLt).

W. (1878): Gev.; 1. u. 4 in R. ein aus dem linken Rande wachs. geharnischter Linksarm, in der Faust einen schrägl.-gerichteten g. Bogen haltend, 2 von Schw. über S., 3 von S. über Schw. get.; auf dem H. mit schw.-s. Decken ein offener s. Flug mit schw. Schwungfedern.

Vgl. Goth. frhrl. Tschb. 1880 und 1939.

Wilhelm Gustav Robert Freiherr v. Pagenhardt, * Braunschweig 28. 4. 1852, † Baden-Baden 16. 9. 1922 (Ghzgl. hess. Adelsstand [unbeschränkt] u. Frhrnstand nach dem Recht der Erstgeburt Darmstadt 23. 4. 1878; preuß. Genehmigung zur Führung des Frhrntitels Berlin 11. 5. 1878), Kgl. württ. Major a. D.;
× I. Wächtersbach 15. 5. 1878 Alexandra Przssin zu Ysenburg u. Büdingen in Wächtersbach, * Wächtersbach 28. 12. 1855, † München 24. 10. 1932, führte wieder den Geburtsnamen (gesch. ... 9. 6. 1899; × I. Wächtersbach 18. 11. 1875 Adalbert Pr. zu Ysenburg u. Büdingen in Büdingen, † Kennenburg bei Esslingen am Neckar 29. 8. 1885, K. K. Rittmeister u. LegSekr., gesch. ... 28. 4. 1877), T. d. Ferdinand Maximilian Fst zu Y. u. B. u. d. Auguste Przssin v. Hanau, Gfin v. Schaumburg;
× II. Baden-Baden 19. 2. 1903 Ida Strohmeyer, * Baden-Baden 7. 10. 1870, † ebd. 4. 4. 1952, T. d. Privatbankiers Eduard St. u. d. Caroline Stadelhofer.

(v. Pagenhardt außer 2.)

a) Erster Ehe (ev.):

1. Auguste Dagmar Alexandra (Ada), * Diedenhofen 4. 3. 1879, † Berchtesgaden 20. 10. 1941, Portraitmalerin.
2. Ferdinand Maximilian Friedrich Wilhelm Heinrich Alexander Robert Freiherr v. Pagenhardt, * Wiesbaden 11. 3. 1881, † Kreuzlingen, Thurgau, 13. 6. 1960, Ldwirt, Major a. D.;
× I. Basel 31. 3. od. 5. 1908 Martha La Roche, * Basel 8. 9. 1886, † ebd. 4. 1. 1932 (gesch. ... 31. 3. 1926), T. d. Bandfabrikanten August La R. u. d. Anna Maria Rosina Burckhardt;

⚭ II. Ponte, Engadin, (standesamtl.) 13. 3., (kirchl.) 14. 3. 1934 Maria v. Salis-Soglio-Maienfeld, * Basel 1. 1. 1899, † Ponte 3. 1. 1988 (ev.), T. d. Dr. jur. Lucius v. S.-S.-M. u. d. Maria Margaretha (Meta) v. Albertini.

3. Maximilian Hugo, * Stuttgart 20. 6. 1884, † Washington, D. C., USA, 25. 9. 1943, DiplIng., Schiffbauer;
⚭ St. Louis, Missouri, USA, 25. 5. 1918 Marie Adams, * St. Louis 27. 11. 1896, † Washington 25. 9. 1940, T. d. Erfinders Dr. med. Arthur Wellington A. u. d. Suzanne Slayback.
Sohn:

Robert Maximilian Ferdinand Freiherr v. Pagenhardt, * St. Louis 21. 8. 1923, Ph. D., Prof. für pol. Wissensch., Diplomat;
⚭ I. Lafayette, Louisiana, USA, 11. 4. 1946 Hope Allen, * Cohasset, Massachusetts, USA, 11. 11. 1923, † Taunton, Massachusetts, 12. 6. 1990, B. A., Museumskurator (gesch. Kreuzlingen, Thurgau, 17. 11. 1955), T. d. KorvKpt. der US-Navy a. D. Thomas Lamb A. u. d. Bildhauerin Margaret Newton;
⚭ II. ... 8. 1. 1958 Sylvia Hommel, * ... (gesch. ...), T. d. ... Carl H. aus Wiesbaden u. d. ... (...);
⚭ III. Canaan, Connecticut, USA, 25. 6. 1962 Heidi Schweizer, * St. Gallen, 12. 6. 1913, staatl. gepr. Krankenschwester (⚭ I. ... Christian Hans Fischbacher, * St. Gallen 13. 2. 1915, Textilfabrikant, gesch. Zürich ... 5. 1956), T. d. Textilfabrikanten Hans Sch. u. d. Elisabeth Caroline Tschuor
(60 Encina Drive, Carmel Valley, Ca 93924, USA; 20 Father Peter's Lane, New Canaan, Ct 06840, USA).
Töchter erster Ehe (v. Pagenhardt):

(1) Alexandra Theodora Marie, * Palo Alto, Kalifornien, USA, 30. 8. 1951, B. A. biol., Medical Office Manager;
⚭ Boston, Massachusetts, USA, 18. 6. 1977 Robert Joseph McNamee, * Boston 16. 9. 1948, Dr. med.
(91 Fieldstone Rd., Taunton, Ma 02780, USA).

(2) Tania Christina Adelaide, * Palo Alto 27. 4. 1953, B. A. Liberal Arts, Lehrerin;
⚭ Carmel Valley 28. 12. 1977 Seth Pardee Bates, * Carmel, Kalifornien, 22. 7. 1948, Dr. techn., Prof. f. Industrielle Technologie
(501 Valenzuela Road, Carmel, Ca 93923, USA).

4. Kraft Hippolyt, * Stuttgart 13. 2. 1889, † Frankfurt am Main 10. 3. 1957, Hptm.;

× Frankfurt 2. 8. 1921 Marion Schmitt-Stawitz, * Frankfurt 5. 4. 1901, † Konstanz ... 1984.

5. Anna (Anny) Josephine, * Stuttgart 14. 9. 1890, † ..., führte wieder den Geburtsnamen;
× Stockholm 25. 12. 1914 Christian Gustaf Adolf Feilke, * Stockholm 23. 6. 1883, † ebd. 1. 3. 1969, ... (gesch. ... 6. 5. 1931).

b) Zweiter Ehe (kath.):

6. Eduard Rudolf Karl Johannes, * Baden-Baden 13. 1. 1904, † Bühl 21. 2. 1979, Lichtbildner;
× (standesamtl.) Baden-Baden 15. 5., (kirchl.) Beuron, Donautal, 17. 5. 1943 Gertrud (Gerty) Krampe, * Oelde, Westf., 16. 4. 1918, T. d. Holzkaufm. Peter K. u. d. Gertrudis Lehringfeld *(Lichtenthaler Allee 6, 7570 Baden-Baden).*

Kinder:

1) Utha Maria Elisabeth, * Baden-Baden 18. 3. 1944, Redakteurin beim Südwestfunk;
× Baden-Baden 5. 12. 1970 Rudolf John, * Berlin 21. 10. 1922, stellv. Nachrichtenchef beim Südwestfunk
(Landhaus Fernich, Fernichweg 2, 7570 Baden-Baden 22).

2) Peter Paul Johannes, * Baden-Baden 29. 6. 1946, Dr. med., Facharzt für Gynäkologie;
× Heidelberg 30. 5. 1983 Cornelia (Conny) Woßnik, * Baden-Baden 28. 11. 1949, Dr. med., Fachärztin für Kinderheilkunde, T. d. Dr. med. Horst W. u. d. Helga Kühr
(Kopernikusstr. 9, 6940 Weinheim).

3) Cordelia Irene Laetitia, * Baden-Baden 20. 4. 1953, M. A., Kunsthistorikerin;
× ... 26. 3. 1983 Günther Serfas, * ... 27. 9. 1952, Dr. phil., persönl. Referent d. rheinld-pfälz. Kultusmin.
(Trifelsstr. 1, 6710 Frankenthal, Pfalz).

7. Elisabeth-Charlotte, * Baden-Baden 8. 10. 1909, † ebd. 12. 8. 1973.

Namensträger, die nicht dem Adel angehören (siehe Form der Darstellung, Vorbemerkung):

Christopher Björn Alexander John (S. d. Rudolf J. u. d. Utha v. Pagenhardt, s. o.), * Baden-Baden 15. 4. 1973, führt infolge Namensänderung seit 18. 6. 1990 den Namen „John-von Pagenhardt“
(Landhaus Fernich, Fernichweg 2, 7570 Baden-Baden 22).

Pirquet v. Cesenatico

Kath. — Aus Lüttich stammendes Geschlecht, dessen Stammreihe mit Pierre Pirquet dit Mardaga, urkundl. 1629, beginnt. — Österr. Frhrnstand mit „v. Cesenatico" Wien 14. 5. 1818 (für Peter Pirquet dit Mardaga, K. K. Obersten); Ldmann in Tirol 9. 11. 1847.

W. (1818): Gesp.; rechts get., oben in S. 3 (2, 1) r. Löwen, unten in B. 2 geschr. r.-befiederte s. Pfeile, überhöht von einem g. Stern, links in S. ein grauer mit g. Aufschlag bekl. Arm am Spalt, in der Faust eine von R., Weiß u. B. get. franz. Fahne mit g. Adler emporhaltend; auf dem H. mit rechts r.-s., links b.-g. Decken ein wachs. r. Löwe zw. offenem, beiderseits mit einem g. Stern bel. b. Fluge.

Vgl. Goth. frhrl. Tschb. 1848 bis 1939. — GHdA, Frhrl. Häuser B, Bd III (1963) (Stammreihe).

Peter Zeno Freiherr Pirquet v. Cesenatico gen. Mardaga, * Laibach 31. 1. 1838, † Hirschstetten, NÖsterr., 20. 10. 1906, auf Hirschstetten, K. K. LegSekr. a. D.;
× Wien 15. 5. 1865 Flora Freiin v. Pereira-Arnstein, * Wien 16. 9. 1845, † Hirschstetten 11. 2. 1912, T. d. K. K. OLts August Frhr v. P.-A. auf Schwarzenau u. Allentsteig u. d. Seraphine Gfin Amade de Várkony.

1. Theodor Peter, * Rom 18. 2. 1866, † Bregenz 29. 10. 1946, K. u. K. Hof- u. MinRat im Min. d. Äußeren, Schatzmeister d. ElisabethO.;
× Teesdorf 12. 7. 1894 Marie Freiin v. Batz, * Sassin 2. 2. 1863, † Wien 14. 7. 1939, T. d. K. u. K. Rittmeisters a. D. Friedrich Frhr v. B. u. d. Gabriele Arioli Edle v. Morkowitz.

Töchter:

1) Maria Theodora, * Wien 18. 6. 1895, † ebd. 31. 7. 1985.

2) Franziska Roberta, * Wien 11. 9. 1896, † ..., Ordensfrau.

2. Silverio Peter, * Hirschstetten 25. 4. 1870, † Rindbach bei Ebensee, OÖsterr., 17. 4. 1965, Ldwirt;
× Ebensee, OÖsterr., 29. 8. 1905 Johanna Freiin v. Haimberger, * Wien 17. 12. 1876, † Rindbach 27. 3. 1951, T. d. Hof- u. GerAdvokaten Dr. jur. Johann Frhr v. H. u. d. Friederike Edle v. Janda.

Kinder:

1) Hubert Johann Silverio Peter, * Hirschstetten 23. 5. 1906, Inh. einer Reitschule;
× Gooding, Idaho, USA, 4. 4. 1947 Vera Freudenfeld, * Wien 17. 5. 1916 (× I. ... Pick, * ..., gesch. ...), T. d. Apothekers Arthur F. u. d. Paula Reif
(Seestr. 642, CH-8706 Meilen, Kt. Zürich).

2) Anton Silverio Peter Johannes, * Hirschstetten 27. 8. 1907, † Vernon, B. C., Canada, 13. 5. 1982, Dr. phil. (chem.), Dr. med.;
× I. Zürich 9. 10. 1939 Barbara Travers, * Farnham 9. 5. 1912, † Reading, Engld, 15. 6. 1981 (gesch. ... 7. 4. 1954), T. d. ... Ernest Otto T. u. d. Caroline Agnes Limpus;
× II. McLennan, Alberta, Canada, 7. 4. 1954 Helga Maria Schlacher, * Wien 21. 8. 1923, T. d. Architekten Franz Sch. u. d. Helene Hönig
(2009 Queensway, Prince George, B. C. V2L 1M4, Canada).

Kinder: a) erster Ehe:

(1) Johann (John) Robert Silverio, * Bad Ischl 15. 9. 1940, ...
(3775 Duke Road, R. R. 1, Victoria, B. C. V8X 3W9, Canada);
× Pender Island, B. C., Canada, 12. 7. 1975 Kathleen Kern, * Rochester, N. Y., 21. 7. 1948, T. d. ... Edward Taif K. u. d. June Elizabeth Pritchard
(3958 Circle Drive, RR 1, Victoria, B. C. V8X 3W9, Canada).

Kinder:

a. Nadia Anne, * Bath, Engld, 12. 4. 1978.

b. Simon Charles Silverio, * Reading, Engld, 5. 2. 1980.

c. Oliver Johann, * Ottawa, Canada, 18. 5. 1983.

(2) Carolina Margarethe Ilona, * Merklin, Böhmen, 19. 10. 1942, Ordensfrau
(Convent of the Sacred Heart, 3 Bute Gardens, Hammersmith, London, Engld).

(3) Elisabeth Flora, * London 17. 1. 1946;
× Chippenham 19. 8. 1978 Michael Lakey, * Salisbury 23. 9. 1947, ...
(Bank Farm, Pishill, Henley-on-Thames, Oxon RG9 6HS, Engld).

(4) Marie Antoinette, * Glarus, Schweiz, 2. 7. 1947;
× Swyncombe, Oxon, 1. 7. 1971 Robert Collister, * ... 24. 3. 1947, ...
(Tyddndu, Penmachno, Bettws-y-Coed, Gwynedd, Wales).

b) zweiter Ehe:

(5) Johanna Maria Helena, * High Prairie, Alberta, Canada 7. 2. 1952;
× Wien 6. 1. 1982 John Buchanan, * ..., ...
(40 Chelsea Avenue, Baulklan Hills, 2155, NSW Australien).

(6) Monique, * High Prairie 29. 12. 1952, Einkaufsleiter
(112292 West 43rd Avenue, Vancouver, B. C. V6M 2E3, Canada)

(7) Peter Anton Silverio, * Prince George, B. C., Canada, 24. 4. 1955, stud. agr.
(8515 12th Street, Edmonton, Alberta T6G 1K7, Canada).

3) Johanna Margarethe Maria, * Rindbach, OÖsterr., 19. 7. 1908;
× Wien-Hirschstetten 16. 9. 1928 Eugen Pinschof, * Wien-Hütteldorf 3. 4. 1899, † Wimbledon 16. 4. 1949, Gymnasialprof.
(Sr. Domneva, O. S. B., St. Mildred Abbey, Minster bei Ramsgate, Engld).

4) Flora Maria Agnes Friederike, * Hirschstetten 12. 12. 1909, dipl. Krankenschwester;
× London 8. 9. 1951 Franz Breuer, * Wien 22. 1. 1909, Dr. chem.
(Neugasse 6, A-2371 Hinterbrühl).

5) Peter Silverio Theodor, * Hirschstetten 19. 11. 1912, † Wotton Underwood, Buckinghamshire, Engld, 29. 7. 1967, Innenarchitekt;

× London 12. 4. 1945 Diana Falkner, * Knutsford 23. 4. 1914, T. d. Verlegers Fitzgerald F. u. d. Winifred Lloyd
(The Clock Pavilion, Wotton Underwood, Aylesbury, Buckinghamshire, Engld).

6) Anna-Maria Silveria Johanna, * Hirschstetten 3. 1. 1914;
× Wien-Hirschstetten 2. 1. 1937 Peter Bally, * Zürich 29. 7. 1909, Dr. jur.
(Seestr. 642, 8706 Meilen, Kt. Zürich).

7) Silverio Rudolf Hubert Peter, * Hirschstetten 26. 3. 1919, Dr. med.;
× Grundlsee 11. 4. 1955 Gertrude Rosenauer, * Wien 17. 10. 1923, T. d. Maschinenelektrikers Otto R. u. d. Gabriele Maria Soncek
(79 Oaklay Road, Belmont, Mass. 02178, USA).

Töchter:

(1) Flora Anna Maria Sylvia, * Boston, Massachusetts, USA, 12. 2. 1956;
× Cambridge, Massachusetts, 28. 2. 1982 Gary Beckmann, * St. Louis, Missouri, ..., ...
(79 Oakley Road, Belmont, Mass. 02178, USA).

(2) Eleonora (Nora) Maria Claudia, * Cambridge, Massachusetts, 15. 1. 1958, Konzertcellistin
(832 Baker Street, San Francisco, Ca. 94115, USA).

3. Clemens Peter, * Hirschstetten 11. 5. 1874, † Wien 28. 2. 1929, Dr. med., Prof. der Kinderheilkunde an der Univ. Wien, Schöpfer der Allergielehre u. Erfinder der Pirquet'schen Tuberkulinprobe;
× Berlin 1. 9. 1904 Maria Christine van Housen, * Gorbeck 11. 2. 1878, † Wien 26. 2. 1929, T. d. ... u. d. ...

Adoptivkinder: s. u.

4. Guido Peter, * Hirschstetten 30. 3. 1880, † Wien 26. 3. 1966, DiplIng., Astronautiker;
× Wien 6. 8. 1922 Friederike Pramer, * Wien 13. 2. 1897, † ebd. 1. 4. 1982, T. d. Graveurs Josef P. u. d. Maria Dvoratschek.

Namensträger, die nicht dem Adel angehören (siehe Form der Darstellung, Vorbemerkung):

Adoptivkinder d. Prof. Dr. med. Clemens Frhr Pirquet v. Cesenatico gen. Mardaga u. s. Gem. Maria Christine, geb. van Housen (s. o.):

1. (Vertrag Wien 23. 1., bezirksgerichtl. bestätigt Wien-Josefstadt 25. 1. 1926):

   Johannes (H a n s) Silverio F i s c h e r (nat. Sohn d. Ldwirts Silverio Frhr Pirquet v. Cesenatico gen. Mardaga [s. o.] u. d. Maria Fischer), * Wien 16. 12. 1901, † Genf 4. 10. 1970, Dr. sc. pol., GenDir., führte den Namen „P i r q u e t";
   ⚭ Berndorf, NÖsterr., 11. 8. 1929 Hedwig K n u r a, * Wien 29. 8. 1906, † New Canaan, Connecticut, USA, 17. 6. 1981, T. d. Fabrikdir. Emmerich K. u. d. Josephine Griesler.

   Söhne:

   1) Johann (H a n s) Peter Clemens Arthur, * Wien 16. 5. 1934, Unternehmer;
      ⚭ Salisbury, Rhodesien, 12. 1. 1960 Penelope B a l f o u r M a c L a r e n, * Luanshya, Zambia, 18. 6. 1936, T. d. GenDir. Alexander B. M. u. d. Thelma Houshold
      (206 Pocconock Trail, New Canaan, Connecticut 06840, USA).

      Söhne:

      (1) Herbert (B r e t) Peter August, * Genf 5. 10. 1961, Unternehmer;
          ⚭ Genf 15. 9. 1990 Annette Valerie B a r r e l e t, * Zofingen, Kt. Aargau, 11. 2. 1966, T. d. Präs. einer AG Charles-Edouard B. u. d. Jean Ethel McGourty
          (206 Pocconock Trail, New Canaan, Connecticut 06840, USA).

      (2) Antony (T o n y) Peter, * London 9. 4. 1964, Unternehmer
          (206 Pocconock Trail, New Canaan, Connecticut 06840, USA).

   2) Herbert Peter Emmerich, * Wien 26. 5. 1941, † Genf 22. 5. 1960.

2. (Vertrag Wien 28. 2., bezirksgerichtl. bestätigt Wien-Josefstadt 19. 4. 1926):

   M a r g a r e t e L u i s e F i s c h e r, * Wien 14. 10. 1903 (nat. T. d. Ldwirts Silverio Frhr v. Pirquet v. Cesenatico gen. Mardaga [s. o.] u. d. Maria Fischer), führte den Namen „P i r q u e t";
   ⚭ Wien 6. 6. 1931 Otto P a p e s c h, * Wien 17. 11. 1898, † ebd. 29. 4. 1947, DiplIng., Chemiker
   (Mahlerstr. 3, A-1010 Wien).

Poche-Lettmayer

(des Stammes Lettmayer)

Kath. — Oberösterreichisches Geschlecht, das mit Leonhard Löttenmayer in Freistadt um 1700 die Stammreihe beginnt. — Österr. Adels- u. Frhrnstand durch Übertragung des Frhrnstandes d. Adolf Frhrn v. Poche als „v. Poche-Lettmayer" lt A. E. 10. 6., Diplom 26. 7. 1864 (für seine Stiefkinder Richard, Eugen u. Stephanie Lettmayer).

W. (1864): Gev. u. bel. mit r. Herzschild, darin ein g.-eingef. schw. Schrägrechtsbalken, begl. von je einem g. Eichenzweig mit 3 Blättern und 2 abhängenden Eicheln; 1 u. 4 in G. ein r. Löwe, 2 in s. 3 gr. Berge, 3 in Gr. ein s. Schräglinksbach. 3 H.; auf dem rechten mit r.-g. Decken der Löwe wachs., auf dem mittl. mit rechts schw.-g., links r.-g. Decken ein offener, rechts von Schw. über G., links von G. über R. get. Flug, auf dem linken mit gr.-s. Decken 2 von Gr. u. S. übereck-get. Büffelhörner; Schildh.: 2 g. Löwen; Wahlspr.: Perseverantia et moderatione.

Vgl. Goth. frhrl. Tschb. 1876 bis 1939. – GHdA, Frhrl. Häuser B, Bd II (1957) (Stammreihe u. Wappentafel), u. Bd VII (1978).

Eugen Michael Adolf Ernst Freiherr v. Poche-Lettmayer, * Chwalkowitz, Gmde Komorau, Mähren, 23. 10. 1879, † Wien 3. 2. 1919, Industrieller;
× Wien 17. 5. 1906 Caroline (Carla) v. Anthoine, * Wien 15. 7. 1885, † ebd. 25. 6. 1980, T. d. Ehzgl. Hofrats i. R. Carl v. A. u. d. Angelika (Angelique) v. Liebenberg de Zsittin.

1. Elisabeth-Marie Angelika Magdalena Carolina Eugenie Luise Therese, * Wien 10. 7. 1907, † ebd. 22. 12. 1984;
× Wien 12. 1. 1938 Joachim v. Küster, * Hohenliebenthal, NSchlesien, 4. 8. 1900, † Wagram, NÖsterr., 31. 3. 1966, auf Wagram.

2. Marie-Christine Angelika Magdalena, * Wien 24. 7. 1910, † Freilassing 21. 9. 1985;
× Wien 8. 12. 1942 Hellmut Landfried, * Heidelberg 8. 6. 1904, † ebd. 22. 3. 1945, auf Holzhammer, OPfalz, Industrieller.

3. Richard Carl Paul Eugen, * Wien 3. 11. 1912, Dr. jur., Hptm. a. D., Industriekaufm.;

⨯ Wien 5. 9. 1945 Ursula Brümmer, * Hannover 6. 5. 1919, T. d. MinRats Dr. jur. Fritz B. u. d. Hildegard Wiggers
(Herrengasse 6—8, A-1010 Wien).

Kinder:

1) Christian Eugen Paul Richard, * Wien 26. 3. 1947, † Garching, OBayern, 17. 3. 1979, Industriekaufm.;
⨯ Isareck, OBayern, (standesamtl.) 5. 1., (kirchl.) 6. 1. 1973 Isabella Gfin Basselet de La Rosée, * Isareck 30. 1. 1947, Fachlehrerin, StkrD. (⨯ II. Isareck [standesamtl.] 21. 8., [kirchl.] 22. 8. 1981 Moritz Gf Strachwitz v. Groß-Zauche u. Camminetz, * Prag 14. 6. 1943, Dr. phil., Verlagslektor), T. d. Forst- u. Ldwirts Franz Gf B. de La R. auf Isareck u. Inkofen u. d. Eleonore Przssin v. Lobkowicz
(Rodenstockplatz 11, 8000 München 60).

Töchter:

(1) Katharina Maria Christine, * München 12. 10. 1973.

(2) Rosalie Marie Madeleine, * Wien 17. 7. 1975.

(3) Theresa Maria Elisabeth, * Salzburg 18. 2. 1978.

2) Madeleine Caroline Hildegard, * Wien 20. 2. 1950, Sekretärin
(Lehárgasse 13/8, A-1060 Wien);
⨯ Wien 20. 10. 1979 Gerhard Raas, * Wien 27. 6. 1955, Techniker (gesch. Wien 18. 10. 1983).

Podewils

Luth. — Hinterpommerscher Uradel mit gleichnamigem Stammhause im Kr. Belgard, der mit Venzeke Pudwilz 11. 1. 1347 urkundl. (Orig. im StArchiv Stettin, Bistum Kammin, Nr 88 a, abgedr. [mit Fehlern] bei Christ. Schöttgen, Altes und Neues Pommern, Stargard 1721, S. 394—397) zuerst erscheint, später in zwei Stämmen auftritt, deren näherer Zusammenhang nicht feststeht, und zu den Schloßgesessenen Pommerns zählte. Die Namensform wechselte zwischen Pudewilz, Pudewels, Padewelsch, Pudewelcz, Podwils u. Podewils.

W. (StW.): Get.; oben in S. ein wachs. nat. Hirsch, unten von B. u. G. in 3 Reihen geschacht; auf dem H. mit b.-g. Decken ein nat. Pfauenwedel zw. je 3 schw. Hahnenfedern.

Vgl. auch Goth. adel. Tschb. A 1912 (Stammreihe u. ältere Genealogie) sowie GHdA, Adel. Häuser A, Bd VIII (1966) und Gfl. Häuser, Bd XIII (1991). — Vgl. Goth. frhrl. Tschb. 1861 bis 1942. — GHdA, Frhrl. Häuser A, Bd X (1977). — Hdb. Bayern, Bd XVIII (1990).

Stamm A (Crangen)

Stammvater: Ventz, urkundl. 1402.

I. Linie (Demmin)

Stammvater: Felix, * 1611, † 1686.

1. Ast

Im Mannesstamme erloschen.

Stammvater: Peter, * 1784, † 1849.

S. GHdA, Adel. Häuser A, Bd VIII (1966).

2. Ast

Stammvater: Wilhelm, * 1790, † 1822. — Württ. Frhrnstand Stuttgart 1. 4. 1854 (für Edwin v. Podewils, auf Leinstetten, OAmt Sulz).

W. (1854): Schräglinks get.; oben in S. ein wachs. nat. Hirsch, unten von G. u. B. gerautet, auf dem H. mit b.-g. Decken 3 nat. Pfauenfedern zw. 6 schw. Reiherfedern.

Albrecht Georg Friedrich Wilhelm Bogislav Freiherr v. Podewils, * Stuttgart 14. 12. 1853, † Leinstetten 18. 5. 1940, auf Leinstetten u. Mithr auf Dürrenhardt, Kr. Horb, Kgl. preuß. Rittmeister a. D., RRr d. JohO.;
⚭ Stuttgart 26. 5. 1883 Gabriele Freiin v. Münch, * Hohenmühringen bei Horb 31. 8. 1862, † Stuttgart 23. 12. 1916, T. d. Karl Frhr v. M. auf Hohenmühringen usw. u. d. Wilhelmine Freiin Schertel v. Burtenbach.

1. Arnold Friedrich Wilhelm Bogislav, * Leinstetten 29. 3. 1885, † Hohenmühringen 6. 12. 1953, auf Hohenmühringen u. Filseck, Mithr auf Dürrenhardt, Rittmeister a. D.;
⚭ I. Berlin 18. 12. 1922 Maria Gfin v. Matuschka, Freiin v. Toppolczan u. Spaetgen, * Berlin 10. 2. 1898, † Frankfurt am Main 10. 8. 1938, T. d. ... Reinald (Aldo) Gf v. M., Frhr v. T. u. Sp. u. d. Hedwig Janke;
⚭ II. Hohenmühringen 28. 5. 1948 Margarethe v. Rohr gen. v. Wahlen-Jürgass, * Frehne, Kr. Ostprignitz, Mark Brandenburg, 24. 3. 1898, † Uhingen, Württ., 16. 7. 1984, führte wieder den Namen des zweiten Gemahls (⚭ I. Berlin 27. 6. 1924 Walter v. Gottberg, ⚔ Frisches Haff 17. 2. 1945, auf Preußisch-Wilten (§), Ostpr., Rittmeister a. D.; ⚭ III. Hamburg 25. 11. 1958 Hans-Werner v. Negenborn, † Hamburg 12. 2. 1964, auf Loyden [§], Ostpr., Major d. Res. a. D., gesch. Ulm 7. 10. 1960), T. d. Otto v. R. gen. v. W.-J. auf Holzhausen u. Zernitz, Prignitz, u. d. Katharine (Käthe) Witt.

Kinder erster Ehe:

1) Gabriele Hedwig Doris Elsa, * Tübingen 21. 9. 1923;
⚭ Hohenmühringen 26. 7. 1947 Arthur Schoch, * Mülhausen, Elsaß, 11. 2. 1901, † ebd. 28. 6. 1972, Beamter
(Rue Vauban 179, F-68110 Illzach, Dept Haut-Rhin).

2) Hugo Herbert Wilhelm Bogislav, * Tübingen 27. 8. 1924, ⚔ bei Macere, Italien, 28. 5. 1944, Gefr. in der Div. Hermann Göring.

3) Raynald Albrecht Arnold Otto Bogislav, * Tübingen 6. 10. 1927, auf Hohenmühringen mit Dommelsberg, Egelstal u. Mühlen, Mithr auf Dürrenhardt, Ldwirt;
⚭ Hohenmühringen 25. 9. 1959 Barbara (Bärbel) Drössel, * Hohenstaufen 23. 9. 1942, T. d. Beamten Franz Josef D. u. d. Gertrud Kropp
(Hohenmühringen, 7240 Horb am Neckar 8).

Kinder:

(1) Jürgen Hugo Arnold Bogislav, * Tübingen 10. 3. 1960, ...;
× Fluorn-Winzeln, Kr. Rottweil, 16. 3. 1984 Kerstin-Pia Walter, * Remscheid 13. 2. 1961, T. d. Ing. Herbert W. u. d. Anneliese Beitel
(Bergstr. 14, 7239 Fluorn-Winzeln).

Kinder:

a. Katharina Maria Barbara, * Horb 23. 8. 1985.

b. Franziska Viktoria, * Horb 12. 8. 1987.

c. Cornelius Hugo Christof Bogislav, * Horb 7. 9. 1990.

(2) Iris Gabriele, * Tübingen 27. 4. 1961, ...
(Hohenmühringen, 7240 Horb am Neckar 8).

2. Wilhelm Albrecht Georg Bogislav, * Leinstetten 3. 9. 1891, † ebd. 14. 12. 1970, auf Leinstetten;
× Leinstetten 7. 7. 1942 Maria Bock, * Böblingen 4. 9. 1908, † Leinstetten 11. 11. 1985, T. d. Ldwirts Wilhelm B. u. d. Maria Räuchle.

Söhne:

1) Bogislav Arnold Karl Wilhelm, * Freudenstadt 27. 4. 1943, Mithr auf Leinstetten, DiplIng.;
× Leinstetten 28. 4. 1968 Mechtild Schmidt, * Bingen am Rhein 22. 8. 1942, Krankenschwester, T. d. Kaufm. Robert Sch. u. d. Margarete Berschet
(Schloßstr. 1, 7242 Dornhan 3 — Leinstetten).

Tochter:

Bronislava Dorothea Michaela, * Böblingen 2. 10. 1970, ...
(Schloßstr. 1, 7242 Dornhan 3 — Leinstetten).

2) Edwin Albrecht Rudolf Jakob Bogislav, * Leinstetten 24. 6. 1946, Mithr auf Leinstetten, DiplKaufm.;
× Leinstetten 12. 12. 1970 Christel Förster, * Böblingen 27. 5. 1945, T. d. Schreiners Eugen F. u. d. Gertrud Faissler
(Schloßstr. 1, 7242 Dornhan 3 — Leinstetten).

Tochter:

Vanessa Carola Annaliesa, * Stuttgart 2. 2. 1975.

3. Elsa Margarethe Frieda, * Leinstetten 5. 7. 1894, † ... 28. 6. 1989, Mithrin auf Dürrenhardt;

× Leinstetten 29. 11. 1921 Eberhard Frhr v. Waechter, * Stuttgart 21. 4. 1867, † Hohenmühringen 30. 5. 1944, Kgl. württ. Khr, Kais. deutscher RegRat u. Referent a. D., Rittmeister a. D.

II. Linie (Woitzel)

Im Mannesstamme erloschen.

Stammvater: Gerth.

S. GHdA, Adel. Häuser A, Bd VIII (1966).

Stamm B (in Bayern)

Stammvater: Joachim. — Immatrikulation im Kgr. Bayern bei der Frhrnklasse 23. 10. 1817 (für Franz Frhrn v. Podewils, auf Kalmreuth).

W. (1817): Get; oben in S. ein wachs. nat. Hirsch, unten von B. u. G. in 3 Reihen zu 15 Plätzen geschacht; auf dem H. mit b.-g. Dekken 3 schw. Hahnenfedern vor einem nat. Pfauenwedel.

I. Linie

Stammvater: Frhr Friedrich, * 1804, † 1863.

Friedrich Heinrich Franz Ludwig Hans Freiherr v. Podewils, * Stadtamhof 18. 3. 1843, † Wildenreuth 30. 4. 1893, Fkhr auf Wildenreuth (seit 1611 im Bes. der Fam.), OPfalz, Kgl. bayer. Km.;
× Reichenhall 12. 1. 1876 Charlotte Freiin v. Eichthal, * München 5. 8. 1854, † ebd. 14. 7. 1938 (kath.), T. d. Kgl. bayer. Km. Karl Frhr v. E. auf Egg, Offenberg u. Loham, NBayern, u. d. Isabella Gfin Khuen v. Belasi.

1. Friedrich Karl Franz Erdmann Hans, * München 13. 10. 1877, † Weiden, OPfalz, 24. 11. 1966, Fkhr auf Wildenreuth, Kgl. bayer. Kjkr, RRr d. JohO.;
× Regensburg 30. 10. 1913 Auguste Freiin v. Reitzenstein, * Reuth, OPfalz, 27. 4. 1889, † München 22. 6. 1953, T. d. Kgl. bayer. BezAmtsassessors a. D. Albert Frhr v. R., Fkhrn auf Reuth, u. d. Bertha Freiin v. Seefried auf Buttenheim.

Kinder:

1) Albert Walter Friedrich Karl Franz Erdmann Hans, * Regensburg 16. 1. 1915, † Weiden 19. 11. 1984, auf Reuth, Brauereibes., OLt d. Res. a. D.;
× Schernau bei Kitzingen (standesamtl.) 22. 8., (kirchl.) 23. 8. 1955 Sibylle Freiin v. Roman, * Würzburg 7. 6. 1921 (× I. Schernau 20. 7. 1943 Ernst Philipp Frhr v. Saint-André, ⚔ bei Bobruisk, Rußld, 24. 6. 1944, auf Königsbach, Baden, Major), T. d. Gen. d. Art. a. D. Rudolf Frhr v. R. u. d. Ilse Doehla
(Schloß, 8481 Reuth, OPfalz).

Kinder:

(1) Albert Friedrich Karl Rudolf Franz Erdmann Hans, * Erbendorf 29. 11. 1956, auf Reuth, DiplKaufm.;
× Krummennaab 18. 5. 1989 Manuela Reil, * Neustadt an der Waldnaab 6. 12. 1960, T. d. ... Josef R. u. d. Martha Confal
(Schloß, 8481 Reuth, OPfalz).

Sohn:

Albert Rudolf Josef Friedrich-Karl Erdmann Hans, * Weiden 27. 10. 1989.

(2) Rudolf Heinrich Volker Franz Erdmann Hans, * Erbendorf 31. 10. 1958, DiplKaufm.;
× (standesamtl.) Neu-Ulm 24. 4., (kirchl.) Beiersdorf bei Erlangen 6. 6. 1987 Angelika Gruber, * Poxdorf bei Hagenau 20. 4. 1958, Lehramts-Assessorin, T. d. DiplIng. Friedrich G. u. d. Helga Graef
(Falkenweg 9, 7268 Gechingen).

Sohn:

Julian Edwin Albert Friedrich Erdmann Hans, * Böblingen 17. 3. 1990.

(3) Isabella Margot Elisabeth Auguste Berta, * Erbendorf 6. 10. 1960, Diätassistentin
(Wilhelmastr. 11 a, 8182 Bad Wiessee).

2) Heinrich Karl Friedrich Franz Erdmann Hans, * Weiden, OPfalz, 28. 10. 1919, auf Wildenreuth;
× I. Springe am Deister 18. 6. 1949 Anneliese Bode, * Vogelsang, Kr. Osterode, Harz, 20. 2. 1920, † Weiden 11. 1. 1977, T. d. Domänenpächters Heinrich B. u. d. Bertha Ronnenberg;

⨯ II. Erbendorf 19. 10. 1984 Bettina Freiin v. Schellerer, * Stuttgart 4. 6. 1920 (kath.) (⨯ I. Stuttgart 30. 9. 1939 Kurt Frhr v. Liebenstein, † München 2. 8. 1975, GenMajor a. D.), T. d. Kgl. württ. Obersten a. D. Theodor Frhr v. Sch. u. d. Olga Krausse
(Schloß Wildenreuth, 8488 Erbendorf, OPfalz).

Kinder erster Ehe:

(1) Bernd Albert Heinrich Franz Erdmann Hans, * Hannover 21. 4. 1950, Kaufm.;
⨯ Thiersheim, Kr. Wunsiedel, 12. 8. 1987 Eva Baumann, * Thiersheim 26. 6. 1949, T. d. DiplIng. u. Fabrikbes. Ernst B. u. d. Hildegard Koestler
(Schloß Wildenreuth, 8488 Erbendorf, OPfalz).

Töchter:

a. Katharina Anneliese Hildegard Bettina Sylvia, * Weiden 2. 5. 1988.

b. Alexandra Barbara Inge Stephanie Eva, * Weiden 19. 2. 1990.

(2) Sylvia Elisabeth Anneliese Isabella, * Neustadt an der Waldnaab 6. 4. 1952;
⨯ (standesamtl.) Erbendorf, OPfalz, 29. 6., (kirchl.) Wildenreuth 1. 7. 1979 Friedrich Ernst Gf zu Solms-Laubach, * Frankfurt am Main 7. 3. 1940, DiplKaufm.
(Schloß Dorheim, 6360 Friedberg).

(3) Iris Alexa Lola Auguste Bertha Anneliese, * Weiden, OPfalz, 27. 2. 1955;
⨯ Wildenreuth 19. 9. 1976 Rüdiger-Maximilian Frhr v. Künsberg, * Gronau 23. 5. 1945, DiplVolkswirt, DiplKaufm.
(Pienzenauer Str. 53, 8000 München 81).

(4) Stephanie Ellengard Bertha Auguste Anneliese, * Weiden 31. 12. 1958, Kinderkrankenschwester
(Uhlandstr. 64, 2000 Hamburg 76).

3) Elisabeth Bertha Marie Flora Sophie Anna, * Wildenreuth 19. 7. 1921;
⨯ Wildenreuth 30. 10. 1948 Ivo Theiss, * Frankfurt am Main 14. 2. 1908, † Ambach 5. 11. 1965, Dr. jur., Dr. rer.

pol., LegRat a. D., Rechtsanwalt, Senatsrat, Dir. im Deutschen Patentamt
(8194 Ambach bei Wolfratshausen).

4) Franz Adalbert Friedrich-Karl Erdmann Hans, * Wildenreuth 31. 8. 1925, Ldwirt;
× Bad Dürkheim 16. 3. 1957 Ellengard Fitz, * Ludwigshafen 30. 6. 1929, T. d. Weingutsbes. Herbert F. u. d. Elisabeth Freiin v. u. zu Aufseß
(Röthenbacher Str. 26, 8481 Reuth).

Kinder:

(1) Karin Elisabeth Auguste Ellengard, * München 29. 5. 1959, Krankengymn.
(Tiroler Str. 54, 6000 Frankfurt am Main 1).

(2) Hans-Christoph Albert Konrad Franz, * München 15. 4. 1961, DiplKaufm.;
× (standesamtl.) Hamburg-Altona 6. 5., (kirchl.) Hamburg-Bergstedt 7. 5. 1988 Katharina v. Quast, * Hamburg 20. 10. 1961, DiplIng. agr., T. d. Oberstlts a. D. Henning v. Qu. auf Vichel usw. u. d. Gisela Remy
(Buchenweg 5, 5653 Leichlingen 2).

Kinder:

a. Ferdinand Friedrich-Karl Henning Franz, * Leverkusen 2. 7. 1989.

b. Antonia Johanna Elisabeth, * ... 13. 9. 1991.

(3) Hubertus Karl Ernst Heinrich Erdmann Franz, * Neustadt an der Waldnaab 9. 12. 1962, ...
(Röthenbacher Str. 26, 8481 Reuth).

2. Hans Kajetan Friedrich Karl Adalbert Franz Erdmann, * Wildenreuth 21. 5. 1881, † Moosrain 12. 3. 1948, OLt d. Res. a. D.;
× (standesamtl.) Dürnbach 19. 5., (kirchl.) Bad Tölz 20. 5. 1936 Rosa Baumgartner, * Tegernsee 2. 8. 1900, † ebd. 12. 9. 1986, T. d. Ldwirts Benedikt B. u. d. Maria Hecker.

II. (gfl.) Linie: Podewils-Dürniz

Im Mannesstamme erloschen.

Stammvater: Frhr Konstantin, * 1820, † 1887.

S. GHdA, Gfl. Häuser, Bd XIII (1991).

III. Linie

Stammvater: Frhr Theobald, * 1825, † 1872.

Konstantin Hans Erdmann Freiherr v. Podewils, * Wallerstein 21. 6. 1868, † Nürnberg 27. 11. 1932, Kgl. preuß. Oberstlt a. D.;
⚭ Baden-Baden 14. 12. 1901 Emmy Kuhlo[1], * Nürnberg 13. 12. 1877, † München 30. 4. 1965 (⚭ I. Nürnberg 29. 1. 1898 Ludwig Frhr v. Podewils, † Nürnberg 26. 8. 1899, Kgl. bayer. Amtsrichter), T. d. Fabrikdir. u. Kgl. bayer. Kommerzienrats Richard K. u. d. Babette Hilpert.

1. Ludwig Richard Theobald Erdmann, * Karlsruhe 8. 10. 1902, † München 15. 11. 1973, Kaufm.;
⚭ I. Bayreuth 24. 12. 1923 Johanna Becher, * Bayreuth 4. 3. 1901 (gesch. ...), T. d. Steuersekr. Christian B. u. d. ... Schneider;
⚭ II. Nürnberg 24. 6. 1936 Rosa Jobst, * Nürnberg 6. 11. 1907, † München 20. 11. 1974 (⚭ I. ... Karl Schrepfer, * ... 1905, † ... 1934, ...), T. d. Reichsbahnbeamten Georg J. u. d. Margarete Hofmeister.

   Sohn zweiter Ehe:

   Manfred Hans Erdmann, * Neustadt an der Aisch 21. 10. 1938, DiplKaufm.;
   ⚭ Gauting 27. 11. 1979 Christa Vorderwülbecke, * Velden an der Vils 13. 8. 1943, T. d. Obersten i. G. Josef V. u. d. Katharina Sengmüller
   (Amalienstr. 24, 8035 Gauting).

2. Elisabeth Mathilde Josephine Adelheid, * Karlsruhe 28. 7. 1913, † München 3. 10. 1989;
⚭ Berlin 6. 10. 1933 Hans-Paridam v. Wachholtz, * Celle 1. 4. 1904, † München 29. 10. 1963, Architekt.

---

1 Vgl. DGB, Bd 82, S. 275.

Prato

Kath. — Tridentiner Stadtgeschlecht, das aus dem Orte Barzio im Valsassina in der heutigen Provinz Como stammt. Die sichere Stammreihe beginnt in Trient mit Antonio de Prato, 1452 tot. — Wappenbestätigung und -besserung Meran 11. 6. 1499 (durch Kaiser Maximilian I., für Jakob, Johann Baptist und Anton a Prato); erneute Wappenbesserung bei Verleihung des Pfalzgfntitels Bologna 10. 1. 1533 (von Kaiser Karl V. für Johann Baptist a Prato); Reichsadelsstand u. Rrstand mit Namen- und Wappenvereinigung Segonzano Wien 8. 12. 1535 (durch König Ferdinand I. für denselben, der mit Segonzano belehnt wurde). Belehnung mit dem erbl. Truchseßamt des Fstbistums Trient 1570; Reichsfrhrnstd Wien 2. 6. 1637 (durch Kaiser Ferdinand III. für Christoph, Kais. Oberstlt, und seine Brüder Theodor und Johann Baptist a Prato); Aufnahme in die Tiroler Adelsmatrikel 7. 5. 1640 (für Christoph Frhrn a Prato, Hrn v. Segonzano).

W. (1637): Gev.; 1 u. 4 get., oben in G. auf mit Blumen besetzter Wiese eine s. Taube mit gr. Olivenzweig im Schnabel (Prato), unten in R. 3 s. Schrägr.-Balken, 2 u. 3 in R. schrägr. eine s. Zugsäge mit g. Handhaben (Segonzano). 2 H.; auf dem rechten mit r.-s.-gr. Decken ein gekrümmter, r.-s.-g.-gr. gestreifter Arm, in der Faust ein Wiesenblumenbüschel haltend, auf dem linken mit r.-s. Decken 2 Büffelhörner, das rechte r., das linke s.

Vgl. Goth. frhrl. Tschb. B 1861 bis 1937. — GHdA, Frhrl. Häuser B, Bd III (1963).

I. Linie

Stammvater: Frhr Johann Baptist, * 1783, † 1849.

Giovanni Battista Napoleone Domenico Spedito Freiherr a Prato, Herr v. Segonzano, * Venedig 13. 11. 1854, † Trient 24. 6. 1899, auf Segonzano, Önologe u. Ldwirt;
× Mailand 22. 4. 1888 Jeanne Richard, * Mailand 6. 5. 1864, † Segonzano 7. 4. 1952, T. d. Industriellen Jules R. u. d. Eugénie Châtelain-Véjux.

1. Silvio Giulio Giuseppe Alberto Vittorio, * Urio am Comer See 10. 8. 1892, † Segonzano 7. 3. 1975, auf Segonzano, ChemieIng., Oberst d. Art. a. D., Gnaden- u. DevRr d. souv. MaltRrO.;

⚭ Pontelambro, Prov. Como, 22. 4. 1922 Elena Lepetit, * Mailand 2. 4. 1898, † Trient 23. 7. 1969, T. d. Großindustriellen Emil Gaspard L. u. d. Bianca Moretti.

Kinder:

1) Giovanni Battista Emanuele Emilio Giulio Umberto, * Mailand 21. 1. 1923, auf Segonzano;
⚭ Pontelambro 10. 5. 1969 Fiorella Milosa, * Mailand 10. 9. 1938, T. d. Buchhalters Odoardo M. u. d. Maria Teresa D'Asdia
(I-38047 Segonzano, Prov. Trient).

Sohn:

Cristoforo Massimiliano Teodoro Innocenzo Vigilio Ambrogio, * Mailand 9. 4. 1971, stud. jur.
(I-38047 Segonzano, Prov. Trient).

2) Ferdinando Roberto Giovanni Emilio Teodoro Leonardo Antonio Zaccaria Domenico Spedito, * Mailand 28. 5. 1925, Ldwirt;
⚭ Mezzocorona, Prov. Trient, 16. 9. 1972 Loredana Gizzi, * Mezzocorona 1. 10. 1940, T. d. Hptm. d. ital. Luftw. Albino G. u. d. Benedetta Donati
(I-38047 Segonzano, Prov. Trient).

Kinder:

(1) Elena Maria Maddalena Benedetta Alice Giovanna, * Trient 7. 6. 1973.

(2) Paolo Michele Francesco Federico Carlo Albino Valentino Silvio Marco Roberto, * Trient 25. 9. 1974.

3) Bianca-Maria Antonia Anna Rosa Isabella Ippolita Regina, * Segonzano 22. 8. 1930;
⚭ Segonzano 5. 5. 1957 Giampiero Marinelli, * Florenz 27. 4. 1921, † Trient 15. 7. 1989, Dr.-Ing., Oberstlt i. R. der ital. Kriegsmarine
(Via Zara 14, I-38100 Trient).

4) Anna Rosa Elena Violante Antonia Giulia Isabella Emilia Agostina, * Segonzano 12. 4. 1933;
⚭ Segonzano 6. 5. 1962 Gian Maria Tabarelli de Fatis, * Mailand 21. 10. 1925, Dr.-Architekt
(Via Caravaggio 21, I-20144 Mailand; Schloß Vigolo, I-38049, Vigolo Vattaro, Prov. Trient).

Silvio Freiherr a Prato, Herr v. Segonzano

* 1892 † 1975

auf Segonzano

Chemie-Ingenieur, Oberst der Artillerie a. D.

s. S. 391

5) Antonio Pio Stefano Carlo Emanuele Luigi Lanfranco Domenico Vincenzo, * Segonzano 26. 12. 1934, † Trient 23. 4. 1979, VermessungsIng.;
× Segonzano 12. 2. 1977 Augusta Maria Francesca Gualtieri, * Rom 31. 7. 1954 (× II. San Romedio bei Coredo, Prov. Trient, 17. 5. 1981 Leonardo Frhr v. Cles, * Cles 11. 9. 1933, Dr. jur.), T. d. Dr. med. Vincenzo G. u. d. Anna Maria Schulthaus v. Moos
(Via Mazzini 22, I-38017 Mezzolombardo, Prov. Trient; Schloß Cles, I-38023 Cles, Prov. Trient).

Kinder:

(1) Francesca Anna Maria Ferdinanda Virginia, * Trient 4. 5. 1978.

(2) Massimiliano Antonio Domenico Vincenzo, * Trient 1. 4. 1979.

6) Claudia Vittoria Federica Anna Maria Carla Cristina Rosa Pulcheria, * Segonzano 9. 5. 1936;
× Segonzano 1. 9. 1962 Peter Canisius v. Lutterotti zu Gazzolis u. Langenthal, * Kaltern, Prov. Bozen, 23. 12. 1925, Dr. jur., Notar
(Strass Neumarkt, I-39044 Egna, Prov. Bozen).

2. Carlo Emanuele Antonio, * Trient 7. 4. 1895, † Genf 17. 9. 1967, Journalist;
× Paris 7. 5. 1921 Andrée Ferry, * Lure, Haute-Saone, 7. 11. 1891, † Trient 11. 8. 1976 (gesch. Chambéry 30. 7. 1951), T. d. Unterpräfekten Louis F. u. d. Marie Irma Perchet.

II. Linie

Erloschen.

Stammvater: Frhr Nicolò, * 1788, † 1851.

Guido Freiherr a Prato, Herr v. Segonzano, * Cembra, Prov. Trient, 22. 2. 1859, † ebd. 11. 12. 1925;
× Romeno, Prov. Trient, 22. 4. 1884 Violante Endrizzi, * Romeno 13. 6. 1862, † Cembra 10. 2. 1942, T. d. Ldwirts Tomaso E. u. d. Isabella Ruatti.

Joseph, * Cembra 14. 2. 1885, † Trient 26. 3. 1965, K. K. Steuerbeamter a. D.

Procházka (1836)

Kath. — Das Geschlecht führt seine Abstammung auf Jan Prochaska, * um 1480, Bürger in Schlan, Böhmen, zurück und erscheint mit dem Kais. Notar Johann Wenzl 1641 erstmalig unter der Namensform „de Prochaska". — Österr. Rrstand Wien 16. 1. 1818 (für Joseph Procházka, K. K. GubRat u. Kreishptm.); böhm. Inkolat 29. 3., Diplom 5. 8. 1818; österr. Frhrnstand Wien 24. 11. 1836, Diplom Wien 19. 1. 1837 (für denselben als K. K. Vize-Präs. des böhm. Guberniums und Oberst-Ldschreiber im Kgreich Böhmen).

W. (1837): Gev., 1 in G. ein doppelt gekr. schw. Doppeladler, 2 in B. ein abw.-gekrümmter, g.-geharn. Arm mit schrägl., g.-gef. blankem Schwert, 3 in B. ein gestürztes g. Füllhorn, aus dessen Öffnung nach rechts runde nat. Brote fallen, 4 in G. auf gr. Boden ein nat. (weißer) vierkantiger Meilenstein; auf dem H. mit rechts schw.-g., links b.-g. Decken 3 (schw., g., b.) Straußenfedern. Schildh.: 2 widersehende g. Löwen.

Vgl. Roman Frhr v. Procházka, Meine 32 Ahnen und ihre Sippenkreise, Leipzig 1928. — Lore Schretzenmayr, Die Vorfahren des Roman Frhr v. Procházka, in: Sudetendeutsche FamForschung 22 (1980), S. 321-421. — Goth. frhrl. Tschb. 1859, 1927 (Stammreihe) bis 1939. — GHdA, Frhrl. Häuser B, Bd II (1957) u. V (1970).

I. Linie

Im Mannesstamme erloschen.

Stammvater: Frhr Karl, * 1802, † 1851.

Rudolph Ludwig Franz Ottokar Freiherr v. Procházka, * Prag 23. 2. 1864, † ebd. 23. 3. 1936, K. u. K. MinRat u. Ldes-Musikreferent, Komponist u. Musikschriftsteller;
× Prag 24. 6. 1893 Antonia Gundling, * Prag 4. 1. 1861, † ebd. 16./17. 5. 1945, T. d. Dr. jur. utr. Eduard G., UnivProf. u. Ldesadvokat in Prag, u. d. Pauline Stupka.

Roman Leo Eduard Albert Ottokar, * Prag 20. 11. 1900, † München 24. 7. 1990, vorm. Rechtsanwalt, geneal. Fachschriftsteller;
× I. Mödling bei Wien 17. 10. 1936 Elisabeth Thomaset, * Innsbruck-Pradl 25. 4. 1909 (altkath.) (gesch. Prag 17. 4. 1937, Ehe für nichtig erklärt ...), T. d. Hoteliers Johann Anton T. u. d. Maria Creutzer (...);

× II. Prag 19. 4. 1941 Anna Křesadlo, * Ruppersdorf bei Reichenberg, Böhmen, 12. 2. 1906, T. d. Feinmechanikers Franz K. u. d. Antonia Černy
(Boschetsrieder Str. 122 a, 8000 München 25).

Zweiter Ehe:

1. Anna Isabella Maria Antonia Romana, * Prag 26. 11. 1941; × Paris 19. 11. 1966 Pero Surić, * Privlaka bei Zara, Dalmatien, 15. 11. 1936, Industrie-Angest.
(36 rue Monge, F-75000 Paris 5).
2. Marie-Antoinette Marietta Polyxena Eugenia Romana, * Prag 27. 5. 1944, Bankangest.
(Boschetsrieder Str. 122, 8000 München 25).

II. Linie

Erloschen.

Stammvater: Frhr Jaroslaw, * 1808, † 1862.

Gottfried (Bohumir) Karl Jaroslav Freiherr v. Procházka, * Mainz 24. 11. 1850, † Wien 12. 2. 1926, K. u. K. Major a. D.;
× Prag 20. 1. 1875 Adele Freiin v. Ehrenburg, * Strachnitz bei Prag 4. 12. 1850, † Wien 23. 11. 1934, T. d. K. K. Km. u. Kreiskommissärs Johann Maximilian Frhr v. E. auf Navarow u. d. Josephine Gemrich v. Neuberg.

Friedrich Ottokar Heinrich, * Jungbunzlau 27. 1. 1883, † Bad Ischl 24. 8. 1971, Dir. i. R. der Österr. Nationalbank, Industriebeamter;
× Wien 29. 9. 1938 Barbara Maria Bien, * Wien 29. 11. 1887, † ebd. ... 11. 1977.

III. Linie

Stammvater: Frhr Ottokar, * 1811, † 1885.

Harry Dudley Victor Patrick Jaroslaw Freiherr v. Procházka, * Časlau 21. 10. 1845, † Prag 9. 9. 1904, K. u. K. Major i. R.;
× Nikolsburg 10. 1. 1874 Wilhelmine v. Thierry de Chateauvieux, * Nikolsburg 20. 4. 1856, † Wien 9. 1. 1922, T. d. K. K. Majors Adolf v. T. de Ch. u. d. Theresia Wolf.

1. Ottokar Heinrich Wilhelm Leopold, * Neuhäusel, Slowakei, 26. 10. 1874, † Wien 18. 4. 1944, K. u. K. Oberst im Geniestab, Ing.;
⚭ Wien 27. 3. 1911 Therese Marie (Lelly) Schmalstieg, adopt. Wagner, * Wien 4. 3. 1890, † ebd. 12. 5. 1990, T. d. Franz Sch. u. d. Adelheid Kainz, AdoptivT. d. K. K. Rats Richard Wagner u. d. Marie Kainz.

Kinder:

1) Ottokar Richard Heinrich Wilhelm Maria, * Wien 22. 1. 1912, † ... 26. 11. 1981, Dr. jur. utr., DiplKonsularakademiker, Rechtskonsulent der österr. Bundeshandelskammer;
⚭ I. Haindorf, Böhmen, 29. 12. 1934 Maria Dressler, * Königgrätz 3. 9. 1909, † Wien 17. 9. 1974 (gesch. Wien 24. 6. 1960), T. d. K. u. K. Majors i. R. Otto Julius D. u. d. Maria Czeke de Szentgyörgy;
⚭ II. Wien 28. 7. 1960 Edeltraud Lustig, * Wien 15. 6. 1932 (⚭ I. Wien 14. 2. 1952 Harald Mayrhofer, † Wien 26. 5. 1954, Pressephotograph), T. d. österr. Postbeamten Franz L. u. d. Marie Filz
(Industriestr. 81/8, A-1220 Wien).

Kinder: a) erster Ehe:

(1) Harrietta Maria Theresia, * Wien 1. 2. 1938, Musikprof.;
⚭ Wien 9. 10. 1969 Josef Krips, * Wien 8. 4. 1902, † Genf 13. 10. 1974, Dirigent
(Rauscherstr. 21, A-1200 Wien; Avenue de Chillon 51, CH-8020 Montreux).

b) zweiter Ehe:

(2) Brigitta Maria Magdalena, * Wien 4. 4. 1956, dipl. Rhythmikerin, Schauspielerin
(Beckmanngasse 6, A-1400 Wien).

(3) Gabriele Katharina Theresia, * Wien 3. 11. 1960, Mag. art., Angest.
(Senefeldergasse 77, A-1220 Wien).

(4) Ottokar Franz Joseph Paul Roman, * Wien 25. 3. 1965, dipl. Musikpädagoge
(Industriestr. 81/8, A-1220 Wien).

(5) Heinz Johann Gottfried Rudolph Ottokar, * Wien 20. 2. 1967, stud. ...
(Industriestr. 81/8, A-1220 Wien).

2) Wilhelmine (V i l m a) Maria Theresia Henriette Adelheid, * Alt-Erlaa bei Wien 13. 12. 1914;
× Wien 25. 2. 1943 Emil F r i e d l, * Wels 31. 5. 1902, Vorstand der Wiener Porzellanfabrik Augarten
(Schönbrunner Allee 15, A-1120 Wien).

2. H e i n r i c h Adolf Ludwig Maria, * Wien 27. 1. 1877, † ebd. 22. 6. 1949, K. u. K. Oberstlt i. R.;
× Wien 20. 10. 1920 Elsa K l i e r, * Wien 20. 3. 1889, † ebd. 19. 9. 1963, T. d. Kaufm. Ignaz K. u. d. Marianne Holaubek.

Sohn:

P a u l Ottokar Wilhelm Heinrich Maria, * Wien 23. 5. 1922, Dr. rer. pol., DiplVolkswirt, Ldesdir. i. R. der Wiener Städt. Vers. in Tirol;
× I. Wien 22. 7. 1947 Gertrude K a t z e r, * Olmütz 7. 5. 1921 (gesch. Wien 12. 2. 1974; × I. Prag 25. 7. 1943 Alois Krannich, * ..., Dr. jur., gesch. ...), T. d. Buchhändlers Josef K. u. d. Johanna Preßler
(Schönburgstr. 44, A-1040 Wien);
× II. Innsbruck (standesamtl.) 13. 3., (kirchl.) 10. 8. 1974 Helga N o w a k, * Bielitz 14. 3. 1924 (luth.) (× I. Dornbirn 22. 2. 1951 Franz H u s t ý, * Groß-Paulowitz 23. 4. 1898, † Dornbirn 30. 5. 1957, Dr. jur., Dir. der Dornbirner Export- u. Mustermesse), T. d. Spediteurs Egon N. u. d. Friederike Tietze
(Schneeburggasse 15, A-6020 Innsbruck).

Kinder: a) erster Ehe:

(1) R e n a t e Elisabeth Edith Erna, * Wien 25. 8. 1948, Mag. arch., Architektin;
× Wien 4. 4. 1985 Wolfgang M ö l l e r, * Plößberg 21. 3. 1948, Dr. med.
(Schönbrunner Allee 42, A-1120 Wien).

b) zweiter Ehe:

(2) S t e p h a n Heinrich Paul Egon, * Dornbirn 20. 9. 1962, Dr. phil., UnivAssistent;
× (standesamtl.) Innsbruck 5. 4., (kirchl.) Bad Ischl 8. 6. **1991** Gisela Maria E i s l, * Bad Ischl 20. 9. 1961, Mag., T. d. ... Johann E. u. d. Johanna Bramberger
(Belvederegasse 8/3/7, A-1040 Wien).

Puttkamer

Ev. u. kath. — Pommerellischer Uradel pomoranischen Ursprungs, der mit Svenzo de Slauna (Slawe), subdapifer, miles, 26. 7. 1257 urkundl. (Pommerell. UrkBuch, herausgeg. von Max Perlbach, Danzig 1881—1882, S. 141, Nr 167) und seinem Bruder Lorenz, castellanus, miles, Stolp 14. 5. 1275 urkundl. (a. a. O., Nr. 270) zuerst erscheint. Präsentationsrecht zum preuß. Herrenh. 6. 9. 1895. — Ein Geschlechtsverb., gegr. Köslin 12. 8. 1865, hält an wechselnden Orten FamTage ab. Vors.: Eberhard v. Puttkamer, Im Lerchenholz 40, 7140 Ludwigsburg; Archivar: Claus-Günther v. Puttkamer, Ulrichstr. 13, 2940 Wilhelmshaven 31.

W. (StW.): In B. ein g.-gekr., r. Greif, der unten in einem nach vorn gekrümmten s. Fischleib ausläuft; auf dem H. mit r.-b. (r.-s.-b.) Decken 2 ausw.-gekehrte s. Beile (Streitäxte) auf sparrenartigem g. Gestell, das oben mit 3 (r., s., b.) Straußenfedern besteckt ist. Wappenspruch: Artificiosa non durant.

Vgl. auch Goth. adel. Tschb. A 1904 (Stammreihe u. ältere Genealogie) sowie GHdA, Adel. Häuser A, Bd XI (1971). — Vgl. Gesch. d. Geschl. der Herren, Frhrn u. Gfn v. Puttkamer, bearb. von L. Clericus, Berlin 1878/1880. — Ellinor v. Puttkamer, Der Landbesitz der Puttkamers, Freiburg i. Br. 1973. — Dieselbe, Gesch. d. Geschl. v. Puttkamer, in: Deutschen Familienarchiv, Bd 83/84, Neustadt an der Aisch 1984. — Goth. frhrl. Tschb. 1862 bis 1940. — GHdA, Frhrl. Häuser A, Bd I (1952) u. VIII (1971) (Stammreihe d. † [gfl.] Hauses Bolcieniki, Polen).

I. Stamm

Stammvater: Svenzo, urkundl. 1257—1308.

S. GHdA, Adel. Häuser A, Bd XI (1971).

II. Stamm

Stammvater: Lorenz, urkundl. 1275—1312.

I. Linie (Barnow)

Stammvater: Bronisius, urkundl. 1374—1375.

1. Ast (älteres Barnow)

Stammvater: Simon, urkundl. 1436.
S. GHdA, Adel. Häuser A, Bd XI (1971)

2. Ast (Versin-Sellin)

Stammvater: Martin, urkundl. 1436.
S. GHdA, Adel. Häuser A, Bd XI (1971).

3. Ast (Zettin-Treblin)

Stammvater: Nicolaus, urkundl. 1436—1476.

1. Zweig (älteres Treblin)

Stammvater: Lorenz, urkundl. 1527—1560.
S. GHdA, Adel. Häuser A, Bd XI (1971).

2. Zweig (Zettin-Poberow)

Stammvater: Erasmus, urkundl. 1527—1560.

1. Haus (Schickerwitz) *

Ev. — Stammvater: Frhr Wolfgang, * 1856, † 1929 (preuß. Frhrnstand nach dem Rechte der Erstgeburt und geknüpft an den Besitz des 5. 8. 1773 gestifteten Fkm. Schickerwitz, bestehend aus den Gütern Schickerwitz, Tschertwitz, Rotherinne, Schwundig [§], Kr. Oels, Poln. Steine [§], Kr. Groß-Wartenberg, Schlesien, durch A. KO. Neues Palais bei Potsdam 18. 6., Diplom Berlin 25. 3. 1895).

W. (1895) — StW.

Wolf-Heinrich Theodor Jesko Otto August Freiherr v. Puttkamer, * Sibyllenort, Kr. Oels, 18. 1. 1887, † Goiania, Prov. Goias, Brasilien, 5. 4. 1982, Ldwirt;
× Rio de Janeiro 23. 5. 1918 Karin Ekloef-Holm, * Rio de Janeiro 15. 11. 1898, † ebd. 13. 12. 1954, T. d. ... Alfred H. in Stockholm u. d. Christine Brodin, Adoptivt. d. ... Johann Paulus Ekloef.

v. Puttkamer (außer 1.):

1. Wolf-Jesko Veritas Freiherr v. Puttkamer, * Rio de Janeiro 21. 5. 1919, Dr. ... h. c., DiplIng., Prof. an der Univ. von Goias
(Caixa Postal 310, Chácara Santa Tereza, BR-74000 Goiania).

2. Jesko-Olaf, * Rio de Janeiro 14. 12. 1920, ⚔ bei Tarnowitz 24. 1. 1945, DiplIng., Gefr. in der Heimflakbatterie 8/VIII.

3. Helga Adelaide, * Rio de Janeiro 12. 3. 1926;
× München 11. 8. 1945 Richard Kock, * Burgsteinfurt 15. 10. 1918, Dr. med., Facharzt
(Caixa Postal 12042, rua Ipozeira 397, BR-22022 Rio de Janeiro).

2. Haus (jüngeres Zettin)

Stammvater: Nicolaus, * 1864, † 1938.
S. GHdA, Adel. Häuser A, Bd XI (1971).

II. Linie (Nossin)

Stammvater: Swenzo, urkundl. 1387—1391.

1. Ast (Kleschinz-Damerkow)

Stammvater: Martin, urkundl. 1457.
S. GHdA, Adel. Häuser A, Bd XI (1971).

2. Ast (Nossin-Plassow-Wollin)

Stammvater: Lorenz, urkundl. 1440, † vor 1482.

1. Zweig (Plassow-Lossin)

Im Mannesstamme erloschen.

Stammvater: Swenzo, urkundl. 1527.
S. GHdA, Adel. Häuser A, Bd XI (1971).

2. Zweig (Wollin-Nossin)

Stammvater: Albrecht, urkundl. 1457—1463.

1. Nebenzweig (Wollin)

Ev. u. kath. — Stammvater: Fabian, urkundl. 1518—1527. — Preuß. Anerkennung der Berechtigung zur Führung des seit Anfang d. 18. Jahrh.

unbeanstandet geführten Frhrntitels durch A. KO. Berlin 8. 9. 1884 (für die Nachkommen d. Georg Dietrich v. Puttkamer, * 1681, † 1754, auf Wollin u. Podel, Kgl. poln. GenLt).

W. = StW.

1. Haus (Groß-Podel)

Im Mannesstamme erloschen.

Georg Friedrich Lorenz (Frhr) v. Puttkamer, * Wollin, Kr. Stolp, 23. 8. 1778, † Groß-Podel, Kr. Stolp, 26. 2. 1833, auf Groß-Podel, Kgl. preuß. Rittmeister a. D.;
⚭ ... 30. 7. 1805 Caroline Marquard, * Königsberg i. Pr. ... 6. 1785, † Groß-Podel 29. 7. 1827, T. d. ... u. d. ...

1. Georg Friedrich Alexander, * Groß-Podel 17. 2. 1813, † Stolp 29. 4. 1872, vorm. auf Groß-Podel (verk. 1841) u. Lübzow (verk. 1860), Kr. Stolp;
⚭ Budow, Kr. Stolp, 11. 7. 1838 Delphine v. Zitzewitz, * Budow 3. 3. 1815, † Stolp 13. 2. 1890, T. d. Otto v. Z. auf Budow, Kottow u. Jamrin u. d. Florentine (Flora) v. Zarth.

Sohn:

Günther Georg Alexander Ferdinand Freiherr v. Puttkamer, * Lübzow 27. 2. 1858, † Berlin 15. 7. 1908, Kgl. preuß. Major;
⚭ Niederweiler, Baden, 26. 6. 1883 Frieda Sehringer, * Niederweiler 6. 11. 1864, † Badenweiler 30. 6. 1946, T. d. Ldwirts Johann Friedrich S. u. d. Christiane Barbara Kaltenbach.

Sohn:

Jesko Ludwig Günther Nikolaus, * Forbach 13. 3. 1893, † (an einem in russ. Gefangenschaft zugezogenen Leiden) Kirchzarten bei Freiburg i. Br. 13. 6. 1966, GenBevollm. d. Gfl. Krockow'schen Güterverw. Rumbske, Kr. Stolp, Major d. Res. u. BatKmdr im InfRgt 374;
⚭ I. Baumgarten, Kr. Dramburg, 6. 12. 1923 Klara Hellenbroich, * Königsberg i. Pr. 22. 2. 1898, ⚔ (beim Luftangriff) Berlin 29. 1. 1944 (gesch. Hamburg 11. 9. 1931);
⚭ II. (standesamtl.) Zipkow 13. 10., (kirchl.) Karzin 14. 10. 1931 Emmy v. Puttkamer, * Ohlau 26. 7. 1888, † Oberhöchstadt 27. 11. 1981 (⚭ I. Karzin 7. 4. 1915 Otto Christoph v. der Wickerau Gf v. Krockow,

† Rumbske 13. 7. 1928, Fkhr auf Rumbske usw., Kgl. preuß. Referendar a. D.), T. d. Kgl. preuß. Polizeipräs. a. D. Bernhard v. P. auf Karzin u. d. Margarete v. Puttkamer a. d. H. Nipkau.

2. George Philipp Modestus, * Groß-Podel 14. 6. 1819, † Rownopole bei Miasteczko 20. 12. 1864, Ldwirt;
× Lindenhof bei Marienwerder, Westpr., 11. 1. 1842 Auguste Schröder[1], * Marienwerder 1. 10. 1816, † ebd. 17. 6. 1868, T. d. Kgl. preuß. Postdir. Georg Friedrich Sch. u. d. Henriette Dietrich.

Sohn:

Louis Heinrich Georg Freiherr v. Puttkamer, * Scharfenort, Posen, 1. 10. 1845, † Berlin-Charlottenburg 17. 11. 1936, Postkassierer u. Rechnungsrat;
× I. Rosenberg, Westpr., 25. 8. 1874 Antonie Rittweger, * Czersk, Kr. Konitz, 6. 5. 1846, † Charlottenburg bei Berlin 27. 5. 1905, T. d. KrBaumeisters Eduard Konstantin R. u. d. Ottilie Grahmse;
× II. Charlottenburg 27. 10. 1907 Alice v. Fries, * Berlin 31. 3. 1870, † Görden bei Brandenburg an der Havel 6. 1. 1927, T. d. Bürobeamten Gustav Alphons v. F. u. d. Ottilie Auguste Zimmer.

Sohn erster Ehe:

Georg Heinrich Gustav Eduard, * Berlin 15. 6. 1875, † Stade 24. 10. 1950, Oberst a. D., Rr d. hohenzoll. HausO. m. Schw.;
× I. Braunschweig 22. 9. 1900 Hedwig Basilius, * Braunschweig 6. 3. 1878, † Lübeck 6. 2. 1937, T. d. Lotterieeinnehmers Carl Friedrich B. u. d. Margarete Heftner;
× II. Lübeck 7. 5. 1941 Erna Caspar, * Aurich, Ostfriesld, 7. 10. 1887, † München 25. 4. 1976 (× I. ... Paul Ewald, ⚔ ... 10. 10. 1914, Kgl. preuß. Hptm.), T. d. StAnwalts u. GehJustizrats Paul C. u. d. Charlotte Eucken.

Töchter erster Ehe:

a. Gertrud Toni Elisabeth Margarethe, * Hohensalza 18. 11. 1901, † Stade 4. 11. 1984;
× Lübeck 22. 9. 1927 Walter Kramm, * Rostock 15. 11. 1888, † Stade 16. 10. 1956, Musikalienhändler.

1 Vgl. DGB, Bd 40, S. 433.

b. L i s e l o t t e Irmgard Elsbeth, * Hohensalza 20. 5. 1903, † Lübeck 16. 12. 1977, Bankangest. i. R.

c. M a r g o t Natalie Alice, * Butzbach, OHessen, 31. 12. 1907;
× Lübeck 14. 12. 1935 Adolf Z w i c k e r, * Hanau 14. 7. 1896, † Braunsbach 6. 4. 1945, Dr. med., Facharzt, OStabsarzt a. D.
(Falkenstr. 6, 2400 Lübeck).

2. Haus (Grumbkow)

Stammvater: (Frhr) Ludwig, * 1781, † 1841.

Georg Ludwig W i l h e l m (Freiherr) v. P u t t k a m e r, * Grumbkow 24. 11. 1815, † Berlin 27. 3. 1875, auf Grumbkow, Niemietzke, Bresinke u. Deutsch-Buckow, Kr. Stolp, Ldschaftsrat d. Stolper Ldschaft;
× Wollin, Kr. Stolp, 8. 10. 1840 Wilhelmine (Freiin) v. P u t t k a m e r, * Wollin 9. 2. 1822, † Grumbkow 3. 9. 1892, T. d. Kgl. preuß. Lts a. D. Ferdinand (Frhr) v. P. auf Wollin u. d. Wilhelmine v. Zitzewitz a. d. H. Zenzenow (s. u., 5. Haus).

Freiherren v. P u t t k a m e r :

1. Georg Ludwig F e r d i n a n d, * Grumbkow 13. 8. 1841, † Berlin 19. 9. 1922, vorm. auf Deutsch-Buckow (verk. 1878) u. Grumbkow (verk. 1893), Kgl. preuß. Rittmeister a. D.;
× I. Berlin 22. 5. 1867 Magda Freiin v. T r o s c h k e, * Königsberg i. Pr. 24. 12. 1847, † Berlin-Wilmersdorf 9. 2. 1904 (gesch. ... 11. 7. 1896), T. d. Kgl. preuß. GenLts z. D. Theodor Frhr v. T. u. d. Laura Krause;
× II. ... Anna M ü l l e r, * ..., † ...

Söhne erster Ehe:

1) C u r d Georg, * Deutsch-Buckow 14. 4. 1874, † Langebrück bei Dresden 29. 7. 1946, Kgl. preuß. Oberstlt a. D., ERr d. JohO.;
× Bremen 7. 12. 1900 Elfriede H u c k, * Bremen 3. 5. 1877, † Langebrück 26. 4. 1946, T. d. Kaufm. Otto H. u. d. Emilie Otten.

Tochter:

I l s e Magda Emilie Elfriede, * Bremen 9. 9. 1901, † Murrhardt 10. 3. 1986;

× Hannover 27. 6. 1922 Joachim v. der Damerau-Dambrowski, * Kiel 7. 8. 1896, ⚔ bei Orel 22. 7. 1943, GenMajor u. Kmdr d. PanzergrenRgts 12.

2) Hermann Georg, * Deutsch-Buckow 12. 11. 1877, † Bad Rothenfelde, Teutoburger Wald, 30. 6. 1959, vorm. auf Neu-Rakitt (verk. 1928), Kr. Stolp, OAmtm.;
× Danzig 5. 4. 1906 Hertha Stoboy, * Johannisburg, Ostpr., 6. 1. 1889, † Ginsheim-Gustavsburg 8. 12. 1980, T. d. Ldwirts Paul St. u. d. Antonie Siebrecht.

Töchter:

(1) Anna Dorothea, * Ornassau, Kr. Dirschau, Westpr., 13. 2. 1907, † Omaruru, SWAfrika, 6. 11. 1977;
× Omaruru 2. 7. 1932 Friedrich Gf Finck v. Finckenstein, * Weimar 2. 9. 1901, † Otjiwarongo, SW-Afrika, 23. 12. 1965, kaufm. Angest., vorm. Farmer.

(2) Ruth Hertha Elisabeth, * Ornassau 26. 6. 1911;
× I. Finkenwalde bei Stettin 2. 5. 1931 Heinz Uecker, * Posen 1. 11. 1903, ⚔ bei Kliestow, Kr. Teltow, ... (▭ 9. 5. 1945), auf Adlig-Plincken, Ostpr. (gesch. Königsberg i. Pr. ... 6. 1943);
× II. Königsberg 3. 4. 1944 Bernhard Manfras, * Bischdorf, Kr. Rössel, 8. 1. 1912, † Glandorf 1. 4. 1952, Ldwirt
(Brandenburger Str. 8, 6231 Schwalbach-Limesstadt).

2. Georg Friedrich (Fritz), * Grumbkow 28. 1. 1844, † Swinemünde 30. 8. 1914, auf Niemietzke u. Bresinke, Kgl. preuß. Rittmeister a. D.
× Stargard, Pomm., 17. 5. 1870 Elise Freiin v. Puttkamer, * Stettin 11. 7. 1851, † Swinemünde 28. 4. 1910, T. d. Kgl. preuß. GenLts a. D. Heinrich Frhr v. P. u. d. Luise Wall (s. u., 3. Haus).

Söhne:

1) Franz Georg Adolf, * Niemietzke 19. 5. 1874, † (im Flüchtlingslager) Andrup bei Esbjerg, Dänemk, 22. 6. 1947, auf Niemietzke (Puttkamerhof; §), Kgl. preuß. Hptm. a. D., ERr d. JohO.;
× Karlsruhe 28. 4. 1909 Emilie Puchelt, * Pfullendorf, Baden, 12. 12. 1887, † Baden-Baden 17. 3. 1975, T. d. OLdesgerRats Oskar P. u. d. Clara Heinze.

Kinder:

(1) Horst Franz Oskar Fritz Karl Georg, * Karlsruhe 28. 5. 1911, † Baden-Baden 11. 2. 1977, Oberstlt d. Luftw. a. D., Kaufm.;
× Schwarz-Damerkow, Kr. Stolp, 27. 6. 1937 Karin Helga Schmidt, * Leipzig 9. 5. 1915, T. d. Rechtsanwalts u. Notars Dr. jur. Willy Sch. u. d. Gertrud Fahr *(Weierweg 5, 7570 Baden-Baden)*.

Töchter:

a. Monika, * Großenhain 28. 3. 1939, Apothekerin;
× Ebingen, Württ., 22. 5. 1965 Jürgen Häffner, * Ebingen 30. 8. 1937, Dr. rer. nat., Apotheker
(Am Jausengarten 23, 7470 Albstadt 1).

b. Carola, * Stolp 27. 7. 1941, ldwirtschaftl.-techn. Assistentin;
× Leverkusen 30. 4. 1965 Hanno Henkel, * Leverkusen 4. 5. 1939, Dr. ..., DiplChem.
(Bodelschwinghstr. 21, 4150 Krefeld).

(2) Liselotte Emilie Clara Silvine Elsa, * Niemietzke 6. 10. 1916
(Uhlandstr. 1, 7570 Baden-Baden);
× (standesamtl.) Schwarz-Damerkow 23. 9., (kirchl.) Puttkamerhof (Niemietzke) 24. 9. 1939 Egbert v. Frankenberg u. Proschlitz, * Straßburg, Elsaß, 20. 3. 1909, Dr. rer. pol., Dr. phil. habil., DiplStaatswissenschaftler, Journalist, Major a. D. (gesch. Dresden 10. 4. 1951).

2) Heinrich Fritz Georg, * Niemietzke 9. 12. 1882, ⚔ bei Dixmuiden, Flandern, 10. 11. 1914, Kgl. preuß. Forstassessor, Hptm. d. Res. u. KompFührer im Reit. FeldjägerKorps;
× Berlin 28. 6. 1911 Edith Stadelmann, * Dorpat 14. 6. 1890, † Berlin 16. 3. 1931 (× II. Berlin 16. 12. 1925 Paul v. Hanenfeldt, † Achim 1. 5. 1956, Major a. D.), T. d. GehRats Prof. Dr. med. Ernst St. u. d. Emilie Heinze.

Sohn:

Hasso Fritz Ernst Georg, * Stralsund 3. 6. 1912, Oberst i. G. a. D., RRr d. JohO.;
× I. Glowitz, Kr. Stolp, 18. 7. 1942 Dorothea v. Veltheim, * Glowitz 11. 4. 1920, † Daisendorf bei Meersburg 16. 4. 1973 (gesch. Marburg an der Lahn 8. 7.

1956), T. d. Majors August v. V. a. d. H. Elvershagen u. d. Dorothea v. Puttkamer a. d. H. Glowitz;
× II. Bückeburg 1. 11. 1958 Helga Grieser, * Riesenburg, Ostpr., 27. 9. 1921, T. d. Oberstlts a. D. Horst G. u. d. Ilse Gertraud Treichel
(Oberes Vocherl 2, 8132 Tutzing, OBayern).

Kinder: a) erster Ehe:

a. Gerhard Heinrich Georg, * Danzig 16. 9. 1943, Rechtsassessor, Bankkaufm., Lt. d. Res.;
× I. Tutzing 7. 4. 1973 Emöke Szathmáry, * Budapest 7. 6. 1942, Sportlehrerin (gesch. Düsseldorf 7. 11. 1986; × I. ... Csutorás, * ..., DiplSportlehrer, gesch. Düsseldorf 30. 11. 1970), T. d. Prof. Géza Sz. u. d. Anna Rosa Nagy
(Schanzenstr. 19, 4000 Düsseldorf 11);
× II. Hannover-Kleefeld 15. 8. 1987 Anne-Marie Zinßer[2], * Hannover 8. 4. 1940, Simultandolmetscherin, T. d. Architekten u. RegBaumeisters a. D. DiplIng. Prof. Ernst Z. u. d. Ursula Erdmannsdörfer
(Avenue Louise 524, B-1050 Brüssel).

Kinder erster Ehe:

a) Lillá Dorothea Adelheid, * Düsseldorf 1. 10. 1973
(Schanzenstr. 19, 4000 Düsseldorf 11).

b) Bernhard Hasso Géza, * Düsseldorf 14. 4. 1978
(Schanzenstr. 19, 4000 Düsseldorf 11).

b) zweiter Ehe:

b. Karin-Yvonne Helli Georgine, * Paris 27. 7. 1962, Kinderpflegerin
(Oberes Vocherl 2, 8132 Tutzing, OBayern).

3. Haus (Jassen)

Georg Wilhelm Swenzo (Freiherr) v. Puttkamer, * Wollin 11. 3. 1782, † Stolp 2. 9. 1849, auf Chosnitz, Kr. Karthaus, vorm. auf Jassen (verk. 1818), Kr. Bütow;
× Notzkow, Kr. Schlawe, 3. 8. 1803 Johanna Charlotte v. Zitzewitz, * Notzkow 29. 1. 1784, † Stettin 28. 1. 1859, auf Jassen (seit 1818) u. Lupowske (seit 1822), Kr. Bütow, T. d. Kgl. preuß.

---

2 Vgl. DGB, Bd 121, S. 556.

Rittmeisters a. D. Friedrich Wilhelm v. Z. auf Notzkow u. d. Wilhelmine Schmidt v. Schmidseck.

Freiherren v. Puttkamer:

1. Georg Carl Constantin, * Stolp 25. 7. 1807, † Görlitz 12. 5. 1899, Kgl. preuß. GenMajor a. D., Rr d. O. pour le mérite, RRr d. JohO.;
   × Görlitz 30. 3. 1854 Bianka Jeutha, * Streidelsdorf, Kr. Freistadt, Schlesien, 17. 5. 1830, † Berlin-Lichterfelde 18. 1. 1918 (× I. Dambitsch bei Prausnitz 5. 5. 1849 Alexander Hann v. Weyhern, † Stettin 28. 8. 1850, Kgl. preuß. Lt), T. d. Carl Friedrich J. auf Streidelsdorf u. d. Henriette Thonke.

   Söhne:

   1) Georg Christian Konstantin, * Stralsund 27. 10. 1857, † St. Blasien 13. 5. 1899, Kgl. preuß. Hptm.;
      × Gera 24. 9. 1883 Melanie v. Ziegenhierd, * Liebschwitz bei Gera 9. 7. 1864, † Hildesheim 10. 2. 1940, T. d. Kgl. sächs. OLts a. D. Hugo v. Z. auf Liebschwitz u. d. Louise Mengel.

      Sohn:

      Georg Hugo Wilhelm Constantin Jesko, * Altenburg, Thür., 12. 3. 1886, † Hildesheim 27. 3. 1981, MinRat a. D.;
      × I. Gera 23. 1. 1923 Melanie Weißflog, * Gera 8. 4. 1890, † Hildesheim 13. 4. 1927, T. d. Fabrikbes. u. Kommerzienrats Gustav W. u. d. Gertrud v. Ziegenhierd;
      × II. Köslin 30. 12. 1929 Anne-Marie v. Puttkamer, * Stolp 29. 8. 1906, † Andernach 28. 6. 1958, T. d. preuß. GehRegRats Richard v. P. a. d. H. Glowitz u. d. Caroline v. Eichel;
      × III. Hildesheim 6. 12. 1973 Christa Ulrich, * Wanzleben 8. 10. 1920 (× I. ... Ralf Schmidt, * Altenburg ..., † ..., ... Assessor), T. d. Apothekers Wilhelm U. u. d. Gertrud Schulze
      (Weinberg 4, 3200 Hildesheim).

      Kinder zweiter Ehe:

      a. Angelika Melanie Karolina Marie, * Stade 25. 11. 1930, Krankenpflegerin;
         × Koblenz 2. 4. 1955 Werner Frank, * Mußbach, Pfalz, 5. 10. 1922, Kaufm.
         (August-Beche-Str. 7, 6710 Frankenthal, Pfalz).

b. Dagmar Irene Elisabeth Erika Hildegard, * Bonn 1. 3. 1933, Krankenpflegerin;
× Koblenz 11. 7. 1958 Kurt v. Morstein, * Annahütte, Kr. Kalau, 18. 12. 1919, Rechtsanwalt
(Schöne Aussicht 8 a, 6236 Eschborn, Taunus).

c. Jesko-Peter Konstantin Richard, * Koblenz 23. 3. 1936, Oberst d. Luftw.;
× Stuttgart 6. 11. 1961 Barbara Eitel, * Stuttgart 10. 8. 1940, T. d. Architekten DiplIng. Hans E. u. d. Elisabeth Lommatsch
(Wieshofstr. 7, 8252 Taufkirchen an der Vils).

Kinder:

a) Ulrike Annemarie Elisabeth, * Stuttgart 11. 7. 1962, DiplKunsttherapeutin
(Albert-Sigismund-Str. 13, 8050 Freising).

b) Joachim Jesko, * Neubiberg bei München 14. 11. 1964, stud. ...;
× (standesamtl.) Kirchzarten 5. 7., (kirchl.) Freiburg i. Br. 6. 7. 1991 Susanne Lindemann, * Gießen 23. 2. 1964, Rechtsreferendarin, T. d. OStudienrats ... L. u. d. ...
(Brodbeckstr. 6, 7815 Kirchzarten).

c) Christine Dorothea, * Troisdorf 19. 2. 1966;
× Augsburg 6. 5. 1986 Bernd Oberdorfer, * Leipheim 11. 9. 1961, Theologe
(Schertlinstr. 16, 8900 Augsburg).

d. Konstantin Jesko Karl-Richard, * Hannover 23. 8. 1939, Betriebswirt, Werbekaufm. u. Marktforscher
(Richardstr. 69, 2000 Hamburg 76);
× Ennigloh bei Bünde, Westf., 30. 10. 1964 Renate Neumann, * Halle an der Saale 15. 2. 1940, Chemotechnikerin (gesch. ...), T. d. Kaufm. Hans-Rudolf N. u. d. Irene Wöhrmann (...).

Sohn:

Thore Hans-Jesko, * Ingelheim am Rhein 25. 9. 1969, ... (...).

2) Georg Peter Swenzo, * Berlin 21. 7. 1869, ⚔ Romsée bei Lüttich 6. 8. 1914, Kgl. preuß. Hptm. u. KompFührer im FüsRgt 35;

× Potsdam 23. 9. 1909 Else Wolff, * Berlin 6. 6. 1881, † Stuttgart 3. 3. 1975, T. d. Kgl. preuß. Obersten a. D. Paul W. u. d. Clara Schrumpf.

2. Georg Alwin Johann Leopold Carl, * Jassen 11. 10. 1811, † Koblenz 16. 12. 1885, Kgl. preuß. GenMajor z. D., ERr d. JohO.;
× Luxemburg 27. 7. 1843 Julie d'Olimart, * Bettendorf, Luxemburg, 24. 9. 1818, † Koblenz 1. 12. 1898 (kath.), auf Bettendorf, T. d. Charles Antoine d'O. auf Bettendorf u. d. Hyacinthe Neunheuser.

Sohn:

Georg Adolf Karl, * Luxemburg 26. 11. 1847, † Bettendorf 13. 2. 1925 (kath.), auf Bettendorf (seit 1888), Kgl. preuß. Major a. D.;
× I. Geisenheim 22. 6. 1882 Irene Gfin v. Ingelheim gen. Echter v. u. zu Mespelbrunn, * Schwarzenau 7. 9. 1856, † Koblenz 8. 6. 1888, T. d. Kgl. bayer. Km. u. OLts à la suite Friedrich Gf v. I. gen. E. v. u. zu M. u. d. Luise Gfin v. Wiser;
× II. Namur 12. 8. 1890 Eugénie Comtesse de Borchgrave d'Altena, * Huy, Belgien, 27. 5. 1861, † Bettendorf 10. 4. 1934, T. d. Kgl. belg. Attachés Lic. jur. Gustave Comte de B. d'A. u. d. Laure Vicomtesse de Baré de Comogne.

Sohn zweiter Ehe:

Gustav Ghislain Julius Marie, * Bettendorf 12. 9. 1891, † Wiesbaden 27. 4. 1968 (kath.), auf Bettendorf (§), vorm. auf Moestroff, Luxemburg, Rittmeister d. Res.;
× Trier 19. 8. 1919 Marie Reverchon, * Trier 9. 10. 1895, † Wiesbaden 20. 5. 1977, T. d. Bankiers u. Kgl. preuß. Kommerzienrats Adrian R. u. d. Alice v. Boch.

Tochter:

Irmgard Alice Marie, * Moestroff 17. 12. 1920 (kath.), Bildhauerin
(Sandhasenweg 13, 6200 Wiesbaden).

3. Georg Heinrich Karl, * Jassen 16. 9. 1818, † Kamissow, Kr. Belgard, 27. 6. 1886, Kgl. preuß. GenLt a. D., ERr d. JohO., Rr d. O. pour le mérite;

⚭ Berlin 17. 5. 1845 Luise Wall, * Berlin 11. 9. 1825, † Kamissow 11. 7. 1903, T. d. Dr. med. Karl Anton W. u. d. Dorothea Wilhelmine Ohmegke.

Sohn:

Heinrich Georg Ludwig, * Berlin 2. 2. 1846, † Berlin-Friedenau 25. 8. 1918, Kgl. preuß. GenMajor a. D., RRr d. JohO.;
⚭ Grunewald 2. 8. 1900 Marie-Madeleine Günther, * Eydtkuhnen 4. 4. 1881, † Katzenelnbogen 27. 9. 1948, Schriftstellerin, T. d. Kaufm. Karl G. u. d. Emmy Siemssen.

Sohn:

Jesco Günther Heinrich, * Grunewald 19. 3. 1903, † West Vancouver, Brit.-Kolumbien, 13. 10. 1969, Publizist, Kaufm.;
⚭ I. Leipzig 23. 12. 1932 Ingeborg Schachenmayer, * Bad Kissingen 29. 3. 1911 (gesch. Shanghai ... 9. 1945), T. d. MarineStabsIng. Max Sch. u. d. Margarethe Grabe *(Haus Orplid, Andreas-Hofer-Str. 480, A-6100 Seefeld, Tirol)*;
⚭ II. Shanghai 7. 9. 1945 Renate Müller-Hauff, * Sterkrade, Rheinld, 29. 8. 1913 (gesch. Augsburg 12. 9. 1949; ⚭ II. Grassau am Chiemsee 22. 10. 1949 Manfred v. Kardorff, * Böhlendorf bei Sülze, Meckl., 28. 6. 1912, auf Böhlendorf [§], Flugkpt. i. R., gesch. Hamburg 13. 2. 1957), T. d. Hüttendir. a. D. Dr.-Ing. Albert M.-H. u. d. Marie Schulze-Berge
(Seewiesenstr. 39 a, 8133 Feldafing);
⚭ III. Bad Homburg 12. 7. 1952 Deli Hamer, * München 8. 6. 1928 (anglikan.), T. d. Colonel Meredith Ashton H. u. d. Margarethe Krüger
(4-2272 Folkstone Way, West Vancouver, B. C. V7S 2X7, Canada).

Kinder: a) erster Ehe:

a. Jesco Hans Heinrich Max, * Leipzig 22. 9. 1933, DiplIng., Prof., Raumfahrtwissenschaftler bei der US-Raumfahrtbehörde NASA;
⚭ Düsseldorf 30. 5. 1961 Ursula Pergams, * Kassel 11. 6. 1933, T. d. Kunstmalers Hans-Erich P. u. d. Emma Bock
(1108 Westmoreland Road, Alexandria, Va 22308, USA).

b. Bogislav Theodor, * Leipzig 9. 11. 1934, Rechtsanwalt u. Notar
(Mendelssohnstr. 51, 6000 Frankfurt am Main);
⚭ I. Erkrath-Unterbach 17. 3. 1967 Ilse Rittmeister, * Duisburg 10. 12. 1931, Rechtsanwältin, führt wieder den Geburtsnamen (gesch. ... 6. 1979), T. d. Chemikers Dr.-Ing. Wilhelm R. u. d. Irmgard Kruse
(Carl-Goerdeler-Str. 114, 6000 Frankfurt am Main);
⚭ II. Frankfurt am Main 22. 8. 1979 Martine de Dauksza-Murisier, * Paris 1. 2. 1950 (kath.), T. d. kaufm. Dir. Jacques de D.-M. u. d. Micheline Sarfati
(Blankenheimer Str. 8, 6000 Frankfurt am Main 71).

Kinder: a) erster Ehe:

a) Undine Friederike, * Frankfurt am Main 6. 3. 1970, ...
(Carl-Goerdeler-Str. 114, 6000 Frankfurt am Main).

b) zweiter Ehe:

b) Jesko Martin, * Frankfurt am Main 22. 11. 1979
(Mendelssohnstr. 51, 6000 Frankfurt am Main).

c. Alexandra Verena Inge, * Frankfurt am Main 24. 11. 1938;
⚭ Seefeld, Tirol, 17. 4. 1965 Herbert-Eduard Kurz, * Zwickau 19. 1. 1936, DiplPhysiker
(Leopoldstr. 2 c, 8130 Starnberg).

b) dritter Ehe:

d. Carina, * Düsseldorf 20. 3. 1953, B. A., M. A., Bankkauffrau;
⚭ West Vancouver 30. 1. 1977 Paul David Ayriss, * ... 21. 9. 1949, ...
(2270 Palmerstone Ave, West Vancouver, B. C. V7V 2W8, Canada).

e. Marc Peter, * Bonn 7. 4. 1957, B. A., Ton- u. Bildtechniker;
⚭ Vancouver 4. 8. 1983 Sheera Daunais, * Vancouver 4. 8. 1954, T. d. ... Charles Wilford D. u. d. Hilda Bernice Lloyd
(307-937 West 14th. Street, Vancouver, B. C. V5Z 1R3, Canada).

4. Georg Christian Hermann, * Jassen 18. 12. 1820, † Swan Beach bei Angaston, SAustralien, 21. 10. 1859, Kgl. preuß. SecLt a. D., Ldwirt, Goldsucher;
⚭ Adelaide 22. 7. 1851 Amalie Katharina Hirdes, * Kassel 1. 9. 1828, † Clifton bei Angaston 24. 10. 1910, T. d. ... u. d. ...

Sohn:

Alfred Ludwig (posthumus), * Angaston 30. 6. 1860, † Shanghai 15. 4. 1912, Kpt. d. engl. Handelsmarine;
⚭ I. London 23. 12. 1883 Louise Gertrude Gehres, * London 21. 2. 1860, † ebd. 17. 2. 1892, T. d. ... u. d. ...;
⚭ II. London 8. 9. 1894 Ida Alexandrine Gehres, * London 15. 8. 1875, † Johannesburg, SAfrika, 23. 4. 1951 (gesch. ...; ⚭ II. Pretoria, SAfrika, 15. 12. 1913 ... W... Field, † ..., ...), Schwester der ersten Gemahlin.

Sohn zweiter Ehe:

Albert Eric, * London 12. 12. 1898, † Durban, Natal, SAfrika, 29. 4. 1960, Ing.;
⚭ I. Durban 2. 9. 1919 Phoebe Mary Ivory, * London 27. 10. 1898, † Scottburgh, Natal, ... 1. 1952, T. d. Kgl. großbrit. Offz. George I. u. d. Rhoda Willis;
⚭ II. Durban 17. 9. 1954 Helen McKinnon, * ..., † ..., führte wieder den Geburtsnamen.

Sohn erster Ehe:

Eric-Claude Ivory, * Durban 24. 6. 1921, † ebd. 6. 8. 1979, ltd. Beamter d. Naturschutzverw. Natals;
⚭ Mombasa, Kenya, 13. 6. 1941 Florence Marion Hedges, * Eshowe, SAfrika, 21. 5. 1918, Krankenschwester, T. d. BergwerksIng. u. GouvtInsp. John Sinclair H. u. d. Katherine Wallace
(... Durban 4000, Natal, SAfrika).

Töchter:

a) Kathleen Ivory, * ..., SAfrika, 14. 4. 1944;
⚭ Westville 6. 10. 1979 Richard d'Arcy, * ... 2. 8. 1941, ...
(Kempton Parc, Johannesburg 2000, SAfrika).

b) Karen Jill, * Durban 11. 2. 1947;
⚭ I. Durban 12. 8. 1967 Denis Clive Harmer, * Beaufort West, Kapprov., SAfrika, 19. 3. 1936, Geschichtslehrer (gesch. ... 11. 2. 1972);

× II. Durban 8. 2. 1975 Robert William Wiggins, * Durban 23. 5. 1932, Möbelfabrikant (*50 Nelson Road, Overport, Durban 4001, Südafrika*).

4. Haus (Stojentin-Freudenthal)

Stammvater (Frhr) Heinrich, * 1790, † 1869.

Paul Ernst Jesco (Freiherr) v. Puttkamer, * Stojentin, Kr. Stolp, 20. 11. 1831, † Stolp 10. 4. 1882, vorm. auf Poln.-Görlitz (verk. 1865), Kr. Löbau, Westpr., u. Karlshöhe (verk. 1874), Kr. Stolp, VersVertr.;
× Powunden, Ostpr., 8. 6. 1859 Selma v. Besser, * Powunden 15. 4. 1841, † Berlin-Steglitz 26. 6. 1907, T. d. Adolf v. B. auf Powunden u. Wittigwalde u. d. Marie v. Jannewitz a. d. H. Groß-Tippeln, Kr. Preuß.-Holland.

Freiherren v. Puttkamer:

1. Walter Paul Georg, * Poln.-Görlitz 12. 11. 1860, † Stettin 7. 7. 1917, Kgl. preuß. Major a. D.;
× I. Stettin 24. 9. 1888 Paula Koebcke, * Stettin 17. 4. 1870, † Dresden 15. 4. 1936 (gesch. ... 9. 1897; × II. Hohensalza ... 1899 Heinrich Schmitz, † ..., Major, gesch. ... 1915; × III. Dresden 23. 8. 1923 Curt Frhr v. Uslar-Gleichen, † Dresden 21. 11. 1944, Kgl. sächs. Oberst a. D.), T. d. Kaufm. Karl K. u. d. Bertha Stallwitz;
× II. Naugard, Pomm., 27. 5. 1899 Erica Hildegard Milentz, * Lichtenberg, Kr. Torgau, 25. 2. 1874, † Wiesbaden 26. 9. 1959, T. d. Kgl. preuß. PLts a. D. u. Zuchthausdir. Albert M.[3] u. d. Johanna Bönecke.

Töchter: a) erster Ehe:

1) Irmgard Bertha Selma Paula, * Hannover 29. 11. 1889, † Caracas 28. 11. 1974, führte wieder den Geburtsnamen;
× Berlin 10. 1. 1914 Heinrich Boetticher, * Wiesbaden 2. 1. 1886, † Hamburg 20. 7. 1959, Major a. D. (gesch. Hamburg 11. 8. 1927).

2) Ilse Caroline Henriette, * Hohensalza 1. 10. 1894, † Dresden 3. 11. 1980, führte wieder den Geburtsnamen;

3 Vgl. DGB, Bd 8, S. 95.

× Charlottenburg bei Berlin 26. 11. 1919 Werner Glück, * Gotha 5. 8. 1897, † Dresden 18. 12. 1968, Lt a. D., Wahlkonsul von Peru (gesch. Dresden 26. 11. 1946).

b) zweiter Ehe:

3) Ingeborg, * Stettin 21. 4. 1902, † Wiesbaden 3. 4. 1986, Kunstmalerin;
× Stettin 11. 9. 1929 Georg Schneider, * Prenzlau 7. 1. 1884, † Wiesbaden 10. 4. 1968, AmtsgerDir. a. D.

4) Hildegard, * Stettin 21. 12. 1903, führt als Künstlernamen den Geburtsnamen, Rezitatorin, Dozentin;
× Stettin 18. 10. 1928 Richard Fehse, * Eisenach 15. 4. 1905, vorm. Konzertmeister der StOper Berlin
(Kapellenstr. 52, 6200 Wiesbaden).

2. Heinrich Konstantin, * Poln.-Görlitz 28. 4. 1863, † Bindow bei Königswusterhausen, Mark, 14. 2. 1945, vorm. Plantagenbes. u. Kaufm. in Mexico;
× Buenos Aires 22. 2. 1894 Else Frey, * Buenos Aires 22. 2. 1869, † Bad Oldesloe 1. 4. 1957, T. d. Kaufm. Wilhelm F. u. d. Friederike Caroline Frey.

Töchter:

1) Selma Carolina, * Metán, Argentinien, 16. 8. 1897, † Hildesheim 5. 6. 1986;
× Veracruz, Mexiko, 9. 7. 1929 Herbert Tolki, * Alfredshof, Kr. Ortelsburg, 11. 10. 1889, † Hildesheim 22. 7. 1968, Exportkaufm.

2) Margarita Else, * Metán 23. 1. 1899, † Cuernavaca, Mexiko, 2. 9. 1991;
× Veracruz 15. 11. 1920 Wilhelm Schümann, * Neumünster, Holst., 15. 5. 1883, † Cuernavaca, Mexiko, 29. 2. 1980, Juwelier.

3) Agnes (Ines) Emma, * Tlacotalpan, Mexiko, 7. 12. 1905, Atemtherapeutin;
× I. Oranienburg 21. 10. 1923 Günther Schuster, * Wehnsdorf, Ostpr., 24. 8. 1893, ⚔ bei Castel Nuovo, Italien, ... 10. 1943, Hptm. d. Luftw. d. Res. (gesch. Berlin 30. 8. 1935);
× II. Friedberg, Westpr., 16. 7. 1936 Nikolaus Kiehn[4], * Schubinsdorf, Kr. Schubin, Posen, 6. 12. 1899, † Hannover

4 Vgl. DGB, Bd 78, S. 120.

24. 1. 1961, vorm. auf Schubinsdorf, auf Lachowo (Kiehnsfelde) (gesch. Bromberg 30. 9. 1942);
× III. Bromberg 23. 12. 1942 Joachim Erbslöh, * Barmen 28. 9. 1909, Dr. med., HonProf. emer. für Geburtshilfe u. Gynäkologie an der Univ. Kiel
(Travenhöhe 14, 2060 Bad Oldesloe).

3. Andreas Adolf, * Karlshöhe 17. 3. 1867, † Neuquén, Rio Negro, Argentinien, 17. 6. 1952, auf Estancia Chimehuin, Prov. Neuquén;
× San Martin de los Andes ... 1900 Maria Muñoz, * ..., † Chimehuin 7. 4. 1947 (kath.), T. d. Farmbes. in Argentinien ... M. u. d. ...

Kinder (kath.):

1) Oscar Pablo, * Chimehuin 19. 6. 1904, † San Martin de los Andes 17. 5. 1971, auf Estancia Chimehuin, Ldwirt, Viehzüchter;
× San Martin de los Andes 8. 3. 1941 Italia Proto, * San Martin 8. 7. 1916, † Chimehuin 1. 12. 1969, T. d. ... Pio P. u. d. Rosa Borgogne.

Kinder:

(1) Selma, * Chimehuin 30. 1. 1942, Pianistin
(Estancia Chimehuin, RA-8371 Junin de los Andes, Prov. Neuquén).

(2) Pablo Gerardo, * Chimehuin 26. 8. 1946, auf Estancia Chimehuin, Ldwirt u. Viehzüchter;
× ... Beatriz Gordillo, * ..., T. d. ... Ricardo G. u. d. Amela Badalá
(Estancia Chimehuin, RA-8371 Junin de los Andes, Prov. Neuquén).

Kinder:

a. Magalí Andrea, * San Martin de los Andes 2. 5. 1974.

b. Walter Andrés, * San Martin 14. 10. 1976.

(3) Oscar Andrés, * Chimehuin 1. 5. 1951, Hydrometeorologe u. Techniker;
× ... 14. 7. 1979 Mónica Lilia Castro, * ..., Prof. f. engl. Sprache, T. d. ... u. d. ...
(Fernández Oro, Argentinien).

Töchter:

a. Maria Pia, * Cipoletti 11. 5. 1974.

b. Maria Clara, * Cipoletti 15. 8. 1976.

c. Maria Julieta, * Cipoletti 22. 9. 1979.

2) Sofia, * Chimehuin 19. 8. 1906
(Estancia Chimehuin, RA-8371 Junin de los Andes, Prov. Neuquén).

3) Andrés Alberto, * Chimehuin 27. 11. 1913, † San Martin de los Andes 9. 11. 1960, ...;
⚔ San Martin ... 2. 1949 Adalina Salazar, * ..., T. d. Ldwirts in Chile Celinde S. u. d. Mercedes Galves (...).

4) Roberto, * Chimehuin 15. 1. 1916, † bei Comodore Rivadavia, Prov. Chubut, Argentinien, 29. 9. 1944, argent. Offz.;
⚔ ... Hortensia Gomez, * ..., Prov. Rioja, Argentinien, ... (⚔ II. ...)
(..., Argentinien).

5) Enrique Walther, * Chimehuin 10. 11. 1919, Ldwirt in Chimehuin;
⚔ I. Chimehuin 25. 9. 1954 Margarita Schimunek, * Rosario, Prov. Santa Fé, Argentinien, 18. 4. 1935, † San Martin de los Andes 21. 9. 1963, T. d. Mechanikers Juan Sch. u. d. Maria Sauer;
⚔ II. San Martin 6. 4. 1984 Ingeborg Marta Neumann, * Neuquén 2. 3. 1931, T. d. ... Otto Max N. u. d. Hertha Flamboe
(Apartado 19, RA-8371 Junín de los Andes, Prov. Neuquén).

Sohn erster Ehe:

Luiz, * Chimehuin 26. 8. 1956, Ldwirt in Chimehuin *(Estancia Chimehuin, RA-8371 Junin de los Andes, Prov. Neuquén).*

5. Haus (jüngeres Wollin)

Georg Ferdinand (Freiherr) v. Puttkamer, * Wollin, Kr. Stolp, 11. 11. 1792, † ebd. 17. 4. 1836, auf Wollin, Kgl. preuß. Lt d. Ldw. a. D.;
⚔ Zenzenow 13. 6. 1816 Wilhelmine v. Zitzewitz, * Zenzenow 6. 5. 1797, † Wollin 6. 4. 1840, T. d. Kaspar-Wilhelm v. Z. auf Zitzewitz usw. u. d. Charlotte Hering.

1. Friedrich Wilhelm Georg, * Wollin 5. 9. 1817, † Kunzheim, Kr. Rössel, Ostpr., 16. 12. 1875, auf Kunzheim, Kgl. preuß. Ldrat a. D.;
⚭ Rössel 4. 6. 1843 Clarissa v. Kurowski, * Adelig-Bischdorf 30. 3. 1822, † Osterode, Ostpr., 26. 10. 1878, auf Kunzheim (verk. 1878), T. d. Moritz v. K. auf Bischdorf, Kr. Rössel, usw., u. d. Laura v. der Osten gen. Sacken.
Sohn:

Georg Moritz Leo Freiherr v. Puttkamer, * Riesenburg 11. 4. 1844, † Stolp 13. 10. 1900, Kgl. preuß. Oberstlt a. D.;
⚭ Breslau 5. 12. 1882 Meta v. Förster, * Carlsruhe, OSchlesien, 4. 5. 1859, † Lugano Castagnola 3. 8. 1920, auf Heinrichsdorf, Kr. Neustettin (⚭ II. Heinrichsdorf 10. 8. 1901 Achim v. Heusch, * Gartz an der Oder 10. 9. 1857, † Wiesbaden 24. 2. 1933, Kgl. preuß. Rittmeister a. D., gesch. ... 6. 1905), T. d. Kgl. preuß. Rittmeisters a. D. Hugo v. F. auf Ellguth-Ptakowitz u. Thun, Kr. Tarnowitz, u. d. Berta v. Lewinski.
Sohn:

Georg Dietrich Lorenz, * Danzig 30. 12. 1888, † Hamer, Schleswig-Holst., 4. 12. 1952, Dr. jur., Fabrikant;
⚭ Halver 17. 4. 1920 Elisabeth Schulte-Steinberg, * Hannover 12. 12. 1892, † Sundern, Sauerld, 14. 9. 1986, T. d. SanRats Dr. med. Otto Heinrich Sch.-St. u. d. Henriette Westen.

2. George Gustav, * Wollin 3. 8. 1818, † Friedrichswerder bei Wollin 30. 4. 1881, vorm. auf Wollin (verk. 1878), auf Jeseritz (seit 1858), Kr. Stolp, u. Lubben (seit 1875), Kr. Rummelsburg;
⚭ Stojentin 26. 10. 1841 Johanna (Freiin) v. Puttkamer, * Stojentin 24. 2. 1823, † Wollin 9. 9. 1876, T. d. Kgl. preuß. OLts a. D. Heinrich (Frhr) v. P., vorm. auf Stojentin, Kr. Stolp, u. Freudenthal, Kr. Rosenberg, Westpr., u. d. Albertine Gützlaff.
Söhne (Freiherren v. Puttkamer):

1) Jescow Claus Gustav, * Wollin 16. 9. 1845, † Lubben 16. 3. 1908, auf Lubben;
⚭ Stolp 21. 6. 1884 Marie v. Zitzewitz, * Jamrin, Kr. Stolp, 28. 12. 1853, † Stolp 1. 2. 1943, T. d. Kgl. preuß. Hptm. a. D. Alexander v. Z., vorm. auf Jamrin, u. d. Ottilie v. Zitzewitz a. d. H. Budow.

Sohn:

Georg-Jescow, * Lubben 24. 6. 1887, ⚔ Oxhöfter Kempe bei Kossakau, Kr. Putzig, Westpr., 17. 9. 1939, auf Lubben, Ldschaftsrat, Major d. Res. u. KompChef in einem GrenzwachtRgt;
⚭ Berlin 19. 5. 1913 Helene v. Goerne, * Magdeburg 13. 7. 1892, † Hamburg 31. 7. 1975, T. d. Kgl. preuß. Majors a. D. Wilhelm v. G. auf Vessin, Kr. Stolp, u. d. Martha Hennige[5].

Tochter:

Marion Ilse Ingeborg, * Lubben 14. 3. 1914, auf Lubben (§);
⚭ Lubben 27. 5. 1938 Gustav v. Puttkamer, * Versin, Kr. Rummelsburg, 22. 9. 1904, † Hamburg 27. 9. 1971, auf Versin (§), GerAssessor a. D., VerwJurist i. R.
(Kählerkoppel 16, 2000 Hamburg 65).

2) Johannes Albrecht Benjamin, * Wollin 30. 8. 1855, † ... bei Columbus, Kansas, USA, 9. 4. 1933, Bes. einer Obst- u. Gemüsefarm bei Columbus (seit 1878);
⚭ Brownfels, Texas, USA, 5. 4. 1878 Amalia Alsenz, * ... 20. 4. 1859, † ... bei Columbus ... 1940, T. d. Farmers John A. u. d. Sophie Hofmann.

Tochter:

Rosa, * ... bei Columbus 30. 4. 1899, Bes. einer Obst- u. Gemüsefarm;
⚭ Columbus 18. 3. 1919 Glenn Houser, * ... bei Columbus 6. 1. 1896, † Columbus 9. 12. 1980, Farmer
(Route 4, Columbus, Ks. 66725, USA).

3) Albrecht Georg Bogislaw, * Wollin 28. 2. 1857, † Jeseritz 7. 11. 1924, auf Jeseritz, Kgl. preuß. Rittmeister a. D., ERr d. JohO.;
⚭ I. Wiesbaden 3. 10. 1891 Karoline (Karin) Ewald, * Rüdesheim 27. 12. 1868, † Jeseritz 19. 3. 1918, T. d. Weingutsbes. Maximilian E. u. d. Elise Bruntsch;
⚭ II. Darmstadt 9. 1. 1921 Erica v. Geldern-Crispendorf, * Hofgeismar 8. 9. 1890, † Wernigerode, Harz, 17. 7. 1982, T. d. Kgl. preuß. Majors Roderich v. G.-C. u. d. Elisabeth v. Krieger.

5 Vgl. DGB, Bd 39, S. 458.

Sohn erster Ehe:

Albrecht-Jescow, * Jeseritz 9. 5. 1905, ⚔ (als Treckführer von Russen erschossen) bei Rauschendorf, Kr. Lauenburg, Pomm., 11. 3. 1945, auf Jeseritz;
⚭ Potsdam 9. 10. 1928 Friederike v. Roeder, * Potsdam 9. 6. 1907, † Berlin 15. 10. 1991, T. d. Kgl. preuß. Majors a. D. Otto v. R. u. d. Anna-Luise Schemmann.

Kinder:

a. Karl-Jescow Georg Wilhelm, * Stolp 26. 7. 1929, Ing.;
⚭ Potsdam 2. 5. 1951 Christa Wiederholz, * Brandenburg an der Havel 14. 11. 1932, T. d. Kaufm. Heinz W. u. d. Adelheid Drechsel
(Mozartstr. 19, 7523 Graben-Neudorf).

Töchter:

a) Liane, * Storkow, Mark, 20. 5. 1955, Bankkauffrau, führt wieder den Geburtsnamen
(Mannheimer Str. 14 c, 7514 Eggenstein-Leopoldshafen);
⚭ Karlsruhe 7. 7. 1977 Elmar Krischke, * Amberg, OPfalz, 13. 12. 1953, Polizeibeamter (gesch. ... 7. 1. 1981).

b) Sabine, * Pforzheim 28. 3. 1959, Bürokauffrau
(Schulstr. 21, 4904 Enger, Westf.).

b. Aribert Otto Klaus Joachim Albrecht, * Jeseritz 6. 3. 1931, Werbeberater;
⚭ Mainz-Gustavsburg 21. 4. 1957 Erika Hünicke, * Mainz 5. 10. 1937, T. d. Ing. Theodor H. u. d. Ottilie Dickler
(Frankenstr. 32, 6457 Maintal 4).

Kinder:

a) Regine, * Berlin 4. 10. 1957;
⚭ Hanau 20. 12. 1980 Teera Vatanasomboon, * Bangkok 2. 3. 1954, DiplIng.
(Hermann-Steinhäuser-Str. 6, 6050 Offenbach).

b) Heiko, * Braunschweig 13. 5. 1960, DiplIng., Architekt
(Frankfurter Str. 11, 6100 Darmstadt).

c. Georg Dietrich, * Jeseritz 10. 6. 1935, Chemielaborant, Anwendungstechn.;
× I. Potsdam (standesamtl.) 9. 7., (kirchl.) 29. 10. 1955 Ilse Schwabe, * Potsdam 24. 12. 1935, Chemielaborantin (gesch. Frankfurt am Main 2. 2. 1966), T. d. Postangest. Erich Sch. u. d. Charlotte Mickepar *(Falkenstr. 21, 6232 Bad Soden, Taunus)*;
× II. Frankfurt 17. 3. 1967 Sieghild Irmtrud Schoeps, * Neuteich bei Danzig 18. 3. 1936, DirSekr. (gesch. Frankfurt 5. 1. 1972; × I. Frankfurt 11. 3. 1957 Harro Norbert Eisenberg, * Fulda 10. 3. 1936, Kaufm., gesch. Frankfurt 10. 10. 1962; × III. ... 1973 ... Klinge, * ..., DiplPhys.), T. d. Kaufm. Karl Sch. u. d. Gertrud Hoffmann (...);
× III. Frankfurt 12. 7. 1974 Irene Schlösser, * Weißstein, Schlesien, 23. 5. 1941, Budgetreferentin, T. d. ... Erich Sch. u. d. Gertrud Lichter *(Berliner Str. 15, 6231 Schwalbach)*.

Sohn erster Ehe:

Ingolf-Dietrich, * Potsdam 26. 7. 1958, Chemielaborant;
× Mönchengladbach 25. 7. 1988 Regina Barbara Ober, * Mönchengladbach 12. 8. 1963, Altenpflegerin, T. d. OBrandmeisters Hans Günter O. u. d. Eva-Maria Zöllkau *(Steinstr. 489, 4050 Mönchengladbach)*.

d. Karin-Helga Erica Luise, * Jeseritz 25. 2. 1938, Röntgenassistentin *(Geitnerweg 36 a, 1000 Berlin 45)*;
× I. Berlin 29. 12. 1964 Hans-Jürgen Winter, * Danzig 26. 1. 1937, Rechtsassessor (gesch. Berlin 9. 7. 1969);
× II. Berlin 27. 12. 1972 Wolfgang Genest, * Berlin 11. 11. 1932, VerwAngest. (gesch. Berlin ... 5. 1975).

3. Georg Leo, * Wollin 25. 11. 1820, † Stettin 21. 12. 1869, Kgl. preuß. Major a. D.;
× Stettin 4. 6. 1859 Marie Freiin v. Puttkamer, * Stettin 12. 11. 1838, † Hildesheim 16. 5. 1917, T. d. GerReferendars a. D. u. Fabrikbes. Theodor Frhr v. P. auf Zartenthin usw., Kr. Kammin, u. d. Julie Freiin v. Salmuth.

Sohn:

Max Georg Theodor Freiherr v. Puttkamer, * Köslin 22. 5. 1864, † Dessau 31. 10. 1937, vorm. auf Zartenthin (verk.), Kgl. preuß. OLt a. D., RRr d. JohO.;
× I. Vogelsang 15. 3. 1892 Helene v. Enckevort, * Albrechtsdorf 13. 11. 1870, † Brandenburg an der Havel 11. 4. 1941 (gesch. ... 27. 9. 1899; × II. Berlin 4. 6. 1901 Ernst v. Jagow a. d. H. Calberwisch, † Brandenburg 19. 4. 1930, Kgl. preuß. WGehRat u. OPräs. a. D.), T. d. Kgl. preuß. Majors a. D. Adrian v. E,, Fkhrn auf Vogelsang, u. d. Hildegard v. Borcke;
× II. Dessau 4. 6. 1901 Karola Nickisch v. Rosenegk, * Stargard, Pomm., 15. 7. 1879, † Dessau 27. 3. 1963, T. d. Kgl. preuß. OPräsidialrats in Magdeburg Adolf N. v. R. u. d. Larissa v. Geibler a. d. H. Klein-Küssow.

Töchter: a) erster Ehe:

(1) Dolly (Maxa), * Zartenthin 6. 9. 1894, † Bad Kreuznach 19. 12. 1972, med.-techn. Assistentin;
× Brandenburg an der Havel 10. 10. 1922 Leopold v. Plessen, * Dolgen bei Rostock 5. 8. 1889, † ebd. (beim Einmarsch der Russen) 2. 5. 1945, auf Dolgen (gesch. Rostock 28. 5. 1941).

b) zweiter Ehe:

(2) Wilhelmine, * Feldbach, Kt. Zürich, 23. 4. 1902 *(Helene-Lange-Feierabendheim, Fröbelstr. 19, O-4500 Dessau)*;
× Dessau 23. 4. 1927 Friedrich Maibaum, * Dessau 25. 7. 1898, † Carlsfelde, Sachsen, 13. 8. 1954, Kaufm. (gesch. Dessau 6. 8. 1939).

(3) Vera, * Mölln, Kr. Hzgt. Lauenburg, 5. 8. 1907;
× Dessau 14. 9. 1932 Bertold Beiche, * Schönebeck an der Elbe 9. 3. 1890, † Garmisch-Partenkirchen 20. 11. 1967, ReichsbahnORat a. D. (...).

2. Nebenzweig (jüngeres Nossin)

Stammvater: Balthasar, urkundl. 1518—1561.

S. GHdA, Adel. Häuser A, Bd XI (1971).

Familienverband

Raitz v. Frentz

Kath. — Die Stammreihe der wie die Schall und die † Overstolz zu den ältesten Schöffen- u. RrGeschlechtern der Reichsstadt Köln gehörenden Raitz beginnt mit Razo, Ministerialen der Abtei St. Pantaleon zu Köln, 1106—1154 urkundl. (vgl. B. Hillinger, Die Urbare von St. Pantaleon in Köln, 1902, S. 88), dessen Sohn als Herimannus Razo, filius Razonis, 1159 urkundl. (abgedr. bei Lacomblet, UrkBuch I, Nr 399) erscheint (der Name Razo wird mit einem Zeugen des Bischofs Wichfrid von Köln 948 [UrkAbschriften im Stadtarchiv Köln, abgedr. bei Lacomblet, UrkBuch I, Nr 102], zuerst genannt). Ältestes Siegel mit dem Kreuzwappen vom 20. 1. 1289 (Stadtarchiv Köln, UrkNr 535) des Theodericus dictus Raitze miles, civis Colon., u. seiner Söhne. Erwerb der Burg Frenz (Frens an der Erft) durch Rr Rutger Raitz (Raze) 1347, wonach der Beiname angenommen wurde. Zur ehem. rhein. ReichsRrschaft gehörig u. seit 1620 mit dem ErbKmAmt des Erzstifts Köln belehnt. — Reichsfrhrnstand mit „v. u. zu Schlenderhan, auch Kleinenbroich" sowie Wappenvereinigung mit dem der † v. Schlenderhan u. weitere Vermehrung (Herzschild u. 3. Helm) Wien 15. 7. 1650; Belehnung mit Odenkirchen u. dem damit verknüpften Amt des ErbBurggfn des Erzstifts Köln 25. 10. 1652 vom Kurfstn Maximilian Heinrich von Köln, bis 1697 im Bes. der Fam. (alles für Wynand Hieronymus Raitz v. Frentz); böhm. Inkolat 11. 6. 1672; preuß. Anerkennung des Frhrnstandes lt MinReskr. vom 15. 12. 1826 (für Adolf Frhrn Raitz v. Frentz zu Schlenderhan u. dessen Oheim Emmerich Joseph Frhrn Raitz v. Frentz zu Kellenberg sowie für deren Geschwister). — Der Köln 15. 7. 1900 gegründete Familienverband e. V. hält alle 2 Jahre Familientag ab. Vors.: Hermann Josef Frhr Raitz v. Frentz, Haus Stapel, 4409 Havixbeck; Schriftführer: Dr. rer. nat. Rutger Frhr Raitz v. Frentz, Stargarder Str. 6 a, 3150 Peine-Stederdorf; Schatzmeister: Franz-Joseph Frhr Raitz v. Frentz, Leibnizstr. 56, 6500 Mainz.

W. (1650): Gev. mit einem von R. u. B. get. Herzschild bel., darin ein g.-gekr. s. Löwe; 1 u. 4 in Schw. ein g. Kreuz (StW.), 2 u. 3 in S. ein mit 3 g. Amseln bel. schw. Balken († v. Schlenderhan). 3 H.; auf dem rechten mit schw.-s. Decken Hals u. Kopf eines schw. Stiers mit g. Hörnern u. roter Zunge (StH.), auf dem mittl. mit r.-s. Decken ein g.-gekr. s. Greif mit Flammenschwert in der Rechten, auf dem linken mit schw.-g. Decken ein nat. Baumstamm, davor ein nat. springender Eber († v. Schlenderhan).

Vgl. Frhr Franz v. Nagel, Histor.-geneal. Nachr. über die reichsfrhrl. Fam. Raitz v. Frentz zu Schlenderhan, Aachen 1857. — Ernst v. Oidtman, Ältere

Stammreihe u. ältere Siegel des Geschl. Raitz v. Frentz, Bonn 1921. – Emmerich Leopold Frhr Raitz v. Frentz, Stammreihe, Stellung u. Wappen eines tausendjähr. Rrgeschl. der ehem. freien Reichsstadt Cöln, in: Mitt. d. Westdt. Ges. f. FamKunde, Bd V, Köln 1927, Sp. 145–188. – Goth. frhrl. Tschb. 1848, 1904 (Stammreihe), 1906 (Berichtigung dazu), 1932 († Linie Kellenberg) bis 1942. – GHdA, Frhrl. Häuser A, Bd II (1956), VIII (1971) u. XII (1980).

I. Linie (Schlenderhan)

Stammvater: Adolf, * 1797, † 1867.

Carl Ernst Adolf Hubert Freiherr Raitz v. Frentz, * Badl, Steiermk, 2. 9. 1873, † Hattenheim 3. 11. 1953, K. u. K. Lt i. R.; ⚭ Sternstein, Steiermk, 8. 10. 1900 Gertrud Faber, * Fiume 17. 6. 1879, † Hattenheim 18. 10. 1954, T. d. Industriellen Georg Louis F. u. d. Alice Krupp.

1. Wynand Hieronymus Karl Max Hubert, * Nymphenburg 3. 12. 1901, † Wiesbaden 12. 3. 1971, vorm. Bes. des Weingutes in Hattenheim (seit 1652 im Bes. d. Fam.);
   ⚭ Hattenheim 17. 6. 1943 Eva Stacke gen. Masorsky, * Kiel 13. 12. 1910, T. d. Dr. med. Kurt St. gen. M. u. d. Erna Brahms
   (Platter Str. 144, 6200 Wiesbaden).

   Kinder:

   1) Rezia Gertrude Erna Huberta, * Dillenburg 28. 3. 1944;
      ⚭ Erzhausen 5. 1. 1965 Jürgen Keil-Brinckmann (s. u.).

   2) Bertram Karl Peter Hubert, * Hattenheim 17. 10. 1948, Industriefotograf;
      ⚭ Wiesbaden 8. 1. 1971 Ursula Franziska Röthenbach, * München-Gladbach, Rheinld, 3. 6. 1951, T. d. Kaufm. Friedrich R. u. d. Anneliese Winniker
      (Drosselweg 5, 6237 Liederbach).

      Kinder:

      (1) Anna Lioba Eva Huberta, * Mainz 29. 5. 1972.

      (2) Felix Wynand Hubert, * Bad Soden 28. 9. 1973.

2. Johann (Hanno) Winfried Sydney Hubert, * Frankfurt am Main 8. 4. 1906, ⚔ bei Ldjatina-Letoschnike, Rußld, 3. 9. 1941, auf Biesendahlshof, Kr. Randow, Pomm., Bürgermeister von St. Goarshausen, Lt der Res. in einer PzJägerKomp.;

⨯ Auf dem Hügel bei Essen 7. 4. 1938 Irmgard v. Bohlen u. Halbach, * Auf dem Hügel 31. 5. 1912 (⨯ II. Dortmund 19. 6. 1952 Robert Eilenstein, * Leitmeritz, Böhmen, 11. 5. 1920, † Llansa, Spanien, 21. 6. 1986, Kaufm.), T. d. Ghzgl. bad. Khrn, Kgl. preuß. Gesandten, Vors. des Aufsichtsrats der Friedrich Krupp AG, Dr. jur., Dr.-Ing. h. c., Dr. phil. h. c., Dr. jur. h. c. Gustav Krupp v. B. u. H. u. d. Bertha Krupp [1]
(Gut Moosen, 8201 Riedering)

Kinder:

1) Alheid Huberta, * St. Goarshausen 1. 4. 1939, Krankenschwester
(Poccistr. 2, 8000 München 20).

2) Rutger Theoderich Hubert, * Bad Pyrmont 3. 8. 1940, Dr. rer. nat., DiplPhysiker, Schriftf. d. FamVerb.;
⨯ Urach, Württ., 21. 2. 1969 Ingeborg Frank, * Urach 14. 1. 1942, T. d. Kaufm. Eugen F. u. d. Olga Grimm
(Stargarder Str. 6 a, 3150 Peine-Stederdorf).

Söhne:

(1) Hubertus Eugen Rutger, * München 21. 12. 1971.

(2) Felix Hanno Rutger, * München 15. 5. 1974.

3) Sigbert Hanno Hubert, * Biesendahlshof 2. 11. 1941, DiplLdwirt;
⨯ I. München 12. 9. 1975 Silvie Steiner, * Thalwil, Kt. Zürich, Schweiz, 16. 11. 1954, kaufm. Angest. (gesch. München 17. 12. 1976; ⨯ II. ... Ronnie de Arman, * ..., ...), T. d. Kaufm. ... St. u. d. Gertrud ... (...);
⨯ II. München 30. 1. 1979 Alicia Pinciroli, * Victoria bei San Fernando, Prov. Buenos Aires, Argentinien, 4. 3. 1947, T. d. Ldwirts Marcello P. u. d. Alva Utrera
(Rheinstr. 39, 8000 München 40).

Töchter zweiter Ehe:

(1) Cynthia Irmgard Huberta, * San Isidro, Prov. Buenos Aires, 15. 3. 1980.

(2) Alita Huberta, * München 10. 11. 1983.

3. Erika Lioba Dorothea Hermine Huberta, * Frankfurt am Main 23. 4. 1908
(Buttlar-von-Fransecky-Stift, Station A 2, 6228 Eltville).

---

1 Vgl. DGB, Bd 13, S. 197.

II. Linie (Garath)

Stammvater: Frhr Emmerich, * 1803, † 1874.

1. Ast

Jakob Franz Hubert Freiherr Raitz v. Frentz, * Köln 30. 5. 1826, † Koblenz 26. 9. 1884, vorm. auf Garath, Kr. Düsseldorf, Kgl. preuß. Khr, Schloßhptm. von Stolzenfels, Ldrat u. PLt a. D., MdR. des Norddeutschen Bundes, Mitgl. d. preuß. Ldtages;
× I. Düsseldorf 28. 10. 1852 Amalie v. Heister, * Düsseldorf 19. 5. 1828, † Venedig 24. 4. 1853, T. d. Gutsbes. Josef v. H. u. d. Marianne Freiin v. Kylmann;
× II. Düsseldorf 27. 7. 1854 Erwine Freiin v. Maercken zu Geerath, * Hilden 30. 4. 1832, † Siegburg 17. 4. 1909, T. d. Karl Frhr v. M. zu G. auf Horst u. Hagedorn u. d. Elisabeth (Elise) Bongard-Horst, Erbin von Horst.

Zweiter Ehe:

1. Emmerich Leopold Karl Maria Hubert, * Sigmaringen 18. 2. 1857, † Bingen 13. 4. 1930, Kgl. preuß. GenLt a. D.;
   × Koblenz 28. 9. 1881 Therese v. Roehl, * Ehrenbreitstein 1. 1. 1862, † Bingen 3. 1. 1930, T. d. Kgl. preuß. Hptm. a. D. Karl v. R. u. d. Margarete Breitbach.

   Sohn:

   Rutger Ferdinand Egolf Jakob Philipp Emmerich-Joseph Hubert Maria, * Spandau 29. 6. 1896, † Mainz 3. 7. 1982, Dr. jur. et rer. pol., Ltd. RegDir. a. D.;
   × Mainz 14. 10. 1924 Josepha Vogel, * Mainz 1. 7. 1897, T. d. GehJustizrats u. LdgerRats a. D. Dr. jur. Franz V. u. d. Anna Joetten
   (Sandmühlweg 29, 6500 Mainz 1 — Gonsenheim).

   Kinder:

   (1) Anna Elisabeth (Anette) Maria-Theresia Josepha Huberta, * Bingen 7. 4. 1928;
   × Neustadt an der Weinstraße 27. 9. 1950 Alfons Bumb, * Neustadt 27. 7. 1928, röm.-kath. Diakon
   (Karl-Zörgiebel-Str. 20, 6500 Mainz-Bretzenheim).

   (2) Franz-Joseph Emmerich Maximilian Rutger Hubert Maria, * Bingen 25. 6. 1931, Ltd. RegDir., Schatzmeister d. FamVerb.;

⚭ I. Mainz-Gonsenheim 2. 5. 1953 Brigitte (Gitta) Schäfer, * Germersheim, Pfalz, 21. 9. 1935 (gesch. Landau 12. 3. 1959), T. d. Ldwirts Heinrich Sch. u. d. Erna Mathes
(Lancer Lane 613, Kenner, La. 70062, USA);
⚭ II. Wiesbaden 15. 7. 1960 Gisela Urban, * Wiesbaden 24. 4. 1932, T. d. Bäckermeisters Ferdinand U. u. d. Emilie Kolb
(Leibnizstr. 56, 6500 Mainz).

Tochter erster Ehe:

Birgit Erna Rutgera Franziska Josepha Huberta Maria, * Germersheim 5. 9. 1953, Buchhändlerin *(Kaiserstr. 9, 6500 Mainz)*.

(3) Irmgardis Margarete Philippa Josepha Maria Huberta, * Bingen 22. 3. 1934, † Mainz 2. 12. 1984, Sparkassenbetriebswirtin, AbtLeiterin.

(4) Josepha Aloysia Eugenia Rutgera Maria Huberta, * Bingen 29. 5. 1936
(Sandmühlweg 29, 6500 Mainz 1 — Gonsenheim).
⚭ Mainz-Gonsenheim 26. 8. 1961 Josef Döpfner, * Mainz 1. 5. 1928, Kaufm. (gesch. Mainz 9. 1. 1973).

(5) Ursula Elisabeth Maximiliane Josepha Huberta Maria, * Bingen 7. 6. 1939;
⚭ Mainz-Gonsenheim 3. 6. 1960 Robert Leins, * Mainz 4. 7. 1939, Industriekaufm., Prokurist
(Ludwig-Thoma-Str. 6, 8013 Haar bei München).

2. Josef August Karl Jakob Maria Hubert, * Sigmaringen 11. 8. 1858, † Berlin 6. 2. 1922, Kgl. preuß. GenLt a. D., ERr d. souv. MaltRrO.;
⚭ Bonn 10. 10. 1883 Johanna Edle v. Solemacher, * Wiesbaden 1. 3. 1863, † Bonn 8. 4. 1936, T. d. ... Edmund Rr u. Edler v. S. u. d. Mathilde Stahl.

Sohn:

Jakobus-Maximilian Edmund Josef Hubert Maria, * Koblenz 7. 7. 1885, † Niederspay 21. 8. 1967, Dr. jur., Senatspräs. i. R., MagRr d. souv. MaltRrO.;
⚭ Burg Morenhoven 14. 5. 1924 Maria v. Kesseler, * Brühl 31. 1. 1901, † Boppard 3. 10. 1973, T. d. Ldwirts Hermann v. K. u. d. Paula v. Kempis.

Kinder:

(1) Hermann Josef Emmerich Paulus Hubert Maria, * Lippstadt 17. 5. 1927, auf Burg Müttinghoven, staatl. gepr. Ldwirt, Vors. d. FamVerb.;
× Stapel 17. 5. 1956 Ermengard Freiin Droste zu Hülshoff, * Höxter 26. 4. 1927, auf Stapel, T. d. Ldrats a. D. Clemens Frhr D. zu H. u. d. Maria-Theresia Freiin v. Pfetten
(Haus Stapel, 4409 Havixbeck).

Kinder:

a. Monika Paula Maria Huberta, * Münster, Westf., 31. 3. 1957, B. A., DiplBetriebswirtin, Rechtsanwalts- u. Notargehilfin
(Kuhstr. 8, 4400 Münster).

b. Ermengard Sibylle Maximiliane Maria Huberta, * Münster 23. 5. 1958;
× Münster 12. 6. 1984 Gerhard Niehaus, * Herten-Westerholt 26. 6. 1948
(Am Getterbach 53 n, 4400 Münster).

c. Friederike Mathilde Johanna Maria Huberta, * Münster 22. 7. 1959, DiplGeographin;
× (standesamtl.) München 29. 3., (kirchl.) Havixbeck 19. 5. 1984 Franz-Bernhard Frhr v. Solemacher-Antweiler, * Landshut 21. 7. 1953, Dipl. soc. paed.
(Riedener Weg 70, 8130 Starnberg).

d. Mechthild Josefa Maria Huberta, * Münster 1. 8. 1960, Dr. med., Ärztin;
× (standesamtl.) Münster 7. 12. 1989, (kirchl.) Havixbeck 9. 6. 1990 Karl-Heinz Diekmann (s. u.).

e. Max Clemens Edmund Josef Hubert Maria, * Münster 27. 9. 1961, DiplHolzwirt, Journalist
(Güntherstr. 94, 2000 Hamburg 76).

f. Elisabeth Martha Maria Huberta, * Münster 12. 11. 1962, Krankengymnastin
(Schleißheimer Str. 189, 8000 München 40).

(2) Jan Karl Maximilian Hubert Maria, * Bonn 28. 5. 1928, Arbeitsgerichtsdir. a. D.;
× Sünching bei Regensburg 17. 7. 1965 Kunigunde (Kuni) Freiin v. Hoenning O'Carroll, * Sünching

18. 9. 1937, T. d. DiplLdwirts Zdenko Frhr v. H. O'C. auf Sünching u. d. Margarete (Margit) Przssin v. Lobkowicz *(Zehnthofstr. 8, 5401 Spay-Niederspay).*

Kinder:

a. Christian Edmund Hubert Maria, * Koblenz 18. 5. 1966, B. A., stud. phil. et rer. pol.
(Zehnthofstr. 8, 5401 Spay-Niederspay).

b. Wolfgang Friedrich Maximilian Zdenko, * Trier 24. 10. 1968, cand. jur.
(Zehnthofstr. 8, 5401 Spay-Niederspay).

c. Johanna Ermengard Margit Maria Adelgunde, * Ehrang bei Trier 12. 9. 1971, stud. phil.
(Zehnthofstr. 8, 5401 Spay-Niederspay).

(3) Maximilian (Max) Edmund Hubert Maria, * Bonn 6. 9. 1929, auf Burg Antweiler, Ing. agr.;
× Baienfurt bei Ravensburg 30. 5. 1963 Adelheid Freiin v. König, * Gauthen, Kr. Fischhausen, Ostpr., 10. 7. 1936 (kath. seit 1963), T. d. Majors d. Res. Werner Frhr v. K. auf Gauthen usw. u. d. Dorothee Staelin
(Antweiler, 5353 Mechernich, Kr. Euskirchen).

Kinder:

a. Benedikt Jürgen Edmund Hubert Maria, * Bonn 17. 5. 1964, DiplIng. agr.
(Antweiler, 5353 Mechernich, Kr. Euskirchen).

b. Judith Huberta Maria, * Bonn 24. 5. 1966, Krankenschwester
(Antweiler, 5353 Mechernich, Kr. Euskirchen).

c. Dorothee Erika Huberta Maria, * Bonn 4. 7. 1968, Bankkauffrau
(Antweiler, 5353 Mechernich, Kr. Euskirchen).

(4) Marie Mathilde Johanna Huberta, * Düsseldorf 15. 4. 1936, Dr. rer. pol., DiplVolkswirtin
(Nymphenburgerstr. 90 b, 8000 München);
× (standesamtl.) Boppard 28. 3., (kirchl.) Bonn 27. 4. 1967 Paul Frhr v. Moreau, * Schönach bei Straubing 17. 8. 1930, Ldwirt, Pflanzenzüchter
(Robert-Kothe-Str. 8, 8440 Straubing).

3. Maximilian Egolf Emmerich Maria Hubert, * Koblenz 12. 11. 1867, † ebd. 15. 5. 1915, vorm. Bürgermeister von Cochem (Land), Kais. deutsch. KptLt a. D.;
⚭ Karthäuserhof bei Koblenz 1. 10. 1892 Maria Werner, * Koblenz 18. 5. 1873, † Hamburg 2. 8. 1935 (⚭ II. Hamburg 18. 5. 1919 Erwin Becker, * Caracas, Venezuela, 25. 4. 1877, † Hamburg 20. 10. 1928, Dr. jur., ORegRat), T. d. Kaufm. u. Stadtrats von Koblenz Peter W. u. d. Marie Seibert.

Sohn:

Erwin Emmerich Jakob Peter Maria Hubert, * Karthäuserhof bei Koblenz 6. 7. 1893, † Bad Honnef 12. 3. 1945, Bankbeamter;
⚭ Köln 24. 5. 1922 Katharina (Käthe) Bitscheid, * Köln 5. 3. 1897, † Bensberg 16. 1. 1986 (gesch. ... 1932; ⚭ II. Köln 3. 10. 1939 Leopold Walther Egolf Heck, * Koblenz 8. 12. 1897, † Bensberg 17. 5. 1983, Kaufm., Graphiker), T. d. Reichsbahnbeamten ... B. u. d. ...

Tochter:

Erwine Dorothea Maria Margaretha Lucia, * Köln 21. 8. 1923
(Giselbertstr. 12, 5060 Bensberg).

2. Ast

Erloschen.

Maximilian Franz Hubert Freiherr Raitz v. Frentz, * Garath 30. 6. 1837, † Köln 31. 12. 1897, Kgl. preuß. OLt a. D.;
⚭ Düsseldorf 4. 5. 1872 Sophie Druckenmüller, * Trier 22. 7. 1846, † Düsseldorf 6. 10. 1920, T. d. Kgl. preuß. GehRegRats a. D. Dr. jur. Nikolaus D. u. d. Maria Zell.

Franziska (Fanny) Jakoba Huberta, * Düsseldorf 14. 12. 1876, † ebd. 22. 1. 1981.

III. Linie (Bakenhof)

Erloschen.

Maximilian Karl Hubert Freiherr Raitz v. Frentz, * Listringhausen 7. 8. 1812, † Düsseldorf 22. 5. 1885, Kgl. preuß. Khr u. GehORegRat;
⚭ Rath bei Arnoldsweiler 7. 8. 1841 Judith Freiin v. Bourscheidt, * Rath 3. 11. 1823, † Düsseldorf 4. 10. 1884, StkrD.,

T. d. Franz Frhr v. B. auf Rath u. Röthgen u. d. Isabella Freiin v. Blanckart.

---

1. Adolf Maria Klemens Hermann Joseph Franz Hubert, * Koblenz 5. 11. 1843, † Trier 7. 4. 1907, Kgl. preuß. PLt a. D., ERr d. souv. MaltRrO.;
× Bakenhof bei Krefeld 16. 2. 1884 Sophie Freiin v. Lüninck, * Düsseldorf 14. 6. 1850, † Bakenhof 19. 2. 1935, auf Bakenhof, T. d. Kgl. preuß. Majors a. D. Engelbert Frhr v. L. u. d. Klara v. Heinsberg, auf Bakenhof.

Kinder:

1) Maria Adolf Max Felix Hubert, * Trier 26. 5. 1890, ⚔ († an seiner Verwundung im Kriegslazarett) Ehrwald, Tirol, 18. 1. 1945, auf Bakenhof;
× Myllendonk 29. 10. 1931 Alma Erika Freiin v. Wüllenweber, * Korschenbroich 3. 11. 1896, † Krefeld-Linn 2. 8. 1971, T. d. Kgl. preuß. OLts a. D., Bürgermeisters Hugo Frhr v. W. u. d. Elisabeth Freiin v. Böselager.

Adoptivsohn: s. u.

2) Maria Sophie Klara, * Trier 1. 4. 1895, † Altena, Westf., 18. 5. 1984;
× Bakenhof 14. 1. 1922 Franz Pfeffer v. Salomon, * Düsseldorf 19. 2. 1888, † München 12. 4. 1968, Kgl. preuß. Hptm. a. D., MdR. (führte gemäß Verfügung des Reichsmin. d. Innern vom 3. 7. 1941 den Namen „v. Pfeffer").

2. Maximilian Franz Joseph Nikolaus Maria Hubertus, * Düsseldorf 6. 8. 1860, † Bad Godesberg 7. 11. 1935, Kgl. preuß. Major a. D., ERr d. souv. MaltRrO.;
× Bonn 23. 4. 1890 Maria v. Grand Ry, * Aachen 9. 9. 1865, † Bad Godesberg 12. 7. 1940, T. d. RegReferendars a. D. André v. G. R. auf Burg Stockem u. Groß-Weims u. d. Marie v. Grand Ry.

Tochter:

Judith Sophie Andrea Maria Huberta Josephine, * Straßburg, Elsaß, 12. 3. 1897, † Schleiden-Gemünd, Eifel, 21. 12. 1982;
× (standesamtl.) Bad Godesberg 21. 12. 1940, (kirchl.) Köln 28. 1. 1941 Franz Frhr v. Harff, * Duisburg 30. 10. 1905, † Düsseldorf-Rath 5. 5. 1951, auf Dreiborn, AmtsgerRat.

Namensträger, die nicht dem Adel angehören (siehe Form der Darstellung, Vorbemerkung):

I. Jürgen Keil-Brinckmann, * Griesheim 1. 11. 1941, Graphiker, führt aufgrund des Ehenamensänderungsgesetzes vom 27. 3. 1979 seit 31. 10. 1979 den Namen „Freiherr Raitz von Frentz";
× Erzhausen 5. 1. 1965 Rezia Freiin Raitz v. Frentz (s. o., I. Linie) *(Schöne Aussicht 10, 6200 Wiesbaden)*.

Kinder:

1. Malte Benjamin Wynand, * Frankfurt am Main 12. 7. 1966, ... (...).
2. Babette Rezia Eva, * Frankfurt 13. 11. 1967, ... (...).

II. Karin Franziska Urban, * Wiesbaden 16. 6. 1949, führte gemäß § 1618 BGB seit 1. 11. 1960 den Namen „Freiin Raitz von Frentz", Apothekenhelferin;
× Mainz-Bischofsheim 6. 12. 1983 Wolfgang Helmut Rahn, * Kaiserslautern 17. 2. 1950, Rechtsanwalt
(Weisenauer Gasse 2, 6094 Mainz-Bischofsheim).

III. Karl-Heinz Diekmann, * Hahlen, Kr. Minden, Westf., 10. 11. 1941 (ev.), Marktforscher, führt gemäß § 1355 BGB seit 7. 12. 1989 den Namen „Diekmann-Freiherr Raitz von Frentz";
× (standesamtl.) Münster, Westf., 7. 12. 1989, (kirchl. ökumen.) Havixbeck 9. 6. 1990 Mechthild Freiin Raitz v. Frentz (s. o., II. Linie, 1. Ast)
(Petershäger Weg 30, 4950 Minden).

Sohn:

Florian, * Minden 8. 12. 1991.

IV. Adoptivsohn (Vertrag ... 6. 12. 1954, amtsgerichtl. bestät. ... 3. 3. 1955) der Alma Erika Freifrau Raitz v. Frentz, geb. Freiin v. Wüllenweber (s. o., III. Linie):

Wilhelm Ernst Adolf Helmer Siemann (S. d. Schriftstellers Wilhelm S. u. d. Klementine Freiin Raitz v. Frentz), * Krefeld-Linn 28. 7. 1930, Ldschafts- u. Gartenarchitekt, führt gemäß Namensänderungsurk. des Innenmin. des Landes Nordrhein-Westfalen vom 24. 3. 1955 den Namen „Raitz von Frentz";
× Düsseldorf 2. 1. 1965 Marianne Kiesselbach, * Greifswald 28. 5. 1938, T. d. Prof. Dr. med. et phil. Anton K. u. d. Dr. phil. Marianne März
(Bakenhof, Rheinbabenstr. 144, 4150 Krefeld 12 – Linn).

Sohn:

Alexander Guido, * Düsseldorf 28. 9. 1970.

Reibnitz

Ev. u. kath. — Schlesischer Uradel, der seinen Namen nach dem gleichnamigen Dorf bei Hirschberg führt und die sichere Stammreihe mit dem Rr Konrad v. Reibnitz, urkundl. 1307 bis 1337, beginnt. — Übertragung d. Frhrnstandes durch die 27. 12. 1756 erfolgte Adoption d. Gottfried Diprand v. Reibnitz a. d. H. Leipe durch Christoph Friedrich Frhr v. Reibnitz (böhm. Frhrnstand Wien 16. 7. 1724), auf Erdmannsdorf; preuß. Anerkennung der Adoption lt A. KO. Dresden 20. 1. 1757; preuß. Anerkennung d. Frhrnstandes lt A. KO. Charlottenburg 20. 1. 1857 (für die Söhne d. 1856 † Kgl. preuß. RegRats u. Zolldir. Karl Frhr v. Reibnitz) bzw. durch Heroldsamtsreskript vom 20. 6. 1857 (für dessen Bruder Emil Frhrn v. Reibnitz, Präs. der Kgl. preuß. GenKommission der Prov. Sachsen). — Der Warmbrunn, Schles., 16. 9. 1858 gegründete Geschlechtsverband mit FamStiftung wurde nach Verlust der Stiftungen als Kriegsfolge 1958 als FamVerb. der Hrn u. Frhrn v. Reibnitz neu gegründet und ein FamFonds eingerichtet; er führt seit 1985 den Namen „FamVerb. v. Reibnitz" u. hält alle drei Jahre FamTag ab. 1. Senior: Hubertus v. Reibnitz, Weinbergsweg 13, 3352 Einbeck.

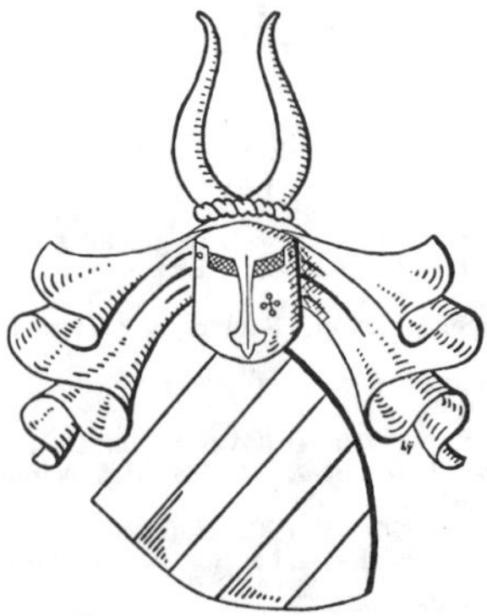

W.: In S. 2 r. Balken. 2 H. mit r.-s. Decken; auf dem rechten ein r. und ein s. Büffelhorn (StH.), auf dem linken rechts ein s. Flügel mit gr. Blatt, links ein r. Büffelhorn.

Vgl. auch Goth. adel. Tschb. A 1901 (Stammreihe u. ältere Genealogie) sowie GHdA, Adel. Häuser A, Bd XV (1979). — Vgl. Paul Frhr v. Reibnitz, Gesch. der Herren u. Frhrn v. Reibnitz, Berlin 1901. — Goth. frhrl. Tschb. 1854 bis 1940. — GHdA, Frhrl. Häuser A, Bd IV (1962) (neue Stammreihe) u. X (1977).

Stamm A

Stammvater: Nicol, urkundl. 1341.

I. Linie

Stammvater: Carl Friedrich Wilhelm, * 1728, † 1794.
S. GHdA, Adel. Häuser A, Bd XV (1979).

II. Linie

Stammvater: Frhr Gottfried Diprand, * 1729, † 1793 (Übertragung d. Frhrnstandes durch Adoption 27. 12. 1756; preuß. Anerkennung der Adoption lt A. KO. Dresden 20. 1. 1757).

1. Ast

Stammvater: Frhr Karl, * 1803, † 1856.

1. Zweig

Stammvater: Frhr Ernst, * 1830, † 1867 (preuß. Anerkennung d. Frhrnstandes lt A. KO. Charlottenburg 20. 1. 1857).

1. Haus (Lohnau)

Im Mannesstamme erloschen.

Stammvater: Frhr Arthur, * 1854, † 1931.

Johannes Hubertus Freiherr v. Reibnitz, * Lohnau, Kr. Cosel, 23. 10. 1882, † Leipzig 25. 6. 1939, auf Maltschawe u. Lohnau, Ldwirt, Alt-Ldesbauernführer, MdR.;
× I. Schwerin 12. 10. 1910 Beate v. Pritzelwitz, * Potsdam 22. 12. 1887, † Oettingen 11. 8. 1975, führte wieder den Geburtsnamen (gesch. Berlin 15. 5. 1920), T. d. Kgl. preuß. Gen. d. Inf. a. D. Kurt v. P. u. d. Maria v. Eickstedt;
× II. Maltschawe 16. 9. 1920 Annemarie v. Poncet, * Wolfshain, Kr. Spremberg, 22. 8. 1893, † Prien am Chiemsee 27. 4. 1980 (gesch. Berlin 18. 7. 1937; × I. Wolfshain 5. 2. 1912 Walter v. Dobschütz, ⚔ bei Muirancourt, Frankr., 3. 9. 1918, Kgl. preuß. Rittmeister im HusRgt 6, kmdt zum ResInfRgt 443), T. d. Kgl. preuß. Lts a. D. Max v. P. auf Wolfshain u. Groß-Kölzig u. d. Elise Tauscher;
× III. Lohnau 7. 5. 1938 Charlotte Koppert, * … 3. 11. 1908, † … 1940.

a) Erster Ehe:

1. Liselotte Maria Waltraut Hildegard, * Breslau 5. 2. 1918, † Prien 13. 3. 1969;
⚭ Lohnau 21. 8. 1942 Max Brey, * Ruda, OSchles., 16. 3. 1915, ⚔ (vermißt bei den Kämpfen in der Normandie) 19. 8. 1944, für tot erklärt ..., Major.

b) Zweiter Ehe:

2. Brigitte Elisabeth Marie, * Breslau 10. 7. 1921;
⚭ Breslau 2. 12. 1943 Ulrich Hoffmann, * Ulm 10. 5. 1920, Oberstlt a. D.
(Knappertsbuschstr. 6, 8000 München 81).

2. Haus (Mistitz)

Hans Egon Friedrich Wilhelm Freiherr v. Reibnitz, * Breslau 2. 9. 1856, † Berlin 20. 9. 1918, auf Mistitz u. Podlesch-Prezewos, Kgl. preuß. Rittmeister a. D., ERr d. JohO.;
⚭ Gieraltowitz 19. 2. 1887 Ida v. Eickstedt, * Ratibor 7. 6. 1867, † Groß-Grauden, Kr. Cosel, OSchlesien, 15. 6. 1937, T. d. Erbkm. von Alt-Vorpommern u. Kgl. preuß. RegReferendars a. D. Hugo Frhr v. E., Fkhrn auf Gieraltowitz, Kr. Cosel, u. d. Ida Krohn.

1. Hans Diprand, * Mistitz 8. 12. 1887, † Potsdam 16. 1. 1919, Kgl. preuß. Hptm.;
⚭ Berlin 5. 3. 1914 Margarete (Maritta) Gfin v. der Schulenburg a. d. H. Bodendorf, * Berlin 15. 4. 1891, † Grafing 15. 12. 1987 (⚭ II. Bodendorf, Kr. Haldensleben, 15. 5. 1923 Friedrich-August Gf v. Kospoth, † Bad Homburg 24. 8. 1980, Oberstlt a. D.), T. d. Kgl. preuß. Oberstlts a. D. Leopold Gf v. der Sch. u. d. Marie Freiin v. Schlichting.

Töchter:

1) Maritta Ellinor Ida-Marie, * Potsdam 7. 1. 1915;
⚭ Schmollen, Kr. Oels, Schlesien, 16. 9. 1936 Otto Henning Nebe, * Posen 13. 5. 1908, ⚔ Jarzewo bei Smolensk 2. 9. 1941, Dr. phil., Lic. habil., Pastor, Hptm. d. Res. im InfRgt 7
(Blumenstr. 35, 8047 Karlsfeld bei München).

2) Gisela Helena Charlotte Erika, * Potsdam 4. 6. 1918;
⚭ Büdingen, OHessen, 4. 6. 1946 Bernd Andreae, * Rostock 17. 4. 1923, † Berlin 15. 1. 1985, Dr. agr., o. Prof. f. Agrar-Betriebswirtschaft an der Freien Univ. Berlin
(Hintere Gärten 4, 5900 Siegen-Volnsberg).

2. Joachim Hans, * Mistitz 25. 4. 1891, † Dobbeln, Kr. Helmstedt, 3. 11. 1953, auf Mistitz (Schönblick), Podlesch-Fährendorf, Groß-Grauden u. Oderwalde (§), Kr. Cosel, Ldesältester, Major d. Res., ERr d. JohO.;
× Jankendorf bei Christburg 4. 3. 1924 Erika v. Kobylinski, * Korbsdorf bei Wormditt, Ostpr., 25. 5. 1904, † Grafrath an der Amper 2. 7. 1969, T. d. Manfred v. K. auf Korbsdorf usw. u. d. Elisabeth v. Rochow.

Kinder:

1) Renate Ida Valeska Gabriele Elisabeth, * Mistitz 27. 9. 1925, Sekretärin i. R.
(Heckscherstr. 23, 8000 München 40).

2) Rose-Marie, * Mistitz 20. 9. 1927;
× (standesamtl.) Dobbeln, (kirchl.) Schöningen, Kr. Helmstedt, 17. 9. 1949 Walter Müller, * Braunschweig 11. 10. 1921, † Solingen 17. 9. 1991, Prokurist i. R., OLt z. See a. D.
(v.-Galen-Str. 34, 5650 Solingen).

3) Rüdiger Hans-Diprand Manfred Joachim, * Mistitz 13. 3. 1930, Kaufm.;
× (standesamtl.) Oberhausen, Rheinld, 19. 8., (kirchl.) Hugenpoet bei Kettwig 5. 9. 1958 Helga Lippman, * Wurzen 5. 11. 1931, T. d. AmtsgerDir. Dr. jur. Konrad L. u. d. Elsbeth Steffen
(Pirolweg 34, 5650 Solingen 1).

Kinder:

(1) Hans-Joachim Manfred Rüdiger, * Oberhausen 19. 5. 1960, kaufm. Angest.;
× (standesamtl.) Solingen 27. 9., (kirchl.) Rösrath bei Köln 4. 10. 1991 Sabine Ehmann, * Köln 22. 8. 1958, T. d. Photographen Walter E. u. d. Rosemarie Schwindhagen
(Steigerhäuschen 28, 5650 Solingen 1).

(2) Ulrike, * Oberhausen 28. 12. 1961, Touristikfachwirt
(Pirolweg 34, 5650 Solingen 1).

(3) Boris Konrad Diprand, * Hilden, Rheinld, 20. 12. 1967, stud. art.
(Pirolweg 34, 5650 Solingen 1).

4) Rotraud, * Mistitz 8. 5. 1935;
⚭ (standesamtl.) Dobbeln 9. 12., (kirchl.) Hormannshof bei Dorfmark, Hann., 11. 12. 1954 Bolko Gf v. Haslingen gen. v. Schickfus, * Sakrau 26. 5. 1928, Ldwirt
(Sterzinger Str. 20, 4352 Herten, Westf.).

3. Günther-Hubertus, * Mistitz 8. 9. 1894, † Breitbrunn 2. 3. 1983 (kath. seit 1921), vorm. Farmer;
⚭ I. Breslau 12. 7. 1921 Margherita (Rita) Schoen, * Krzanowitz 27. 12. 1893, † Garmisch-Partenkirchen 19. 11. 1962, auf Chrost (§) (vorm. Fkm.), Kr. Cosel, führte wieder den Namen des ersten Gemahls (gerichtl. gesch. Breslau 15. 4. 1931, Ehe kirchl. annulliert ebd. ...; ⚭ I. Breslau 23. 5. 1912 Hans Christoph Gf v. Seherr-Thoß, ⚔ bei Fauconcourt 8. 8. 1918, Kgl. preuß. Rittmeister d. Res.), T. d. Ldesältesten Gustav Sch., Fkhrn auf Chrost u. Krzanowitz, u. d. Elisabeth Wentzel;
⚭ II. Breslau 17. 12. 1941 Maria Anna (Marianne) Gfin Szapáry de Muraszombath, Széchysziget et Szapár, * Baden bei Wien 2. 8. 1911, † Sydney, Australien, 17. 4. 1988 (kath.) (gesch. Kempten, Allgäu, 24. 6. 1946; ⚭ II. Sydney 23. 2. 1952 Thaddäus Koczorowski [W. Rogala], comes romanus, * Pamiatkowo, Prov. Posen, 29. 8. 1911, vorm. poln. Vizekonsul), T. d. K. u. K. Km., WGehRats u. Botschafters i. R. Dr. jur. Friedrich Gf Sz. de M., Sz. et Sz. u. d. Hedwig Przssin zu Windisch-Graetz;
⚭ III. Johannesburg, SAfrika, 12. 5. 1950 Esther Schuette, * Posen 15. 1. 1909 (gesch. Pretoria, SAfrika, 12. 7. 1956), T. d. Kaufm. Karl Sch. u. d. Marta Strese
(Maurenbrecherstr. 7, 4000 Düsseldorf 1);
⚭ IV. Umtali, Süd-Rhodesien, 15. 12. 1956 Rosemarie Kramer, * Garmisch-Partenkirchen 25. 12. 1907 (kath.) (⚭ I. Kiambu, Kenia, 12. 1. 1930 Ulrich Otto Hoesch, ⚔ El Alamein 7. 10. 1941; ⚭ II. Beira, Moçambique, OAfrika, 13. 10. 1948 Gustav v. Buddenbrock, † Maforga, Gondola, Moçambique, 28. 8. 1955, ...), T. d. ... Aloys Carl K. u. d. Anna Magdalene Läring
(Seefelder Str. 3, 8036 Herrsching).

Kinder: a) erster Ehe:

1) Margarita (Ita) Maria Elisabeth Agathe Alice, * Krzanowitz 18. 1. 1924 (ev.);
⚭ Sharon, Connecticut, USA, 14. 9. 1947 Charles Jacques Francisco, * Marquette, Michigan, USA, 26. 9. 1925, Personaldir.
(P. O. Box 222, Industry, IL 61440, USA).

b) zweiter Ehe:

2) Friedrich Johannes László Diprand Alfred Maria, * Breslau 16. 11. 1942 (kath.), Dir. eines staatl. Statistikbureaus;
⨯ I. Sydney 21. 8. 1971 Kay Vernon, * Sydney 11. 12. 1943 (gesch. Canberra 10. 3. 1979), T. d. Kaufm. James V. u. d. Mavis Patterson
(..., Canberra, Australien);
⨯ II. Sydney 30. 6. 1979 Helen Williams, * Adelaide 21. 3. 1945, T. d. Prof. der Volkswirtschaft Bruce W. u. d. Roma Hotten
(76 Captain Cook Crescent, Griffith ACT 2603, Australien).

Tochter zweiter Ehe:

Anna Theresa, * Canberra 28. 12. 1986.

3) Maria-Christina Agnes Hedwig Ida, * Karlsbad 15. 1. 1945 (kath.);
⨯ I. London 15. 9. 1971 Thomas Troubridge a. d. H. der Baronets T., * London 26. 12. 1939, Bankier (gesch. London ... 8. 1977, Ehe kirchl. anglik. annulliert Westminster ... 5. 1978, kirchl. kath. annulliert Rom 27. 7. 1983);
⨯ II. (standesamtl.) Wien 30. 6., (kirchl. anglik.) Westminster Abbey in London 30. 10. 1978, (kirchl. kath.) London 30. 7. 1983 Michael Pr. v. Großbritannien u. Nord-Irland, * Coppins, Engld, 4. 7. 1942, Kgl. großbrit. Major der Husaren
(Kensington Palace, London W. 8; Nether Lypiatt Manor, Stroud, Glos. England).

2. Zweig

Im Mannesstamme erloschen.

Arthur Joseph Wilhelm Freiherr v. Reibnitz, * Breslau 16. 1. 1832, † Sangerhausen 8. 4. 1873 (preuß. Anerkennung d. Frhrnstandes lt A. KO. Charlottenburg 20. 1. 1857), Kgl. preuß. Major a. D.;
⨯ Luxemburg 1. 10. 1862 Marie v. Lessing, * Lübben 14. 11. 1842, † Techow, Prignitz, 22. 11. 1924, T. d. Kgl. preuß. GehRegRats Wolf v. L. u. d. Marie Bayer.

1. Paul Wilhelm Cyrus Friedrich, * Magdeburg 2. 10. 1867, † Groß-Biesnitz bei Görlitz 5. 9. 1945, Kgl. preuß. Oberstlt a. D., ERr d. JohO.;

× Cosel 6. 11. 1901 Ella Waechter, * Roswadze bei Deschowitz 2. 6. 1882, † Offenbach am Main 3. 9. 1969, T. d. Fabrikdir. Oskar W. u. d. Helene Jaenicke.

Töchter:

1) Sigrid Margarete Helene Hedwig Maria, * Allenstein 5. 3. 1910, † Backnang 26. 12. 1978;
× I. Hirschberg, Riesengeb., 16. 10. 1929 Robert Liebig, * ..., † ..., ... (Ehe für nichtig erklärt ...);
× II. Breslau 20. 1. 1937 Eberhard Fengler, * Jauer 9. 9. 1899, † Ludwigsburg 14. 10. 1967, Dr. jur., Rechtsanwalt u. Notar (gesch. Stuttgart 11. 12. 1963);
× III. Frankfurt am Main 16. 8. 1966 Karl Fischer, * Stuttgart-Bad Cannstatt 14. 5. 1911, † Backnang 20. 8. 1974, VersKaufm.

2) Gudrun Hildegard Erna Charlotte Anna, * Oels 19. 1. 1914;
× Hirschberg 19. 5. 1938 Fritz Illmer, * Breslau 29. 7. 1905, † Frankfurt am Main 17. 5. 1981, Dr. jur., AmtsgerRat a. D.
(Wilhelmshöher Str. 49, 6000 Frankfurt am Main 60).

3) Dagmar-Ursula Ingeborg, * Breslau 2. 7. 1924;
× Frankfurt am Main 31. 7. 1958 Richard Kuhn, * Sulzbach am Main 29. 1. 1917, † Schlüchtern 4. 8. 1989, Dipl-Kaufm., Geschäftsführer
(Königsstr. 19, 6400 Fulda).

2. Wilhelm Viktor Ernst Arthur, * Karlsruhe 22. 3. 1871, † Potsdam 3. 3. 1940, Kgl. preuß. Major a. D.;
× Alt-Christburg 23. 5. 1901 Luise (Lilly) v. Schroeder, * Groß-Münsterberg, Kr. Mohrungen, 22. 8. 1882, ⚔ (beim Luftangriff) Potsdam 14. 4. 1945, T. d. Otto v. Sch. auf Groß-Münsterberg u. d. Margarethe v. Katzler.

Tochter:

Marie-Agnes Auguste Margarethe, * Oldenburg i. O. 14. 4. 1902, † Bad Herrenalb ...;
× Eiche bei Potsdam 2. 7. 1930 Arnold v. Bessel, * Wiesbaden 24. 5. 1882, ⚔ († in franz. Gefangenschaft) Villamine au Rhin 19. 7. 1945, GenMajor a. D., Kmdr der Kriegsgefangenen in Frankreich.

3. Zweig

Erloschen.

Stammvater: Frhr Paul, * 1838, † 1900 (preuß. Anerkennung d. Frhrnstandes lt A. KO. Charlottenburg 20. 1. 1857).

Kurt Gustav Hans Otto Wilhelm Freiherr v. Reibnitz, * Kiel 12. 11. 1877, † Königsberg i. Pr. 26. 6. 1937, Dr. jur., Dr. phil., meckl. StMin. a. D.;
× I. Potsdam 28. 6. 1910 Freda v. Schenck, * Berlin 21. 3. 1890, † Berlin-Zehlendorf 2. 3. 1946 (gesch. Neisse 23. 9. 1915; × II. München 29. 2. 1916 Werner Gf v. der Schulenburg, † Hameln an der Weser 5. 2. 1945, auf Hehlen; gesch. Berlin ... 1919), T. d. Kgl. preuß. Gen. d. Inf. Dedo v. Sch. u. d. Katharina v. Wardenberg;
× II. Neustrelitz 24. 4. 1920 Luise v. Maltzan Freiin zu Wartenberg u. Penzlin, * Großenluckow 15. 1. 1861, † Berlin-Wilmersdorf 16. 12. 1945 (× I. Penzlin 27. 8. 1901 Friedrich v. Maltzan Frhr zu Wartenberg u. Penzlin, † Neustrelitz 23. 7. 1914, Ghzgl. meckl.-strel. OKhr u. Hofmarschall, Kgl. preuß. GenLt z. D.), T. d. Ghzgl. meckl. Ldrats Adolf v. M. Frhr zu W. u. P. auf Großenluckow usw. u. d. Elisabeth v. Bülow.

Adoptivsohn: s. u.

4. Zweig

Stammvater: Frhr Johannes, * 1841, † 1901 (preuß. Anerkennung d. Frhrnstandes lt A. KO. Charlottenburg 20. 1. 1857).

Rudolf Hans Otto Wilhelm Freiherr v. Reibnitz, * Anklam 26. 5. 1882, ⚔ bei St. Gérard, Belgien, 23. 8. 1914, Kgl. preuß. Amtsrichter, Lt d. Res. im 2. GardeRgt zu Fuß;
× Dresden-Blasewitz 31. 5. 1911 Gertrud v. Treskow, * Morasko, Kr. Posen, 5. 6. 1886, † Dresden 4. 5. 1934, T. d. Kgl. preuß. OLts a. D. Gustav Adolf v. T. auf Morasko usw. u. d. Sophie Petzold.

Hans Otto Gustav Adolf Ernst, * Frankfurt an der Oder 15. 10. 1913, Oberst i. G. a. D.;
× (standesamtl.) Göttingen 31. 10., (kirchl.) Hann.-Münden 12. 12. 1953 Brigitte Lonicer, * Königsberg, Neumk, 16. 10. 1920, T. d. Dr. med. Martin L., Leitenden Arztes d. JohKrankenhauses in Königsberg, u. d. Elsbeth Schulz
(Im Gries 1, 5300 Bonn 2 — Bad Godesberg).

1. Barbara Elsbeth Gertrud Amaly Brigitte, * Göttingen 19. 12. 1955, M. A., Dr. phil.
(Im Gries 1, 5300 Bonn 2 — Bad Godesberg).

2. Susanne Ursula Hortense, * Bonn 26. 11. 1958, Arzthelferin *(August-Mayer-Str. 17, 8598 Waldershof)*;
⚭ Bonn-Bad Godesberg (standesamtl.) 16. 7., (kirchl.) 18. 7. 1981 Jürgen Hornig, * Nürnberg 10. 12. 1958, Dr. med., Arzt (gesch. Bayreuth 7. 5. 1987).

3. Christine Katharina Sophie, * Bonn 25. 5. 1961, vet. med. techn. Assistentin, DiplIng. agr.
(Im Gries 1, 5300 Bonn 2 — Bad Godesberg).

5. Zweig

Karl Hermann Anton Wilhelm Freiherr v. Reibnitz, * Breslau 19. 12. 1846, † Berlin-Lichterfelde 7. 2. 1914 (preuß. Anerkennung d. Frhrnstandes lt A. KO. Charlottenburg 20. 1. 1857), Kais. KptLt a. D.;
⚭ Berlin 1. 6. 1875 Anna v. der Hagen, * Berlin 26. 3. 1856, † Schweidnitz 5. 8. 1922, T. d. Kgl. preuß. Hptm. a. D. Alexander v. der H. u. d. Bertha v. Proeck.

1. Karl Alexander Wilhelm, * Groß-Gräditz 19. 2. 1878, † Schweidnitz 21. 7. 1929, Kgl. preuß. Major a. D., ERr d. JohO.;
⚭ Schweidnitz 28. 8. 1920 Elisabeth (Ilse) Freiin v. Richthofen, * Breslau 8. 8. 1890, † Cuxhaven 2. 1. 1963, T. d. Kgl. preuß. Majors a. D. Albrecht Frhr v. R. u. d. Kunigunde v. Schickfus u. Neudorff.

 Kinder:

 1) Manfred Karl Friedrich Ullo Ernst Desiderius, * Schweidnitz 30. 5. 1921, ⚔ bei Amalienau bei Königsberg 29. 1. 1945, OLt in der HeeresPzAbt. 505.

 2) Anna-Ursula, * Schweidnitz 9. 9. 1922, Arzthelferin;
 ⚭ Kellinghusen, Holst., 5. 5. 1945 Hans-Heinrich v. Stryk, * Pollenhof, Livld, 27. 12. 1913/9. 1. 1914, Produktionskoordinator i. R. der Firestone Corp.
 (17 North Park Crescent, Woodstock, Ontario N4S 7L8, Canada).

 3) Nicol, * Schweidnitz 18. 5. 1924, † bei Köln 31. 12. 1968, Kaufm. u. Journalist;

× I. Temple Farm, Wiltshire, Engld, 4. 10. 1948 Sheila Mary Gulley, * Duncan, Britisch-Kolumbien, 10. 3. 1922 (gesch. Exeter, Engld, 28. 8. 1956), T. d. Farmbes. Alfred Clifford G. u. d. Violet Langstone-Scott
(22 Chapel Road, Alphington, Exeter, Devon, Engld);
× II. Hamburg 14. 3. 1957 Ingeborg Mest, * Magdeburg 16. 3. 1922 (gesch. Duisburg 16. 9. 1958), T. d. Kaufm. Arthur M. u. d. Gertrud Hädrich (...);
× III. Wuppertal-Elberfeld 14. 8. 1959 Ursula Wagener, * Elberfeld 27. 4. 1925 (× I. ... Miller, * ..., † oder gesch. ...; × III. ... Roth, * ..., ...), T. d. Gastwirts Fritz W. u. d. Charlotte Holländer
(..., 6800 Mannheim).

Sohn erster Ehe:

Richard Udo, * Bournemouth, Engld, 16. 3. 1950, Lehrer;
× Woking 21. 7. 1973 Pamela Bateman, * Mudgee, New South Wales, Australien, 18. 11. 1947, T. d. Farmers John B. u. d. Ida Cohen
(88 Baker Street, Weybridge, Surrey, Engld).

Kinder:

a. Justine Sarah, * London 23. 2. 1976.

b. Carl Daniel, * Chertsey 20. 11. 1978.

2. Werner Paul Wilhelm, * Dresden 6. 8. 1892, ⚔ Klein-Beynuhnen, Ostpr., 11. 9. 1914, Kgl. preuß. Lt d. Res. im InfRgt 148;
× Berlin 21. 7. 1914 Theodora Quilling, * Dessau 1. 11. 1891, † Heidelberg 3. 11. 1950 (× II. Berlin 2. 5. 1921 Erich Franz Fahrendorff, * Berlin 18. 3. 1897 oder 1898, † Berlin 23. 9. 1933, Kaufm.), nat. T. d. Rudolf Lettinger u. d. Anna Quilling.

Kinder:

1) Joachim-Hans August, * Schöneberg 1. 1. 1914, † Herrsching am Ammersee 10. 5. 1987, kaufm. Dir. i. R., RRr d. JohO.;
× Heidelberg 19. 6. 1948 Ria Schlorf, * Warnemünde 21. 9. 1920, † Herrsching 27. 7. 1990, T. d. ReichsbahnOSekr. Hermann Sch. u. d. Meta Keuer.

Kinder:

(1) Ursula-Anne Theodora, * Stuttgart 12. 7. 1950, Realschullehrerin;

× (standesamtl.) Bonn-Bad Godesberg 6. 7., (kirchl.) Athen 16. 9. 1973 Bernd v. Maltzan Frhr zu Wartenberg u. Penzlin, * Mölln, Kr. Hzgt. Lauenburg, 15. 3. 1949, Dr. rer. pol., Bankdir.
(Gutleuthofweg 18, 6900 Heidelberg-Schlierbach).

(2) Klaus Joachim Werner, * Frankfurt am Main 6. 8. 1952, Unternehmensberater;
× I. Schondorf am Ammersee 1. 5. 1980 Petra Schindler, * Gotha 23. 4. 1956 (gesch. Landsberg am Lech 22. 1. 1990; × II. Schondorf 1. 6. 1990 Michael Lechler, * Wildberg, Schwarzwald, 3. 6. 1948, DiplKaufm.), T. d. BauIng. Rolf Sch. u. d. Ingrid Rundt
(Wiesenweg 17, 8913 Schondorf am Ammersee);
× II. Schondorf 22. 6. 1990 Ulrike Bätzner, * Nagold 10. 6. 1950 (× I. Stuttgart 23. 10. 1981 Michael Lechler, * Wildberg 3. 6. 1948, DiplKaufm., gesch. Landsberg 23. 2. 1990), T. d. Kaufm. Walter B. u. d. Liselotte Koch
(Wiesenweg 17, 8913 Schondorf am Ammersee);

Kinder erster Ehe:

a. Nicole, * München 18. 8. 1980.

b. Dominik, * Starnberg 27. 12. 1982.

(3) Hans-Christian Rudolf, * Athen 21. 4. 1960, Assessor jur., LegRat, ERr d. JohO.;
× (standesamtl.) Bonn-Bad Godesberg 21. 4., (kirchl.) Eltville-Erbach 9. 9. 1989 Ina Scharlemann, * Holzminden 10. 6. 1965, cand. phil., T. d. DiplIng. Gerhard Sch. u. d. DiplIng. Helga Jünke
(Auswärtiges Amt, Postfach 1500, 5300 Bonn 1).

2) Ursula Anna Catharina (posthuma), * Schöneberg 2. 5. 1915, † Sprockhövel 29. 7. 1990, Schauspielerin, führte wieder den Geburtsnamen;
× Berlin 12. 8. 1935 Rudolf Birkemeyer, * Köln-Ehrenfeld 22. 2. 1904, Schauspieler (gesch. Bochum 7. 12. 1953).

2. Ast

Im Mannesstamme erloschen.

Stammvater: Frhr Emil, * 1805, † 1868 (preuß. Anerkennung des Frhrnstandes durch Heroldsamtsreskr. vom 20. 6. 1857).

Hans-Thilo Otto Artur Georg Sylvius Albrecht Freiherr v. Reibnitz, * Schwerin, Meckl., 16. 9. 1916, † Köln 11. 2. 1984,

erster Produktionsleiter f. Filmtechnik beim Westdeutschen Rundfunk i. R.;
× I. Berlin 13. 1. 1941 Ruth Schmidt, * Wuppertal-Barmen 16. 1. 1921, † München 16. 6. 1971 (gesch. Berlin 17. 6. 1946), T. d. Kaufm. Johann Sch. u. d. Ida Schmidt;
× II. Berlin-Wilmersdorf 27. 8. 1949 Dorothee Hering, * ... 22. 7. 1927, † New York ... (gesch. Berlin 17. 11. 1950; × II. ..., USA, ..., ...);
× III. Berlin 3. 6. 1954 Margot Joachim, * Berlin 6. 2. 1930, T. d. Kaufm. Dietrich J. u. d. Kätchen Baumüller
(Birkenallee 19, 5000 Köln 91 — Rath).

a) Erster Ehe:

1. Brita Edelgarde, * Berlin-Wilmersdorf 26. 7. 1941, Kauffrau, Antiquitätenhändlerin
(Zietenstr. 19, 1000 Berlin 30);
× Berlin 30. 1. 1976 Stefan Gerlach (s. u.).

b) Dritter Ehe:

2. Marie-Claude Gabriele, * Köln 16. 9. 1963, Fernseh-Bildmeisterin
(Ewaldistr. 30, 5000 Köln 1).

Stamm B

Stammvater: Diprand, urkundl. 1372—1373.

S. GHdA, Adel. Häuser A, Bd XV (1979).

Stamm C

Im Mannesstamme erloschen.

Stammvater: Hans Christoph, urkundl. 1675—1683. — Immatrikulation bei der Kurld. Rrschaft 21. 4. 1817[1] (für die Brüder Johann, Schloßhptm. zu Mitau, und Carl v. Reibnitz, nachm. Kais. russ. Gen. d. Inf.).
S. GHdA, Adel. Häuser A, Bd XV (1979).

---

1 Die Daten im ehem. russ. Kaiserreich sind bis 1917 nach dem (alten) Julianischen Kalender angegeben.

Namensträger, die nicht dem Adel angehören (siehe Form der Darstellung, Vorbemerkung):

I. Adoptivsohn (Vertrag ..., amtsgerichtl. bestät. Neustrelitz 25. 6. 1923) d. Kurt Frhr v. Reibnitz, * 1877, † 1937 (s. o., Stamm A, II. Linie, 1. Ast, 3. Zweig):

Herbert August Mittag, * ... 2. 4. 1899, † ..., Kaufm., Lt z. See a. D., führte den Namen „Freiherr von Reibnitz-Mittag";
× ... Grethel ..., * ..., T. d. ... u. d. ...
(Westfälische Str. 26, 1000 Berlin 31).

II. Stefan Wolfram Gerlach, * Bielefeld 27. 11. 1950, Antiquitätenhändler, führt aufgrund des Ehenamensänderungsgesetzes vom 27. 3. 1979 seit 22. 2. 1980 den Namen „„Freiherr von Reibnitz"
(Dachauer Str. 7, 8000 München 2);
× Berlin 30. 1. 1976 Brita Freiin v. Reibnitz (s. o., Stamm A, II. Linie, 2. Ast) (gesch. München 18. 11. 1985).

Tochter:

Cäcilie Sybille, * Berlin 27. 6. 1971, ...
(Zietenstr. 19, 1000 Berlin 30).

Ringhoffer

Kath. — Das Geschlecht stammt aus der Gfschaft Forchtenstein im heutigen Burgenland und beginnt die Stammreihe mit Jakob Ringhoffer, * 1673, † 1732, Schmied in Müllendorf, dessen Enkel Franz 1771 in Prag das Bürgerrecht erwirbt. — Österr. Adels- u. Frhrnstand Wien 3. 1. 1873 (für des Letztgenannten Enkel Franz Ringhoffer, Großindustriellen u. Großgrundbes.).

W. (1873): In G. ein mit 3 g. Ringen bel. gr. Schrägrechtsbalken, begl. oben von einem aufger. schw. Spitzhammer, unten von einem schw. Hifthorn mit aufw.-geschlungener g. Schnur; auf dem H. mit rechts gr.-g., links schw.-g. Decken ein offener g. Flug, je schrägeinw. bel. mit dem gr. Schrägbalken mit den 3 g. Ringen.

Vgl. Goth. frhrl. Tschb. 1877 bis 1939. — GHdA, Frhrl. Häuser B, Bd V (1970) (Stammreihe).

Franz Freiherr v. Ringhoffer, * Prag 28. 4. 1817, † Smichow bei Prag 23. 3. 1873 (österr. Adels- u. Frhrnstand Wien 3. 1. 1873), auf Kamenitz bei Eule, Stiřin mit Kreuzkosteletz, Popowitz bei Beneschau, Lojowitz u. Pischely, Böhmen, Großindustrieller, Bürgermeister von Smichow, böhm. Ldtagsabg.;
× Prag 4. 4. 1842 Josephine Schallowetz, * Stankowitz bei Saaz, Böhmen, 16. 7. 1822, † Wiesenberg, Mähren, 17. 4. 1896, T. d. Gutsbes. Franz Sch. u. d. Anna Katharina Heger.

1. Franz Seraph Joseph, * Prag 22. 11. 1844, † Kissingen 23. 7. 1909, auf Stiřin, Dr. techn. h. c., Großindustrieller, Mitgl. d. Herrenh. d. österr. Reichsrats auf Lebenszeit, Ldtagsabg., K. u. K. Hptm. i. R.;
× Wiesenberg 12. 10. 1871 Franziska (Fanny) Freiin Klein v. Wisenberg, * Planina, Krain, 29. 8. 1853, † Prag 29. 6. 1940,

T. d. Franz Frhr K. v. W. auf Wiesenberg, Mähren, u. Immendorf, NÖsterr., u. d. Leopoldine Hauptmann.

Söhne:

1) Franz Josef Leopold Emanuel Rudolf, * Smichow 31. 5. 1874, † Prag 30. 11. 1940, Großindustrieller, Präs. des Verwaltungsrats der Ringhoffer-Tatra-Werke AG u. d. Mähr.-schles. Fahrzeugwerke AG, K. u. K. OLt i. R.;
× Kamenitz 19. 6. 1900 Leopoldine (Ina) Freiin v. Ringhoffer, * Kamenitz 9. 10. 1879, † Frankfurt am Main 12. 4. 1956, T. d. Großindustriellen Emanuel Frhr v. R. auf Kamenitz u. d. Friederike Freiin Klein v. Wisenberg (s. u.).

Kinder:

(1) Elisabeth (Lisa) Maria Friederike Leopoldine Franziska Emanuela, * Smichow 1. 6. 1901, † Wien 16. 3. 1967;
× Prag 19. 11. 1925 Rudolf (Rezső) Gf Serényi v. Kis-Serény, * Lomnitz, Mähren, 18. 10. 1902, † Wessobrunn, OBayern, 28. 4. 1954, auf Kistölgyes u. Harczos (§), Kom. Zemplén, Ungarn.

(2) Franz, * Smichow 27. 9. 1902, † Prag 4. 6. 1937, Industrieller;
× Morawetz, Mähren, 10. 10. 1936 Marie Caroline Freiin Nádherný v. Borutin, * Nieder-Adersbach 14. 2. 1915 (× II. Nieder-Adersbach 12. 2. 1941 Ottokar Gf v. Haugwitz, † Salzburg 24. 2. 1989, Dr. jur.), T. d. Constantin Frhr N. v. B., Fkhrn auf Adersbach, Jistebnitz u. Wlasenitz, Böhmen, u. d. Carola Gfin v. Gudenus, auf Morawetz
(Agnes-Muthspiel-Weg 6, A-5026 Salzburg-Aigen).

2) Alfred Josef Friedrich Maria, * Stiřin 17. 1. 1880, † Prag 6. 5. 1938, Großindustrieller, K. u. K. Hptm. d. Res.;
× Plan 31. 7. 1904 Maria-Anna Gfin v. Nostitz-Rieneck, * Horka an der Iser, Böhmen, 9. 7. 1882, † Graz 6. 5. 1952, T. d. K. u. K. Km., GehRats u. erbl. Mitgl. d. Herrenh. d. österr. Reichsrats Carl-Erwein Gf v. N.-R. u. d. Marie Gfin v. Nostitz-Rieneck a. d. H. Rokitnitz, Fkhrin auf Plan.

Töchter:

(1) Anna (Annie) Maria Franziska, * Smichow 4. 9. 1907, † Wien 14. 8. 1981;

Schloß Kamenitz
in Böhmen
erbaut 1862

Josephine Freifrau v. Ringhoffer
geb. Schallowetz
* 1822 † 1896
s. S. 447

Franz Freiherr v. Ringhoffer
* 1817 † 1873
(österr. Adels- u. Frhrrnstand 1873)
auf Kamenitz, Stiřin mit Kreuzkosteletz, Popowitz, Lojowitz u. Pischely, Böhmen
Großindustrieller, Bürgermeister von Smichow, böhm. Landtagsabgeordneter
s. S. 447

Aline Freifrau v. Ringhoffer
geb. v. Seybel
* 1891 † 1957
mit ihrem Sohn Ferdinand Wenzel, * 1919, † 1991
s. S. 453/454

⚭ St. Florian, OÖsterr., 23. 9. 1939 Max Rr Froschmair Edler v. Scheibenhof, * Rupertshof 12. 4. 1901, † Wien 8. 12. 1982, Industriekaufm.

(2) Leopoldine Maria Franziska Ernestine Gabriele, * Smichow 10. 10. 1909, † Steinbach am Attersee 22. 8. 1976, med.-techn. Assistentin, führte infolge Adoption (Vertrag Graz ... 1960) durch Maria Therese v. Felix geb. v. Eminger den Namen „Felix".

(3) Marie Christiane Leopoldine Josefine, * Prag 16. 9. 1918, Dr. phil.;
⚭ München 14. 2. 1942 Peter Rr v. Doderer, * Kladno 8. 8. 1909, Dr.-Ing.
(Clemens-Krauss-Str. 20/18, A-5020 Salzburg).

3) Johann Baptist (Hans) Emanuel Viktor Maria, * Smichow 3. 1. 1885, † (im Internierungslager) Mühlberg an der Elbe 31. 12. 1946, auf Stiřin (§), Dr. jur., Dr.-Ing. h. c., Großindustrieller, GenDir. des Ringhoffer-Konzerns, Kgl. norw. HonGenKonsul, VizeGouv. der tschechoslow. Nationalbank, K. u. K. Rittmeister i. R.

Großneffen u. Adoptivsöhne (Vertrag 26. 5., amtsgerichtl. bestät. Prag 15. 11. 1943) (führen den Namen „Serényi-Ringhoffer"):

(1) Franz-Gabriel Graf Serényi v. Kis-Serény, * Prag 19. 1. 1927, ⚔ († an der bei Marktbreit 5. 4. erlittenen Verwundung im Lazarett) Wiesentheid, UFranken, 7. 4. 1945;

(2) Hans-Karl Graf Serényi v. Kis-Serény, * Prag 8. 11. 1928;

(3) Anton Johann Graf Serényi v. Kis-Serény, * Prag 31. 3. 1938;

s. GHdA, Gfl. Häuser B, Bd IV (1973), S. 329.

2. Emanuel Joseph Franz, * Prag 7. 3. 1848, † Kamenitz 17. 8. 1923, auf Kamenitz, Großindustrieller, Mitgl. d. Herrenh. d. österr. Reichsrats auf Lebenszeit;
⚭ Wien 19. 6. 1875 Friederike Freiin Klein v. Wisenberg, * Planina, Krain, 31. 3. 1855, † Prag 18. 1. 1936, T. d. Franz Frhr K. v. W. auf Wiesenberg u. Immendorf u. d. Leopoldine Hauptmann.

Söhne:

1) Friedrich Franz Emanuel Leopold Josef Maria, * Kamenitz 6. 5. 1884, † Prag 27. 2. 1945, Ing., Großindustrieller, K. u. K. Rittmeister i. R.;
⚭ Wien 30. 9. 1916 Aline (Liny) v. Seybel, * Wien 24. 12. 1891, † Salzburg 7. 7. 1957 (gesch. Wien 22. 1. 1941), T. d.

Großindustriellen u. Bankiers Paul v. S. u. d. Aline v. Schoeller.

Sohn:

F e r d i n a n d W e n z e l Emanuel Paul Friedrich Maria, * Wien 28. 9. 1919, † ebd. 4. 3. 1991, Industrieller;
⚭ Wien 2. 9. 1948 Arminia Waltraut K l i n g e r , * Mediasch, Siebenbürgen, 23. 11. 1924, T. d. Industriellen Ing. Josef K. u. d. Hermine Schmidt
(Cottagegasse 21, A-1180 Wien).

Sohn:

E m a n u e l Josef, * Wien 9. 9. 1950, Lic. phil., außenpolit. Redakteur der österr. Nachrichtenagentur APA
(Cottagegasse 21, A-1180 Wien).

2) F e l i x Emanuel Franz Friedrich Josef Leopold Maria, * Kamenitz 2. 10. 1891, † Salzburg 16. 11. 1954, auf Kamenitz (§), Großindustrieller;
⚭ Wien 9. 5. 1946 Rosa (Ružena) P a z o u r e k , * Königgrätz 10. 10. 1912, T. d. ... Alois P. u. d. Anna Jarkovský
(Saint-Julien-Str. 7a, A-5020 Salzburg).

Rodde

Luth. — Das Geschlecht stammt aus Westfalen und beginnt die Stammreihe mit Hans R o d d e , * Münster i. W. um 1528, † Lübeck 1609, der 1570 als Kaufmann nach Lübeck kam. — Reichsadels- u. Frhrnstand Wien 8. 4. 1806 (für Matthäus R o d d e , Bürgermeister von Lübeck); in den meckl. Adel aufgenommen 1839.

W. (1806): Gesp., mit b. Herzschild bel., darin ein springender r.-behalsband. s. Hund mit einem Knochen im Maule; rechts durch einen r. Balken get., oben in G. ein schw. Adler am Spalt, unten in S. ein gestürzter nat. Eichenzweig mit 2 Blättern und 3 Eicheln, links in R. 2 g. Sparren übereinander; 3 H., auf dem rechten mit r.-s. Decken der Eichenzweig aufger., auf dem mittl. mit schw.-g. Decken ein wachs. g.-bew. Doppeladler, auf dem linken mit b.-s.

Decken der Hund wachs. Schildh.: Rechts ein schw. Adler, links ein s. Hund.

Vgl. Goth. frhrl. Tschb. 1863, 1867 und 1939. – GHdA, Frhrl. Häuser B, Bd II (1957) (Stammreihe).

Franz Kuno Freiherr v. Rodde, * Blumendorf bei Bad Oldesloe 24. 11. 1815, † Ludwigslust, Meckl., 8. 8. 1860, Ghzgl. meckl. Major;
⚭ Ludwigslust 29. 10. 1842 Anna v. Buch, * Ludwigslust 26. 10. 1823, † ebd. 16. 7. 1907, T. d. Ghzgl. meckl.-schwer. OForstmeisters Philipp Otto v. B. u. d. Eleonore v. Lützow.

1. Otto Joachim, * Ludwigslust 23. 11. 1844, † Schwerin, Meckl., 26. 6. 1908, Ghzgl.-meckl.-schwer. Khr u. OStallmeister a. D., Kgl. preuß. Rittmeister a. D.;
⚭ Schwerin 1. 3. 1888 Philippine v. Scheve, * Schwerin 30. 11. 1857, † ebd. 2. 8. 1945, T. d. Ghzgl. meckl. LdgerPräs. Hermann v. Sch. u. d. Agnes v. Stralendorff.

Sohn:

Friedrich Ludwig Anton Wilhelm Otto Alexander, * Schwerin 22. 4. 1891, † ... (Garmisch-Partenkirchen?) ..., Rittmeister a. D.

2. August Franz, * Ludwigslust 27. 2. 1847, † Schwerin 28. 9. 1927, Kgl. preuß. GenMajor a. D.;
⚭ Schwerin 5. 10. 1880 Luise (Lili) v. Abercron, * Grabow, Meckl., 7. 4. 1857, † Schwerin 30. 12. 1938, T. d. Ghzgl. meckl.-schwer. GehKammerrats Ernst v. A. u. d. Luise v. Buchwaldt a. d. H. Helmstorf.

Kinder:

1) Georgine Anna Luise Auguste Ottilie, * Ludwigslust 8. 8. 1881, † Preetz, Holst., 16. 4. 1972;
⚭ Schwerin 28. 5. 1909 Gottfried v. Gundlach, * Hinrichsberg 21. 4. 1875, † Mollenstorf, Meckl., 7. 1. 1943, auf Mollenstorf, Major a. D.

2) Joachim Matthäus Ernst Hermann, * Ludwigslust 31 7. 1883, † Wangels, Holst., 21. 1. 1969, Oberst d. Res. a. D., ERr d. Joh.;
⚭ Neese, Meckl., 8. 10. 1918 Hedwig Bachmann, * Neese 13. 5. 1892, † Oldenburg, Holst., 14. 3. 1966 (⚭ I. Neese 6. 10. 1911 Henning v. Holstein, ⚔ bei Carlepont 20. 9.

1914, Ghzgl. meckl. Stabshptm. im GrenRgt 89), T. d. Adolf B. auf Neese u. Marienhof u. d. Ida Walbrecht.

Kinder:

(1) Huberta Hedwig Ida Auguste Mathilde Karla, * Neese 13. 9. 1919
(2361 Hornsdorf, Kr. Segeberg);
⚭ Neese 14. 7. 1942 Friedrich-Karl v. Abercron, * Ehlerstorff, Holst., 5. 8. 1914, auf Ehlerstorff (gesch. ...).

(2) Franz-Joachim Karl-Adolf Konrad Georg, * Neese 25. 11. 1922, GenMajor a. D.;
⚭ Ehlerstorff 10. 5. 1946 Oda v. Helldorff, * Wohlmirstedt 20. 1. 1927, T. d. PolPräs. von Berlin Wolf Gf v. H. u. d. Ingeborg v. Wedel a. d. H. Gerzlow
(Butenhoff 22, 3259 Wakendorf 2).

Sohn:

Wolf-Joachim Bernhard, * Neumünster 22. 4. 1948, Dipl oec., kaufm. Dir., Lt d. Res.;
⚭ Augsburg 20. 9. 1980 Irene Hübschmann, * Augsburg 4. 12. 1952, T. d. TextilIng. Otto H. u. d. Charlotte Zeiler
(Zum kleinen Ölberg 41, 5330 Königswinter-Thomasberg).

Töchter:

a) Franziska Elisabeth, * Heidelberg 26. 11. 1981.

b) Frederike Oda Charlotte, * Bonn 29. 11. 1984.

Rotberg

Ev. — Uradeliges Geschlecht mit der südwestl. Basel liegenden gleichnamigen Stammburg (Ruine seit dem Erdbeben 1356, seit 1935 als Schweizer Jugendburg wieder aufgebaut). Die Stammreihe beginnt mit Johann u. Werner v. Rotberg, 30. 4. 1277 urkundl. (Orig. im FamArchiv). Die gleiche Abstammung mit den v. Ratolsdorf und v. Biedertan, die 11. 8. 1197 urkundl. (UrkSammlung des Albanklosters zu Basel) auftreten, erscheint durch Besitzzusammenhang u. gleiches Wappen gesichert. Seit vor 1300 auch im Kleinen Rat von Basel. Als Kais. Lehen besaß das Geschlecht rings um den

Blauen südwestl. Basel sieben freie Dörfer mit hohen und niederen Gerichten (ältester Lehensbrief von Kg Rupprecht vom 21. 9. 1408 im FamArchiv). 1417 vom Reich mit Bamlach und Rheinweiler im heutigen Südbaden belehnt, setzt sich das Geschlecht 1516 dort fest. Der Schwäbischen ReichsRrschaft zugehörig (die Besitzgemeinschaften Bamlach u. Rheinweiler wurden 1969 aufgelöst). — Franz. Anerkennung des Frhrnstandes (Baronats) Compiègne 6. 8. 1773 (für das Gesamtgeschlecht).

W. (StW.): In G. ein schw. Balken; auf dem H. mit schw.-g. Dekken 2 wie der Schild bezeichnete, durch eine r. Schnur verbundene Stierhörner.

Vgl. Schweizer. Geschlechterbuch, III. Jg, Basel 1910. – Walter Merz, Oberrheinische Stammtafeln, Aarau 1912. – Goth. frhrl. Tschb. 1849–1940. – GHdA, Frhrl. Häuser A, Bd II (1956) u. XI (1979). – Hdb. Bayern, Bd XIV (1982).

I. Linie

Stammvater: Frhr Carl Theodor, * 1793, † 1876.

Theodor Adolf Alfred Hall Wernher Freiherr v. Rotberg, * Rastatt 29. 5. 1870, † Freiburg i. Br. 10. 5. 1949, Grundhr zu Rheinweiler, Ghzgl. bad. Khr u. Ldrat a. D., ERr d. JohO.;
× Freiburg i. Br. 24. 5. 1909 Franziska Freiin Böcklin v. Böcklinsau, * Freiburg i. Br. 2. 12. 1871, † Lörrach 28. 2. 1948, T. d. Ghzgl. bad. Khrn und Hptm. a. D. Ernst Frhr B. v. B. u. d. Marie Freiin v. Edelsheim.

1. Marie-Anna Ernestine Mathilde Alma Margaret Kate Johanna, * Freiburg i. Br. 8. 3. 1910, † Lehrte bei Hannover 9. 5. 1989;
× Freiburg 10. 8. 1944 Joachim v. Schlieben, * Dessau 28. 6. 1901, OAmtsrichter a. D.
(Illener Str. 21, 3160 Lehrte).

2. Gertrud Amalie Sophie Emilie Isabelle, * Freiburg i. Br. 24. 9. 1911
(Kreuzstr. 9, 7800 Freiburg i. Br.).

3. Luise Ernestine Adrienne Elisabeth Marie Friederike Felicitas, * Freiburg i. Br. 28. 6. 1913, † Flintbek, Holst., 18. 2. 1982;
× Freiburg 18. 4. 1942 Hartwig Schlegelberger, * Charlottenburg 9. 11. 1913, Dr. jur., Min. a. D., Präs. d. DRK, Ldesverb. Berlin
(Schlotfeldtsberg 6 b, 2302 Flintbek).

4. Erika Maubeuge Lucinde Marie Oktavie Emma Eleonore, * Freiburg i. Br. 8. 9. 1914
(Kreuzstr. 9, 7800 Freiburg i. Br.).

5. Wolf-Kurt Arthur Adolf Edgar Theodor Jaspar August Karl Ludwig, * Freiburg i. Br. 26. 2. 1916, Oberstlt a. D.;
⚭ Freiburg 17. 4. 1947 Brigitta Schulthess, * St. Ingbert 18. 10. 1924 (⚭ I. St. Ingbert 11. 8. 1944 Ernst-Gustav Kurrer, † Stuttgart 21. 1. 1946, Rittmeister d. Res.), T. d. Hüttendir. a. D. Adolf Sch. u. d. Else Buttersack
(Rotberger Hof, 7848 Bad Bellingen 2 — Rheinweiler).

Töchter:

1) Uta Beatrix, * Rheinweiler 28. 4. 1948;
⚭ Basel 14. 10. 1969 Joseph (Joe) Egan (s. u.).

2) Andrea Ursula, * Müllheim, Baden, 29. 8. 1952, Ergotherapeutin;
⚭ Bad Bellingen 19. 10. 1979 Werner Frimmer (s. u.).

II. Linie

Stammvater: Frhr Eduard, * 1799, † 1884 (immatrikuliert im Kgr. Bayern bei der Frhrnklasse 19. 4. 1842).

1. Ast

Stammvater: Frhr Albert, * 1839, † 1921.

Edgar Eduard Freiherr v. Rotberg, * Ansbach 6. 1. 1874, † Karlsruhe 8. 3. 1932, Kgl. bayer. Km. und OHofmeister a. D., Kgl. preuß. Major a. D., ERr d. JohO.;
⚭ Bonfeld, Württ., 24. 9. 1898 Marie-Luise Freiin v. Gemmingen-Guttenberg, * Freiburg i. Br. 24. 6. 1877, ⚔ († an den Folgen von Bombenverletzungen) Bonfeld 28. 1. 1945, T. d. Ghzgl. bad. Khrn, Hofmarschalls a. D., K. u. K. Rittmeisters a. D. Sigmund Frhr v. G.-G., Grundhrn zu Bonfeld, u. d. Anna Freiin v. Edelsheim.

1. Hans-Ludwig Wilhelm Sigmund Albert Fritz, * Oberschloß Bonfeld 30. 8. 1899, † Singen, Hohentwiel, 2. 8. 1967, vorm. Grundhr zu Bonfeld, RRr d. JohO.;
⚭ I. (standesamtl.) Stramehl, Pommern, 9. 11., (kirchl.) Loepersdorf 10. 11. 1922 Christa v. Loeper, * Berlin 16. 7. 1894, † Göttingen-Geismar 17. 3. 1966 (gesch. Karlsruhe 22. 4. 1938;

Carl Theodor Freiherr v. Rotberg

* 1793 † 1876

Kgl. preuß. Generalmajor a. D.

Stammvater der I. Linie

s. S. 457

Eduard Anselm Freiherr v. Rotberg
* 1799 † 1884
Kgl. bayer. Generalleutnant a. D.
Stammvater der II. Linie
s. S. 458

⚭ I. Loepersdorf 9. 7. 1913 Friedrich [Fritz] Lehr, † Ludwigstal bei Deutsch Krone 10. 2. 1918, auf Ludwigstal), T. d. Kgl. preuß. Majors a. D. Gustav v. L. auf Stramehl, usw. u. d. Olga v. Loeper a. d. H. Szczepankowo;
⚭ II. Biberach an der Riß 30. 8. 1938 Helene (Lena) Freiin v. Gemmingen-Guttenberg, * Neckarmühlbach, Baden, 20. 2. 1902, † Pretoria, SAfrika, 22. 10. 1977 (⚭ I. Hirsau 18. 8. 1928 Manfred v. Rohrscheidt, † Baden-Baden 11. 5. 1935, Kgl. preuß. OLt a. D.), T. d. Kgl. württ. Rittmeisters a. D. Ernst Frhr v. G.-G., Grundhrn zu Bonfeld-Eichhäuserhof, u. d. Anna Maria Zöbisch.

Tochter erster Ehe:

Edelgard Anna Olga Marie Eva, * Stramehl 6. 11. 1923;
⚭ I. Loepersdorf 10. 12. 1944 Hans-Ulrich Winter, * Frankfurt an der Oder 29. 10. 1923, ⚔ im Nordatlantik 16. 2. 1945, Lt z. See (Ing.), leitender UBootsIng.;
⚭ II. Krefeld 26. 7. 1952 Wilhelm Willems, * Krefeld 10. 1. 1921, Kaufm.
(Alte Landstr. 7, 4150 Krefeld 29 — Hüls).

2. Georg-Sigmund Theodor Albert Kurt Nathanael, * Karlsruhe 2. 8. 1911, Oberstlt i. G. a. D. d. Luftw., Abteilungsleiter i. R. im Deutschen Industrie- u. Handelstag;
⚭ (standesamtl.) Ehrenbreitstein 1. 8., (kirchl.) Rheinweiler-Blansingen 4. 8. 1936 Johanna v. Doemming, * Koblenz 25. 6. 1914, T. d. Kgl. preuß. Hptm. a. D. Albert v. D. u. d. Anna Schönian
(Rheinhöhenweg 70, 5480 Remagen 2 — Oberwinter).

Kinder:

1) Hans Jörg Edgar, * Ansbach 2. 6. 1937, Bankkaufm., Oberstlt i. G.;
⚭ Feldafing 19. 12. 1960 Jutta Schulze, * Peterswaldau, Schles., 14. 4. 1936, VersKauffrau, T. d. Dr. med. dent. Max Sch. u. d. Erika Weiss
(Oberdreeser Str. 37, 5308 Rheinbach — Oberdrees).

Kinder:

(1) Gerd Wolfram Ludwig, * München 24. 6. 1961, techn. Assistent f. Informatik
(H.-H.-Meier-Allee 65, 2800 Bremen 1).

(2) Corinna, * Regensburg 15. 8. 1965, stud. phil.
(Oberdreeser Str. 37, 5308 Rheinbach — Oberdrees).

(3) Cordula Adrienne, * Oldenburg 12. 10. 1967, stud. phil.
(*Oberdreeser Str. 37, 5308 Rheinbach — Oberdrees*).

2) Ute Marianne, * Wiener-Neustadt 30. 9. 1938, Fremdsprachensekr. im Ausw. Amt
(*Auswärtiges Amt, Postfach 1500, 5300 Bonn 1*).

3) Konrad Ludemann, * Celle 9. 9. 1940, Ltd. MinRat;
× Kehl am Rhein 14. 10. 1967 Renate Möhr, * Eisenberg, Thür., 31. 10. 1940, Apothekerin, T. d. Holzkaufm. u. Dir. Herbert M. u. d. Helene Lechner
(*Große Falterstr. 71, 7000 Stuttgart 70*).

Kinder:

(1) Britta, * Freiburg i. Br. 21. 7. 1970, stud. jur.
(*Große Falterstr. 71, 7000 Stuttgart 70*).

(2) Arno Eberhard, * Freiburg i. Br. 30. 10. 1972.

2. Ast

Stammvater: Frhr August, * 1842, † 1931.

Eduard Anselm Theodor August Freiherr v. Rotberg, * Landshut 18. 4. 1872, † Konstanz 8. 4. 1967, GenLt a. D., Rr d. hohenzoll. HausO. m. Schw.;
× Metz 12. 6. 1909 Ilse Wening, * Nürnberg 1. 6. 1889, † München 23. 1. 1977, T. d. Kgl. bayer. GenLts a. D. Otto W. u. d. Marie (Maja) Hoffmann.

1. Mechtildis (Mechtild) Ernestine Sophie Maja, * Neuhaus bei Paderborn 7. 5. 1910
(*Parkwohnsiedlung Wilhelmshöhe, Haus 6/14, 2420 Eutin*);
× Heidelberg 28. 12. 1934 Hans-Georg Frhr Schuler v. Senden, * Küstrin 19. 10. 1910, † Meischenstorf, Kr. Oldenburg, Holst., 23. 12. 1978, Ldwirt (gesch. Kiel 24. 10. 1951).

2. Ernst Arnold, * Köln 6. 12. 1913, BrigGen. a. D.;
× I. Netzschkau, Vogtld, 29. 12. 1941 Jutta Gfin zu Bentheim-Tecklenburg-Rheda, adopt. Zimmermann, * Otjiwarongo, Deutsch-SWAfrika, 2. 10. 1920 (gesch. Tübingen 14. 7. 1949), T. d. Hubert Gf zu B.-T.-R. auf Farm Hohenfels u. d. Martha v. Flotow, AdoptivT. d. Johannes Z. u. d. Elisabeth Elisabeth Dihlmann
(*Friedrich-Engels-Str. 11, O-9804 Netzschkau, Vogtld*);
× II. (standesamtl.) Hotteln, Kr. Hildesheim, 12. 2., (kirchl.) Bonn 17. 2. 1956 Ursula Koppe-Lohmann, * Ham-

burg 22. 7. 1926, T. d. StSekr. a. D. Wilhelm K. u. d. Käthe Lohmann
(Hohenbrunner Str. 20 c, 8012 Ottobrunn-Riemerling).

Kinder: a) erster Ehe:

1) Elisabeth, * Zwickau 26. 11. 1942, Kauffrau
(Friedrich-Engels-Str. 11, O-9804 Netzschkau, Vogtld).

2) Bernhard, * Netzschkau, Vogtld, 6. 1. 1945, DiplIng.;
× Stuttgart 1. 4. 1977 Barbara-Susanna Schäfer, * Hannover 17. 3. 1952, Lehrerin, T. d. Kaufm. Gottfried Sch. u. d. Christiane Mackenthun
(C.-F.-Gördeler-Str. 9, 7254 Hemmingen).

Kinder:

(1) Friederike Elisabeth, * Stuttgart 23. 4. 1979.

(2) Wolf Gottfried, * Stuttgart 17. 7. 1981.

(3) Dorothea Jutta Christiane, * Stuttgart 3. 7. 1983.

b) zweiter Ehe:

3) Beatrix Ursula, * Hamburg 25. 12. 1961, Dolmetscherin
(Emil-Claar-Str. 9, 6000 Frankfurt am Main 1).

4) Alexandra Maja, * Hamburg 16. 3. 1964, ArtDir.
(Theresienstr. 13, 8000 München 2).

Namensträger, die nicht dem Adel angehören (siehe Form der Darstellung, Vorbemerkung):

I. Thomas Joseph (Joe) Egan, * Dublin, Irld, 19. 10. 1937 (kath.), Dr. med., führt gemäß Erklärung Heidelberg 24. 6. 1970 (registriert beim Office of the High Court in Dublin 3. 2. 1971) den Namen „Egan Baron von Rotberg";
× Basel 14. 10. 1969 Uta Freiin v. Rotberg (s. o., I. Linie)
(511 Malobar, Novato, Ca. 94947, USA).

Töchter:

1. Caroline Sabina, * Heidelberg 7. 12. 1970.
2. Kathleen Brigitta, * Heidelberg 13. 9. 1972.

II. Hans Werner Frimmer, * Pfronten-Heitlern 6. 3. 1949, Restaurator, führt gemäß § 1355 BGB seit 19. 10. 1979 den Namen „Freiherr von Rotberg";
× Bad Bellingen 19. 10. 1979 Andrea Freiin v. Rotberg (s. o., I. Linie)
(Am Schlierbachhang 57, 6900 Heidelberg).

Kinder:

1. Sebastian Constantin, * Heidelberg 14. 7. 1984.
2. Anna-Katharina, * Heidelberg 26. 9. 1988.

Rotsmann

Ev. — Oberhessisches Schöffengeschlecht, das die Stammreihe mit Sibold Rotzmul, Bürger in Fulda 1263, beginnt, dessen Enkel Konrad Rotzmul um 1330 in Alsfeld ansässig wird. Siegfried u. Albrecht Ratzmaul kommen 1361 aus Alsfeld nach Frankfurt am Main, wo das Geschlecht zum Patriziat und zum Hause Alten-Limpurg, der späteren adeligen Ganerbschaft, gehörte (dort 1439 erloschen). — Das Geschlecht gehört seit 1532 dem Stift Kaufungen der Althessischen Rrschaft an und erscheint 1545 zuerst mit dem Namen „Rotzmann". Aufnahme als Burgmann der Reichsburg Friedberg 28. 7. 1755 (für Ludwig v. Rotsmann). — Ghzgl. hess. Bescheinigung der Berechtigung zur Führung d. Frhrntitels Darmstadt 27. 4. 1911 (für das Gesamtgeschlecht).

W. (StW.): In B. der wachs. Rumpf eines alten bärt. Mannes in r. Kleid mit g. Rockkragen; auf dem H. mit b.-g. Decken die Schildfigur zw. offenem, von R. über B. get. Fluge.

Vgl. Eduard Becker, Aus dem Archiv eines alten Alsfelder Adelsgeschlechts (Rotsmaul), in: Festschrift zur Siebenhundertjahr-Feier der Stadt Alsfeld, Alsfeld 1922, S. 127–136. — Ders., Das Archiv eines Alsfelder Patriziergeschlechts (Rotzmul), in: Mitt. d. OHess. GeschVereins, Neue Folge, Bd 30 (1932), S. 129 bis 166. — Goth. frhrl. Tschb. 1854 bis 1939. — GHdA, Frhrl. Häuser B, Bd III (1963) (Stammreihe u. ältere Genealogie) u. VI (1976).

Adolf Freiherr v. Rotsmann, * Darmstadt 7. 2. 1829, † ebd. 8. 4. 1907, auf Dotzelrod bei Alsfeld, Ghzgl. hess. Khr u. Oberstlt a. D.;
× Hohenau bei Trebur 28. 11. 1857 Sophie Touchon, * Groß-Gerau 17. 4. 1833, † Darmstadt 22. 2. 1911, T. d. Pfarrers der franz. ref. Gemeinde in Hanau Emanuel T. auf Hohenau u. d. Henriette Schrimpf.

1. Friedrich Maximilian, * Darmstadt 8. 9. 1858, † Dotzelrod 18. 4. 1931, Kgl. preuß. Oberstlt a. D.;

⚭ Darmstadt 4. 5. 1889 Emilie Kraetzer, * Wien 11. 3. 1868, † Lüdinghausen 10. 11. 1953, T. d. K. K. OLts i. R. Eduard K. u. d. Luise Freiin v. Gagern.

Kinder:

1) Eduard Maximilian Friedrich Adolf, * Darmstadt 2. 7. 1890, † Alsfeld 5. 2. 1972, Kpt. z. See a. D.;
⚭ Kiel 31. 7. 1915 Henriette-Helena Kalis, * Sliedrecht, Niederlde, 7. 2. 1896, † Alsfeld 30. 12. 1971, T. d. Unternehmers Wouter Pieter K. u. d. Jannigje de Jong.

Söhne:

(1) Eduard Maximilian Wouter, * Kiel 22. 12. 1916, ⚔ bei Rasdorskaja am Donez, Rußld, 25. 7. 1942, Hptm. im GrenRgt „Großdeutschland I";
⚭ Stargard, Pomm., (standesamtl.) 8. 9., (kirchl.) 9. 9. 1939 Irmgard Freiin v. Malapert gen. v. Neufville, * Braunfels an der Lahn 6. 2. 1917, T. d. Oberstlts a. D. Johannes Frhr v. M. gen. v. N. auf Gleichenstein, Kr. Mühlhausen, u. d. Irmgard Erdmann
(Schloß Stetten, 7118 Künzelsau).

Töchter:

a. Irene Jettie Irmgard, * Stargard 22. 9. 1940, Krankenschwester;
⚭ Wiesbaden (standesamtl.) 28. 4., (kirchl.) 29. 4. 1967 Klaus Stürzenberger, * Kissingen 30. 11. 1940, DiplIng., Dir. am Europ. Patentamt
(Hans-Ehard-Str. 14, 8000 München 83).

b. Edda Renate, * Darmstadt 16. 6. 1942, Dr. med., RegMedDir.;
⚭ Uffenheim, MFranken, 27. 2. 1970 Rainer Lange, * Dresden 14. 5. 1943, OStudiendir.
(Triesdorfer Str. 45, 8825 Triesdorf-Weidenbach).

(2) Heinrich-Burkhard Jan Emil, * Kiel 3. 6. 1918, † Gießen 5. 6. 1990, BezLeiter i. R. der Deutschen Shell AG, OLt a. D., ERr d. JohO.;
⚭ Oppin bei Halle an der Saale 2. 4. 1944 Anne-Kathrin v. Westernhagen, * Oppin 3. 6. 1923, T. d. Ldwirts Edel v. W. u. d. Wanda v. Zakrzewski
(Haus Dotzelrod, 6320 Alsfeld 1 — Eudorf).

Kinder:

a. S t e p h a n i e Christina Helena Sittah, * Alsfeld 26. 4. 1945;
⚭ Schmallenberg, Sauerld, 25. 4. 1969 Teja Singh C h a w l a , * Khanewal, Indien, 20. 12. 1939, Dipl-Ing.
(Sandweg 13, 8711 Albertshofen).

b. E d u a r d Fritz Joachim Burkhard Hagen Roman Leendert, * Einbeck 17. 10. 1949
(Richthofenstr. 8, 5630 Remscheid-Lüttringhausen).

2) M a r i e - L u i s e Anna Lina, * Hannover 25. 8. 1899, † Lüdinghausen 27. 3. 1978;
⚭ Vlatten bei Zülpich 31. 3. 1921 Albert R i c h t e r , * Lüdinghausen 11. 9. 1888, † ebd. 15. 11. 1975, Rechtsanwalt u. Notar.

2. Georg F r i e d r i c h Moritz, * Darmstadt 16. 5. 1862, † Charlottenburg 25. 3. 1917, Kgl. preuß. Oberst u. Flügeladj. d. Kaisers u. Kgs, ERr d. JohO.;
⚭ Darmstadt 22. 9. 1894 Charlotte K ü c h l e r[1], * Darmstadt 21. 12. 1875, † Jugenheim an der Bergstraße 28. 2. 1957, T. d. Medizinalrats Dr. med. Karl K. u. d. Luise Schreger.

Kinder:

1) Charlotte Elise L u i s e Sophie Gertrud, * Darmstadt 10. 5. 1896, † ebd. 24. 3. 1977;
⚭ I. Charlottenburg 8. 2. 1919 Friedrich (Fred) L i e s t m a n n , * Magdeburg 19. 3. 1894, Hptm. a. D. (gesch. Darmstadt 1925);
⚭ II. Dotzelrod 10. 12. 1925 Walter M e i s e l[2], * Darmstadt 7. 1. 1882, † Jugenheim 27. 3. 1945, Ldrat a. D.

2) F r i t z - J o a c h i m Carl Adolf Ludwig August Wilhelm Otto, * Darmstadt 27. 7. 1900, † (in russ. Gefangenschaft) Arsk, Ural, ... 3. 1943, DiplIng., Major d. Res., Träger d. Ritterkreuzes zum EK.;
⚭ Charlottenburg 1. 12. 1923 Carla v. E t z e l , * Stettin 28. 7. 1889, † Hamburg 18. 10. 1982, T. d. Kgl. preuß. Obersten Ernst v. E. u. d. Felicia Seyd.

---

1 Vgl. DGB, Bd 96, S. 168.
2 Vgl. DGB, Bd 96, S. 670.

Kinder:

(1) Friedrich-Kraft Maximilian Ernst, * Berlin-Charlottenburg 29. 11. 1924, Lt a. D., Bewährungshelfer, RRr d. JohO.;
× Hamburg-Wandsbek 18. 6. 1955 Waltraut v. Zastrow, * Berlin-Zehlendorf 27. 1. 1928, † Hamburg 2. 8. 1986, T. d. Kaufm. Dr. jur. Claus v. Z. u. d. Gertrud Zeiß
(Kirchstieg 3, 2000 Norderstedt 1).

Kinder:

a. Carla Gertrud Edith, * Hamburg-Wandsbek 18. 3. 1956, Altenpflegerin
(Dorfstr. 7, 2361 Neversdorf).

b. Armgard Dagmar Elisabeth, * Hamburg-Wandsbek 6. 1. 1958, staatl. anerk. Dolmetscherin u. Übersetzerin
(Bauerngasse 23, 8740 Bad Neustadt an der Saale).

c. Wolf-Carsten Claus-Joachim, * Hamburg-Wandsbek 7. 4. 1959, Ldwirt, Groß- u. Außenhandelskaufm.;
× (standesamtl.) Georgsmarienhütte 10. 7., (kirchl.) Rieste, Kr. Osnabrück, 11. 7. 1987 Sibylle v. Guionneau, * Meppen, Emsld, 6. 2. 1959, Hotelkaufm., T. d. Ldwirts Peter v. G. u. d. Ilsabe Freiin v. Meerheimb
(Kirchenstieg 3, 2000 Norderstedt 1).

(2) Jutta Felicia Charlotte Anna, * Berlin-Charlottenburg 18. 2. 1929;
× Hamburg-Fuhlsbüttel 31. 8. 1959 Leonhard v. Beck, * Heidelberg 14. 6. 1928, Zahnarzt
(Blücherstr. 7, 6140 Bensheim 3 — Auerbach).

3) Carl-Georg Constantin, * Potsdam 23. 1. 1909, † Dotzelrod 20. 12. 1945, Ldwirt;
× Dotzelrod-Oberhof 12. 4. 1936 Karin Georgesohn, * Lötzen, Ostpr., 12. 4. 1909, T. d. Landeskulturdir. Robert G. u. d. Gisela Schifferdecker
(Lindenplatz 3, 6369 Niederdorfelden).

Kinder:

(1) Claus Friedrich Robert, * Dotzelrod 3. 12. 1936, Bankdir.;

⚭ Dinslaken 29. 6. 1962 Ellen Trommler, * Chemnitz 6. 8. 1938, T. d. Fabrikanten Paul T. u. d. Erika Gutmacher
(Altenburgring 34, 6369 Niederdorfelden).

Kinder:

a. Kai Alexander, * Frankfurt am Main 5. 3. 1968, ...

b. Annette Bettina Ellen, * Frankfurt 26. 10. 1970.

c. Claus Constantin, * Frankfurt 27. 10. 1970 (Zwillingsbruder d. Vorigen).

(2) Heide Gisela Charlotte, * Dotzelrod 2. 3. 1938, Säuglings- u. Kinderkrankenschwester, führt wieder den Geburtsnamen
(Im Bans 18 A, 2080 Pinneberg);
⚭ Eudorf bei Alsfeld 29. 12. 1964 Ekkehard Dittloff, * Königsberg i. Pr. 10. 6. 1938, Journalist (gesch. Pinneberg 26. 5. 1987).

(3) Gisela Brigitte, * Alsfeld 28. 4. 1940, Fotolaborantin;
⚭ Suderwick 12. 3. 1965 Wilhelm Kemink, * Suderwick 18. 8. 1937, Tischlermeister
(Hellweg 18, 4291 Suderwick).

(4) Helga Urte, * Alsfeld 22. 10. 1941, ldwirtschaftl.-techn. Assistentin;
⚭ Eudorf 3. 6. 1967 Konrad Grass, * Wirmighausen 18. 6. 1938, Dr. agr.
(Helfensteiner Str. 27, 3501 Zierenberg).

Schuckmann

Ev. — Aus Westfalen stammendes Geschlecht, das sich später nach Mecklenburg, dann nach Preußen wandte und dort wieder grundgesessen wurde. Die Stammreihe beginnt mit Hermann Schuckmann, * Osnabrück vor 1557. — Reichsadelsstand Wien 7. 4. 1732 (für die Brüder Hermann Albrecht, Kgl. schwed. AppRat zu Wismar, Leonhard Heinrich, Hzgl. holst. Kpt. und Johann Friedrich Schuckmann, Canonicus). Aufnahme in die meckl. Rrschaft Malchin 18. 3. 1833; preuß. Frhrnstand nebst Wappenmehrung Berlin 11. 1. 1834 (beides für Friedrich v. Schuckmann, Kgl. preuß. StMin. und Mitgl. des StRates). Ein FamVerb. besteht seit 3. 10. 1876 (eingetr. in das Vereinsreg. Berlin 26. 3. 1910, Nr 1101). Vors.: Dr. phil. Joachim v. Schuckmann, Willhöden 48, 2000 Hamburg 55.

W. (1834): Über b. Schildesfuß, darin 3 (2, 1) s. Kleeblätter, in G. ein vorw.-wachs. r.-gekl. Mann mit rundem schw. Hut, die Arme eingestemmt u. in jeder Hand ein r. Fähnlein an schw. Schafte haltend. 2 H.; auf dem rechten mit r.-g. Decken 2 r. Fähnlein geschr. zw. 2 ausw. gestellten abgestümmelten schw. Ästen (StW.), auf dem linken mit b.-s. Decken ein wachs. r.-bez. s. Hund.

Vgl. auch Goth. adel. Tschb. B 1909 (Stammreihe u. ältere Genealogie) und GHdA, Adel. Häuser B, Bd XVIII (1989). — Vgl. Julius v. Schuckmann, Nachrichten über die Fam. v. Schuckmann von 1582 bis 1888, Berlin 1888, Nachtrag Berlin 1898, zweiter Nachtrag Dresden 1906. — Hans-Hugo v. Schuckmann, Das Geschlecht der Herren und Frhrn v. Schuckmann u. seine Vorfahren 1154–1932, Berlin 1932; dazu Stammtafel, C. A. Starke Verlag, Görlitz 1932. — Goth. frhrl. Tschb. 1856 bis 1939. — GHdA, Frhrl. Häuser B, Bd I (1954).

I. Linie (Mölln, Meckl.)

Stammvater: Leonhard Heinrich, * 1687, † 1740 (Reichsadelsstand Wien 7. 4. 1732).

1. Ast

Erloschen.

Stammvater: Hermann Heinrich, * 1747, † 1804.

S. GHdA, Adel. Häuser B, Bd XVIII (1989).

2. Ast (Auras)

Stammvater: Frhr Kaspar Friedrich, * 1755, † 1834 (Aufnahme in die meckl. Rrschaft 18. 3. 1833; preuß. Frhrnstand mit Wappenmehrung Berlin 11. 1. 1834).

August Friedrich Carl Freiherr v. Schuckmann, * Berlin 6. 2. 1817, † Auras, Schles., 1. 5. 1867, auf Auras (seit 1847);
× I. Neu-Döbern, Prov. Brandenburg, 27. 7. 1843 Johanna v. Frankenberg-Lüttwitz, * Bielwiese bei Steinau, Schles., 8. 2. 1824, † Auras 26. 8. 1855, T. d. Kgl. preuß. Majors Heinrich v. F.-L. auf Bielwiese u. d. Clara v. Thielau a. d. H. Neu-Döbern;
× II. Gaffron 13. 10. 1857 Angelika v. Frankenberg-Lüttwitz, * Bielwiese 23. 12. 1822, † Auras 8. 6. 1892, Schwester der ersten Gemahlin.

a) Erster Ehe:

1. August Dietrich Carl Hermann, * Auras 10. 8. 1847, † ebd. 3. 2. 1920, auf Auras, Deichhptm., Kgl. preuß. OLt a. D.;
× I. Frankfurt an der Oder 31. 1. 1876 Adele Gfin v. Bredow, * Berlin 17. 10. 1853, † Tillendorf bei Bunzlau 6. 12. 1919 (gesch. ... 1887), T. d. Kgl. preuß. AppGerRats a. D. Otto Gf v. B. auf Goerne usw. u. d. Adele v. Gansauge;
× II. Breslau 4. 2. 1889 Clara v. Loeper, * Klein-Gaffron 18. 5. 1862, † Breslau 2. 2. 1922, T. d. Kgl. preuß. Hptm. Adolf v. L. u. d. Therese v. Frankenberg-Lüttwitz.

Kinder: a) erster Ehe:

1) Elisabeth Adele Johanna Marie, * Auras 28. 12. 1876, † (auf der Flucht) Teplitz-Schönau 18. 3. 1945;
× I. Auras 23. 9. 1895 Karl Gideon v. Wallenberg-Pachaly, * Breslau 29. 11. 1870, † Schwarzau 15. 10. 1920, auf Schwarzau u. Klaptau bei Lüben;
× II. Liegnitz 22. 8. 1922 Rudolf Frhr Geyr v. Schweppenburg, * Müddersheim 1. 6. 1888, † Rankenberg, Kr. Bonn, 21. 3. 1959 (kath.), Kgl. preuß. Rittmeister a. D.

2) A d e l e Anna Margarethe Ottonie, * Auras 26. 1. 1878, † ...;
× I. Berlin 8. 1. 1915 Gustav V e r s i c k, * ... 1881, † ..., Gutsbes. (gesch. ... 1922);
× II. Wildbad 26. 1. 1941 Franz Ludwig L i n d l, * Ingolstadt 9. 7. 1877, † ... (kath.), Dr. med., Kurarzt.

3) A u g u s t Otto Friedrich Udo Wilkin Heinrich, * Auras 6. 11. 1879, † Haldensleben 2. 6. 1948, ...;
× I. Breslau 25. 10. 1921 Constance F r e u n d, * Breslau 23. 9. 1897, † Worms 11. 11. 1924, T. d. ... Constantin F. u. d. Luise Ferrow;
× II. Liegnitz 5. 1. 1941 Helene F r ü c k e, * Liegnitz 18. 8. 1891, † (Sommersdorf bei Eisleben?) ..., T. d. Kaufm. Oskar Wolfgang F. u. d. Olga Roesener.

b) zweiter Ehe:

4) H e r m a n n Heinrich August Adolf, * Auras 12. 4. 1890, † Berlin ... 1939, Kaufm.;
× Berlin 6. 7. 1917 Erna P i l g r a m, * Berlin 19. 5. 1895, † ebd. 25. 6. 1954 (× II. Berlin ... 1940 Erich Melzer, † ..., Kaufm., gesch. Berlin ... 1952), T. d. Handelskammerassistenten Wilhelm Heinrich P. u. d. Johanna Mügel.

Sohn:

H e r m a n n Heinrich Friedrich Ferdinand, * Obernigk 2. 2. 1920, † Frankfurt am Main 24. 12. 1985, selbst. Kaufm.;
× I. Schneidemühl 9. 10. 1942 Ruth S c h i r r, * Schneidemühl 7. 10. 1914 (gesch. Frankfurt am Main 3. 3. 1948), T. d. Bauunternehmers Gustav Sch. u. d. Amanda Glander
(Friedrich-Stampfer-Str. 8, 6000 Frankfurt am Main);
× II. Frankfurt 14. 9. 1949 Hannelore Margarethe H a r s c h k a m p, * ... 23. 2. 1928 (gesch. Frankfurt 28. 9. 1951), T. d. ... u. d. ... (...);
× III. Frankfurt 19. 7. 1954 Mechthild P u n g s, * Hanau 19. 7. 1926 (gesch. Frankfurt 21. 7. 1963), T. d. Mittelschullehrers Wilhelm P. u. d. Marie Luise Köster
(Kastellstr. 5, 6455 Erlensee);
× IV. Kaldenkirchen 8. 8. 1963 Charlotte E p p i c h, * Bunzlau 28. 9. 1920 (gesch. ...; × I. ... Küchler, ...), T. d. ... u. d. ...
(Konrad-Glatt-Str. 3, 6000 Frankfurt 80);

⚭ V. Frankfurt 5. 12. 1973 Anna-Maria Candotti, * Trient 7. 5. 1924, † ... 3. 1986, T. d. ... Angelo C. u. d. Maria Visintainer.

Kinder: a) erster Ehe:

a. Rainer Friedrich Hermann, * Schneidemühl 3. 4. 1943, Beleuchtungstechniker;
⚭ Kalbach, Taunus, 10. 12. 1966 Christiane Meier, * Bad Homburg vor der Höhe 29. 3. 1946, T. d. Gartenmeisters Wilhelm Ernst M. u. d. Elisabeth Kress *(Im Kirschenwäldchen 28 a, 6000 Frankfurt am Main 56 — Kalbach).*

Söhne:

a) Achim Hermann Friedrich, * Frankfurt am Main 13. 3. 1968, Kommunikationselektroniker i. A.
(Im Kirschenwäldchen 28 a, 6000 Frankfurt am Main 56 — Kalbach).

b) Carsten Udo Friedrich, * Frankfurt 18. 4. 1969, stud. arch.
(Im Kirschenwäldchen 28 a, 6000 Frankfurt am Main 56 — Kalbach).

b) dritter Ehe:

b. Svea Christine Patricia, * Eppstein, Taunus, 18. 6. 1958, Reiseverkehrskauffrau
(Kastellstr. 5, 6455 Erlensee);
⚭ Erlensee 23. 3. 1984 Hans-Dieter Nock, * Hanau 17. 4. 1962, KfzMechaniker (gesch. Hanau 5. 1. 1988).

c. Hermann Christian Andreas, * Frankfurt 14. 10. 1960, DiplWirtschaftsIng.
(Kastellstr. 5, 6455 Erlensee).

5) Friedrich Adolf, * Auras 7. 6. 1900, † Westerland, Sylt, 22. 9. 1982, Geschäftsf. im Klöckner-Konzern i. R.;
⚭ Berlin-Charlottenburg 9. 6. 1922 Gisela (Gina) Pannike, * Moskau 22. 1. 1903, † Westerland 9. 8. 1983, T. d. Gutsbes. Ferdinand P. u. d. Johanna Sophie Rieck.

Söhne:

(1) Friedrich Wolfgang, * Breslau 28. 4. 1923, Fabrikleiter;

⚭ Mellendorf 30. 5. 1952 Sigrid Reinecke, * Hannover 16. 5. 1923 (kath.), T. d. Fabrikbes. Andreas Otto R. u. d. Franziska Gentemann
(Aegidiendamm 9, 3000 Hannover).

Sohn:

Joachim Friedrich Otto Andreas, * Schwarmstedt, Hann., 8. 11. 1952, Geschäftsf.
(Aegidiendamm 9, 3000 Hannover).

(2) Joachim Dietrich, * Berlin 29. 1. 1925, ⚔ im Saargebiet 25. 2. 1945, Uffz. u. OffzAnwärter.

b) Zweiter Ehe:

2. August Caspar Nikolaus Otto, * Auras 4. 6. 1859, † Battinsthal 23. 11. 1926, preuß. GehRegRat, Ldrat z. D., Rittmeister d. LdwKav. a. D., RRr d. JohO.;
⚭ Neu-Stradam 12. 10. 1896 Katharina v. Korn, * Rudelsdorf 21. 5. 1875, † Steinau 11. 5. 1921, T. d. Ldesältesten Ferdinand v. K. auf Neu-Stradam u. d. Johanna Agath.

Kinder:

1) Friedrich August Ferdinand, * Steinau 15. 9. 1897, † Hamburg 19. 7. 1987, Dr. jur., AmtsgerRat a. D., OFeldrichter a. D., ORegRat a. D.;
⚭ Stolberg, Harz, 27. 2. 1937 Gerda Schröter, * Witzenhausen 25. 6. 1911, † Geesthacht bei Hamburg 3. 12. 1974, T. d. Dr. phil. Karl Andreas Sch. u. d. Marie Bremer.

Söhne:

(1) Bernhard, * Nordhausen 29. 12. 1938, † ebd. ... 1940.

(2) Nikolaus Andreas, * Hamburg-Blankenese 20. 12. 1949, Rechtsanwalt;
⚭ I. München 14. 3. 1973 Constanze Doeblin, * Mannheim 16. 9. 1949 (gesch. ...), T. d. ... Oskar D. u. d. Gisela Strauss (...);
⚭ II. München 30. 6. 1978 Yvonne Prenosil, * ... 2. 7. 1947 (gesch. ... 1987), T. d. DiplIng. Georg P. u. d. Margarete Strobel
(Ackermannstr. 15, 8000 München 40);
⚭ III. München 4. 8. 1987 Anne-Kristin Paul, * München 27. 3. 1953, T. d. DiplChem. Dr. ... Manfred P. u. d. Ursula Goldschmidt
(Burgmaierstr. 27 a, 8012 Ottobrunn).

Sohn zweiter Ehe:

M a x i m i l i a n Philipp, * München 27. 12. 1979
(Burgmaierstr. 27a, 8012 Ottobrunn).

2) A n g e l i k a Klara Auguste Johanna Therese, * Steinau an der Oder 29. 9. 1899;
× Berlin-Dahlem 7. 3. 1942 Hilmar v. B ö t t i c h e r, * Groß-Stover 22. 6. 1894, † Celle 3. 2. 1972, Kaufm., Major a. D.
(Speicherstr. 19, 3100 Celle).

3. Klara Johanna Therese A n g e l i k a, * Auras 1. 11. 1860, † Wernigerode, Harz, 10. 12. 1939;
× Auras 14. 8. 1884 Günther v. S y d o w, * Dobberphul, Kr. Königsberg, Neumk, 14. 7. 1855, † Wernigerode 1. 11. 1924, preuß. Konsistorialpräs. a. D., Rittmeister a. D.

4. Carl Friedrich A u g u s t, * Auras 3. 1. 1865, † Berlin-Zehlendorf 4. 7. 1912, Kgl. preuß. RegAssessor a. D.;
× Berlin 15. 2. 1898 Friederike (Friede) v. Z e u n e r, * Engers 6. 5. 1866, † Grünwald bei München 25. 5. 1939 (× I. Berlin 24. 5. 1888 Adalbert Frhr v. Lentz, † Berlin 9. 12. 1892, Kgl. preuß. Major), T. d. Kgl. preuß. Gen. d. Inf. Barnim v. Z. u. d. Agnes v. Hövel.

Tochter:

F r i e d e Angelika Agnes, * Freiburg i. Br. 29. 6. 1901, † Köln 29. 3. 1980;
× Berlin 15. 10. 1927 Bodo v. der M a r w i t z, * Groß-Kreutz 6. 7. 1893, † Köln 25. 2. 1982, auf Friedersdorf, Kr. Lebus, Groß-Kreutz u. Hackenhausen (§), Kr. Zauch-Belzig, Rittmeister a. D.

II. Linie (Kargow)

Stammvater: Johann Friedrich, * 1689, † 1755 (Reichsadelsstand Wien 7. 4. 1732).

S. GHdA, Adel. Häuser B, Bd XVIII (1989).

Spies v. Büllesheim

Kath. — Jülicher Uradel, der mit Ludewicus filius Christiani de Buellesheim, armiger, 28. 9. 1319 urkundl. (Orig. im Prov-Archiv von Limburg in Maastricht, abgedr. bei G. de Franquinet, Oorkonden en Bescheiden van de Abdij Kloosterade, Maastricht 1869) zuerst erscheint. Stammvater ist Reimar Spies v. Bülwesheim (Büllesheim), 1422 Hausmarschall des Hzgs v. Jülich, 1424 Hr der Herrlichkeit Büllesheim. — Preuß. Anerkennung d. Frhrnstandes lt MinReskr. vom 13. 3. 1827 (für Ludwig Frhr v. Spies, auf Hall).

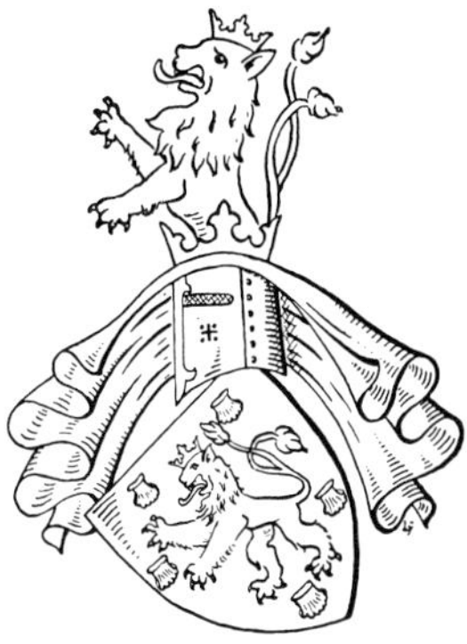

W. (StW.): In Schw. ein gekr. zweischw. r.-bew. g. Löwe, begl. von 5 (2, 2, 1) g. Muscheln; auf dem H. mit schw.-g. Decken der Löwe wachs.

Vgl. Goth. frhrl. Tschb. 1892 (Stammreihe) bis 1942. — GHdA, Frhrl. Häuser A, Bd I (1952), III (1959) und VIII (1971).

I. Linie (Haus Hall)

Adolf Ludwig Wilhelm Maria Joseph Hubertus Aloysius Apollinaris Isidor Freiherr Spies v. Büllesheim, * Haus Hall bei Ratheim, Rheinld, 4. 4. 1867, † ebd. 4. 4. 1923, auf Hall, Kr. Erkelenz, Rott, Siegkr., Kleeburg u. Metternich, Kr. Euskirchen, Kgl. preuß. Khr, ERr d. souv. MaltRrO.;

⚭ I. Münster, Westf., 10. 5. 1898 Sophie Gfin v. Westerholt u. Gysenberg, * Sythen bei Haltern 7. 6. 1876, † Aachen 11. 11. 1907, T. d. Kgl. preuß. Khrn Egon Gf v. W. u. G., Fkhrn auf Westerholt, u. d. Maria Freiin v. Salis-Soglio;

⚭ II. Westerholt 24. 6. 1909 Leopoldine Gfin v. Westerholt u. Gysenberg, * Sythen 3. 7. 1877, † Burg Metternich, Kr. Euskirchen, 10. 3. 1960, Schwester der ersten Gemahlin.

a) Erster Ehe:

1. M a r i a T h e r e s i a Antonia Josepha Felicitas, * Haus Hall 6. 2. 1899, † Haus Linzenich bei Jülich 27. 10. 1982;
× Haus Hall 18. 5. 1922 Joseph Frhr v. M y l i u s , * Bonn 16. 8. 1892, † Haus Linzenich 22. 1. 1953, auf Linzenich, Kgl. preuß. Lt a. D.

2. F r a n z E g o n Antonius Edmund, * Haus Hall 26. 4. 1900, † Erkelenz 10. 12. 1983, auf Hall, DiplLd- u. Forstwirt, Fähnrich z. See a. D., E- u. DevRr d. souv. MaltRrO.;
× Münster, Westf., 24. 8. 1926 Maria Freiin v. O e r , * Haus Egelborg 23. 8. 1903, † Haus Hall 16. 3. 1992, E- u. DevD. d. souv. MaltRrO., T. d. Mitgl. d. preuß. StRats Adolf Frhr v. O., auf Stockum, Egelborg u. Wohnung bei Legden, Kr. Borken, u. d. Anna Gfin Droste zu Vischering.

Kinder:

1) S o p h i e Leopoldine Margareta Maria, * Haus Hall 2. 8. 1927;
× Haus Hall 2. 6. 1954 Edmund Hzg zu T r a c h e n - b e r g Fst v. H a t z f e l d t , * Amsterdam 18. 11. 1923, staatl. gepr. Ldwirt, VersKaufm.
(Ostmerheimer Str. 386, 5000 Köln 91 — Merheim).

2) A d o l f Wilhelm Josef Maria, * Haus Hall 4. 6. 1929, Dr. jur., DiplLdwirt, Rechtsanwalt, MdB. 1972—1987, Bürgermeister von Hückelhoven, ERr d. souv. MaltRrO.;
× Kalbeck bei Goch 27. 9. 1961 Maria Immaculata (Concha) Freiin v. M i r b a c h - H a r f f - Freiin v. V i t t i n g h o f f gen. S c h e l l , * Münster, Westf., 31. 5. 1938, T. d. DiplLdwirts Friedrich Frhr v. M.-H.-Frhr v. V. gen. Sch. u. d. Margaret O'Brien
(Haus Hall bei Ratheim, Hagbrucher Str. 1, 5142 Hückelhoven 6).

Kinder:

(1) W i l h e l m - F r a n z Friedrich, * Aachen 7. 3. 1963, † Mainz 17. 3. 1978.

(2) Margaret (D a i s y) Sophie Maria Christine, * Aachen 19. 6. 1964;
× Ratheim 10. 10. 1987 Tobias Gf v. B e r n s t o r f f , * München 14. 8. 1958, Bankkaufm., Lt d. Res.
(29A, Danvers Street, London SW 3).

Franz Egon Freiherr Spies v. Büllesheim
* 1900 + 1983
auf Hall
Dipl.-Land- und Forstwirt
s. S. 476

(3) Mary Anna Helene, * Aachen 20. 10. 1965;
× Ratheim 22. 9. 1990 Christian Burrus, * Nancy 29. 12. 1959, Bankkaufm.
(Avenue Ste Luce 2, CH-1003 Lausanne).

(4) Antoinette Noelle Maria Felicitas, * Aachen 19. 12. 1966, Reiseverkehrskauffrau u. Kommunikationswirtin
(Haus Hall bei Ratheim, Hagbrucher Str. 1, 5142 Hückelhoven 6).

(5) Helena Theresia Patricia Maria, * Aachen 17. 3. 1968, Kommunikationswirtin
(Haus Hall bei Ratheim, Hagbrucher Str. 1, 5142 Hückelhoven).

(6) Max-Edmund Philipp Maria, * Aachen 1. 6. 1971, stud. rer. pol.
(Haus Hall bei Ratheim, Hagbrucher Str. 1, 5142 Hückelhoven 6).

3) Maria Theresia (Maresa) Anna Margarete Agatha, * Aachen 5. 2. 1942;
× (standesamtl.) Neuhall, (kirchl.) Ratheim, Rheinld, 7. 10. 1967 Charles-Joseph Ritzenthaler, adopt. Freiherr von Türckheim-Böhl, * Riedisheim, Elsaß, 16. 10. 1936, DiplIng., Architekt
(Schloß, 7638 Mahlberg; Mahrweg 62, 5142 Hückelhoven).

3. Johann Wilhelm Ludwig Leopold, * Haus Hall 12. 4. 1902, † Köln 30. 7. 1940, auf Metternich, DiplLdwirt, ERr d. souv. MaltRrO.;
× Deutsch-Jägel, Schlesien, 20. 6. 1932 Maria Agnes (Mariagnes) Gfin v. Ballestrem, * Breslau 19. 3. 1908, Mithrin auf Deutsch-Jägel usw. (§), T. d. Kgl. preuß. GerReferendars a. D. u. Rittmeisters d. Res. Leo Gf v. B. auf Deutsch-Jägel usw. u. d. Eva Freiin v. Durant
(Haus Vogelsgarten, Hemmericher Str. 19, 5354 Weilerswist-Metternich).

Kinder:

1) Franz Leo Bernhard Maria, * Bonn 18. 5. 1933, auf Metternich, Ing. agr., Assessor jur.;
× München (standesamtl.) 30. 5., (kirchl.) 30. 6. 1960 Marie-Gabriele Freiin v. Steinling zu Boden u. Stainling, * Eichstätt 16. 6. 1933, Lehramtsassessorin, T. d.

ORegDir. a. D. Friedrich Frhr v. St. zu B. u. St. u. d. Johanna Freiin v. Hoenning O'Carroll
(Burg Metternich, 5354 Weilerswist-Metternich).

Kinder:

(1) Franz Michael Klemens Pius Johannes Friedrich Wilhelm Maria, * Beuel bei Bonn 14. 6. 1961, DiplIng. agr., Lt d. Res.;
× Borlinghausen 28. 5. 1989 Stephanie Freiin v. Weichs zur Wenne, * Warburg 19. 3. 1961, pharmazeut.-techn. Assistentin, T. d. Ld- u. Forstwirts Franz Frhr v. W. zur W. auf Borlinghausen u. d. Marie-Leonie Freiin v. Wolff-Metternich
(Burg Metternich, 5354 Weilerswist-Metternich).

Sohn:

Franziskus Stephan Benedikt Wilhelm Maria, * Bonn 30. 7. 1991.

(2) Johannes Stephan Paul Franz Gabriel Maternus Pius Maria, * Beuel 4. 9. 1962, Bankkaufm., Rechtsreferendar
(Burg Metternich, 5354 Weilerswist-Metternich).

(3) Raphael Florian Adolf Johannes Franz Pius Maria, * Beuel 27. 3. 1964, Bankkaufm., OLt d. Res., stud. jur.
(Burg Metternich, 5354 Weilerswist-Metternich).

(4) Martin Peter Hubertus Leopold Johannes Pius Maria, * Beuel 15. 10. 1965, Lt d. Res., stud. rer. pol.
(Burg Metternich, 5354 Weilerswist-Metternich).

(5) Marie-Gabrielle Theresia Johanna Agnes Margarete Pia Elisabeth, * Beuel 6. 5. 1970, Kinderkrankenschwester i. A.
(Burg Metternich, 5354 Weilerswist-Metternich).

(6) Maria Monika Sophie Pia Angela Ursula Antonia Hedwig, * Beuel 23. 10. 1971, stud. jur.
(Burg Metternich, 5354 Weilerswist-Metternich).

2) Leopoldine Pia Maria Michaela, * Breslau 27. 9. 1934, Fremdsprachenkorresp.;
× Metternich, Kr. Euskirchen, 15. 9. 1960 Victor Gf v. Matuschka, Frhr v. Toppolczan u. Spaetgen, * Breslau 22. 7. 1932, Dipl theol., MinRat
(Hartsteinstr. 8, 5300 Bonn 1).

3) Marie-Theres Eva Helene, * Trier 1. 11. 1936, Dipl-Heilpädagogin;

⚭ Metternich 2. 8. 1966 Gotthard Gf v. Ballestrem, * Friedrichswalde, Schlesien, 9. 10. 1937, Rechtsreferendar, Bankkaufm.
(Vogelsanger Weg 35, 5000 Köln 40).

4) Angela Paula Maria Agnes, * Metternich 29. 9. 1939, DiplSoziologin;
⚭ (standesamtl.) Weilerswist 19. 4., (kirchl.) Metternich 26. 4. 1969 Nikola Baron Adamovich de Čepin, * Esseg 6. 11. 1936, Lic. jur., Geschäftsf.
(Haus Vogelsgarten, Hemmericher Str. 19, 5354 Weilerswist-Metternich).

4. Edmund Otto August, * Haus Hall 21. 4. 1904, ⚔ bei Cornelimünster 15. 9. 1944, Forstassessor, OLt u. KompChef in einem InfRgt;
⚭ Freckenhorst 9. 2. 1939 Marie Therese Gfin v. Merveldt, * Freckenhorst 1. 9. 1914, T. d. Friedrich Gf v. M. auf Freckenhorst u. d. Elisabeth Freiin v. Fürstenberg a. d. H. Körtlinghausen
(Freckenhorst, 4410 Warendorf 2, Westf.).

Kinder:

1) Sopie Elisabeth Michaela, * Münster, Westf., 13. 3. 1940, Sonderschulpädagogin;
⚭ Freckenhorst (standesamtl.) 9. 6., (kirchl.) 10. 7. 1971 Thilo v. Trotha, * Gera 19. 5. 1940, Dr. jur., MinRat
(An der Steinkaute 2, 5330 Königswinter 21).

2) Friedrich Leopold Ferdinand Josef Hubertus Michael, * Freckenhorst 15. 7. 1941, OLt d. Res., DiplKaufm., Vors. der Geschäftsführung der Thyssen Schweißtechnik GmbH.;
⚭ (standesamtl.) Niershoff bei Grefrath 28. 7., (kirchl.) Grefrath 12. 8. 1978 Marie Josephine Monforts v. Hobe, * Haus Niershoff 29. 8. 1958, T. d. Kaufm. Caspar M. v. H. u. d. Christa Grauert
(Stiftshof 5a, 4410 Freckenhorst).

Kinder:

(1) Moritz Sebastian Hubertus, * Freckenhorst 4. 11. 1979.

(2) Marie-Luisa, * Oelde 15. 9. 1983.

(3) Stephanie Johanna Maria, * Rheda-Wiedenbrück 24. 5. 1985.

(4) Nikola Theresa, * Sassenberg 16. 2. 1990.

3) Wilderich Ludwig Josef Benedict, * Freckenhorst 20. 7. 1943, Dipl paed., Dipl. theol., Krankenhaus-Seelsorger;
× Bad Säckingen 27. 6. 1987 Elisabeth Freiin v. Schönau-Wehr, * Stuttgart 10. 3. 1944, Hospizbeauftragte der Genossenschaft der Rhein. Westf. MaltDevRr, T. d. Majors i. G. a. D. u. Ing. Wernher Frhr v. Sch.-W., Mithrn auf Wehr usw., u. d. Maria-Theresia Freiin v. Gumppenberg
(Dethlefsenweg 4, 2392 Glücksburg).

b) Zweiter Ehe:

5. Margareta Maria Theresia Franziska Karoline, * Haus Hall 4. 11. 1911;
× Burg Metternich 12. 7. 1938 Hubert Frhr v. Kerckerinck zur Borg, * Haus Borg 9. 6. 1907, ⚔ († an der 18. 9. bei Kiew erlittenen Verwundung) Krakau 14. 10. 1941, OLt in einem Kav-Rgt, Forstassessor
(Baumschulallee 2, 5300 Bonn 1).

II. Linie

Ludwig Wilhelm Maria Joseph Hubert Aloysius Apollinaris Akazius Freiherr Spies v. Büllesheim, * Haus Hall 16. 4. 1869, † Hoffnungsthal 17. 12. 1943, Oberstlt a. D., ERr d. souv. MaltRrO.;
× Schultitten, Ostpr., 6. 11. 1907 Amélie v. Kalckstein, * Cappeln, Kr. Tecklenburg, 12. 3. 1885, † Ahlen bei Hamm, Westf., 22. 12. 1962, T. d. Alexander v. K., Fkhrn auf Schultitten, Rotthaus usw., u. d. Julia v. Rheinbaben.

1. Alexander Joseph Edmund Wilhelm Aloysius Maria, * Köln 6. 8. 1908, † Würselen 26. 12. 1978, Kunstreferent;
× I. Münster, Westf., 15. 11. 1952 Maria Nikoline Hallermann, * Münster 23. 11. 1899, † ebd. 6. 2. 1962, T. d. Wohlfahrtsdir. Wilhelm H. u. d. Anna Hoffmann;
× II. Münster 11. 7. 1965 Hanna Schütter, * Dortmund 8. 8. 1916 (× I. ... 26. 12. 1944 Hans Günther Kobusch, * Dortmund 17. 4. 1920, ⚔ Landsberg an der Warthe 31. 1. 1945, stud. jur., OLt d. Res.), T. d. Stadtrats Karl Sch. u. d. Johanna Unger
(Haus Birkenau, Borker Landweg 20, 4716 Olfen 2 — Vinnum).

2. Sophia Elisabeth Juliana Maria, * Köln 7. 10. 1909, führt seit 12. 8. 1955 wieder den Geburtsnamen
(Haus Neuseveringhausen, Gebkenkamp 39, 4730 Ahlen, Westf.);

× Berlin-Wilmersdorf 7. 10. 1942 Herbert Engler, * Frankfurt an der Oder 29. 7. 1899, † Bensberg-Frankenforst 2. 4. 1969, Dr. phil., Intendant (gesch. Köln 7. 10. 1954).

3. Maria Anna Ferdinande Antonia, * Köln 5. 7. 1912, † Schleching 28. 11. 1990;
× Berlin 10. 9. 1938 Christoph v. Kospoth a. d. H. Leubnitz, * Thammenhain, Sachsen, 16. 5. 1895, † Schleching 8. 3. 1973, Oberst a. D.

4. Franz Joseph Leopold Ludwig Maria, * Köln 27. 10. 1919, ⚔ bei Houffalize, Belgien, 24. 12. 1944, OLt u. KompFührer in einem PzGrenRgt;
× Bremen 6. 2. 1944 Wilhelmine Meyer, * Bremen 11. 10. 1920, † ebd. 20. 6. 1972 (× II. ... Friedrich Rosenkranz, * Rangoon, Burma, ..., Dr. jur., Rechtsanwalt u. Notar), T. d. VerwBeamten Hermann M. u. d. Amalie Bachrodt.

Sohn:

Franz Joseph Ludwig, * Bassum 23. 11. 1944, Kaufm., Inh. eines Im- u. Exportunternehmens;
× Bremen 11. 6. 1971 Ingrid Margaretha van der Willik, * Leidschendam, Niederlde, 6. 9. 1948, DiplKosmetikerin, T. d. Lederwarenfabrikanten Willem van der W. u. d. Henriette van der Laan
(Oberneulanderstr. 182 a, 2800 Bremen).

Söhne:

(1) Philipp-Ludwig, * Bremen 16. 1. 1973.

(2) Franz Reimar, * Bremen 27. 3. 1975.

5. Franz Egon Gabriel Adolf, * Haus Hall 6. 2. 1923, Industriekaufm.;
× Ahrweiler 13. 6. 1950 Irmgard Dittmann, * Ahrweiler 20. 8. 1923, T. d. Weingutsbes. Karl D. u. d. Helene Schütz
(Am Hollenberg 4, 5204 Lohmar 1 — Donrath).

Söhne:

1) Michael Ludwig Franz Karl, * Hoffnungsthal 25. 3. 1951, Dr. med. vet., Tierarzt
(Landshuter Str. 18, 1000 Berlin 30-Schöneberg).

2) Thomas Alexander Ignatius Maria, * Hoffnungsthal 18. 7. 1955, Kaufm.
(Am Tie 5, 3402 Dransfeld 3 bei Göttingen).

Teufenstein

Kath. — Das Geschlecht stammt aus Eichstätt in Mittelfranken und wanderte mit dem Großvater des Adelserwerbers im 18. Jahrhundert in Böhmen ein. Österr. Adels- u. Frhrnstd mit „v. Teufenstein" Wien 10. 7. 1867 (für Carl Weis, * Frauenberg 8. 5. 1810, K. K. Sektionschef im Min. f. Handel u. Volkswirtschaft); österr. Genehmigung, sich unter Weglassung des Familiennamens „Weis" nur „Teufenstein" zu nennen, lt A. E. Wien 24. 9. 1907 (für Karl Frhrn Weis v. Teufenstein).

W. (1867): Gev. und überzogen mit b. Schrägr.-Balken, auf diesem 3 aufw.-kriechende g. Bienen. 1 u. 4 G. ohne Bild; 2 u. 3 in R. eine s. Lilie. 3 H.; auf dem rechten mit b.-g. Decken ein einw.-wachs. g. Löwe mit 3 g. Kornähren in der linken Pranke; auf dem mittl. mit rechts b.-g., links r.-s. Decken eine nat. Fichte zw. offenem, rechts von G. u. B., links von S. u. R. get. Flug; auf dem linken mit r.-s. Decken ein wachs. s. Einhorn. Schildh.: 2 Bergleute. Wahlspruch: Candore et labore.

Vgl. Goth. frhrl. Tschb. 1869 bis 1937. — GHdA, Frhrl. Häuser B, Bd I (1954).

Friedrich (Fritz) Karl Freiherr v. Teufenstein, * Rom 27. 7. 1868, † Schönenwerd, Kt. Solothurn, 13. 12. 1945, österr. MinRat u. Sektionschef i. R.;
⚭ Achleiten 20. 1. 1901 Karoline (Lili) v. Boschan, * Angern 5. 7. 1876, † Linz an der Donau 3. 7. 1952, T. d. Louis Rr v. B. auf Achleiten u. d. Friederike Ginsberg.

1. Carl Friedrich, * Wien 8. 1. 1903, † Zürich 23. 2. 1987, Dr. jur.;
   ⚭ Luzern 9. 6. 1927 Annemarie Bally, * Schönenwerd 22. 12. 1904, † Vezia, Tessin, 19. 8. 1991, T. d. Großindustriellen Ernst B. u. d. Margarethe Hüssy.

   Kinder:

   1) Friedrich Peter, * Schönenwerd 28. 10. 1928, Rechtsanwalt;
      ⚭ Hilterfingen 29. 3. 1953 Ursula Goett, * Bonn 6. 9. 1926, T. d. Prof. Dr. med. Theodor Gustav G. u. d. Elisabeth Irmgard Strasser
      (Eichrain, CH-3052 Zollikofen; Tenuta Bally, CH-6932 Breganzona).

Kinder:

(1) Ernst Alexander, * Bern 24. 11. 1953, Architekt;
⚭ Bern 15. 5. 1987 Barbara Grüssi, * Bern 20. 12. 1960, T. d. Ing. Otto G. u. d. Esther Hadorn
(Lindhalde, CH-3076 Worb).

Tochter:

Viviane Muriel, * Bern 19. 6. 1990.

(2) Anna Christina, * Bern 12. 1. 1957;
⚭ Florenz 8. 3. 1986 Timoteo Mueller, * Florenz 27. 5. 1951, Kaufm.
(Via Leonardo da Vinci 49, Lastra di Signa, I-50132 Florenz).

(3) Karl Michael, * Bern 5. 10. 1964, stud. jur.
(Eichrain, CH-3052 Zollikofen).

2) Ernst Christoph, * Schönenwerd 28. 5. 1931, Lic. oec., Wirtschafts- u. Anlageberater;
⚭ Brüssel 31. 5. 1958 Jeanne van Langendonck, * Tervuren 20. 5. 1935, T. d. Kaufm. Léon van L. u. d. Adèle Velu
(Le Grand Pré, CH-1586 Vallamand-Dessus; Tenuta Bally, CH-6932 Breganzona).

Töchter:

(1) Marie Caroline, * Aarau 16. 3. 1959;
⚭ Vallamand 22. 9. 1984 Xavier Pagès-Font, * Barcelona 30. 12. 1957, MBA., Industrieller
(Pasaje Fontanellas 9, E-08017 Barcelona).

(2) Nathalie Anne, * Lyon 10. 4. 1962, M. A.;
⚭ Vallamand 12. 12. 1987 Nicolò dei Marchesi Gavotti di Castellaro, * Rom 1. 1. 1950, Dr. jur.
(Via Zanardelli 36, I-00186 Rom; Villa Gavotti, I-17013 Albissola Superiore).

(3) Diane Marguerite, * Lyon 23. 2. 1964
(Le Grand Pré, CH-1586 Vallamand-Dessus).

(4) Isabel Louise, * Lyon 12. 9. 1968, Lic. oec.;
⚭ Lugano 15. 6. 1991 Nicolas Neefs, * Brüssel 25. 10. 1961, Kaufm.
(31 rue Rouge-Cloître, B-1310 La Hulpe).

3) Marie-Louise, * Schönenwerd 2. 4. 1935;
× Luzern 19. 10. 1959 Peter Bally, * Schönenwerd 29. 3. 1931, Industrieller
(Hungerbergstr. 35, CH-5000 Aarau; Tenuta Bally, CH-6932 Breganzona).

2. Wilhelm Maria Ludwig, * Wien 8. 6. 1906, Dr. jur., GenDir. u. Vorstandsvors. i. R. d. Österr. Investitionskredit AG
(Müllner Hauptstr. 32, A-5020 Salzburg; Francisco Lencina Corcuer, Prado Grande 9, E-28250 Madrid-Torrelodones).

Adoptivsohn: s. u.

Namensträger, die nicht dem Adel angehören (siehe Form der Darstellung, Vorbemerkung):

Adoptivsohn (bezirksgerichtl. Bewilligung Wien 29. 10. 1968) des Dr. jur. Wilhelm Frhr v. Teufenstein (s. o.):

Roland Braz, * Bischofshofen 15. 3. 1943, führt den Namen „Teufenstein", Geschäftsf.
(Müllner Hauptstr. 32, A-5020 Salzburg; Francisco Lencina Corcuer, Prado Grande 9, E-28250 Madrid-Torrelodones).

Thuemmler

Luth. — Aus Sachsen stammendes Geschlecht, dessen Stammreihe mit Hans Thümmler, * um 1485, † um 1569, Bauern in Langenreinsdorf bei Crimmitschau, beginnt. — Reuß. J. L. Adels- u. Frhrnstand Schleiz 25. 11. 1857 (für Ernst Thümmler, auf Selka bei Schmölln, Hzgt. Sachsen-Altenburg, u. Kospoda bei Neustadt an der Orla, Ghzgt. Sachsen-Weimar, Fstl. reuß. J. L. Ldkammerrat); Ghzgl. sächs. Anerkennung durch MinErlaß Weimar 19. 1. 1858; sachs.-altenb. Anerkennung Altenburg 1. 2. 1858 (beides für denselben); preuß. Erlaubnis zur Führung d. Frhrntitels durch A. KO. Berlin 5. 6. 1866 (für seinen Sohn Leopold Frhrn v. Thümmler, Kgl. preuß. Portepéefähnrich im InfRgt 32). Seit etwa 1910 wird die Schreibweise „v. Thuemmler" gebraucht.

W. (1857): Gev., 1 u. 4 in G. ein aufger. schw. Roß mit g. Siegelring mit r. Stein im Maul, 2 u. 3 in S. aus gr. Hügel wachs. 3 b. nat. Lilien an gr. Stengeln; auf dem H. mit rechts schw.-g., links r.-s. Decken das Roß wachs. zw. 2 Füllhörnern, das rechte von S. u. R., das linke von G. u. Schw. get.

Vgl. Goth. frhrl. Tschb. 1861 bis 1941. – GHdA, Frhrl. Häuser B, Bd II (1957), und VI (1976).

Hans Thümmler, * um 1485, † um 1569, Bauer in Langenreinsdorf bei Crimmitschau, Sachsen;
⚭ ...

Hans, * um 1515, † Langenreinsdorf 28. 1. 1593, Bauer in Langenreinsdorf;
⚭ ...

Hans, * um 1540, † Langenreinsdorf 15. 8. 1601, Bauer in Langenreinsdorf;
⚭ ...

Hans, * um 1570, † vor 1612, Bauer in Langenreinsdorf;
⚭ ... 20. 11. 1593 Kunigunde Fürst, T. d. ... F. in Kleinhessen bei Schweinsburg an der Pleiße u. d. ...

Georg, * Langenreinsdorf 12. 1. 1601, † ..., Bauer in Langenreinsdorf;
⚭ ... 9. 2. 1654 Susanna Weiße, ~ ... 5. 7. 1626, † um 1695, T. d. ... W. in Harthau bei Crimmitschau u. d. ...

Christian, * Langenreinsdorf 8. 11. 1654, † Schiedel bei Crimmitschau ... 8. 1709, Gärtnereibes. in Schiedel;
⚭ Neukirchen bei Crimmitschau 22. 10. 1685 Catharina Sommer, ~ 30. 10. 1657, † Schiedel 10. 9. 1709, T. d. ... S. in Kleinhessen u. d. ...

George, * Schiedel ... 1. 1699, † ebd. 8. 6. 1772, Gärtnereibes. in Schiedel;
⚭ ... 1727 Marie Friese, ~ Frankenhausen bei Crimmitschau 8. 7. 1705, † Schiedel 12. 11. 1790, T. d. ... u. d. ...

George, * Schiedel 28. 7. 1731, † ebd. 30. 12. 1779, Wollkämmereibes. in Schiedel;
⚭ ... 3. 2. 1752 Maria Baum, * Rudelswalde bei Crimmitschau 6. 2. 1725, † Schiedel 7. 6. 1799, T. d. ... u. d. ...

George Friedrich, * Schiedel 12. 11. 1765, † Selka 9. 4. 1841, auf Selka bei Schmölln, Hzgt. Sachsen-Altenburg, u. Miesitz bei Triptis an der Orla, Ghzgt. Sachsen-Weimar;
× ... 20. 5. 1788 Johanna Sophia Friedrich, * Langenhessen an der Pleiße 10. 9. 1763, † Selka 9. 9. 1850, T. d. ... u. d. ...

Johann Friedrich, * Schiedel 26. 7. 1789, † Costewitz bei Pegau, Sachsen, 16. 10. 1850, auf Selka, Miesitz u. Costewitz;
× ... 28. 8. 1814 Johanna Sophie Dietz, * Culten bei Schweinsburg an der Pleiße 27. 5. 1798, † Ronneburg, Hzgt. Sachsen-Altenburg, 21. 8. 1869, T. d. ... u. d. ...

Georg Ernst Freiherr v. Thümmler, * Selka 24. 3. 1818, † ebd. 29. 3. 1872 (reuß. J. L. Adels- u. Frhrnstand Schleiz 25. 11. 1857; Ghzgl. sächs. Anerkennung durch MinErlaß Weimar 19. 1. 1858; sachs.-altenb. Anerkennung Altenburg 1. 2. 1858), auf Selka bei Schmölln, Hzgt. Sachsen-Altenburg, u. Kospoda bei Neustadt an der Orla, Ghzgt. Sachsen-Weimar, Fstl. reuß. J. L. Ldkammerrat;
× Lausnitz bei Neustadt an der Orla 23. 12. 1841 Hedwig v. Stein, * Lausnitz 19. 1. 1821, † Selka 6. 8. 1894, T. d. Ghzgl. sächs. Kjkrs Lobgott Christian Heinrich v. St. auf Lausnitz u. d. Marianne Luise Dominique Souvirant.

1. Hans Gustav Georg Friedrich, * Selka 17. 4. 1845, † Wilmersdorf bei Berlin 27. 11. 1906, Kgl. preuß. Lt a. D.;
× Jersey City, New Jersey, USA, 21. 6. 1891 Bertha v. Scherer, * Regensburg 21. 6. 1860, † Berlin ... 12. 1908 (kath.), T. d. Großkaufm. Johann v. S. u. d. Margarethe Reinert.

Sohn:

Ulrich Ernst Achim, * Jersey City 20. 4. 1892, † Naumburg an der Saale 3. 10. 1958 (ev.), Ing., führte als Adoptivsohn (seit ...) der Gertrud Roensch den Namen „Roensch Frhr v. Thuemmler";
× (standesamtl.) Naumburg 29. 11., (kirchl.) Gotha 17. 12. 1941 Liselotte Rink, * Gotha 17. 12. 1920, † Berlin 27. 1. 1970 (gesch. Naumburg ... 4. 1948), T. d. Tischlers u. Reichsbahnsekr. Paul R. u. d. Paula Göpel.

Tochter:

Agnes Hortensia, * Naumburg 20. 7. 1942, DiplIng. oec.
(Hans-Loch-Str. 239, O-1136 Berlin);
× Magdeburg 6. 6. 1964 Klaus Jürgen Gebhardt, * Magdeburg 28. 1. 1941, DiplIng. (gesch. Berlin 8. 1. 1985).

2. Leopold Johann Friedrich Freiherr v. Thuemmler, * Selka 3. 9. 1846, † Nöbdenitz, Kr. Gera, 12. 3. 1930 (preuß. Erlaubnis zur Führung d. Frhrntitels durch A. KO. Berlin 5. 6. 1866), Kgl. preuß. Major a. D.;
× Bückeburg 20. 10. 1874 Mathilde König[1], * Bückeburg 20. 10. 1854, † Nöbdenitz 29. 12. 1939, T. d. Fstl. schaumb.-lipp. Hofkammerpräs. Otto K. u. d. Henriette Habicht[2].

3. Georg Christian Joachim Freiherr v. Thuemmler, * Kospoda 14. 10. 1858, † Selka 19. 10. 1922, auf Selka, Hzgl. sachs.-altenb. Khr, RRr d. JohO.;
× I. Berlin 11. 3. 1881 Hilda v. Köppen, * Dramburg 30. 3. 1858, † Selka 27. 1. 1883, T. d. Kgl. preuß. KreisgerDir. Julius v. K. u. d. Ulrike v. Knobelsdorff;
× II. Dresden 6. 10. 1888 Marie (Mira) Fstin Barclay de Tolly-Weymarn, * St. Petersburg 9./21. 4. 1863, † Selka 18. 3. 1939, T. d. Kais. russ. Gen. d. Inf. u. GenAdj. Alexander Fst B. de T.-W. auf Kaskowa, Gouvt St. Petersburg, u. d. Marie Freiin v. Seddeler.

Kinder: a) erster Ehe:

1) Hedwig Luise Ulrike Hilda, * Selka 12. 12. 1882, † Hamburg-Rissen 1. 3. 1986;
× Selka 18. 10. 1905 Friedrich Gf Vitzthum v. Eckstädt a. d. H. Ober-Lichtenau, * Oschatz 29. 8. 1874, † Wedel, Holst., 23. 2. 1952, Dr. jur., sächs. MinRat i. R.

b) zweiter Ehe:

2) Alexander Ernst-Achim, * Leipzig 8. 4. 1897, † Obernkirchen 29. 4. 1964, auf Selka (seit 1817 im Bes. der Fam.; §), Amtmann d. Stifts Obernkirchen, Kgl. preuß. Lt a. D., RRr d. JohO.;

1 Vgl. DGB, Bd 102, S. 426.
2 Vgl. DGB, Bd 124, S. 278.

× Potsdam 19. 5. 1922 Walpurgis Freiin Hugo v. Spitzemberg, * Linden bei Hannover 22. 12. 1901, † Hannover 8. 3. 1974, T. d. Kgl. preuß. Khrn u. KabRats der Deutschen Kaiserin u. Kgin v. Preußen Lothar Frhr H. v. Sp. u. d. Jutta v. Alten a. d. H. der Gfn v. A.-Linsingen.

Kinder:

(1) Paul-Giselher Alexander-Lothar Joachim-Albrecht, * Selka 28. 2. 1923, Domänendir. i. R., RRr d. JohO.;
× (standesamtl.) Würzburg 10. 7., (kirchl.) Kloster Isenhagen, Kr. Gifhorn, 31. 7. 1954 Carla Hoffmann-Lüth, * Stettin 29. 4. 1921 (× I. Stettin 18. 12. 1943 Otto Saenger, ⚔ Talwaldi, Kurld, 1. 2. 1945, kaufm. Angest., OLt d. Res.), T. d. Bankdir. Carl H.-L. u. d. Ilse Lüth
(Sonnenweg 5, 5060 Bergisch Gladbach 2).

Sohn:

Carl Albrecht Alexander, * Würzburg 1. 6. 1955, DiplKaufm., Hptm., ERr d. JohO.;
× Steinbach, Taunus, (standesamtl.) 16. 3., (kirchl.) 17. 3. 1984 Sabina v. Keil, * Lissabon 4. 9. 1959, Assessorin jur., T. d. Lts a. D., Exportkaufm. u. Dir. i. R. Hartmut-Alexander v. K. u. d. Christa v. Schwerin
(Erikaweg 5, 8419 Nittendorf).

Kinder:

a) Constanze Victoria Melanie, * Regensburg 15. 7. 1988.

b) Hubertus Xavier, * Regensburg 23. 2. 1990.

(2) Maria-Elisabeth Hanna Jutta Hildegard, * Selka 19. 5. 1926;
× (standesamtl.) Hannover 3. 7., (kirchl.) Kloster Isenhagen 7. 7. 1956 Jürgen Saathoff, * Oberstdorf, Allgäu, 21. 12. 1917, † Köln 26. 4. 1967, Dr. med.
(Matzdorfer Weg 11, 3005 Hemmingen 1 — Westerfeld).

(3) Lothar Ernst Michael Hubertus, * Selka 12. 12. 1938, † Antwerpen 22. 12. 1990, Kaufm.

Tiesenhausen

Luth., orth. u. kath. — Uradel mit dem Stammhause Tisenhusen (bis 1562 urkundl.) zwischen Nienburg u. Holtorf a. d. Unterweser, der mit den Gfl. Wölpeschen Burgmannen zu Nienburg Henricus et Eggelbertus de Thisenhusen 27. 12. 1215 urkundl. (vgl. Wilhelm v. Hodenberg, Calenberger UrkBuch, Teil V, Archiv d. Klosters Mariensee, Nr 52) zuerst erscheint u. mit Engelbertus de Tysenhusen, der bereits 1210 in Livland erwähnt wird (Heinrichs Livld. Chronik XIV 10), 1224 urkundl. (vgl. Liv-, Esth- u. Curld. UrkBuch, Bd 1, Reval 1853, Nr 61 bis 63; Heinrichs Livld. Chronik XXVIII 8) als miles, Schwager u. Vasall d. Bischofs Hermann von Dorpat auftritt. — Russ. Anerkennung der Berechtigung zur Führung d. Barontitels lt Senatsukas Nr 10002 vom 7. 12. 1854 [1]. — Der 1860 gegründete Geschlechtsverband derer v. Tiesenhausen umfaßte die in Estland angesessenen Zweige und hielt jährlich FamTag ab. FamVerb. Vors.: Wolter Frhr v. Tiesenhausen, Buchenhof 4, 5309 Meckenheim-Merl; stellv. Vors.: Hans-Ralph Baron v. Tiesenhausen, Am Ehrenmal 8, 3050 Wunstorf-Klein Heidorn; Schriftf.: Hans Frhr v. Tiesenhausen, Helfer Str. 22, 5800 Hagen 1.

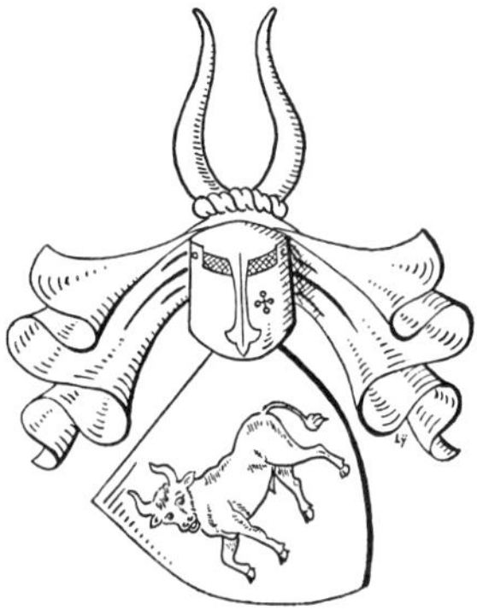

W. (StW.): In G. ein schreitender schw. Stier; auf dem H. mit schw.-g. Decken 2 schw. Büffelhörner.

Vgl. auch GHdA, Gfl. Häuser A, Bd II (Stammreihe u. ältere Genealogie) u. IX (1979). — Vgl. Des Bannerherrn Heinrich v. Tiesenhausen d. Ä. von Berson Ausgewählte Schriften u. Aufzeichnungen, hrsg. im Auftrage der Gfin Marie v. Przezdziecka geb. Gfin Tyzenhauz von Richard Hasselblatt, Leipzig 1890. — Geneal. Handb. der Estld. Rrschaft, Bd I, Verlag C. A. Starke, Görlitz 1931 bis 1935. — Geneal. Handb. der Oeselschen Rrschaft, Tartu (Dorpat) 1935—1939. — Astaf v. Transehe-Roseneck, Mskr. für das Geneal. Handb. der Livld. Rrschaft, Bd II, Lfg 16, 1944 (ungedruckt). — GHdA, Frhrl. Häuser A, Bd IV (1962) (Stammreihe u. ältere Genealogie) u. XI (1979).

---

1 Die Daten im ehem. russ. Kaiserreich sind bis 1917 nach dem (alten) Julianischen Kalender angegeben.

Stamm A (Erlaa)

Stammvater: Rr Engelbrecht, † zw. 1367 u. 1375.

I. Linie

Stammvater: Rr Detlof, urkundl. 1479—1515. — Schwed. Frhrnstand 7. 5. 1654 (für Hans Heinrich v. Tiesenhausen, auf Erlaa usw., Kgl. schwed. GenMajor).

W. (1654): Gev. u. bel. mit Herzschild, darin StW.; 1 u. 4 in S. ein geharn. Reiter, eine Pistole abfeuernd, auf galoppierendem br. Roß mit s. Schabracke, 2 u. 3 in B. ein g. Löwe, dessen Kopf in einem mit s. u. g. Straußenfedern besteckten s. H. steckt, in der Rechten einen s. Streitkolben schwingend, in der Linken ein s. Pfeilbündel haltend; 2 H. mit b.-g.-schw.-s. Decken, auf dem rechten ein Pfauenstoß zw. schw. Büffelhörnern, auf dem linken der Löwe aus Feld 2 u. 3 wachs.

1. Ast (Neuenhof)

Stammvater: Frhr Hans Heinrich, * 1685, † 1736.

Hermann Johannes (Hans) Freiherr v. Tiesenhausen, * Weißenstein 6. 7. 1869, † Freiburg i. Br. 26. 5. 1932, Ldwirt;
× Hoppenhof 12. 9. 1906 Karin Freiin v. Delwig, * Schluckum, Livld, 23. 11. 1879, † Münster 11. 9. 1969, T. d. Kreisdep. Axel Frhr v. D. auf Hoppenhof usw., Livld, u. d. Alma v. Schrenck.

1. Hans Heinrich, * Riga 11. 3. 1908, ⚔ (vermißt) bei Orscha, Rußld, 4. 3. 1944, MinReferent, Fahnenjkr, führte als Adoptivsohn seiner Tante Ingeborg (Inga) Freiin v. Delwig seit 12. 3. 1914 den Namen „Frhr v. Delwig-Tiesenhausen";
× Freiburg i. Br. 16. 5. 1937 Marie-Stephanie (Rila) Noenninger, adopt. Baehr, * Freiburg i. Br. 22. 9. 1907, T. d. Fabrikanten Albert Hermann N. u. d. Anna Luise Franziska Dennig, Stief- u. AdoptivT. d. ... Emil Adolf Baehr
(Turnhallenstr. 16, 7290 Freudenstadt).

Kinder:

1) Guta Ursula Ingeborg, * Karlsruhe 10. 8. 1938, DiplPsychologin;
× Freiburg i. Br. 17. 7. 1965 Günter Kruse, * Diepholz 24. 10. 1932, ORegRat, DiplPsychologe
(Karlsbader Str. 15, 8580 Bayreuth).

Hans Heinrich Freiherr v. Delwig-Tiesenhausen

* 1908 ⚔ 1944

Ministerialreferent, Fahnenjunker

s. S. 492

Berend Freiherr v. Tiesenhausen

* 1912 † 1988

Journalist, RRr d. JohO.,

Träger des Bundesverdienstkreuzes I. Kl.

s. S. 497

Edmund Baron v. Tiesenhausen

* 1887 † 1970

Landgerichtsrat a. D.

s. S. 518

2) Beate Amalaswintha, * Karlsruhe 27. 12. 1939, führt wieder den Geburtsnamen
(Kirchgässl 5, 6708 Neuhofen);
⚭ Denzlingen bei Freiburg i. Br. 28. 6. 1968 Reinhard Kreusch, * Bonn 19. 7. 1942, Dr. jur., RegDir. (gesch. Freiburg 8. 7. 1986).

3) Hans-Heinrich, * Straßburg 4. 3. 1942, Rechtsanwalt;
⚭ Merzhausen bei Freiburg i. Br. 29. 3. 1968 Barbara Schaeder, * Plön, Holst., 18. 5. 1946, T. d. Physikers Dr. phil. Johann Sch. u. d. Erika Roessler
(Turnhallenstr. 16, 7290 Freudenstadt).

Kinder:

(1) Julia Stephanie, * Freiburg 23. 7. 1968, Kaufm. i. A. *(Konviktstr. 29, 7800 Freiburg i. Br.)*.

(2) Annette Luise, * Freiburg 10. 11. 1970, Bankkaufm. i. A.
(Turnhallenstr. 16, 7290 Freudenstadt).

(3) Hans-Heinrich Maximilian Albrecht, * Freudenstadt 2. 4. 1977.

(4) Friedrich Richard Constantin, * Freudenstadt 22. 11. 1983.

2. Barbara Alma Gertrud Cäcilie, * Hoppenhof 2. 11. 1909, † Mettingen, Kr. Steinfurt, 24. 3. 1992;
⚭ Freiburg i. Br. 18. 8. 1936 Hans Pauli, * Mülheim bei Köln 28. 12. 1907, † Mettingen 13. 2. 1990, Ldwirt.

3. Berend Reinhold, * Riga 11. 12. 1912, † Bielefeld 12. 12. 1988, Journalist, RRr d. JohO.;
⚭ Gießen 28. 12. 1939 Elisabeth Koch-Grünberg, * Stuttgart 16. 1. 1918, T. d. Forschungsreisenden, o. Prof. für Völkerkunde an der Univ. Heidelberg u. Dir. d. Lindenmuseums in Stuttgart Dr. phil. Theodor K.-G. u. d. Elsa Wasmuth
(Kornblumenweg 28, 4800 Bielefeld 12).

Kinder:

1) Wolter, * Athen 30. 9. 1940, Journalist, Vors. d. Fam-Verb., RRr d. JohO.;
⚭ Essen-Werden (standesamtl.) 1. 4., (kirchl.) 2. 4. 1966 Waltraut Glasenapp, * Kalisch, Polen, 11. 5. 1940, T. d. Prof. u. emer. Leiters d. Abt. f. Industrielle Formgebung an der Folkwangschule in Essen Werner G. u. d. Lilli Donath
(Buchenhof 4, 5309 Meckenheim-Merl).

Kinder:

(1) E l i s a b e t h Karin Charlotte, * Bonn 3. 10. 1967, Betriebswirtin, Verlagskauffrau
(Buchenhof 4, 5309 Meckenheim-Merl).

(2) M a t t h i a s Berend Werner, * Bonn 14. 5. 1970, stud. jur.
(Buchenhof 4, 5309 Meckenheim-Merl).

(3) C y r i l l Andreas Konstantin, * Bonn-Bad Godesberg 16. 4. 1975.

2) Hans D i e t r i c h, * Gießen 31. 8. 1942, DiplBauIng.;
⚭ Bielefeld 12. 5. 1967 Irene Maria K u n z e, * Warnsdorf, Böhmen, 30. 9. 1940, T. d. Bankdir. Rudolf K. u. d. Maria Schöber
(In den Eichen 26, 6237 Liederbach).

Sohn:

Harald A l e x a n d e r, * Frankfurt am Main 7. 12. 1967, stud. jur.
(In den Eichen 26, 6237 Liederbach).

3) K a r i n Dorothea Antonie, * Gießen 2. 6. 1944;
⚭ Senne I bei Bielefeld 30. 5. 1969 Axel v. P l a t e n, * Shanghai 10. 12. 1939, Angest.
(Stobäusstr. 2a, 8190 Wolfratshausen).

4) H a n s Theodor, * Gießen 30. 9. 1946, Betriebswirt, Schriftf. d. FamVerb.;
⚭ Bremen-Oberneuland 17. 9. 1976 Annelie M a a s s e n, * Bad Kissingen 12. 7. 1944, T. d. Kaufm. Ludwig Johann M. u. d. Katharina Brand
(Helfer Str. 22, 5800 Hagen 1).

Töchter:

(1) F r i e d e r i k e, * Bremen 28. 8. 1978.

(2) K a t h a r i n a, * Bremen 21. 10. 1980.

5) Ernst C h r i s t o p h, * Gießen 26. 4. 1950, Fotografenmeister;
⚭ I. Brackwede bei Bielefeld 5. 9. 1975 Monika S c h u l z, * Werdohl 29. 11. 1951, Apothekenhelferin (gesch. Fürth 21. 3. 1980; ⚭ II. Cadolzburg bei Fürth 30. 7. 1981 Manfred Kuch, * ..., OStudienrat), T. d. Architekten Oswald Sch. u. d. Elli Schütte
(Welbhausenstr. 15, 8704 Uffenheim);

× II. Gütersloh 17. 1. 1983 Christine Engelmann, * Pyrbaum-Seligenporten 14. 7. 1960, T. d. Postbeamten Johann E. u. d. Lotte Merkulow
(Fasanenweg 65, 4830 Gütersloh).

Kinder zweiter Ehe:

(1) Florian Bartholomäus, * Bielefeld 16. 3. 1983.

(2) Marlene Theresa, * Bielefeld 19. 1. 1988.

6) Sabine, * Gießen 26. 4. 1950 (Zwillingsschwester d. Vorigen), Studienrätin;
× Bielefeld (standesamtl.) 30. 5., (kirchl.) 31. 5. 1975 Hans Gerd Röder, * Gelnhausen 11. 6. 1948, Rechtsanwalt u. Notar
(Falltorweg 12, 6072 Dreieich-Buchschlag).

7) Ulrich Andreas, * Gießen 13. 2. 1955, DiplKaufm.;
× Bielefeld 9. 4. 1984 Gesa Czyrnik, * Gütersloh 6. 5. 1957, T. d. Fräsermeisters Günter C. u. d. Hellgrid Kadegge
(Sonnenbergstr. 26/2, 7261 Ostelsheim).

Töchter:

(1) Julia Franziska, * Tübingen 11. 10. 1986.

(2) Karolina Sophie, * Tübingen 17. 12. 1989.

4. Ursula Ingeborg Marie, * Riga 17./30. 3. 1914, Bankbeamtin i. R.
(Chamissostr. 35, 6000 Frankfurt am Main 50).

2. Ast (Wesenberg)

Stammvater: Frhr Jakob Johann, * 1686, † nach 1740.

1. Zweig

Stammvater: Frhr Jakob, * 1761, † 1813.

Adolard (Adelhard) Johann Freiherr v. Tiesenhausen, * Wesenberg 27. 5. 1807, † Pajus, Livld, 28. 11. 1889, Mithr auf Wesenberg (verk.), auf Kono (seit 1830, verk.), Unnuks u. Saximois, Estld, Kais. russ. Kornett a. D.;
× Paddas, Estld, 25. 8. 1833 Marie v. Brevern, * Sommerhof 11. 8. 1815, † Oberpahlen, Livld, 23. 2. 1875, auf Unnuks, T. d. KreisgerAssessors Christoph v. B. auf Alt-Harm, Kersel u. Unnuks, Estld, vorm. Arrendators auf Sommerhof u. Pallfer, Estld, u. d. Karoline Zweig.

1. Jakob Christoph Peter, * Chrjani, Gouvt Pleskau, 17. 5. 1834, † Reval 20. 9. 1921, Kais. russ. Oberst a. D.;
⚭ I. ... Girundow, * ..., † ... (orth.), T. d. ... u. d. ...;
⚭ II. Irkutsk ... Julia Petraschkewitsch, * ..., † Reval ... (orth.), T. d. ... Andrei P. u. d. ...;
⚭ III. Reval 2. 12. 1902 Vera Baronesse v. Stackelberg a. d. H. Kreuzhof, Estld, * Reval 31. 12. 1869, † ebd. 21. 6. 1935, T. d. Pastors in Reval, Gründers u. Rektors der Diakonissenanst. ebd. Nikolai Baron v. St. auf Laserowa, Gouvt Pleskau, u. d. Vera v. Brümmer a. d. H. Restfer, Livld.

Kinder dritter Ehe:

1) Hermann Siegfried, * Reval 25. 9./8. 10. 1903 (luth.), Großkaufm., Ehrenbürger der Stadt Belo Horizonte;
⚭ Belo Horizonte, Prov. Minas Gerais, Brasilien, 1. 9. 1939 Eunice Vivacqua, * Espirito Santo, Brasilien, 18. 1. 1918 (kath.), T. d. Kaufm. u. Ldwirts Antonio V. u. d. Etelvina de Souza-Monteiro
(Rua Gonzalves Dias 1316, Apt. 402, CEP 30 140, Belo Horizonte, Minas Gerais, Brasilien).

Kinder (kath.):

(1) Vera Elisabeth, * Belo Horizonte 11. 4. 1942;
⚭ Sabará, Prov. Minas Gerais, 31. 7. 1976 Carlos Aurelio Lobo Vaz de Mello, * Rio de Janeiro 16. 7. 1943, DiplIng.
(Avenida Contorno 7950/901, Belo Horizonte, Minas Gerais, Brasilien).

(2) Sandra Magda, * Belo Horizonte 22. 9. 1943, dipl. Lehrerin für port. u. ital. Sprache an der Bundesuniv. Brasilia;
⚭ Belo Horizonte 10. 2. 1967 Luiz Otavio de Sousa Carmo, * Aymorés 11. 2. 1942, Dr. phil., Prof. f. port. Literatur an der Bundesuniv. Brasilia
(SQS 111 Bloco A/304, Brasilia, Brasilien).

(3) Igor Maximilian Eustaquio, * Belo Horizonte 1. 9. 1944, M. Sc., Agronom, DiplIng., Dozent an der Ldwirtschaftl. Hochschule in Lavras;
⚭ Lavras 6. 2. 1981 Berenice Cherém, * Lavras 7. 8. 1948, T. d. Zahnarztes Dr. med. dent. Antonio Ch. u. d. Rosa Chicralla
(Rua Costa Pereira 192, CEP 37200 Lavras, Minas Gerais, Brasilien).

(4) Hermann Alexander, * Belo Horizonte 1. 4. 1947, Dr. med., Arzt;
× Belo Horizonte 6. 5. 1978 Sonia Rolla, * Belo Horizonte 14. 7. 1946, T. d. Großkaufm. u. Unternehmers Joao R. Filho u. d. Wanda Marinho
(Avenida Celso Pofirio Machado 163, Belvedere, Belo Horizonte, Minas Gerais, Brasilien).

Kinder:

a. Joana, * Belo Horizonte 22. 5. 1979.

b. Alexandre, * Belo Horizonte 11. 7. 1980.

c. Clara Luiza Rolla, * Belo Horizonte 18. 12. 1983.

(5) Sergio Augusto, * Belo Horizonte 17. 3. 1949, Dipl-Unternehmensverwalter;
× Belo Horizonte 20. 4. 1985 Manoela Soares Machado, * Camercinho do Bruno 20. 2. 1955, T. d. Ldwirts Manoel de Souzo M. u. d. Luzia Soares
(Rua Conde Ribeira de Vale 230/301, Belo Horizonte, Minas Gerais, Brasilien).

Sohn:

Vinicius, * Belo Horizonte 24. 12. 1986.

(6) Flavio José, * Belo Horizonte 17. 3. 1949 (Zwillingsbruder d. Vorigen), Unternehmer;
× Belo Horizonte 16. 2. 1979 Maria Cristina Fonseca, * Belo Horizonte 12. 2. 1955, T. d. Ing. Geraldo de Almeida F. u. d. Haydée Oliveira
(Rua Penafiel 112/302 Anchieta, Belo Horizonte, Minas Gerais, Brasilien).

Kinder:

a. André, * Belo Horizonte 6. 12. 1980.

b. Augusto, * Belo Horizonte 8. 11. 1982.

c. Ana Paula, * Belo Horizonte 12. 5. 1984.

(7) Carlos Eduardo, * Belo Horizonte 22. 4. 1950, Dipl-ZivilIng.;
× Belo Horizonte 16. 12. 1975 Glima Velloso Damasceno, * Belo Horizonte 6. 5. 1953, T. d. Bankdir. i. R. Edmar Fraga D. u. d. Glenadir Velloso
(Rua Caraça 420, Serra, Belo Horizonte, Minas Gerais, Brasilien).

Söhne:

a. Eduardo, * Belo Horizonte 25. 5. 1981.

b. Marcos, * Belo Horizonte 6. 7. 1984.

2) Vera Irene, * Hohenhaupt bei Nömme, Estld, 25. 10. 1905, † Belo Horizonte 9. 8. 1985;
⚭ Reval 31. 3. 1929 Boris Hammerbeck, * Riga 9. 10. 1905, † Belo Horizonte 21. 9. 1968, Kaufm.

2. Reinhold (Roman), * Welikie Luki 4. 6. 1843, † Alt-Fennern, Livld, 13. 4. 1934, auf Merreküll u. Tuddolin (verk.), Estld, Kais. russ. Oberst a. D.;
⚭ Reval 5. 12. 1878 Helene v. Wistinghausen, * Kuimetz, Estld, 7. 4. 1855, † Fennern 6. 1. 1932, T. d. Alexander v. W. auf Mecks u. Wittenpöwel, Estld, u. d. Caroline v. Kotzebue a. d. H. Kau.

Söhne:

1) Adelhard (Atti) Alexander, * Tuddolin 9. 10. 1879, † Reval 14. 2. 1922, Kais. russ. Hofrat u. ständ. Mitgl. der Agrarreform-Kommission in Jamburg, OLt a. D.;
⚭ Reval 5. 12. 1907 Olga Gfin v. Tiesenhausen, * Reval 24. 6. 1886, † Stockholm 25. 12. 1959, T. d. Nikolai Gf v. T. auf Sellie usw., Estld, u. d. Helene (Nelly) v. Baggehufwudt a. d. H. Sack, Estld.

Töchter:

(1) Helene (Hillo), * Reval 28. 6. 1909, † Hofheim 1. 2 1989;
⚭ Merewahe, Estld, 8. 7. 1934 Claus Baron v. Rosen a. d. H. Kardina, * Riga 19. 8./1. 9. 1904, Sekr. i. R. der Deutsch-Schwed. Handelskammer in Stockholm
(8729 Bundorf bei Haßfurt).

(2) Margarethe (Gitta), * Reval 21. 7. 1911;
⚭ Örebro, Schweden, 7. 1. 1940 Hans Grundström, * Örebro 12. 2. 1913, † Stockholm 18. 9. 1976, Zivilökonom, Dir.
(Kallskärsgatan 6, S-11533 Stockholm).

(3) Anna Elisabeth (Anneli), * Reval 1. 3. 1914
(Registervägen 20, S-16146 Bromma).

2) Roman, * Tuddolin 11. 4. 1882, † Oberwert, Kr. Hohensalza, Wartheld, 3. 5. 1944, auf Alt-Fennern (§), Livld, Kais. russ. OLt;

× Reval 5. 5. 1910 Helene (Hella) Freiin v. Taube, * Reval 17. 5. 1889, † Vilgertshofen, Kr. Landsberg am Lech, 21. 5. 1978, T. d. Victor Frhr v. T. auf Laupa, Estld, u. d. Sophie Baronesse v. Vietinghoff gen. Scheel, auf Kabbal, Livld.

Söhne:

(1) Roman, * Olgino bei Narwa 19. 1. 1911, † Grande Prairie, Alberta, Canada, 1. 6. 1986, Ldwirt, OFähnr. z. See a. D.;
× I. Rutzau, Kr. Putzig, Westpr., 27. 6. 1943 Cecilie (Cila) Gfin v. Krockow, * Krockow, Kr. Putzig, 21. 9. 1916 (gesch. Paderborn 27. 2. 1953), T. d. Majors d. Res. a. D., Ldschaftsrats u. Mitgl. d. preuß. Herrenh. auf Lebenszeit Döring Gf v. K., vorm. Fkhrn auf Krockow usw., u. d. Hedda v. Below a. d. H. Rutzau
(Michelshof, 5501 Föhren bei Trier);
× II. Bremen 10. 4. 1953 Dorothea Menke, * Bremen 8. 6. 1924 (× I. Bremen 27. 6. 1942 Hans-Christoph v. Oertzen, * Rattey, Kr. Neustrelitz, 1. 10. 1917, auf Brohm [§] bei Friedland, Meckl., Verleger, Druckereibes., gesch. Bremen 7. 2. 1952), T. d. Großkaufm. Eduard M. u. d. Erna Henoch
(POB. 2048, Jasper, Alberta T0E 1E0, Canada).

Kinder: a) erster Ehe:

a. Hedda Maria, * Neustadt, Westpr., 14. 7. 1944, Graphikerin;
× Föhren, Bez. Trier, 7. 10. 1972 Christoph v. Mitzlaff, * Neustrelitz 25. 3. 1944, Dr. rer. pol., Bankkaufm.
(Am Wacholderberg 17, 6240 Königstein 3).

b) zweiter Ehe:

b. Engelbert Eduard Caspar, * Bremen-Horn 13. 5. 1954, Mechaniker;
× Grande Prairie 22. 11. 1986 Connie Middlestead, * Hythe, Alberta, 1. 10. 1953 (× I. Calgary, Alberta, 15. 8. 1971 Leonhard Viken, * ..., Maschinenoperator, gesch. Grande Prairie 30. 11. 1981), T. d. Ldwirts Maloy M. u. d. Irene Farrent
(Box 4, Demmitt, Alberta T0H 1C0, Canada).

c. Hjalmar Roman, * Bremen 14. 8. 1956, Tankstellenbes.
(Box 2048, Jasper, Alberta T0E 1E0, Canada).

(2) Heinz Viktor, * Olgino 4. 6. 1912, † Hinton, Alberta, 30. 12. 1991, Ldwirt;
⚭ Kirchheim-Oetlingen unter Teck, Württ., 15. 10. 1949 Bianca Baronesse v. Hahn, * Rostock 19. 1. 1920, T. d. Eberhard Baron v. H., Fkhrn auf Postenden u. Kalitzen, Kurld, u. d. Anita Baronesse v. Keyserlingk a. d. H. Groß-Lahnen
(179 Sutherland Avenue, Hinton, Alberta T7V 1L6, Canada).

Kinder:

a. Karin Dorothea, * Kirchheim-Oetlingen 27. 11. 1950;
⚭ Fort St. John, B. C., Canada, 31. 8. 1974 Eugen Kanciar, * Hamilton, Ontario, Canada, 17. 9. 1949, DiplIng., Lehrer an der Univ. Edmonton
(6411 — 132nd Street NW, Edmonton, Alberta T6H 3Y8, Canada).

b. Roman Eberhard, * Kirchheim-Oetlingen 20. 2. 1952, Ing., stud. theol.
(POB. 6833, Fort St. John, B. C. V1J 4Y2, Canada).

(3) Nils Jürgen, * Nurmijärvi, Finnld, 26. 1. 1916, † Demmitt, Alberta, 12. 8. 1983, Ldwirt;
⚭ Bremen (standesamtl.) 27. 10., (kirchl.) 3. 11. 1951 Irmgard Rocholl, * Bremen 12. 8. 1928, Keramikerin, T. d. Kaufm. Theodor R. u. d. Therese Hegeler
(POB. I, Demmitt, Alberta T0H 1C0, Canada).

Söhne:

a. Nils Christoph, * Vancouver, B. C., 31. 8. 1952, Gelegenheitsarbeiter
(1884 Davenport Road, Apt. 6011, Toronto, Ontario M6N 1B7, Canada).

b. Andreas, * New Westminster, B. C., 26. 8. 1955, Gas Plant Operator;
⚭ Kelowna, B. C., 20. 3. 1982 Elaine Phillis Favali, * Kelowna 11. 4. 1956, T. d. Architekten Mike F. u. d. Marjorie Thomson
(Box 8, Demmitt, Alberta T0H 1C0, Canada).

Kinder:

a) Michael Andrew, * Hythe, Alberta, 5. 5. 1983.

b) Katrin Loren, * Hythe 20. 2. 1985.

c) Nils Alexander, * Hythe 2. 2. 1987.

c. Peter, * New Westminster 20. 4. 1959, Kunstmaler; × Calgary 3. 12. 1984 Teresa Gudgeon, * London, Ontario, 27. 4. 1961, T. d. DiplIng. Keith G. u. d. Raymonde Rheault
(Box 7, Demmitt, Alberta T0H 1 C0, Canada).

Sohn:

Magnus, * Grande Prairie 1. 2. 1991.

3. Otto Hermann, * Unnuks 31. 12. 1845, † Dorpat 23. 6. 1925, ...;
× I. ... 11. 9. 1879 Adelheid (Ada) v. Richter, * ... 7. 4. 1854, † Dorpat 13. 7. 1935 (gesch. ...), T. d. Otto v. R. auf Rappin usw., Livld, u. d. Alexandrine v. Strandmann a. d. H. Haakhof;
× II. ... Melanie v. Kotzebue, * Dresden 8. 10. 1870, † Leningrad 22. 10. 1934 (gesch. ... 9. 12. 1910; × I. Reval 4. 10. 1887 Woldemar Frhr v. Tiesenhausen, † Reval 10. 2. 1910, auf Kasaki, Gouvt Moskau [s. u.], gesch. ... 8. 2. 1907), T. d. Kais. russ. KptLts August v. K. auf Solowjewaja Gorka, Ingermanld, u. d. Sophie v. Seela.

Söhne erster Ehe:

1) Alexander Roman Ernst, * Kayafer, Livld, 21. 7. 1880, † Insterburg, Ostpr., 30. 12. 1918, auf Kayafer, Livld, Kais. russ. Stabsrittmeister d. Garde;
× Dresden 21. 4. 1909 Nadeshda (Dina) Lwowsky (aus russ. Adel), * St. Petersburg 18. 11. 1887, † Dorpat 24. 9. 1920, T. d. Kais. russ. GenMajors Alexander Sylvestrowitsch L. auf Malla, Estld, u. d. Olga Baronesse v. Uexküll a. d. H. Fickel.

Töchter:

(1) Barbara, * Kayafer 10. 4. 1910;
× ... 1937 Alvaro Rodrigues, * Rio de Janeiro ... 1912, † ebd. ... 10. 1981, Kaufm., Makler
(4730 Vila Verde, Valdren, Braga, Portugal).

(2) Olga Adelheid Helene, * Kayafer 12. 3. 1914, † Basel 7. 7. 1985;

× Frankfurt am Main 6. 7. 1940 Ernst de la Fontaine, * Burtscheid bei Aachen 19. 7. 1893, † Miltenberg am Main 19. 3. 1956, Dr. jur., Rechtsanwalt u. Notar.

2) Hans Woldemar, * Kayafer 24. 11. 1882, † Santos, Brasilien, 17. 9. 1932, ...;
× Dorpat 18. 11. 1919 Elisabeth v. Wissel, * Schumowka, Gouvt Simbirsk, 20. 2. 1897, † São Paulo 23. 2. 1990, T. d. Agronomen Hermann v. W. u. d. Elisabeth v. Sydow.

Töchter:

(1) Erna Alice Helene, * Dorpat 6. 9. 1920, Sekretärin i. R.
(Avenida Paulista 671, Apto 1217, BR-01311 São Paulo).

(2) Elisabeth Hertha, * Dorpat 6. 8. 1922;
× São Paulo 18. 12. 1948 Edwin Davies, * London 31. 8. 1907, Kaufm. i. R.
(Rua Antonio das Chagas 1525, Santo Amaro, BR-04714 São Paulo).

(3) Karin Mary Elisabeth, * Dorpat 18. 1. 1925, Sekretärin;
× São Paulo 2. 12. 1967 Felix van Deursen, * São Paulo 8. 4. 1925, Dr. med., Chefarzt
(Avenida Sto Amaro 6238, Apt 181, BR-04702 São Paulo).

4. Woldemar Engelbrecht, * Unnuks 30. 3. 1856, † Reval 10. 2. 1910, auf Kasaki, Gouvt Moskau, Ldwirt in Ingermanld;
× Reval 4. 10. 1887 Melanie v. Kotzebue, * Dresden 8. 10. 1870, † Leningrad 22. 10. 1934 (gesch. ... 8. 2. 1907; × II. ... Hermann Frhr v. Tiesenhausen, † Dorpat 23. 6. 1925 [s. o.], gesch. ... 9. 12. 1910), T. d. Kais. russ. KptLts August v. K. auf Solowjewaja Gorka, Ingermanld, u. d. Sophie v. Seela.

Tochter:

Marie (Margarita), * ... 11. 7. 1897, † ...;
× St. Petersburg ... 1917 Alexander Paltschewsky, * ..., † ..., ... in St. Petersburg.

2. Zweig

Stammvater: Frhr Diedrich, ~ 1767, † 1834.

Karl Jakob Reinhold Freiherr v. Tiesenhausen, * Kochtel, Estld, 21. 5. 1816, † Jotma, Estld, 2. 1. 1902, Kais. russ. GenMajor a. D.;

× I. Kau, Estld, 13. 5. 1851 Louise v. K o t z e b u e , * Talsen, Kurld, 16. 2. 1829, † ... 5. 5. 1866, T. d. Kais. russ. Kpt. I. Ranges u. Forschungsreisenden Otto v. K. auf Kau u. d. Amalie Zweig;
× II. ... 26. 5. 1867 Louise S e l l h e i m , * Theal-Fölk, Livld, 18. 4. 1841, † Hapsal 16. 5. 1929, T. d. Pastors Friedrich S. u. d. Katharina v. Schwanebach.

a) Erster Ehe:

1. G e o r g Engelbrecht, * Peterhof 9. 3. 1857, † Reval 5. 2. 1920, auf Kerrafer, Estld;
× Kerrafer 31. 5. 1886 Olga v. D e h n , * St. Petersburg 21. 12. 1865, † Posen 1. 11. 1941, T. d. Kais. russ. GenLts Eduard v. D. a. d. H. Raggafer u. d. Pauline Sterky, auf Kerrafer.

Sohn:

Ludwig Jakob Eduard Georg Konstantin Wladimir (W o l d e m a r), * Kerrafer 11. 8. 1897, † Schönfließ, Kr. Oranienburg bei Berlin, 28. 9. 1955, Grundbes.;
× Forstei Türwa 30. 9. 1921 Hertha B r a u n s , * Reval 28. 7. 1901, † Crailsheim 15. 3. 1984, T. d. Kaufm. Jeannot B. in St. Petersburg u. d. Johanna Heine.

Töchter:

(1) D a g m a r Harriet Margarethe, * Reval 23. 3. 1923 *(Theodora-Cashel-Str. 16, 7180 Crailsheim)*;
× Göttingen 15. 4. 1945 Rudolf K ö h l e r , * Bergfelde bei Berlin 2. 7. 1920, Kaufm. (gesch. Ellwangen 31. 5. 1976).

(2) K a r i n Barbara Olga, * Reval 20. 8. 1926;
× Leipzig 10. 3. 1948 Alexander B r u h n , * Doblen bei Mitau 23. 5. 1899, Kaufm.
(Chlodwigstr. 80, 4000 Düsseldorf).

(3) M o n i k a , * Reval 14. 9. 1938;
× Lübeck 17. 9. 1963 Klaus K a m m e r e r , * Lübeck 21. 9. 1937, Kaufm.
(Joachimstr. 25, 4630 Bochum).

b) Zweiter Ehe:

2. M a t h i l d e Benita Auguste, * Dorpat 30. 6. 1876, † Kork bei Kehl am Rhein 3. 11. 1962.

3. G e r h a r d Diedrich Jakob, * Dorpat 14. 4. 1878, † Tiraspol, Südrußld, 13. 10. 1916, Architekt;

⚭ Berlin 24. 4. 1912 Carola v. Sittmann, * Parchim 24. 7. 1887, † Vancouver, B. C., Canada, 24. 9. 1979, T. d. Ghzgl. meckl. Rittmeisters Albrecht v. S. u. d. Alexandrine v. Storch a. d. H. Rubow.

Söhne:

1) Hans Diedrich (Dietz), * Riga 9./22. 2. 1913, techn. Zeichner, KptLt a. D.;
⚭ South Burnaby, B. C., Canada, 20. 4. 1963 Maria v. Keudell, * Berlin 11. 4. 1929, T. d. Malers Kurt v. K. u. d. Leonore Kolbe
(603 — 1442 Foster Street, White Rock, B. C. V4B 3X7, Canada).

2) Hans Albrecht, * Riga 9./22. 2. 1913 (Zwillingsbruder d. Vorigen), ⚔ Tentismühle, Eifel, 26. 1. 1945, Major i. G. d. 26. VolksGrenDiv.;
⚭ (standesamtl.) Grünholm, (kirchl.) Gotenheim, Wartheld, 20. 8. 1944 Marina Baronesse v. Grotthuß, * Mitau 13. 4. 1925 (⚭ II. [standesamtl.] Weende bei Göttingen 17. 5., [kirchl.] Göttingen 18. 5. 1952 Hasso v. Eickstedt, * Dorow, Kr. Regenwalde, Pomm., 18. 5. 1920, Dr. agr.), T. d. Lts a. D. Friedrich (Fred) Baron v. G. a. d. H. Spahren, Kurld, u. d. Marie Baronesse v. der Brüggen a. d. H. Iggen, Kurld
(Alprichstr. 10, 8000 München 60 — Langwied).

3) Hans Heinrich, * Riga 3./16. 12. 1914, Hptm. a. D., Innenarchitekt;
⚭ (standesamtl.) Vancouver 21. 12. 1955, (kirchl.) Wolfenbüttel 6. 4. 1956 Erika v. Hantelmann, * Uelzen 31. 1. 1922, T. d. Obersten a. D. Erich v. H. u. d. Gertrud v. Loeper
(3629 W 35th Avenue, Vancouver 13, B. C. V6N 2N6, Canada).

Kinder:

(1) Hans Christian Gerhard, * Vancouver 29. 4. 1959, Hoch- u. TiefbauIng., selbst. Bauunternehmer
(3629 W 35th Avenue, Vancouver 13, B. C. V6N 2N6, Canada).

(2) Gabrielle Johanna Carola, * Vancouver 24. 8. 1961, M. B. A., Innenarchitektin
(3629 W 35th Avenue, Vancouver 13, B. C. V6N 2N6, Canada).

II. Linie (Saussen)

Stammvater: Christoffer, urkundl. 1480—1523.

1. Ast (Kawershof)

Stammvater: Fromhold, urkundl. 1627—1646.

1. Zweig

Erloschen.

Stammvater: Johann Wilhelm, * 1735, † 1816.

1. Haus

Stammvater: Baron Wilhelm, ~ 1806, † 1882.

Gustav Wilhelm Baron v. Tiesenhausen, * Radziwilow, Bez. Shitomir, 31. 5. 1859, † St. Germain-en-Laye, Dept Seine et Oise, Frankr., 17. 8. 1926, Kais. russ. StRat;
× Riga 24. 7. 1883 Ludmilla Heimberger (aus russ. Adel), * Moskau 24. 1. 1860, † St. Germain-en-Laye 9. 11. 1937, T. d. ... Georg H. u. d. Sophia Iwanowna ...

Elsa Marie, * St. Petersburg 30. 3. 1890, † Graz 15. 4. 1979, Diakonisse i. R.

2. Haus

Stammvater: Baron Gustav, * 1818, † 1889.

Feodor Baron v. Tiesenhausen, * um 1859, † St. Petersburg 29. 3. 1912 (orth.), Kais. russ. GenMajor;
× ... Anna Sanskay, * St. Petersburg ..., † ..., T. d. Peter S. u. d. ...

1. Alexander, * Warschau ... 1891, † ..., ...
2. Nikolai, * Warschau 3. 8. 1896, † New Haven, Conn., USA, 8. 9. 1971, Lehrer an der Yale-Univ.;
   × St. Petersburg 11. 9. 1932 Maria Lazaridis, * St. Petersburg 24. 12. 1903, † ..., T. d. ... Harlampi L. u. d. Glafira Kirow.
3. Tatjana, * Warschau ... 1897, † ..., vorm. Hoffräulein der Kaiserin v. Rußld.

2. Zweig

Stammvater: Carl, * 1753, † ...

1. Haus

Stammvater: Otto, * 1777, † ...

Nikolai Baron v. Tiesenhausen, * Kiew 26. 11. 1898, † Pompogne, Dept Lot-et-Garonne, Frankreich, 30. 6. 1941, Angest. d. Schlafwagenges.;
× Vaudes, Dept Seine, 30. 2. 1931 Marie Woronzow-Weljaminow (aus russ. Adel), * Mildowidij, Gouvt Grodno, 7. 10. 1898, † Paris 11. 12. 1971, T. d. ... Iwan W.-W. u. d. Marie Burmann.

1. Alexei (Alexis), * Johalin, Polen, 16. 11. 1932, DiplIng. für Flugzeugbau bei den Dassault-Werken;
   × Paris 2. 10. 1960 Elisabeth Fstin Schachowskoy, * Courbevoie, Frankr., 6. 5. 1937, T. d. Dr. jur. Michael Dmitrijewitsch Fst Sch. u. d. Maria Dmitrijewna Pastuchow (aus russ. Adel) *(30, rue Diderot, F-92600 Asnières).*
   Kinder:
   1) Alexei, * Paris 12. 1. 1962, DirAssistent für russ. Kunst bei Christies, London
   (c/o Christies, 8 King Street, St. James, London SW1 Y6QT).
   2) Nikolai, * Paris 1. 2. 1963, Dr. med.
   (30, rue Diderot, F-92600 Asnières).
   3) Anna, * Paris 11. 9. 1964, Sekretärin
   (30, rue Diderot, F-92600 Asnières).
   4) Elisabeth, * Paris 6. 2. 1974, stud. ...
   (30, rue Diderot, F-92600 Asnières).
2. Wassili (Basile), * Johalin 2. 12. 1934, GenDir. einer Transport-VersGes.;
   × Montrouge, Frankr., 7. 3. 1964 Marie Madeleine Yassinsky, * Clermont-Ferrant 14. 1. 1943, T. d. Gutachters Boris Andréjewitsch Y. u. d. Marie Rucklow
   (62, rue Brancion, F-75015 Paris).
   Kinder:
   1) Johann (Jean), * Neuilly-sur-Seine 8. 10. 1965, Bankkaufm.
   (62, rue Brancion, F-75015 Paris).
   2) Marie, * Neuilly-sur-Seine 1. 12. 1966, DiplBetriebswirtin
   (62, rue Brancion, F-75015 Paris).

2. Haus

Stammvater: Carl, * 1778, † ...

Ernst (Orest) Constantin Baron v. Tiesenhausen, * Narwa 6. 7. 1821, † St. Petersburg 3. 2. 1881, Kais. russ. GenMajor; × St. Petersburg 9. 11. 1855 Helena Purkhold, * ... 12. 7. 1831, † Jamburg 5. 3. 1910 (orth.), T. d. Kais. russ. WStRats Nikolai P. u. d. Anna Marzinkewitsch.

(orth.):

1. Nikolai, * St. Petersburg 20. 9. 1856, † Zoppot 29. 3. 1933, StBankdir. in Warschau;
× Lodz 1. 7. 1890 Nadeshda Erdmann (aus russ. Adel), * Dimitrow 14. 9. 1871, † ..., T. d. Kais. russ. Kpt. d. Art. Nikolaus E. u. d. Anna Pawlowna Bogoljepow.

Sohn:

Alexander, * Jekaterinoslaw 26. 10. 1901, † Helmstedt 19. 2. 1973, Beamter;
× Warschau 7. 11. 1926 Natalie Gerasimow, * Jaroslaw 14. 4. 1906, T. d. Gutsbes. Wladimir G. u. d. Valentina Chriakow (...).

2. Sergei, * St. Petersburg 25. 9. 1861, † Ečka, Woiwodina, Jugoslawien, ... (Herbst) 1932, auf Torma (§), Dr. jur.;
× St. Petersburg 24. 4. 1894 Olga Bogdanow, * St. Petersburg 5. 8. 1870 oder 16. 5. 1871, † Ferme de Beauvais, Yonne, Frankr., 29. 9. 1962, T. d. Fabrikbes. Alexander B. u. d. Olga Kowrigin.

Kinder:

1) Georg, * St. Petersburg 26. 12. 1895, † Frankfurt am Main 24. 10. 1963, Dolmetscher, Kpt. der Kais. russ. Garde;
× I. Paris 31. 1. 1929 Irene Berens (aus russ. Adel), * Pleskau 18. 9. 1902, † Nizza ... 1948 (gesch. Berlin 5. 12. 1944), T. d. ... Nikolai B. u. d. Olga Rossowsky;
× II. Kirchhain, Bez. Kassel, 11. 1. 1945 Gretchen, seit 24. 3. 1971 Margret Wippermann, * Frankenroda, Thür., 24. 8. 1915 (ev.), Sekretärin (× I. Kirchhain 19. 11. 1938 Johann Heinrich George Konrad Holzapfel, * Stellberg, Kr. Melsungen, 23. 9. 1905, Handelsvertr., gesch. Stettin 24. 7. 1940), T. d. Pfarrers Carl W. u. d. Paula Bohl
(Titusstr. 71, 6000 Frankfurt am Main 50).

Sohn erster Ehe:

Orest, * Paris 11. 7. 1930, Kaufm.;
⚭ Marburg an der Lahn 21. 3. 1955 Helga Schneider, * Kassel 12. 1. 1931 (kath.), T. d. Dr.-Ing. Paul Sch. u. d. Hertha Müller
(Villa Béthanie, 5, boulevard Princesse de Monaco, F-06300 Nizza; Römerstr. 64, 5427 Bad Ems).

Töchter:

a. Irene, * Koblenz 8. 7. 1956, Krankenschwester;
⚭ Renningen, Kr. Böblingen, 12. 11. 1986 Claus Peter Eisenhardt, * Sindelfingen 27. 3. 1955, DiplIng. *(Stauferstr. 18, 7253 Renningen).*

b. Andrea, * Koblenz 7. 6. 1959, Flugstewardess *(Seligenstädter Str. 74, 6053 Obertshausen 2).*

2) Olga, * St. Petersburg 17. 12. 1900, † Nizza 9. 7. 1991;
⚭ I. ... auf der Krim ... 1918 Alexander Bessel, * St. Petersburg 1. 9. 1890, † Paris 19. 3. 1978, Musikverleger (gesch. Paris ... 1929 oder 1930);
⚭ II. Paris 30. 7. 1931 Jacques Lespine, * Bordeaux 12. 12. 1899, † Villeneuve-sur-Yonne 30. 9. 1971, Geigenspieler.

3) Tatjana, * St. Petersburg 17. 5. 1902, † Nizza 30. 8. 1984;
⚭ Paris 9. 9. 1933 Hermann Scheljakin, * Nowotscherkask, Rußld, 2. 9. 1899, † ..., Yonne, Frankr., ... 4. 1962, DiplIng.

4) Helene, * Zarskoje Sselo, Rußld, 23. 8. 1906;
⚭ Paris 24. 11. 1938 Boris Rosin, * Narwa 28. 7. 1896, † ..., Dordogne, Frankr., 7. 10. 1976, DiplIng.
(225, rue Saint Jacques, F-75005 Paris).

3. Dmitri, * Torma 12. 3. 1872, ⚔ ..., Sibirien, um 1920, Vizegouv. von Irkutsk (1916—1917);
⚭ St. Petersburg 25. 10. 1898 Sinaida Weiner, * Astrachan 21. 5. 1877, † ..., T. d. Kais. russ. WStRats Peter W. u. d. Maria Ungenin.

Sohn:

Andrei, * St. Petersburg 24. 1./6. 2. 1901, DiplIng.;
⚭ Paris 25. 10. 1925 Tamara Suchodubowsky (aus russ. Adel), * Kiew 2. 10. 1904, † Brüssel 20. 5. 1986, auf

Gawrilowka (§) bei Kiew, T. d. Anatol S. auf Gawrilowka u. Riepki bei Charkow u. d. Helene Wegner
(42/46, avenue de la Couronne, Résidence Gray-Couronne, B-1050 Brüssel).

Tochter:

Helene, * Lüttich 15. 4. 1934;
× Paris 30. 1. 1966 Michael Andrianoff, * Petrograd 22. 7. 1919, GeschInhaber
(9, rue Servin-Vincent, F-92210 St. Cloud).

3. Haus

Im Mannesstamme erloschen.

Stammvater: Gotthard, * 1786, † 1854.

Anatol Franz Bernhard Baron v. Tiesenhausen, * St. Petersburg 19. 3. 1884, † Berlin 20. 4. 1945, Prokurist in Belgrad;
× I. ... Rußland, ... 10. 1907 Anna v. Poletika, * St. Petersburg 17. 3. 1884, † Leningrad 31. 3. 1922 (gesch. ...), T. d. Kais. russ. GehRats Wladimir v. P. u. d. Maria Issejew;
× II. Skopje, Jugoslawien, 20. 4. 1920 Nina Sikorsky, * Nowgorod 8. 3. 1898, † Paris 3. 11. 1954, T. d. ... Eugen S. u. d. Anna ...

Zweiter Ehe:

Irene, * Belgrad 18. 1. 1922;
× Laibach 26. 11. 1942 Gregory Mitkewitsch, * Belgrad 26. 12. 1922, Dir. i. R. einer Flugges.
(1840 Geneva Circle, San Marcos, Ca. 92069, USA).

2. Ast (Nachtigall)

Stammvater: Johann, urkundl. 1627, † 1674.

1. Zweig (Weißensee)

Stammvater: Georg, * 1729, † 1811.

Heinrich Engelbrecht Magnus Baron v. Tiesenhausen, * Inzeem 14. 5. 1843, † Riga 18. 10. 1914, auf Inzeem, Krüdners-

hof u. Weißensee, cand. jur., livld. resid. Ldrat, Kais. russ. Khr u. Mitgl. d. Reichsrats, ODir. d. Livld. Adel. Güterkreditsozietät;
× Reval 8. 5. 1870 Gabriele Gfin v. Rehbinder, * Hapsal 14. 3. 1850, † Freiburg i. Br. 5. 10. 1927, T. d. Kais. russ. Zollrats I. Kl. a. D. u. Schriftstellers Nikolai Gf v. R. u. d. Gabriele Brinckmann (aus russ. Adel).

1. Felix Burchard Julius, * Wolmar, Livld, 10./22. 9. 1874, † Garmisch-Partenkirchen 4. 7. 1968, DiplForstwirt;
× I. Hull, Engld, 14. 8. 1902 Marion Cowan, * Hull 18. 12. 1881, † Hamburg-Bergedorf 22. 3. 1975 (gesch. Riga 30. 12. 1918), T. d. Großkaufm. George C. a d. H. Broomfield, Gfschaft Ayr, Schottld, u. d. Magdalene (Magda) Sommer;
× II. Doberan, Meckl., (standesamtl.) 19. 7. 1919, (kirchl.) 3. 3. 1920 Nadeshda Balyshew, * Rshew, Rußld, 10. 9. 1898, † Ellern, Hunsrück, 29. 12. 1978.

Kinder erster Ehe:

1) Ursula Felicia Marion, * Kreuzburg, Livld, 5. 7. 1903, Krankenschwester i. R.;
(Hindenburgstr. 15, 8100 Garmisch-Partenkirchen).

2) Georg Heinrich Patrick, * Riga 18. 5. 1914, Maschinenbau-Ing., stellvertr. Dir. i. R. im G. C. Marshall Space Flight Center der NASA;
× Hamburg (standesamtl.) 15. 3., (kirchl.) 16. 3. 1943 Asta Esch, * Hamburg-Altona 4. 2. 1926, T. d. Ldrichters Dr. jur. Ferdinand E. u. d. Elisabeth Rothers
(1700 Red Oak Road S. E., Huntsville, Al. 35801, USA).

Kinder:

(1) Evamaria, * Breslau 7. 1. 1944;
× I. Huntsville, Alabama, USA, 16. 11. 1963 Jürgen Krischel, * Berlin 20. 3. 1941, Ing. (gesch. Winchester, Tenn., 20. 12. 1978);
× II. Huntsville 28. 12. 1979 Thomas Beckert, * Saarbrücken 30. 3. 1938, Architekt (gesch. Dallas, Texas, 16. 5. 1986);
× III. Dallas 16. 8. 1986 Merwyn Belt, * Maryville, Ohio, 14. 6. 1941, Fabrikbes.
(609 Stonebridge Drive, Rockwall, Tx. 76087, USA).

(2) Georg Heinrich Patrick, * Heberndorf, Kr. Saalfeld, Thür., 27. 5. 1945, Dr. phil., OLehrer;

× Huntsville 20. 8. 1971 Ardèle Ricard, * Crookston, Minn., USA, 5. 4. 1941, Lehrerin, T. d. Farmbes. Francis R. u. d. Amelia Archambault
(1812 Melbourne Avenue, N. E. Huntsville, Al. 35801, USA).

Kinder:

a. Katja Maria, * Huntsville 26. 10. 1973.

b. Karl Georg Francis, * Huntsville 26. 11. 1974.

(3) Jutta, * Rotenburg, Hann., 21. 6. 1949, vorm. Kinderheimleiterin;
× Huntsville 31. 3. 1984 Leroy Hush, * Armerville, New Jersey, 15. 10. 1936, Busfahrer
(POB 804, Plainfield, N. J. 07061, USA).

2. Heinrich Alfred Julius Engelbrecht, * Wolmar 5. 9. 1876, † Berlin-Wilmersdorf 5. 4. 1937, Kgl. preuß. Major a. D.;
× Berlin 5. 12. 1911 Elsa Vockrodt, * Bremerhaven 19. 6. 1885, † Berlin 20. 5. 1971 (× I. ... 15. 2. 1908 Bernhard Greve, † ... 7. 6. 1909, GenKonsul von Ecuador), T. d. Kgl. preuß. GenMajors Karl V. u. d. Katharina Holm.

Töchter:

1) Rosemarie Barbara Gabriele, * Berlin 6. 2. 1920
(Haus 3, Stat. V/37, Waldschluchtpfad 27, 1000 Berlin 22);
× Berlin-Wilmersdorf 22. 12. 1938 Carl Haentzler, * Mülhausen, Elsaß, 18. 7. 1902, VersKaufm. i. R.
(Haus Morija, Zwickauer Str. 3, 6074 Rödermark 2).

2) Jutta Dorothea, * Volksdorf bei Hamburg 14. 10. 1921
(6960 20th Avenue N., Apt 205 D, St. Petersburg, Fl. 33710, USA);
× I. Berlin 23. 12. 1943 Eduard v. Bilterling, * Grösen, Kurld, 4. 3. 1900, † Flugplatz Belgrad-Semlin 17. 1. 1944, Flugkpt. der Deutschen Lufthansa, Offz. d. Luftw.;
× II. Landshut 10. 4. 1951 Franz Hibrandt, * Berlin 31. 7. 1914, AbtLeiter (gesch. New York 30. 7. 1973).

3) Beate Ellen Freda, * Berlin-Charlottenburg 20. 10. 1926, † Vero Beach, Florida, 20. 9. 1990, vorm. Leiterin eines Tanz- u. Gymnastik-Institutes;
× Berlin-Wilmersdorf 6. 5. 1949 Hans Jürgen Osterland, * Berlin-Wilmersdorf 16. 10. 1925, Im- u. Exporteur
(5000 NAIA Apt. 324, Vero Beach, Fl. 32963, USA).

2. Zweig (Neu-Bewershof)

Stammvater: Reinhold, * 1730, † 1768.

1. Haus

Stammvater: Baron Adalbert, * 1813, † 1879.

Carl Ernst Adolph Baron v. Tiesenhausen, * Riga 12. 12. 1848, † ebd. 15. 6. 1900, cand. jur., Beamter der Livld. Adel. Gütersozietät;
× I. Riga 24. 3. 1881 Charlotte Reichard (aus russ. Adel), * Riga 19. 6. 1851, † ebd. 19. 1. 1887, T. d. prakt. Arztes u. Kais. russ. Kollegienrats Dr. med. Wilhelm R. u. d. Catharina Charlotte v. Scheinvogel;
× II. Riga 28. 3. 1889 Ida Heimann, * Riga 8. 1. 1864, † Wien 2. 4. 1911, T. d. Bankiers in Riga Alexander H. aus Wilna u. d. Felicie Henriette Julie v. Adlerberg.

Zweiter Ehe:

1. Kurt Alexander Adelbert, * Riga 3. 2. 1890, † Graz 19. 12. 1969, Dr. med., Chirurg, österr. Hofrat, Primarius i. R.;
× Graz 31. 8. 1915 Frieda Wagner, * Graz 6. 12. 1890, † Graz-Kroisbach 8. 2. 1983, T. d. Fabrikbes. Josef Franz W. u. d. Aloisia Hofer.

Söhne (ev.):

1) Axel Hans Wilhelm, * Graz 27. 1. 1919, Dr. med., Kinderfacharzt, Chefarzt i. R., MedRat, OLt a. D.;
× Graz 10. 7. 1948 Liane Strelsky, * Pausram, Mähren, 1. 8. 1919 (kath.) (× I. Mühlbach am Hochkönig, Österr., 9. 12. 1945 Ernst v. Allesch, * Leitmeritz 24. 6. 1919, Oberst a. D., gesch. Graz 17. 3. 1948), T. d. Studiendir. Viktor St. u. d. Luise Axmann
(Janischhofweg 20, A-8043 Graz).

Sohn:

Christian Helmut Axel, * Graz 6. 8. 1952 (ev.), Dr. med., Anaesthesist, Chefarzt;
× I. Leibnitz, Österr., 21. 5. 1977 Karin Schiele, * Graz 18. 5. 1948 (gesch. Graz 23. 11. 1983), T. d. MedRats Dr. med. Horst Sch. u. d. Gertrud Behaghel von Flammerdinghe
(Berliner Ring 4, A-8042 Graz);

× II. Graz (standesamtl.) 10. 10., (kirchl.) 18. 11. 1989 Ursula Lurf, * Graz 19. 11. 1960, Dr. med., prakt. Ärztin, T. d. SozialversAngest. i. R. Peter L. u. d. Hilda Mauerhofer
(St.-Peter-Hauptstr. 29 d/15, A-8042 Graz).

Söhne erster Ehe:

a. Georg Christian Axel, * Graz 21. 9. 1980
(Berliner Ring 4, A-8042 Graz).

b. Nikolaus Christian Horst, * Graz 27. 12. 1981
(Berliner Ring 4, A-8042 Graz).

2) Kurt Georg Friedrich, * Graz 23. 4. 1920, Dr. med., Chirurg, Primarius i. R., Lt a. D.;
× Innsbruck 26. 6. 1954 Irmgard Schmadl, * Wörgl bei Kufstein 20. 8. 1926 (kath.), T. d. BundesbahnOInsp. Josef Sch. u. d. Therese Brettauer
(Friedhofgasse 34, A-8750 Judenburg).

Kinder (kath.):

(1) Astrid Maria Erika, * Graz 11. 2. 1956, Hauptschulfachlehrerin;
× (standesamtl.) Judenburg 28. 12. 1983, (kirchl.) Graz 2. 3. 1984 Christian Schwab, * Graz 17. 10. 1956, Dr. med.
(Janischhofweg 20, A-8043 Graz).

(2) Kurt Alexander Wolfgang, * Graz 5. 8. 1958, Dr. med.;
× Leoben 21. 11. 1987 Karin Rinser, * Knittelfeld 16. 7. 1960, Lehrerin, T. d. Firmeninhabers Dr. jur. Karl R. u. d. Elfriede Seidl
(A-8712 Nikolsdorf 483 d).

Sohn:

Kurt Alexander Peter, * Leoben 19. 10. 1989.

(3) Peter Reinhold Karl, * Graz 10. 10. 1961, Dr. med.
(Friedhofgasse 34, A-8750 Judenburg).

2. Adelheid Ida Charlotte Ilse, * Riga 22. 5. 1893, † Cincinnati, Ohio, USA, 21. 4. 1986;
× Wien 29. 6. 1916 Alfred Fröhlich, * Wien 15. 8. 1871, † Cincinnati 22. 3. 1953, Dr. med. et phil., Prof. f. Pharmakologie.

2. Haus

Stammvater: Baron Edmund, * 1831, † 1900.

Hildebert Hjalmar Carl Edmund Baron v. Tiesenhausen, * Wenden 25. 1. 1860, † Oger bei Riga 13. 4. 1936, Dr. med., prakt. Arzt;
× I. Wenden 5. 1. 1887 Elisabeth Vierhuff, * Pastorat Schlock 25. 5. 1863, † Bromberg 1. 9. 1944 (gesch. ... 1924), T. d. Pastors Gotthard V. in Wenden u. d. Wilhelmine Runtzler;
× II. Riga 5. 11. 1924 Elisabeth (Elli) Weichert, * Riga 8. 1. 1882, † Oger ... (um 1950), T. d. Kais. russ. MinBeamten Peter W. u. d. Anna Ragge.

Erster Ehe:

1. Edmund Gotthard, * Riga 16. 11. 1887, † Darmstadt 21. 9. 1970, LdgerRat a. D.;
× I. Riga 21. 7. 1914 Edith v. Löwis of Menar, * Riga 2. 10. 1893, † Quebec, Canada, 17. 3. 1970 (gesch. Riga 13. 6. 1921; × II. Riga 2. 8. 1921 Ernst v. Walther-Wittenheim, * Assern, Kurld, 6./18. 2. 1893, † ..., Fkhr auf Sussey [§], Kurld, Rechtsanw., gesch. ...; × III. ... 1938 oder 1939 Enrico Menzinger v. Preisenthal, * Neapel 9. 7. 1888, † Rom 9. 2. 1956, ital. Gesandter a. D.), T. d. Kais. russ. Obersten Friedrich v. L. of M. auf Bergshof, Livld, u. d. Lydia v. Meck ;
× II. Frankfurt am Main 13. 8. 1949 Gertrud Borchert, * Göttingen 4. 8. 1899, T. d. Großkaufm. Gustav B. u. d. Lina Koch
(Freiligrathstr. 8/662, 6100 Darmstadt).

Söhne erster Ehe:

1) Benedikt Edmund, * Neu-Marienburg, Livld, 27. 4./10. 5. 1915, Dr. med., prakt. Arzt i. R.;
× Riga 15. 10. 1939 Waldtraut Andersohn, * Odessa 19. 9. 1916, Krankenschwester i. R., T. d. Kaufm. Johann A. u. d. Helene Kebler
(Rethwiese 36/VII, 2080 Pinneberg).

Kinder:

(1) Krista Brigitte, * Königsberg i. Pr. 17. 7. 1940, Lehrerin
(Lemckestr. 10, 2400 Lübeck-Travemünde);
× Pinneberg 29. 2. 1964 Alain Gousset, * Barraux, Isère, Frankreich, 10. 6. 1940, Dr. med. (gesch. Niort, Frankreich, 7. 10. 1974).

(2) H a n s - J o a c h i m , * Lissa, Wartheld, 31. 10. 1941, Dr. med., Arzt f. AllgemMed.;
⚭ Hildesheim 26. 10. 1978 Elisabeth v. W e s t e r n h a g e n , * Germershausen, Kr. Duderstadt, 17. 6. 1946 (kath.), T. d. kaufm. Angest. Heinz v. W. u. d. Hertha Otto
(Damm 33, 2080 Pinneberg).

Tochter:

A n n a K a t h a r i n a , * Hildesheim 16. 4. 1979.

(3) M a d e l e i n e , * Pinneberg 25. 5. 1947, staatl. gepr. Krankengymnastin;
⚭ (standesamtl.) Poggenhagen bei Neustadt am Rübenberge 9. 1., (kirchl.) Pinneberg 10. 1. 1970 Gotthard v. B o e t t i c h e r , * Posen 27. 3. 1940, DiplIng., Lt d. Res.
(Tannenwaldweg 41a, 6380 Bad Homburg v. d. H.).

(4) B e r n d Helmut, * Pinneberg 17. 4. 1949, Lehrer;
⚭ Pinneberg 16. 9. 1977 Eva Viola F l a c k , * City of Greenville, Sineo Country, Liberia, WAfrika, 9. 6. 1951, Lehrerin, T. d. Missionsarztes Dr. med. Herbert F. u. d. Lore Metzner
(Osterholder Allee 35, 2080 Pinneberg).

Kinder:

a. M a l t e Christian, * Schleswig 12. 5. 1979.

b. T o r g e Frederik, * Treia bei Schleswig 25. 4. 1982.

c. L i n n e a Sophie, * Treia 24. 2. 1986.

2) J o a c h i m Hildebert Friedrich, * Nowgorod 22. 12. 1916, ⚔ bei Stalingrad 3. 12. 1942, Lt in einem InfRgt.

2. H a n s Carl, * Riga 14. 3. 1896, † Göttingen 3. 5. 1963, Pastor emer.;
⚭ Kreckow bei Stettin 9. 7. 1922 Margarethe B e r e n s v. R a u t e n f e l d , * Baldohn, Kurld, 12. 4. 1901, † Göttingen 4. 1. 1973, T. d. Alexander B. v. R. auf Alt-Abgulden, Kurld, u. d. Franziska Treller adopt. Hanenfeld.

Kinder:

1) M e i n h a r d Hildebert Alexander, * Riga 25. 6. 1924, Kaufm. i. R., Ldwirt
(Kirchplatz 4, 8404 Wörth);
⚭ Achim bei Bremen 26. 2. 1956 Wilma B e c k e r , * Hackney, Engld, 18. 7. 1937 (gesch. Bielefeld 14. 2. 1968), T. d. Fabrikanten Walter B. u. d. Hedwig Bindenberger (...).

Kinder:

(1) Meinhard Hans Alexander, * Heidenheim an der Brenz 21. 8. 1956, Physiotherapeut, Krankenpfleger
(Wegscheider Str. 4, 8172 Lenggries).

(2) Irene Margarethe Elisabeth, * Einbeck, Hann., 24. 9. 1961, DiplErzieherin;
× München (standesamtl.) 27. 7., (kirchl.) 28. 7. 1984 Günter Strzoda, * Höchstädt, Kr. Wunsiedel, 12. 9. 1952, Kfz-Mechaniker
(Penzoltstr. 29, 8000 München 50).

2) Ilse Hildegard Margarethe, * Riga 15. 1. 1928;
× Achim 25. 10. 1952 Sven Gohs, * Reval 29. 1. 1929, Ing.
(Kaveldunsgränd 14, S-16241 Stockholm-Vällingby).

3) Barbara Elisabeth Franziska, * Riga 4. 10. 1936, Krankengymnastin;
× I. Fürstenfeldbruck 14. 8. 1963 Herbert Moor, * Fürstenfeldbruck 6. 9. 1922, Ing. (gesch. München 9. 7. 1969);
× II. (standesamtl.) Fürstenfeldbruck 26. 3., (kirchl.) Höhnscheid bei Arolsen 22. 4. 1982 Hermann Schaar, * Lüneburg 12. 7. 1926, Pastor i. R.
(Blumenstr. 26, 6580 Idar-Oberstein).

4) Hans-Ralph, * Znin (Dietfurt), Wartheld, 24. 11. 1944, Oberstlt, stellv. Vors. d. FamVerb., RRr d. JohO.;
× Göttingen (standesamtl.) 16. 9., (kirchl.) 22. 10. 1966 Susanne Dräsner, * Breslau 30. 5. 1944, T. d. Schornsteinfegermeisters Günter D. u. d. Johanna Krätzig
(Am Ehrenmal 8, 3050 Wunstorf — Klein Heidorn).

Söhne:

(1) Hans Günter, * Hildesheim 4. 12. 1967, Kfz-Mechaniker
(Großer Weg 41, 3057 Neustadt 1).

(2) Nikolai Markus, * Hildesheim 13. 9. 1969, stud. jur.
(Am Ehrenmal 8, 3050 Wunstorf — Klein Heidorn).

Stamm B (Berson)

Stammvater: Rr Bartolomeus, * um 1312, † 1397/98.

I. Linie (Berson)

Stammvater: Reinhold, † 1541.

Neuere Nachrichten fehlen; s. GHdA, Frhrl. Häuser A, Bd IV (1962).

II. Linie

Stammvater: Fabian, † zw. 1559 u. 1561.

1. Ast (Adlehn)

Stammvater: Caspar (Jasper), urkundl. 1548, † 1558.

1. Zweig

Alexander v. Tiesenhausen, * ... 1805, † ... 17. 11. 1852, Kais. russ. Offz.;
× St. Petersburg ... Catharina Alexandrow (orth.), T. d. ... u. d. ...

Barone v. Tiesenhausen (orth.):

1. Nikolai, * ... 13. 8. 1838, † Zarskoje Sselo 13. 8. 1915, Kais. russ. Beamter u. Dirigent d. Kontrollhofs Minsk;
× ... Catharina ..., * ..., † ... (nach 1915), T. d. Alexander ... u. d. ...
Sohn:
Nikolai, * ... 11. 7. 1866, † ..., ...;
× ... Olga ..., * ..., † ..., T. d. Iwan ... u. d. ...
Sohn:
Johann, * ... 13. 1. 1907, † ...

2. Michael, * Kasan 4. 4. 1845, † Riga 29. 2. 1884, Kais. russ. Offz., dann Zollbeamter;
× Nowgorod Welikij ... 1872 Ludmilla Jegorow (aus russ. Adel), * Nowgorod Welikij 27. 11. 1852, † Odessa 28. 2. 1933, T. d. Gutsbes. Iwan Petrowitsch J. u. d. Lydia Alexandrowna ...
Söhne:
1) Feodor, * Bolderaa bei Riga 4. 9. 1873, † Iwanowo-Wosnessensk ... (um 1934), Kais. russ. GenMajor, dann Hochschullehrer;
× ... Nadeshda Welitschkowsky, * ... 9. 4. 1879, † Iwanowo-Wosnessensk ... (zw. 1942 u. 1946), T. d. ... Paul W. u. d. ...
Söhne:
(1) Wladimir, * Iwanowo-Wosnessensk ...
(2) Georg, * Iwanowo-Wosnessensk ...

2) Nikolai, * Bolderaa 9. 11. 1875, † Nowgorod-Welikij ... 1928, Gutsbes., Beamter der russ. StBank;
× Nowgorod-Welikij ... 1900 Elisabeth ..., * Nowgorod-Welikij ..., † ebd. ... (zw. 1942 u. 1946), T. d. ... Feodor ... u. d. ...

Söhne:

(1) Alexander, * Nowgorod-Welikij ...

(2) Georg, * Nowgorod-Welikij ...

3) Michael, * Bolderaa 7. 7. 1877, † St. Johann im Pongau, Ld Salzburg, 19. 5. 1945, Dr. med., Prof. f. Pathologische Anatomie an der Univ. Odessa;
× Odessa 15. 2. 1905 Anna Shitkow (aus russ. Adel), * Polani, Alnatir, Gouvt Simbirsk, 14. 7. 1879, † Cold Spring, New York, USA, 22. 9. 1972, T. d. Kais. russ. Offz. Michael Alexandrowitsch Sh. auf Polani u. d. Elisabeth Ippolitowna Filatow.

Töchter:

(1) Anna, * Odessa 13. 12. 1907, Ärztin, führt wieder den Geburtsnamen
(24 Paulding Avenue, Cold Spring, N. Y. 10516, USA);
× Odessa 17. 4. 1932 Mark Thomitsch Pankow (aus russ. Adel), * Orel 12. 4. 1893, † Lokot bei Briansk 26. 6. 1964, ... (Ehe aufgelöst Odessa 25. 4. 1939).

(2) Lydia, * Odessa 5. 7. 1911, Ärztin;
× Odessa 1. 4. 1941 Paul Nikolajewitsch Golubow, * Odessa 26. 10. 1900, † Moskau 28. 3. 1964, DiplBauIng.
(Schabolowka 30/12, Moskau B — 419).

Adoptivkinder: s. u.

4) Boris, * Bolderaa 22. 5. 1881, † Los Angeles 13. 3. 1975, Prof. f. Mathematik, vorm. Lehrer an der Hoch- u. Militärschule Cherson;
× Cherson 16. 6. 1911 Helene Martschenko, * Cherson 29. 1. 1891, † Los Angeles 28. 11. 1975, T. d. Kais. russ. Offz. u. Stadthauptes von Cherson Sawwa Wassiliewitsch M. u. d. Gymnasialdir. Valentia Iwanowna Sokolow.

Sohn:

Dmitri, * Cherson 8. 11. 1912, DiplBauIng.;

⨯ Belgrad 6. 11. 1938 Natalia Prikot, * St. Petersburg 20. 7. 1916, T. d. Rechtsanw. Wassili Wladimirowitsch P. u. d. Maria Bespalow
(4712 Beck Avenue, North-East Hollywood, Los Angeles, Ca. 91602, USA).

Töchter:

a. Maria, * Asparn, Österr., 17. 2. 1942, † San Francisco 24. 6. 1989;
⨯ Santiago, Chile, 27. 7. 1969 Alexis Nowikow, * Paris 1. 4. 1945, Chef einer Bergbaufirma
(1431, 44th avenue, San Francisco, Ca. 94122, USA).

b. Elena Olga, * Buenos Aires 3. 10. 1951;
⨯ Los Angeles 16. 11. 1975 Eugen Zaharow, * Ventura, Californien, USA, 1. 8. 1952, DiplIng.
(622 Corriente Court, Camarillo, Ca. 93010, USA).

2. Zweig

Stammvater: Baron Paul, * 1815, † ...

Alexander Baron v. Tiesenhausen, * Dorpat 12. 9. 1858, † ..., Kais. russ. WStRat;
⨯ St. Petersburg 1. 9. 1885 Nadeshda Guvenius (aus russ. Adel), * Gatschina 10. 9. 1859, † ... (ev.), T. d. Kais. russ. Kpt. z. See Nikolai G. u. d. Alexandra Behtge.

1. Paul, * Jekaterinoslaw 20. 3. 1889, † Pikeruki, Ksp. Ritarila, Finnld, 5. 4. 1926, Jurist, Kais. russ. MarineOffz.;
⨯ I. Terijoki, Finnld, 19. 1. 1919 Elisabeth (Lily) Gfin v. Heyden, * Oranienbaum 29. 6. 1891, † Hallila, Finnld, 3. 5. 1921, T. d. Kais. russ. Konteradmirals Alexander Gf v. H. u. d. Alexandra Gfin Mussin-Puschkin;
⨯ II. Wiborg 1. 10. 1922 Maria Spiridonow (aus russ. Adel), * Pikeruki 13. 4. 1889, † Boulogne-sur-Seine 22. 10. 1961 (orth.) (⨯ I. Wien 22. 3. 1911 Kyril Kuschelew [aus russ. Adel], † Stawropol 15. 4. 1918, Kais. russ. Stabsrittmeister d. Garde u. MilAttaché bei der Hohen Pforte), T. d. Kais. russ. WSt-Rats Nikolai Sp. auf Pikeruki usw. u. d. Maria Willenbachow (aus russ. Adel).

Sohn zweiter Ehe (orth.):

Cyril, * Pikeruki 25. 9. 1923, Jurist;

× (standesamtl.) Köln 2. 3., (kirchl.) Brüssel-Uccle 6. 5. 1962 Sybilla (Ilse-Sybil) Blank, * Köln 20. 10. 1931, † Paris 15. 1. 1982, lic. sc. pol., lic. jur., Rechtsreferendarin a. D., T. d. Ziviling. M. Sc. Jonny B. u. d. Margarethe Fischer
(59, avenue Victor Hugo, F-92100 Boulogne-Billancourt).

2. Olga, * ... 9. 1. 1891, † ...
3. Nikolai, * ... 6. 12. 1894, † ...
4. Sergei, * ... 5. 1. 1897, † ...

2. (gfl.) Ast

Stammvater: Fabian, † 1558.

S. GHdA, Gfl. Häuser, Bd IX (1979).

Ursula Baronesse v. Tiesenhausen

Adelsrechtlich gehören dem obigen Geschlecht nicht an (siehe Form der Darstellung, Vorbemerkung):

Enkel u. Adoptivkinder (durch Beschluß des Volkskommissariats für innere Angelegenheiten der UdSSR in Odessa vom 28. 4. 1939) d. Prof. Dr. med. Michael Baron v. Tiesenhausen (s. o., Stamm B, II. Linie, 1. Ast, 1. Zweig):

1. Michael Pankow (aus russ. Adel), * Odessa 28. 8. 1934, M. Sc. Geophys., führt den Namen „v. Tiesenhausen";
× New York 2. 2. 1969 Susanne Luise Caspar, * Ulm 24. 9. 1944, Systemanalytikerin, T. d. DiplIng. Joseph C. u. d. Maria Susanne Etzel
(24 Paulding Avenue, Cold Spring, N. Y. 10516, USA).

2. Helene Pankow (aus russ. Adel), * Odessa 25. 10. 1936, M. A. Biol., Konzertpianistin, führte den Namen „v. Tiesenhausen";
× New York 5. 9. 1963 Rosario Virecci-Fana, * Gioiosa Marea bei Messina, Italien, ..., ...
(128-09 Liberty Avenue, Queens, N. Y. 11419, USA).

Namensträger, die nicht dem Adel angehören (siehe Form der Darstellung, Vorbemerkung).

Gabriele Freiin von Tiesenhausen, * Frankfurt am Main 31. 7. 1947, DiplPsychologin;
× Frankfurt am Main 3. 9. 1971 Walther v. Wietzlow, * Loitz, Kr. Demmin, Pomm., 24. 2. 1945, Rechtsanwalt, Syndikus der Didier-Werke AG
(Eduard-Rüppell-Str. 9, 6000 Frankfurt am Main 50).

Tinti

Kath. — Aus Gandino im Val Seriana bei Bergamo in der Lombardei stammendes Geschlecht, dessen Stammreihe mit Federico Tinti um 1400 beginnt und das um 1445 in Chiuduno im Val d'Oglio-Cherio bei Bergamo ansässig wird. — Bürgerrecht von Bergamo 7. 8. 1507 (für die Brüder Francesco, Antonio u. Giovannino de Tinctis in Chiuduno); Ldmann in Krain 17. 8. 1701; Ldmann in Kärnten 15. 2. 1702; Ldmann in Steiermark 19. 9. 1703; ReichsRrstand mit Wappenbesserung Wien 1. 5. 1707; Ldmann in Tirol 4. 11. 1711; ungar. Indigenat Preßburg 30. 8. 1714; Reichs- u. erbld.-österr. Frhrnstand mit „Wohlgeboren" Wien 3. 7. 1725; NÖsterr. Herrenstand 12. 1. 1730 (alles für den Handelsherrn Bartholomäus Tinti, seit 1703 Kais. WHofkammerrat, seit 1707 auf Enzersdorf an der Fischa, 1709—1725 Kgl. portug. Gesandten in Wien, seit 1711 Dir. d. schles. Salzamtes, seit 1713 auf Plankenstein, NÖsterr.).

W. (1725): Gev. u. bel. mit g. Herzschild, darin ein nat. r. Rose an 3blättr. gr. Stiel, 1 u. 4 in S. einw.-gek. ein schw. Adler, 2 u. 3 schräggev., oben und unten in S. 4 r. Pfähle, rechts und links in B. eine g. Lilie; 2 H.; auf dem rechten mit r.-g. Decken der Adler, auf dem linken mit schw.-s. Decken ein wachs. s.-geflügelter schw. Löwe, die Flügel mit je 4 r. Pfählen bel., in den Pranken eine g. Lilie haltend.

Vgl. Herbert Frhr v. Schnehen, Beiträge zur Gesch. der Fkmhrschaft Schallaburg u. zur Genealogie der Frhrn v. Tinti, in: Zs. Adler 1974, S. 65—68. — Goth. frhrl. Tschb. 1848 bis 1941 († Linie). — GHdA, Frhrl. Häuser B, Bd II (1957) und V (1970).

Federico Tinti, * Gandino ... (um 1380?), † ebd. ... (vor 1447), ... in Gandino;
× ...

Giovanni, * Gandino ... (um 1410?), † Chiuduno ... (vor Mitte 1495), ..., seit etwa 1445 in Chiuduno;
× ...

Fredino (Fedriano), * Chiuduno (?) ... (um 1450), † ebd. ... (zw. 1495 u. 1507), ... in Chiuduno;
× ...

Francesco, * Chiuduno ... (um 1480), † ebd. ... (nach 1540?) (Bürgerrecht von Bergamo 7. 8. 1507), ... in Chiuduno;
× ...

Marco, * Chiuduno ... (um 1525), † ebd. ... (nach 1575), ... in Chiuduno;
× ...

Alessandro, * Chiuduno ... (zw. 1545 u. 1550), † ebd. ... (um 1630), ... in Chiuduno;
× ... (um 1575) Dorotea ..., * ... (um 1550), † Chiuduno 11. 5. 1622, T. d. ... u. d. ...

Bartolomeo, * Chiuduno ... (zw. 1590 u. 1595), † ebd. ... (zw. 1646 u. 1663), ... in Chiuduno;
× Chiuduno 6. 6. 1617 Ludovica Rota, * ..., † ..., T. d. ... Bartolomeo R. u. d. ...

Carlo, * Chiuduno ... (nach 1633), † ..., Österr., ... (nach 30. 5. 1703), ...;
× Chiuduno ... (vor 1661) Grata Maria Finazzi, * Mologno ... (um 1630), † Chiuduno 30. 5. 1703, T. d. Francesco F. u. d. Paula Bartolotti.

Bartholomäus Freiherr v. Tinti, * Chiuduno 24. 9. 1661, † Gundelhof in Wien 28. 4. 1757 (Ldmann in Krain 17. 8. 1701; Ldmann in Kärnten 15. 2. 1702; Ldmann in Steiermark 19. 9. 1703; ReichsRrstand mit Wappenbesserung Wien 1. 5. 1707; Ldmann in Tirol 4. 11. 1711; ungar. Indigenat Preßburg 30. 8. 1714; Reichs- u. erbld.-österr. Frhrnstand mit „Wohlgeboren" Wien 3. 7. 1725; NÖsterr. Herrenstand 12. 1. 1730), auf Enzersdorf (seit 1707) an der Fischa u. Plankenstein (seit 1713), NÖsterr., Bes. d. Gundelhofes in Wien, Handelshr, Kais WHofkammerrat (seit 14. 8. 1703), Dir. d. schles. Salzamtes (seit 1711) u. Rat der Ministerialbancodeputation (seit 22. 5. 1734), Kgl. portug. Gesandter in Wien (1709—1725);
× ... 9. 4. 1695 Anna Katharina Mayer v. Mayersfels, * ..., † ..., T. d. Kais. Kammerdieners Johann Christoph M. v. M. u. d. Maria Elisabeth Beer.

B a r t h o l o m ä u s, * Wien 6. 9. 1708, † Gundelhof in Wien 1. 7. 1761, Fkhr auf Plankenstein u. Gundelhof, auf Enzersdorf (verk. 15. 9. 1760) u. Rittersfeld (seit 1756), NÖsterr., NÖsterr. Rgtsrat;
× Wien 25. 11. 1735 Katharina Freiin v. B u o l, * Wien 18. 12. 1718, † ebd. 20. 4. 1743, T. d. Kais. Hofrats u. GehSekr. Johann Georg Frhr v. B. u. d. Anna Regina Dyr.

A n t o n, * Wien 6. 12. 1737, † ebd. 17. 12. 1800 od. 14. 1. 1801, Fkhr auf Gundelhof, auf Rittersfeld, Fsterzbischöfl. salzburg. LegRat u. MinResident in Wien;
× St. Pölten 12. 5. 1771 Elisabeth Freiin v. R u m m e l, * Waldau 1. 1. 1746, † Gutenbrunn bei Baden 9. 6. 1827, T. d. ... Maximilian Frhr v. R. auf Waldau u. d. ...

J o h a n n Nepomuk Franz, * St. Pölten 12. 2. 1772, † Wien 30. 5. 1824, K. K. St- u. Konferenzratsoffizial;
× Kagran bei Wien 9. 9. 1799 Henriette v. M e r t e n s, * Wien 24. 4. 1774, † ebd. 14. 12. 1823, T. d. Dr. med. Karl Rr v. M. u. d. Katharina v. Humbourg.

K a r l Valentin Anton Maximilian Vinzenz Ferrerius Josef Calasanz, * Wien 27. 8. 1801, † Schallaburg 7. 9. 1852, Fkhr auf Schallaburg, Sichtenberg u. Plankenstein, NÖsterr., K. K. Staats- u. Konferenzratskonzipist;
× Wien 9. 8. 1828 Anna Edle v. K e e ß, * Wien 28. 9. 1806, † Schallaburg 23. 9. 1877, T. d. NÖsterr. Rrstandsverordneten Ignaz Rr v. K. u. d. Anna Freiin v. Buschmann.

1. K a r l Wilhelm Borromäus Franz Xaver Ignaz Johann Nepomuk, * Wien 19. 5. 1829, † Bad Kreuth 22. 8. 1884, Fkhr auf Schallaburg usw., K. K. Km. u. WGehRat, Mitgl. d. Herrenh. d. österr. Reichsrats auf Lebenszeit, Gründer u. 1. Präs. der österr. Ges. vom Roten Kreuz;
× Wien 26. 7. 1855 Mathilde Freiin v. L e d e r e r - T r a t t n e r n, * Wien 8. 11. 1838, † ebd. 30. 12. 1900, T. d. K. K. Hofsekr. i. R. Karl-August Frhr v. L.-T. auf Hradek, Slawitschin usw., Mähren, u. d. Marie Edle v. Trattnern.

Kinder:

1) K a r l Gustav, * Schallaburg 25. 9. 1859, † ebd. 18. 5. 1914, Fkhr auf Schallaburg usw., K. u. K. Lt i. R.;

⚭ Neukloster 12. 5. 1890 Henriette Gfin v. Wurmbrand-Stuppach a. d. standeshrl. H., * Thalheim 9. 10. 1864, † Steyersberg 12. 2. 1920 (⚭ I. Krummnußbaum 9. 10. 1881 Friedrich Frhr Bors v. Borsod, † Sarlosvári-Puszta 18. 9. 1909, auf Tamásda u. Nagykeményi, Kom. Bihar, Megyesfalva u. Bilak, Siebenbürgen, Ehe kirchl. annulliert ...), T. d. K. u. K. Km. u. Rittmeisters i. R., Obersterbldküchenmeisters im Hzgt. Steiermk Ferdinand Gf v. W.-St., Fkhrn auf Steyersberg, Stickelberg usw., NÖsterr., u. d. Gabriele de Mignot Gfin v. Bussy, auf Thalheim, Rassing usw., NÖsterr.

Söhne:

(1) Karl Ferdinand, * Schallaburg 19. 2. 1891, † Chicago 25. 11. 1936, Fkhr auf Schallaburg usw., K. u. K. OLt d. Res. i. R.;
⚭ New York 6. 1. 1931 Catharine Gorsuch Jackson, * Westminster, Maryland, 13. 10. 1905, † ... (⚭ II. ... Merton Banks, † ..., Rechtsanwalt in New York), T. d. griech.-orth. Bischofs John Torok G.-J. u. d. ...

(2) Hugo Hermann, * Schallaburg 1. 11. 1894, † Wien 19. 12. 1954, Fkhr auf Schallaburg u. Plankenstein, OLt d. Res. a. D.;
⚭ Wien 24. 1. 1953 Helene Koch, * Wien 11. 2. 1892, † Gresten, NÖsterr., 22. 2. 1986 (⚭ I. Wien 3. 8. 1917 Franz Stein, * Wien 1. 1. 1878, † ebd. 22. 8. 1952, mexikan. Konsul in Wien), T. d. ... Friedrich K. u. d. Philippine Daun.

2) Arthur Nikolaus Johann, * Schallaburg 3. 9. 1862, † Pöchlarn an der Donau 23. 9. 1917, auf Pöchlarn, K. u. K. Major d. Res. i. R.;
⚭ Krummnußbaum 20. 2. 1888 Margarethe Gfin v. Wurmbrand-Stuppach a. d. standeshrl. H., * Thalheim 31. 7. 1870, † Wien 22. 12. 1938 (⚭ II. Wien 12. 1. 1919 Raoul v. Kummer, † Wien 18. 12. 1933, K. u. K. BezHptm. i. R.), T. d. K. u. K. Km. u. Rittmeisters i. R., Obersterbldküchenmeisters im Hzgt. Steiermk Ferdinand Gf v. W.-St., Fkhrn auf Steyersberg, Stickelberg usw., u. d. Gabriele de Mignot Gfin v. Bussy, auf Thalheim, Rassing usw.

Kinder:

(1) Friedrich Ernst, * Wels 8. 8. 1888, † Pöchlarn 29. 10. 1948, auf Pöchlarn, OLt d. Res. a. D.;

× Bonn 12.1.1917 Pauline (Paula) Balthazar, * Arnheim, Niederlde, 31. 7. 1894, † Bad Hofgastein 24. 1. 1981, T. d. Großindustriellen Johann Heinrich Karl B. u. d. Pauline Baecker.

Kinder:

a. Elisabeth, * Bonn 15. 10. 1917;
× I. Pöchlarn 13. 9. 1942 Alois Gf v. Meran, Frhr v. Brandhofen, * Stuhlweißenburg 4. 4. 1907, † Bad Aussee 23. 9. 1960, DiplIng. agr.;
× II. München (standesamtl.) 17. 2., (kirchl.) 12. 3. 1971 Karl Viktor Frhr Karaisl v. Karais, * Untermais bei Meran 26. 6. 1912, Fabrikant
(Situlistr. 71b, 8000 München 45).

b. Johann Heinrich (Heinz) Bartholomäus, * Pöchlarn 2. 4. 1919, † ebd. 23. 12. 1986, auf Pöchlarn, Hptm. d. Res. a. D.;
× I. Wien 5. 6. 1948 Christiane Mautner v. Markhof, * Wien 23. 1. 1928 (gesch. Wien 19. 8. 1953, Ehe kirchl. annulliert Salzburg 22. 3. 1975; × II. Schönborn 19. 4. 1975 Georg Gf v. Schönborn-Buchheim, † Schönborn 27. 1. 1989), T. d. DiplIng. u. Großindustriellen Dr. h. c. Manfred Rr M. v. M. u. d. Marie Kupelwieser
(Renngasse 4, A-1010 Wien; Schloß Schönborn, A-2013 Göllersdorf);
× II. Wien 1. 9. 1972 Irene Gfin v. Starhemberg, * Birstein, OHessen, 7. 3. 1940 (gesch. ... 12. 4. 1985; × I. Eisenkappel, Kärnten, 16. 7. 1959 Johannes Pr. v. Auersperg, * Weitwörth 29. 1. 1934, Prof. für Musik, gesch. Korneuburg 11. 8. 1971), T. d. DiplForstwirts Georg Gf v. St. u. d. Anna Agnes Przssin v. Isenburg a. d. H. Birstein
(Goldegger Str. 2, A-1040 Wien).

Kinder erster Ehe:

a) Isabella Maria Elisabeth, * Wien 15. 5. 1949;
× St. Martin am Grimming 11. 8. 1973 Georg Prosoroff-Wettberg (aus russ. Adel), * Wien 1. 5. 1942, DiplIng.
(Hauptstr. 16, A-2285 Leopoldsdorf im Marchfeld).

b) Alexander Friedrich Bartholomäus, * Wien 3. 7. 1950, Regisseur;

× Goldegg, NÖsterr., 20. 9. 1975 Christiane Przssin v. Auersperg, * Goldegg 13. 1. 1953, T. d. Franz Weikhard Pr. v. A. auf Goldegg u. d. Theodora Przssin zur Lippe-Weißenfeld *(448 West 37th Street, Apt. 10 A, New York, NY 10018, USA).*

Kinder:

(a) Domenico Heinrich Friedrich Bartholomäus, * Wien 10. 1. 1978.

(b) Margherita Theodora Christiana Isabella, * Wien 22. 6. 1979.

(2) Mathilde (Ilda), * Pöchlarn 25. 11. 1889, † Innsbruck 14. 11. 1974;
× Pöchlarn 20. 2. 1912 Karl Florian, * Iglau 10. 7. 1877, † Innsbruck 20. 11. 1949, K. u. K. Oberstlt i. R.

(3) Gabriele (Ella) Maria Margarethe Ernestine Wilhelmine, * Stockerau, NÖsterr., 16. 1. 1892, † Wien 19. 2. 1934;
× I. Pöchlarn 27. 5. 1912 Friedrich Frhr v. Salis-Samaden, * Wien 26. 10. 1883, † ebd. 18. 12. 1961, Oberstlt a. D. (gesch. ...);
× II. ... 11. 10. 1919 Friedrich Hamburger, * ... 8. 5. 1869, † ... 21. 4. 1954, Ing., Industrieller.

3) Rudolf Bartholomäus, * Schallaburg 11. 12. 1867, † Graz 30. 9. 1928, LdesORegRat u. BezHptm. i. R.;
× Brünn 11. 12. 1906 Elsa Trostorff, * Montevideo, Uruguay, 5. 2. 1884, † Graz 4. 2. 1935, T. d. Spinnereidir. u. Konsuls Carl T. u. d. Maria Theresia Walther.

Kinder:

(1) Caroline (Lola) Mathilde Maria Elsa, * Leibnitz, Steiermk, 17. 2. 1909, † Wien 22. 4. 1974;
× Graz 23. 5. 1931 Napoleon Peltzer[1], * Moskau 1./14. 10. 1902, † Bruck an der Mur 12. 2. 1944, Kaufm.

(2) Rudolf Franz von Sales Béla Bartholomäus, * Leibnitz 16. 7. 1910, Dr.-Ing., techn. Leiter i. R.;
× I. Wien 31. 5. 1938 Wilhelmine Sueß, * Wien 24. 12. 1917, † ebd. 24. 9. 1981 (gesch. Saarbrücken 20. 10. 1942;
× II. Wien 1. 4. 1943 Reinhart Titscher, * Wien 6. 8.

1 Vgl. DGB, Bd 79, S. 386.

1915, Dr. med.), T. d. Primararztes Dr. med. Erhard S. u. d. Anna Peltzer;
⚭ II. Leoben 9. 12. 1950 Hertha Neweklowsky, * Leoben 15. 9. 1915, T. d. GenDir. Carl Oskar N. u. d. Anna Schneitl
(Billrothstr. 53/3/2, A-1190 Wien).

Tochter erster Ehe:

Eleonore Anna Elisabeth, * Wien 30. 11. 1940
(Hockegasse 59, A-1180 Wien);
⚭ I. ... 15. 5. 1962 Hans Koren, * ... 5. 6. 1941, Dr. med. (gesch. ... 1973);
⚭ II. San Diego, Kalifornien, 8. 12. 1973 Rudolf Rieder, * Wien 2. 1. 1940, Dr. techn., DiplIng. (gesch. ... 7. 1985).

(3) Karl Heinrich (Karlheinz) Friedrich Roland Bartholomäus, * Graz 27. 12. 1919, DiplIng., Prof., Dir. i. R., Schriftsteller, Hptm. d. Res. a. D.;
⚭ I. Kiel 16. 3. 1946 Traute Moeller, * Kiel 3. 11. 1915, † Hamburg ... 1981 (gesch. Leoben 27. 9. 1950; ⚭ II. ... Palm, † ..., ...), T. d. Rechtsanwalts Dr. jur. Carl M. u. d. Ida Horenburg;
⚭ II. Leoben 23. 2. 1952 Elisabeth Roßmann v. Rosenfeld, * Leoben 6. 6. 1927, T. d. Baumeisters DiplIng. Ernst R. v. R. u. d. Josefine Loewe
(Kärntner Str. 295, A-8700 Leoben).

Kinder zweiter Ehe:

a. Elisabeth (Sissy) Susanne Maria, * Leoben 21. 8. 1952;
⚭ Leoben 14. 6. 1981 Reinhard Fröhlich, * Graz 30. 7. 1949, DiplIng.
(Zehenthofstr. 4, 6200 Wiesbaden-Schierstein).

b. Ernst Rudolf Bartholomäus, * Leoben 18. 2. 1957, Touristikkaufm. u. Kurdir.;
⚭ I. Graz 14. 5. 1988 Ursula Hildegard Koller, * Graz 29. 2. 1964 (gesch. ... 22. 11. 1988), T. d. techn. Angest. Johann K. u. d. Helga Gelter (...);
⚭ II. Baden bei Wien 23. 9. 1989 Gabriela Christine Kogler, * Wien 28. 7. 1969, T. d. MaschinenbauIng. u. Projektmanagers Hans Norbert K. u. d. Renate Cerveny
(Fischerndorf 56, A-8992 Alt-Aussee).

c. Maria Theresia (Maresi) Karoline, * Leoben 5. 7. 1962, Kindergartenleiterin;
× (standesamtl.) Leoben 26. 9., (kirchl.) St. Stefan bei Leoben 29. 9. 1990 Peter Josef Brandtner, * Bruck an der Mur 13. 6. 1964, Bankangest.
(Rohrbach 99a, A-8151 Hitzendorf).

Adoptivsohn: s. u.

2. Gustav, * Wien 5. 5. 1833, † Innsbruck 14. 9. 1881, Bes. des Geldfkm., K. K. Km., Oberst u. Kmdt der Ldesschützen zu Pferde in Tirol u. Vorarlberg;
× Ort bei Gmunden 15. 7. 1861 Gabriele Freiin v. Schulzig, * Brünn 28. 1. 1841, † Brixen 1. 8. 1902, T. d. K. K. WGehRats u. FeldmarschallLts i. R. Franz Frhr v. Sch. u. d. Julie Schindler.

Sohn:

Hermann, * Wien 14. 2. 1870, † Innernstein bei Münzbach, OÖsterr., 18. 4. 1926, auf Innernstein, Bes. des Geldfkm., Päpstl. GehKm. di spada e cappa;
× Innsbruck 22. 11. 1897 Marie Freiin v. Gudenus, * Gáad, Kom. Torontal, Ungarn, 20. 1. 1873, † Innernstein 13. 12. 1954, T. d. K. u. K. Km. Hugo Frhr v. G. auf Gáad u. d. Karoline (Charlotte) Peidlhauser-Csávossy de Csávos et Bobda.

Sohn:

Leopold Maria Hugo Gustav Hermann Otto Joseph Antonius, * Wien 3. 3. 1904, † ebd. 18. 3. 1977, auf Innernstein.

3. Viktor, * Schallaburg 18. 8. 1839, † St. Pölten 7. 9. 1884, K. K. Km. u. Major i. R., erbl. Mitgl. d. ungar. OHauses;
× Fischau, NÖsterr., 23. 9. 1873 Franziska Freiin v. Haan, * Wien 16. 11. 1851, † ebd. 4. 4. 1933, T. d. K. K. MinRats Ludwig Frhr v. H. u. d. Karoline Jäger.

Sohn:

Viktor, * St. Pölten 8. 2. 1881, † Graz 30. 7. 1931, K. u. K. Oberstlt i. R., erbl. Mitgl. d. ungar. OHauses;
× Agram 27. 4. 1907 Bogumila Halper de Szigeth, * Agram 18. 7. 1879, † Wien 14. 8. 1968, T. d. Septemvirs am Obersten GerHof in Agram Julius H. de Sz. u. d. Elisabeth Nikolics de Podrinje.

Sohn:

A l e x a n d e r Anna Julius, * Klagenfurt 3. 12. 1910, † Wien 24. 5. 1991, Dr. jur., GenDir. i. R., seit 1931 Adoptivsohn seines Oheims, d. K. u. K. Km. Vladimir Halper de Szigeth auf Zajezda usw., Kom. Warasdin;
× Wien 3. 8. 1965 Marie Freiin v. W e b e r, * Krems an der Donau 29. 8. 1920, T. d. BezHptm. u. K. u. K. OLts i. R. Joseph Frhr v. W. u. d. Marie Freiin v. Geymüller
(Lannerstr. 34, A-1190 Wien).

Namensträger, die nicht dem Adel angehören (siehe Form der Darstellung, Vorbemerkung):

Adoptivsohn (Vertrag ... 24. 6., bezirksgerichtl. bestätigt Loeben 23. 7. 1970) des Prof. DiplIng. Karl Heinrich (Karlheinz) Frhr v. Tinti (s. o.):

Hans-Joachim (J o c h e n) D r e w s, * Kiel 22. 10. 1945, Major in der Bundeswehr, führte gemäß § 1618 BGB seit 19. 4. 1948 den Namen „Biernacki", führt seit 23. 7. 1970 den Namen „T i n t i";
× I. Kiel 3. 3. 1967 Helga W e i ß m a n n, * Wilhelmshaven 14. 7. 1946 (gesch. Kiel 28. 1. 1969), T. d. techn. RegSekr. Johann (Hans) W. u. d. Anna Worm
(..., 2390 Flensburg);
× II. Freiburg i. Br. 26. 5. 1988 Petra Manuela F r a n k, * Freiburg i. Br. 19. 8. 1960, T. d. Hoteliers Manfred F. u. d. Ingrid Pfister
(Am Talblick 3, 7203 Fridingen an der Donau).

Kinder: a) erster Ehe:

1. K a t j a, * Kiel 26. 1. 1968
(Schubertweg 5, 2360 Bad Segeberg).

b) zweiter Ehe:

2. C h r i s t o p h e r Maximilian Bartholomäus, * Freiburg i. Br. 25. 2. 1989.

Veyder-Malberg *

Kath. u. ev. — Luxemburgisches Adelsgeschlecht, dessen Stammreihe mit Laurent de Veyder, urkundl. 1540, Gfl. nassau. Richter u. Amtmann zu Dasburg, beginnt. Sein Sohn Cornelius de Veyder, Amtmann zu Nieder-Manderscheid u. Reipoltskirchen, ist seit 1. 5. 1615 Pfandhr auf Malberg bei Kyllburg in der Eifel. — Aufnahme in die Niederrheinische ReichsRrschaft 9. 3. 1706, in die Luxemburgische Rrschaft 16. 1. 1710 (beides für Johann-Christoph de Veyder auf Oberehe, Hohenfels u. Heyer, Mithrn auf Malberg, Meer- u. Bettenfeld, Hzgl. arenberg. Statthalter); österr.-niederld. Frhrnstand (primog.) Wien 10. 1. 1732 (vom Kaiser Karl VI. für Franz Moritz de Veyder auf Malberg).

W. (1732): Gev., 1 u. 4 in G. ein schreitender schw. Bär mit s. Halsband u. s. Kette (StW.), 2 u. 3 in S. ein kleiner r. Schild (Malberg). 2 H.; auf dem rechten mit schw.-g. Decken der Bär zw. offenem, rechts g., links schw. Fluge, auf dem linken mit r.-s. Dekken ein s. Schild zw. 2 von R. u. S. übereck-get. Büffelhörnern. Schildh.: Rechts ein schw. Bär mit s. Halsband u. s. Kette, mit der Linken eine g. Fahne mit dem Bären bel. haltend, links ein s. Bär mit r. Halsband u. s. Kette, mit der Rechten eine s. Fahne mit dem r. Schilde bel. haltend, Wahlspr.: Liber in vinculis.

Vgl. auch Annuaire de la Noblesse de Belgique, Jg 1869. — Vgl. Goth. frhrl. Tschb. 1857 bis 1937. — GHdA, Frhrl. Häuser B, Bd III (1963). — Hdb. Bayern, Bd XVI (1986).

Laurent de Veyder, † ..., Gfl. nassau. Richter u. Amtmann zu Dasburg;
× Dasburg ... 1540 Elisabeth Katharina Biever, † ..., T. d. Peter B., Amtmanns zu Prüm u. Salm, u. d. Barbara Landscheidt.

Cornelius Albert, * Dasburg ... 1544, † Malberg bei Kyllburg, Eifel, 14. 9. 1634, Pfandhr auf Malberg (seit 1. 5. 1615), Amtmann zu Nieder-Manderscheid u. Reipoltskirchen;
× ... um 1605 Anna Margarethe v. Hierschen, † Malberg ... 1659, T. d. ... Nicolaus v. H. u. d. Elisabeth v. Ufflingen.

Johann-Heinrich, * 1606, † 1671; s. I. Linie.	Christoph, * ..., † 1697; s. II. Linie.

Johann-Heinrich de Veyder

* 1606 † 1671

Pfandherr auf Malberg

Amtmann zu Nieder-Manderscheid und Reipoltskirchen,

Kommandeur des Ysenburg. Kürassier-Rgts im Dienste des Königs v. Spanien

s. S. 537

Johann-Werner de Veyder

* 1657 † 1723

auf Hohenfels, Mitherr auf Malberg,

Bischof von Eleutheropol, Weihbischof von Köln, Propst von Meschede;

Erbauer des Neuen Schlosses zu Malberg

s. S. 538

I. Linie

Erloschen.

Johann-Heinrich de Veyder, * Dasburg … 1606, † Malberg … 1671, Pfandhr auf Malberg, Amtmann zu Nieder-Manderscheid u. Reipoltskirchen;
× Dasburg 26. 1. 1640 Anna Margarethe Cecile Biever, † …, T. d. Jacob B., Burggfn von Dasburg, u. d. Susanne Wiltheim.

1. Johann-Heinrich, * …, † Oberehe 20. 4. 1722, Mithr auf Oberehe, Malberg, Meer- u. Bettenfeld, Amtmann zu Kommern.

2. Johann-Christoph, * Malberg … 1647, † Kerpen 3. 4. 1716 (Aufnahme in die Niederrhein. ReichsRrschaft 9. 3. 1706, in die Luxemburg. Rrschaft 16. 1. 1710), auf Oberehe, Hohenfels u. Heyer, Mithr auf Malberg, Meer- u. Bettenfeld, Hzgl. arenberg. Statthalter, Amtmann zu Kerpen;
× Koblenz 7. 7. 1680 Maria Katharina v. Solemacher, * Koblenz 18. 10. 1653, † Oberehe 20. 12. 1700, T. d. Kurfstl. trier. WHofrats u. GehSekr. Johann v. S. auf Ley, Mayen usw. u. d. Maria Anna Katharina Trimps.

   Kinder (1 Sohn, 1 Tochter jung †):

   1) Maria Margaretha Theresia, ~ Niederehe 15. 12. 1682, † …;
   × Oberehe 31. 12. 1702 Claude François de Stassin, * Luxemburg 5. 12. 1674, † Dudelange 19. 8. 1711, auf Mont-St. Jean, GenKommissar der Prov. Luxemburg.

   2) Johann-Heinrich Werner Joseph, * Köln 8. 7. 1690, † ebd. 2. 7. 1714, Advokat in Brüssel.

3. Johann-Salentin, * Malberg … (um 1650), † Köln 21. 2. 1719, Amtmann zu Adenau u. Nürburg, Hzgl. arenberg. Statthalter;
× I. … 23. 9. 1690 Anna Katharina Maes, * … 1652, † Köln 29. 9. 1704 (× I. … vor 1670 Jacob v. Rothkirchen, * Köln 31. 7. 1635, † ebd. 8. 6. 1689, auf Isenburg, lic. jur. utr., Ratshr u. Bürgermeister zu Köln), T. d. … Wilhelm M. u. d. Anna Katharina Gymnich;
× II. Köln 2. 4. 1706 Adelgunde v. Afferden, * …, † Köln 25. 10. 1733 (× I. … Cornelius Hermann v. Heinsberg, * …

1638, † Jülich 14. 3. 1699, auf Backerhof, Kurpfälz. Kammerrat, GenEinnehmer u. Pfennigmeister im Hzgt. Jülich), T. d. ... Matthias v. A. u. d. Anna Boner.

4. Johann-Werner, * Neumagen 2. 12. 1657, † Köln 30. 10. 1723, auf Hohenfels, Mithr auf Malberg, Meer- u. Bettenfeld, lic. jur. utr., Bischof von Eleutheropol, Weihbischof von Köln, Propst von Meschede, Erbauer des Neuen Schlosses zu Malberg.

5. Marie-Susanne, * ..., † ..., auf Herserange u. Lasauvage; × ... 3. 5. 1677 Jean Groulart de Jalhay, * ..., † Herserange 22. 2. 1705.

II. Linie

Christoph de Veyder, * ..., † Bickendorf 11. 9. 1697, auf Bickendorf u. Rittersdorf;
× Oberweiler ... 1651 Margarethe Elisabeth Joutz, * ..., † ..., T. d. ... u. d. ...

(5 Söhne, 1 Tochter jung †)

1. Johann-Heinrich, * ..., † Bickendorf 24. 1. 1705.

2. Johann Jacob, * ... um 1656, † Jülich 24. 1. 1722, Mithr auf Malberg, Bickendorf usw., Kurfstl. pfälz. Oberst, Kommandant von Jülich;
× Luxemburg 31. 12. 1697 Adelheid-Sophie de Stassin, * ..., † ..., T. d. Kgl. span. Obersten Sebastian Franz de St., Mithrn auf Brandenbourg u. Simmern, u. d. Ludwine-Petronille v. Bosch.

Sohn:

Franz-Moritz Freiherr v. Veyder-Malberg, * Jülich 29. 4. 1699, † Malberg 16. 10. 1764 (österr.-niederld. Frhrnstand [primog.] Wien 10. 1. 1732), auf Malberg, Meer- u. Bettenfeld, Messerich, Oberehe, Hohenfels u. Heyer, Hzgl. arenberg. Statthalter;
× Ansembourg 24. 1. 1723 Marie Thérèse Joseph de Neufforge, * Arlon 11. 12. 1701, † Malberg 22. 2. 1773, T. d. Kgl. span. Gesandten beim Reichstag zu Regensburg u. Provinzialrats von Luxemburg Jean Henri de N. u. d. Gertrud Margarethe v. Bettenhoven.

Kinder [v. Veyder-Malberg außer (2)] (9 Kinder jung †):

(1) Maria Theresia Josepha, ~ Oberehe 28. 4. 1725, † Bouzonville 12. 4. 1767;
× Malberg 24. 6. 1755 Charles Eloy Fernand Forget de Barst, * Kerprich-Hemmersdorf 29. 10. 1726, † ebd. 3. 7. 1790, auf Großhemmersdorf, Statthalter im Bez. Bouzonville, OAmtmann zu Merzig u. Saargau.

(2) Johann Peter-Ernst Joseph Freiherr v. Veyder-Malberg, * Malberg 14. 3. 1733, † ebd. 7. 6. 1815, auf Malberg, Meer- u. Bettenfeld, Oberehe, Hohenfels u. Heyer;
× I. Wollmerath 7. 9. 1762 Anna Ottilie (Antoinette) v. Breiten-Landenberg, * Wollmerath ..., † Oberehe 10. 10. 1767, T. d. Oberstkm. u. Jägermeisters in Lothringen u. Kurfstl. trier. Rittmeisters der Leibgarde Ernst Carl v. B.-L. auf Wollmerath, Arras, Bullay u. Neroth u. d. Maria Magdalena Truchseß v. Rheinfelden;
× II. Dasburg 2. 6. 1771 Marie Elisabeth Ernestine de Ferrand de Montigny, ~ St. Vith 10. 10. 1738, † Wetzlar 9. 9. 1795, T. d. Georg de F. Baron de M. auf Bracht bei Malmedy, Burggfn von Dasburg, u. d. Johanna Baring v. Wallerode[1].

Kinder (v. Veyder-Malberg, außer a.):

a) erster Ehe (1 Sohn, 1 Tochter jung †):

a. Heinrich Karl Maria Josef Anton Freiherr v. Veyder-Malberg, * 1767, † 1834; s. 1. Ast.

b) zweiter Ehe:

b. Georg Friedrich Ernst Josef Maria Ignaz, * 1772, † 1825; s. 2. Ast.

c. Franz-Karl Benignus Maria Josef Christoph Germanus, * Malberg 28. 5. 1775, † Mainz 12. 4. 1830, K. K. Km. Km. u. GenMajor, Rr d. österr. Mil.-Maria-TheresienO.;
× Wien 8. 8. 1827 Julie v. Wallenburg, * Konstantinopel 27. 7. 1794, † Wien 20. 10. 1887 (× I. Wien 4. 11. 1812 Georg Friedrich v. Veyder-Malberg, † Kaschau 23. 3. 1825, K. u. K. Km. u. Oberst, s. u., 2. Ast), T. d. K. K. Hof- u. StKanzleirats Jacob v. W. u. d. Katharina Freiin Hübsch v. Großthal.

1 Vgl. DGB, Bd 102, S. 149.

(3) A l e x a n d e r Moritz Anton Joseph, * Malberg ... 2. 1738, ⚔ Schweidnitz, Schlesien, 9. 10. 1762, Kais. Lt.

(4) Maria Anna Josepha, * Malberg ... (um 1740), † Aachen 11. 11. 1814;
× Malberg 23. 1. 1764 Georg de L a m b e r t s - C o r t e n - b a c h , * Aachen 13. 3. 1723, † Cortenbach 25. 11. 1796, auf Herve, Charneux, Themister, Bergilez usw., Gfschaft Namur.

(5) J o h a n n - H e i n r i c h Anton Joseph, * Malberg 13. 3. 1744, † Mecheln 20. 1. 1827;
× Doornik 18. 10. 1773 Marie Philippine Gfin de R y - c k e l , * Oirsbeek 12. 7. 1754, † Namur 9. 12. 1783, T. d. Anton Eugen Gf de R. auf Oirsbeek, Vroelingen, Moulant u. Navaigne u. d. Isabelle Caroline Baronesse d'Aix-en-Dennée.

Töchter:

a. Maria Dorothea Antonetta Josephina, ~ 21. 8. 1774, † ... (jung).

b. Maria Josephina Ernestina Florentina (F l o r e n c e), * Aachen 22. 7. 1776, † Mecheln 8. 10. 1854;
× Aachen 10. 9. 1805 Jean-Henri Pierre Chevalier van den B r a n d e n de R e e t h , * Mecheln 28. 7. 1762, † ebd. 26. 11. 1826, UPräfekt d. Bez. Mecheln.

3. M a r i a - M a r g a r e t h a , ~ Bickendorf 8. 12. 1659, † ... 1694;
× ... 1683 Johannes H o r m a n , * Ettelbruck ... 1653, OVorsteher von Michelbuch.

4. A n n a - F r a n c i s c a , ~ Bickendorf 4. 8. 1666, † ..., Erbin von Rittersdorf;
× Bickendorf 4. 9. 1695 Johann Theodor S c h o e f f e r , * Bernkastel ..., † ..., auf Rittersdorf.

5. A n n a - M a r i a , ~ Bickendorf 22. 7. 1676, † ebd. 2. 4. 1720, Erbin von Bickendorf;
× Bickendorf 30. 8. 1707 Alexander du S a r t z de V i g n e u l - l e s , ~ Pontpierre, Lothr., 30. 11. 1682, † Bickendorf 6. 6. 1758, auf Bickendorf, Bauweiler, Rammelfang, Girsen usw.

1. Ast

Erloschen.

Heinrich Karl Maria Josef Anton Freiherr v. Veyder-Malberg, * Oberehe 28. 2. 1767, † Malberg 27. 2. 1834, auf Malberg; × Malberg ... 1798 Therese Forget de Barst, * Bouzonville 22. 10. 1764, † Trier 11. 1. 1840, T. d. Statthalters im Bez. Bouzonville u. OAmtmanns zu Merzig u. Saargau Charles Eloy Fernand F. de B. auf Großhemmersdorf u. d. Maria Theresia Josepha v. Veyder-Malberg (s. o.).

(v. Veyder-Malberg, außer 2.)

1. Ernestine, * Malberg 14. 6. 1799, † ebd. 13. 3. 1844; × Malberg 29. 5. 1823 Franz Gerhard Schmitz, * Trier 24. 8. 1792, † Malberg 8. 3. 1864, Kgl. preuß. OFörster.

2. Karl-Ernst Freiherr v. Veyder-Malberg, * 16. 2. 1801, † ebd. 16. 2. 1869, auf Malberg; × Wolfsfeld, Kr. Bitburg, 9. 5. 1827 Caroline Gfin v. Saint-Ignon, * Wolfsfeld 13. 3. 1802, † Malberg 4. 12. 1880, T. d.. Alexander Gf v. St.-I. auf Wolfsfeld, le Mesnil, Baslieux u. Malavillers u. d. Suzanne Baronne de Reumont.

3. Adelheid, * Malberg 14. 2. 1803, † Bracht bei Malmedy 26. 1. 1883; × Malberg ... 1844 Josef Ignaz Michel Henri de Ferrand de Montigny, * Dasburg ... 1795, † ebd. 10. 10. 1870, auf Bracht.

2. Ast

Georg Friedrich v. Veyder-Malberg, * Dasburg 30. 7. 1772, † Kaschau 23. 3. 1825, K. K. Km. u. Oberst; × Wien 4. 11. 1812 Julie v. Wallenburg, * Konstantinopel 27. 7. 1794, † Wien 20. 10. 1887 (× II. Wien 8. 8. 1827 Franz-Karl v. Veyder-Malberg, † Mainz 12. 4. 1830, K. K. Km. u. GenMajor, s. o.), T. d. K. K. Hof- u. StKanzleirats Jacob v. W. u. d. Katharina Freiin Hübsch v. Großthal.

Friedrich Alexander Freiherr v. Veyder-Malberg, * Agram 3. 5. 1819, † Krems 20. 5. 1886, auf Bürglstein, K. u. K. Km., Kreiskommissär von Salzburg;

× Salzburg 24. 6. 1849 Magdalena Balde, * Salzburg 6. 6. 1829, † Linz 5. 4. 1911, T. d. Lederkaufm. Wilhelm B. u. d. Maria Magdalena Stocker.

1. Arthur Julius Friedrich Freiherr v. Veyder-Malberg, * Salzburg 18. 9. 1850, † Dolnja-Tuzla, Bosnien, 30. 8. 1894, K. u. K. Hptm.

2. Henriette Julie Friederike v. Veyder-Malberg, * Salzburg 7. 2. 1852, † ebd. 28. 2. 1887.

3. Emil Benjamin Deodatus Freiherr v. Veyder-Malberg, * Salzburg 6. 7. 1853, † Wien 20. 2. 1913, Architekt u. Stadtbaumeister;
× Wien 1. 12. 1885 Karoline Schrödinger, * Wien 29. 10. 1863, † Prien am Chiemsee 24. 11. 1945, T. d. Industriebeamten Stefan Sch. u. d. Karoline Heimburger.

Sohn:

Hans Freiherr v. Veyder-Malberg, * Lundenburg 30. 9. 1886, † München 1. 9. 1966 (ev. seit 5. 12. 1917), Geschäftsf.;
× I. Kroisbach bei Graz 23. 2. 1918 Erika Rumpf, * Kroisbach 13. 10. 1897, † ebd. 2. 6. 1925 (ev.), T. d. Ing. u. Werksdir. Victor R. u. d. Amélie Nesbeda;
× II. Wien 2. 9. 1926 Elisabeth an der Lan v. Hochbrunn, * Igls bei Innsbruck 4. 6. 1904, † Réthymnon, Insel Kreta, 3. 10. 1990 (ev.), T. d. Ldwirts Otto an der L. v. H., Hrn u. Ldmanns in Tirol, u. d. Franziska v. Wurmb.

Kinder: a) erster Ehe (ev.):

(1) Liselotte Gertrude Karoline Amélie v. Veyder-Malberg, * Kroisbach 3. 11. 1919, Dr. med.;
× München 30. 8. 1963 Karl Schmidt, * München 20. 7. 1909, Ing.
(Mainzer Str. 17, 8000 München 40).

(2) Gerd Emil Erich Victor Freiherr v. Veyder-Malberg, * Kroisbach 15. 6. 1921, Geschäftsf. u. Dir. i. R., Lt d. Luftw. a. D.;
× Meran 2. 9. 1957 Juliane v. Köller, * Stettin 31. 7. 1932, T. d. Majors d. Res. d. Luftw. Georg Alfred v. K. auf Kantreck usw., Pommern, u. d. Eva Schmiedel
(Anton-Hochmuth-Str. 8, A-5020 Salzburg).

Kinder (v. Veyder-Malberg):

a. Martina Maria Louise, * Salzburg 14. 2. 1959, stellv. Verlagsleiterin;
× Salzburg 2. 9. 1989 Konradin Gf Khuen v. Belasi-Lützow, * Salzburg 19. 4. 1951, Dr. jur., Bankdir.
(Elektrastr. 46, 8000 München 81).

b. Peter Cornelius, * Salzburg 2. 12. 1961, Werbeberater
(Anton-Hochmuth-Str. 8, A-5020 Salzburg).

c. Constantin, * Salzburg 20. 3. 1965, Mag. jur., Vermögensverw.;
× St. Gilgen 1. 6. 1991 Bettina Ettenauer, * Wien 7. 1. 1970, T. d. Industriellen Erwin E. u. d. Siglinde Le Fèvre-Stöhr
(Aigner Str. 23/1, A-5026 Salzburg).

b) zweiter Ehe:

(3) Erika Franziska Johanna Julie v. Veyder-Malberg, * Wien 13. 1. 1928 (kath. seit 8. 2. 1954);
× München 8. 2. 1954 Leo Fraenkel-Thonet, * Wien 6. 8. 1907, † Meran 19. 4. 1990 (kath.), Dr. jur., Dir. i. R.
(Waalweg 24, I-39012 Meran).

(4) Ulf-Dieter Otto Adolf Friedrich v. Veyder-Malberg, * Stuttgart 9. 7. 1935 (ev.), techn. Kaufm., Journalist;
× (standesamtl.) München 26. 8., (kirchl.) Aufkirchen bei Starnberg 30. 8. 1975 Andrea Ugron de Abránfalva, * Budapest 18. 4. 1941 (kath.), T. d. DiplLdwirts Imre U. de A. u. d. Hanna Jeszenszky de Kisjeszen et Megyefalva
(Ismaninger Str. 128, 8000 München 80).

Tochter:

Thyra Franziska Alice Ilona, * Starnberg 3. 3. 1977 (kath.).

Wrede

Kath. — Westf. Uradel, der mit Everhardus W r e t h e 1202 urkundl. (Westf. UrkBuch, Bd VII, Nr 15) zuerst erscheint, während die sichere Stammreihe mit Heinrich W r e d e zu Sorpe 1318 beginnt. Die Namensform wechselte zwischen Wreden, Vreden, Wreede, Vrede und Wrede. — Preuß. Genehmigung zur Führung d. Frhrntitels lt A. KO. Berlin 7. 12. 1844 (für Karl v. W r e d e, auf Amecke, und Friedrich v. W r e d e, auf Melschede, nebst Geschwistern.

W. (StW.): In von R. u. G. gesp. Schilde ein Kranz mit 5 (1, 2, 2) eingeflochtenen Heckenrosen in gew. Farben; auf dem H. mit r.-g. Decken der Kranz zw. offenem rechts g., links r. Fluge. — Wahlspruch: Virtuti pro patria.

Vgl. Goth. frhrl. Tschb. 1855, 1856 bis 1940. — GHdA, Frhrl. Häuser A, Bd III (1959) (Stammreihe) u. XI (1979).

I. Linie (Amecke)

Stammvater: Jobst Bernhard, † 1707.

H e r m a n n Karl Ludwig Moritz Freiherr v. W r e d e, * Alvern bei Celle 12. 8. 1887, † Amecke, Kr. Arnsberg, 6. 6. 1949, auf Amecke (seit 1338 im Bes. d. Fam.), u. Brüninghausen (seit 1652 im Bes. d. Fam.), Kr. Altena, Westf., Major a. D.;
× Passau 24. 4. 1924 Josepha Freiin v. O w a. d. H. Felldorf, * Haiming 21. 8. 1898, † Neheim-Hüsten 13. 4. 1957, T. d. Päpstl. GehKm., Kgl. bayer. Km. u. BezAmtm. a. D. Anton Frhr v. O. auf Ahldorf u. Neuhaus, Württ., auf Piesing u. Haiming, OBayern, u. d. Margarete Freiin v. Malsen.

---

1. C h r i s t i a n e Maria-Donata Josepha Mathilde, * Brüninghausen 17. 2. 1925, führt seit 1985 wieder den Geburtsnamen (*Büschenweg 7, 4300 Essen-Werden*);

Haus Amecke
in Westfalen

Das alte Abteigebäude in Willebadessen

Neubau des Familiensitzes in Willebadessen

Schloß Melschede
Kreis Arnsberg in Westfalen

× Beckum, Kr. Arnsberg, 28. 10. 1948 Bruno Schneider, * Scheveningen, Niederlde, 14. 11. 1921, Dr. med., Facharzt f. Orthopädie, RegMedRat (gesch. Essen 7. 6. 1974).

2. Engelbert Karl Anton Ludwig Hermann, * Brüninghausen 3. 1. 1926, auf Amecke, Forst- u. Ldwirt;
× Arnsberg 30. 11. 1963 Ingrid Maybaum, * Sundern, Sauerld, 25. 12. 1931, T. d. Fabrikbes. Ludwig M. u. d. Hildegard Haxter
(Haus Amecke, 5768 Sundern 12).

Kinder:

1) Elisabeth Josepha Erika, * Arnsberg 15. 9. 1964, Studienreferendarin
(Haus Amecke, 5768 Sundern 12).

2) Katharina Hildegard Christiane, * Arnsberg 19. 11. 1966, biol. techn. Assistentin, stud. med. vet.
(Haus Amecke, 5768 Sundern 12).

3) Philippus (Philip) Ludwig Hubertus, * Arnsberg 4. 1. 1968, cand. ing.
(Haus Amecke, 5768 Sundern 12).

4) Eberhardus (Eberhard) Hermann Hans-Albert, * Arnsberg 7. 12. 1968, stud. forest, Lt d. Res.
(Haus Amecke, 5768 Sundern 12).

3. Jobst-Bernhard Sigmund-Felix Woldemar Joseph, * Brüninghausen 30. 3. 1928, auf Brüninghausen, Forst- u. Ldwirt;
× Plettenberg 16. 5. 1955 Brunhilde Midderhoff, * Plettenberg 9. 3. 1931, T. d. Kaufm. Wilhelm M. u. d. Margarete Engelbertz
(Brüninghausen, 5970 Plettenberg).

Kinder:

1) Sabine Margarete, * Werdohl, Westf., 3. 2. 1956, Chefsekretärin
(307 East 94th Street, App. 4b, New York, NY 10128, USA).

2) Christoph Hermann, * Werdohl 27. 4. 1957, Forstbeamter;
× München 28. 10. 1983 Margit Ilona Welz, * München 22. 1. 1955, Bilanzbuchhalterin, T. d. VersKaufm. Gerhard W. u. d. Gisela Dettmann
(Wertherstr. 156, 4800 Bielefeld).

3) Irene Maria, * Werdohl 8. 1. 1959, Kauffrau *(Lange Reihe 103, 2000 Hamburg 1).*

4) Barbara Patricia, * Werdohl 2. 11. 1963, Kauffrau *(Ebbetalstr. 127, 5970 Plettenberg).*

5) Stephan Bernhard, * Werdohl 24. 12. 1968, stud. jur. *(Lange Reihe 103, 2000 Hamburg 1).*

4. Hubertus Maria Konrad, * Brüninghausen 9. 5. 1936, Dipl-Kaufm.;
× Aachen 2. 9. 1967 Marina v. Nell, * Trier 10. 12. 1937, T. d. DiplLdwirts Burghard v. N. auf Nells Ländchen, Kr. Trier, u. d. Marieliese Arens
(II. Rote-Haag-Weg 7b, 5100 Aachen).

II. Linie (Melschede)

Stammvater: Ferdinand Stephan, * 1662, † 1722.

1. Ast

Stammvater: Frhr Theodor, * 1821, † 1907.

1. Zweig

Ferdinand Maria August Freiherr v. Wrede, * Champier bei Aachen 18. 9. 1852, † Roisdorf bei Bonn 19. 11. 1923, Kgl. preuß. Rittmeister a. D.;
× I. Hamburg 15. 12. 1885 Pauline Vedova, * Hamburg 21. 11. 1864, † Benrath 6. 8. 1892, T. d. Kaufm. Maria Paul V. u. d. Johanna Liebisch;
× II. Hamburg 5. 2. 1896 Maria v. Conring, * Wriezen 29. 4. 1874, † Roisdorf 1. 10. 1970, T. d. Kgl. preuß. GenMajors a. D. Enno v. C. u. d. Angelica Störzel.

a) Erster Ehe:

1. Theodor Joseph Maria Ferdinand Hubert, * Wandsbek 3. 11. 1888, † Bonn 30. 3. 1973, GenLt a. D.;
× Münster, Westf., 12. 7. 1922 Irene Freiin v. Schorlemer, * Magdeburg 29. 9. 1903, † Rheinbrohl 31. 7. 1982, T. d. Ldesfinanzamtsdir. i. R. Ferdinand Frhr v. Sch. u. d. Margarete (Grete) Cosack[1].

1 Vgl. DGB, Bd 38, S. 105.

Söhne:

1) Wolf-Dietrich Ferdinand Georg Maria, * Paderborn 24. 9. 1923, ⚔ am Kubanbrückenkopf, Rußld, 2. 6. 1943, FahnenjkrGefr. in einer Aufklärungsabt.

2) Elmar Ferdinand Theodor Georg Maria, * Kassel 11. 4. 1925, Kaufm.;
× (standesamtl.) Lintorf 1. 8., (kirchl.) Linnep 4. 9. 1958 Eleonore Gfin v. Spee, * Ratingen 23. 6. 1935, T. d. Päpstl. GehKm. di spada e cappa u. preuß. Referendars a. D. Karl Gf v. Sp. auf Linnep u. d. Anna Maria Freiin Ostman v. der Leye
(Kissinger Str. 17, 4100 Duisburg 25 — Huckingen).

Kinder:

(1) Caroline Hildegard Eleonore Irene Anna Maria, * Düsseldorf 29. 4. 1959, Kauffrau
(Am Gartenkamp 10, 4000 Düsseldorf-Gerresheim).

(2) Marion Dorothea Eleonore Irene Anna Maria, * Düsseldorf 7. 7. 1960, DiplIng., Innenarchitektin
(Florastr. 7, 4005 Meerbusch 1).

(3) Wolf-Dietrich Caspar Elmar Theodor Karl Maria, * Stuttgart 23. 6. 1964, DiplKaufm.
(Kissinger Str. 17, 4100 Duisburg 25 — Huckingen).

b) Zweiter Ehe:

2. Clemens Raimund Maria Ferdinand Hubert, * Düsseldorf 28. 1. 1897, † Bonn 24. 2. 1991, Dr. rer. pol., Dipl Kaufm., Oberst d. Luftw. a. D.

3. Ferdinand Joseph Maria Hubert Enno, * Düsseldorf 31. 3. 1898, † Roisdorf 6. 3. 1969, DiplLdwirt, KorvKpt. a. D.;
× Braunschweig 5. 10. 1937 Irmingard Freiin v. Schele, * Neuruppin 19. 1. 1915 , T. d. Kgl. preuß. Hptm. a. D. Werner Frhr v. Sch. u. d. Elka Valeska Freiin v. Tiele
(Raesfeldstr. 49, 4400 Münster 1).

Kinder:

1) Elka-Maria, * Kiel 1. 3. 1939, † Köln 27. 7. 1988;
× Münster, Westf., 31. 8. 1964 Carl-Dieter Kaufmann, * Düren 16. 4. 1933, † Hamburg 5. 6. 1991, Bankkaufm.

2) Mechthild, * Stralsund 15. 5. 1940;
× Münster 4. 10. 1969 Stanislas Marzloff, * Marmande, Lot et Garonne, 28. 1. 1941, ...
(91 Avenue de Strasbourg, F-54000 Nancy).

3) Hendrik, * München 29. 6. 1942, Oberstlt;
× Lüneburg 30. 5. 1981 Ulrike Schulze, * Lüneburg 10. 3. 1956, T. d. Dr. med. Hans-Jürgen Sch. u. d. Barbara Wallmann
(Hinrich-Braasch-Str. 20, 3002 Wedemark 2).

Kinder:

(1) Friedrich-Ferdinand, * Nienburg 21. 10. 1980.

(2) Verena-Valeska, * Lüneburg 22. 3. 1984.

(3) Beatrice-Barbara, * Nienburg 21. 2. 1986.

4) Astrid Gisela Huberta, * Stralsund 4. 10. 1945, Krankengymnastin;
× Münster 29. 9. 1973 Arnold Gf v. der Goltz, * Berlin 21. 7. 1939, Rechtsanwalt
(Taubenstr. 3, 4000 Düsseldorf).

4. Anna-Elisabeth (Annelis), * Bonn 21. 12. 1910;
× Roisdorf 22. 8. 1938 Hans-Günther Sohl, * Danzig 2. 5. 1906, † Düsseldorf 13. 11. 1990, Bergassessor a. D., Dr.-Ing. E. h., Dr. h. c., Ehrenpräs. d. Bundesverb. d. Deutschen Industrie, Ehrenvors. d. Thyssen AG
(Am Gartenkamp 12, 4000 Düsseldorf-Gerresheim).

2. Zweig (Leerodt)

Adrian Franz Maria Joseph Ludwig Theodor Freiherr v. Wrede, * Champier bei Aachen 18. 4. 1862, † Beeck, Kr. Geilenkirchen, 26. 8. 1935, Kgl. preuß. Ldrat u. GehRegRat a. D.;
× Leerodt, Kr. Geilenkirchen, 1. 5. 1894 Constance v. Schütz, * Paderborn 31. 1. 1870, † Dremmen 18. 1. 1948, T. d. Kgl. preuß. Khrn u. Majors a. D. Georg Frhr Sch. v. Leerodt auf Leerodt u. d. Anna Michels.

Hans Egon Ludwig Maria Antonius Aloysius Hubertus, * Geilenkirchen 25. 10. 1900, † ebd. 10. 5. 1984, auf Leerodt, Ld- u. Forstwirt, führte als Adoptivsohn (Vertrag Leerodt 2. 10. 1941, gerichtl. bestätigt Heinsberg, Rheinld, 3. 6. 1942) des Bruders seiner Mutter, Hans Frhr Schütz v. Leerodt, † 1953, den Namen „Frhr Schütz v. Leerodt-Wrede“;
× I. Münster 22. 1. 1929 Elisabeth Gfin v. Merveldt, * Wocklum 10. 4. 1908, † Warendorf 13. 8. 1964 (gesch. Aachen 11. 7. 1946), T. d. Paul Gf v. M. u. d. Elisabeth Freiin v. Brenken a. d. H. Wewer;

⚭ II. (standesamtl.) Mainz 15. 11. 1954, (kirchl.) Geilenkirchen 12. 11. 1964 Elisabeth Groll, * Michelstadt 23. 12. 1922, T. d. Prokuristen Ludwig G. u. d. Katharina Sterner
(Herrengartenstr. 3, 5200 Siegburg).

a) Erster Ehe:

1. Anna Elisabeth (Anneli), * Leerodt 2. 12. 1929
(601 B. William Street, Cambridge, Ontario N3H 3W6, Canada);
⚭ Montreal, Canada, 9. 1. 1954 Wolfgang Herkenberg, * Wuppertal 23. 12. 1923, TextilIng. (gesch. ..., Canada, ... 1975).

2. Hedwig Sigrid Maria Huberta, * Leerodt 11. 11. 1931;
⚭ Leerodt 19. 7. 1956 Peter Paffhausen, * Drinhausen 3. 7. 1929, Ldwirtschaftsmeister
(Drinhausen 18, 5464 Asbach, Westerwald).

3. Maria Constanze Huberta, * Leerodt 11. 11. 1931 (Zwillingsschwester d. Vorigen);
⚭ Leerodt 11. 9. 1957 Paul Peter Wende, * Kuhnau, Schles., 7. 8. 1926, BankAbtLeiter
(Bergstr. 59, 5300 Königswinter 1).

4. Klemens Maria Franz Hubertus, * Leerodt 28. 4. 1933, Ldwirt;
⚭ Brand bei Aachen 24. 6. 1958 Ursula Schings, * Bremen 16. 6. 1931, T. d. AbtLeiters Mathias Sch. u. d. Ly Brölmann
(Krefelder Str. 84, 5100 Aachen).

Kinder:

1) Rainer Johannes, * Aachen 27. 12. 1958, DiplIng.;
⚭ Castex, Frankreich, 21. 10. 1989 Valérie Gautron, * Bayonne 7. 6. 1963, T. d. ... Claude G. u. d. Josette Goalard
(27 allée des Ardennes, F-31770 Colomiers).

Sohn:

Rémi-Guillaume, * Toulouse 18. 5. 1990.

2) Albrecht Hubertus, * Aachen 4. 12. 1959, Zahntechniker
(Bachstr. 20, 5000 Köln 80).

3) Elke Regina, * Aachen 4. 5. 1961, Kindergärtnerin;
⚭ Aachen 18. 2. 1983 Bernhard-Maria Esser, * ... 5. 5. 1958, Bauing.
(Am Steinacker 19, 5180 Eschweiler-Dürwiß).

5. Albrecht Hubertus Maria, * Leerodt 4. 3. 1935, staatl. gepr. LdmaschinenIng.;
× Babenhausen 17. 9. 1960 Christa Johne, * Reichenberg 22. 7. 1935, T. d. Försters Adolf J. u. d. Hermine Keil
(Gut Leerodt, 5130 Geilenkirchen).

Kinder:

1) Alexandra Constanze Georgine, * Riedlingen an der Donau 19. 5. 1964, Organisationsprogrammierin
(Gut Leerodt, 5130 Geilenkirchen).

2) Katharina Christiane Jacqueline, * Erkelenz 4. 3. 1967, Hotelfachfrau
(Gut Leerodt, 5130 Geilenkirchen).

3) Joachim Hubertus Johannes, * Brühl 21. 4. 1969, ...
(Gut Leerodt, 5130 Geilenkirchen).

4) Diane Stefanie Yvonne, * Erkelenz 18. 11. 1971, ...
(Gut Leerodt, 5130 Geilenkirchen).

b) Zweiter Ehe:

6. Monika Margarete, * Aachen 21. 3. 1960;
× Lohmar 4. 10. 1985 Klaus Fink, * Bergneustadt 15. 5. 1959, DiplSozPäd.
(Buschöhrchen 4, Niederwennerscheidt, 5206 Neunkirchen-Seelscheid).

2. Ast

Stammvater: Frhr Joseph, * 1825, † 1907.

1. Zweig (Willebadessen)

Theodor Franz Joseph Aloysius Freiherr v. Wrede, * Minden, Westf., 1. 8. 1863, † Willebadessen, Kr. Warburg, Westf., 23. 1. 1951, auf Willebadessen (vorm. Fkm.);
× Falkenberg, Schles., 10. 4. 1894 Marie-Theres Gfin Praschma, Freiin v. Bilkau, * Falkenberg 26. 2. 1871, † Willebadessen 14. 8. 1947, T. d. Kgl. preuß. Lts a. D. Friedrich Gf P., Frhr v. B. auf Falkenberg usw., u. d. Elisabeth Gfin zu Stolberg-Stolberg.

1. Joseph Maria Franziskus Hubertus Ignatius Aloysius, * Waldhof bei Hickingen, Kr. Osnabrück, 30. 1. 1896, † Warburg 8. 12. 1981, auf Willebadessen, Major a. D., Päpstl. GehKm. di spada e cappa;

× Mheer, Niederlde, 10. 4. 1929 Philippine Freiin v. Loë, * Mheer 28. 11. 1898, † Willebadessen 11. 5. 1956, T. d. Levinus Frhr v. L. auf Mheer u. Imstenraedt u. d. Marguerite Barones van der Linden d'Hoogvorst.

Kinder:

1) Dietrich-Eberhard (Diethard) Maria Joseph Hubertus Christian Ghislenus, * Willebadessen 20. 5. 1930, auf Willebadessen, priv. OForstmeister;
× Gulpen, Niederlde, 24. 9. 1958 Alexandra Gfin Széchenyi de Sárvár et Felsövidék, * Heiligenstein, Kom. Ödenburg, 1. 10. 1926, T. d. K. u. K. Fähnrichs i. R. Bálint Gf Sz. de S. et F. auf Heiligenstein (Hegykö), Kom. Ödenburg, u. d. Marie (Maya) Pawlowna Fstin Galitzin
(Queckhagen 1, 3533 Willebadessen).

Kinder:

(1) Stephanus (Stephan) Ferdinand Alexander Joseph Valentin Rudolph Philippus Maria, * Paderborn 7. 1. 1960, DiplBetriebswirt, Werbekaufm.
(Queckhagen 1, 3533 Willebadessen).

(2) Marie-Philippine Margarethe Pauline Christine, * Paderborn 27. 9. 1961, Fremdsprachensekretärin
(Queckhagen 1, 3533 Willebadessen).

(3) Konstantin Friedrich Valentin Josef, * Paderborn 23. 9. 1963, Bankkaufm., cand. rer. pol.
(Queckhagen 1, 3533 Willebadessen).

(4) Christina Marianna Michaela Therese Alexandra Sophia, * Paderborn 28. 3. 1966, Hotelfachfrau
(Queckhagen 1, 3533 Willebadessen).

2) Margaretha Maria Theresia Rosario Elisabeth Ghislena, * Willebadessen 26. 10. 1931;
× Willebadessen 8. 5. 1956 Constantin Frhr Heereman v. Zuydtwyck, * Münster, Westf., 17. 12. 1931, auf Surenburg usw. (vorm. Fkm.), auf Herding u. Grevinghof, Ing. agr., MdB., Präs. d. Deutschen Bauernverb., Hptm. d. Res.
(Surenburg, 4446 Hörstel-Riesenbeck).

3) Johannes Ferdinand Maria Levans Hubert Ghislenus, * Willebadessen 12. 12. 1932, staatl. gepr. Ldwirt, Bankkaufm.
(Coesfeldweg 3, 4400 Münster).

4) Winfried Michael Maria Joseph Heinrich Pankratius, * Willebadessen 12. 5. 1936, Bankkaufm.;
× Rösberg bei Bonn 18. 7. 1970 Benita v. Blücher a. d. H. Falkenberg, * Hannover 24. 1. 1937 (× I. Kronberg, Taunus, 19. 8. 1961 Alvo Gf v. Alvensleben-Neugattersleben, † Schildgen bei Bergisch Gladbach 11. 6. 1965, Kaufm.), T. d. GenMajors a. D. Johann Albrecht v. B. u. d. Dorothea v. Goßler a. d. H. Zichtau
(Schloßberg 26, 7108 Möckmühl).

5) Friedrich Carl Maria Joseph Walter Ghislenus, * Willebadessen 11. 2. 1941, Industriekaufm.;
× München 23. 4. 1977 Kristina v. Bodelschwingh, * Uppsala 15. 12. 1946, T. d. Dr.-Ing. Heinz v. B. u. d. Eva Carlgren
(Cutley, Kingston St. Mary, Taunton TA2 8AW, Engld).

Kinder:

(1) Caspar Ferdinand Magnus, * Braunschweig 9. 3. 1978.

(2) Patrick Wennemar Constantin, * Braunschweig 10. 4. 1979.

(3) Gunilla Josephine Stephanie, * Koblenz 2. 11. 1981.

(4) Sebastian Antonius Benjamin, * Taunton, Engld, 29. 1. 1985.

(5) Francesca Anita Elisabeth, * Taunton 7. 9. 1990.

2. Maria-Gabriele Pia Elisabeth Margarete, * Waldhof 12. 10. 1897, Ordensfrau vom Hl. Herzen Jesu
(Kloster St. Adelheid, 5300 Bonn-Beuel).

3. Maria-Franziska Romana Johanna Josepha Antonia Katharina, * Falkenberg 30. 4. 1899, † Bütgenbach bei Malmedy, Belgien, 20. 12. 1983, Ordensfrau d. unbeschuhten Karmeliterinnen, Priorin des Karmels in Bütgenbach.

4. Maria Agnes Elisabeth Caroline Antonia Aloysia, * Falkenberg 7. 1. 1901, † Bonn-Beuel 26. 3. 1992, Ordensfrau vom Hl. Herzen Jesu.

5. Johannes Baptista Ferdinand Maria Joseph Aloysius Franziskus, * Waldhof 22. 3. 1902, † Paderborn 21. 3. 1984, auf Burghof, OFeldintendant a. D.;
× Zwiesel 21. 8. 1952 Katharina Schwarz, * Zwiesel 7. 11. 1916, † Paderborn 22. 6. 1976, T. d. ... Johannes Sch. u. d. Katharina Schiller.

Söhne:

1) Johannes (H a n s), * Zwiesel 10. 8. 1937, Berufsausbilder; ⚭ I. Lichtenau, Westf., 21. 8. 1964 Theresia P o h l e, * Bochum 9. 8. 1942, † Paderborn 17. 12. 1970, T. d. ... u. d. ...; ⚭ II. Paderborn 13. 7. 1973 Edeltraut B e r g e r, * Orzesche, Kr. Pleß, OSchles., 17. 4. 1936, T. d.. ... ... u. d. ...
(Pohlweg 21, 4790 Paderborn).

Kinder: a) erster Ehe:

(1) T h o m a s, * Paderborn 18. 3. 1965, ...
(Pohlweg 21, 4790 Paderborn).

(2) G a b r i e l e, * Paderborn 27. 11. 1966; ⚭ Paderborn 3. 8. 1990 Christoph M e y e r, * Eversen 25. 12. 1967, ...
(Kirchenweg 9, 4790 Paderborn).

(3) K l a u s, * Paderborn 31. 10. 1968, ...
(Pohlweg 21, 4790 Paderborn).

b) zweiter Ehe:

(4) C h r i s t i n a, * Paderborn 13. 10. 1974.

2) F r i e d r i c h, * Zwiesel 1. 1. 1939, Kfz-Meister; ⚭ Lichtenau 2. 10. 1963 Maria H a b e r h a u s e n, * Holtheim 22. 12. 1940, T. d. ... u. d. ...
(Pohlweg 38, 4790 Paderborn).

Kinder:

(1) M a r k u s, * Lichtenau 19. 6. 1964, ...; ⚭ Paderborn 21. 7. 1989 Ulrike E c k e l, * Paderborn 10. 10. 1963, T. d. ... u. d. ...
(Pohlweg 38, 4790 Paderborn).

(2) S t e p h a n, * Paderborn 3. 10. 1967, ... (...).

(3) Anja Maria, * Paderborn 15. 4. 1972, ...
(Pohlweg 38, 4790 Paderborn).

3) E g o n, * Zwiesel 10. 5. 1940, Kaufm.
(Herle 13, 4790 Paderborn);
⚭ Paderborn 2. 3. 1973 Renate S c h n e i d e r, * Gütersloh 13. 1. 1940 (gesch. Paderborn ...), T. d. ... u. d. ...
(Auf der Töterlöh 15, 4790 Paderborn).

4) W i l h e l m, * Zwiesel 3. 3. 1943, Sonderschullehrer; ⚭ Paderborn 20. 8. 1969 Barbara W e s t p h a l, * Paderborn 7. 9. 1946, T. d. ... u. d. ...
(Pohlweg 13, 4790 Paderborn).

Kinder:

(1) Cleo Vanessa, * Paderborn 15. 11. 1975.

(2) Michael Jan, * Paderborn 21. 3. 1979.

2. Zweig (Melschede)

Clemens Joseph Carl Hubert Maria Freiherr v. Wrede, * Hardehausen 21. 8. 1869, † Melschede, Kr. Arnsberg, Westf., 22. 4. 1946, auf Melschede, Kgl. preuß. GerAssessor a. D., MagRr d. souv. MaltRrO.;
× Köln 10. 1. 1906 Elisabeth Hagen, * Köln 20. 8. 1886, † Grabenstätt am Chiemsee 16. 4. 1979, T. d. Bankiers, GehKommerzienrats u. Präs. der Industrie- u. Handelskammer in Köln, Mitgl. d. preuß. StRats u. GenRats der Reichsbank Dr. rer. pol. h. c., Dr. phil. h. c., Dr.-Ing. E. h. Louis H. u. d. Emma Hagen.

Clemens Carl Emmo Joseph Ludwig Hubertus Maria, * Köln 16. 4. 1910, auf Melschede;
× München 30. 7. 1936 Alice Freiin v. Schrottenberg, * München 22. 11. 1910, T. d. Kgl. bayer. Km., Majors d. Res. a. D. Ferdinand Frhr v. Sch., Majoratshrn auf Reichmannsdorf bei Bamberg, u. d. Anna Macdonald
(Schloß Melschede, 5768 Sundern).

1. Christoph Clemens Ferdinand Hubertus Maria, * Melschede 21. 5. 1937, Dr. jur., Industriekaufm., Präs. u. Mitgesellschafter der Mewica Holding S. A., Lugano
   (Schloß Melschede, 5768 Sundern);
   × Söder bei Hildesheim 21. 10. 1966 Monica v. Witzleben, * Berlin 29. 10. 1940 (gesch. Neuß 18. 12. 1991), T. d. MinRats a. D. u. Erbadministrators der Stiftung Klosterschule Roßleben Dr. jur. Heinrich-Günther v. W. auf Cunewalde u. Pielitz, OLausitz, u. d. Eva Carola Gfin v. Perponcher-Sedlnitzky a. d. H. Cummerow (...).

   Kinder:

   1) Elisabeth Eva-Carola Alice-Isabella Maria, * Bad Godesberg 12. 3. 1968, Hotelfachfrau
   (Schloß Melschede, 5768 Sundern).

   2) Ferdinand Clemens Heinrich Hubertus Antonius Maria, * Bad Godesberg 4. 5. 1970, stud. jur.
   (Schloß Melschede, 5768 Sundern).

2. Dietrich (Dieter) Ferdinand Hubertus Antonius Karl Maria, * Melschede 22. 7. 1939, Industriekaufm.;
× München 6. 9. 1971 Alexandra Kégl de Csala, * Csala bei Pákozd, Kom. Fejér, 10. 2. 1940, T. d. Gutsbes. Georg K. de Cs. u. d. Gudrun Biagosch
(Medardusstr. 9, 5024 Brauweiler).

Kinder:

1) Matthias Clemens Georg Hubert Maria, * München 29. 1. 1973.
2) Julia Beatrice Larissa Maria Isabelle, * München 4. 1. 1976.

3. Irene Maria Beatrix Alexandra Anna Elisabeth, * Melschede 9. 1. 1945;
× Melschede 12. 12. 1980 Antonius van Welij, * Leiden, Niederlde, 4. 5. 1942, DiplKaufm.
(Sonsbecker Str. 3, 4000 Düsseldorf 11).

4. Clemens Georg Hubertus Maria, * Melschede 18. 10. 1947, Dr. jur., Bankdir.;
× (standesamtl.) Sundern 6. 4., (kirchl.) Ebersberg, OBayern, 12. 5. 1984 Isabella Freiin v. Feury auf Hilling, * Steinhöring 10. 6. 1954, Betriebswirtin, T. d. Gutsbes. u. Ehrenpräs. d. Bayer. Bauernverb. Otto Frhr v. F. auf H. u. d. Paula Mayer
(Schloß Melschede, 5768 Sundern; Zum Mühlenteich 9, 5270 Gummersbach).

Kinder:

1) Benedikt Cajetan Clemens Antonius Maria, * Köln 3. 11. 1985.
2) Clarissa Cornelia Alice Paula Maria, * Köln 21. 7. 1988.

3. Zweig

Karl Philipp Pius Joseph Hubert Maria Freiherr v. Wrede, * Willebadessen 17. 5. 1875, † Gehrden bei Brakel 11. 11. 1964, ...;
× Schwerin 13. 2. 1915 Ursula Rübke, * Buschmühlen, Kr. Wismar, Mecklb., 22. 9. 1891, † Gehrden 6. 11. 1978, T. d. Ldwirts Johann Christian R. auf Buschmühlen u. d. Elisabeth Vedova.

1. Hubertus Clemens Aloysius Antonius Carl Maria, * Gehrden 12. 12. 1917, OForstrat a. D.;

× Kirchberg, Kr. Düren, 21. 8. 1956 Margaretha Freiin v. Mylius, * Kaphof 23. 3. 1931, T. d. Kgl. preuß. Lts a. D. Josef Frhr v. M. auf Linzenich bei Jülich u. d. Maria Theresia Freiin Spies v. Büllesheim a. d. H. Hall
(Sonnenweg, 3490 Bad Driburg — Neuenheerse).

Kinder:

1) Birgitta Saturnina Elisabeth Ursula Felicitas Maria, * Paderborn 2. 6. 1957, DiplSozPäd.;
× Neuenheerse 10. 10. 1987 Heinz Werner Fahle, * Paderborn 19. 5. 1955, Lehrer
(Waldplatz 24, 4790 Paderborn).

2) Carl-Joseph Hermann Hubertus Aloisius Maria, * Paderborn 28. 5. 1958, Betriebsschlosser
(Sonnenweg, 3490 Bad Driburg — Neuenheerse).

3) Georg Dietrich Carl Aloisius Maria, * Paderborn 17. 6. 1959, Bankkaufm.;
× Aschendorf an der Ems 13. 2. 1988 Uta v. Stockhausen, * Aschendorf 25. 7. 1965, T. d. Arztes f. Allgemeinmed. Dr. med. Gottlieb v. St. u. d. Nothburga Freiin v. Canstein
(Steinkuhle 6, 3308 Königslutter — Rottorf).

Sohn:

Nikolaus Hubertus Gottlieb Werner Maria, * Celle 16. 5. 1990.

4) Markus Christophorus Hubertus Aloisius Maria, * Paderborn 6. 1. 1961, † ebd. 18. 7. 1970.

2. Ferdinand Johannes Carl Aloysius Joseph Hubertus Maria, * Gehrden 17. 3. 1919, Ldwirt
(Heinrich-Heine-Weg 3, 3492 Brakel-Gehrden).

Namensträger, die nicht dem Adel angehören (siehe Form der Darstellung, Vorbemerkung):

Tina Freiin von Wrede, * Werdohl 3. 12. 1986
(Ebbetalstr. 127, 5970 Plettenberg).

Verzeichnis aller Namen

in Band 102 des „Genealogischen Handbuchs des Adels"
Freiherrliche Häuser Band XVI

Zur größtmöglichsten Zusammenfassung des Registers sind alle Adelsbezeichnungen weggelassen
Hauptartikel sind durch einen davorgesetzten * gekennzeichnet

A

B

C

D

E

I

J

L

M

N

S

Y

Z